US-amerikanisches Kapitalmarktrecht und Internet

Frankfurter wirtschaftsrechtliche Studien

Herausgegeben von
Theodor Baums, Friedrich Kübler, Hans-Joachim Mertens,
Eckard Rehbinder, Gunther Teubner

Band 47

PETER LANG
Frankfurt am Main · Berlin · Bern · Bruxelles · New York · Oxford · Wien

Sascha Lotze

US-amerikanisches Kapitalmarktrecht und Internet

Aufsichts- und haftungsrechtliche Fragen des Internet-Einsatzes bei Wertpapieremissionen und im Wertpapierhandel

PETER LANG
Europäischer Verlag der Wissenschaften

Die Deutsche Bibliothek - CIP-Einheitsaufnahme

Lotze, Sascha:

US-amerikanisches Kapitalmarktrecht und Internet : aufsichts- und haftungsrechtliche Fragen des Internet-Einsatzes bei Wertpapieremissionen und im Wertpapierhandel / Sascha Lotze. - Frankfurt am Main ; Berlin ; Bern ; Bruxelles ; New York ; Oxford ; Wien : Lang, 2002
(Frankfurter wirtschaftsrechtliche Studien ; Bd. 47)
Zugl.: Osnabrück, Univ., Diss., 2002
ISBN 3-631-39640-6

D 700
ISSN 0723-0427
ISBN 3-631-39640-6

www.peterlang.de

Meinen Eltern

Vorwort

Die vorliegende Arbeit ist im Wintersemester 2001/2002 vom Fachbereich Rechtswissenschaften der Universität Osnabrück als Dissertation angenommen worden.

Die Anregung einer tiefergehenden Auseinandersetzung mit der Einbindung des Internets in den Rahmen des US-amerikanischen Kapitalmarktrechts stammt von meinem Doktorvater Herrn Prof. Dr. Baums, dem ich zu großem Dank verpflichtet bin. Neben der fachlichen Begleitung haben vor allem seine Ratschläge und Anregungen dazu beigetragen, daß eine Fokussierung auf die wesentlichen, praxisrelevanten Fragen erfolgen konnte. Ebenso möchte ich Herrn Prof. Dr. Hüttemann für die Erstellung des Zweitgutachtens danken.

Hervorzuheben ist angesichts des international ausgerichteten Themas weiterhin die hervorragende Ausstattung der Institutsbibliothek und die fachliche Unterstützung durch die dortigen Mitarbeiter. Diese Faktoren haben eine gründliche Einarbeitung in das Thema erst ermöglicht und so die Basis für eine tiefergehende Auseinandersetzung während meines US-Aufenthaltes geschaffen. In diesem Zusammenhang bin ich den Mitarbeitern und Angehörigen der Georgetown University in Washington D.C. und den Mitarbeitern des SEC-Headquarters für Ihre zahlreichen Hilfestellungen und die freundliche und unbürokratische Unterstützung dankbar. Die Zugriffsmöglichkeit auf grundlegende Literatur, vor allem aber auch auf die einzelnen Publikationen der SEC „an der Quelle selbst" haben mir ein effizientes Arbeiten ermöglicht. Mehr noch ist die Einarbeitung in Einzelprobleme durch die Gesprächsbereitschaft einzelner, mit dem hier erörterten Problemkreis unmittelbar befaßter SEC Mitarbeiter aus dem Office of Internet Enforcement gefördert worden, so daß mir ein Einblick in die praktischen Tätigkeit dieser Gruppe ermöglicht wurde.

Trotzdem all diese fachlichen Hilfen einen wesentlichen Beitrag darstellen, hat einen mindestens ebenso großen Anteil die menschliche Unterstützung, die mir zu Teil geworden ist. Hier möchte ich vor allem meinen Eltern Ursula und Jürgen Lotze danken, die mich während meiner gesamten Ausbildungs- und Promotionszeit unterstützt, ermutigt und mir in jeder Hinsicht den Freiraum geboten haben, der eine Konzentration auf die gestellten Aufgaben erst ermöglicht. Ebenso danke ich meiner Partnerin Bettina für ihre Unterstützung, Rücksicht und den starken Rückhalt, den sie mir stets geboten hat. Ohne die Mithilfe all dieser Menschen wäre das Gelingen dieser Arbeit nicht denkbar gewesen.

Osnabrück, im April 2002 *Sascha Lotze*

Inhaltsübersicht

Inhaltsverzeichnis

Verzeichnis der zitierten Statutes, Rules & Regulations

nach dem United States Code (U.S.C.)
und dem Code of Federal Regulations (C.F.R.)

Securities Act of 1933 (15 U.S.C. §§ 77a et seq.)

Section:	15 U.S.C.
2(a)(3)	§ 77b(a)(3)
2(a)(7)	§ 77b(a)(7)
2(a)(9)	§ 77b(a)(9)
2(a)(10)	§ 77b(a)(10)
2(a)(11)	§ 77b(a)(11)
2(a)(15)	§ 77b(a)(15)
3(a)(9)	§ 77c(a)(9)
3(b)	§ 77c(b)
4(1)	§ 77d(1)
4(2)	§ 77d(2)
4(3)	§ 77d(3)
4(6)	§ 77d(6)
5	§ 77e
5(a)	§ 77e(a)
5(a)(1)	§ 77e(a)(1)
5(b)	§ 77e(b)
5(b)(1)	§ 77e(b)(1)
5(c)	§ 77e(c)
8	§ 77h
8A	§ 77h-1
10	§ 77j
10(b)	§ 77j(b)
11	§ 77k
12	§ 77l
12(a)(1)	§ 77l(a)(1)
12(a)(2)	§ 77l(a)(2)
13	§ 77m
15	§ 77o
17	§ 77q

17(a) .... § 77q(a)
17(b) .... § 77q(b)
18 .... § 77r
18(a) .... § 77r(a)
18(b)(4)(D) .... § 77r(b)(4)(D)
19 .... § 77s
19(a) .... § 77s(a)
20(b) .... § 77t(b)
22(a) .... § 77v(a)
24 .... § 77x

Securities Act Rules and Regulations (17 C.F.R. §§ 230.-)

Rule: 17 C.F.R.

134 .... § 230.134
134(a) .... § 230.134(a)
134(b)(1) .... § 230.134(b)(1)
134(d) .... § 230.134(d)
135 .... § 230.135
135(a)(1) - (6) .... § 230.135(a)(1) - (6)
135(c) .... § 230.135(c)
137 .... § 230.137
137(a) .... § 230.137(a)
138 .... § 230.138
139 .... § 230.139
139(b)(1) .... § 230.139(b)(1)
144 .... § 230.144
144(a) .... § 230.144(a)
144(a)(3) .... § 230.144(a)(3)
144(c)(2) .... § 230.144(c)(2)
144(d)(1) .... § 230.144(d)(1)
144A .... § 230.144A
144A(a) .... § 230.144A(a)
144A(a)(1) .... § 230.144A(a)(1)
144A(a)(1)(i) .... § 230.144A(a)(1)(i)
144A(d)(1) .... § 230.144A(d)(1)
144A(d)(1)(iv) .... § 230.144A(d)(1)(iv)
144A(d)(3)(i) .... § 230.144A(d)(3)(i)
156(c) .... § 230.156(c)
174 .... § 230.174

251-263 **(Regulation A)** ....§ 230.251 - § 230.263
251(d)(1)(ii)(B) ....§ 230.251(d)(1)(ii)(B)
251(d)(1)(ii)(C) ....§ 230.251(d)(18)ii)(C)
252 ....§ 230.252
252(g) ....§ 230.252(g)
253 ....§ 230.253
253(d) ....§ 230.253(d)
254 ....§ 230.254
254(b)(2) ....§ 230.254(b)(2)
255 ....§ 230.255
258 ....§ 230.258

400 - 494 **(Regulation C)** ....§ 230.400 - § 230.494
405 ....§ 230.405
424(a) ....§ 230.424(a)
424(b) ....§ 230.424(b)
430 ....§ 230.430
431 ....§ 230.431
460 ....§ 230.460
461 ....§ 230.461

501 - 508 **(Regulation D)** ....§ 230.501 - § 230.508
501(a) ....§ 230.501(a)
501(a)(1) - (4) ....§ 230.501(a)(1) - (4)
501(a)(5) ....§ 230.501(a)(5)
501(a)(6) ....§ 230.501(a)(6)
501(a)(7) ....§ 230.501(a)(7)
501(e) ....§ 230.501(e)
501(e)(1)(iv) ....§ 230.501(e)(1)(iv)
502(b) ....§ 230.502(b)
502(b)(2) ....§ 230.502(b)(2)
502(c) ....§ 230.502(c)
502(d) ....§ 230.502(d)
502(d)(1) ....§ 230.502(d)(1)
503 ....§ 230.503
504 ....§ 230.504
504(b)(1) ....§ 230.504(b)(1)
505 ....§ 230.505
505(a)(1) - (7) ....§ 230.505(a)(1) - (7)
505(b)(2) ....§ 230.505(b)(2)
505(b)(2)(ii) ....§ 230.505(b)(2)(ii)
506 ....§ 230.506

506(b)(2)	§ 230.506(b)(2)
506(b)(2)(ii)	§ 230.506(b)(2)(ii)
508	§ 230.508
701	§ 230.701
901-905 (**Regulation S**)	§ 230.901- § 230.905
901	§ 230.901
902(c)(1)	§ 230.902(c)(1)
902(h)	§ 230.902(h)
902(k)	§ 230.902(k)
902(k)(1)(i)	§ 230.902(k)(1)(i)
903(a)	§ 230.903(a)
903(a)(1)	§ 230.903(a)(1)
903(a)(2)	§ 230.903(a)(2)
904	§ 230.904
904(a)(1)	§ 230.904(a)(1)
905	§ 230.905

Securities Exchange Act of 1934 (15 U.S.C. §§ 78a et seq.)

Section:	15 U.S.C.
2	§ 78b
2(3)	§ 78b(3)
3(a)(1)	§ 78c(a)(1)
3(a)(4)	§ 78c(a)(4)
3(a)(12)	§ 78c(a)(12)
3(a)(15)	§ 78c(a)(15)
3(a)(17)	§ 78c(a)(17)
3(a)(22)(A)	§ 78c(a)(22)(A)
3(a)(22)(B)	§ 78c(a)(22)(B)
3(a)(23)	§ 78c(a)(23)
3(a)(39)	§ 78c(a)(39)
4	§ 78d
4(2)	§ 78d(2)
5	§ 78e
5(1)	§ 78e(1)
6	§ 78f
6(a)	§ 78f(a)
6(b)(3)	§ 78f(b)(3)

6(b)(6) .... § 78f(b)(6)
6(c)(1) .... § 78f(c)(1)
8 .... § 78h
9 .... § 78i
9(a)(2) .... § 78i(a)(2)
9(a)(3) .... § 78i(a)(3)
9(a)(4) .... § 78i(a)(4)
9(e) .... § 78f(e)
10(b) .... § 78j(b)
11A .... § 78k-1
11A(a)(1) .... § 78k-1(a)(1)
11A(a)(1)(C) .... § 78k-1(a)(1)(C)
11A(a)(2) .... § 78k-1(a)(2)
11A(b)(1) .... § 78k-1(b)(1)
12 .... § 78l
12(a) .... § 78l(a)
12(g)(1) .... § 78l(g)(1)
13 .... § 78m
13(a) .... § 78m(a)
13(a)(2) .... § 78m(a)(2)
13(b)(5) .... § 78m(b)(5)
13(d) .... § 78m(d)
14(a) .... § 78n(a)
14(d) .... § 78n(d)
14(e) .... § 78n(e)
15 .... § 78o
15(a) .... § 78o(a)
15(a)(1) .... § 78o(a)(1)
15(b)(4) .... § 78o(b)(4)
15(b)(4)(E) .... § 78o(b)(4)(E)
15(b)(6) .... § 78o(b)(6)
15(b)(7) .... § 78o(b)(7)
15(b)(8) .... § 78o(b)(8)
15(b)(9) .... § 78o(b)(9)
15(c) .... § 78o(c)
15(c)(1) .... § 78o(c)(1)
15(c)(2) .... § 78o(c)(2)
15(d) .... § 78o(d)
15(g) .... § 78o(g)
15A .... § 78o-3
15A(b)(7) .... § 78o-3(b)(7)
16 .... § 78p

16(a) .... § 78p(a)
16(b) .... § 78p(b)
17 .... § 78q
17(a) .... § 78q(a)
17(a)(1) .... § 78q(a)(1)
17(b) .... § 78q(b)
17(c)(1) .... § 78q(c)(1)
17(d) .... § 78q(d)
17A .... § 78q-1
18 .... § 78r
18(c) .... § 78r(c)
19(g)(1) .... § 78s(g)(1)
20(a) .... § 78t(a)
20(f) .... § 78t(f)
20A .... § 78t-1
20A(a) .... § 78t-1(a)
21 .... § 78u
21(d) .... § 78u(d)
21A .... § 78u-1
21A(b)(1)(A) .... § 78u-1(b)(1)(A)
21C .... § 78u-3
21D(b)(2) .... § 78u-4(b)(2)
21D(b)(4) .... § 78u-4(b)(4)
23 .... § 78w
27 .... § 78aa
29(b) .... § 78cc(b)
30(b) .... § 78dd(b)
32 .... § 78ff
32(a) .... § 78ff(a)
36(a)(1) .... § 78mm(a)(1)

Securities Exchange Act Rules (17 C.F.R. §§ 240.-)

Rule: 17 C.F.R.

3a1-1 .... § 240.3a1-1
3a1-1(a)(1) .... § 240.3a1-1(a)(1)
3a1-1(a)(2) .... § 240.3a1-1(a)(2)
3a1-1(a)(3) .... § 240.3a1-1(a)(3)
3b-16 .... § 240.3b-16
3b-16(a) .... § 240.3b-16(a)

3b-16(a)(2)	§ 240.3b-16(a)(2)
3b-16(b)(1)	§ 240.3b-16(b)(1)
10b-5	§ 240.10b-5
10b-10	§ 240.10b-10
10b-16	§ 240.10b-16
10b5-1	§ 240.10b5-1
11Aa2-1	§ 240.11Aa2-1
11Ac1-1	§ 240.11Ac1-1
11Ac1-1(a)(8)	§ 240.11Ac1-1(a)(8)
11Ac1-1(c)	§ 240.11Ac1-1(c)
11Ac1-5	§ 240.11Ac1-5
11Ac1-5(a)(14)	§ 240.11Ac1-5(a)(14)
11Ac1-6	§ 240.11Ac1-6
11Ac1-6(b)(1)(i) - (iii)	§ 240.11Ac1-6(b)(1)(i)
11Ac1-6(c)	§ 240.11Ac1-6(c)
12g3-2(b)	§ 240.12g3-2(b)
14a-9	§ 240.14a-9
14d-3	§ 240.14d-3
14d-4	§ 240.14d-4
14d-4(a)(1)	§ 240.14d-4(a)(1)
14d-6(e)	§ 240.14d-6(e)
14e-2	§ 240.14e-2
14e-3(a)	§ 240.14e-3(a)
15a-6	§ 240.15a-6
15b-6	§ 240.15b-6
15b9-1	§ 240.15b9-1
15c1-2	§ 240.15c1-2
15c2-8	§ 240.15c2-8
15c2-11	§ 240.15c2-11
15c3-1	§ 240.15c3-1
15g-2	§ 240.15g-2
15g-9	§ 240.15g-9
17a-3	§ 240.17a-3
17a-8	§ 240.17a-8

IAA - Investment Advisers Act of 1940 (15 U.S.C. §§ 80b et seq.)

Section:	15 U.S.C.
202(a)(11)	§ 80b-2(a)(11)
202(a)(11)(A) - (E)	§ 80b-2(a)(11)(A) - (E)

202(a)(11)(D) .... § 80b-2(a)(11)(D)
203(a) .... § 80b-3(a)
203(b)(3) .... § 80b-3(b)(3)
203(k) .... § 80b-3(k)
203A .... § 80b-3a
209(d) .... § 80b-9(d)

Sonstige Regulations

Regulation T .... 12 C.F.R.
§ 220

Regulation S-X .... 17 C.F.R.
§ 210.1-01
- § 210.12-15

Regulation S-K .... 17 C.F.R.
§ 229.10
- § 229.1016

Regulation ATS .... 17 C.F.R.
§ 242.300
- § 242.303

im einzelnen
Rule: 17 C.F.R.

300(a) .... § 242.300(a)
301 .... § 242.301
301(a)(1) .... § 242.301(a)(1)
301(a)(3) .... § 242.301(a)(3)
301(b) .... § 242.301(b)
301(b)(1) .... § 242.301(b)(1)
301(b)(2) .... § 242.301(b)(2)
301(b)(5)(ii) .... § 242.301(b)(5)(ii)
301(b)(6)(ii) .... § 242.301(b)(6)(ii)
301(b)(7) .... § 242.301(b)(7)
301(b)(8) .... § 242.301(b)(8)
303(a) .... § 242.303(a)

Regulation FD .... 17 C.F.R.
§ 243.100
- § 243.103

im einzelnen
Rule: 17 C.F.R.

100(a) .... § 243.100(a)
100(a)(1) .... § 243.100(a)(1)
101 .... § 243.101
101(e) .... § 243.101(e)
103(b) .... § 243.103(b)

Regulation S-P .... 17 C.F.R.
§ 248.1
- § 248.30

im einzelnen
Rule: 17 C.F.R.

3(3)(2)(iii) .... § 248.3(c)(2)(iii)

Abkürzungsverzeichnis:

A.A.	anderer Ansicht
AASCO	American Association of Securities Commissions
ABA	American Bar Association
Abs.	Absatz
ACE-Net	Angel Capital Electronic Network
ADR	American Depositary Receipts
AMEX	American Stock Exchange
Apr.	April
ARP	Automation Review Policy (statement)
ARPA	Advanced Research Projects Agency
Art.	Article
ASCII	American Standard Code for Information Exchange
ATS	Alternative Trading System
Auflg.	Auflage
Aug.	August
AZX	Arizona Stock Exchange
B2B	Business-to-Business
Banking L. J.	Banking Law Journal
BAnz.	Bundesanzeiger
BAWe	Bundesaufsichtsamt für den Wertpapierhandel
BBS	Bulletin Board System
Bd.	Band
BGB	Bürgerliches Gesetzbuch
BKA	Bundeskriminalamt
BörsG	Börsengesetz
Bus. Law.	Business Lawyer
bzw.	beziehungsweise
C.F.R.	Code of Federal Regulations
c′t	Magazin für Computer und Technik
Cal. L. Rev.	California Law Review
Cal.	California
CCH	Commerce Clearing House
CD	Compact Disk

CDO	Ceast-and-desist-order
CEO	Chief Executive Officer
CERN	Conseil Européen pour la Recherche Nuclêaire (=European Organization for Nuclear Research)
CERT	Computer Emergency Response Team
cert.	certiorari
CFTC	Commodity Futures Trading Commission
CGI	Common Gateway Interface
Cir.	Circuit
Co.	Company
Corp.	Corporation
CR	Computer und Recht
CRi	Computer und Recht international
CQS	Consolidated Quotation System
CTA	Consolidated Tape Association
D.	District (Court)
D.C.	District of Columbia
d.h.	das heißt
DAI	Deutsches Aktien Institut
DB	Der Betrieb
Dec.	December
Del. J. Corp. L.	Delaware Journal of Corporate Law
DENIC	Deutsches Network Information Center
ders.	derselbe
dies.	dieselbe(n)
DNS	Domain Name System
DoS	Denial of Service
DPO	Direct Public Offering
DStR	Deutsches Steuerrecht
DuD	Datenschutz und Datensicherheit
E.D.	Eastern District
ECN	Electronic Communication Network
Ed.	Edition
EDGAR	Electronic Data Gathering, Analysis and Retrieval System
E-Mail	Electronic Mail
Emory L. J.	Emory Law Journal
EU	Europäische Union

et al.	et alia
et seq.	et sequentes
F.2d	Federal Reporter, second Series
F.3d	Federal Reporter, third Series
f. / ff.	fortfolgend / e
F.Supp.	Federal Supplement
FAQ	Frequently Asked Questions
FAZ	Frankfurter Allgemeine Zeitung
Feb.	February
Fed. Comm. L. J.,	Federal Communication Law Journal
Fed. Sec. L. Rep.	Federal Securities Law Reporter
Fed.	Federal
Fidnet	Federal Intrusion Detection Network
Fn.	Fußnote
FR	Federal Register
FRB	Federal Reserve Board
FS	Festschrift
FTP	File Transfer Protocol
GAAP	Generally Accepted Accounting Practices
gem.	gemäß
GRUR Int.	Gewerblicher Rechtsschutz und Urheberrecht Internationaler Teil
Hastings Comm.and Ent. L. J.	Hastings Communications and Entertainment Law Journal
Hastings L. J.	Hastings Law Journal
Hdb.	Handbuch
Hrsg.	Herausgeber
HTML	Hypertext Markup Language
HTTP	Hypertext Transfer Protocol
i.d.R.	in der Regel
i.e.S.	im engeren Sinne
i.H.v.	in Höhe von
i.S.v.	im Sinne von
IAA	Investment Advisers Act of 1940
IAS	International Accounting Standards
ICANN	Internet Corporation of Assigned Names and Numbers
IMP	Interface Message Processor

Inc.	Incorporated
Indiana L. J.	Indiana Law Journal
INSTINET	Institutional Network
Int.	International
IOSCO	International Organization of Securities Commissions
IP	Internet Protocol
IPO	Initial Public Offering
IPR	Internationales Privatrecht
IRC	Internet Relay Chat
ISP	Internet Service Provider
Jan.	January
Jun.	June
JuS	Juristische Schulung
Kap.	Kapitel
L. J.	Law Journal
L. Rev.	Law Review
L.Ed.	Lawyers´ Edition
LAN	Local Area Network
LLC	Limited Liability Company
LLP	Limited Liability Partnership
LP	Limited Partnership
Ltd.	Limited
m.E.	meines Erachtens
m.w.N.	mit weiteren Nachweisen
Mar.	March
Mass.	Massachusetts
Michigan J. of Int. L.	Michigan Journal of International Law
Michigan L. Rev.	Michigan Law Review
MIME	Multipurpose Internet Mail Extension
Mio.	Millionen
MIT	Massachusetts Institute of Technology
MMR	Multimedia und Recht
MOU	Memoranda Of Understanding
Mrd.	Milliarden
N.D.	Northern District
N.J.	New Jersey

N.Y.	New York
NARA	National Archives and Records Administration
NASAA	North American Securities Administration Association
NASD	National Association of Securities Dealers
NASDAQ	National Association of Securities Dealers Automated Quotation System
NASDR	National Association of Securities Dealers Regulation, Inc.
NCCUSL	National Conference of Commissioners on Uniform State Law
NJW	Neue Juristische Wochenschrift
NMS	National Market System
No.	Number
No-Act.	No-Action (Letter)
Nos.	Numbers
Nov.	November
Nr.	Nummer
NSF	National Science Foundation
NSMIA	National Securities Market Improvement Act
NTM	(NASD-) Notice to Members
NYSE	New York Stock Exchange
NZG	Neue Zeitschrift für Gesellschaftsrecht
Oct.	October
OIE	Office of Internet Enforcement
OTC	Over-the-counter (market)
ÖBA	Österreichisches Bankarchiv
PC	Personal Computer
Penn.	Pennsylvania
PHLX	Philadelphia Stock Exchange
PIN	Private Identification Number
PLI	Practising Law Institute
POSIT	Portfolio Trading for Institutional Investors
PTS	Proprietary Trading System
Publ.L.	Public Law
QIB	Qualified Institutional Buyer
QPRA	Options Price Reporting Authority

RabelsZ	Rabels Zeitschrift für ausländisches und internationales Privatrecht
Rdnr.	Randnummer
Rep.	Report(er)
Rev.	Review
Rev.	Revised
RIW	Recht der Internationalen Wirtschaft
RRI	(SEC) Rules Relating to Investigations
S.	Seite(n).
S.D.	Southern District
S.D.N.Y.	Southern District of New York
SA	Securities Act of 1933
SCOR	Small Corporate Offering Registration
SEA	Securities Exchange Act of 1934
SEC	Securities and Exchange Commission
Sec. Reg. L. J.	Securities Regulation Law Journal
Sec.	Section
Secs.	Sections
Sept.	September
SIP	Securities Information Processor
SIPC	Securities Investor Protection Corporation
SMTP	Simple Mail Transfer Protocol
sog.	sogenannte (r)
South. Cal. L. Rev.	Southern California Law Review
SRO	Self-regulatory organization
SSL	Secure Socket Layer
Supp.	Supplement
TCP/IP	Transmission Control Protocol/Internet Protocol
U.C.C.	Uniform Commercial Code
U.S.	United States Supreme Court
U.S.C.	United States Code
u.U.	unter Umständen
UCITA	Uniform Computer Information Transactions Act
UETA	Uniform Electronic Transactions Act
URL	Uniform Resource Locator
US	United States

US$	United States Dollar
USA	United States of America
v.	versus
v.a.	vor allem
VerkProspG	Verkaufsprospektgesetz
vgl.	vergleiche
Vol.	Volume
W.D.	Western District
WAIS	Wide Area Information Service
WAP	Wireless Application Protocol
Wash & Lee L. Rev.	Washington and Lee Law Review
WEAA	Washington Electronic Authentication Act
WL	Westlaw
WM	Wertpapiermitteilungen
WpHG	Wertpapierhandelsgesetz
WWW	World Wide Web
z.B.	zum Beispiel
z.T.	zum Teil
ZBB	Zeitschrift für Bankrecht und Bankwirtschaft
ZfgK	Zeitschrift für das gesamte Kreditwesen
ZGR	Zeitschrift für Unternehmens- und Gesellschaftsrecht

KAPITEL 1 : GRUNDLAGEN

§ 1 Einleitung und Präzisierung des Gegenstands der Untersuchung

I.) Problemstellung

Der aufkommende Einsatz des Internet bei Wertpapiertransaktionen hat zu tiefgreifenden Veränderungen im US-amerikanischen Kapitalmarkt geführt. Alle bedeutenden US-Broker-Firmen verfügen über umfangreiche Internet-Auftritte, über die sie ihren Kunden nicht nur wesentliche anlagerelevante Informationen übermitteln, sondern darüber weit hinausgehende, vielfältige Instrumente zur Verfügung stellen, um dem Kunden eine verantwortliche Investitionsentscheidung zu ermöglichen. Dem Anleger wiederum - und insbesondere dem Privatanleger - sind auf diesem Wege Informationen in einem Umfang und einer Aktualität zugänglich, von der traditionell allenfalls institutionelle Investoren profitierten. Insofern hat das Internet das Potential, einen erheblichen Beitrag zur Verwirklichung eines der primären Ziele des US-Kapitalmarktrechts - dem Abbau von Informationsasymmetrien[1] - zu leisten. Als Kehrseite dieser Medaille werden oftmals Beratungsangebote reduziert. Der Anleger hat als Preis kostengünstiger Transaktionen seine Anlageentscheidungen weitgehend alleine zu treffen.
Diese Tendenz stärkerer Eigenverantwortlichkeit potenziert sich in Bereichen, in denen professionelle Intermediäre vollständig fehlen. So hat das Internet zu einer starken Zunahme intermediationsfreier Direktemissionen und Privatplazierungen kleiner und junger Gesellschaften geführt, die sich auf diese Weise zum Teil sehr erfolgreich Liquidität am Kapitalmarkt zu verschaffen suchen. Auch hier steht dem Vorteil des direkten Zugangs von Privatanlegern zu diesen Emissionen die Gefahr des übereilten Erwerbs von Wertpapieren gegenüber, die der Anlageerfahrung und der Risikotoleranz dieser Investoren möglicherweise nicht angemessen sind. Diese Gefahr ist besonders dort extrem hoch, wo organisierte Sekundärmärkte für den Absatz dieser Titel zu fairen Preisen nicht zur Verfügung stehen. Um diese Lücke im Sekundärmarkthandel zu schließen, entwickeln sich zunehmens Internet-Handelsplattformen, die - insofern den bereits bekannten elektronischen Handelsnetzwerken (ECN) vergleichbar - als Absatzmärkte neben die traditionellen US-Börsen treten.

Diesen zum Teil tiefgreifenden tatsächlichen Veränderungen steht ein kapitalmarktrechtliches Regelungsgefüge gegenüber, das im wesentlichen aus den 30er Jahren des vergangenen Jahrhunderts stammt. Wie noch zu zeigen sein wird, sind diese gesetzlichen Grundlagen erstaunlicherweise weitgehend unverändert geblieben. Gleichwohl ist, von wenigen Ausnahmen abgesehen, eine weitgehende Einbindung des neuen Mediums in diesen Rahmen erfolgt. Die Art und Weise, wie

---

1 Seligman, 93 Michigan L. Rev., 649 (1995); Coffee, 52 Bus. Law., 1195 f. (1997).

diese Einbindung in einzelne Bereiche realisiert werden konnte, ohne das vorgefundene Schutzniveau abzusenken, soll im Mittelpunkt dieser Untersuchung stehen.
Wenngleich ein umfassender Rechtsvergleich an dieser Stelle nicht erfolgen kann, so können die Ergebnisse dieser Arbeit - unter Beachtung struktureller Unterschiede der Kapitalmarktsysteme - Anstöße für bevorstehende Gesetzgebungsvorhaben in Deutschland geben. Namentlich mit dem 4. Finanzmarktförderungsgesetz stehen wichtige kapitalmarktrechtliche Änderungen und Ergänzungen an, die auch der zunehmenden Bedeutung elektronischer Wertpapierhandelsformen geschuldet sind. Gerade aus dem weltumspannenden Wirkungsbereich des Internet ergibt sich dabei eine gewisse Notwendigkeit zur Mindestharmonisierung der Grundansätze, um ein Leerlaufen nationaler Regelungen in internationalen Sachverhalten zu verhindern[2]. Der Erfahrungsvorsprung, den die USA in tatsächlicher Hinsicht ebenso haben wie bei der rechtlichen Erfassung von Internet-gestützten Wertpapiertransaktionen, kann in diesem Sinne in die anstehenden Überlegungen einfließen und die in Deutschland begonnene wissenschaftliche Aufarbeitung[3] der mit dem Internet-Einsatz in diesem Bereich verknüpften Fragen ergänzen.

II.) Gang der Untersuchung und Betrachtungsschwerpunkt

Bereits die Skizzierung der Problemfelder hat verdeutlicht, daß das Internet als Medium für den Transport wertpapierrelevanter Informationen und als Vertriebskanal für Anlageprodukte umfassenden Einsatz findet. Diese praktische Relevanz resultiert aus der einmaligen Struktur und den technischen Möglichkeiten dieses Mediums (dazu unter § 2). Betroffen sind mithin nahezu alle Bereiche des US-amerikanischen Kapitalmarktrechts. Dieses ist seinerseits durch eine zum Teil erhebliche Regelungstiefe gekennzeichnet, die eine vollständige und umfassende Darstellung im Rahmen dieser Untersuchung unmöglich macht. Orientiert an den wesentlichen Regelungszielen des US-Kapitalmarktrechts - dem Schutz der Anleger und des Marktes (näher unter § 3) - sollen daher vor allem diejenigen Themenkomplexe erörtert werden, in denen sich der Internet-Einsatz im Hinblick auf diese Ziele als besonders hilfreich oder problematisch erweist.

---

2 Das gilt vor allem im Hinblick auf Fragen der Durchsetzbarkeit nationaler Regelungen und Maßnahmen in internationalen Sachverhalten, wie sie die Nutzung des Internet zunehmend mit sich bringt; vgl. nachfolgend unter § 6, II.).

3 Vgl. umfassend v.a. Florian, Rechtsfragen des Wertpapierhandels im Internet, 2001; Pfüller/Westerwelle, Wertpapierhandel im Internet, in: Hoeren/Sieber, Handbuch Multimediarecht, Kap. 13.7; Assmann, Neuemissionen von Wertpapieren über Internet, FS für Schütze, 1999, S. 15 ff.; Spindler, NZG 2000, 1058 ff.; Weber, MMR 1999, 385 ff.; Wastl/Schlitt, MMR 2000, 307 ff.

Bedingung einer näheren Betrachtung einzelner Probleme ist dabei die Anwendbarkeit des US-Rechts überhaupt. Inwieweit die nationalen Kapitalmarktregeln der USA im weltumspannenden Datenraum des Internet anwendbar und durchsetzbar sind, soll daher im 2. Kapitel untersucht werden. Im Geltungsbereich des US-Kapitalmarktrechts ist sodann vor der näheren Untersuchung einzelner Fragen des Internet-Einsatzes im Primär- und Sekundärmarkt auf den Bereich des sog. Online-Brokerage einzugehen. Broker erfüllen als Schnittstelle zwischen den Anlegern und den Wertpapiermärkten nach wie vor wichtige Funktionen und unterliegen besonderen Regeln. Die Übertragbarkeit und Anpassung dieser Vorschriften an den zunehmenden Internet-Einsatz durch Broker wird im 3. Kapitel näher betrachtet. Erst vor diesem Hintergrund eröffnet sich die Notwendigkeit und der Sinn zahlreicher Einzelregelungen, die die Verwendung des Mediums durch Broker betreffen, bzw. das Fehlen dieser Finanzintermediäre kompensieren sollen.
Primärer Ansatzpunkt zur Umsetzung der Regelungsziele des US-Kapitalmarktrechts ist die Offenlegung anlagerelevanter Umstände. Der Regulierung des Informationsflusses kommt zentrale Bedeutung zu. In dieses System muß das Internet mit seinen einmaligen Möglichkeiten kostengünstiger und schneller Nachrichtenverbreitung angemessen eingebunden werden (dazu im 4. Kapitel). Gleichzeitig gilt es unzutreffende oder irreführende Informationen über Wertpapiere zu unterbinden. Inwiefern betrügerische und manipulative Vorgänge im Internet vom US-Recht erfaßt und von den Aufsichtsbehörden verfolgt werden können, spielt unter dem Gesichtspunkt des Anlegerschutzes eine wichtige Rolle (vgl. unter § 11). Ansatzpunkt können dabei nicht nur die Täter selbst sein, die oft nur schwer zu ermitteln sind. Ob und inwieweit sich die Regulierungskompetenzen auch auf diejenigen Internet-Foren erstrecken, über die eine Verbreitung unzutreffender Nachrichten erfolgt, wird unter § 12 näher untersucht.
Die zunehmende Nutzung solcher Internet-Plattformen nicht nur zu Zwecken der Informationsverbreitung, sondern auch als Handelsplatz, wirft die Frage der institutionellen Aufsicht über diese Foren auf. Hierauf soll unter § 13 eingegangen werden. Eine Lösung ist dabei unter Berücksichtigung der jüngsten Entwicklungen zum US-amerikanischen Börsenbegriff, der im Hinblick auf die Einbindung sog. ECN's eine weitreichende Änderung erfahren hat, zu entwickeln. Die Entstehung und Etablierung dieser Internet-Handelsplätze hängt stark mit Zunahme von Direktemissionen und Privatplazierungen unter Nutzung des Internet zusammen, auf die in Gegenüberstellung zu klassischen Fremdemissionen schließlich im letzten Kapitel eingegangen werden soll.

Der Gegenstand der Betrachtung ist damit vornehmlich aufsichtsrechtlich geprägt. Gleichwohl werden auch haftungsrechtliche Fragen behandelt. Diese stehen oftmals in engem Bezug zu Verstößen gegen Regulierungsvorschriften. Zudem haben gerade im Bereich der Wertpapiermanipulationen und -betrugsfälle Haftungs-

prozesse wesentlich zur Herausbildung derjenigen Standards beigetragen, die den heutigen Beurteilungsmaßstab in Internet-Sachverhalten bilden.
Regelungsobjekt des US-Kapitalmarktrechts ist der weite Bereich der "securities". Entsprechend der praktischen Relevanz beschäftigt sich die vorliegende Untersuchung vornehmlich mit Internet-basierten Aktientransaktionen. Zwar lassen sich die in diesem Bereich geltenden Grundsätze vielfach übertragen, Sonderprobleme aus dem Bereich sonstiger Anlagetitel, wie etwa der Investmentfonds[4] oder derivativer Finanzinstrumente[5] sind aus der Betrachtung jedoch ausgeblendet. Entsprechend wird der Begriff "Kapitalmarktrecht" im Sinne der "Securities Regulation" verwendet und bezieht sich auf den Bereich des US-Börsen- und Wertpapierrechts. Internet-spezifische Problemstellungen ergeben sich dabei nahezu ausschließlich in der Phase der Anbahnung und des Abschlusses der Wertpapiertransaktionen. Für Fragen der Verwahrung und Abwicklung der getätigten Transaktionen nach amerikanischem Recht, kann auf bestehende Untersuchungen verwiesen werden[6].
Schließlich ist der Gegenstand der Untersuchung auch im Hinblick auf den persönlichen Schutzbereich der Securities Regulations einzugrenzen. Soweit neben dem Funktionsschutz des Marktes einzelne Vorschriften der Absicherung der Anleger dienen, differenzieren die Securities Laws zwar nicht grundsätzlich zwischen Privatanleger und institutionellen Anlegern, dennoch kommt vor allem im Informations- und Offenlegungskonzept des US-Kapitalmarktrechts zum Ausdruck, daß es insbesondere der Privatanleger ist, der als besonders schutzwürdig erachtet wird. Dieser Gewichtung folgend steht eben diese Investorenschicht auch im Mittelpunkt der vorliegenden Arbeit. Diese Schwerpunktsetzung entspricht zum einen dem gegenüber Deutschland deutlich größeren Wertpapierbesitz der Privatanleger, zum anderen korrespondiert sie mit dem Tätigkeitsschwerpunkt der Securities and Exchange Commission (SEC), deren Internet-spezifische Maßnahmen und Erlasse in vielerlei Hinsicht gerade den Privatanleger betreffen[7].

---

4 Vgl. hierzu eingehend Steck, Regulierung von US-amerikanischen Investmentgesellschaften (Investment Companies), v.a. S. 137 ff. ("Mutual funds" und Internet).

5 Trotzdem das für Finanztermingeschäfte geltende Recht mit dem Commodity Exchange Act von 1936 (7 U.S.C. § 1 et seq.) in einem Sondergesetz geregelt ist und die Aufsicht über diesen Teil des Kapitalmarktes nicht von der SEC sondern der Commodity Futures Trading Commission (CFTC; vgl. unter: http://www.cftc.gov/cftc/) ausgeübt wird, ähneln sich die regulatorischen Grundmuster. Das gilt besonders im Hinblick auf den Schutz der Marktteilnehmer vor betrügerischen Manipulationen und das Standesrecht der professionellen Marktteilnehmer (so Becker in Hopt/Rudolph/Baum, Börsenreform, S. 772; vgl. auch Lee, What is an exchange?, S. 198 ff.).

6 Hierzu vor allem Einsele, Wertpapierrecht als Schuldrecht, S. 323 ff.; dies. RIW 1997, 269 ff.; Kübler, WM 1986, 1305, 1308.

7 Ähnlich Dolan, Securities Regulation and the Web, in: Immenga/Lübben/Schwintowski, Das internationale Wirtschaftsrecht des Internet, S. 81.

§ 2 Charakteristika des Internet

Vor der näheren Betrachtung der vielfältigen rechtlichen Fragen, die der Einsatz des Internet im Wertpapierhandel mit sich bringt, ist vorab auf die grundlegende Struktur dieses Netzes und die Art der Datenübertragung einzugehen. Diese erklärt sich vornehmlich aus der historischen Entwicklung und originären Zielsetzung des Mediums.

I.) Entwicklung und Struktur des Internet

1.) Ursprünge

Die „wahre Geburtsstunde" des Internet[8] ist umstritten und wird je nach dem Blickwinkel und der Bewertung dessen, was als wesensbestimmendes Merkmal dieses Mediums angesehen wird, unterschiedlich bewertet. Stellt man auf den Aspekt des Datentransfers zwischen miteinander verbundenen, räumlich voneinander getrennten Prozessoren ab, so ist der 02. September 1969 zu nennen. An diesem Tag wurde an der Universität von Kalifornien in Los Angeles erstmals ein Computer an einen Interface Message Processor (IMP) angeschlossen. Hierin lag die Initialzündung für das erste, am 10. Oktober 1969 von dort übermittelte Signal an einen weiteren Rechner mit vorgeschaltetem IMP am Stanford Research Institute. Stellt man dagegen – wie dieses in der einschlägigen Literatur überwiegend geschieht - auf den Aspekt der Vernetzung ab, so reicht allein die Kommunikation zweier Computer nicht aus, um von einem Netzwerk sprechen zu können. In diesem Sinne ist Vorreiter des heutigen Internet das 1969 durch die US-Militärforschung entwickelte und 1971 erstmals der Öffentlichkeit vorgestellte ARPAnet, mit dem durch insgesamt 15 Netzwerkknoten Universitäten und Forschungseinrichtungen in den USA verbunden worden sind[9].

Zielsetzung dieses Netzes war es, einen Datentransfer auch im Fall eines Atomschlages gewährleisten zu können. Aus diesem Grund wurde das ARPAnet dezentral angelegt, so daß selbst bei Zerstörung eines oder mehrerer Netzwerkrechner, Daten auch auf jedem anderen beliebigen Weg innerhalb des Netzes versandt werden konnten. Zudem wurden und werden die Daten nicht als Ganzes versandt, sondern in einzelne Datenpakete zerteilt und separat verschickt. Dabei ist es keinesfalls erforderlich, daß alle Datenpakete den selben Weg nehmen, bis sie am

---

8 Vgl. insgesamt Borchers/Benning/Kuri, c't 1999, Heft 21, S. 127 ff.; Köhler/Arndt, Recht des Internet, 6. ff. Für einen Überblick über die Fachtermini vgl. v.a. das Internet-Glossar bei Kröger, Internet für Rechtsanwälte und Notare, 9. Kapitel, sowie v.a. die Chronologie von R. H. Zakon unter: http://www.isoc.org/zakon/Internet/History/HIT.html .

9 Borchers/Benning/Kuri, c't 1999, Heft 21, S. 127 ff.; Rademacher, GEO Nr. 3, 2001, S. 67, 79 f.

Ziel-Server[10] wieder zusammengefügt werden[11]. Um Überlastungen einzelner Übertragungswege zu vermeiden, werden für die Entscheidung über den konkreten Übertragungsweg spezielle Rechner (sog. "Router") eingesetzt. Aus dieser Art der Datenübermittlung resultiert der unter rechtlichen Gesichtspunkten problematische Umstand, daß eine genaue Lokalisierung der Informationsquelle oftmals schwierig ist. Trotzdem ist es gerade diese Struktur, die diesem Netz eine erhebliche Stabilität verlieh und zu dessen Verbreitung beitrug.

2.) Etablierung einheitlicher Netzstandards

In den folgenden Jahren verlagerte sich der Schwerpunkt von der ausschließlich militärischen Nutzung des Netzes hin zu einem primär dem wissenschaftlichen Gedankenaustausch dienenden Netzwerk, das 1972 bereits über 37 Knotenpunkte verfügte, die nicht nur einzelne Rechner, sondern wiederum eigenständige Netzwerke miteinander in Verbindung setzten[12]. Diese Grundstruktur - die Verbindung einzelner Netzwerke zu einem interagierenden Gesamtnetz - hat das Internet bis heute beibehalten. Gleichzeitig brachte die zunehmende Vernetzung unweigerlich Kompatibilitätsprobleme mit sich, weshalb ein einheitlicher Standard für den Datenaustausch innerhalb des Netzwerkes immer dringender wurde. 1974 erfolgte der erste Vorschlag für ein einheitliches Rechnerprotokoll[13], das 1983 unter der Bezeichnung TCP/IP (Transmission Control Protocol/Internet Protocol) zum offiziellen Standard erklärt worden ist. Erst durch dieses einheitliche Protokoll wurde der Datenaustausch und die Kommunikation der verschiedenen Netzwerke untereinander ermöglicht und auf diese Weise die autonomen Netze zu einem einheitlichen Ganzen verbunden. Die neuralgischen Punkte des Internet, die Schnittstellen zwischen den einzelnen Netzen, markieren sog. "gateway"-Rechner, die erst auf Basis des einheitlichen TCP/IP-Standards in der Lage sind, die empfangenen Daten vom einen in das andere Netz zu übermitteln und an den richtigen Empfänger zu leiten. Erst mit diesem Schritt war das Internet im heutigen Sinne „geboren“.
Die Entstehung des Mediums von den Anfängen bis hin zu dem, was heute gemeinhin unter dem Internet verstanden wird, ist daher als Entwicklung zu begreifen. Dieser Prozeß dürfte 1989 abgeschlossen worden sein, als das ARPAnet ab-

---

10 Server sind innerhalb der Netzwerkinfrastruktur besondere Rechner, die wesentliche Netzwerkdienste erfüllen und dem Nutzer zur Verfügung stellen. Regelmäßig übernehmen sie die Verwaltung lokaler Netze und koordinieren die Datenübertragung (vgl. Kröger, Internet für Rechtsanwälte und Notare, 9. Kapitel).

11 Kuner, CR 1996, 453, 454.

12 Herzog, Rechtliche Probleme einer Inhaltsbeschränkung im Internet, S. 4.

13 Tatsächlich handelt es sich um einen Satz von Einzelprotokollen, zu denen etwa das HTTP (=Hypertext Transfer Protocol), das dem Aufruf von Internet-Seiten dient, das SMTP (= Simple Mail Transfer Protocol), das die Übermittlung elektronischer Post ermöglicht, oder das für den Datentransport zuständige FTP (=File Transfer Protocol) zählt.

geschaltet und dessen Host-Rechner[14] aus der Militärforschung ausgegliedert und der National Science Foundation (NSF) unterstellt wurden. Seit diesem Zeitpunkt wächst die Zahl der Host-Rechner zwar ebenso stetig und exponentiell an[15] wie die der Internet-Nutzer, abgesehen von der Fortentwicklung und Neuetablierung weiterer Standards und Formate ist es seitdem aber zu qualitativen Veränderungen an der Struktur des Netzes nicht mehr gekommen.

3.) Entwicklung einzelner Internet-Dienste

Das nicht mehr kontrollierbare eigendynamische Wachstum des Internet durch den Anschluß immer weiterer Netze machte zur Aufrechterhaltung der Leistungsfähigkeit die Etablierung von Ordnungsprinzipien erforderlich. Einen Schritt in diese Richtung stellen die Einführung der sog. "Top-Level-Domains" dar. Domänen fassen eine Vielzahl von Host-Rechner unter einer gemeinsamen Kennung zusammen und lassen sich in unterschiedliche hierarchische Ebenen einteilen, an deren Spitze die Top-Level-Domains stehen. Während ursprünglich nur ein relativ kleiner Kreis von Top-Level-Domains existierte (etwa ".com", ".edu", oder ".gov"), hat sich auch deren Anzahl mit zunehmendem Wachstum des Internet vervielfacht[16].

a) World Wide Web

Trotz dieser groben Ordnungsstrukturen und des einheitlichen TCP/IP-Standards wuchs die über das Internet verfügbare Datenmenge derart schnell an, daß eine Orientierung im Netz und Auffinden relevanter Informationen zunehmend schwieriger wurde. 1989 entwickelt Tim Berners-Lee am Europäischen Kernfor-

---

[14] Als Host-Rechner werden Internet-Computer bezeichnet, zu deren Leistungsangebot mehrere Benutzer ("Clients") Zugang haben.

[15] Während man für 1993 von 1.313.000 Hosts weltweit ausging, betrug deren Anzahl 1998 ca. 28.670.000 und liegt heute (bezogen auf Jan. 2002) bei 147.344.723 Host-Rechnern (Quelle: Network Wizards, verfügbar unter: http://www.isc.org/ds/WWW-200201/index.html).

[16] Unterschieden werden kann dabei zwischen Domain-Kürzeln, die auf einzelne Länder hindeuten und Sachkennungen. Derzeit existieren 243 Länderkennungen. Die bisher existenten 7 Sachkennungen (".edu", ".com", ".gov", "mil", ".org", net" und ".int") sind kürzlich erweitert worden um Domänen wie ".aero", ".museum", ".name", ".info", ".coop", ".pro" und ".eu". (FAZ v. 08.02.2001, S. 50). Zuständig für die Vergabe und Verwaltung dieser Domänen ist international die ICANN (=Internet Corporation of Assigned Names and Numbers (http://www.icann.org)), bei der es sich um eine sogenannte nicht-kommerzielle Nicht-Regierungsorganisation handelt, die von der amerikanischen Regierung mit der Domain-Verwaltung betraut worden ist. Für die Vergabe und Verwaltung der Top-Level-Domain ".de" ist die 1996 in der Rechtsform einer eingetragenen Genossenschaft gegründete DENIC (= Deutsches Network Information Center (http://www.denic.de)) mit Sitz in Karlsruhe zuständig.

schungszentrum (CERN[17]) darum eine zunächst nur für den internen Gebrauch bestimmte Software, die Verbindungen zwischen einzelnen Inhalten bereitstellte und so den intuitiven Wechsel zwischen einzelnen Daten ermöglichte. Erst 1991 wurde die zugrundeliegende Software, die Berners-Lee "World Wide Web" (WWW) nannte, frei in das Internet eingestellt[18]. Während vor 1991 die gezielte Anwahl einer bestimmte Web-Seite erforderlich war, ermöglichen Hyperlinks, die zur prägenden Funktion des WWW geworden sind, eine intuitive Navigation durch die Dateninhalte.

aa) Hyperlinks

Durch das bloße Anklicken eines Hyperlinks kann die hinter dieser Funktion liegende Querverbindung zu einer anderen Web-Seite aktiviert werden[19]. Realisiert wird dieses über das spezielle HTML-Dateiformat[20], das neben dem Transport multimedialer Web-Seiten, die Text, Graphik, Animationen und Töne beinhalten können, auch die Übertragung nicht sichtbarer Funktionen erlaubt[21], wozu auch die Einbindung von Hyperlinks in die Internet-Seiten zählt. Ähnlich wie "gateway"-Rechner auf der Ebene der Hardware die Einzelnetze verbinden, eröffnen Hyperlinks eine Vernetzung der im Internet verfügbaren Inhalte. Angesichts dieser elementaren Funktion, die durch das WWW bereitgestellt wird, ist dieser Standard zu *der* Internet-Applikation schlechthin geworden ist[22].

bb) Orientierung im WWW

Als Basis für den Zugang zu den Inhalten des WWW dienen spezielle Navigationsprogramme ("Browser"), die dem Anwender auf dem eigenen Rechner eine

---

17 CERN = Conseil Européen pour la Recherche Nucléaire.

18 Rademacher, GEO Nr. 3, 2001, S. 67, 79 f.

19 Dabei ist ein Wechsel innerhalb eines einheitlichen Internet-Auftrittes oder innerhalb einer einzelnen Web-Seite ebenso möglich, wie der Wechsel zu externen Internet-Seiten Dritter. Zu unterscheiden ist dabei die Art und Weise der Einbindung solcher externen Inhalte. Das der Hyperlink-Funktion zugrundeliegende HTML-Format (dazu sogleich) ermöglicht die Darstellung der fremden Inhalte durch Öffnen eines separaten Fenster ebenso, wie die Einbindung in die Ausgangsseite. Im letzteren Fall erscheint die externe Seite innerhalb eines Teilbereiches der Ausgangsseite (sog. "Framing" oder "Inlining") und wirkt damit optisch wie ein Teil dieser Web-Seite.

20 HTML = Hypertext Markup Language.

21 Ohlinger, Technische Grundlagen, in: Hoeren/Sieber, Handbuch Multimediarecht, Kap. 1, Rdnr. 3.

22 Köhler/Arndt, Recht des Internet, Rdnr. 7. Realisiert wird diese Übertragungsvielfalt durch das dazugehörige Protokoll, das HTTP (=Hypertext Transfer Protocol).

Plattform für den Einstieg in das Internet eröffnen[23]. Über diese Oberflächen können unmittelbar Web-Seiten aufgerufen werden. Der Aufruf vollzieht sich durch die Eingabe der Internet-Adresse der Zielseite (IP-Adresse). Dem TCP/IP-Standard entsprechend bestehen Internet-Adressangaben aus einer Kombination von insgesamt 4, jeweils durch einen Punkt getrennten Zahlenfolgen mit je maximal drei Ziffern (von 0 bis 255). Aufgrund der geringen Benutzerfreundlichkeit dieser Art der Darstellung der IP-Adresse, werden an deren Stelle textliche Beschreibungen der Zielseite verwandt (URL[24]), die mit Hilfe spezieller Server[25] in die numerische Adressierung übersetzt werden. Allerdings bedarf der gezielte Aufruf einer einzelnen Internet-Seite der Kenntnis ihrer URL. Sofern diese nicht bekannt ist, stehen mit sog. "Suchmaschinen" Softwarelösungen zur Verfügung, die mit Hilfe unterschiedlicher Verfahren eine Orientierung im Datenraum des Internet erlauben und den Zugriff auf einzelne Inhalte durch Stichwortangaben ermöglichen[26]. Die so aufgefundenen Internet-Inhalte auf fremden Web-Seiten können vom Anwender betrachtet oder auf die Festplatte seines PC's bzw. ein sonstiges dauerhaftes Speichermedium heruntergeladen werden (sog. "Download").

cc) Interaktivität

Neben solchen einseitigen Zugriffen eröffnet das WWW ein hohes Maß an Interaktivität, indem es zahlreiche Möglichkeiten der Online-Kommunikation zur Verfügung stellt. Auf diese Weise ist Serviceanbietern eine unmittelbare Reaktion auf die Eingaben und Anfragen der Anwender möglich. Im Bereich des Wertpapierhandels ist dieses bei Passwortabfragen, Order-Eingabemasken oder Datenbankabfragen von besonderer Relevanz. Ermöglicht wird diese Interaktivität zum einen

---

23 Für diesen Zugriff bedarf der Anwender sog. "Access Provider". Nachdem üblicherweise über Telefonleitungen vom eigenen PC zu den Rechnern dieser Provider eine Verbindung aufgebaut worden ist, kann eine Abfrage einzelner Internet-Inhalte erfolgen. Terminologisch sind von diesen "Access Providern" die sog. "Content Provider" zu unterscheiden, die eigene Inhalte zur Nutzung durch Dritte bereithalten. In ihrer Gesamtheit werden all diese Dienstanbieter als Internet-Service Provider (ISP) bezeichnet.

24 URL = Uniform Resource Locater. Die URL setzt sich aus der Angabe des Übertragungsprotokolls (z.B. "http://"), der Angabe des gewünschten Netzes (z.B. "www"), der sog. Second Level Domain, die in aller Regel auf den Anbieter hindeutet (z.B. ".sec.") und der sog. Top-Level-Domain (z.B. ".gov") zusammen (Köhler/Arndt, Recht des Internet, Rdnr. 12).

25 Sog. Domain-Name-Server (DNS).

26 Drei grundsätzliche Filterstrategien lassen sich unterscheiden. Während einige Suchmaschinen ihre Ergebnisse aus einem Kontingent bestimmter, vorher selektierter Web-Seiten beziehen, verwendet eine zweite Gruppe sog. "Robot-", oder "Spider"-Programme, um mit deren Hilfe Seiteninhalte zu sichten. Die Dritte Alternative besteht im zeitgleichen Einsatz mehrerer Suchmaschinen mit Hilfe sogenannter Meta-Crawler, die Suchanfragen parallel an verschiedene einzelne Suchmaschinen absenden.

durch das sog. "Common Gateway Interface" (CGI), bei dem es sich um einen besonderen Standard handelt, der einem Web-Server die Kommunikation mit einem externen Programm erlaubt. Auf dieser Basis kann z.B. eine entsprechende Software aus einer Kursdatenbank den aktuellen Preis eines Wertpapiers ermitteln und diese Nachricht in einem Format an den Browser des Anwenders senden, der diesem die Darstellung des Ergebnisses erlaubt[27]. Neben CGI eröffnen sog. Java-Applets eine weitere Kommunikationsmöglichkeit. Es handelt sich dabei um Programmroutinen, die in der Programmiersprache Java[28] verfaßt sind und mit Hilfe der gängigen Web-Browser zur Ausführung gebracht werden können. Solche Applets können, etwa bei Passwortabfragen, automatisch mit dem Betreten einer entsprechenden Web-Seite aufgerufen werden oder aber auf Veranlassung des Anwenders gestartet werden und ermöglichen ebenso eine unmittelbare Interaktion zwischen den miteinander verbundenen Rechnern[29]. Die Kombination solcher interaktiven Elemente mit den Vorteilen der Darstellung multimedialer Inhalte ist es, die die besondere Attraktivität des WWW bedingt.

b) E-Mails

Trotz der Bedeutung des World Wide Web ist der meistgenutzte Internet-Dienst nach wie vor der Versand elektronischer Post (E-Mail). Diese läßt sich mit Hilfe des dazugehörigen Protokolls, des SMTP, kostengünstig und sekundenschnell zu jedem Anschlußpunkt in der Welt versenden[30].
Die hierfür erforderliche Software wurde bereits 1972 von Ray Tomlinson entwickelt, der das heute zum Symbol des gesamten Internet gewordene kaufmännische "@" als Trennmarke zwischen dem Namen des Empfängers und dem Ziel-Mailserver[31] wählte[32]. Der wesentliche Unterschied zwischen Inhalten, die auf Internet-Seiten im WWW abgelegt sind, und der Versendung von Nachrichten via E-Mail liegt in der Art der Informationsverbreitung. Während die Versendung elektronischer Post eine direkte und zielgerichtete Ansprache eines individualisierbaren Adressaten erlaubt, werden die Inhalte des WWW nur passiv verbreitet.

---

27 Hewitt/Carlson, Securities Practise and Electronic Technology, 4-26 f.

28 Java ist eine von Sun Microsystems entwickelte Programmiersprache mit der Besonderheit der Plattformunabhängigkeit, die von Rechnern mit OS/2-, Unix-, Windows- oder sonstigem Betriebssystem gleichermaßen interpretiert werden kann.

29 Eine Alternative zu Java stellt das von Microsoft entwickelte "ActiveX" dar. Dazu eingehend Hewitt/Carlson, Securities Practise and Electronic Technology, 4-28.

30 Ohlinger, Technische Grundlagen, in: Hoeren/Sieber, Handbuch Multimediarecht, Kap. 1, Rdnr. 55 ff.; Mayer, NJW 1996, 1782, 1784.

31 Mailserver sind speziell für den E-Mail-Versand bestimmte Rechner, auf denen jedem Teilnehmer ein personalisierter Bereich ("account") zugewiesen ist, der einem elektronischen Postfach vergleichbar für den Ein- und Ausgang der E-Mails vorgesehen ist.

32 Rademacher, GEO Nr. 3, 2001, S. 67, 74.

Der Inhalt von Web-Seiten wird demgegenüber ohne eine aktive Versendungshandlung in Richtung Einzelner grundsätzlich allen Internet-Nutzern gleichermaßen eröffnet[33].

c) Internet-Diskussionsforen

Die dritte Gruppe wesentlicher Dienstangebote[34] stellen schließlich die gerade im Bereich des Internet-gestützten Wertpapierhandels vielfach genutzten Diskussionsforen dar. Über Newsgroups oder Chat-Rooms können innerhalb einer Diskussionsgruppe themenspezifische Informationen und Meinungsbeiträge ausgetauscht werden. Während viele Newsgroups in Form "Schwarzer Bretter" (sog. "Bulletin Board Systems" (BBS)) aufgebaut sind, in die die Teilnehmer ihre Nachrichten einstellen können und die sodann vom Zentralrechner an die übrigen Teilnehmer veröffentlicht werden, stellt der sog. "Internet Relay Chat" (IRC) eine besondere Kommunikationsvariante dar. Solche Diskussionsforen erlauben eine zeitgleiche Teilnahme einer Vielzahl von Anwendern im Sinne eines echten multilateralen Dialoges[35]. Neben solchen interaktiven Echtzeit-Kommunikationsformen stellen sog. Newsletter eine einseitige Form der Informationsverbreitung dar, bei der Teilnehmer, die sich zuvor in sog. "Mailing-Listen" angemeldet haben, themenspezifisch zusammengefaßte Informationen per E-Mail erhalten.

II.) Wesensmerkmale und systemimmanente Gefahren

1.) Charakteristika des Internet

Aus der beschriebenen Struktur ergeben sich einige wesensbestimmende Merkmale, die auch für den Einsatz des Mediums im Wertpapierhandel von wesentlicher Bedeutung sind:
Das Internet ist ein offenes, dezentrales Netzwerk, innerhalb dessen kein zentraler Hauptrechner existiert[36], der infrastrukturelle oder administrative Fragen regelt.

---

33 Zugangsbeschränkungen über Passwortabfragen und die Individualisierung einzelner Web-Seiten mit Hilfe spezifischer Internet-Applikationen (z.B. sog. Cookies) bilden eine Ausnahme von diesem Grundsatz.

34 Daneben existieren Suchdienste, wie WAIS (= Wide Area Information Service) oder Gopher, die die Informationsinhalte des Internet für den Anwender in unterschiedlicher Weise auffinden und darstellen, und sog. Terminalemulationsdienste, wie Telnet, die mit Hilfe von Befehlsweiterleitungen zwischen Netzrechnern den Zugriff auf externe Systemressourcen ermöglichen (Herzog, Rechtliche Probleme einer Inhaltsbeschränkung im Internet, S. 11 ff.).

35 Herzog, Rechtliche Probleme einer Inhaltsbeschränkung im Internet, S. 12 f. m.w.N.

36 Darin unterscheidet es sich von Online-Diensten, wie T-Online oder AOL. Diese Dienstanbieter verbinden ihre Kunden mit einem Zentralrechner, über den sie ihr vielfältiges Serviceangebot bereitstellen. Teil des Angebotes ist allerdings regelmäßig auch der Zugang zu den

Eine Kontrollinstanz, die die Autorität besitzt, die Nutzung insgesamt zu reglementieren, existiert ebensowenig wie einheitliche, verbindliche Verhaltensstandards[37]. Gleichzeitig eröffnen Veröffentlichungen auf Internet-Seiten ("Web-Postings") oder in den zahlreichen Diskussionsforen eine massenwirksame und unmittelbare Form der Kommunikation und Informationsverbreitung[38], die von jedem Zugriffspunkt aus gleichförmig und nahezu unbeschränkbar verfügbar ist[39]. Angesichts dieser Attribute wird dem Internet vielfach eine anarchische Struktur attestiert[40].
Aus Sicht der Anwender schafft das Internet einen leicht zugänglichen Kommunikations- und Interaktionsraum. Neben den geringen Zugangskosten werden gerade im Bereich des Wertpapierhandels vielfältige Informationen und sonstige Leistungen oftmals kostenlos angeboten, die für Privatanleger zuvor überhaupt nicht oder nur gegen entsprechende Gebühren verfügbar waren. Schließlich ist das Internet ein äußerst flexibles Medium, das den Anbietern bei geringem Kostenaufwand eine Anpassung ihrer Inhalte oder ihres Angebotes an die aktuelle Nachfrage ermöglicht. Einzelne Informationen oder Funktionen, die auf Web-Seiten eingestellt sind, können unkompliziert und schnell aktualisiert oder um neue Komponenten ergänzt werden[41]. Diese Eigenschaft verbunden mit der Möglichkeit der Darstellung multimedialer Inhalte hat das Internet schnell zu einem wichtigen Vertriebskanal für die Anbieter unterschiedlichster Wertpapierangebote und -dienstleistungen werden lassen.

2.) Typische Risiken des Internet

a) Viren und andere "malware"

Von größter Bedeutung für den E-Commerce insgesamt und insbesondere für sensible Bereiche wie den Wertpapierhandel sind Datensicherheit und Systemintegrität. In dieser Hinsicht stellen Viren und andere Programmroutinen mit Schadensfunktion ("malware"[42]) allein aufgrund ihrer Vielzahl und Häufigkeit eine ernsthafte Bedrohung sowohl für private Anwender, wie auch für behördliche Einrich-

---

Dateninhalten des Internet, die über diese Zentralen eröffnet werden; näher Herzog, Rechtliche Probleme einer Inhaltsbeschränkung im Internet, S. 9.

37 Zwar wird unter dem Begriff "Netiquette" eine Anzahl unübersehbarer und nicht vereinheitlichter Verhaltensmaßstäbe verstanden, diesen kommt jedoch keine Allgemeingültigkeit oder Rechtsverbindlichkeit zu (vgl. Ernst, Internet und Recht, JuS 1997, 776, 778).

38 IOSCO, Securities Activity on the Internet (22. Oct. 1998), I.A.

39 Vgl. zur Struktur der Informationsverbreitung näher unter § 4, I.).

40 Vgl. etwa Lange, Internet Banking, 1998, S. 19; Hoeren, WM 1996, 2006.

41 IOSCO, Securities Activity on the Internet (22. Oct. 1998), I.G.

42 "Malware" wird als Oberbegriff für eine Vielzahl von Programmroutinen mit Schadensfunktion verstanden; vgl. hierzu grundlegend Ziemann, c't, Heft 2, 2001, S. 16 ff.

tungen und Wirtschaftsunternehmen dar. Je nach Programmierung sind derartige Dateien zur Löschung oder Manipulation einzelner Dateien oder der Formatierung der gesamten Festplatte des betroffenen Rechners in der Lage. Darüber hinaus können sie in der Form sog. "Trojaner" unbemerkt im Hintergrund der betroffenen Systeme laufen und die Inhalte, der auf der Festplatte abgelegten Dateien (z.B. Passwörter) ermitteln, kopieren und über das Netz versenden. Zwar hängt die Existenz derartiger "Schädlinge" nicht notwendigerweise mit dem Internet zusammen, während der Verbreitungsgrad dieser Programme über Disketten oder CD's als Datenträger aber relativ gering war, stellt die zunehmende Vernetzung von Rechnern über das Internet einen idealen "Nährboden" dar[43], weshalb es je nach Eigenart der Viren zu ganzen Epidemien kommen kann. Grund hierfür ist eine regelmäßig programmierte Funktion, in deren Folge das Virus den Inhalt der Adressdateien des verwandten E-Mail-Programms ausliest und sich selbständig an alle dort vorgefundenen Adressen verschickt. Zwar läßt sich der von solchen Viren ausgehenden Gefahr mit der Verwendung von Anti-Viren-Software begegnen, diese kann allerdings auf die vielfältigen Erscheinungsformen nur reagieren, weshalb der permanenten Aktualisierung dieser Programme um die jeweils neuesten Viren-Signaturen besondere Bedeutung zukommt[44].
Das erste Virus ist von einem Informatikstudenten des MIT entwickelt und am 3. November 1988 in das Netz „gesetzt" worden. Das Programm begann sich schnell zu verbreiten und befiehl insgesamt 2600 Rechner, was damals 10 % der insgesamt an das Internet angeschlossenen Rechner entsprach und die Gefahr derartiger Manipulationen erstmals in das Bewußtsein der Öffentlichkeit brachte[45]. In jüngster Zeit war es vor allem der "Loveletter"-Wurm, der die Zerstörungskraft und den hohen Verbreitungsgrad derart schädlicher Programmroutinen anschaulich demonstriert hat[46]. Aber auch jenseits dieser medienwirksamen Großangriffe sind es weltweit immer wieder grassierende kleinere Epidemien[47], die die Anfälligkeit

43 Gegenwärtig wird von einer Zahl von ca. 60.000 unterschiedlichen PC-Viren ausgegangen (Brunnstein, Lautlose Killer, FAZ v. 20.03.2001, S. B1).

44 Problematisch sind bei diesem "Wettlauf" vor allem solche Viren, die in der Lage sind - dem natürlichen Vorbild entsprechend - zu mutieren, d.h. bei der Verbreitung im Internet die eigene Signatur zu modifizieren. Neueste Varianten verfügen sogar über "Inkubationszeiten", so daß der Befall von Systemen unter Umständen erst einige Wochen nach der Infizierung erkannt werden kann (so etwa der E-Mail-Wurm "Magistr"; vgl. FAZ v. 21.03.2001).

45 Borchers/Benning/Kuri, c't 1999, Heft 21, S. 127, 132.

46 Dieser Virus hat weltweit mehr als 45 Millionen Rechner befallen und einen Gesamtschaden in Höhe mehrerer Milliarden Dollar verursacht. Ein ähnliches Gefährdungspotential erreichten der auf den "Loveletter" folgende "Anna Kurnikova"-Virus sowie im März 2001 der "naked wife"-Virus. Letzterer war zur Zerstörung sämtlicher betriebswesentlicher Dateien und Formatierung der gesamten Festplatte des befallenen Rechners in der Lage (FAZ v. 18.03.2001, S. 11).

47 So wurden aufgrund solcher kleineren Virenvorfälle in den Monaten Oktober und November 2000 nach einer Untersuchung der mit Virenbekämpfung befaßten Firma MessageLabs (vgl.

des Internet für derartige Angriffe verdeutlichen und die Bedeutung entsprechend präventiver Vorkehrungen auch und gerade für den online abgewickelten Wirtschafts- und Finanzverkehr herausstellen.
Das erhebliche Gefährdungspotential, das von derartigen absichtsvollen Angriffen auf US-Computersysteme allgemein ausgeht, wird deutlich, wenn man sich die Zahl von 250.000 Angriffsversuchen insgesamt vergegenwärtigt, die nach Angaben des US-Militärs auf die Zentralrechner der für die US-Infrastruktur wesentlichen Systeme jährlich unternommen werden. Neben Einzelbemühungen zur Abwehr derartiger Angriffe haben die USA jüngst einen nationalen Plan zum Schutz von Informationssystemen beschlossen, in dessen Umsetzung das sog. "Fidnet-System"[48] nationale Computersysteme gegen illegale Angriffe von außen schützen soll[49].
Noch größere Gefahr als von Viren geht nach Ansicht von Experten von einer neuen Angriffsvariante auf die Integrität von Computersystemen, den sog. Dienstverweigerungsangriffen ("denial of service attacks"), aus[50]. Deren Potential ist erstmals im Februar 2000 deutlich geworden, als mit Hilfe absichtsvoller, massenweiser Anfragen an bestimmte Internet-Adressen die Server von Yahoo und Amazon.com blockiert wurden und für den Anwender nicht mehr erreichbar waren. Neben besonders frequentierten Internet-Portalen waren auch die Server von Wertpapierdienstleistern bereits Angriffsziel derartiger Attacken, die vor allem deshalb problematisch sind, weil die zugrunde liegenden absichtsvollen Massenanfragen auch durch Anti-Viren-Programme nur sehr schwer erkannt werden können und ein wirksamer Schutz kaum möglich ist[51]. Während sich derartige Aktionen in aller Regel unspezifisch gegen eine Vielzahl von Netzteilnehmern richten, stellen sog. "Hacker"[52] eine Gefahr für die Sicherheit und Integrität von Datenbeständen einzelner Anwender dar.

---

unter: http://messagelabs.com) mehr infizierte E-Mails identifiziert als im Mai des selben Jahres, in dem der "Loveletter"-Wurm verbreitet worden ist (so Schmidt, c't 2001, Heft 2, S. 98).

48 Fidnet = Federal Intrusion Detection Network.

49 FAZ v. 07.03.2001, S. 7.

50 Brunnstein, Lautlose Killer, FAZ v. 20.03.2001, S. B1.

51 Ebenfalls im Februar 2000 richtete sich ein DoS-Angriff gegen den Online-Broker E*Trade (vgl. FAZ v. 12.02.2000).

52 Zum Teil wird nach der Intention des Eindringens in fremde Computer oder Computersysteme zwischen "Hackern" und sog. "Crackern" unterschieden, wobei letztere auf fremde Systeme zugreifen, um dort gezielt einzelne Dateien oder das Gesamtsystem zu zerstören, zu manipulieren oder Daten zu stehlen. Weil eine Abgrenzung zu Hackern, die sich mit der Verschaffung des Zugangs ohne Schädigungsabsicht begnügen, oftmals schwierig sein dürfte, wird im folgenden "Hacker" als Oberbegriff verwandt.

b) Systemstabilität

Auch aus der dezentralen Organisationsstruktur des Internet ergeben sich in diesem Zusammenhang Gefahren. Folge dieser Struktur ist zwar eine grundsätzlich hohe Stabilität des Systems, das selbst bei einem massiven Ausfall einer großen Anzahl von Knotenpunkten eine stabile Verbindung zwischen Sender und Empfänger aufrecht erhalten kann. Allerdings sind nicht alle Netzverbindungen auf einer Ebene organisiert, sondern weisen eine hierarchische Struktur auf. Deren Basis besteht aus einer Vielzahl von untergeordneten Knotenpunkten mit relativ geringer Verbindungszahl. Demgegenüber ist die Anzahl von Hauptknotenpunkten, an die eine Vielzahl von Netzwerkservern angeschlossen sind, relativ gering. Angesichts dieser Netzwerkarchitektur ist das Internet zwar insgesamt widerstandsfähig gegen zufällige, technisch bedingte Störungen[53]. Äußerst anfällig erweist sich diese Struktur dagegen bei gezielten absichtsvollen Angriffen auf die Hauptknotenpunkte[54]. Da trotz vereinzelter Berichte über absichtsvolle Angriffe auf einzelne Server solche Aktionen, die auf die Zerstörung des gesamten Netzwerkes gerichtet sind, bisher nicht bekannt geworden sind, stellt die Systemstabilität des Internet als Ganzes ein gegenwärtig für den Internet-gestützten Wertpapierhandel zu vernachlässigendes Risiko dar. Größer ist hingegen das Gefährdungspotential auf Ebene der Netze der "Access Provider". Dabei ergeben sich Gefahren hier seltener aus absichtsvollen Angriffen, häufiger kommt es vielmehr zu Überlastungen der Zugangsserver. Reicht die Be-arbeitungskapazität dieser Systeme nicht aus, so resultieren hieraus Zugangs-verweigerungen zum Internet oder zeitliche Verzögerungen beim Aufruf einzelner Web-Seiten.

c) Anonymität

Ein weiteres Charakteristikum des Internet ist es, daß dieses Medium demjenigen, der in persona unerkannt bleiben will, ein hohes Maß an Anonymität bereitstellt. Offensichtliche Anknüpfungspunkte, wie etwa E-Mail-Adressen, sind insofern unzuverlässig, als bei Vergabe eine Identitätsüberprüfung durch die Provider oftmals unterbleibt. Auch die IP-Adresse des Rechners, von dem aus auf eine bestimmte Web-Seite zugegriffen wird, kann zwar grundsätzlich ermittelt werden.

---

[53] Diese Stabilität und Robustheit des Internet ist mittlerweile auch wissenschaftlich nachgewiesen: selbst dann, wenn 99% aller Knoten zufällig lahmgelegt werden, zerfällt das Internet nicht in zusammenhanglose Einzelnetze, sondern bleibt als Ganzes erhalten (vgl. FAZ v. 20.12.2000, N1 unter Verweis auf die Veröffentlichung israelischer Wissenschaftler in Physical Review Letters, Bd. 85, S. 4626).

[54] So haben Wissenschaftler in einer Untersuchung verschiedener Netzwerke an der Notre Dame Universität in Indiana berechnet, daß sich bei hochgradig vernetzten Systemen wie dem Internet, im Fall der Zerstörung von nur 1 % der Hauptknotenpunkte die Leistungsfähigkeit des Gesamtsystems um die Hälfte reduziert (Albert/Jeong/Barabasi, Nature, Bd. 406, S. 379-382 (2000)).

Zum einen bedarf die Zuordnung dieser Adresse zu einer bestimmten Person aber der Mitwirkung des beteiligten Providers, zum anderen existieren technische Möglichkeiten die Identität eines Dritten vorzutäuschen oder die eigene zu verbergen[55]. Das Internet schafft somit ein größeres Maß an Unsicherheit über die Identität des Kommunikationspartners als dieses in traditionellen Sachverhalten der Fall ist[56].

III.) Bedeutung des Internet für den US-Wertpapiermarkt

Aktuelle Erhebungen gehen für die USA von einer Anschlußzahl von ca. 164 Mio. Internet-Nutzern aus. Damit verfügen über 58% der US-Haushalte über einen Online-Anschluß[57]. Diese rasante Entwicklung der Informations- und Kommunikationstechnologien, welche zu grundlegenden Veränderungen in zahlreichen Bereichen des menschlichen Lebens geführt hat, beeinflußt geradezu denknotwendig auch die Entwicklungen der Wertpapiermärkte. Wie kaum eine andere Materie hängen gerade die hier stattfindenden Abläufe von einem zügigen, umfassenden und sicheren Informations- und Kommunikationsfluß ab. Das Internet hat in mancherlei Hinsicht das Potential, diese Anforderungen zu erfüllen, indem es den Zugang zu Informationen und den Abschluß von Transaktionen erleichtert. Entsprechend ist es in den USA vor allem von Privatanlegern früh als Instrument des Wertpapierhandels angenommen worden. Wesentliche Faktoren dieser Entwicklung sind zum einen eine offenbar größere Technik-Affinität der US-Bürger, verbunden mit der vergleichsweise niedrigeren Kostenstruktur der Internet-Nutzung[58] in den USA. Hinzu kommt eine gegenüber europäischen Verhältnissen offenere Aktien- und Wertpapierkultur[59]. Nicht zuletzt bedingt durch das US-Sozialsystem spielt die eigenverantwortliche Finanzplanung und Altersvorsorge eine größere Rolle. Vor diesem Hintergrund haben sich die USA zu einer Nation der Investoren[60] entwickelt. Diese Grundtendenz ist durch den kostengünstigen und schnellen Zugang zu Wertpapierangeboten im Internet noch verstärkt worden.

---

55 IOSCO, Securities Activity on the Internet (22. Oct. 1998), I.F. Zur Unterdrückung oder Verschleierung der IP-Adresse des anfragenden Rechners mit Hilfe sog. "Anonymizer" oder "Re-mailer" vgl. näher unter § 11, I.), 3.), b), aa).

56 Vgl. Mayer, NJW 1996, 1782, 1786.

57 Die Angaben beziehen sich Internet-Anschlüsse in den USA im Januar 2002; Quelle: Nua Internet Surveys, verfügbar über: http://www.nua.net/surveys/how_many_online/index.html .

58 Lokale Telefongespräche sind in den USA kostenfrei; vgl. Heigl, ÖBA 2000, 299, 300.

59 Diese spiegelt sich in der verglichen mit europäischen Verhältnissen hohen Zahl von 75 Millionen Aktienbesitzer in den USA exemplarisch wieder. In Europa hingegen wird von ca. 35 Millionen Aktienbesitzern ausgegangen (Imo, ÖBA 2000, 265, 267).

60 So Robertson, 23 Sec. Reg. L. J., 347, 356 ff., m.w.N. (1996); dieses spiegelt sich auch in der Anzahl der Online-Brokerage-Konten wieder; vgl. dazu näher unter § 8, I.), 1.).

Trotz dieser positiven Effekte bedingt die dezentrale Struktur des Internet und das Fehlen einer mit umfassenden Befugnissen und Zwangsmitteln ausgestatteten Kontrollinstanz eine gewisse Anarchie. Diese schafft vor allem dort unweigerlich Konfliktpotential, wo die Art und das Maß an Kommunikation und Informationsverbreitung strikten Regelungen unterliegen, wie dieses namentlich für den Bereich des US-Kapitalmarktes gilt.

§ 3 System und Regelungsziele des US-Kapitalmarktrechts

Das Gesamtgefüge kapitalmarktregelnder Normen setzt sich in den USA zusammen aus den Vorschriften der einschlägigen Gesetze des Bundesrechtes ("Federal Securities Laws"), ergänzt durch die Verordnungen der SEC ("rules and regulations") und durch die Normen, die von Organisationen mit Selbstregulierungsautorität (SRO's) ihren Mitgliedern auferlegt werden. Daneben spielt der angloamerikanischen Tradition entsprechend das Richterrecht ("case law") eine entscheidende Rolle. Komplettiert wird diese Struktur auf Ebene der Bundesstaaten durch deren wertpapierrelevante Gesetzeswerke ("blue sky laws").

I.) Bundesrecht (Federal Securities Laws)

Anders als Deutschland verfügen die USA über ein umfassendes System der Kapitalmarktregulierung („securities regulation“[61]), das außerbörsliche Wertpapiergeschäfte ebenso wie börsliche erfaßt und grundsätzlich den bundeseinheitlichen Kapitalmarktregelungen unterstellt. Im folgenden sollen die dieses System prägenden Gesetze und deren Regelungsbereich kurz beschrieben werden, um einen Hintergrund für die Einordnung der spezifischen Probleme zu schaffen, die sich aus dem Internet-Einsatz in diesem Bereich ergeben:

1.) Der Securities Act von 1933

Nachdem eine der wesentlichen Ursachen des Börsenzusammenbruchs vom 29. Oktober 1929 darin gesehen wurde, daß zahlreiche unterkapitalisierte Gesellschaften wertlose Wertpapiere emittierten, ohne daß sie ihren finanziellen Status offenlegen mußten, ist zur Stabilisierung des US-Kapitalmarktes der Securities Act von 1933[62] (SA) erlassen worden[63]. Der Securities Act, der sich vor allem mit der

---

[61] Die zentralen Vorschriften der Securities Regulations, der Securities Act und der Securities Exchange Act, sind aufgrund Art. I § 8 Clause 3 der US Bundesverfassung ("commerce clause) erlassen worden und finden sich im 15. Titel des United States Code (U.S.C.).

[62] 15 U.S.C. Secs. 77a et seq.

[63] Näher zum historischen Hintergrund Guenther, Michigan J. of Int. L., 871, 897 f. (1999).

erstmaligen Verbringung von Effekten auf den Primärmarkt beschäftigt, verfolgt zwei wesentliche Ziele. Diese bestehen zum einen in der ausreichenden Versorgung des Investors[64] mit wesentlichen finanz- und anlagerelevanten Informationen im Hinblick auf neue Emittenten, die ihre "securities" zum Verkauf der Öffentlichkeit anbieten ("full and fair disclosure"). Zum anderen dient er der Verhinderung und dem Verbot betrügerischer Wertpapierverkäufe ("prevent frauds")[65]. Dieser letztgenannte Aspekt spiegelt sich vor allem in Secs. 17 und 12(a)(2) SA wieder, die sich auf betrügerische und manipulative Machenschaften im zwischenstaatlichen Wertpapierhandel beziehen und börsliche oder außerbörslich gehandelte Wertpapiere unabhängig davon erfassen, ob eine Registrierung dieser Papiere erfolgt ist[66].

Eben diese grundlegende, beim bloßen Inverkehrbringen der "securities" ansetzende Registrierungspflicht für Wertpapiere ist eines der zentralen Elemente des US-Kapitalmarktrechts. Sec. 5 SA untersagt grundsätzlich jegliches öffentliche Wertpapierangebot, soweit die betreffenden Wertpapiere nicht zuvor bei der SEC registriert worden sind[67]. Die Reichweite dieses Erfordernisses wird deutlich, wenn man gewärtigt, daß - von Ausnahmen abgesehen - jedes Angebot hinsichtlich jedes Wertpapiers durch jegliche Person, d.h. nicht notwendig durch den Emittenten, erfaßt ist.

Das Registrierungsverfahren stellt die eigentliche Umsetzung des "full and fair disclosure"-Konzept und das Kernelement des Investorenschutzes[68] dar, indem es sicherstellt, daß bestimmte wesentliche Angaben und Unterlagen als Entscheidungsbasis für den Anleger in Form eines Wertpapierprospektes bereitstehen. Aus diesem Stellenwert des "prospectus" erklärt sich auch die rigide Unterdrückung marktvorbereitender Öffentlichkeitskontakte des Emittenten vor der Wirksamkeit der Registrierung. Um als Entscheidungsbasis Relevanz zu erlangen, soll der Prospekt im Idealfall die maßgebliche Informationsquelle sein. Zwar erfolgt im Hinblick auf die dortigen Angaben keine inhaltliche Richtigkeitskontrolle oder Wirtschaftlichkeitsüberprüfung, die für den Prospekt geltenden formalen Voraus-

---

64 Dabei ist grundsätzlich zwischen "institutional investors" und "retail investors" zu unterscheiden. Während zu ersterer Kategorie vor allem professionelle Kapitalmarktakteure, wie Banken, Versicherungsgesellschaften, Wertpapierfonds etc. zählen (vgl. etwa die Definition in NASD-Rule 3310(c)(4)), dient der Schutz der Securities Laws in besonderem Maße den mit weniger wirtschaftlicher Durchsetzungskraft ausgestatteten Privatinvestoren.

65 Preamble of the Securities Act.

66 Daneben enthält auch der Securities Exchange Act eine Reihe spezieller Vorschriften gegen Betrugs-, Manipulations- und Insider-Trading-Fälle, die im folgenden im Oberbegriff "antifraud provisions" zusammengefaßt werden.

67 Der Verstoß gegen die Registrierungsvorschriften wird als "gun jumping" bezeichnet. Zu den vielfältigen Ausnahmen vgl. Wilhelm, Registrierungs- und Publizitätspflichten, S. 75 ff.

68 Loss/Seligman, Securities Regulation, Vol. II, S.1.

setzungen und haftungsrechtlichen Folgen, die an Falschangaben geknüpft sind, stellen aber zumindest ein gewisses Maß an Verläßlichkeit dieser Daten sicher[69].

Eines der Kernprobleme Internet-basierter Wertpapiertransaktionen resultiert dabei aus der außerordentlichen Weite zweier Begriffsdefinitionen. Zum einen erfaßt Sec. 2(a)(3) SA unter Wertpapierangeboten bereits "*every attemp or offer to dispose of, or solicitation of an offer to buy, a security or interest in a security, for value*". Zum anderen sind jegliche Angebote erfaßt, die unter die Nutzung eines der "*instruments of transportation or communication in interstate commerce*" übermittelt werden. Die Verbreitung von wertpapierrelevanten Informationen über das Internet ist daher vor allem in Hinsicht auf diese "Kommunikationswege" problematisch.

2.) Der Securities Exchange Act von 1934

Der Securities Exchange Acts von 1934[70] (SEA) knüpft an den Securities Act an, indem er die Regulierung des Sekundärmarkthandels in öffentlich gehandelten Wertpapieren nach deren Ersteinführung regelt. Auch für diesen Bereich des Kapitalmarktes wird das "disclosure"-Konzept fortgeführt, indem der Securities Exchange Act ebenfalls die Offenlegung wesentlicher Tatsachen zugunsten des Anlegerpublikums vorschreibt und umfangreiche Berichtspflichten statuiert[71]. In gleicher Weise dienen dem Schutz der Anleger zahlreiche Verbotsnormen, die ein weites Spektrum betrügerischer oder manipulativer Vorgänge erfassen ("antifraud-" und "antimanipulation provisions") und als Anknüpfungspunkt haftungsrechtlicher Ansprüche oder aufsichtsrechtlicher Maßnahmen dienen.
Zudem regelt der Securities Exchange Act auch die Materien des Börsen- und Börsenorganisationsrechts, um auf diese Weise auch für die Handelsplätze selbst einen Rechtsrahmen zu schaffen, der faire Marktbedingungen sichert. Gerade im Hinblick auf die zunehmende Bedeutung alternativer elektronischer Handelssysteme und die Etablierung von Internet-Handelsplattformen stellt sich hier in besonderem Maße die Frage, inwieweit das Konzept des Securities Exchange Acts

---

69 Jennings/Marsh/Coffee/Seligman, Securities Regulation, S. 112., Ratner, Securities Regulation, S. 32 ff.

70 15 U.S.C. Secs. 78a et seq.

71 Nachdem die Offenlegungspflichten nach dem Securities Act und diejenigen nach dem Securities Exchange Act ursprünglich auseinander fielen, wurde durch das "integrated disclosure system" eine Synchronisierung dieser Verpflichtungen erreicht, die sich in einer Reihe von Anpassungen und Überarbeitungen einzelner Formblätter vor allem durch die Regulations S-K und S-X niederschlug. Trotzdem bestehen die Registrierungspflichten nach dem SEA neben denen des SA; vgl. insgesamt Jennings/Marsh/Coffee/Seligman, Securities Regulation, S. 179 f.; Wilhelm, Registrierungs- und Publizitätspflichten, S. 168 ff.

auch auf diese Erscheinungsformen Anwendung findet[72]. Jedenfalls für die zugelassenen Börsen und das NASDAQ-System gilt, daß nicht die Privatanleger selbst Zugang zum Handel haben, sondern dort nur Broker-Dealer auftreten und Transaktionen abwickeln dürfen. Angesichts der zentralen Bedeutung dieser Intermediäre für den Wertpapierhandel regelt der Securities Exchange Act auch deren Rechtsverhältnisse und unterwirft sie einem Registrierungserfordernis und einem besonderen Aufsichtsregime.
Schließlich ist durch den Securities Exchange Act auch die Securities and Exchange Commission (SEC) eingerichtet worden, welcher die zentrale Rolle des Schutzes der Anleger und der Überwachung des Kapitalmarktes zukommt.

3.) Der Investment Advisers Act von 1940

Angesichts einer Vielzahl von Anlageempfehlungen und vermeintlich günstigen Investmenttips, die über einschlägigen Internet-Foren publiziert werden, stellt sich die Frage, inwieweit die Verfasser solcher Meldungen, jenseits der Geltung der "antifraud provisions", besonderer Regulierung unterliegen. Diese Regelungen trifft der Investment Advisers Act von 1940[73] (IAA), der wiederum, neben einem Registrierungserfordernis, den für die Anlageberatung geltenden Rechtsrahmen setzt. Die besondere Bedeutung dieses Gesetzes ergibt sich aus dem Umstand, daß von der SEC zwar bestimmte Informationen im Rahmen des Registrierungsverfahrens erfordert werden, eine wirtschaftliche Analyse dieser Daten oder eine Überprüfung der Werthaltigkeit eines Wertpapiers ist aber nicht Teil des "full disclosure"-Systems. Gerade weil dann, wenn den Anforderungen der Offenlegungspflichten genügt worden ist, auch Titel vermarktet werden dürfen, deren Werthaltigkeit fraglich ist, kommt der aufsichtsrechtlichen Absicherung fachkundiger Beratung als einem weiteren Aspekt des Anlegerschutzes besondere Bedeutung zu.

Neben diesen zentralen Gesetzeswerken existieren mit dem Securities Investors Protection Act von 1970[74], dem Investment Company Act von 1940[75], dem Public Utility Holding Act von 1935[76] und dem Trust Identure Act von 1939[77] weitere kapitalmarktregelnde Gesetze, die für den Gegenstand der vorliegenden Arbeit allerdings nur von untergeordneter Bedeutung sind[78].

---

72 Loss/Seligman, Securities Regulation, Vol. I, S. 226.
73 15 U.S.C. §§ 80a-1 et seq.
74 15 U.S.C. §§ 78aaa et seq.
75 15 U.S.C. §§ 79 et seq.
76 15 U.S.C. §§ 89a-1 et seq.
77 15 U.S.C. §§ 77aaa et seq.
78 Vgl. näher Becker in Hopt/Rudolph/Baum, Börsenreform, S. 801 f.; ebenso unberücksichtigt bleiben auch bankrechtsspezifische Gesetze, wie der National Bank Act (12 U.S.C. §§ 1 et

II.) Die Rules & Regulations der SEC und der SRO's

In Anbetracht des Alters von Securities Act, Securities Exchange Act und Investment Advisers Act erstaunt es auf den ersten Blick, daß ohne weitreichende Gesetzesänderungen auch neue technische Entwicklungen vom Regelungsbereich dieser Gesetze erfaßt und einer angepaßten Lösung zugeführt werden. Erklärlich ist diese Flexibilität durch die zum Teil generalklauselartige Weite der einzelnen Bestimmungen einerseits und die erhebliche Bedeutung der durch die SEC in Ausübung ihrer "rule-making authority"[79] erlassenen Verordnungen zur Konkretisierung dieser Regeln andererseits. Das der SEC zur Verfügung stehende Rechtssetzungs-Instrumentarium ist dabei wie folgt zu beschreiben[80]:

Auf der Ebene formeller Rechtssetzungsakte kann sie zur Konkretisierung der oft weit gefaßten Gesetzesformulierungen "rules" und ergänzend "forms" erlassen. Mehrere solcher thematisch zusammenhängender Rules können dann in sog. "regulations", also Verordnungen zu einzelnen Problemkreisen, zusammengefaßt werden. Trotzdem diese Verordnungen Rechtsakte der Exekutive darstellen, kann ein Verstoß gegen diese Vorschriften in der selben Weise verfolgt, sanktioniert oder als Anknüpfungspunkt haftungsrechtlicher Konsequenzen herangezogen werden, wie dieses bei Verletzung der Securities Laws selbst der Fall wäre[81].

Auf der Ebene des "informal law making" kann die SEC durch "releases" der Öffentlichkeit ihre Ansicht zu einem bestimmten Problemkreis kundtun[82]. Daneben kann sie einzelfallbezogen im Wege sog. "No-Action Letter" mitteilen, daß sie gegenwärtig gegen ein bestimmtes kapitalmarktbezogenes Verhalten keine regulativen Schritte einleiten werde. Technisch handelt es sich bei diesen Schreiben um die Antworten des SEC-Personals auf bestimmte einzelfallbezogene Anfragen. In Reaktion hierauf wird dann - bei Vorliegen der nötigen Voraussetzungen - üblicherweise klargestellt, daß der SEC kein Einschreiten gegen den Anfragenden empfohlen werde. Allerdings geben diese No-Action Letter weder die offizielle Ansicht der SEC wieder, noch legen sie die Haltung der SEC zu bestimmten Fragen dauerhaft fest. Obschon es sich lediglich um einen informellen Prozeß handelt, wird die SEC aber dann, wenn die zugrunde gelegten Bedingungen eingehalten sind, gegen die angezeigte Vorgehensweise keine Maßnahmen ergreifen. Im

---

seq.), der Federal Deposit Insurance Act (12 U.S.C. §§ 1813 et seq.), der Federal Reserve Act (12 U.S.C. §§ 221 et seq.) und der Electronic Funds Transfer Act (15 U.S.C. §§ 1693 et seq.).

79 Vor allem Sec. 19 SA und Sec. 23 SEA.

80 Für einen Überblick vgl. Wilhelm, Registrierungs- und Publizitätspflichten, S. 19 ff.; sowie bei Noller, ZfgK 1997, 1103, 1104.

81 Vgl. Sec. 24 SA, Sec. 32 SEA.

82 Dabei erfolgt oftmals schon während des Rechtssetzungsverfahrens eine Beteiligung der Öffentlichkeit, indem zunächst Vorschläge zur Stellungnahme veröffentlicht werden, und die hierauf ergangenen Reaktionen vor der endgültigen Festlegung gewürdigt werden; vgl. dazu Chanin, Specialized Legal Research, 1*9.

Verhältnis zwischen privaten Parteien untereinander entfalten diese Äußerungen keinerlei Bindungswirkung[83].

Für den Gegenstand dieser Arbeit sind vor allem die von der SEC zu Fragen des Internet-Einsatzes bei Wertpapiertransaktionen erlassenen Releases von zentraler Bedeutung[84]. Während diese Bekanntmachungen das Grundkonzept, vor allem im Hinblick auf Offenlegungspflichten, bilden, ist das inzwischen sehr ausdifferenzierte Regelungsgefüge des Internet-Einsatzes bei Wertpapiertransaktionen in seinen Feinheiten vor allem durch eine kaum mehr überschaubare Vielzahl von No-Action Lettern entstanden. Diese werden im Hinblick auf die besonderen Standesregeln, denen Broker-Dealer unterworfen sind, durch die Rules und Mitgliederschreiben der NASD ergänzt[85].

III.) Recht der US-Bundesstaaten (Blue Sky Laws)

Neben diesen untergesetzlichen Normen und den bundesrechtlichen Regelungen besitzen auch nahezu alle Einzelstaaten eigene Wertpapiervorschriften ("blue sky laws[86]") und Regulierungsautoritäten, wobei ein Mindestmaß an Harmonisierung auf Länderebene über die Mitgliedschaft der bundesstaatlichen Aufsichtsbehörden in der North American Securities Administrators Association, Inc. (NASAA[87]) erreicht werden soll. Das Nebeneinander von bundesstaatlichen Vorschriften und Federal Securities Laws resultiert aus der verfassungsrechtlich zugewiesenen Gesetzgebungskompetenz der Bundesstaaten, Wertpapiertransaktionen innerhalb der

---

83 Maynard, 49 Wash. & Lee L. Rev., 833, 835 (1992); auch Becker in Hopt/Rudolph/Baum, Börsenreform, S. 881, Fn. 556.

84 Vgl. dazu unter § 9, I,), 2.).

85 NASD = National Association of Securities Dealers, Inc. Für einen Überblick über die einschlägigen NASD-Rules bei der elektronischen Informationsübermittlung vgl. bei Hewitt/Carlson, Securities Practise and Electronic Technology, 5-74; die NASD-Rules und die sog "notice to members" sind online verfügbar unter: http://secure.nasdr.com/wbs/NETbos.dll?RefShow?ref=NASD4;&xinfo=../webbos/goodbye.htm .

86 Die Bezeichnung "blue sky laws" für die bundesstaatlichen Wertpapiergesetze geht zurück auf eine frühe Entscheidung aus dem Jahr 1917 : "*speculative schemes which have no more basis than so many feet of blue sky*" (Hall v. Geiger-Jones, 242 US 539, 372 S. Ct. 217, 61 L. Ed. 480 (1917)).

87 In der NASAA (North American Securities Admisistration Association) sind die Aufsichtsbehörden von insgesamt 50 US-Bundesstaaten, sowie diejenigen des Districts of Columbia, Kanadas, Mexikos und Puerto Ricos organisiert. Es handelt sich um eine auf freiwilliger Mitgliedschaft basierende Vereinigung, deren Verantwortlichkeit in den USA vor allem im Bereich des grundlegenden Anlegerschutzes und der Effizienz der Märkte liegt (vgl. unter: http://www.nasaa.org). Eine Übersicht über die einzelstaatlichen Regulierungsbehörden ist verfügbar unter: http://www.bownepublishing.com (unter RULES/BLUE SKY LAWS).

eigenen Landesgrenzen selbst zu regulieren[88]. Außerhalb solcher reinen Inlandssachverhalte, denen nur eine untergeordnete Bedeutung zukommt[89], ist der Anwendungsbereich der Federal Securities Laws eröffnet. Da zudem die "blue sky laws" das durch das Bundesrecht festgeschriebene Schutzniveau nicht unterschreiten dürfen, werden - insofern für den US-Kapitalmarkt einheitlich - die kapitalmarktrechtlichen Mindestanforderungen im wesentlichen durch den Securities Act und den Securities Exchange Act bestimmt.
Diese grundsätzliche Kompetenzverteilung hat ihren Niederschlag in dem am 01.10.1996 in Kraft getretenen National Securities Markets Improvement Act (NSMIA[90]) gefunden. Durch diesen wurden die Bundesstaaten von der direkten und indirekten Regulierung von "securities" ausgeschlossen, die von "investment companies" emittiert werden, oder aber solchen, die an einer "national exchange" oder im NASDAQ-System gehandelt werden[91]. Allerdings verbleiben den Bundesstaaten Regulierungskompetenzen im Bereich der "antifraud provisions", wie etwa im Fall betrügerischer Handlungen durch Wertpapierhändler[92]. Mit dieser Gewichtung korrespondiert auch die Verteilung der Aufsichtskompetenzen zugunsten der SEC, sofern der zugrundeliegende Sachverhalt nicht ausschließlich von regional begrenzter Bedeutung ist[93].

Der dominierenden Bedeutung des Bundesrechts folgend, beziehen sich die nachfolgenden Erläuterungen im wesentlichen auf den Bereich der Federal Securities Laws. Die Regelungen einzelner Bundesstaaten werden an entsprechender Stelle erörtert, sofern diese von besonderer Bedeutung sind, oder aber Hinweise für die Auslegung und Entwicklung des Bundesrechts geben können.

88 Ratner, Securities Regulation, S. 8; Steck, Regulierung von US-amerikanischen Investmentgesellschaften, S. 46; Astarita, Introduction to the Blue Sky Laws.

89 Die Dominanz der bundesgesetzlichen Kapitalmarktregeln resultiert vor allem aus der weiten Auslegung der Wege des "interstate commerce", der Anknüpfungspunkt sowohl des interlokalen als auch des internationalen Kollisionsrechts ist (Jennings/Marsh/Coffee/Seligman, Securities Regulation, S. 112; Lenzen, Unerlaubte Eingriffe in die Börsenkursbildung, S. 65: eingehend zur Anknüpfung an den zwischenstaatlichen Handel in Internet-Sachverhalten vgl. nachfolgend unter § 5).

90 Pub. L. No. 104-290, 110 Stat. 3416 (1996).

91 Allerdings bestanden auch schon vor Erlaß des NSMIA in den meisten Staaten "listing exemptions", wenn eine Registrierung dieser Wertpapiere bei der SEC erfolgt ist (Lane/Weirick, Electronic Communications and Internet Offerings, in: PLI, Securites Law & The Internet (2000), Vol. 1, S. 61, 83).

92 Gavis, 52 Bus. Law., 317, 324 (1996); Steck, Regulierung von US-amerikanischen Investmentgesellschaften, S. 46; Becker in Hopt/Rudolph/Baum, Börsenreform, S. 802 f. m.w.N.

93 Noller, ZfgK 1997, 1103, 1106.

IV.) Organisation der Kapitalmarktaufsicht

In Hinsicht auf die Regulierung der Marktteilnehmer und Überwachung der Einhaltung der kapitalmarktrechtlichen Vorschriften beim Wertpapierhandel[94] hat der Securities Exchange Act eine hierarchisch aufgebaute Struktur entworfen, an deren Spitze die mit umfassender Aufsichtsautorität ausgestattete SEC steht. Auf der folgenden Ebene hat der Securities Exchange Act sog. Self-Regulatory Organizations (SRO´s) etabliert - Standesorganisationen der Wertpapierhändler (gegenwärtig allein die NASD), sowie Börsen und Clearing-Agenturen. Diese zweite Ebene nimmt insofern eine Sonderstellung ein, als sie einerseits nach unten Aufsichtskompetenzen über die in den SRO´s organisierten Mitgliedern ausübt und insofern die Aufsichtsbemühungen der SEC unterstützt, andererseits aber selbst Objekt der Beaufsichtigung durch die SEC ist[95]. Auf der unteren Ebene schließlich folgen die sowohl durch die SRO´s als auch unmittelbar durch die SEC kontrollierten Broker, Dealer, Investment Adviser und sonstige im Wertpapiergeschäft engagierte Unternehmen oder Einzelpersonen.

1.) Die SEC

Mit der Überwachung und Durchsetzung der Securities Laws ist die durch den Securities Exchange Act eingerichtete SEC als "Hüterin des securities-market" betraut worden[96]. Bei der SEC handelt es sich um eine oberste Bundesbehörde, die sich organisatorisch in die Zentrale in Washington D.C., sowie 11 weitere Regional- und Distriktbüros in den gesamten USA gliedert[97]. Dem Regelungskonzept der Securities Laws entsprechend besteht der Ansatz der SEC zur Verwirklichung der zentralen Aufgabe des Investorenschutzes in der Gewährleistung fairer Marktbedingungen[98]. Auf die zunehmende Bedeutung des Internet bei Wertpapiertransaktionen hat die SEC in vielfältiger Weise reagiert.

---

94 Die gesamte Finanzmarktaufsicht ist in den USA stark zergliedert. Insbesondere für die Bankenaufsicht sind je nach Betätigungsfeld neben der SEC und der CFTC auch das Office of the Comptroller of the Currency, das Office of Thrift Supervision, die Federal Deposit Insurance Corporation und/oder die Bankenaufsichtsinstitutionen der einzelnen Bundestaaten zuständig.

95 vgl. INSTINET No-Action Letter (1989 Transfer Binder) Fed. Sec. L. Rep. (CCH) ¶ 78,997 at 78,917 (Sept. 8, 1986).

96 Sec. 4 SEA.

97 Vgl. SEC Annual Report 1999, unter xx ff.

98 West´s encyclopedia of American Law, Vol. 9, S. 176.

a) Internet-spezifische Initiativen der SEC

So verfügt die SEC selbst über einen umfangreichen und übersichtlich gestalteten, frei zugänglichen Internet-Auftritt[99], über den Investoren neben einschlägigen Gesetzes- und Verordnungsmaterialien umfangreiche Informationen aus allen Bereichen des Tätigkeitsspektrums der SEC erhalten können. Kernstück dieses Internet-Auftrittes ist ein Online-Zugang zu der elektronischen Datenbank EDGAR (= Electronic Data Gathering, Analysis and Retrieval System[100]), in der sämtliche, der SEC einzureichenden Dokumente gespeichert werden[101]. Dieser Internet-basierten Zugriffsmöglichkeit zugunsten der Anleger entspricht die Möglichkeit, zugunsten der verpflichteten Unternehmen mit Hilfe des Internet die entsprechenden Dokumente zu übermitteln. Während die bisherige EDGAR-Version noch auf dem ausschließlich textbasierenden ASCII-Standard[102] aufbaute, erlaubt die aktuelle Version (EDGAR II) die Übertragung von Informationen an die SEC-Datenbank im HTML-Format[103]. Dieser Schritt dürfte zum einen den Unternehmen, die auf diesem Wege zur Informationsweitergabe verpflichtet sind, die Datenübertragung erleichtern, zum anderen wird hierdurch das optische Erscheinungsbild für den Betrachter durch die Möglichkeit der Einbindung von Grafiken etc. benutzerfreundlicher, und soll so zur weiteren Verbreitung der Nutzung dieser Datenbank beitragen[104]. Zur Forcierung des elektronischen Registrierungsvorganges hat die SEC zudem die Regulations S-T erlassen, die die Anforderungen an den Umfang und die Formatierung der zu übermittelnden Daten und "disclosure documents" festlegt, und für bestimmte Dokumente die elektronische Übermittlung obligatorisch macht[105]. In diesen Fällen hat die SEC den verpflichteten Unternehmen mit dem sog. "Plain English Release" zudem auferlegt, innerhalb der einzureichenden Dokumente einen Verweis auf die Homepage der SEC aufzunehmen[106].

---

99 Vgl. unter: http://www.sec.gov .

100 Suche in der EDGAR Datenbank unter: http://www.sec.gov/edgar/searchedgar/webusers.htm

101 Parallel dazu plant auch die NASAA den Aufbau eines dem EDGAR-System vergleichbaren elektronischen Systems zur Speicherung und Veröffentlichung der nach den "blue sky laws" erforderlichen Registrierungsunterlagen; dazu Brakerbill, 18 Hastings Comm. and Ent. L. J., 901, 937 (1996).

102 ASCII = American Standard Code for Information Exchange.

103 Siehe dazu bei Copenhafer, wallstreetlawyer.com, Vol. 3, No. 11, S. 15 ff. (April 2000), der besonders auf die Vorzüge der Verwendung von Hyperlinks hinweist, die die Übersichtlichkeit und die Nutzung von EDGAR Dokumenten erheblich verbessern können.

104 Vgl. Current Issues and Rulemaking Projects, in: Understanding the Securities Laws (1999), 71, 105; Delta/Matsuura, Law of the Internet, 9-81.

105 Die Übermittlung bestimmter Dokumente in Form von geschriebenen Formularen ist daneben nicht mehr zulässig (Current Issues and Rulemaking Projects, in: Understanding the Securities Laws (1999), 71, 105).

106 SEC Release Nos. 33-7497; 34-39593 (Jan. 28, 1998); verfügbar unter: http://www.sec.gov/rules/final/33-7497.txt .

Ein weiterer Tätigkeitsschwerpunkt der SEC im Bereich des Internet-Einsatzes bei Wertpapiertransaktionen besteht in der Überwachung dieses Mediums im Hinblick auf betrügerischer Vorgänge. Auf die, in der Vergangenheit zu verzeichnende und gegenwärtig anhaltende Tendenz, zunehmender Verlagerung klassischer Betrugsmuster in dieses Medium[107], hat die SEC am 22. Juli 1998 mit der Gründung einer internen Abteilung zur Koordinierung und Fortbildung ihrer regulatorischen Bemühungen in diesem Bereich reagiert. Teil dieser Abteilung ist eine 135 Personen starke „Cyberforce“ (Office of Internet Enforcement (OIE))[108], die systematisch und regelmäßig das Internet nach wertpapierrelevanten Informationen durchforstet und gegebenenfalls Ermittlungen aufnimmt und Verfahren einleitet. Parallel zu derartigen aktiven Maßnahmen enthält der eigene Web-Auftritt[109] der Enforcement-Division der SEC einen "Complaint Center"[110], indem Anleger Beschwerden über bestimmte Vorgänge oder Informationen im Zusammenhang mit Wertpapiergeschäften kundtun können[111]. Insoweit wird die eigene aktive Überwachung einschlägiger Internet-Foren um die Mitarbeit der Handelsteilnehmer selbst ergänzt, um möglichst frühzeitig auf Manipulationen aufmerksam zu werden.

b) Das Aufsichts- und Sanktionsinstrumentarium der SEC

Trotzdem diese organisatorischen Maßnahmen und Initiativen für eine starke Anpassung des Aufsichtsrahmens an die Gegebenheiten des Internet sprechen, ist die Verfahrensweise und das rechtliche Instrumentarium der SEC bei der Ermittlung,

---

107 Vgl. dazu eingehend unter § 11.

108 Bloomenthal/Wolff, Emerging Trends in Securities Law (1999-2000), S. 1579; Organisatorisch ist das Office of Internet Enforcement Teil der Enforcement Division der SEC.

109 Die Internet-Seiten der SEC wurden kürzlich umfassend überarbeitet und mit verbesserten Suchmaschinen ausgestattet, die dem Anleger einen schnellen Zugriff auf die EDGAR-Dokumente ebenso erlauben, wie auf aktuelle Vorgänge oder einschlägige kapitalmarktrechtliche Regelwerke; SEC-Press Release No. 2001-22 (Feb. 26, 2001), verfügbar unter: http://www.sec.gov/news/headlines/newweb.htm .

110 Vgl. unter: http://www.sec.gov/complaint.shtml. Diese Initiative zur aktiven Einbindung des Anlegerpublikums hat sich als außerordentlich erfolgreich erwiesen. So wurden etwa 1999 insgesamt 73.908 Beschwerden verzeichnet, was einer Zunahme gegenüber dem Vorjahr von 39% entspricht. Durchschnittlich erreichen die SEC über diese Schnittstelle pro Tag 30 bis 40 einzelne Beschwerden, von denen über 75% für die Ermittlungsarbeit der SEC nutzbringend verwertet werden können. (Cella III/Stark, 52 Bus. Law., 815, 845 (1997).

111 Auch die NASDR, der regulatorische Arm der NASD, hat für die Kunden von Broker-Dealern, die Beschwerden über diese äußern möchten, einen vergleichbaren "complaint center" errichtet (unter: http://www.nasdr.com/2150.htm). Sofern deren eigene Ermittlungen Anhalt für betrügerische Vorgehensweise geben, werden seitens der NASD die Ergebnisse regelmäßig der SEC übermittelt (Adkins/Goldsmith/Lopez/Luparello/Revell/Walter, NASD Regulation, in: PLI, Securities Law & The Internet (1999), Vol. 1, S. 383, 399 f.).

Verfolgung und Ahndung von Internet-Betrugsfällen weitgehend unverändert geblieben. Zum besseren Verständnis der Notwendigkeit neuartiger Schritte, die die SEC besonders bei der Bekämpfung von Internet-Betrugsfällen geht[112], soll der Ablauf eines aufsichtsrechtlichen Verfahrens und dessen mögliche Konsequenzen kurz dargestellt werden:

Sofern die SEC aufgrund von Beschwerden, eigenen Ermittlungen oder sonstigen Hinweisen Kenntnis von etwaigen irregulärem Marktverhalten erlangt, leitet sie üblicherweise ein zunächst informelles Ermittlungsverfahren ein, das in aller Regel von dem SEC-Personal im betreffenden Regionalbüro ("SEC staff") geführt wird und auf freiwilliger Kooperation der Beteiligten basiert[113]. Nachdem die physische Nähe in Internet-Sachverhalten nur eine geringe Rolle spielt, konzentriert sich Ermittlungsarbeit in Internet-Fällen auf das Office of Internet Enforcement in Washington D.C.
Wenn die Ermittlungen im Rahmen des informellen Verfahrens genügenden Anhalt für eine Verletzung der Securities Laws ergeben haben, kann die SEC selbst eine formelle Ermittlung einleiten, in deren Zuge sie ermächtigt ist, Zeugen auch zwangsweise vorzuladen ("subpoena"), deren Vereidigung zu erwirken und die Vorlage von Aufzeichnungen zu erzwingen[114]. Sofern sich im Zuge dieser formellen Ermittlungsphase die Vorwürfe bestätigen oder erhärten, kann die SEC weitere Schritte einleiten. Die konkrete Maßnahme hängt dabei vom kapitalmarktrechtlichen Status der betroffenen Person ab; in Hinsicht auf die Härte der Maßnahme ist die Gefahr für Investoren und den Kapitalmarkt sowie die Art und Schwere des Verstoßes von Bedeutung. Das Sanktions- und Interventionsinstrumentarium - die "statutory weapons" - lassen sich dabei in drei Bereiche einteilen[115]:

Zum einen verfügt die SEC gegenüber den bei ihr registrierten Personen über die Autorität, verwaltungsrechtliche Maßnahmen ("administrative proceeding") einzuleiten. Gegen Broker-Dealer oder Investment Adviser steht ihr beispielsweise die Möglichkeit offen, deren Lizenzen auszusetzen oder die Registrierung insgesamt zu widerrufen. Einzelpersonen können zensiert, oder zeitweise oder dauerhaft ihrer Anstellung bei einer entsprechenden Firma enthoben werden. Neben der SEC sind auch die SRO's berechtigt und verpflichtet, gegen ihre Mitglieder an-

---

112 Vgl. dazu unter § 11.

113 Jennings/Marsh/Coffee/Seligman, Securities Regulation, S. 1573.

114 Das Verfahren folgt insgesamt den Rules Relating to Investigations (RRI), 17 C.F.R. § 203; vgl. bei Ratner, Securities Regulation, S. 238; Die Durchsetzung dieser Akte bedarf allerdings einer richterlichen Bestätigung (Jennings/Marsh/Coffee/Seligman, Securities Regulation, S. 1573).

115 Für einen Überblick über das Sanktionsinstrumentarium vgl. SEC Annual Report 1999, S. 158 (Table 6).

gemessene Maßnahmen bis hin zum Ausschluß zu verhängen, wenn sich entsprechende Verstöße herausstellen[116].

Durch den Securities Law Enforcement Remedies Act von 1990 wurde der SEC zudem die Kompetenz zum Erlaß sog. administrativer "ceast-and-desist orders" (CDO's[117]) eingeräumt. Mit Hilfe solcher Unterlassungsverfügungen kann die gegenwärtige oder bevorstehende Verletzung von Vorschriften der Securities Laws unterbunden werden, indem die SEC die Einstellung der verletzenden Handlung und das Abstandnehmen von derartigen Verhaltensweisen für die Zukunft anordnet[118]. Bei Verstoß gegen eine solche Verfügung kann die SEC ein Verfahren bei einem United States District Court zur Auferlegung einer "civil penalty" einleiten[119]. Mit diesen CDO's hat die SEC ein Mittel an die Hand bekommen, daß ihr eine flexible, den Umständen des Falls angepaßte Reaktion auf etwaige Verstöße erlaubt, wo bisher die Beantragung einer "civil injunctive action" vor einem US District Court erforderlich war - entsprechend oft sind CDO's gerade in Internet-Betrugsfällen eingesetzt worden[120]. Zudem sind durch dasselbe Gesetz auch die Möglichkeiten der SEC zur Verhängung von "civil penalties" , also bußgeldähnlicher Sanktionen bis zu einer Grenze von max. 550.000 US$ und zur Abschöpfung illegal erworbener Gelder erheblich erweitert worden.

Ergänzend kann die SEC gerichtliche Verfahren zur Erlangung sog. "civil injunction"[121] anstrengen, in deren Folge wiederum empfindliche Geldbußen und ähnliche Sanktionen ausgesprochen werden können. Zudem kann die Gefahr zukünftiger weiterer Verletzungen dazu führen, daß der Betreffende das Recht verliert, sich auf Ausnahmetatbestände unter dem Securities Act, wie etwa der Regulation A[122] oder der Rule 505 SA zu berufen[123]. Die Verhängung all dieser Sanktionen durch die Gerichte setzt allerdings entweder eine gewisse Wiederholungsgefahr oder aber eine besonders nachhaltige und fortgesetzte bisherige Verhaltensweise voraus[124]. Zusammen mit der Möglichkeit administrativer Maßnahmen bilden

---

116 Vgl. Sec. 6(b)(6), Sec. 15A(b)(7) und Sec. 19(g)(1) SEA.

117 Vgl. Sec. 8A SA, Sec. 21C SEA und Sec. 203(k) IAA.

118 Zu den Einzelheiten vgl. bei Jennings/Marsh/Coffee/Seligman, Securities Regulation, S. 1565 ff.; Bloomenthal, Securities Law Handbook (2000), S. 1620 ff.

119 Bloomenthal, Securities Law Handbook (2000), S. 1621.

120 Brakerbill, 18 Hastings Comm. and Ent. L. J., 901, 935 (1996); Jennings/Marsh/Coffee/Seligman, Securities Regulation, S. 1566. Die SEC hat beispielsweise von diesem Mittel Gebrauch gemacht, um den zunehmenden Verstoß gegen Sec. 5 SA durch sog. "free stock" Internet-Angebote zu unterbinden. Siehe dazu unter § 11, I.), 3.), cc).

121 Vgl. Sec. 20(b) SA, Sec. 21(d) SEA, Sec. 209(d) IAA.

122 17 C.F.R. § 230.251 - § 230.263.

123 Ratner, Securities Regulation, S. 246.

124 SEC v. Caterinicchia, 613 F.2d 102 (5th Cir. 1980).

diese "civil injunctions" den praktischen Schwerpunkt bei der Verfolgung und Ahndung von Verstößen[125].

In dem Fall, daß die verfahrensgegenständliche Verletzung "willfully"[126] erfolgte, droht dem Betreffenden schließlich auch die strafrechtliche Verfolgung ("criminal prosecution"). Das Verfahren führt in diesen Fällen die SEC allerdings nicht selbst, sondern übergibt die Sache zusammen mit ihrem bisherigen Ermittlungsergebnis der Staatsanwaltschaft[127]. Gerade im Hinblick auf die Verfolgung von Betrugsfällen im Zusammenhang mit der Nutzung des Internet hat die SEC dabei eine aggressive Linie eingeschlagen, die zum einen der Verhinderung nachhaltiger Verluste auf Anlegerseite dient, zum anderen möglichen Nachahmern auch die Verfolgungsbereitschaft und -fähigkeit der SEC demonstrieren soll[128].

2.) Die NASD

Die Standesaufsicht über Broker-Dealer wird primär durch die National Association of Securities Dealers, Inc. (NASD), in der alle registrierten US-Broker-Dealer zwangsweise Mitglied sind[129], ausgeübt. Dabei ist der auf Basis der Sec. 15A SEA operierenden NASD neben der Möglichkeit Standesregeln zu erlassen ("rule-making-authority"), auch die Befugnis zur Aufsicht über das Verhalten ihrer Mitglieder ("disciplinary authority") eingeräumt[130].

Hinter diesem Konzept der Selbstregulierung steht die Vorstellung, daß Mitglieder der Wertpapierindustrie, indem sie täglich mit Transaktionen befaßt sind, Unregelmäßigkeiten und Verstöße eher und effektiver aufdecken können, als dieses durch eine staatliche Institution allein möglich wäre[131]. Um dieses Ziel umfassend zu erreichen, beschränkt sich die disziplinarische Gewalt der NASD über ihre Mitglieder nicht allein auf die Überwachung der Einhaltung des eigenen Regel-

---

125 1999 initiierte die SEC 198 "civil injunction actions" und 298 administrative Verfahren (vgl. SEC Annual Report 1999, unter xxiii).

126 "Willfulness" als Vorsatzform setzt nicht mehr voraus, als daß die Handlung, an die die Sanktion anknüpft, willentlich ausgeführt worden ist. Die Kenntnis, daß diese Handlung zu einer Verletzung der Securities Laws führt ist hingegen nicht erforderlich. Entsprechende Argumente der Verteidigung, die vielen verschiedenen Vorschriften der Securities Laws seien verfassungsrechtlich nicht ausreichend bestimmt um als Grundlage strafrechtlicher Sanktionen zu dienen, sind von den Gerichten konsequent zurrückgewiesen worden (Ratner, Securities Regulation, S. 248 unter Verweis auf die Entscheidungen United States v. Schwartz, CCH ¶ 93,023 (E.D.N.Y. 1971) und United States v. Wolfson, 405 F.2d 779 (2d Cir. 1968)).

127 Arkebauer/Schultz, Going Public, S. 132.

128 Ähnlich Cella III/Stark, 52 Bus. Law., 815, 837 (1997); vgl. auch unter § 11, I.), 2.) und 3.).

129 Vgl. Secs. 15(b)(8)-(9) SEA.

130 Becker in Hopt/Rudolph/Baum, Börsenreform, S. 882; West's encyclopedia of American Law, Vol. 9, S. 175.

131 Jennings/Marsh/Coffee/Seligman, Securities Regulation, S. 105.

werkes; darüber hinaus hat die NASD vielmehr auch die Autorität zur Überwachung der von der SEC gesetzten Rules und Verordnungen und der Securities Laws insgesamt. Das der NASD dafür zur Verfügung stehende Instrumentarium reicht von der Verhängung von Geldstrafen bis zur Suspendierung der Handelstätigkeit und dem zeitlichen oder dauernden Ausschluß von jeglicher Broker-Dealer-Tätigkeit[132].

[132] Vgl. NASD-Rule 8000 Series, sowie NYSE Rules 475 - 477; dazu Hewitt/Carlson, Securities Practise and Electronic Technology, 12-47; Jennings/Marsh/Coffee/Seligman, Securities Regulation, S. 105.

KAPITEL 2: KOLLISIONSRECHTLICHE PROBLEME

Die bisherigen Ausführungen haben einen Überblick über die ausgeprägte Regelungstiefe des US-Kapitalmarktrechts gegeben, das insbesondere den Informationsfluß durch das "full and fair disclosure"-Konzept strikt reguliert. Dem scheint die in § 2 skizzierte anarchische Struktur des Internet, das eine unübersehbare Fülle von Informationsinhalten von jedem Punkt der Welt aus verfügbar macht, diametral entgegenzustehen[133]. Dieser Konflikt zwischen den technischen Gegebenheiten des Mediums und dem Anwendungsanspruch nationaler Rechtsordnungen soll im folgenden zunächst präzisiert und in den gesamtwirtschaftlichen Zusammenhang eingeordnet werden, bevor in §§ 5 und 6 der Frage nachgegangen wird, inwieweit das US-Kapitalmarktrecht seine Geltung sowohl in aufsichtsrechtlicher, als auch in haftungsrechtlicher Hinsicht in den internationalen Raum des Internet erstreckt und dort durchsetzbar ist.

§ 4 Internationalisierung der Märkte und Ubiquität des Internet

Gerade in den letzten Jahrzehnten hat sich der Trend zur Internationalisierung des Wertpapierhandels und zur Mobilität des Kapitals in einem ungeahnten Maße fortentwickelt[134]:

International ausgerichtete Unternehmen tendieren in zunehmendem Maße dazu, nicht nur ihre Produkte oder Dienstleistungen an fremden Absatzmärkten anzubieten, sondern diese Märkte auch zur Kapitalaufnahme zu nutzen. Auf diese Weise kann eine internationale Anlegerstruktur aufgebaut werden, die dem Geschäftsfeld des Unternehmens entspricht und vielfältige positive Effekte marktpolitischer und finanzpolitischer Art mit sich bringt[135]. Parallel dazu richten sich die Märkte selbst international aus, wofür die zahlreichen Kooperations- und Fusionsbestrebungen nationaler Börsen, vor allem aber auch die international tätigen alternati-

---

133 So Jaskulla, 1996, 214, 217; ähnlich konstatiert Hoeren im Hinblick auf das deutsche Recht: „*...das Kollisionsrecht bleibt jedoch die Crux. Hier (und nur hier) birgt das Internet eine anarchische Tendenz zur De-Konstruktion nationaler Souveränität; es zwing zur Internationalisierung des Rechts.*“ (Hoeren, WM 1996, 2006).

134 Schuster, Die internationale Anwendung des Börsenrechts, S. 6; Siebel, WM 1997, 708.

135 Examplarisch ist vielfach die Einführung der Daimler-Benz-Aktie an der NYSE zitiert worden; vgl. etwa Baums, Anwendungsbereich, Kollision und Abstimmung von Kapitalmarktrechten, in FS für Raisch, S. 211, 212 m.w.N. (1995); Norton, ZBB 1995, 366, 369; Kübler, WM 1986, 1305, 1307; dieser Trend setzt sich auch außerhalb privatwirtschaftlicher Emittenten fort. So hat etwa Argentinien als erster souveräner Staat im Januar 2000 eine Anleihe im Gesamtvolumen von 250 Mio. Euro begeben und mit Hilfe von Morgan Stanley Dean Witter & Co. über das Internet zur Zeichnung angeboten (FAZ v. 20.01.2000).

ven Wertpapierhandelsnetzwerke symptomatisch sind[136]. Zunehmend entstehen auf diese Weise supranationale Effektenmärkte, an denen internationale Wertpapiere im 24-Stunden-Handel umgesetzt werden können[137]. Zwar ist der Zugang zu diesen Märkten ganz überwiegend für den Anleger direkt nicht möglich, gleichwohl profitiert auch er von diesem Trend zur Globalisierung, indem die Intermediäre über ihre Beteiligungen an alternativen Handelsplattformen hinaus internationale Kooperationen eingehen und ihren Kunden so den Zugang zu Offshore-Finanzplätzen eröffnen[138].
Diese Grundtendenz erhält durch die stetig zunehmende Nutzung des Internet als Vertriebskanal für Finanzprodukte zusätzliche Schubkraft. Wie kein anderes Medium ist das Internet in der Lage geographische Grenzen und Entfernungen als Hindernisse eines ungehinderten transnationalen Kapitalflusses aufzuheben[139]. Aufgrund der offenen Struktur des Netzes und den geringen Zugangskosten betrifft dieser Internet-spezifische Effekt vor allem solche Marktteilnehmer, denen bisher allein aufgrund der Kosten einer internationalen Ausrichtung der Zugang zu fremden Wertpapiermärkten nicht eröffnet war - emissionswillige kleine und junge Unternehmen einerseits und kapitalgebende Privatanleger andererseits.

Die Tendenz zur Internationalisierung birgt aber vor allem für eben diese Privatanleger auch erhebliche Gefahren, denn sie setzt sich in grenzübergreifenden Wertpapiermanipulationen, Betrugs- und Insider-Trading-Fälle fort, die durch nationale Regulierungsbehörden nur schwer überwacht und geahndet werden können. Während bisher auch für derartige Vorgänge eine gewisse Notwendigkeit physischer Nähe zum Zielmarkt bestand, um entsprechend einwirken zu können[140], eröffnet das Internet mit seinen vielfältigen technischen Möglichkeiten zur

---

136 Beispielsweise hat das seit 1988 in den USA exisitierende Order-Crossing-System POSIT (Portfolio Trading for Institutional Investors), das von der Investment Technologie ITG Inc. getragen wird, sein Geschäftfeld auch auf den europäischen Markt erstreckt. Seit Ende März 2000 sind nicht nur alle an den deutschen Börsen zugelassenen Wertpapiere über POSIT handelbar, sondern auch alle Wertpapiere der Pariser, Madrider, Amsterdamer, Mailänder, Brüsseler und schweizer Börse; geplant ist die Ausweitung auf alle europäischen Börsenplätze (Laurent Kssis, Leiter POSIT Deutschland in FAZ v. 18.02.2000).

137 Kübler, WM 1986, 1305, 1306.

138 Deutsche Anleger können über eine Kooperation von concors (ConCors Discount-Broker AG) und dem US-Online-Broker Web Street Securities, Inc. ihre Order in NYSE oder NASDAQ-Werten direkt über eine spezielle Internet-Seite von consors an den amerikanischen Markt richten.

139 Prentice, 12 Harvard Journal of Law & Technology, 263, 334 (1999); Brakerbill, 18 Hastings Comm. and Ent. L. J., 901, 905 (1996).

140 Zwar wurden über geschaltete Zeitungsanzeigen und Briefkontakte auch früher schon betrügerische Vorgänge über nationale Grenzen hinweg transportiert, der einfache Zugang zum Medium Internet, die geringen Kosten, und die zahlreichen technischen Möglichkeiten eröffnen aber ein ungleich größeres Potential an Einwirkungsmöglichkeiten; näher unter § 11.

Verbreitung von (Fehl-)Informationen ein Marktnähe und Einflußnahmemöglichkeit von nahezu jedem Punkt der Welt aus[141].

I.) Struktur der Informationsverbreitung und unerwünschte Spill-over-Effekte

Zu den wesentlichen Merkmalen des Internet zählt zum einen die Möglichkeit des Zugriffs auf eingestellte Inhalte, unabhängig vom Standort des Anwenders (Ubiquität)[142]. Ergänzt wird dieser geographisch unbeschränkte Zugriff durch die Omnipräsenz der Inhalte: unabhängig von Ort und Zeit des Zugriffs sind die einmal eingestellten Informationen bis zu deren Löschung bzw. Veränderung permanent und gleichförmig abrufbereit.

Gerade unter kommerziellen Gesichtspunkten ermöglichen Ubiquität und Omnipräsenz die Ansprache des Publikums in einer mit traditionellen Medien nicht zu realisierenden Größenordnung. Wenngleich diese Ausweitung des Wirkungskreises oftmals erwünscht sein mag, läßt sich eine solche Intention nicht pauschal unterstellen. Gerade im Bereich des Wertpapierhandels und der Finanzdienstleistungen sind viele Anbieter schon aus aufsichtsrechtlichen Gründen an einer weltweiten Distribution nicht interessiert, sondern beziehen sich schwerpunktmäßig auf die Anleger ihres Heimatmarktes. Eine gezielte Ansprache einer geographisch begrenzten Zielgruppe führt angesichts der spezifischen Form der Informationsverbreitung im Internet zu Problemen, die in deutlich geringerem Umfang auch schon von anderen Medien bekannt sind. Wird etwa der Rundfunk zur Verbreitung von Informationen genutzt, so ist es aufgrund der physikalisch gegebenen Verbreitung der Radiowellen unmöglich, die Sendebereiche an geographischen Staatsgrenzen enden zu lassen. Vielmehr können je nach Stärke der Sender die entsprechenden Rundfunksendungen auch in den Grenzgebieten anderer Länder als demjenigen, für das sie produziert worden sind, empfangen und damit wahrgenommen werden. Aus diesem als Spill-over-Effekt bezeichneten Phänomen[143] erwachsen vor allem dann juristische Probleme, wenn die Maßstäbe, die an die rechtliche Bewertung der Sendeinhalte von den betroffenen Rechtsordnungen gestellt werden - wie regelmäßig - differieren. Bei der Informationsverbreitung unter Nutzung des Internet potenziert sich dieses Problem um ein Vielfaches, denn die Überschneidungsbereiche betreffen nicht mehr nur kleine grenznahe Flä-

---

141 Zum ganzen Becker/Yim/Greenawalt, wallstreetlawyer.com, Vol. 3, No. 3, S. 1 ff. (August 1999); Jennings/Marsh/Coffee/Seligman, Securities Regulation, 1529.

142 Quinn/Jarmal, Securities Regulation and the Use of Electronic Media (1998), in: PLI, Securities Law & The Internet (2000), Vol. 1, S. 869, 871.

143 Vgl. näher Köhler/Arndt, Recht des Internet, Rdnr. 467.

chen benachbarter Nationen, sondern angesichts der weltweiten Ausstrahlungswirkung den gesamten Globus.

Hinzu kommen weitere technische Besonderheiten des Internet, die das Problem, daß traditionelle Anknüpfungspunkte leerlaufen, noch verstärken. So wird etwa die angerufene Seite nicht zwingend nur von einem oder immer vom selben Server geladen, sondern es besteht die Möglichkeit, daß zur Verkürzung der Zugriffszeiten die entsprechenden Informationen auf verschiedenen Servern gespeichert sind und von dort beim Zugriff auf die Seite abgerufen werden (Cache Server)[144]. Da diese Server ihrerseits an nahezu jedem Ort der Welt lokalisiert sein können und der Anwender beim Zugriff auf die Seite nicht erkennen kann, von wo diese letztlich stammt, scheitert eine Begrenzung des Zielgebietes durch den Sender, auch im Hinblick auf die Empfänger erscheint eine technische Unterbindung des Zugriffs auf Web-Seiten, die aus einer bestimmten Region stammen, kaum möglich.

II.) Technische Möglichkeiten der Zugriffsbeschränkung

In seiner rechtlichen Konsequenz begründet diese weltweite Ausstrahlungswirkung zunächst die potentielle Betroffenheit aller tangierten Rechtsordnungen, so daß sich der Anbieter von Wertpapierdienstleistungen in der Regel unerwünschter Weise, einer Vielzahl höchst unterschiedlicher Haftungs- und Aufsichtssysteme gegenüber sieht. Weil dieses ein erhebliches Rechtsanwendungsrisiko bedeutet und in der Regel nur eine Ansprache bestimmter, wirtschaftlich relevanter Rechtsordnungen gewollt ist, stellt sich die Frage, inwiefern technische Möglichkeiten zur Verfügung stehen, um entweder die eingestellten Inhalte gegen den Zugang aus bestimmten Rechtsordnungen abzuschotten oder alternativ von vornherein nur bestimmte Zielmärkte anzusprechen.
Direkte Zugangsbeschränkung mit Hilfe technischer Mechanismen sind jedoch nahezu ausgeschlossen[145]. Zwar eröffnen Top-Level-Domains wie etwa ".de" die scheinbare Möglichkeit zur Lokalisierung des Verwenders in einem bestimmten Staat, um diesen hieran anknüpfend von dem weiteren Zugriff auf die eingestellten Internet-Inhalte auszuschließen. Zum einen stehen aber nicht alle Top-Level-

[144] American Bar Association, Report on Global Jurisdiction Issues Created by the Internet, S.163, Fn. 381.

[145] Die einzige wirkliche technische Beschränkungsmöglichkeit besteht darin, alle Verbindungen zu Web-Seiten im Ausland über einen einzigen, staatlich kontrollierten Server zu leiten, wie dieses derzeit in China geschieht (vgl. Herzog, Rechtliche Probleme der Inhaltsbeschränkung im Internet, S. 119). Abseits derartiger staatlicher Zwangszensuren ist dem einzelnen Anwender diese Möglichkeit aber nicht eröffnet; ähnlich Mankowski, RabelsZ 63 (1999), 203, 243; ders. GRUR Int. 1999, 909, 916.

Domains als Kürzel für ein bestimmtes Land oder geographische Region[146], zum anderen besteht auch keine hinreichend sichere Möglichkeit zur Identifizierung der Internet-Adresse. Abfragemasken, die zu deren Eingabe auffordern, können durch Falschangaben umgangen werden. Programmroutinen, mit deren Hilfe sich die Internet-Adresse desjenigen, der Zugang zu einem bestimmten Angebot sucht, automatisch ermitteln lassen, scheitern dann, wenn diese Adresse durch Verwendung von Proxie-Servern oder durch sonstige, nicht erkennbare Datenweiterleitungen verschleiert werden[147]. Schließlich ist ein fester Wohnsitz oder dauernder Aufenthalt in einem bestimmten Land regelmäßig keine Voraussetzung um von den Anbietern entsprechende Top-Level-Domains zu erhalten[148].

III.) Konsequenz für die weitere Untersuchung

Weil das Problem der Ubiquität somit technisch nicht befriedigend zu lösen ist, bedarf es rechtlicher Ansätze, um das Rechtsanwendungsrisiko des Anbieters zu begrenzen. In diesem Sinne müssen Rechtsordnungen kollisionsrechtliche Regeln aufstellen, unter welchen Voraussetzungen ihr eigener Geltungsbereich in Internet-Sachverhalten eröffnet ist und mit Hilfe welcher Mechanismen derjenige, der das Medium nutzen möchte, dieser Geltung entgehen kann. Zu differenzieren ist dabei im Grundsatz zwischen privatrechtlichen Kollisionsfragen und dem US-Wirtschaftskollisionsrecht, das sich vor allem mit der Frage der extraterritorialen Geltung der Securities Laws beschäftigt. Anders als im deutschen Recht, das Fragen des Internationalen Privatrechts eine erhebliche Bedeutung beimißt und mit dem Kapitalmarktrecht und seinem Geltungsanspruch in nicht immer widerspruchsfreier Wechselwirkung steht, spielt das IPR aus Sicht des US-Rechts bei internationalen Wertpapiertransaktionen nur eine untergeordnete Rolle[149]. Von zentraler Bedeutung ist vielmehr die extraterritoriale Geltung der Securities Laws.

---

146 Top-Level-Domains wie ".com" für "commercial" oder ".edu." für "education" sind völlig gebietsneutral und lassen keinerlei Rückschluß auf den Aufenthaltsort des Verwenders zu. Zudem ist selbst die Vergabe bestimmter nationengebundener Top-Level-Domains nicht davon abhängig, daß der beantragende Internet-Nutzer im betreffenden Land seinen ständigen Wohn- oder Hauptgeschäftssitz hat; ebenso Gruber, DB 1999, 1437, 141; Mehrings, CR 1998, 613, 617.

147 Über oftmals kosten- und anmeldungsfrei zugängliche Anonymizier können Internet-Seiten aufgerufen werden, ohne die eigene IP-Adresse dabei offenzulegen; näher Mankowski, RabelsZ 63 (1999), 203, 243 f.; ders. GRUR Int. 1999, 909, 916).

148 Nach einer Lockerung der Registrierungsbestimmungen der DENIC, können seit Oktober 2000 etwa auch solche Antragsteller eine ".de"-Domäne erhalten, die nicht in Deutschland ansässig sind; erforderlich ist lediglich ein Ansprechpartner mit deutschem Wohnsitz (FAZ v. 04.08.2000, S. 13).

149 Das Restatement (Second) of Conflict of Law (1969), das wesentliche Quelle kollisionsrechtlicher Fragen ist, geht vom "most significant relationship test" aus, der grundsätzlich das Recht zur Anwendung kommen läßt, das in Hinsicht auf die beteiligten Parteien und den

Dieser Gewichtung entsprechend soll im folgenden untersucht werden, inwieweit die wesentlichen Regelungen des Securities Acts, Securities Exchange Acts und Investment Advisers Acts einschließlich der entsprechenden Rules und Regulations von ihrem Geltungs- und Durchsetzungsbereich her Anspruch auf extraterritoriale Anwendung erheben und wo die Grenzen dieser Expansion liegen - "*Can the United States play securities policeman to the world?*"[150].

§ 5 Extraterritorialer Geltungsbereich der Securities Laws

Die aufgezeigte Tendenz zur Internationalisierung der Wertpapiergeschäfte über das Internet, aber auch das Enstehen gänzlich neuer Handelsplattformen, führt zunehmend zu Einwirkungen auf den US-Kapitalmarkt, die ihren Ursprung außerhalb des eigenen Territoriums haben oder mangels physischer Anknüpfungspunkte kaum lokalisierbar sind. Solange als Pendant zu dieser Entwicklung eine Internationalisierung der Aufsicht noch nicht realisiert ist[151], würde eine Begrenzung der Securities Laws auf reine Inlandsfälle manipulative Einwirkungen von außen, die erhebliche Auswirkungen auf den inländischen Markt und inländische Investoren haben können, nicht erfassen können. Um den Schutzstandard der Securities Laws aufrecht zu halten, sind diese konzeptionell nicht auf reine Inlandsfälle beschränkt, sondern tendieren zur Erstreckung ihres Geltungsbereichs auch auf internationale Sachverhalte[152].

Streitgegenstand die engsten Beziehungen aufweist. Zur Beantwortung dieser Frage enthält das Restatement (Second) sowohl für deliktische als auch für vertragsrechtliche Fallgestaltungen umfangreiche Kriterienkataloge. Unter den gegebenen Abwägungskriterien wird vor allem das Interesse eines Staates an der Geltungskraft seiner Gesetze stark betont (so Schmidt-Brand, Zu den "long-arm statutes im "Jursidiktions-Recht" der Vereinigten Staaten von Amerika, S. 22 f.), weshalb es zu einer vielfältigen Überlagerung der Regeln des Internationalen Privatrechts durch das Kapitalmarktrecht kommt. Zur Erfassung von Internet-gestützten Wertpapierhandelsaktivitäten vgl. v.a. Florian, Rechtsfragen des Wertpapierhandels im Internet, 2001, S. 16 ff.

150 Jennings/Marsh/Coffee/Seligman, Securities Regultion, S. 1615.; in der deutschsprachigen Literatur weist v.a. Basedow auf die "Gefahr exorbitanter Jurisdiktionsanmaßungen" hin (Basedow, RabelsZ 52 (1988), 8, 12.

151 Angesichts der Verschiedenheit der regulatorischen Ansätze und Ansichten wird eine effektive weltweite Kooperation wohl Fiktion bleiben. Erreichbar erscheint allenfalls die Übereinkunft und Absicherung von Mindeststandards, die aber in weiten Bereichen der gegenwärtig strikten Regulierungspolitik der SEC nicht genügen dürften. Insofern scheint jedenfalls in absehbarer Zukunft kein gravierender Wandel der Handhabung extraterritorialer Anwendung der Securities Laws in Sicht.

152 Ähnlich Jennings/Marsh/Coffee/Seligman, Securities Regultion, S. 1615; Schuster, Die internationale Anwendung des Börsenrechts, S. 7; Becker in Hopt/Rudolph/Baum, Börsenreform, S. 890; Noller, ZfgK 1997, 1103, 1106; zum Ganzen auch Steck, ZBB 2000, 112, 117 ff.

Das Maß dieser Expansionstendenz hängt vom konkreten Regelungsgegenstand einzelner Normkomplexe der Securities Laws und ihrer spezifischen Zielsetzung ab. Dabei ist insbesondere zwischen der extraterritorialen Geltung von Registrierungs- und Zulassungsvorschriften einerseits und den "antifraud provisions" andererseits zu unterscheiden. Während der erstgenannte Bereich vor allem durch administrative Erlasse der SEC bestimmt wird, ist letzterer primär durch die Rechtsprechung präzisiert worden.

I.) Registrierungsvorschriften und Offenlegungspflichten

Ausgangspunkt bei der Beurteilung des Anwendungsbereiches der Securities Laws sind zunächst die expliziten Regelungen dieser Gesetzeswerke selbst. Allerdings bilden Securities Act und Securities Exchange Act sowie die auf deren Grundlage erlassenen Verordnungen kein geschlossenes System von Kollisionsnormen und schweigen ganz überwiegend zur Frage ihrer extraterritorialen Anwendbarkeit[153]. Allein Sec. 30(b) SEA enthält für einen eingeschränkten Sonderbereich eine Beschränkung der extraterritorialen Geltung kapitalmarktrechtlicher Vorschriften. Demgemäß kommt vor allem für Broker-Dealer und Banken eine Anwendung einiger Regulierungsvorschriften, wie etwa der margin-Rules[154], nicht in Betracht, "*...insofar as he transacts a business in securities without the jursidiction of the United States...*". Allerdings ist der Anwendungsbereich dieser Vorschrift nicht unumstritten[155]. Auch in der US-Gerichtspraxis kommt ihr kaum Bedeutung, geschweige denn Verallgemeinerungsfähigkeit zu.
Trotz des Fehlens klarer gesetzlicher Regelungen ist der Anspruch der Securities Laws auf überregionale Geltung eindeutig[156]. So beziehen sich die Vorschriften beider Gesetzeswerke auf den „interstate commerce“[157]. Eine Legaldefinition enthält Sec. 2(a)(7) SA, der ausdrücklich auch den Handel mit anderen Staaten einbezieht[158]. Mithin umfaßt der Begriff nicht nur den „Binnenmarkt“ der US-

---

153 Itoba Ltd. v. Lep. Group. PLC 54 F.3d 118, 121 (2d Cir. 1995); Brooks, 24 Sec. Reg. L. J., 306, 307 (1996).

154 Vgl. dazu unter § 8, IV.), 4.).

155 Dazu Kiel, Internationales Kapitalanlegerschutzrecht, S. 93 f. m.w.N.

156 West Group, Federal Regulation of Securities Annotated, Vol. 1, 7:110; Bloomenthal/Wolff, Securities and Federal Corporate Law, Vol. 3B, § 7:14, S. 7-20; Becker in Hopt/Rudolph/Baum, Börsenreform, S. 890; ähnlich Noller, ZfgK 1997, 1103, 1106.

157 Vgl. etwa Sec. 5 SA oder Sec. 2 SEA.

158 Sec. 2(a)(7) SA: „*The term "interstate commerce" means trade or commerce in securities or any transportation or communication relating thereto among the several states or between the District of Columbia or any territory of the United States and any state or other territory, or between any foreign country and any state, territory, or the District of Columbia, or within the District of Columbia.*“
In ähnlicher Weise definiert auch Sec. 3(a)(17) SEA im Anwendungsbereich des Securities Exchange Acts diesen Begriff.

Bundesstaaten untereinander, sondern schließt den internationalen Handel zwischen einem anderen Land und den USA bzw. einem US-Bundesstaat ein[159]. Diese Interpretation des "interstate commerce" ist zwar notwendige Bedingung einer extraterritorialen Anwendung der Securities Laws, für sich alleine reicht sie gerade aufgrund der fehlenden gesetzgeberischen Deutlichkeit aber nicht aus, um die Regelungen von Securities Act und Securities Exchange Act in Gänze und ohne weitere Differenzierung auf jeglichen Sachverhalt mit Auslandsberührung zur Anwendung kommen zu lassen. Zudem stellt sich gerade in Internet-Sachverhalten die Frage, welche Vorgehensweisen als Betätigung im "interstate commerce" aufzufassen sind und der Regulierung durch die Securities Laws unterliegen. Ausgehend von der Darstellung der Situationen und Voraussetzungen, in denen das US-amerikanische Kapitalmarktrecht eine Registrierung erfordert, sollen in unmittelbarer Gegenüberstellung einzelne Internet-Aktivitäten daraufhin untersucht werden, ob sie dem Anwendungsbereich dieser Vorschriften unterliegen.

1.) Wertpapierangebote

Obschon die über den US-Kapitalmarkt verfügbare Liquidität insbesondere für international tätige Unternehmen einen starken Anreiz bietet, über die erstmalige Emission von Wertpapieren ("initial public offering" (IPO) Kapital an diesem Handelsplatz aufzunehmen, schrecken zahlreiche ausländische Emittenten aufgrund der erheblichen regulatorischen Anforderungen vor dem bewußten Schritt auf den US-Kapitalmarkt zurück. Hemmend in diesem Sinne wirken insbesondere die Kosten und die Dauer des Registrierungsverfahrens[160] nach dem Securities Act, die Verpflichtungen des „continuous disclosure systems“ des Securities Exchange Act, das Erfordernis der Bilanzierung nach GAAP[161] und das von den

159 Loss/Seligman, Securities Regulation, Vol. I, S. 433 ff.

160 Sofern ein nichtamerikanischer Emittent erstmals mit einem "public offering" den amerikanischen Kapitalmarkt ansprechen will bzw. dieses auch ohne entsprechende Zielrichtung faktisch tut, muß er die Wertpapiere auf dem Kurzformular "Form 8-A" registrieren lassen. Dieses wiederum verweist auf das Formular "Form F-1". Ohne öffentliches Angebot kann die Registrierung mittels des kürzeren, die periodische Berichtspflicht betreffenden Formulars "Form 20-F" erfolgen (Norton, ZBB 1995, 366, 368; Becker in Hopt/Rudolph/Baum Börsenreform, S. 819 f.).

161 GAAP= Generally Accepted Accounting Practices; dazu etwa Brown/Drinkwater/Ellard et al., The Approach of Full Multinational Compliance, in Brown/Paley, Global Offerings of Securities, S. 19 ff. Mittlerweile wird allerdings auch innerhalb der SEC eine Diskussion geführt, ob Bilanzierungen auch nach den International Accounting Standards (IAS) als ausreichend akzeptiert werden können (Current Issues and Rulemaking Projects, in: Understanding the Securities Laws (1999), 71, 117); insofern ist ein erster "Concept Release" veröffentlicht worden: SEC Concept Release, International Accounting Standards, Releases Nos. 33-7801; 34-42430 (Feb. 16, 2000); verfügbar unter: http://www.sec.gov/rules/concept/34-42430.htm.

weiten "antifraud provisions" ausgehende Haftungsrisiko, verbunden mit ungünstigeren prozessualen Bedingungen. Auch die alternativ zu einem "public offering" mögliche Aktivierung des US-Kapitalmarktes durch die Ausgabe von ADR's[162] ist mit einem nicht unerheblichen Aufwand verbunden und zieht erhebliche regulative Anforderungen, wie etwa den Eintritt in das "continous disclosure"-System und gewisse Publizitätspflichten nach sich[163]. Diese Formen des Zugangs eignen sich daher nur für bestimmte Unternehmen, während gerade für kleinere Firmen ein derartiger Schritt oftmals in keiner Relation zum erforderlichen Aufwand steht[164]. Selbst wenn aber ein solcher bewußter Schritt in Richtung des amerikanischen Kapitalmarktes nicht gewollt ist, sind unter Umständen wegen ihres grundsätzlich weiten internationalen Geltungsbereichs, die Vorschriften der Securities Laws gleichwohl zu beachten. Insofern kann auch eine Emission ausländischer Unternehmen vom Ausland aus in den USA Registrierungserfordernisse nach sich ziehen.

a) Anwendungsbereich der Sec. 5 SA

Ausgangspunkt zur Beantwortung der Frage, ob ein in den USA registrierungspflichtiges Wertpapierangebot vorliegt, ist die Zentralnorm des gesamten Securitites Acts, Sec. 5 SA. Diese statuiert das Registrierungserfordernis und verbietet vor einer Registrierung - abhängig vom jeweiligen Verfahrensstadium - Kaufs- oder Verkaufsangebote und -geschäfte, die unter Nutzung der Post oder der sonstigen Kommunikationswege des zwischenstaatlichen Handels übermittelt werden. Weil der Begriff des zwischenstaatlichen Handels dabei qua Definition[165] den Handel auch mit anderen Staaten erfaßt, sind insofern nicht allein die Kommunikationswege innerhalb der USA Ansatzpunkt der Securities Laws, sondern ebenso diejenigen zwischen den USA und jedem anderen Land[166]. Zudem bezieht sich die

---

162 American Depositary Receipts sind Depositenzertifikate, die von amerikanischen Banken ausgegeben werden und als im US-Markt handelbare Wertpapiere, die im Heimatstaat des Emittenten ausgegebenen Wertpapiere vertreten. In den ADR's ist das Eigentumsrecht des Inhabers an einer bestimmten Anzahl dieser ausländischen Aktien verbrieft (Becker in Hopt/Rudolph/Baum, Börsenreform, S. 892 f. ; dazu auch Norton, ZBB 1995, 366, 370; Schuster, Die internationale Anwendung des Börsenrechts, S. 394 ff.).

163 Becker in Hopt/Rudolph/Baum, Börsenreform, S. 893; bei grenzüberschreitenden Emissionen mit Berührungspunkten zum US-Markt kann aber von einem einheitlichen Prospekt keine Rede sein (vgl. Siebel, WM 1997, 708 f.).

164 Als Ausweg ist von vielen Unternehmen der Weg über die Rule 12g3-2(b) SEA beschritten worden, der einen Handel an ungeregelten OTC-Märkten erlaubt, sofern der SEC die Erfüllung der Anforderungen an Emission und börslichen Handel im Heimatland nachgewiesen worden sind (so Becker in Hopt/Rudolph/Baum Börsenreform, S. 820).

165 Vgl. Sec 2(a)(7) SA sowie Sec. 3(a)(17) SEA.

166 Loss/Seligman, Securities Regulation, Vol. I, S. 433; Bloomenthal/Wolff, Securities and Federal Corporate Law, Vol. 3, § 2:139, S. 2-315.

Registrierungsverpflichtung von ihrem persönlichen Anwendungsbereich her auf jedermann, der ein Wertpapierangebot abgibt ("any person"), ohne daß dabei eine Beschränkung auf amerikanische Emittenten enthalten wäre. Die Securities Laws behandeln vielmehr in- und ausländische Emittenten grundsätzlich gleich[167]. Schließlich greift auch der sachliche Anwendungsbereich des Registrierungserfordernisses sehr weit, indem die Definitionsnorm der Sec. 2(a)(3) SA als "offer" einen großen Bereich von Tätigkeiten erfaßt, die darauf gerichtet sind, das Interesse potentieller Anleger an der Investition in die zu emittierende "security" zu wecken[168]. Jegliche marktvorbereitende Maßnahmen ("conditioning the market"), die Investoren stimulieren können, Anlageentscheidungen zu treffen, stellen in der Interpretation der SEC ein Angebot i.S.d. Sec. 2(a)(3) SA dar[169].
In konsequenter Umsetzung dieses weiten Anwendungsbereiches hat die SEC lange den Standpunkt vertreten, daß zwar eine Vielzahl von ausländischen Emissionen, die die Post oder sonstige Kommunikationswege nutzen, ohne zuvor bei der SEC dem Registrierungserfordernis nachgekommen zu sein, gegen diese Verpflichtung verstoßen; gleichwohl hat sie solange keine rechtlichen Schritte eingeleitet, wie diese Emissionen ausschließlich im Ausland vertrieben worden sind[170].

b) Erfassung von Auslandssachverhalten durch Regulation S

Mit Zunehmen der internationalen Handelsaktivitäten und Offshore-Emissionen und einer steigenden Zahl an US-Investoren, die sich in diesen Märkten engagierten, fühlte sich die SEC veranlaßt, diesen lange stillschweigend praktizierten Grundsatz zu fixieren und erließ 1990 die Regulation S[171]. Diese bringt den Standpunkt der SEC zum Ausdruck, daß solche Angebote und Transaktionen, die außerhalb der USA stattfinden, von der Anwendung der Registrierungsvorschriften des Securities Act ausgenommen sein sollen. In ihrem Regelungsansatz folgt die Regulation S dem Territorialitätsprinzip, indem US-Emittenten ebenso wie ausländischen Emittenten die Emission in Offshore-Märkten, auch ohne vorherige

---

167 Allerdings bestehen beim Registrierungsverfahren und den Publizitätsvorschriften einige Besonderheiten (vgl. Becker in Hopt/Rudolph/Baum, Börsenreform, S. 891).

168 Sec. 2(a)(3) SA: " ... *The term "offer to sell," "offer for sale," or "offer" shall include every attempt or offer to dispose of, or solicitation of an offer to buy, a security or interest in a security, for value.*"

169 In re Carl. M. Loeb, Rhoades & Co., 38 SEC 843 (1959); insgesamt Hazen, The Law of Securities Regulation, Vol. 1, S. 91 f.; Soderquist, Understanding the Securities Laws, 3-5 ff.

170 Vgl. West Group, Federal Regulation of Securities Annotated, Vol. 1, § 171, 7:110; Jennings/Marsh/Coffee/Seligman, Securities Regulation, S. 576 unter Verweis auf SEC-Release No. 33-4708, 55 Fed. Reg. 9828, July 9, 1964.

171 17 C.F.R. § 230.901 - § 230.905; Offshore Offers and Sales, Securities Act Release No. 33-6863, 46 S.E.C. Docket 0040 ff. (Apr. 24, 1990); Regulation S umfaßt die Rules 901 - 904 SA; zur völkerrechtlichen Dimension der Regulation S vgl. Schuster, Die internationale Anwendung des Börsenrechts, S. 352 ff.

SEC-Registrierung zugestanden wird, selbst wenn dabei US-Staatsbürger oder - Unternehmen involviert sein sollten[172]. Technisch stellt die Regulation S vor allem für Emittenten und Underwriter eine "safe harbor"-Lösung zur Verfügung, in deren Folge ein Angebot oder eine Transaktion in "securities" als ein außerhalb der USA stattfindendes Ereignis behandelt wird und aus diesem Grund den Registrierungserfordernissen der Sec. 5 SA nicht unterliegt[173].
Hierfür stellt Rule 903(a) SA zwei Grundvoraussetzungen auf. Zum einen muß das Angebot oder Veräußerungsgeschäft in einer "offshore transaction" abgewickelt werden. Hiervon ist gem. Rule 902(h) SA auszugehen, sofern sich einerseits das Angebot nicht an Personen mit gewöhnlichem Aufenthalt in den USA ("US person"[174]) richtet und sich im Zeitpunkt der Transaktion der Käufer außerhalb der USA aufhält, bzw. der Verkäufer dieses vernünftigerweise annehmen durfte. Schließlich werden auch Transaktionen an ausländischen Börsen als "offshore transaction" behandelt[175]. Als weitere Voraussetzung untersagt Rule 903(a)(2) SA direkte Absatzbemühungen im US-Markt ("direct selling efforts"), worunter vor allem solche Marketing- und Werbemaßnahmen fallen, die auf die Offshore-Distribution hinweisen und das Ziel verfolgen oder zumindest geeignet sind, das Interesse des US-Marktes an dieser Emission zu wecken[176]. Sind diese Bedingungen eingehalten, bedarf es des Schutzes der Securities Laws nicht, weil der US-Markt nicht tangiert ist.

Regulation S wäre allerdings unvollständig, würde sich ihr Regelungsbereich nicht auch auf Sekundärmarktgeschäfte erstrecken. Mit Hilfe einer Regulation S - Emission könnte das Schutzkonzept der Sec. 5 SA unterlaufen werden, indem unmittelbar nach der registrierungsfreien Offshore-Emission die Wertpapiere im Wege des Sekundärmarkthandels in die USA veräußert werden. Um dieses zu verhindern, legt Rule 905 SA fest, daß die aus einer solchen Emission hervorgegangenen Wertpapiere als "restricted securities" i.S.d. Rule 144 SA zu betrachten sind. Für den Erwerber hat das eine grundsätzliche Wartezeit ("holding period") von einem Jahr zur Folge, bis er diese Wertpapiere in die USA verkaufen kann[177]. Alternativ steht ihm die Möglichkeit offen, seinerseits die "securities" registrieren

---

172 Dieser Ansatz bedeutete zugleich eine Schwerpunktverschiebung im Regulierungsansatz, der bis dato weniger an das Territorium, als vielmehr an die Staatsbürgerschaft der Investoren geknüpft war, wo immer sich diese auch aufhielten (vgl. Hoffman, Regulation S, in: PLI, Understanding Securities Laws (1999), 349, 354; Jennings/Marsh/Coffee/Seligman, Securities Regulation, S. 577).

173 Rule 901 SA; dazu Jennings/Marsh/Coffee/Seligman, Securities Regulation, S. 577.

174 Rule 902(k)(1)(i) SA.

175 Vgl. Regulations S, Rule 902 (h) SA.

176 Hoffman, Regulation S, in: PLI, Understanding Securities Laws (1999), 349, 359; Jennings/Marsh/Coffee/Seligman, Securities Regulation, S. 583.

177 Rule 144(d)(1) SA.

zu lassen, oder sich auf eine Ausnahme von diesem Erfordernis zu berufen. Neben der Möglichkeit eines Verkaufs in die USA an sog. "qualified institutional buyers" (QIB) nach Rule 144A SA[178] steht insbesondere der "resale safe harbor" der Rule 904 SA zu Verfügung, wenn ein Sekundärmarkthandel in den USA nicht vorgesehen ist. Sofern auch die weiteren Transaktionen "offshore" durchgeführt werden und keine direkten Absatzbemühungen unternommen werden, ist außerhalb der USA ein Sekundärmarkthandel ohne Verstoß gegen Sec. 5 SA möglich.

Zusammenfassend sind somit trotz des weiten Anwendungsbereichs der Sec. 5 SA Emissionen und darauf folgender Wertpapierhandel mit nichtregisitrierten Wertpapieren vom Geltungsbereich freigestellt, sofern, den Bedingungen der Regulation S entsprechend, weder Absatzbemühungen noch Transaktionen an Marktteilnehmer in den USA gerichtet sind. In dieser Grundregel kommt das den gesamten Bereich der extraterritorialen Geltung aufsichtsrechtlicher Vorschriften dominierende Marktortprinzip zum Ausdruck.

c) Internet-Einsatz ausländischer Emittenten nach dem "Offshore Release"

Das Internet bietet für eine Vielzahl von Emittenten eine einzigartige und kostengünstige Möglichkeit mit erheblicher Massenwirkung auf ihre Emission hinzuweisen und so interessierte Investoren zu gewinnen. Zu diesem Zweck werden direkte Angebote in die entsprechenden Web-Auftritte ebenso eingestellt, wie Verkaufsprospekte und sonstige mit der Emission zusammenhängende Informationen und Werbematerial. Die aus Marketing- und Vertriebsgesichtspunkten erwünschte weite Wirkung dieser Maßnahmen kann im Hinblick auf die rechtlichen Rahmenbedingungen und -erfordernisse einer Emission zu Problemen führen. Zudem werden in aller Regel bei derartigen Distributionen ohnehin nur bestimmte nationale Märkte als Absatzplätze ins Auge gefaßt. Trotzdem eine weltweite Emission damit regelmäßig nicht beabsichtigt ist, führt die Nutzung des Internet nach dem oben Gesagten grundsätzlich zur Ansprache aller Märkte[179].
Wie dargestellt vertritt die SEC - in Übereinstimmung mit Rule 902(h) SA - den Standpunkt, daß solche Angebote und Transaktionen, die außerhalb der USA stattfinden, von den Registrierungsanforderungen des Securities Act ausgenom-

178 In eingeschränktem Maße ist so ein Sekundärmarkthandel in ausländischen Wertpapieren nach einem Regulation S - Offering möglich. Zu beachten ist allerdings, daß durch den Weiterverkauf in Übereinstimmung mit Rule 144A SA die Wertpapiere nicht als "unrestricted" gelten. Weitere Veräußerungsgeschäfte sind daher wiederum nur in Übereinstimmung mit Ausnahmeregelungen zulässig; näher Jennings/Marsh/Coffee/Seligman, Seurities Regulation, S. 596.

179 Vgl. Blake, 55 Bus. Law., 177, 181 (1999), der darauf hinweist, daß die Emittenten von ihrer Intention her in der Regel nur bestimmte "primary countries" ansprechen wollen.

men sein sollen[180]. Ließ sich dabei bisher anhand physischer Gegebenheiten festmachen, ob eine bestimmte Handlung im einen oder anderen Land stattfindet, so heben Wertpapier- und Finanzdienstleistungsangebote, die in den virtuellen Raum des Internet gestellt werden, diese klare Anknüpfung an einen bestimmten nationalen Markt auf und provozieren die Frage, ob derartige Angebote und Veräußerungsgeschäfte nicht auch in den USA stattfinden. Da das Internet unbestritten eines der "instruments of interstate commerce" darstellt, kann das Einstellen von wertpapierrelevanten Informationen auf den Web-Seiten eines Unterehmens ein Angebot von "securities" bedeuten und insofern entsprechende Registrierungsverpflichtungen nach sich ziehen.

Deutlich zu betonen ist allerdings, daß sich diese Fragen ebenso wie die nachfolgend dargestellten Lösungsansätze nur auf solche Internet-Kommunikationstechniken beziehen, die ihrer Natur nach auf Massenwirkung ausgerichtet sind, ohne daß der Verwender, der Informationen auf diesem Wege verbreitet, Einfluß auf den Empfängerkreis nehmen oder diesen limitieren könnte. Entsprechend betreffen die nachfolgenden Darstellungen vornehmlich Angebote, die auf Web-Seiten eingestellt werden. Soweit demgegenüber Übertragungswege genutzt werden, die eine gezielte Ansprache einzelner Investoren oder Investorenkreise ermöglichen, entfällt das Problem der unerwünschten Spill-over Effekte. Bei derartigen Angeboten ist die Zielrichtung klar, so daß hier im Hinblick auf die Anwendung nationaler Regulierungsvorschriften und die Zuständigkeit nationaler Regulierungsbehörden eine direkte Anknüpfung an den Empfänger und dessen Heimatland möglich ist, was insbesondere für den Versand entsprechender Angebote per E-Mail gilt. Bei Nutzung von Kommunikationstechniken, die eine solche Beschränkung des Adressatenkreises grundsätzlich nicht zulassen, besteht für den Verwender eine Unsicherheit, ob und unter welchen konkreten Umständen Internet-Auftritte und Werbemaßnahmen Registrierungserfordernisse nach sich ziehen. Dieser Unsicherheit ist die SEC mit dem sog. "Offshore Release"[181] entgegengetreten, indem sie herausgearbeitet hat, unter welchen Bedingungen Informationen, die auf Web-Seiten eingestellt werden, so behandelt werden, als handele es sich um Vorgänge, die nicht in den USA stattfinden bzw. um Angebote, die sich nicht an US-Personen[182] richten.

---

180 Möglich sind und waren öffentlich verbreitete Basisinformationen im Hinblick auf eine bevorstehende Information, die in den eng gesteckten Grenzen des "safe harbor" der Rule 135 SA halten (so. Blake, 55 Bus. Law., 177, 188, Fn. 88 (1999)); zu Rule 135 SA vgl. unter § 14, II.), 1.), b).

181 Securities Act Release No. 33-7516, 66 S.E.C. Docket 2419 ff. (Mar. 23, 1998), verfügbar unter: http://www.sec.gov/rules/concept/33-7516.txt ; da der Release in persönlicher Hinsicht grds. Emittenten, Broker-Dealer, Anlageberater und Börsen in gleicher Weise erfaßt, werden diese zusammenfassend "Anbieter" oder "Informationsanbieter" bezeichnet.

182 Der Term "US person" wird dabei wie in Rule 902(k) SA der Regulation S verwandt und bezieht sich somit auf Personen mit Wohnsitz (residence) in den USA unabhängig von mög-

aa) Grundsätzliche Aussagen des "Offshore Releases"

Gemeinsamer Anknüpfungspunkt der einzelnen Registrierungsvorschriften ist regelmäßig die Nutzung des Postweges oder anderer Wege des zwischenstaatlichen Handels zum Zweck der Verbreitung eines spezifischen Angebotes in der Öffentlichkeit[183]. Da das Einstellen entsprechender Informationen auf die eigenen Internet-Seiten aber unweigerlich zu einem solchen öffentlichen Angebot führt, verlangt der "Offshore Release" vom Anbieter, geeignete Maßnahmen zu ergreifen, um sicherzustellen, daß eine Teilhabe von in den USA ansässigen Anlegern oder Unternehmen an diesem Angebot ausgeschlossen ist - nur bei Einhaltung dieser Vorgaben kann von einem Offshore-Internet-Angebot ausgegangen werden, das eine Ausnahme von den Registrierungserfordernissen rechtfertigt. Dabei muß der Anbieter grundsätzlich zwei wesentliche Forderungen erfüllen:

(1) Verwendung eines "prominent disclaimer"

Als vornehmliches Mittel zum Ausschluß eines auf US-Personen gerichteten Angebotes nennt der Release die Nutzung eines "prominent disclaimer". Eine derartige Zielgebietsklausel muß textlich klar und eindeutig herausstellen, daß sich das Angebot nicht an US-Personen richtet[184]. Daneben muß auch die Positionierung

---

licherweise zeitweiligem Aufenthalt im Ausland (vgl. Securities Act Release No. 33-7516, 66 S.E.C. Docket 2419 ff. (Mar. 23, 1998), unter Fn. 20; Assmann, Neuemissionen von Wertpapieren über Internet, FS für Schütze, 1999, S. 15, 29).

183 Vgl. für das öffentliche Angebot von Wertpapieren Sec. 5(a)(1) SA (dazu unter § 14, II.)); auch im Fall eines Private Placements nach Sec. 4(2) SA i.V.m. Regulation D ist eine "general solicitation" verboten (näher unter § 16, I.), 2.)). Ein Broker-Dealer darf grundsätzlich gem. Sec. 15(a) SEA vor seiner Registrierung bei der SEC keine entsprechenden Transaktionen durchführen oder unternehmen. Sec. 203(a) IAA verbietet vor einer Registrierung die Nutzung dieser Kommunikationswege zu Zwecken der Anlageberatung. Die Registrierungspflicht von Börsen bei Geschäftsaufnahme ergibt sich schließlich aus Sec. 6 SEA.

184 Beispielsweise werden hierzu Formulierungen wie:

"*This offering is intended only to be available to residents of countries within the European Union.*"

vorgeschlagen. Wegen der weltweiten Erreichbarkeit des Internet werden hingegen unbestimmte weite Klauseln wie etwa:

"*The offer is not being made in any jurisdiction in which the offer would or could be illegal,*"

nicht als ausreichend angesehen (Securities Act Release No. 33-7516, 66 S.E.C. Docket 2419 ff. (Mar. 23, 1998), unter Fn. 21). Vgl. auch Steck, US-amerikanisches Wertpapierrecht und Internet, S. 20; ders. ZBB 2000, 112, 118. Möglich ist hingegen die positive Klarstellung des einzigen Staates oder der ausschließlichen Staaten, in die das Angebot gerichtet ist. Entsprechende Formulierungen könnten laute:

"*This offer is intended to be only available to citizens or residents of* [Liste der intendierten Länder]";

und Einbindung in die Internet-Seite so gestaltet sein, daß der Betrachter den Disclaimer vor Erreichen des Angebotstextes wahrnehmen kann. Dieses kann entweder durch Plazierung der Klausel auf einer gesonderten Seite geschehen, die vor Erreichen der Angebotsseite automatisch eröffnet wird (sog. "pop-up windows" oder "splash screens"); alternativ ist auch die Positionierung auf derselben Seite unmittelbar vor dem Angebotstext denkbar. In jedem Fall sollte die optische Darstellung aber sorgfältig und verantwortungsvoll gestaltet werden, um nicht Gefahr zu laufen, daß diese Klausel nicht als angemessene Maßnahme zum Ausschluß von US-Personen erachtet wird[185]. Bei einer Überprüfung zieht die SEC insoweit alle Umstände - auch die optische Gestaltung und die Art der Einbettung in den übrigen Internet-Auftritt - zur Beurteilung dieser Frage heran[186]. Soweit dabei andere auch außerhalb des Web-Auftrittes liegende Umstände dafür sprechen, daß das fragliche Angebot (auch) an US-Personen gerichtet ist, wird dieses trotz der Verwendung des Disclaimers von der SEC als registrierungspflichtiges Angebot in den USA angesehen[187]. Der Verwendung der englischen Sprache kommt in diesem Zusammenhang wegen deren weltweiter Gebräuchlichkeit im internationalen Geschäftsverkehr allerdings keine Indizwirkung zu[188]. Demgegenüber könnte die gezielte Ansprache des Anlegerpublikums in einem bestimmten Land daraus hergeleitet werden, daß der Emittent sich selbst in entsprechenden Suchmaschinen unter Länderrubriken katalogisieren läßt, so daß die URL seiner Webseite bzw. ein entsprechender Hyperlink unter Länderverzeichnissen erscheint, in denen er ein Registrierungsverfahren nicht durchgeführt hat[189]. Auch die Nutzung von Hyperlinks, etwa zu den Seiten bestimmter Finanz-

---

vgl. bei Blake, 55 Bus. Law., 177, 190 (1999), der darauf hinweist, daß wegen der möglicherweise unüberschaubaren Länge der ausgeschlossenen Staaten im Fall des erstgenannten Formulierungsbeispiels, aus praktischen Gründen die letztgenannte vorzugswürdig ist.

185 Olson/Pitt, Securities in the Electronic Age, 5-22; Blake, 55 Bus. Law., 177, 191 (1999) schlägt im letzten Fall etwa die Loslösung vom übrigen Text vor, in dem der Disclaimer am Seitenanfang, ggf. eingerahmt und in Fettschrift plaziert wird.

186 Securities Act Release No. 33-7516, 66 S.E.C. Docket 2419 ff. (Mar. 23, 1998), unter III.B.

187 Stuckey, Internet and Online Law, 11-44. Dieser Fall wäre etwa anzunehmen, wenn das Angebot auf die besonderen Möglichkeiten für den Investor hinweist, US-Einkommenssteuer zu sparen (vgl. Securities Act Release No. 33-7516, 66 S.E.C. Docket 2419 ff. (Mar. 23, 1998), unter III.B). Daneben bestehen Bedenken, daß ein derartiges Angebot als "targeted" aufgefaßt werden könnte, wenn der Emittent seine Web-Seiten auf einem Server gespeichert hat, der in einem der im Disclaimer ausgeschlossenen Länder steht. Aus diesem Grund sollte der Emittent Provider wählen, deren Server in einem Land stehen, in dem er die Emission plazieren und das entsprechende Registrierungsverfahren durchlaufen will. Auch die Verbreitung der URL der Webseite in den USA wäre - unabhängig davon über welches Medium dieses geschähe - bedenklich (Blake, 55 Bus. Law., 177, 196 ff. (1999)).

188 Securities Act Release No. 33-7516, 66 S.E.C. Docket 2419 ff. (Mar. 23, 1998), unter Fn. 22.

189 Blake, 55 Bus. Law., 177, 196 f. (1999), unter Hinweis darauf, daß eine passivere Variante, das sog. "tagging", von der SEC noch toleriert wird. Bei diesem Verfahren werden auf der

portale, ist in diesem Zusammenhang riskant, vor allem wenn derartige Seiten Dritter vornehmlich das US-Publikum ansprechen[190].

(2) Etablierung geeigneter Verfahren zur Begrenzung der Vertragspartner

In einem weiteren Schritt muß der Anbieter geeignete Verfahren bereitstellen, die vor Verkäufen in die USA und an US-Personen schützen und muß versuchen, derartige Verkäufe auch tatsächlich zu unterbinden. Dabei deutet die SEC selbst an, daß die Einhaltung dieses Erfordernis letztlich von den potentiellen Investoren abhängt und die an den Anbieter zu stellenden Voraussetzungen hier an eine gewisse Grenze stoßen. Sofern sich US-Personen unter Umgehung dieser Vorsichtsmaßnahmen, etwa durch falsche Wohnortangabe oder Zweitwohnsitze im Ausland, oder durch Zwischenschaltung Dritter, in Besitz der Angebotsdokumente bringen, wird dieses Verhalten dem Anbieter nicht angelastet, solange dieser bei verantwortlicher Handlungsweise nicht erkennen konnte, daß es sich um US-Personen handelt[191]. Sobald er aber Kenntnis von gegenteiligen Indizien erlangt[192], muß er weitere Schritte - wie etwa das Erbeten einer Ausweiskopie - unternehmen, um die Angaben des Interessenten bezüglich seiner Herkunft zu verifizieren[193]. Da sich gerade zu der Frage, welches Maß an Sorgfaltsmaßnahmen erforderlich ist, eine Gerichtspraxis, soweit ersichtlich, noch nicht herausgebildet hat, raten Praktiker grundsätzlich zur Verifizierung der Angaben des Anlegers durch Vorlage von Kopien entsprechender Ausweisdokumente[194].

Selbst dann, wenn der Anbieter diese Bedingungen einhält, erfolgt aber lediglich eine Dispensierung von Registrierungserfordernissen. Die "antifraud"-Regeln bleiben hingegen in vollem Umfange anwendbar. Werden die Erfordernisse des "Offshore Release" nicht erfüllt, wird das Angebot - mit den entsprechenden

Webseite virtuelle Etiketten (Tag´s) aufgebracht, anhand derer Suchmaschinen auf solche Seiten, deren Tag´s mit dem gesuchten Stichwort übereinstimmen, zugreifen können.

190 Blake, 55 Bus. Law., 177, 197 (1999); Olson/Pitt, Securities in the Electronic Age, 5-56 f.

191 Den Schutz der Vorschriften des "Offshore Releases" verliert der Emittent, wenn Indizien wie etwa die Angabe einer US-Steuer- oder US- Sozialversicherungsnummer gegen die Angaben des Interessenten sprechen (Securities Act Release No. 33-7516, 66 S.E.C. Docket 2419 ff. (Mar. 23, 1998), unter III.B).

192 In Betracht kommt etwa die Übergabe eines auf eine US-amerikanische Bank lautenden Zahlungsbelegs (Steck, US-amerikanisches Wertpapierrecht und Internet, S. 19).

193 Daneben existieren technische Lösungen, mit deren Hilfe der Verwender in der Lage ist, zu erkennen, von welchem Standpunkt aus der Anleger die Web-Seite aufsucht. Da diese Systeme aber an den Web-Server, über den die Einwahl vollzogen wird anknüpfen und auch aus jedem anderen Land eine Nutzung von US-Servern möglich ist, stellen derartige Lösungen allenfalls ergänzende Sicherheitsmaßnahmen dar, können aber für sich allein den Anforderungen der SEC nicht gerecht werden (Olson/Pitt, Securities in the Electronic Age, 5-50).

194 So etwa Blake, 55 Bus. Law., 177, 192 (1999).

Konsequenzen - behandelt, als sei es ein "offer" im Sinne der Sec. 5(c) SA, das an Investoren in den USA gerichtet ist.

bb) Zusammenwirken von Regulation S und dem "Offshore Release"

Wie oben beschrieben, erfordern schon die allgemeinen Voraussetzungen der Regulation S, dem Marktortprinzip entsprechend, daß das Angebot sich nicht an Personen oder identifizierbare Personenkreise in den USA richtet (Rules 903(a)(1) und 904(a)(1) SA) und keine "directed selling efforts" i.S.d. Rule 902(c)(1) SA unternommen werde. Im Hinblick auf Internet-Angebote bedeutet dieses, daß solche Web-Seiten, die die Voraussetzungen des "Offshore Releases" nicht erfüllen, auch einen Verstoß gegen die Regulations S bedeuten. In diesem Fall wäre nämlich von einem "public offering", das nach Sec. 4(2) SA unzulässig ist bzw. von direkten Absatzbemühungen, auszugehen[195]. Insoweit dient der "Offshore Release" der Anpassung der besonderen Problematik der weltweiten Zugriffsmöglichkeit auf den Inhalt von Internet-Seiten, an die generelle Linie, die die SEC mit der Regulation S verfolgt. Die SEC hat im Zusammenhang mit der Regulation S klargestellt, daß Aktivitäten außerhalb der USA, wie etwa das Plazieren von Werbematerial in Zeitungen oder Magazinen, die nicht generell auch in den USA im Umlauf sind, keine negativen Auswirkungen auf die "safe harbors" der Regulation S haben[196]. Der "Offshore Release" spiegelt diese Grundhaltung wieder, indem er die Voraussetzungen beschreibt, unter denen ein grundsätzlich weltweit verfügbares Internet-Angebot als Aktivität außerhalb der USA betrachtet wird. Insofern stellt der "Offshore Release" eine Präzisierung des Marktortprinzips für Internet-Sachverhalte dar: Werden die Vorschriften des "Offshore Release" eingehalten und ergänzend die weiteren Erfordernisse der Regulation S beachtet, ist von einer wirksamen Ausnahme vom allgemeinen Erfordernis der Sec. 5 SA auszugehen[197]. Der Umkehrschluß ist allerdings nicht zwingend: Die Einhaltung der vom "Offshore Release" statuierten Verfahrensweisen ist zwar eine (Internet-spezifische) Bedingung für die Erfüllung der Voraussetzungen der Regulation S, daneben müssen aber auch die weiteren Voraussetzungen der entsprechenden "safe harbor"-Vorschrift erfüllt werden.

---

195 Securities Act Release No. 33-7516, 66 S.E.C. Docket 2419 ff. (Mar. 23, 1998), unter IV.A.1.

196 Vgl. Offshore Offers and Sales, Securities Act Release No. 33-6863, 46 S.E.C. Docket 0040 ff. (Apr. 24, 1990); auch Quinn/Jarmal, Securities Regulation and the Use of Electronic Media (1998), in: PLI, Securities Law & The Internet (2000), Vol. 1, S. 869, 883 f.

197 Blake, 55 Bus. Law., 177, 184 (1999).

cc) Nutzung der Web-Seiten dritter Anbieter zur Verbreitung der Angebote

Sofern sich der Anbieter entschließen sollte, die zu verbreitenden Informationen nicht oder nicht nur über die eigenen Web-Seiten zu verbreiten, sondern hierfür - etwa wegen des höheren Bekanntheitsgrades oder der Konzentrationswirkung[198] - die Internet-Seiten Dritter zu benutzen, ist auch dieses in Übereinstimmung mit den Securities Laws solange möglich, wie die oben genannten Verfahrensvorgaben des "Offshore Releases" vom Betreiber dieser Portale eingehalten werden. Über die genannten Grundvoraussetzungen hinaus werden ergänzende Schritte, wie passwortgeschützte Zugänge oder ähnliche Verfahren, erforderlich, wenn derartige Portale eine Vielzahl von US-Mitgliedern haben, oder aufgrund sonstiger Umstände erwartet werden muß, daß sich zahlreiche US-Investoren über diese Portale Informationen über mögliche Anlageobjekte verschaffen[199]. Eine Umgehung der beschränkenden Mechanismen des "Offshore Releases" durch Zwischenschaltung dritter Anbieter ist damit ausgeschlossen.

dd) Besonderheiten bei US-Emittenten

Ähnlich wie Finanzportale schwerpunktmäßig auf den US-Markt orientiert sein können, besteht auch bei US-Emittenten aufgrund des engen Bezugs zum Heimatmarkt, die abstrakte Gefahr vielfältiger Kontakte zu US-Investoren, die in ihrem Vertrauen darauf, daß ein inländischer Emittent auch bei Offshore-Angeboten den US-Regulierungsvorschriften entsprechend verfährt, geschützt werden sollen[200]. Zudem spricht in diesem Fall eine gewisse Wahrscheinlichkeit für einen möglichen "Rückfluß" der Wertpapiere in den US-(Heimat-) Markt unter Verstoß gegen die Registrierungsvorschriften[201]. Aus diesen Gründen sieht der "Offshore Release" für US-Anbieter weitere Maßnahmen vor, die ergriffen werden müssen, damit auch deren Angebote als nicht in den USA stattfindend betrachtet werden können. In Ergänzung zur allgemeinen Verfahrensweise wird hier vor allem Passwortschutz der fraglichen Seiten als Lösungsmodell präferiert, wobei vor der Zuteilung der Passwörter durch geeignete Maßnahmen sicherzustellen ist, daß nur "non-US persons" derartige Zugangsberechtigungen erhalten[202].

---

198 Die Zugriffszahlen einschlägiger Finanzportale oder -informationsdienste liegen naturgemäß deutlich über denjenigen, eines nur mäßig oder gar nicht bekannten Unternehmens, so daß sich interessierte Anleger vornehmlich über derartige Portale über Investitionsobjekte informieren.

199 Stuckey, Internet and Online Law, 11-45.

200 Vgl. Current Issues and Rulemaking Projects, in: Understanding the Securities Laws (1999), 71, 107.

201 So Stuckey, Internet and Online Law, 11-46; Blake, 55 Bus. Law., 177, 184 (1999).

202 Securities Act Release No. 33-7516, 66 S.E.C. Docket 2419 ff. (Mar. 23, 1998), unter IV.B.

ee) Offshore-Internet-Offerings in Konkurrenz mit registrierten Emissionen in den USA

Besondere Vorsicht ist bei Internet-Offshore-Emissionen zudem immer dann geboten, wenn diese in Konkurrenz mit einer weiteren Emission des selben Emittenten in den USA durchgeführt werden. Diese Konkurrenzsituation kann sowohl im Falle eines parallelen Private Placements als auch bei einer gleichzeitig durchgeführten, registrierten Emission in den USA auftreten.
Das Nebeneinander einer bei Einhaltung der genannten Voraussetzungen registrierungsfreien Offshore-Emission einerseits und einer registrierten Emissionen in den USA andererseits, kann aufgrund des spezifischen Ablaufs des Registrierungsverfahrens und der vom Verfahrensstand abhängigen Restriktionen zu Verstößen gegen Sec. 5 SA führen: In der Anfangsphase des Registirerungsverfahrens sind Angebote in jedweder Form untersagt. Auch im folgenden sind Kontakte zur Öffentlichkeit nur in streng limitiertem Umfang zulässig. Darüber hinausgehende Mitteilungen bedeuten wegen der unerwünschten marktvorbereitenden Wirkung einen Verstoß gegen die Regulierungsvorschriften[203]. Wegen dieser strikten Limitierung von Öffentlichkeitskontakten bestehen erhebliche Bedenken, wenn zeitgleich zu diesen frühen Stadien des Registrierungsverfahrens Angebotsmaterial, das den "Offshore"-Teil der Emission betrifft, in das Internet gestellt wird.
Trotz diesen Konfliktpotentials enthält der "Offshore Release" keinerlei Hilfestellungen hinsichtlich einer zeitlichen Synchronisierung zwischen inländischem Registrierungsverfahren und der Offshore-Internet-Emission. Insoweit muß der Anbieter seinerseits darauf achten, daß entweder das Internet-Angebot lediglich Meldungen enthält, die den strengen Anforderungen des Registrierungsverfahrens gerecht werden. Alternativ kann er das Offshore-Angebot beschränken und weitere Informationen erst dann freischalten oder einstellen, wenn dem Fortgang des Registrierungsverfahrens entsprechend, weitergehende Meldungen und Veröffentlichungen zulässig sind. Eine vollständige Präsentation des Offshore-Offering-Materials dürfte jedenfalls nicht vor dem Zeitpunkt erfolgen, in dem die SEC die Registrierung der US-Emission für wirksam erklärt hat[204].

ff) Offshore-Internet-Offerings und parallele Private Placements in den USA

In vielen Fällen werden ausländische Emittenten Offshore-Emissionen mit Private Placements an institutionelle Investoren in den USA verbinden wollen. Weil entsprechend den Vorschriften der Sec. 4(2) SA und der Regulation D[205] für Pri-

---

203 Dazu eingehend unter § 14, II.).

204 Die SEC deutet im "Offshore Release" lediglich an, daß zu dieser Frage weitere Hilfestellungen folgen können (vgl. Securities Act Release No. 33-7516, 66 S.E.C. Docket 2419 ff. (Mar. 23, 1998), unter IV.C).

205 17 C.F.R. § 230.501 - § 230.508.

vatplazierungen jedes öffentliche Angebot und insbesondere auch allgemeine Formen der Werbung für derartige Emissionen untersagt sind[206], stellt sich hier ein besonderes Problem: Im Rahmen der Regulation D ist das Einstellen entsprechender Angebote auf Internet-Seiten, als Weg Investoren zu gewinnen, wegen der damit verbundenen Öffentlichkeitswirkung nicht zulässig. Rule 502(c) SA der Regulation D verbietet "general solicitation or general advertising". In den Augen der SEC sind öffentliche Plazierungen von Angeboten im Internet mit diesen Restriktionen nicht in Einklang zu bringen[207]. Um die Umgehung dieser Verbote durch Kopplung mit einem Offshore-Offering auszuschließen, ist eine Harmonisierung zwischen den besonderen Verfahrensweisen, die die SEC unabhängig von der internationalen Komponente beim Internet-Einsatz im Rahmen von Regulation D - Emissionen verlangt[208], und den besonderen Vorschriften bei Offshore-Angeboten herbeizuführen. Grundsätzlich stehen dem Emittenten dabei zwei Wege zur Verfügung, um auszuschließen, daß über das Offshore-Angebot auf den Web-Seiten des Emittenten zugleich Investoren für das Private Placement in den USA beworben werden[209]:

Soll das Offshore-Angebot auf der Internet-Seite des Anbieters frei zugänglich sein, so hat dieser dafür Sorge zu tragen, daß dem Personenkreis, der zulässigerweise an der Offshore-Emission partizipiert ("non-US persons"), die gleichzeitige Teilnahme an der Privatplazierung in den USA nicht erlaubt ist. Als technischen Lösungsweg schreibt der "Offshore Release" die Anfertigung von Aufzeichnungen darüber vor, welche Personen in Reaktion auf das Internet-Angebot Kontakt aufgenommen haben. Eine entsprechende Identifizierung und Zuordnung der Personenkreise ist etwa dadurch möglich, daß im Internet-Angebot andere Telefonnummern oder Kontaktadressen verwandt werden, als in den Emissionsunterlagen, die im Rahmen des Private Placements übermittelt werden[210]. Der restriktivere Weg besteht darin, die Web-Seite, die das Offshore-Offering-Material enthält, mit einer Eingabemaske zu versehen, die vor der Weiterleitung auf die entsprechenden Angebotsseiten vor allem Angaben zum Wohnsitz erfordert und - abge-

---

206 Siehe Sec. 4(2) SA: "*...transactions by an issuer not involving any public offering*" und Rule 502(c) SA, Regulation D: "*...neither the issuer nor any person acting on ist behalf shall offer or sell the securities by any form of general solicitation or general advertising*".

207 Blake, 55 Bus. Law., 177, 184 (1999) unter Verweis auf den SEC Release "Use of Electronic Media for Delivery Purposes, Release No. 33-7233, 60 S.E.C. Docket 1348 ff. (Oct. 6, 1995).

208 Dazu näher unter § 16.

209 Vgl. insgesamt Current Issues and Rulemaking Projects, in: Understanding the Securities Laws (1999), 71, 108, sowie Stuckey, Internet and Online Law, 11-45.

210 Securities Act Release No. 33-7516, 66 S.E.C. Docket 2419 ff. (Mar. 23, 1998), unter IV.B und Fn. 28.

sehen vom Fall bewußter Falschangaben - US-Personen vom Zugang ausschließt[211].

Bei Einhaltung dieser Vorschriften ist eine Offshore-Emission parallel zu einem US-Private Placement möglich, ohne Verletzung des "general solicitation or general advertising"- Verbotes der Rule 502(c) SA. Da es Ziel dieser Maßgaben ist, daß die Web-Seiten, die das Offshore-Angebot enthalten, nicht dazu verwandt werden, Investoren für das Private Placement zu gewinnen, ist ergänzend auch die Verwendung von Hyperlinks, die vom Offshore-Angebot in Richtung Private Placement verweisen, unzulässig[212].

d) Ansatz der "blue sky laws"

Das Konzept der SEC besteht auf Bundesebene damit in der Kombination von Disclaimer und geeigneten technischen Maßnahmen zum Ausschluß von US-Anlegern, die in Sondersituationen durch spezielle Zusatzsicherungen zu ergänzen sind. Angesichts der Ubiquität des Mediums stellt sich das Problem sinnvoller Begrenzung des Geltungsbereichs von Regulierungssystemen allerdings nicht nur im internationalen, sondern auch im interlokalen Kontext. Zwangsläufig zieht ein in den USA verfügbares Angebot die Frage der Regulierungskompetenz von bundesstaatlichen Aufsichtsbehörden nach sich, weil dieses ebenso in jedem einzelnen Bundesstaat abrufbar ist. Allerdings reduziert sich diese Problemstellung nach Erlaß des National Securities Markets Improvement Acts von 1996 auf solche Wertpapiere, die nicht an den großen US-Handelsplätzen angeboten werden[213]. Für diese Wertpapiere - vor allem für Titel, die aus Internet-Direktemissionen stammen und über Internet-Handelssysteme angeboten werden[214] - stellt sich die Frage der Anwendbarkeit der bundesstaatlichen Securities Laws aber nach wie vor.

---

211 Im Hinblick auf die technischen Lösungsmöglichkeiten sind die wiedergegebenen Methoden nur Vorschläge, die der "Offshore Release" unterbreitet. Daneben steht die Entwicklung eigener Schutzmechanismen dem Anbieter frei, sofern diese zumindest den selben Schutzstandard gewähren. So sind etwa alternativ zur Verwendung derartiger Eingabemasken stets auch Passwortabfragen möglich. Diese dürften die Sicherheit des Anbieters, den Anforderungen des Releases zu genügen, noch erhöhen, wenn er zuvor in verantwortlicher Weise dafür Sorge getragen hat - etwa durch Vorlage von Ausweiskopien - daß eine Passwortmitteilung an US-Personen nicht erfolgt ist.

212 So Becker/Westbrook/Roberts, Legal Developments in the Electronic Securities Markets, in: PLI, Securities Law & The Internet (1998), S. 797, 825.

213 Vgl. oben unter § 3, III.).

214 Dabei ist zu beachten, daß mögliche Ausnahmen vom Registrierungserfordernis, die durch die Federal Securities Laws gewährt werden, auf die bundesstaatlichen Registrierungspflichten nicht durchschlagen, wie dieses etwa für die sog. "small offering exemptions" gilt (vgl. unter § 15, I.), 1.)).

Die überwiegende Zahl der bundesstaatlichen Aufsichtsbehörden ist dabei dem Grundansatz der SEC gefolgt. Internet-Angebote, die angesichts der Reichweite des Mediums das lokale Territorium betreffen, unterfallen den Securities Laws des betreffenden Bundesstaates solange nicht, wie direkt oder indirekt zum Ausdruck gebracht wird, daß sich das entsprechende Angebot nicht an Personen in diesem Staat richtet[215]. Dieser Grundkonsens wurde zur weiteren Vereinheitlichung der Handhabung von Internet-Angeboten in einer 1996 auf Initiative der NASAA verfaßten Resolution festgeschrieben[216]. Ausgehend von der grundsätzlichen Anwendbarkeit der einzelnen Securities Laws auf Internet-Angebote und der damit einhergehenden Registrierungsverpflichtung, erlauben die Staaten, die sich der Resolution angeschlossen haben[217], Internet-Angebote[218], solange folgende Bedingungen eingehalten werden:
Zum einen muß sprachlich direkt oder indirekt herausgestellt sein, daß sich das Angebot nicht an Personen des Staates richtet, demgegenüber sich der Emittent auf die Ausnahmeregelung berufen möchte, was dem SEC-Konzept ähnlich, durch die Verwendung entsprechend klar formulierter und angemessen positionierter Disclaimer geschehen kann. Daneben können sich auf die Ausnahme nur solche Emittenten berufen, welche ihr Angebot auch tatsächlich nicht an Personen im betreffenden Staat richten. Schließlich dürfen die Transaktionen, abgesehen von etwaigen Registrierungsausnahmen, in keinem Staat zur Ausführung kommen, solange nicht vorher eine Registrierung erfolgt ist[219].

e) Standpunkt der IOSCO

Diesen Harmonisierungsbemühungen innerhalb des US-Kapitalmarktes entspricht auf internationaler Ebene die Tätigkeit der IOSCO, die sich ihrerseits in diesbezüglichen Berichten[220] mit der Frage auseinandergesetzt hat, unter welchen Umständen bei wertpapierrelevanten Angeboten im Internet die nationalen Regulierungsautoritäten eingreifen sollten. Obschon unter den Mitgliedern eine einheit-

---

215 Als erster Bundesstaat sah sich Pennsylvania mit der Frage der Geltung seiner Securities Laws im Fall von Internet-Wertpapierangeboten konfrontiert und entwickelte daraufhin den oben geschilderten Ansatz (Gavis, 52 Bus. Law., 317, 355 f. (1996); Brakerbill, 18 Hastings Comm. and Ent. L. J., 901, 936 (1996).

216 Die NASAA Resolution (Jan. 1996) ist verfügbar unter: http://www.nasaa.org (Library).

217 Zu den angeschlossenen Staaten vgl. bei Lane/Weirick, Electronic Communications and Internet Offerings, in: PLI, Securites Law & The Internet (2000), Vol. 1, S. 61, 84; Blake, 55 Bus. Law., 177, 182 (1999).

218 Diese Ausnahmeregelungen betreffen lediglich das entsprechende Angebot, keinesfalls aber die spätere Durchführung der Transaktion, die nach wie vor erst mit der Registrierung der Wertpapiere – von etwaigen Ausnahmen abgesehen – zulässig ist.

219 Vgl. insgesamt Gavis, 52 Bus. Law., 317, 356 f. (1996).

220 IOSCO, Securities Activity on the Internet I (22. Oct. 1998) und Report II (June 2001).

liche Linie nicht besteht, lassen sich die Grundansätze doch darauf reduzieren, daß es entscheidend darauf ankommt, ob das fragliche Angebot auf Anleger im betreffenden Mitgliedsland abzielt ("targeted" oder "pushed"), oder alternativ zu signifikanten Umsatzgeschäften im betreffenden Land führt[221]. Dabei stellen die IOSCO-Reporte klar heraus, daß diese Grundsätze nur auf solche Internet-Kommunikationstechniken Anwendung finden, die ihrer Natur nach durch denjenigen, der die Informationen einstellt, in ihrer allgemeinen weltweiten Verbreitung nicht eingeschränkt werden können[222]. In die Abwägung, ob bei Verwendung von Internet-Seiten zur Angebotseinstellung die Regulierungsbehörden einzelner Länder eingreifen sollten, sind insbesondere folgende Aspekte einzubeziehen[223]:

- Zielt die eingestellte Information auf die Einwohner einer bestimmten Rechtsordnung ab?
- Führt der Emittent Wertpapiergeschäfte in diesem Staat durch?
- Werden das Internet oder Printmedien genutzt, um das Angebot an die Einwohner eines bestimmten Mitgliedsstaates zu richten ("push")?
- Werden Disclaimer verwandt, um die Verfügbarkeit der im Angebot genannten Wertpapiere für die Einwohner eines bestimmten Staates auszuschließen?
- Sind verantwortungsvolle Sicherungsmaßnahmen ergriffen worden, um Geschäfte mit den Einwohnern eines bestimmten Staates tatsächlich zu unterbinden?

In der weitgehenden Parallelität der Kriterien wird deutlich, daß sich die von der SEC im "Offshore Release" herausgearbeiteten Grundsätze auch international als Basis für eine Mindestharmonisierung im Umgang mit Wertpapierangeboten im Internet bewährt haben[224].

2.) Internet-Auftritte von Broker-Dealern

Ebenso wie die Regulierung von Wertpapierangeboten unterliegen auch Broker-Dealer, Investment Adviser und die börslichen Handelsplätze selbst Registrierungserfordernissen, die ihrerseits an ein öffentliches Angebot der betreffenden Leistungen anknüpfen.

---

221 IOSCO, Securities Activity on the Internet I (22. Oct. 1998), III,A,4, und Report II (June 2001), I,B

222 Bei direkten aktiven Kommunikationsformen, wie der Versendung von E-Mails, ist in aller Regel von einer gezielten Ansprache eines einzelnen Marktes auszugehen.

223 Näher Blake, 55 Bus. Law., 177, 186 (1999); IOSCO, Securities Activity on the Internet II (June 2001), I,B

224 Nicht zuletzt aufgrund der starken Position der SEC innerhalb der IOSCO haben die Reporte im wesentlichen die Kriterien des SEC-Konzeptes in den eigenen Entwurf inkorporiert (Olson/Pitt, Securities in the Electronic Age, 1-126 f.).

a) Grundsätze der Regulierung

Broker und Dealer sind aufgrund Sec. 15(a)(1) SEA bei Aufnahme entsprechender Tätigkeiten am Kapitalmarkt zur vorherigen Registrierung bei der SEC verpflichtet[225]. Nach Sec. 3(a)(4) SEA sind als Broker alle natürlichen oder juristischen Personen zu behandeln, die gewerbsmäßig, d.h. mit gewisser Regelmäßigkeit[226], "securities" für andere kaufen oder verkaufen. Im Gegensatz dazu handelt der ebenso gewerbsmäßig tätige Dealer nicht für andere, sondern tätigt die entsprechenden Wertpapiergeschäfte für eigene Rechnung[227]. Die Anforderungen an die Registrierung im einzelnen finden sich in Sec. 15(b) SEA i.V.m. den hierzu erlassenen Rules 15b1 bis 15b9-1 SEA. Neben persönlichen und wirtschaftlichen Angaben ist vor allem der Nachweis der Mindestkapitalanforderungen zu führen ("net capital rule")[228]. Schließlich muß der Broker-Dealer gem. Sec. 15(b)(8) SEA Mitglied der NASD sein, die gegenwärtig die einzige registrierte "securities association" ist[229]. Komplettiert wird dieses Regelungsgefüge durch die Verpflichtung zur Mitgliedschaft in der Securities Investor Protection Corporation ("SIPC")[230], einer privaten, nicht kommerziellen Vereinigung, die zum Schutze der Anleger vor allem im Konkursfall des Brokers Sicherheitssummen bereithält[231].

Bis zum Zeitpunkt der wirksamen Registrierung bei der SEC ist Broker-Dealern Geschäftsaufnahme untersagt[232]. Dieser Grundsatz gilt für US-Broker ebenso wie für ausländische Broker-Dealer, auf die der Securities Exchange Act ebenfalls

---

225 Eine Ausnahme gilt etwa für kleinere Broker-Firmen, die ausschließlich innerhalb eines Bundesstaates Handel treiben oder für solche, die ausschließlich Wertpapiere handeln, die vom Registrierungserfordernis ausgenommen sind (Bloomenthal, Securities Law Handbook (2000), S. 1417).

226 Da "Gewerbsmäßigkeit" auch dann schon bejaht werden kann, wenn die Wertpapiergeschäfte nur einen untergeordneten Teil des gesamten Geschäftsvolumens ausmachen, ist aufgrund dieser niedrigen Anforderungsschwelle die Gefahr, den Regeln des strengen amerikanischen Regulierungsvorschriften unterworfen zu werden, relativ groß (so Becker in Hopt/Rudolph/Baum, Börsenreform, S. 82).

227 Eingehend Lipton, Broker-Dealer Regulation, 1-21 ff.

228 Zu den Verpflichtungen der Broker-Dealer: Lipton, Broker-Dealer Regulation, 1-11 ff.; Cella III/Stark, 52 Bus. Law., 815, 834 (1997); Becker in Hopt/Rudolph/Baum, Börsenreform, S. 824.

229 Zu den besonderen Bedingungen, Verplichtungen und Verfahren der NASD-Mitgliedschaft vgl. bei Bloomenthal, Securities Law Handbook (2000), S. 1504 ff.

230 Gründung durch den Securities Investor Protection Act von 1970 (15 U.S.C. §§ 78aaa et seq.); vgl. Secs. 3(a)(39), 15(b)(4) und 15(b)(6) SEA.

231 Näher Lipton, Broker-Dealer Regulation, 1-19.

232 Sec. 15(a)(1) SEA: "*It shall be unlawful for any broker or dealer ... to make use of the mails or means or any instrumentality of interstate commerce, to effect any transaction in, or to induce or attemp to induce the purchase or sale of, any security .... unless such broker or dealer is registered in accordance with subsection (b) of this section.*"

prinzipiell Anwendung findet[233]. Allerdings gelten für ausländische Broker-Dealer besondere Registrierungsvorschriften, die im Einzelnen in Rule 15a-6 SEA niedergelegt sind. Sofern diesen Erfordernissen trotz entsprechender Geschäftsaufnahme nicht genüge getan wird, können Broker-Dealer wegen Verstoßes gegen diese Vorschriften belangt werden, selbst wenn sie in ihrem Heimatland allen erforderlichen Verpflichtungen in Hinsicht auf ihre Tätigkeit nachgekommen sein sollten[234].

In Fällen mit internationalem Bezug hat die SEC in ihrem Release "Registration Requirements for Foreign Broker-Dealers" vom 11.07.1989[235] klargestellt, daß sie grundsätzlich einen "physical approach" verfolge, demnach alle Broker-Dealer, die ihre Geschäfte räumlich in den USA durchführen, dem Registrierungserfordernis unterworfen werden, unabhängig davon, ob sie dabei für ausländische Investoren tätig werden oder für US-Anleger. Sofern aber die Transaktionen ausschließlich im Ausland durchgeführt werden, ist eine Registrierung entbehrlich. Wesentliches Kriterium ist damit, ob sich die Aktivitäten "physically" in den USA ereignen[236]. Obschon dieser Release nicht fordert, daß die Broker-Dealer selbst physisch in den USA zugegen sind, sondern auch Tätigkeiten über US-Telefonleitungen mit US-Einwohnern erfaßt, wenn die Broker vom Ausland aus operieren[237], sind durch die mit diesem Release eingeführte Rule15a-6 SEA bestimmte Situationen vom Registrierungserfordernis ausgenommen worden. Dieses gilt vor allem bei indirekten Kontakten zwischen ausländischen Broker-Dealern und US-Investoren, worunter die Rule 15a-6 SEA Transaktionen faßt, die nicht durch eine von dem Broker ausgehende anwerbende Tätigkeit zustande gekommen sind[238]. In diesem Fall ist die Registrierung bei der SEC entbehrlich.

b) Regulierung der Internet-Aktivitäten nach den Federal Securities Law

Internet-Präsentationen auf den Web-Seiten der Broker-Dealer könnten als zielgerichtete Geschäftsaufnahme in den USA aufgefaßt werden. US-Broker unterfielen

---

233 Normadressat ist die "person"; dieser Begriff wird in Sec. 3(a)(9) SA aber ohne jeden Bezug zur Nationalität definiert. Siehe SEC-Release, Registration Requirements for Foreign Broker-Dealers, Exchange Act Release No. 34-27017, 43 S.E.C. Docket (CCH) 2079, 2084 (July 11, 1989); auch Coffee, 52 Bus. Law., 1195, 1277 (1997); Cella III/Stark, 52 Bus. Law., 815, 834 (1997).

234 Cella III/Stark, 52 Bus. Law., 815, 834 (1997).

235 SEC-Release, Registration Requirements for Foreign Broker-Dealers, Exchange Act Release No. 34-27017, 43 S.E.C. Docket (CCH) 2079 ff. (July 11, 1989).

236 Siehe SEC-Release, Registration Requirements for Foreign Broker-Dealers, Exchange Act Release No. 34-27017, 43 S.E.C. Docket (CCH) 2079, 2085 (July 11, 1989).

237 Vgl. Coffee, 52 Bus. Law., 1195, 1227 f. (1997).

238 Rule 15b-6 SEA: "*...effects transactions in securities with or for persons that have not been solicited by the foreign broker or dealer.*"

dann ebenso wie ausländische Konkurrenten dem Registrierungserfordernis, selbst wenn Geschäfte nur im Ausland getätigt werden sollen. Um dieses zu vermeiden, stellt der "Offshore Release" in inhaltlicher Übereinstimmung mit der schon zu den übrigen Fragen vertretenen Auffassung der SEC klar, daß eine Ansprache von US-Investoren nicht angenommen wird, wenn geeignete Verfahren entwickelt werden, die in angemessener Weise die Durchführung von Transaktionen mit US-Personen aufgrund des Internet-Auftrittes unterbinden. Als geeignetes Mittel wird dabei wiederum die Verwendung eines "prominent disclaimer" genannt. Zudem muß der Broker-Dealer sein Leistungsangebot all denjenigen Personen verweigern, von denen der er aufgrund der bereits erörterten Indizien annehmen muß, daß es sich um US-Investoren handelt.
Gerade das letztgenannte Erfordernis scheint im Widerspruch mit der für ausländische Broker-Dealer geltende Ausnahmeregelung der Rule 15a-6 SEA zu stehen, die Transaktionen mit US-Anlegern zuläßt, solange keine Form der "solicitation" betrieben wurde[239]. Diesen Konflikt löst die SEC dadurch, daß nicht die Transaktion mit US-Investoren an sich untersagt wird, sondern nur solche, die *aufgrund* des Internet-Auftrittes zustande kommen[240]. Um der Gefahr zu entgehen, daß das grundsätzliche Erfordernis der Unterbindung von Kontakten mit US-Anlegern leer läuft, indem sich die Broker-Dealer pauschal darauf berufen, das konkrete Geschäft stehe in keinem Zusammenhang mit dem Internet-Auftritt, fordert die SEC im "Offshore Release" im Zusammenhang mit Rule 15a-6 SEA weitere Sicherheitsschranken.
Um zu belegen, daß zwischen der Web-Präsentation und der Transaktion kein Zusammenhang besteht, können Broker-Dealer detaillierte und verifizierbare Aufzeichnungen bereitstellen, die dokumentieren, daß ein Zugriff auf die Web-Seite durch den US-Anleger nicht erfolgt ist. Der praktikablere Weg dürfte demgegenüber darin bestehen, daß die US-Investoren in einem Bestätigungsschreiben ("affirmative representation") versichern, daß die ihrerseitige Kontaktaufnahme mit dem ausländischen Broker-Dealer in keinem Zusammenhang mit dessen Web-Auftritt steht und nicht durch diesen motiviert worden ist[241].
Unter diesen Voraussetzungen ist das Rule 15a-6 SEA-Erfordernis, keine (zur konkreten Transaktion führende) "solicitation" betrieben zu haben, gewahrt und im Ergebnis trotz der Internet-Präsentation die Durchführung von Geschäften mit US-Investoren möglich. Nachdem sich diese Anleger auf eigenen Antrieb und

239 Der SEC-Release, Registration Requirements for Foreign Broker-Dealers, Exchange Act Release No. 34-27017, 43 S.E.C. Docket (CCH) 2079, 2086 (July 11, 1989) nennt im Hinblick darauf, was als "solicitation" aufzufassen ist, beispielhaft zwar direkte telefonische Kontakte, oder die Plazierung von Werbeanzeigen in Zeitungen, die regelmäßig in den USA erscheinen, im Hinblick auf Internet-Auftritte enthält er aber keinerlei Erläuterung, wann und ob diese als "solicitation" zu werten sind.

240 Securities Act Release No. 33-7516, 66 S.E.C. Docket 2419 ff. (Mar. 23, 1998), unter VII.A.

241 Securities Act Release No. 33-7516, 66 S.E.C. Docket 2419 ff. (Mar. 23, 1998), unter VII.A.

ohne Veranlassung durch den ausländischen Broker-Dealer auf einen fremden Kapitalmarkt begeben haben, bedürfen sie des Schutzes der Securities Laws nicht.

c) Ansatz der "blue-sky laws"

Auch im Bereich der Registrierung von Broker-Dealern setzt sich das Problem des Geltungsbereiches der zugrundeliegenden Regelungen auf der interlokalen Ebene fort. Parallel zum Registrierungserfordernis bei der SEC unterliegen Broker auch nach den "blue-sky laws" Registrierungspflichten in all denjenigen Bundesstaaten, in denen sie geschäftliche Tätigkeiten aufnehmen wollen[242]. Von Seiten der Bundesstaaten ist die Frage der Registrierungspflicht von Brokern, die ohne im betreffenden Staat registriert zu sein, das Internet zu Zwecken der Werbung und Präsentation ihres Angebotes und zur Kommunikation mit dem Kunden benutzen, bisher nur vereinzelt aufgegriffen worden.
So hat etwa das New Jersey Bureau of Securities in einem No-Action Letter den Brokern einer national tätigen Broker-Dealer-Firma, die in New Jersey nicht registriert waren, die Verbreitung von Internet-Seiten, auf denen diese die angebotenen Leistungen präsentierten, erlaubt, sofern dieser Auftritt verschiedene Bedingungen erfüllt. Zunächst ist sicherzustellen, daß nur solche Personen Zugriff auf das entsprechende Angebot nehmen können, die in einem Bundesstaat beheimatet sind, in dem dieser Broker registriert ist. Technisch kann dieses über interaktive Abfragemasken geschehen, in die der Investor zunächst seinen Heimatstaat einzugeben hat. Sofern der Broker in diesem nicht registriert ist, muß, verbunden mit einem entsprechenden Hinweis, der Zugang zur weiteren Präsentation unterbunden werden. Andernfalls können dem Investor zwar weitere Bereiche des Internet-Auftritts eröffnet werden, in einer zweiten Abfrageebene ist aber in gleicher Weise sicherzustellen, daß auch das entsprechende Wertpapier, das Gegenstand des Interesses des Investors ist, in dessen Heimatstaat registriert ist. Wenn diese Bedingungen erfüllt sind, erlangt der Investor Zugriff auf die gewünschte Information, andernfalls muß er mit einem Disclaimer darauf aufmerksam gemacht werden, daß eine solche Registrierung nicht vorliegt[243].

3.) Regulierung der Investment Adviser

Anders als die Regulierung der übrigen Kapitalmarktsubjekte ist die Kompetenz zur Registrierung und Kontrolle der Investment Adviser zwischen Bundesstaaten und der SEC relativ klar geteilt. Durch den National Markets Improvement Act von 1996 ist festgelegt worden, daß solche Investment Advisers mit einem verwalteten Vermögen von 25 Mio. US$ oder mehr und all diejenigen, die einer re-

---

242 Bloomenthal, Securities Law Handbook (2000), S. 1417.
243 Gavis, 52 Bus. Law., 317, 358 f. (1996).

gistrierten Investment Company angehören, der Regulierungsautorität der SEC zugeordnet sind, während die übrigen in den Kompetenzbereich der Bundesstaaten fallen[244]. Im folgenden beschränkt sich die Darstellung auf den von der SEC kontrollierten Bereich und die Regelungen des Investment Advisers Acts von 1940.

a) Registrierungspflicht der Investment Adviser

Auch der Investment Advisers Act knüpft in Sec. 203(a) IAA an die Nutzung der Post oder anderer Wege des zwischenstaatlichen Handels zur Unterbreitung anlageberatender Tätigkeiten an und verlangt die vorherige Registrierung bei der SEC. Nach Sec. 202(a)(11) IAA gelten als Investment Adviser all diejenigen, die entgeltlich anlageberatende Tätigkeiten für andere aufnehmen, indem sie Ratschläge zur Werthaltigkeit und Zweckmäßigkeit einzelner Wertpapiere im Hinblick auf deren An- oder Verkauf abgeben[245]. Ob diese Beratung dabei in direktem Kontakt oder durch die Verbreitung von Publikationen erfolgt, ist unerheblich. Schließlich werden als Investment Adviser auch diejenigen aufgefaßt, die Wertpapieranalysen oder -berichte erstellen und verbreiten.

Um im Hinblick auf einzelne Tätigkeiten festlegen zu können, ob eine Person als Investment Adviser anzusehen ist, bedient sich die SEC einer dreistufigen Prüfung[246], auf deren erster Ebene zu beurteilen ist, ob die fragliche Person Ratschläge, Analysen oder Berichte im Hinblick auf einzelne Wertpapiere veröffentlicht. Ist dieses der Fall, muß die Unterbreitung dieser Leistungen sich dem Geschäftsfeld dieser Person zuordnen lassen und schließlich entgeltlich erfolgt sein. Dabei wird insbesondere das Merkmal der Erteilung wertpapierrelevanter Ratschläge von der SEC weit interpretiert und kann unter Umständen selbst dann erfüllt sein, wenn sich die Empfehlungen nicht auf einen spezifischen Anlagetitel beziehen, sondern Kunden generelle Ratschläge erteilt werden[247].

---

244 Vgl. Secs. 203A(a) und (b) Investment Advisers Act 1940, sowie insgesamt den Investment Advisers Act Release No. 1601 (Dec. 20, 1996), 63 S.E.C. Docket 1491 ff.; 61 Fed. Reg. 68489 (Dec. 27, 1996); aus der deutschsprachigen Literatur etwa Schuster, Die internationale Anwendung des Börsenrechts, S. 308 ff.

245 Sec. 202(a)(11) IAA definiert den Begriff "Investment Adviser" als...
"*...any Person who, for compensation, engages in the business of advising others, either directly or through publications or wirting, as to the value of securities or as to the advisability of investing in, purchasing, or selling securities, or who, for compensation and as part of a regular business, issues or promulgates analyses or reports concerning securities.*"

246 Bloomenthal, Securities Law Handbook (2000), S. 1554.

247 So Bloomenthal, Securities Law Handbook (2000), S. 1554 unter Verweis auf Investment Advisers Act Release No. 770 (Aug. 13, 1981), Fed. Sec. L. Rep. (CCH) ¶ 56,156B.

Von dem aus dieser Tätigkeit resultierenden Registrierungserfordernis bestehen einige bedeutende Ausnahmen. So stellt Sec. 202(a)(11)(A)-(E) IAA ausdrücklich klar, daß vom Begriff des Investment Advisers Banken ausgenommen sind, soweit sie nicht zusätzlich den Status einer Investment Company haben. Gleiches gilt für Mitglieder bestimmter beratender Berufe, wie etwa Anwälte, die die Anlageberatung nur als Teil ihrer übrigen Beratungstätigkeit erteilen. Ebenso werden Broker-Dealer nicht als Anlageberater behandelt, solange entsprechende Ratschläge Teil ihrer Gesamtleistung sind, ohne daß hierfür gesonderte Gebühren berechnet werden[248]. Schließlich sind auch diejenigen von der Registrierung freigestellt, die sog. "bona fide" Zeitungen, Magazine, Newsletter oder sonstige Wirtschafts- und Finanzpublikationen, die regelmäßig erscheinen, veröffentlichen[249]. Im Hinblick auf die Tätigkeit ausländischer Anlageberater mit Kontakten in die USA besteht eine weitere wichtige Ausnahmeregelung in Sec. 203(b)(3) IAA, die die Registrierung für entbehrlich erklärt, wenn ein Investment Adviser in den USA weniger als 15 Kunden hat und er sich ansonsten Kontakten mit der allgemeinen Öffentlichkeit enthält[250]. Außerhalb dieser Sonderregelung findet der Investment Advisers Act auch auf ausländische Investment Adviser grundsätzlich Anwendung, selbst wenn diese sich körperlich nicht in den USA aufhalten, sondern über die Post oder sonstige Wege des zwischenstaatlichen Handels Geschäfte mit Personen in den USA abwickeln[251].

b) Internet-Einsatz durch Investment Adviser

Zur Verbreitung von Wertpapierberichten, Expertenanalysen und sonstigen Formen möglicher Anlageberatung findet das Internet zunehmend Verwendung, was angesichts der weiten Interpretation registrierungspflichtiger Formen einer Anlageberatung die Gefahr begründet, dem Regelungsbereich des Investment Advisers Act zu unterfallen. Internet-Auftritte ausländischer Anbieter, die von der Aus-

---

248 Eine Schutzlücke besteht dennoch nicht, weil sich paralle Beratungspflichten für Broker-Dealer bereits aus ihrer "suitability"-Verpflichtung ergeben, bzw. im Fall des "execution-only brokerage" der Kunde bewußt auf derartige Leistungen verzichtet hat (dazu näher unter § 8, II.)). Problematisch ist es allerdings, wenn neben der bloßen Orderbearbeitung auch "full service" Leistungen angeboten werden, die auch eine Anlageberatung umfassen, aber an höhere Gebühren gekoppelt sind. Angesichts der entgeltlichen Erbringung von Beratungsleistungen wäre in diesem Fall auch eine Registrierung als Investment Adviser erforderlich (Bloomenthal, Securities Law Handbook (2000), S. 1555).

249 Dazu näher unter § 12, II.), 1.).

250 Siehe Sec. 203(b)(3) IAA: "*Any investment adviser who during the course of the preceding 12 months has had fewer than 15 clients and who neither holds himself out generally to the public as an investment adviser nor...*"

251 Cella III/Stark, 52 Bus. Law., 815, 834 (1997).

nahmeregelung der Sec. 203(b)(3) IAA Gebrauch machen wollen, sind insoweit problematisch, als vor allem Kontakte mit der Öffentlichkeit untersagt sind.
Die SEC vertritt den Standpunkt, daß die Nutzung des Internet zur Präsentation und Durchführung von Investment Adviser-Leistungen wegen der unwillkürlichen Öffentlichkeitswirkung, grundsätzlich nicht geeignet ist, diesem Erfordernis gerecht zu werden[252]. Wiederum wird aber eine Ansprache von Personen innerhalb der USA dann nicht angenommen, wenn geeignete Verfahren eingesetzt werden, um zu verhindern, daß Informationen über die angebotenen Leistungen in die USA gelangen. Der "Offshore Release" nennt als geeignete Maßnahmen die Verwendung eines "prominent disclaimer", der auf die Zielrichtung des Angebotes bzw. den Ausschluß des US-Marktes hinweist, so wie die Verwendung von Abfragemasken, in die auf den Wohnort hindeutende Informationen, wie etwa Telefonnummern, einzugeben sind[253]. Sofern diese Verfahren eingehalten und eine Maximalzahl von 14 US-Kunden nicht überschritten wird, ist eine Registrierung trotz des Internet-Einsatzes nicht erforderlich.

4.) Internet-Auftritte der Börsen

Bedeutung erlangt schließlich auch die zunehmende Präsenz von Börsenplätzen im Internet, weil nach dem Securities Exchange Act die Nutzung der Post oder sonstiger Wege des zwischenstaatlichen Handels zur Unterbreitung ihrer Handelsfaszilitäten untersagt ist, bevor nicht eine Registrierung bei der SEC als "national exchange" erfolgt ist[254]. Das Registrierungserfordernis gilt dabei uneingeschränkt auch für ausländische Börsen, die in den USA geschäftliche Tätigkeiten entfalten[255].
Um in der Vergangenheit aktuelle Marktinformationen über einen ausländischen Handelsplatz zu erlangen oder an diesem Geschäfte zu tätigen, mußte sich der US-Anleger an einen US-Broker-Dealer wenden, der die entsprechende Order an ein Mitglied der ausländischen Börse weitergab. Alternativ kontaktierte der US-Anleger direkt einen am intendierten Handelsplatz zugelassenen Broker. Via Internet kann derselbe US-Investor heute über zahlreiche Internet-Präsentationen ausländischer Handelsplätze[256], die von den USA aus uneingeschränkt erreichbar

---

252 Securities Act Release No. 33-7516, 66 S.E.C. Docket 2419 ff. (Mar. 23, 1998), unter VI.

253 Securities Act Release No. 33-7516, 66 S.E.C. Docket 2419 ff. (Mar. 23, 1998), unter VI.

254 Vgl. Secs. 5(1) und 6(a) SEA; Der Begriff "Börse" ist dabei in Sec. 3(a)(1) SEA definiert als jede Organisation, Vereinigung oder Gruppe von Personen, die einen Handelsplatz oder die erforderlichen Faszilitäten zur Verfügung stellen, um An- und Verkäufer von "securities" zusammenzubringen, oder die auf andere Weise diejenigen Funktionen bereitstellt, die üblicherweise von einer Wertpapierbörse erfüllt werden (dazu eingehend unter § 13, II.)).

255 Stuckey, Internet and Online Law, 11-49.

256 Für eine Übersicht über die internationalen Börsen und Handelsplätze inklusiv deren URL's vgl. die Seiten des Deutschen Aktien Instituts (DAI) unter: http://www.dai.de .

sind, Real-Time Kurse abfragen, sonstige Marktinformationen erlangen, die Kontaktadressen zugelassener Börsenmitglieder erfragen und sonstige Online-Angebote nutzen. Zum Teil ist über die Internet-Auftritte dieser Handelsplätze US-Investoren sogar eine direkte Ordereingabe möglich[257]. Nachdem die SEC im Hinblick auf die Regulierung solcher Börsenangebote zunächst verschiedene Alternativansätze erwogen hat[258], ist auch in der endgültigen Fassung des "Offshore Release" keine definitive Regulierungsentscheidung getroffen worden[259]. Der Grund hierfür dürfte in dem erheblichen Konfliktpotential liegen, das sich aus der jüngsten Erweiterung des US-Börsenbegriffs[260] einerseits und den Grenzen der internationalen Durchsetzbarkeit von Regulierungsmaßnahmen andererseits ergibt. Die SEC beschränkt sich daher auf die Aussage, daß eine Registrierung als "national exchange" in den USA dann entbehrlich ist, wenn geeignete Maßnahmen im Hinblick auf den Internet-Auftritt unternommen werden, die verhindern, daß US-Investoren über diese Web-Seiten Order einstellen können und so einen Marktzugang erhalten[261].

Primäres Mittel zum Ausschluß von US-Anleger ist wiederum die Verwendung eines "prominent disclaimer" in Verbindung mit gewissen Sicherheitsmaßnahmen, die der Umsetzung dieser Beschränkung dienen. Der Disclaimer, für dessen Gestaltung und Positionierung die allgemeinen Aussagen des "Offshore Release" gelten, hat alternativ diejenigen Länder zu benennen, in denen die Serviceleistungen der Börse direkt nutzbar sind, oder hat negativ die Nationen - vor allem also die USA - hervorzuheben, in denen das Leistungsangebot nicht verfügbar ist.

Auf der Ebene der effektiven Begrenzung des Leistungsangebotes auf "non-US persons" sind dann, wenn eine Ordereingabe über die Web-Seiten des Handelsplatzes selbst möglich ist, Sicherheitsabfragen einzubauen, die vor Gewährung des Online-Angebotes Postanschriften, Wohnorte oder ähnliche Indikatoren ab-

---

257 Securities Act Release No. 33-7516, 66 S.E.C. Docket 2419 ff. (Mar. 23, 1998), unter VII.B; allerdings eröffnen die meisten Internet-Auftritte traditioneller Börsenplätze diese Möglichkeit nicht, sondern verweisen allenfalls auf die Anschriften der zugelassenen Handelteilnehmer.

258 So hatte die SEC im Exchange Act Release No. 34-38672, 64 S.E.C. Docket (CCH) 1631 (May 23, 1997) neben den extremen Positionen, ausländische Börsen bei derartigen Angeboten der US-Regulierung als "exchanges" pauschal zu unterwerfen, oder aber eine Regulierung völlig den Heimatstaaten zu überlassen, zur Diskussion gestellt, diese als "securities infomation processor" ("SIP") im Sinne der Sec. 3(a)(22)(A) SEA aufzufassen und entsprechend nach Sec. 11A SEA einer Regulierung als SIP zu unterwerfen. Vgl. dazu auch Coffee 52 Bus. Law., 1195, 1229 f. (1997).

259 Demgegenüber hat die SEC allerdings klargestellt, daß sie die Internet Access Provider, die US-Personen den Internet-Zugang bereitstellen und damit die Schnittstelle zum Angebot ausländischer Börsen sind, gleichwohl nicht als SIP nach Sec. 11A SEA regulieren werde (Coffee 52 Bus. Law., 1195, 1229 (1997)).

260 Vgl. unter § 13, II.).

261 Securities Act Release No. 33-7516, 66 S.E.C. Docket 2419 ff. (Mar. 23, 1998), unter VII.B.

fragen und einen weiteren Zugang auf die direkten Handelsfaszilitäten über das Internet nur dann gewähren, wenn diese Angaben oder sonstige erkennbare Umstände nicht darauf hindeuten, daß es sich bei dem Investor um eine US-Person handelt[262]. Ist wie in aller Regel ein Handel nur über zugelassene Handelsteilnehmer möglich, so fordert der "Offshore Release", daß der Internet-Auftritt auch keine indirekten Hilfen zur Verfügung stellen darf, die US-Anlegern den Handel ermöglichen, indem der Zugang zum Markt etwa durch die zugelassenen Handelsteilnehmer arrangiert wird[263]. Wenngleich die SEC gerade zu diesem letzten Punkt offenläßt, wie weit sie solche Formen indirekter Marktzugangshilfen erfassen will, dürften m.E. hiervon die nahezu einhellig von allen großen Börsenplätzen bereitgestellten Listen der zugelassenen Mitglieder nicht betroffen sein, weil diese über die bloße Information hinaus, welche Personen oder Unternehmen zum Handel zugelassen sind, keine zugangserleichternden "arrangements" darstellen[264].

5.) Praktische Konsequenz für den Internet-Einsatz bei Offshore-Angeboten

Emittenten, Broker-Dealer und sonstige Wertpapier-Serviceanbieter müssen nach den Bestimmungen des "Offshore Release" dann, wenn der US-Kapitalmarkt nicht zuletzt aufgrund der dortigen Regulierungsdichte nicht angesprochen werden soll, bei der Präsentation ihres Leistungsangebotes im Internet verschiedene Grundsätze beachten. Da wesentliche Voraussetzung aller Registrierungsausnahmen die Verhinderung einer öffentlichen Ansprache von "US persons" ist, nennt der "Offshore Release" die Verwendung von Disclaimern und die Etablierung geeigneter Prozeduren zur Sicherstellung des Ausschlusses von US-Investoren als geeignete Mittel, um trotz der Massenwirkung von Angeboten auf Web-Seiten eine Einengung des Zielmarktes zu erreichen. Ergänzend hierzu hat der Anbieter erst recht die Nutzung direkter Kommunikationswege, wie etwa der Versendung von E-Mails an Investoren in den USA, zu unterlassen.

Da die im "Offshore Release" genannten Anforderungen sich lediglich auf die Besonderheiten des Internet-Einsatzes beziehen, haben Anbieter, die von Registrierungsausnahmen Gebrauch machen wollen, daneben auch die sonstigen Voraussetzungen dieser "safe harbor" zu erfüllen. Schließlich entheben die Maßgaben des "Offshore Release" nicht von der Notwendigkeit der Registrierung der Emis-

262 Securities Act Release No. 33-7516, 66 S.E.C. Docket 2419 ff. (Mar. 23, 1998), unter VII.B und Stuckey, Internet and Online Law, 11-50.

263 Securities Act Release No. 33-7516, 66 S.E.C. Docket 2419 ff. (Mar. 23, 1998), unter VII.B.

264 Dieses dürfte selbst dann gelten, wenn die Anschriften der Marktteilnehmer, wie etwa im Fall des Internet-Auftrittes der Deutschen Börse, im Wege eines Hyperlinks mit deren Internet-Seiten verbunden sind.

sion im Zielland entsprechend den besonderen - auch im Hinblick auf den Internet-Einsatz geltenden - Vorschriften dieser Nation[265]. Abschließend sollten Anbieter bei der Wahl dieses Mediums insbesondere darauf achten, daß die eingestellten Informationen der Wahrheit entsprechen, nicht irreführend sind und keine wesentlichen anlagerelevanten Angaben fehlen. In derartigen Fällen können, selbst wenn bei Einhaltung der übrigen Anforderungen des "Offshore Releases" ein Verstoß gegen Sec. 5 SA nicht gegeben ist, gleichwohl die US-amerikanischen "antifraud"-Bestimmungen verletzt sein, auf deren extraterritorialen Geltungsbereich im folgenden eingegangen werden soll.

II.) Grundsätze der extraterritorialen Geltung der "antifraud"-Vorschriften

Das US-Kapitalmarktrecht kennt eine Vielzahl von Vorschriften, die der Verhinderung bzw. Ahndung betrügerischer oder manipulativer Vorgänge dienen. Hierzu zählen vor allem Secs. 12 und 17(a) SA sowie Secs. 10(b), 15(c) und 14(e) SEA sowie die hierunter erlassenen Rules 10b-5 und 14a-9 SEA[266]. Im Vergleich mit den dargestellten Registrierungsvorschriften der Securities Laws ist es einhellige Auffassung, daß den "antifraud provisions" ein deutlich weiterer Anwendungsbereich auch in internationalen Sachverhalten zukommt[267]. Die Selbstbeschränkungen, die die SEC sich bei der extraterritorialen Anwendung und Durchsetzung der Registrierungs- und Publizitätspflichten mit dem "Offshore Release" auferlegt hat, finden auf den Bereich der "antifraud"-Vorschriften ausdrücklich keine Anwendung[268].

Zum Kreis derjenigen, die durch die Vorschriften der Securities Laws geschützt werden sollen, zählen primär die amerikanischen Anleger. Soweit diese durch ein Handeln oder Unterlassen geschädigt werden, dessen wesentliche Tathandlungen ("substantial acts of fraud") in den USA vollzogen wurden, greifen die Vorschriften des Securities Act und Securities Exchange Act ein[269]. Daneben dienen diese Vorschriften dem Funktionsschutz des amerikanischen Kapitalmarktes, weshalb von einer extraterritorialen Anwendung auch auszugehen ist, wenn der US-

---

265 Vgl. hierzu insgesamt auch Blake, 55 Bus. Law., 177, 190 und 199 (1999), der diese Punkte in einem "open-access compliance plan" zusammenfaßt, den Unternehmen bei ihrem Internet-Auftritt beachten sollten.

266 Eingehend dazu unter § 11.

267 Schuster, Die internationale Anwendung des Börsenrechts, S. 507 m.w.N. Auf den extraterritorialen Anwendungsbereich der speziellen Insidervorschriften, wie etwa Secs. 16(b) und 14(e) SEA wird hier nicht näher eingegangen; vgl dazu bei Schuster, Die internationale Anwendung des Börsenrechts, S. 550 ff.

268 Securities Act Release No. 33-7516, 66 S.E.C. Docket 2419 ff. (Mar. 23, 1998), unter I.

269 Olson/Pitt, Securities in the Electronic Age, 5-80; Stürmer, RIW 1983, 641, 643, ebenso Becker in Hopt/Rudolph/Baum, Börsenreform, S. 895.

Kapitalmarkt durch entsprechende Tathandlungen - selbst wenn diese im Ausland stattfanden - wesentlich beeinträchtigt wird. Schließlich schützen die Securities Laws selbst ausländische Investoren, sofern wesentliche Tathandlungen in den USA stattgefunden haben[270].

Solange also im Zuge der zu beurteilenden Transaktion Kontakte zum amerikanischen Kapitalmarkt bestehen und wichtige amerikanische Interessen - wie vor allem die Integrität des Kapitalmarktes - betroffen sind, erstreckt sich der Geltungsbereich der "antifraud-provisions" selbst auf solche Vorgänge, die im Ausland stattfinden und ausländische Wertpapiere betreffen[271]. Eine Grenze ist dort erreicht, wo Transaktionen nur indirekte, untergeordnete Auswirkungen auf den US-Kapitalmarkt haben und weder die Betrugshandlung, noch die eigentliche Transaktion innerhalb der USA stattfand[272].

Bereits diese allgemeinen Ausführungen verdeutlichen, daß der extraterritoriale Anwendungsbereich der "antifraud"-Vorschriften deutlich schwerer zu bestimmen ist, als derjenige der Registrierungsvorschriften. Neben der Weite der gesetzlichen Formulierungen liegt der eigentliche Grund hierfür in der vor allem durch die Rechtsprechung geprägten und an den Besonderheiten des Einzelfalls orientierten Auslegung dieser Normen[273]. Die Bestimmung des extraterritorialen Geltungsbereichs der "antifraud"-Vorschriften ist dabei Vorfrage und Bedingung für die Begründung der Gerichtsgewalt amerikanischer Gerichte bei der Beurteilung von Fällen mit Auslandsbezug. Entsprechend haben sich die bestehenden Ansätze zur Bestimmung der Anwendbarkeitsgrenzen dieser Vorschriften vor allem im prozessualen Rahmen entwickelt. Auch die SEC hat bekräftigt, ihre eigenen Ermittlungen und Verfahren in diesem Bereich bis zu dieser verfahrensrechtlichen Grenze ausschöpfen zu wollen[274]. Zur näheren Bestimmung des extraterritorialen Anwendungsbereichs der "antifraud"-Regeln in Internet-Sachverhalten kann daher auf die nachfolgende Erläuterung zur Gerichtsgewalt der US-Gerichte verwiesen werden.

---

270 In United States v. Brown, 164 F.3d 518, 520-521 (10th Cir. 1998) etwa wurde das Verteidigungsargument, die wesentlichen betrügerischen Verhaltensweisen hätten in Deutschland und nicht in den USA stattgefunden, zurückgewiesen und die Aktivitäten des Beklagten, der von Utah aus telefonisch, per Post und Fax mit Mittelsmännern und Anlegern in Deutschland kommunizierte, als ausreichend erachtet, um u.a. die extraterritoriale Anwendung der "antifraud"-Vorschriften zu begründen.

271 Becker in Hopt/Rudolph/Baum, Börsenreform, S. 894 f.

272 Brooks, 24 Sec. Reg. L. J., 306, 315 (1996).

273 Auslegungsmaßstab der US-Gerichte ist dabei vielfach ein "policy approach", der auf eine Verhaltenssteuerung durch Recht abzielt (so Kiel, Internationales Kapitalanlegerschutzrecht, S. 92).

274 Securities Act Release No. 33-7516, 66 S.E.C. Docket 2419 ff. (Mar. 23, 1998), unter I: "*This interpretation does not address the anti-fraud and anti-manipulation provisions of the securities laws, which will continue to reach all Internet activities that satisfy the relevant jurisdictional tests*".

§ 6 Gerichtsgewalt und Rechtsdurchsetzung

Die bisherigen Ausführungen haben den abstrakten extraterritorialen Geltungsbereich einzelner kapitalmarktrechtlicher Vorschriften in Internet-Sachverhalten aufgezeigt. Die Effektivität des Kapitalmarkt- und Anlegerschutzes, der diese Grenzziehung dient, hängt wesentlich von der Möglichkeit ab, durchsetzbare Rechtsfolgen zu setzen.

Nach dem oben Gesagten bedarf eine Vielzahl aufsichtsrechtlicher Maßnahmen der SEC der gerichtlichen Durchsetzung[275]. Für die Geltendmachung von Schadensersatzansprüchen oder sonstigen Rechtsfolgen[276], die die Securities Laws zugunsten geschädigter Anleger statuieren, gilt dieses ohnehin. Der Frage, ob US-Gerichte in entsprechenden Fallgestaltungen ihre Gerichtsgewalt zur Beurteilung des Sachverhalts begründen können, kommt daher bei der Realisierung des extraterritorialen Anspruchs entscheidendes Gewicht zu. Die bisher beschriebenen Grundsätze zum extraterritorialen Anwendungsbereich erlangen daher erst durch die prozessuale Einkleidung Bedeutung und erfahren Modifikationen, die sich aus dem US-Prozeßrecht ergeben.

I.) Gerichtsgewalt amerikanischer Courts in internationalen Sachverhalten

Im folgenden sollen die Grundsätze dargestellt werden, nach denen sich die Begründung der Gerichtsgewalt amerikanischer Courts in Fällen von Wertpapiertransaktionen im Internet beurteilt. Typischerweise liegt der Schwerpunkt der zu dieser Frage ergangenen Urteile im Bereich der Verstöße gegen "antifraud"- und Insidervorschriften, wenngleich die dargestellten Grundsätze ebenso auf den Bereich von Verstößen gegen Registrierungsvorschriften angewendet werden können.

Die grundsätzliche Ermächtigung der Gerichte, Verstöße gegen Registrierungsvorschriften und "antifraud"-Fälle zu beurteilen, folgt aus Sec. 22(a) SA und Secs. 21 und 27 SEA. Ob eine einzelne Bestimmung auf einen internationalen Sachverhalt angewendet werden kann, ist verfahrensrechtlich an die Prüfung der sog. "subject matter jurisdiction" gebunden. Nur soweit diese bejaht werden kann, sind US-Gerichte in den Grenzen der "personal jurisdiction"[277] ermächtigt, in internationalen Sachverhalten über die beteiligten Parteien zu urteilen. Die besondere

---

275 Vgl. oben unter § 3, IV.), 1.), b).

276 Secs. 11 und 12 SA eröffnen Schadensersatzansprüche und andere privatrechtliche Rechtsfolgen bei fehlender oder fehlerhafter Registrierung der Wertpapiere. Sec. 17(a) SA untersagt im Zusammenhang mit Wertpapiertransaktionen die Angabe falscher oder irreführender bzw. das Unterlassen wesentlicher Angaben. Zudem eröffnen zum Teil auch die "antifraud provisions" Ersatzansprüche für geschädigte Anleger (dazu näher unter § 11, I.)).

277 Dazu sogleich unter § 6, I.), 2.).

Problematik in Internet-Sachverhalten besteht angesichts des weltweiten Wirkungsbereichs dieses Mediums einerseits und der Tendenz zur großzügigen Begründung der Gerichtsgewalt andererseits darin, eine "*overextension of extraterritorial jurisdiction*"[278] zu vermeiden.

1.) "subject matter jurisdiction"

In Abgrenzung von Fragen der sachlichen oder internationalen Gerichtszuständigkeit beantwortet die "subject matter jurisdiction" die Frage, ob der Gesetzgeber dem Gericht die Befugnis verliehen hat, den zur Entscheidung stehenden Sachverhalt nach den Normen des inländischen Rechts zu beurteilen. Damit handelt es sich nicht um eine reine Zuständigkeitsfrage nach den Kategorien des deutschen Prozeßrechts, vielmehr bedingen sich Zuständigkeit und anwendbares Recht in diesem Bereich gegenseitig, ohne daß eine trennscharfe Unterscheidung möglich wäre[279]. Die Anwendbarkeit einzelner Vorschriften der Securities Laws nach ihrem eigenen, oben skizzierten Geltungsbereich, ist damit notwendige Voraussetzung, sowohl zur Begründung der Gerichtsgewalt, als auch für die Beurteilung eines Sachverhaltes mit internationalen Bezügen nach US-Recht. Da insbesondere im Bereich der "antifraud"-Vorschriften klare gesetzliche Aussagen zum extraterritorialen Geltungsbereich fehlen, müssen sich die Gerichte in diesem Bereich besonders mit der Frage auseinandersetzen, ob eine entsprechende Absicht des Kongresses angenommen werden kann, den Securities Act oder Securities Exchange Act zur Anwendung kommen zu lassen[280].

Dabei sind insbesondere völkerrechtliche Schranken zu berücksichtigen, die der Grundtendenz zur Expansion der internationalen Anwendung der Securities Laws entgegenstehen. Um beide Aspekte angemessen in die Beurteilung des Einzelfalls einfließen lassen zu können, sind von amerikanischen Gerichten im wesentlichen zwei "tests" entwickelt worden. Trotz der unterschiedlichen Ansätze dieser Tests schließen sich beide nicht aus, sondern werden regelmäßig parallel herangezogen, um im Einzelfall zur Begründung oder Ablehnung der Gerichtsgewalt beizutragen[281]. Nach einer kurzen Darstellung beider Herangehensweisen soll auf deren Übertragbarkeit auf entsprechende Vorgänge im Internet eingegangen werden.

---

278 Brakerbill, 18 Hastings Comm. and Ent. L. J., 901, 923 (1996).

279 Vgl. Kiel, Internationales Kapitalanlegerschutzrecht, S. 91; Schmidt-Brand, Zu den "long-arm statutes im "Jursidiktions-Recht" der Vereinigten Staaten von Amerika, S. 7 f.

280 Jennings/Marsh/Coffee/Seligman, Securities Regulation, S. 1615 ff.; Brooks, 24 Sec. Reg. L. J., 306 ff. (1996); Kohler, RIW/AWD 1977, 86, 88.

281 Itoba Ltd. v. Lep. Group PLC 54 F.3d 118, 122 (2d Cir. 1995); eingehend auch Jennings/ Marsh/Coffee/Seligman, Securities Regulation, S. 1626 ff.; Brakerbill, 18 Hastings Comm. and Ent. L. J., 901, 912 (1996).

a) "conduct test" und "effects test"

Der "conduct test" basiert auf der Überzeugung der Gerichte, daß der Kongreß, obschon er die extraterritoriale Reichweite der Securities Laws nie ausdrücklich festgelegt hat, nicht gewollt hätte, daß vom Boden der USA aus betrügerische und manipulative Aktivitäten "exportiert" werden[282]. Aus diesem Grund wird die "subject matter jurisdiction" bejaht, wenn in den USA wesentliche Tathandlungen, die über bloße Vorbereitungshandlungen ("merely preparations"[283]) hinausgehen, begangen werden und diese Aktivitäten direkt zu den Verlusten oder Schäden geführt haben, auf die sich die Klage stützt. In *Leasco Data Processing Equip. Corp. v. Maxwell*, einem der "leading cases" zu dieser Fallgruppe, hat das Gericht festgestellt, daß unter diesen Voraussetzungen, ohne Rücksicht auf die Nationalität, Ausländer ebenso wie US-Bürger entsprechende Klagen vor US-Gerichten erheben können, selbst wenn die fraglichen Wertpapiere weder von einem amerikanischen Emittenten stammen noch an einer US-Börse gehandelt werden[284]. Ansatzpunkt ist damit der "Tatort" wesentlicher Handlungen.

Im Gegensatz dazu knüpft der "effects test" an die Annahme an, der Kongreß habe die Anwendung der Securities Laws vor allem in den Fällen gewollt, in denen der Schutz der US-Investoren oder des US-Marktes dieses erfordere. Sofern manipulative Transaktionen, selbst wenn diese außerhalb der USA stattfinden, wesentliche Auswirkungen auf US-Märkte haben, ist die "subject matter jurisdiction" gegeben. Die expansive Richtung dieses Ansatzes deutet schon die Grundentscheidung *Schoenbaum v. Firstbook*[285] an: obschon in diesem mit Insider-Trading befaßten Fall kanadische Unternehmen beteiligt waren und die Tathandlungen in Kanada stattfanden, wurde "subject matter jurisdiction" angenommen, weil die dem Fall zugrundeliegenden Wertpapiere an einer US-Börse notiert waren und die Aktivitäten damit schädliche Auswirkungen auf die Interessen der amerikanischen Anleger hätten.

b) "subject matter jurisdiction" in Internet-Sachverhalten

Die gerichtlich entwickelte Schwelle zu Annahme der "subject matter jurisdiction" ist, wie die dargestellten Fallbeispiele gezeigt haben, gerade aufgrund der

---

282 Prentice, 12 Harvard Journal of Law & Technology, 263, 338 (1999).

283 Kauthar DNS BHD v. Steinberg, 149 F.3d 659 (7th Vir. 1998); Butte Mining PLC v. Smith, 76 F.3d 287, 288-289 (9th Cir. 1996).

284 Leasco Data Processing Equip. Corp. v. Maxwell 468 F.2d 1326, 1327-1328 (2. Cir. 1972); Bersch v. Drexel Firestone, Inc., 519 F.2d 974, 993 (2d Cir.) cert. denied 423 US 1018 (1975).

285 Schoenbaum v. Firstbook 405 F.2d 200, 206 (2d Cir. 1968).

Alternativanknüpfung an Handlungs- oder Erfolgsort, relativ gering[286]. Die simple Übertragung dieser Grundsätze auf Internet-Sachverhalte hätte insbesondere im Hinblick auf den "effects test" die nahezu unbeschränkte Gerichtsgewalt amerikanischer Courts zur Folge, denn ebenso wie in *Schoenbaum v. Firstbook* die US-Börse als Schnittstelle für die potentielle Beeinflussung amerikanischer Anleger gesehen wurde, könnten Gerichte dieselbe Wirkung auch Internet-Inhalten beimessen, die von US-Investoren eingesehen werden können. Insofern bedarf es einer den Besonderheiten des Mediums angepaßten Anwendung von "conduct-" und "effects test", die eine Vielzahl neuartiger Probleme mit sich bringt.

Von einem völkerrechtlichen Standpunkt aus wird zunächst die Frage diskutiert, ob das Internet als weltumspannender Kommunikationsraum überhaupt durch irgendeine nationale Regierung oder staatliche Instanz regulierbar ist[287]. Bejaht man dieses, so müßte man diese Kompetenz, und damit auch die Ausübung der Gerichtsgewalt über Internet-Sachverhalte, grundsätzlich allen Staaten zubilligen. Ohne daß diese Frage hier vertieft behandelt werden soll, werden grundsätzlich drei unterschiedliche Ansätze vertreten: Die extremste Position hält das Internet für schlechthin nichtregierbar[288]. Zum Teil wird vertreten, das Internet bilde einen Rechtsraum eigener Art. Vielfach wird gefordert, das Internet solle sich selbst durch eigene Autoritäten regieren und regulieren[289]. Ungeachtet dieser Bedenken gegen die Kompetenzen, Rechtsfragen im Hinblick auf das Internet überhaupt (einseitig) zu regeln und entsprechende Konflikte der Entscheidungsgewalt nationaler Gerichte anheim zu stellen, ist die US-Rechtspraxis einem pragmatischen Ansatz gefolgt. Allein aufgrund des Gefahrenpotentials manipulativer und betrügerischer Wertpapiertransaktionen im Internet wird die Frage grundsätzlicher Gerichtsgewalt über Internet-Sachverhalte selten problematisiert, sondern begrenzende Faktoren vielmehr aus den Ansätzen des eigenen Rechtssystems heraus entwickelt.

Übertragen auf die Frage der "subject matter jurisdiction" bedeutet dieses, daß Gerichte, mit derartigen Fragen befaßt, wiederum auf den hypothetischen Willen des Kongresses abzustellen hätten. Angesichts der dargelegten extensiven Deu-

---

286 Prentice, 12 Harvard Journal of Law & Technology, 263, 338 ff. (1999) m.w.N.

287 Vgl. dazu die Aufsatzsammlungen und Materialien der Miami School of Law (http://www.law.miami.edu/~froomkin/inet00/syllabus.htm), Chicago-Kent College of Law (http://www.kentlaw.edu/cyberlaw) und UCLA (http://www.gseis.ucla.edu/iclp/bib.html).

288 Insofern wird vielfach auf die von John Perry Barlow verfaßte "Cyberspace Unabhängigkeitserklärung" verwiesen unter: http://www.eff.org/pub/Publications/John_Perry_Barlow/barlow_0296.declaration .

289 Vgl. Prentice, 12 Harvard Journal of Law & Technology, 263, 352 f. (1999) m.w.N. und Wilske/Schiller, International Jurisdiction in Cyberspace: Which States May Regulate the Internet?

tungsweise durch die US-Gerichte in traditionellen Fällen, spricht vieles dafür, daß bei manipulativen Aktivitäten über das Internet, die von den USA aus begangen werden, oder entsprechenden Vorgängen, die wesentliche nachteilige Auswirkungen auf US-Investoren oder -Märkte haben, entsprechend der bisherigen Linie verfahren werden wird und die eigene Zuständigkeit bejaht werden wird[290]. Trotz der weitreichenden Konsequenzen einer solchen Auffassung findet eine derartige Interpretation ihre Stütze auch in den US-Vorschriften des Restatement (Third) of Foreign Relations Law of the United States. Sec. 416 Restatement (Third) bezieht sich auf wertpapierrelevante Aktivitäten und legt in Sec. 416(2) insbesondere fest, daß die Gerichtsgewalt der USA, ihre Securities Laws anzuwenden, auch dann gegeben ist, wenn zwar die fragliche Transaktion außerhalb stattfand, diese Anwendung aber "reasonable" ist. Unter anderem ist dieses der Fall, wenn das Verhalten außerhalb der USA einen "substantial effect" innerhalb der USA hervorruft oder diesen Effekt hervorrufen sollte. Vor allem der in Internet-Sachverhalten besonders geeignete "effects test" findet damit in den Vorschriften zum internationalen Recht eine Parallele, solange das Erfordernis der Angemessenheit gewahrt bleibt. Unter dieser Bedingung scheint eine substantiell andere Beurteilung bei Verlagerung der Aktivitäten in das Medium Internet nicht geboten[291].

Bereits ergangene Urteile in vergleichbaren Situationen stützen diese Ansicht. So hat das Gericht etwa im Fall *California Software, Inc. v. Reliability Research, Inc.*[292] das Argument der Verteidigung zurückgewiesen, die klagegenständliche Nachricht, die in ein USA-weit zu empfangendes Computernetzwerk eingestellt worden ist, sei nicht an Kunden des Klägers oder sonstige Personen in Kalifornien gerichtet gewesen. Eine derartige, über allgemein zugängliche Computernetzwerke verbreitete Nachricht sei, anders als bei Verwendung der Post oder des Telefons, grundsätzlich jedem Anwender zugänglich. Zudem seien die Reaktionen einiger kalifornischer Firmen auf diese Nachricht nicht etwa unvorhersehbar gewesen, sondern hätten im Gegenteil die erwünschte Wirkung gezeigt. Korrespondierend zu dieser einfachen und günstigen Möglichkeit für Unternehmen, wirtschaftliche Vorgänge abzuwickeln, müsse daher auch die erlaubte Reichweite der Gerichte bei der Begründung ihrer Gerichtsgewalt ausgeweitet werden[293].

---

290 So Prentice,12 Harvard Journal of Law & Technology, 263, 355 (1999).

291 Prentice, 12 Harvard Journal of Law & Technology, 263, 357 (1999) m.w.N.; auch bei Jenning /Marsh/Coffee/Seligman, Securities Regulation, S. 1557 klingen angesichts des großen Spielraums, den das Restatement (Third) den Gerichten eröffnet, Zweifel an, ob die bisherige Linie der Begründung von "subject matter jurisdiction" zukünftig nicht eher noch erweitert werden wird.

292 California Software, Inc. v. Reliability Research, Inc., 631 F.Supp. 1356, 1361-1362 (C.D. Cal. 1986).

293 California Software, Inc. v. Reliability Research, Inc., 631 F.Supp. 1356, 1363 (C.D.Cal. 1986); anzumerken ist allerdings, daß in diesem Fall parallel zur Verbreitung über das einem

Viel spricht somit dafür, daß vor allem in "antifraud-" und Insider-Trading-Fällen die bisherige Ansicht zur Begründung der "subject matter jurisdiction" auf Internet-Sachverhalte entsprechend übertragen wird. Dabei eröffnet gerade der "effects test", indem er weniger auf physische Anknüpfungspunkte, als vielmehr auf die Intensität der Einwirkung abstellt, die Möglichkeit, auch in Internet-Sachverhalten Fälle völlig peripherer Auswirkungen auf den US-Markt unberücksichtigt zu lassen[294].

2.) Internationale Zuständigkeit - "personal jurisdiction"

Nach Begründung der "subject matter jurisdiction" spielt in internationalen Fallgestaltungen die Entscheidungsgewalt der US-Gerichte, im Hinblick auf die konkret beteiligten Parteien und ihre Rechtsbeziehungen durchsetzbare Urteile zu fällen ("personal jurisdiction"[295]), eine erhebliche Rolle. Sec. 30(b) SEA selbst koppelt die Geltung des Securities Exchange Act und der entsprechenden Rules und Regulations grundsätzlich - von durch die SEC zu bestimmenden Sonderfällen abgesehen - daran, daß die betreffende Person der Gerichtsbarkeit eines US-Gerichts unterliegt[296]. Ob von einer Unterwerfung ausländischer Unternehmen und Einzelpersonen unter die Gerichtsgewalt eines US-Courts auszugehen ist, wird in der Rechtspraxis im Wege einer zweistufigen Prüfung ermittelt.

a) "long arm statutes"

Die in zahlreichen Internet-Sachverhalten auftretende Problematik liegt zunächst darin, daß trotzdem Kontakte in die USA bestanden, die beklagten Personen oftmals nicht physisch im betreffenden Bundesstaat oder den USA zugegen sind und möglicherweise noch niemals einen Schritt auf dieses Territorium getan haben. Will ein US-Gericht gleichwohl seine Gerichtsgewalt über jemanden begründen,

---

Bulletin Board vergleichbare Netzwerk, zumindest 3 gezielte Anrufe bei kalifornischen Kunden des Klägers erfolgten.

294 Brakerbill, 18 Hastings Comm. and Ent. L. J., 901, 924 (1996). Der "conduct test" ist aufgrund der physischen Anknüpfung an den Ort der Handlung zur Erfassung von Internet-Fällen weniger geeignet. Zum Problem der Bestimmung des Handlungsortes im Internet im deutschen Internationalen Deliktsrecht vgl. Makowski, RabelsZ 1999, 203, 257 f.; Bachmann in: Internet und Multimediarecht (Cyberlaw), 169, 181).

295 Vgl. Dunne/Musacchio, 54 Bus. Law., 385, 386 (1998); aus der deutschsprachigen Literatur v.a.: Bettinger, GRUR Int. 1998, 660 ff. (mit einer Übersicht und kurzen Beschreibung der relevanten Leitentscheidungen); Lejeune, RIW 1998, 8 ff; Pichler, Internationale Gerichtszuständigkeit im Online-Bereich, in: Hoeren/Sieber, Handbuch Multimediarecht, Kap. 31, Rdnr. 201 ff.

296 Sec. 30(b) SEA: „*The provisions of this title or of any rule or regulations thereunder shall not apply to any person insofar as he transacts a business in securities without the jurisdiction of the United States...*"

der nicht im entsprechenden Bezirk ansässig ist, so bedarf es hierfür grundsätzlich gesonderter Ermächtigungsnormen, der sog. "long arm statutes"[297]. Dabei ist die Reichweite der gerichtlichen Zuständigkeit, die über diese Klauseln eröffnet wird, von Staat zu Staat durchaus unterschiedlich. Schon insofern stellt der Umstand, daß wertpapierrechtliche Streitigkeiten überwiegend durch die Federal Securities Laws geprägt sind, einen nicht unerheblichen Vorteil dar. Auf bundesrechtlicher Ebene nämlich hängt die Begründung entsprechender Gerichtsbarkeit davon ab, ob eine wirksame Zustellung an den Beklagten (service of process) erfolgen kann[298]. Dieses wiederum ist nach der Federal Rule of Civil Procedure 4(k) dann der Fall, wenn u.a. alternativ eine entsprechende bundesgesetzliche Vorschrift existiert, die dieses zuläßt oder die fragliche Person keiner "general jurisdiction" eines Einzelstaates unterliegt.
Im Hinblick auf Wertpapiertransaktionen erklären die Securities Laws in Sec. 22(a) SA und Sec. 27 SEA diejenige US-Gerichtsbarkeit für zuständig, in der alternativ derjenige, dem ein Verstoß gegen die Securities Laws vorgeworfen wird, seinen Wohn- oder Geschäftssitz hat, in dem die Transaktion durchgeführt worden ist, oder wo immer er angetroffen wird[299]. Hieraus haben US-Gerichte den grundsätzlichen Willen des Kongresses gefolgert, "personal jurisdiction" selbst dann auf Ausländer auszudehnen, wenn diese nicht in den USA zugegen sind[300]. Der "lange Arm" gerichtlicher Zuständigkeit auch auf Personen außerhalb der US-Staatsgrenzen reicht damit sehr weit.

b) Verfassungsrechtliche Zuständigkeitsbeschränkungen durch die "due process clause"

Gerade wegen dieser erheblichen Ausdehnung der Gerichtsbarkeit bedarf die Prüfung der "personal jurisdiction" auf zweiter Ebene einer am Gebot des fairen Verfahrens ("due process") ausgerichteten, verfassungsrechtlichen Kontrolle. Die durch die "due process clause[301]" gezogene verfassungsrechtliche Zuständigkeits-

297 Dazu eingehend Schmidt-Brand, Zu den "long-arm statutes im "Jurisdiktions-Recht" der Vereinigten Staaten von Amerika, va. S. 47 ff.

298 Becker in Hopt/Rudolph/Baum, Börsenreform, S. 890, Leujene, RIW 1998, 8, 13.

299 Vgl. etwa Sec. 22(a) SA: „*...Any such suit or action may be brought in the district wherein the defendant is found or is an inhabitant or transacts business, or in the district where the offer or sale took place, ...*"

300 Leasco Data Processing Equip. Corp. v. Maxwell 468 F.2d 1326, 1339 (2. Cir. 1972).

301 Das 14. Amendment der US Verfassung schreibt insofern vor: "*...nor shall any state deprive any person of leve, liberty or property, without due process of law...*"; dazu näher Schmidt-Brand, Zu den "long-arm statutes im "Jurisdiktions-Recht" der Vereinigten Staaten von Amerika, S. 12 ff.

grenze verläuft dort, wo die Begründung der Gerichtsbarkeit die "*traditional notions of fair play and substantial justice*" verletzen würde[302].

aa) "minimum contacts doctrine"

Diesen Grundsätzen entsprechend ist Mindestvoraussetzung zur Begründung der "personal jurisdiction", daß der Sachverhalt zumindest minimale Berührungspunkte zum Forum aufweist[303]. Der dieser Rechtsprechung zugrundeliegenden "minimum contacts doctrine" entsprechend, kann dieser Nexus sowohl in der Begehung einer deliktischen Handlung, als auch in dem Betreiben von Geschäften im betreffenden Staat bestehen[304]. Die Anforderungen an das Maß und die Qualität dieser Kontakte hängt dabei davon ab, ob sich die im Streit stehenden Ansprüche direkt aus der geschäftlichen Tätigkeit des Unternehmens in einem bestimmten Staat ergeben und eine spezifische Fallsituation betreffen ("specific jurisdiction"), oder auf die allgemeinen Beziehungen des Beklagten zu diesem Staat abgestellt werden soll ("general jurisdiction")[305]. Während im erstgenannten Fall nach der "minimum contacts doctrine" schon einzelne Minimalkontakte als ausreichend erachtet werden, erfordert die Begründung der "general jurisdiction" ein erhöhtes Maß an Präsenz des Beklagten im intendierten Forum. Dabei ist allerdings immer wieder festgestellt worden, daß physische Präsenz nicht erforderlich ist, sondern von einer Marktpräsenz ausgegangen werden kann, wenn der Beklagte etwa systematisch und kontinuierlich Kontakte zum diesem Forum unterhalten hat[306].
Hintergrund dieser Differenzierung zwischen "specific und general jurisdiction" ist, daß in der Interpretation der US-Gerichte die Grundsätze der "due process clause" und das Gebot eines fairen Verfahrens erfordern, daß der Beklagte die Möglichkeit haben muß, vorherzusehen, daß er sich im fraglichen Forum wird verteidigen müssen[307]. Dabei gilt, daß die Wahrscheinlichkeit hinreichender Begründung der "personal jurisdiction" um so größer ist, je eher die Kontakte kom-

---

302 Vgl. etwa Helicopteros Nationales de Columbia v. Hall 466 US 408, 414 (1984).

303 So in der Leitentscheidung des US Supreme Court: International Shoe v. Washington, 326 US 310 (1945).

304 Street, Law of the Internet, S. 209; Brakerbill, 18 Hastings Comm. and Ent. L. J., 901, 917 ff. (1996).

305 Dunne/Musacchio, 54 Bus. Law., 385, 386 (1998); Rubin, CRi 2000, 33; Bettinger, GRUR Int. 1998, 660, 661; Lejeune, RIW 1998, 8, 10.

306 International Shoe Co. v. Washington, 326 US 310, 316 ff. (1945); In Compuserve, Inc. v. Patterson 89 F.3d 1257, 1263-1264 (6th Cir. 1996) ist von einer "substantial connection" ausgegangen worden, weil es sich nicht um rein zufällige oder abgeschwächte Verbindungen gehandelt hat, sondern kommerzielle Maßnahmen absichtsvoll in Richtung des Forum gerichtet waren.

307 Dunne/Musacchio, 54 Bus. Law., 385, 388 (1998) unter Verweis auf die Entscheidung World Wide Volkswagen Corp. v. Woodson, 444 US 286, 297 (1980).

merzieller Natur sind[308]. Noch strikter ist die Linie der Rechtsprechung dort, wo Klagegegenstand Betrugs- oder Insiderfälle sind. Soweit sich derartige Machenschaften auf US-Wertpapiere auswirken, die in den USA gehandelt werden, muß der Handelnde grundsätzlich davon ausgehen, daß dieses Verhalten Anleger in den USA negativ betrifft. Eine Berufung darauf, dieses sei im Sinne der "due process clause" nicht vorhersehbar gewesen, wird ihm regelmäßig verwehrt sein[309].

bb) Bedeutung der Interaktivität von Internet-Auftritten

Bei der Beurteilung von Internet-Sachverhalten haben US-Gerichte diese Grundsätze im sog. "sliding scale test"[310] umgesetzt, indem das erforderliche Maß an Kontakten mit dem Forum zu der Intensität der vom Beklagten entfalteten Internet-Aktivitäten in Relation gesetzt wird. Den Beginn der sich so abzeichnenden Skala markieren gezielte E-Commerce Aktivitäten mit Einwohnern des Forums. Dementsprechend bestehen bei der Begründung der "personal jurisdiction" im Fall der Versendung von E-Mails kaum Probleme, nachdem diese Kommunikationsform direkt auf bestimmte Adressaten abzielt[311]. Größere Schwierigkeiten entstehen allerdings bei der Beurteilung passiver Informationsverbreitungsformen, wie vor allem der Verwendung von Web-Seiten. Nachdem derart streitrelevante Webseiten auch im Gerichtsbezirk bzw. Bundesstaat des betreffenden Gerichtes abgerufen werden können, ist ein "minimum contact" anzunehmen[312]. Da diese Abrufbarkeit aus technischen Gründen aber der Regelfall ist, wird einschränkend als weiteres zuständigkeitsbegründendes Kriterium darauf abgestellt, ob auch der Intention des Seiteninhabers nach, der Inhalt der Web-Seite auf die Internet-Nutzer des jeweiligen Bundesstaates abzielt[313], denn nur in diesem Fall ist die dortige Eröffnung eines gegen ihn gerichteten Verfahrens vorhersehbar. Zur Beurteilung dieses subjektiven Momentes ziehen die US-Gerichte als wesentliches Kriterium vor allem heran, ob es sich um interaktive oder passive Web-Seiten

---

308 Olson/Pitt, Securities in the Electronic Age, 5-92.

309 Vgl. dazu - allerdings ohne Internet Relevanz - SEC v. Unifund SAL, 910 F.2d 1028, 1033 (2d Cir. 1990).

310 Siehe dazu Dunne/Musacchio, 54 Bus. Law., 385, 391 ff. (1998); Rubin, CRi 2000, 33, 34.

311 In diesen Fällen richtet der Beklagte seine Aktivitäten mit Wissen und Wollen in das Forum (vgl. Calder v. Jones, 465 US 783, 789-791 (1984); Friedman, Securities Regulation in Cyberspace, 13-22).

312 Digital Equipment Corporation v. Altavista Technology Set 937 F. Supp 456 (D. Mass. 1997); Inset Systems, Inc. v. Instruction Set 937 F.Supp 161 CD. Conn. 1996), bei Taupitz/Kritter, Electronic-Commerce, JuS 1999, 839, 844, Fn. 63; vgl. insgesamt die Zusammenstellung relevanter Entscheidungen bei Street, Law of the Internet, S. 202 ff.

313 Der Beklagte muß sein Angebot in den "stream of commerce" eingestellt haben (World Wide Volkswagen Corp. v. Woodson, 444 US 286, 297-298 (1980)).

handelt[314]. In dem Fall, daß Web-Auftritte interaktive Eingabemasken oder sonst über einen bloßen "one-way contact"[315] hinausgehende Momente aufweisen, die zu konkreten Geschäftsabschlüssen geführt haben, ist eine zur Bejahung der "minimum contacts" ausreichende Ansprache der Einwohner des betreffenden Bundesstaates immer wieder angenommen worden[316]. Dabei spielt es keine Rolle, ob es sich insofern um einen einmaligen oder sporadischen Kontakt handelte; ausschlaggebend ist allein eine "substantial connection", die lediglich verlangt, daß die Verbindung nicht rein zufällig oder völlig peripher ist[317].
Die lediglich passive Positionierung von Werbebotschaften dagegen wird von der überwiegenden Zahl der US-Gerichte als nicht ausreichend erachtet, um eine personal jurisdiction begründen zu können und markiert damit das andere Ende der "sliding scale"[318]. Anders als bei interaktiven Seiten hat nämlich der Verwender keinerlei Einfluß darauf, von wem oder von wo aus diese Seite eingesehen wird, weshalb eine solche Gestaltung den Rückschluß auf eine gezielte Ansprache eines bestimmten Staates nicht zuläßt.

Soweit in verschiedenen Fällen trotz Fehlens interaktiver Gestaltungsmittel dennoch eine gezielte Ansprache des betreffenden Forums angenommen worden ist, traten zu der Werbebotschaft auf den Internet-Seiten regelmäßig weitere Indizien

314 So in Zippo Manufacturing Co. v. Zippo Dot Com, Inc. 952 F. Supp. 1119, 1124 (W.D. Pa. 1997); vgl. dazu allgemein Olson/Pitt, Securities in the Electronic Age, 5-90 ff.; Friedman, Securities Regulation in Cyberspace, 13-23; Rubin, CRi 2000, 33, 34.

315 So wurde es auch ohne eine solche Eingabemaske im Fall Minnesota v. Granite Gate Resorts, Inc., 1996 WL 76743 für ausreichend angesehen, daß neben einer entsprechenden Werbekampagne lediglich noch eine Telefonnummer publiziert wurde, über die der Kontakt mit dem Unternehmen hergestellt werden konnte.

316 Zippo Manufacturing Co. v. Zippo Dot Com 952 F. Supp. 1119 (W.D. Pa. 1997); Maritz, Inc. v. Cybergold, Inc., 947 F. Supp. 1328 (E.D.Mo. 1996); GTE New Media Services, Inc. v. Ameritech Corp., 21 F. Supp.2d 27 (D.D.C. 1998); Cybersell, Inc. v. Cybersell, Inc (Ith Circuit, 1997) und ausführlich Pike & Fischer/Vartanian, INTERNET Law & Regulation, Vol. 3, JU-A25 - JU-A30.

317 So auch American Bar Association, Report on Global Jurisdiction Issues Created by the Internet, S. 40.

318 Allerdigs ist die US-Rechtsprechung zu dieser Frage nicht völlig einheitlich; so ist teilweise das Einstellen von Werbebotschaften auf Internet-Seiten mit der Plazierung derselben Werbebotschaft in einer im fraglichen Forum erscheinenden Zeitung verglichen worden (vgl. Inset Systems, Inc. v. Instruction Set, Inc. 937 F.Supp. 161, 164 (D. Conn. 1996)). Die mehrheitliche Tendenz scheint gleichwohl den oben genannten restriktiveren Standpunkt zu vertreten (vgl. Dunne/Musacchio, 54 Bus. Law., 385, 395 (1998)). Einen guten Überblick über die relevantesten Entscheidungen zur Frage der "personal jurisdiction" in Internet-Fällen gibt die Entscheidung Millenium Enterprices, Inc. c. Millenium Music LP, Civ. No. 98-1058-AA, abgedruckt etwa bei Pike & Fischer/Vartanian, INTERNET, Vol. 2, 411, 415 ff.; zu weiteren Entscheidungen in diesem Sinne vgl. Pike & Fischer/Vartanian, INTERNET Law & Regulation, Vol. 3, JU-A25 to JU-A29;

und Formen der Kontaktaufnahme hinzu, die diesen Schluß rechtfertigten[319]. Abgestellt wurde dabei zumeist auf solche Anknüpfungskriterien, die auch in traditionellen Sachverhalten schon herangezogen worden sind. Demgegenüber werden weitere Internet-spezifische Merkmale kaum berücksichtigt. Insbesondere steht die Rechtsprechung einer Anknüpfung an die Belegenheit des Servers, auf dem die Informationen gespeichert sind, tendenziell ablehnend gegenüber, um zu verhindern, daß dieser von einzelnen Anbietern mißbräuchlich gewählt wird, um sich der Gerichtsgewalt einzelner Foren zu entziehen[320].

3.) Regulative zur Beschränkung der Gerichtsgewalt

US-Gerichten steht nach dem oben Gesagten, abgesehen vom Fall reiner Informationsverbreitung ohne jeden weiteren Ansatz von Kontakt zu einem bestimmten US-Bundesstaat oder zu den USA insgesamt, in vielen Fallgestaltungen Gerichtsgewalt zu. Vor allem, wenn die Gestaltung einer kommerziell genutzten Web-Seite Informationsaustausch mit dem Host-Computer zuläßt, oder andere interaktive Merkmale aufweist, wird vom Vorliegen der erforderlichen Minimalkontakte regelmäßig ausgegangen. Selbst bei rein passiven Web-Seiten, die der bloßen unspezifischen Darstellung von Informationen dienen, können weitere Umstände, wie etwa das Bestehen geschäftlicher Kontakte in das entsprechende Forum oder begleitende Werbemaßnahmen, für eine direkte Ansprache von Einwohnern des entsprechenden Forums sprechen. Unter diesen Umständen verspricht auch eine Verteidigung damit, daß im Sinne der "due process clause" nicht mit einer Verfahrenseröffnung im entsprechenden Staat zu rechnen war wenig Aussicht auf Erfolg. Gerade die Sec. 22(a) SA und Sec. 27 SEA zeigen deutlich, daß bis zu den äußeren Grenzen des verfassungsrechtlichen "due process"-Gebotes eine extensive Handhabung und Begründung der Gerichtsgewalt gesetzgeberisch gewollt ist[321]. Diese relativ geringen Anforderungen an die Begründung der "personal jurisdiction" in Internet-Sachverhalten begründen aus Sicht der Anbieter die Gefahr einer Vielzahl möglicher Gerichtsstände, unter den der klagende Anleger denjenigen auswählen könnte, der ihm materiellrechtlich und verfahrensrechtlich am günstigsten erscheint (sog. "forum shopping").

---

[319] So traten etwa im Fall Hereos, Inc. v. Hereos Foundation 985 F.Supp. 1, 3-5 (D.D.C. 1996) neben die Aussagen auf der Internet-Seite des Unternehmens noch weitere Werbeanzeigen in Zeitungen des fraglichen Staates (Washington Post) hinzu, in denen eine Kontakt-Telefonnummer abgedruckt war.

[320] Zur Nutzung von Servern als "*shield against liability*" vgl. näher bei Rubin, CRi 2000, 33, 35 m.w.N.

[321] So Jennings/Marsh/Coffee/Seligman, Securities Regulation, S. 1640.

a) Rechtswahl- und Gerichtsstandsklauseln

Als ein Mittel zur Begrenzung dieses Risikos kommt dann, wenn zwischen den Parteien eine vertragliche Verbindung besteht, die Verwendung einer Gerichtsstandsklausel ("forum selection clauses") in Betracht. Einer solchen einvernehmlichen Bestimmung des zuständigen Gerichts für den Streitfall kommt das maßgebliche Restatements (Second) of Conflict of Law[322] insofern entgegen, als es den Aspekten der Rechtssicherheit und Vorhersehbarkeit des Ergebnisses besondere Bedeutung beimißt, weshalb Gerichte diesen Parteiwillen grundsätzlich respektieren. Diese gilt namentlich für die Verwendung entsprechender Klauseln in reinen "business-to-business" (B2B) Sachverhalten. Einschränkungen erfährt diese grundsätzliche Rechts- und Gerichtsstandswahlfreiheit allerdings dort, wo der Parteiwille durch die Bedeutung wesentlicher öffentlicher Belange ("public policies") überlagert wird, wie dieses vor allem in Verbraucherangelegenheiten der Fall ist[323]. Weil in diesem Bereich regelmäßig eine der Parteien eine deutlich stärkere Verhandlungsposition und wirtschaftliche Durchsetzungskraft hat, werden solche Klauseln einer eingehenderen Überprüfung unterzogen. Ansatzpunkt einer mögichen Nichtbeachtung einseitig diktierter Klauseln ist die Frage, ob sich diese im Einzelfall als "unfair" im Sinne des Fehlens echter Verhandlungsmöglichkeiten, oder als "unconscionable", als grober Verstoß gegen geltende kaufmännische Sitten und Gebräuche erweisen[324]. Das sei etwa dann anzunehmen, wenn die Klausel durch betrügerische Handlungen erwirkt worden ist oder aufgrund unstatthaften Einflusses oder überlegener Verhandlungsmacht durchgesetzt wurde[325]. Daneben sei von einer Unangemessenheit der Klauseln dann auszugehen, wenn aufgrund der Gerichtsstandswahl die zur Verfügung stehenden Rechtsmittel fundamental eingeschränkt werden oder deren Berücksichtigung einer "strong public policy" des Forums zuwiderliefe[326]. Jenseits dieser Fälle ist aber ohne besonderes Indiz für eine unausgeglichene, einseitig belastende Aufdrängung solcher Klauseln, von deren Wirksamkeit auszugehen. Somit können entsprechend positionierte Klauseln vor allem in den Internet-Auftritten ausländischer Broker

[322] Das Restatement (Second) of Conflict of Law ist insgesamt von 13 US Bundesstaaten übernommen worden. Für einen umfassenden Überblick über die Verfahrensweise der einzelnen Staaten vgl. Smith, 38 Hastings L. J., 1041 ff. (1987); dazu auch Nimmer, Selling Products Online, in: PLI, Multimedia (1997), S. 823, 836 ff.; Kiel, Internationales Kapitalanlegerschutzrecht, S. 92 f.

[323] Weitere Bereiche, in denen die Wahlfreiheit durch übergeordnete öffentliche Interessen eingeschränkt werden, betreffen etwa den Datenschutz, das Arbeits- und Steuerrecht und das Strafrecht; vgl. Dolan, Securities Regulation and the Web, in: Immenga/Lübben/Schwintowski, Das internationale Wirtschaftsrecht des Internet, S. 81, 86.

[324] Vgl. American Bar Association, Report on Global Jurisdiction Issues Created by the Internet, S. 71.

[325] The Bremen v. Zapata Off-Shore Co. 407 US 1, 14 f. (1972).

[326] The Bremen v. Zapata Off-Shore Co. 407 US 1, 14 f, 18 (1972).

zumindest deren Risiko mindern helfen, mit Haftungsprozessen vor US-Gerichten überzogen zu werden - auf die Möglichkeit der SEC, aufsichtsrechtliche Verfahren zu initiieren, haben diese Parteivereinbarungen hingegen keinen beschränkenden Einfluß[327].

b) "forum non conveniens"-Lehre

Sind solche Gerichtsstandsvereinbarungen nicht getroffen worden oder werden diese gerichtlicherseits nicht berücksichtigt, kommt als Regulativ gegen besondere Härten zu Lasten der Anbieter schließlich die "forum non conveniens"-Lehre in Betracht. Diese eröffnet dem angerufenen Gericht dann, wenn sich der Beklagte auf hierauf beruft, die Möglichkeit, trotz begründbarer eigener Zuständigkeit den Rechtsstreit an ein dem Sachverhalt und den Interessen der Parteien angemesseneres Gericht zu verweisen[328].
Trotz der Tendenz zur Expansion der US-Gerichtsbarkeit in Internet-Fällen eröffnet die medienangepaßte Anwendung der traditionellen Prinzipien sowie die besonderen verfahrensrechtlichen Regulative hinreichende Möglichkeiten, um Verstöße gegen Registrierungsvorschriften oder Betrugsfälle im Internet auch in internationalen Sachverhalten angemessen zu erfassen.

II.) Internationale Durchsetzbarkeit der SEC-Maßnahmen

Hinter der praktizierten weiten Anwendung der Securities Laws in internationalen Sachverhalten und der entsprechend expansiven Gerichtsgewalt der US-Gerichte steht vor allem in "antifraud"-Fällen nicht zuletzt der Gedanke der Abschreckung potentieller Täter, um so den Schutz der Securities Laws möglichst umfassend zu gewährleisten[329]. Wenn ein Staat solche Internet-Aktivitäten, die ihren Ursprung zwar auf dem Territorium eines anderen Staates haben, gleichwohl aber die Grenzen des eigenen Hoheitsgebietes "überqueren" und Einfluß auf die inländischen Anleger nehmen, nicht ausreichend erfaßt, wird der zunehmende Internet-Einsatz bei Wertpapiertransaktionen die Effektivität des nationalen Regulierungssystems auf Dauer unterminieren[330]. Auf der anderen Seite läuft die Effektivität dieser Systeme ebenso leer, wenn Maßnahmen, die einer Vollstreckung im Ausland bedürfen, dort nicht umgesetzt werden, weil die weitreichende Regulierung des US-

---

327 Coffee, 52 Bus. Law., 1195, 1229 (1997).

328 Zur "forum non convenience"-Lehre vgl. Kane, Civil Procedure, S. 81 f.; Schmidt-Brand, Zu den "long-arm statutes im "Jursidiktions-Recht" der Vereinigten Staaten von Amerika, S. 20 f. Auf die sich aus dem Fehlen dieses Regulativs ergebenden Probelme im deutschen Recht hat v.a. Florian (Florian, Rechtsfragen des Wertpapierhandels im Internet, 2001, S. 37) hingewiesen.

329 Brakerbill, 18 Hastings Comm. and Ent. L. J., 901, 929 (1996).

330 Brakerbill, 18 Hastings Comm. and Ent. L. J., 901, 932 (1996).

Kapitalmarktes dem eigenen Ansatz zuwiderläuft und nicht anerkannt wird. Da auch die Vollstreckungsgewalt jedes Staates durch das Territorialitätsprinzip begrenzt wird, ist eine Durchsetzung solcher Maßnahmen auf fremdem Staatsgebiet aufgrund dessen Souveränität nur nach dessen eigenen Maßgaben oder auf Grundlage bilateraler oder multilateraler Abkommen möglich[331]. Gleiches gilt für die Möglichkeit von Aufsichtsbehörden relevante Informationen aus dem Ausland zu erlangen und dort Ermittlungs- oder Sanktionsmaßnahmen durchzuführen.
Bei der Kollision verschiedener Kapitalmarktrechte, wie sie der Einsatz des Internet zunehmend mit sich bringt, mag daher ein Konzept der einseitigen Durchsetzung der eigenen Regeln praktikabel sein, solange die notwendigen aufsichtsrechtlichen Ermittlungsaktivitäten auf das eigene Territorium beschränkt sind. Sobald aber ein Zugriff auf Personen, Einrichtungen oder Daten erfolgen muß, der das Gebiet eines anderen Staates betrifft, stößt ein solches Konzept an seine Grenzen[332]. Angesichts der auch auf Dauer kaum überwindbaren Unterschiede im Ansatz und Schutzniveau einzelner nationaler Kapitalmarktsysteme kann die Lösung zur effektiven Rechtsdurchsetzung nur in einer Harmonisierung der Standards und gegenseitigen Unterstützung liegen.
Dabei stehen grundsätzlich zwei Konzepte zur Verfügung: Zum einen können einzelne Regulierungsfragen, wie etwa nach der Art und Weise der Publizität oder der Behandlung einzelner Manipulationsvorgänge, auf einen gemeinsamen (Mindest-)Standard vereinheitlicht werden. Alternativ kommt eine Politik gegenseitiger Anerkennung der (unterschiedlichen) Regulierungsansätze in Betracht: sofern den Erfordernissen im Herkunftsland genüge getan ist, wird der entsprechende Akteur so behandelt, als würde er auch den Anforderungen aller anderen Teilnehmerländer entsprechen. Die SEC favorisiert dabei den erstgenannten Ansatz einer Harmonisierung der internationalen Regulierungsbemühungen und -standards, zumindest unter den großen Kapitalmarktzentren der Welt[333].

1.) Harmonisierung internationaler Regulierungsansätze durch die IOSCO

Die praktische Umsetzung dieses Konzeptes liegt zum einen in der Mitgliedschaft und dem Engagement in der International Organisation of Securities Commissions (IOSCO[334]), zum anderen im Abschluß von Kooperationsvereinbarungen zur ge-

331 Zu den Grundsätzen der Auslandsvollstreckung allgemein Geimer, Internationales Zivilprozeßrecht, Rdnr. 120 ff. und 2757 ff.

332 Baums, Anwendungsbereich, Kollision und Abstimmung von Kapitalmarktrechten, in FS für Raisch, S. 211, 213 (1995).

333 Vgl. Jennings/Marsh/Coffee/Seligman, Securities Regulation, S. 1651 sowie Becker/Yim/Greenawalt, wallstreetlawyer.com, Vol. 3, No. 3, S. 1, 8 (August 1999).

334 Vgl. unter: http://www.iosco.org .

genseitigen Unterstützung und Durchsetzung bei Regulierungsbemühungen mit einzelnen Staaten - den sog. Memoranda of Understanding ("MOU"[335]).

Als internationaler Zusammenschluß einer Vielzahl maßgeblicher Regulierungsbehörden und Institutionen aus dem Bereich des Wertpapierhandels spielt die I-OSCO[336] als Forum zur Entwicklung gemeinsamer Standards eine wesentliche Rolle und ist zur führenden Autorität bei der Koordinierung und Harmonisierung des Kapitalmarktrechtes im internationalen Kontext geworden[337].
Im Hinblick auf Fragen des Internet-Einsatzes bei Wertpapiergeschäften hat das zuständige Technische Komitee der IOSCO eine "Task Force" gebildet, die sich insbesondere mit Fragen der internationalen Durchsetzbarkeit von regulatorischen Maßnahmen auf diesem Gebiet befaßt. Nach Veröffentlichung eines ersten Reports im September 1997[338], der die aus dem Internet-Einsatz im Wertpapiergeschäft resultierenden Fragen lediglich aufzeigte, ohne selbst Lösungsansätze bereitzustellen, folgte im September 1998 der oben bereits beschriebene zweite Report des Technischen Komitees[339]. Dieser Bericht identifiziert diejenigen wesentlichen Punkte zu allgemeinen Fragen des Internet-Einsatzes im Wertpapierhandel, über die von den nationalen Aufsichtsbehörden Richtlinien erlassen werden sollten und faßt die Leitprinzipien einer Mindestharmonisierung in diesem Bereich zusammen:
(1.) Die fundamentalen Prinzipien der Wertpapieraufsicht sollen auch in diesem Medium Anwendung finden. (2.) Die Aufsichtsbehörden sollen die Verwendung des Mediums nicht ohne wesentliche Gründe beschränken. (3.) Die staatlichen Autoritäten sollen Transparenz und Beständigkeit in der Behandlung des Mediums anstreben. (4.) Unter den Regulierungsbehörden soll eine kooperative Basis etabliert werden. (5.) Bei der Festlegung der Verfahrensweisen soll die Wahr-

---

335 Memoranda of Understanding sind nichtbindende Vereinbarungen zwischen gleichgesinnten Regulierungsautoritäten verschiedener Länder, die vor allem der gegenseitigen Unterstützung bei der Rechtsdurchsetzung dienen (vgl. Jordaan, 26 Sec. Reg. L. J., 269, 270 (1998)).

336 Die historischen Wurzeln der IOSCO in ihrer heutigen Gestalt liegen in der 1974 gegründeten Inter American Association of Securities Commissions (AASCO), die ihrerseits ein Forum für Fragen der Wertpapierregulierung und der Kapitalmärkte der westlichen Hemisphäre bilden wollte (Jordaan, 26 Sec. Reg. L. J., 269, 272 (1998)). Die hieraus hervorgegangene IOSCO besteht gegenwärtig aus 120 Institutionen aus über 70 Nationen der gesamten Welt (Prentice, 12 Harvard Journal of Law & Technology, 263, 346 (1999). Organisatorisch gliedert sich die IOSCO in verschiedene themen- oder regionenspezifische Komitees auf, die unter der Leitung des Executiv Komitee geführt werden (Jordaan, 26 Sec. Reg. L. J., 269, 272 (1998)).

337 Jordaan, 26 Sec. Reg. L. J., 269 (1998).

338 Report on Enforcement Issues Raised by the Increasing Use of Electronic Networks in the Securities and Futures Field, IOSCO Technical Committee (Sept. 1997).

339 IOSCO, Securities Activity on the Internet (22. Oct. 1998).

scheinlichkeit der zunehmenden Nutzung dieses Mediums für Wertpapiertransaktionen berücksichtigt werden[340].
Trotzdem diese Richtlinien nicht verpflichtend sind, stellen sie doch einen internationalen Konsens dar, der zumindest den Rahmen der nationalen Regulierungsprinzipien beeinflußt. Dabei fällt auf, daß sich, soweit auf einzelne Frage näher eingegangen worden ist, die entwickelten Lösungsansätze in vielen Punkten stark an die in den USA durch die SEC entwickelten Verfahrensweisen anlehnen[341].

2) Memoranda of Understanding

Ergänzt werden derartige Harmonisierungsbestrebungen durch bilaterale Absichtserklärungen über den Informationsaustausch und die sonstige Zusammenarbeit zwischen einzelnen Aufsichtsbehörden, die die Basis internationaler Kooperationsbestrebungen bilden. Zwar entfalten derartige Vereinbarungen keine Bindungswirkung für die beteiligten Staaten, gleichwohl werden die dort festgelegten Grundsätze in aller Regel eingehalten[342]. Zudem haben MOU's oftmals eine Art Vorläuferfunktion für nachfolgende bindende bilaterale Verträge[343]. Daß auch in den Augen der USA die Vereinbarung derartiger Memoranda eines der geeignetesten Mittel zur internationalen Durchsetzung der eigenen Regulierungsansätze ist, zeigt nicht zuletzt die in den letzten Jahren auf über 30 Einzelvereinbarungen angestiegene Zahl derartiger Erklärungen, womit die SEC bei der Nutzung dieser Instrumente eine klare Führungsposition innerhalb der IOSCO einnimmt[344].
Allerdings sind auch diese bisher abgeschlossenen Vereinbarungen unter dem Eindruck neuer Fragen der internationalen Rechtsdurchsetzung, die der verstärkte Internet-Einsatz mit sich bringt, auf eventuelle Lücken zu untersuchen. So haben Wilske und Schiller[345] darauf hingewiesen, daß sich zwar die Kontrolle von E-Mail-Datenströmen im Datenraum des Internet abspielt, die Ausspähung von Daten auf Festplatten hingegen durchaus eine physisch lokalisierbare Komponente aufweist. Sofern der betreffende Rechner in einem anderen Land stehen sollte, könne durchaus "fremdes Territorium betreten" werden. Dann aber stellt sich die

---

340 Vgl. zum Ganzen auch Olson/Pitt, Securities in the Electronic Age, 1-121 f.

341 Diese gilt etwa für die Frage der elektronischen Übermittlung von Prospekten und sog. "Cross Border Offerings" (vgl. dazu unter § 5, I.), 1.), e)); sowie Olson/Pitt, Securities in the Electronic Age, 1-123 f.).

342 Vgl. zu den IOSCO-Grundsätzen für MOUs bei Jordaan, 26 Sec. Reg. L. J., 269, 274 ff. (1998).

343 Prentice, 12 Harvard Journal of Law & Technology, 263, 345 (1999); zu einem Überblick der international abgeschlossenen Memoranda of Understanding der einzelnen Staaten vgl. unter: http://www.iosco.org/mou/index.html .

344 Jordaan, 26 Sec. Reg. L. J., 269, 287 f. (1998).

345 Wilske/Schiller, 50 Fed. Comm. L. J., 117, 172-173 (1997).

Frage, ob derartige Verfahrensweisen die Souveränität des betroffenen Staates verletzen, was international durchaus unterschiedlich beurteilt wird[346].
Gerade aus dieser unklaren internationalen Rechtslage resultiert für Regulierungsbehörden die Notwendigkeit auch diese Fragen zumindest bilateral zu klären und unter diesem Blickwinkel eventuelle bestehende Memoranda of Understanding zu crgänzcn[347].

III.) Fazit

Das Internet als genuin internationales[348] und in seinem Wirkungsbereich technisch nicht begrenzbares Medium verstärkt zunehmend die Gefahr von Jurisdiktionskonflikten. Das sich hieraus ergebende Konfliktpotential mag privatrechtlich in gewissem Umfang durch Rechtswahl- und Gerichtsstandsklauseln begrenzbar sein, seine volle Wirkung entfaltet es aber im Kapitalmarktrecht und insbesodere im Bereich der "antifraud"-Vorschriften. Der Grund hierfür liegt in der internationalen Staats- und Gerichtspraxis, in Ermangelung eines übergeordneten internationalen Kapitalmarktrechts, einseitig an die eigenen ordnungspolitischen Vorschriften anzuknüpfen[349]. Der daraus resultierende Schluß: "Wer sich im internationalen Verkehr bewegt, muß auf die Rechtsordnung aller beteiligten Staaten schauen, die ja ihre ordnungspolitischen Normen ebenfalls einseitig anknüpfen"[350], erweist sich bei Internet-gestützten Wertpapiertransaktionen als besonders problematisch, weil der Anwender grundsätzlich die kapitalmarktrechtlichen Vorschriften sämtlicher betroffener Rechtssysteme einzuhalten hätte, was angesichts zum Teil gravierender Unterschiede der Regulierungsansätze unmöglich ist. Jede Rechtsordnung muß daher schon aus Gründen der Effektivität der Rechtsdurchsetzung, die Grenzen der extraterritorialen Anwendung ihrer kapitalmarktrechtlichen Vorschriften mit Rücksicht auf die strukturbedingte Ubiquität des Internet festsetzen.
In den USA ist dieser Schritt im Hinblick auf registrierungspflichtige Wertpapierangebote und die Registrierungspflicht einzelner Kapitalmarktakteure durch die

346 Wilske/Schiller weisen darauf hin, daß das Swiss Federal Tribunal in einem Fall zum Ausdruck gebracht habe, daß eine Verletzung der staatlichen Souveränität der Schweiz nicht zwingend voraussetze, daß deren Territorium physisch betreten werde, während von einem US-Gericht (United States v. Romano, 706 F.2d 370 (2d Cir. 1983)) in dieser Frage eine Souveränitätsverletzung nur bei tatsächlichem Betreten eines fremden Staates angenommen worden ist (Wilske/Schiller, 50 Fed. Comm. L. J., 117, 173 f. (1997)).

347 Prentice, 12 Harvard Journal of Law & Technology, 263, 359 f. (1999); ebenso für einen Ausbau dieser Instrumente Cella III/Stark, 52 Bus. Law., 815, 835 (1997).

348 Mankowski, RabelsZ 63 (1999), 203, 207.

349 Zu diesem "Primat der Wirtschaftsordnung des Gerichtsstaates" näher Drobnig, RabelsZ 52 (1988), 1, 6.

350 So Basedow, RabelsZ 52 (1988), 8, 34.

SEC im "Offshore Release" unternommen worden. Unter Verzicht auf physische Anknüpfungspunkte, die im Datenraum des Internet weitgehend versagen, hat die SEC die Geltung des Schutzkonzeptes der Securities Laws aus den spezifischen Möglichkeiten des Mediums selbst entwickelt. Die Kombination des Einsatzes von "prominent disclaimern" einerseits und geeigneten technischen Verfahren zur Unterbindung von Kontakten zum US-Markt andererseits (Abfragemasken, Passwortkontrollen etc.) überträgt das Marktortprinzip auf Internet-Sachverhalte und verhindert so die letztlich undurchsetzbare Erstreckung des Geltungsanspruch der Securities Laws auf sämtliche Internet-Angebote weltweit[351]. Dabei wird das Schutzniveau des US-Kapitalmarktrechts gegenüber traditionellen Sachverhalten weitgehend aufrechterhalten. An diesem Ziel ist auch die primär durch die Rechtsprechung geprägte Handhabung von Internet-Betrugsfällen ausgerichtet. Während die Begründung der "subject matter jurisdiction" eine verhältnismäßig geringe Hürde darstellt, um US-Anlegern umfassend den Schutz der "antifraud" Vorschriften zu gewähren, erfolgt eine differenzierte und medienangepaßte Beurteilung von Internet-Sachverhalten durch den "sliding scale test" besonders auf Ebene der "personal jurisidiction". Bereits bei Begründung der Gerichtsgewalt werden auf diese Weise Fälle völlig peripherer Einwirkung auf den US-Kapitalmarkt ausgeschieden.

Gerade diese Ansätze zur Begrenzung der extraterritorialen Geltung der eigenen Rechtsordnung stellen in vielen Bereichen eine tragfähige Basis dar, aus der heraus international einheitliche Standards entwickelt werden können, um so die notwendige Mindestharmonisierung voranzutreiben. Die von der IOSCO erarbeiteten Grundsätze im Bereich des Internet-gestützten Wertpapierhandels stellen einen ersten wichtigen Schritt in diese Richtung dar. In dem Maße, in dem das Internet für internationale Wertpapiertransaktionen an Bedeutung gewinnen wird, sind diese Ansätze fortzuentwickeln und aktuellen Entwicklungen anzupassen.

351 Ähnlich Dolan, Securities Regulation and the Web, in: Immenga/Lübben/Schwintowski, Das internationale Wirtschaftsrecht des Internet, S. 81 f.

KAPITEL 3: GRUNDFRAGEN INTERNET-GESTÜTZTER WERTPAPIERTRANSAKTIONEN

Bevor in den folgenden Kapiteln näher auf einzelne Probleme einzugehen sein wird, die der Einsatz des Internet zu Zwecken der Informationsverbreitung und die Nutzung dieses Mediums als Transaktionsplattform für eine Vielzahl unterschiedlicher Vorgänge im Wertpapierhandel mit sich bringt, sind zunächst einige Grundfragen zu klären. Diese betreffen zum einen den rechtlichen Rahmen bei Vertragsabschlüssen im Internet und haben damit Relevanz für die Rechtswirksamkeit jeder Wertpapiertransaktion in diesem Medium. Nachdem der Privatanleger für die Durchführung vieler dieser Transaktionen auf Broker-Dealer angewiesen ist, die ihm den Zugang zu intermediationsabhängigen Handelsplätzen erst ermöglichen, sollen die besonderen Verpflichtungen, denen die Broker-Dealer nach den Securities Laws gerade beim Internet-Einsatz unterworfen sind, in § 8 dargestellt werden.

§ 7 Vertragsrechtliche Grundsätze

Das allgemeine Vertragsrecht der USA geht auf das englischen Common Law zurück und ist in vielerlei Hinsicht durch dessen Grundsätze geprägt. Auch bei der rechtlichen Beurteilung von Internet-Sachverhalten stellt das Common Law den Ausgangspunkt dar. Neben den dort verankerten Grundsätzen wirkt sich insbesondere die im angloamerikanischen Rechtskreis dominierende Rolle des Richterrechts ("case law") auf die Erfassung neuer Rechtsfragen, wie sie der Internet-Einsatz mit sich bringt, aus.

I.) Rechtswirksame Vertragsschlüsse im Internet

Im Grundsatz nicht anders als im deutschen Recht, kann nach dem Common Law ein Vertrag durch zwei übereinstimmende Willenserklärungen zustande kommen. Dabei ist das Angebot der einen Seite nur dann angenommen, wenn es in der Annahmeerklärung in jedem einzelnen Punkt, der zum Vertragsgegenstand gehört (Objekt, Preis, Lieferbedingungen etc.) akzeptiert wird ("mirror-image rule"). Bei Abweichungen in nur einem einzelnen Punkt wird die Annahmeerklärung als Gegenangebot ("counteroffer") verstanden, ohne daß schon ein wirksamer Vertrag geschlossen worden wäre[352]. Sollte trotz Fehlens einer spiegelbildlichen Überein-

[352] Probleme bereitet diese Regelung vor allem bei der unter dem Begriff "battle of forms" diskutierten Frage, ob eine wirksame Einbeziehung von allgemeinen Geschäftsbedingungen ("standard terms") möglich ist, wenn diese erst im Zuge der Annahmeerklärung einbezogen werden (dazu näher Wildemann, CRi 2000, 109, 111 m.w.N.).

stimmung der Erklärungen der Vertrag zur Ausführung gelangen, so wird er üblicherweise nach den Modalitäten behandelt, die in der letzten Erklärung vor der Durchführung bestimmt worden sind[353].
Ergänzt werden diese allgemeinen Prinzipien durch den Uniform Commercial Code (U.C.C.), der insbesondere in Artikel 2 das Recht der Vertragsschlüsse regelt[354]. Im Hinblick auf den Einsatz des Internet ist wesentlich, daß Angebot und Annahme, abgesehen von besonderen Erfordernissen einzelner Rechtsgeschäfte, keiner besonderen Form unterliegen. Vielmehr können die Modalitäten der Annahmeerklärung umfassend im Angebot selbst bestimmt werden[355].

1.) Medienspezifische Regelungen

Trotzdem das Zustandekommen von Verträgen im Internet - sei es durch E-Mail-Austausch oder durch bloßes Anklicken eines Bestätigungs-Buttons - ebenso wie im deutschen Recht mit den allgemeinen Grundsätzen des Vertragsrechts zu fassen versucht wurde, ist der U.C.C. durch die NCCUSL[356] einer umfassenden Überprüfung und Anpassung an die Besonderheiten des elektronischen Geschäftsverkehrs unterzogen worden. Als Ergebnis ist in das Regelwerk ein neuer Artikel 2B aufgenommen worden, der zugleich ein eigenständiges Gesetz, den Uniform Computer Information Transactions Act (UCITA[357]), bildet[358]. Daneben liegt mit dem Entwurf des Uniform Electronic Transactions Act (UETA)[359] ein weiteres Mustergesetz vor, das detaillierte medienspezifische Vorschriften zur Erleichterung des elektronischen Geschäftsverkehrs enthält. Seinem Regelungsbereich nach betrifft vor allem der UETA wirtschaftsbezogene elektronische Transaktionen und trifft Regelungen über elektronische Aufzeichnungen und elektroni-

---

353 Delta/Matsuura, Law of the Internet, 9-4; Nimmer, Selling Products Online, in: PLI, Multimedia (1997), S. 823, 851 ff.

354 Dabei bezieht sich Art. 2 U.C.C. zwar ausdrücklich auf "goods" und schließt von diesem Begriff in Sec. 2-105(1) "investment securites" ausdrücklich aus, gleichwohl werden diese Bestimmungen des Art. 2 im Wege der Analogie in angemessener Weise auch auf den Verkauf von "securities" angewandt (so Hawkland, Uniform Commercial Code, Vol. 2, Art. 2, S. 79).

355 Der Anbieter kann als "master of the offer" im Angebot selbst festlegen, in welcher Weise die Annahmeerklärung seines potentiellen Geschäftspartners zu erfolgen hat (vgl. Farnsworth on Contracts, Vol. 1, S. 259). Unter dem neuen Artikel 2B des U.C.C. werden über diese bisherigen Möglichkeiten hinaus auch Computer-Annahmeerklärungen, die ohne konkrete menschliche Willensäußerung auf einer vorher festgesetzten Programmroutine basieren, ausreichen, um einen durchsetzbaren Vertrag entstehen zu lassen (so Street, Law of the Internet, S. 45; Nimmer, Selling Products Online, in: PLI, Multimedia (1997), S. 823, 854).

356 NCCUSL = National Conference of Commissioners on Uniform State Law.

357 Der Entwurfstext ist verfügbar unter: http://www.law.upenn.edu/b11/ulc/ucita/citam99.htm .

358 Näher Stuckey, Internet and Online Law, 1-32 f.; Rosenoer, Cyberlaw, S. 237 f.

359 Entwurfstext verfügbar unter: http://www.law.upenn.edu/library/ulc/uetast84.htm .

sche Signaturen. Allerdings handelt es sich bei den genannten Normen um Modellgesetze, so daß die Wirksamkeit einer oder all dieser Vorschriften davon abhängt, ob der betreffende Bundesstaat die jeweiligen Entwürfe angenommen und umgesetzt hat[360]. Angesichts dieser uneinheitlichen Rechtslage kann eine nähere Betrachtung hier nicht erfolgen.

2.) Anforderungen an Vertragsabschlüsse im Internet

Unabhängig von den unterschiedlichen Lösungsansätzen dieser Gesetzeswerke ist auf Basis des Common Law bei der Frage wirksamer Geschäftsabschlüsse im Internet grundlegend zwischen der Übermittlung entsprechender Willenserklärungen via E-Mail und durch direkten Online-Kontakt der potentiellen Geschäftspartner zu unterscheiden.
Angesichts des personalisierten individuellen Charakters von E-Mails[361] können diese selbst bereits Angebote im Rechtssinne enthalten, wenn deren Auslegung auf einen entsprechenden Willen des Erklärenden schließen läßt. Bei Angeboten, die auf Web-Seiten eingestellt sind, ist hingegen vor allem aufgrund der Haftungsrisiken in aller Regel nicht von einem entsprechenden Bindungswillen auszugehen, weshalb diese Erklärungen, der deutschen Verfahrensweise entsprechend, als "invitatio ad offerendum" aufgefaßt werden. Demgemäß werden rechtswirksame Angebote auch im Internet-gestützten Wertpapierhandel erst durch den Anleger abgegeben, indem dieser die typischerweise verwendeten Eingabemasken ausfüllt. Auf Seiten des Anlegers wird ein entsprechender Bindungswille angenommen, wenn die entsprechenden Internet-Auftritte derart gestaltet sind, daß die Gefahr einer unbeabsichtigten Orderweiterleitung minimiert wird. Um dem Anklicken eines Bestätigungsbuttons den Erklärungswert einer verbindlichen Transaktionsorder beizumessen, wird etwa die Verwendung eines weiteren Bestätigungsfeldes vorgeschlagen, das die eingegebenen Daten nochmals zusammengefaßt dargestellt. Alternativ können Eingabemasken verwandt werden, in die der Anleger per Tastatur die entsprechenden Parameter einzugeben hat. In beiden Fällen wird die

360 Vgl. zum ganzen eingehend bei Wildemann, CRi 2000, 109 ff. m.w.N.; Im Hinblick auf den UETA hat im Januar 2000 als erster Staat Kalifornien die UETA-Rules übernommen; 27 weitere Staaten haben angekündigt, dem folgen zu wollen (Fein, Law of Electronic Banking, S. 4-15 ff.).

361 Anders als bei passiven Verbreitungsformen, wie dem Einstellen von Informationen auf Web-Seiten, werden E-Mails zielgerichtet an einen konkreten Empfänger übermittelt. An dieser grundsätzlichen Unterscheidung ändert auch die massenweise E-Mail-Versendung nichts. Allerdings ist gerade in diesem Fall der Erklärungsinhalt analog zur Versendung von gedruckten Werbebroschüren besonders darufhin zu überprüfen, ob dem Absender ein Bindungswille bereits unterstellt werden kann.

Gefahr einer versehentlichen Handlung weitestgehend ausgeräumt, so daß gerichtssicher von einer durchsetzbaren Auftragserteilung auszugehen sein wird[362].

Weitere erhebliche Bedeutung hat in der Praxis die Frage des wirksamen Zugangs und des Zugangszeitpunktes von Willenserklärungen bei deren elektronischer Übermittlung. Die E-Mail-Kommunikation wird bei dieser Frage als Form der Willenserklärung unter Abwesenden betrachtet[363] und aus diesem Grund der sog. "mailbox rule" des Common Law unterstellt. Dieser Regel zufolge ist von einem wirksamen Zugang auszugehen, sobald der Annehmende die Erklärung aus seinem Machtbereich entlassen hat[364]. Ab diesem Zeitpunkt ist zugleich auch ein Widerruf des Angebotes nicht mehr möglich[365]. Zudem wird selbst dann, wenn die Annahmeerklärung im Zuge des Übermittlungsvorganges verspätet eingeht oder vollständig ausbleibt, vom wirksamen Zugang derselben beim Anbieter ausgegangen, solange der Annehmende diese aus seinem Machtbereich entlassen hat. Zweck dieser rigiden Regelung ist es, die Widerrufsmöglichkeiten des Anbieters zu einem möglichst frühen Zeitpunkt zu begrenzen und dem Annehmenden, der aus seiner Sicht alles zum Vertragsschluß erforderliche getan hat, Rechtssicherheit zu verschaffen[366]. Eine Ausnahme von dieser strikten Regelung wird nur dann gemacht, wenn der Absender es an der erforderlichen Sorgfalt zur ordnungsgemäßen Übermittlung der Nachricht hat fehlen lassen und seine Erklärung aus diesem Grund verspätet oder gar nicht eingegangen ist. Schließlich steht die Anwendbar-

---

362 Zum ganzen Stuckey, Internet and Online Law, 1-40 f; ähnlich Street, Law of the Internet, S. 26; In ProCD, Inc. v. Matthew Zeidenberg and Silken Mountain Web Services, 86 F.3d 1447 (7th Cir. 1996) etwa hielt das Gericht ein "point-and-click agreement" für durchsetzbar, weil aufgrund der technischen Gestaltung der Web-Seite der Käufer der Software die fraglichen Lizenzbedingungen, um deren Einbeziehung es ging, zur Kenntnis nehmen mußte.

363 Wenngleich dieses die vorherrschende Ansicht darstellt (vgl. va. Delta/Matsuura, Law of the Internet, 9-12 f.; Wildemann, CRi 2000, 109, 111 m.w.N.), ist die Einordnung der E-Mail-Kommunikation als Erklärung unter Abwesenden nicht unumstritten. Zum Teil wird vertreten, daß auch die Versendung von E-Mails eine Form unmittelbarer Übertragung von Erklärungen sei, die der Telefon-Situation vergleichbar sei, in der die "mailbox rule" ebenfalls unanwendbar sei (Farnsworth on Contracts, Vol. 1, S. 317, ähnlich Stuckey, Internet and Online Law, 1-37). Dem wird entgegengehalten, daß E-Mail-Übertragung strukturell unmittelbaren Medien oder Übertragungswegen, wie der Übermittlung per Post, ähnlich sei. Elektronische Datenübertragung und E-Mail-Versand seien keine "Real-Time"-Übertragungstechniken und eine Verzögerung solcher Nachrichten auf ihrem Weg durch die Computernetzwerke sei nicht auszuschließen (Delta/Matsuura, Law of the Internet, 9-12 f.).

364 Stuckey, Internet and Online Law, 1-36: "*the acceptance has been placed out of the offeree's possession*".

365 Stuckey, Internet and Online Law, 1-36; Farnsworth on Contracts, Vol. 1, S. 315 f.

366 Daneben wird zum Teil auch vertreten, daß der Anbieter selbst mit der Eröffnung eines bestimmten Übermittlungsweges - etwa der Post - sich dieses Mediums als einer Art Vertreter bedient, so daß auch der Zugang der Annahmeerklärung in der Sphäre dieses "Vertreters" ausreichen soll (Farnsworth on Contracts, Vol. 1, S. 316).

keit der "mailbox rule" unter der Prämisse, daß der Sender das Dokument oder die fragliche Information an den richtigen Empfänger, d.h. an dessen korrekte E-Mail Adresse versandt hat. Weil von diesen Fällen abgesehen die praktischen Auswirkungen der "mailbox rule" aber vor allem zu Lasten des Empfängers gehen, wird dieser in aller Regel selbst bereits in der Angebotserklärung die Modalitäten bestimmen, unter denen von einem Zugang einer Nachricht bei ihm auszugehen ist[367].

Der Zugang der Angebotserklärung selbst richtet sich nach der sog. "receipt rule", nach der von der Wirksamkeit des Zugangs erst dann auszugehen ist, wenn die Erklärung nicht nur die Sphäre des Senders verlassen, sondern auch den Machtbereich des Empfängers erreicht hat[368]. Der gleiche Grundsatz gilt für den Zugang von Erklärungen unter Anwesenden, der insbesondere auf den Fall einer direkten Online-Kommunikation übertragen wird. Auf derart unmittelbare Übertragungsmedien, zu denen auch Telefon oder Telex zählen, findet die "mailbox rule" nach den Regelungen des Restatement (Second) of Contracts keine Anwendung[369]. Von einem Zugang ist erst bei Abspeicherung der Information auf dem Rechner des Empfängers auszugehen.

Dieser unpraktikablen Differenzierung des Common Law nach der Art der Erklärung und der Form der elektronischen Übermittlung helfen die Neuregelungen des U.C.C. und des UETA ab, indem sie unter Verzicht auf die "mailbox rule" allein auf das Erreichen des Machtbereichs des Empfängers abstellen, ohne dabei zwischen E-Mail oder Online-Kommunikationsformen zu unterscheiden[370].

II.) Formerfordernisse bei Wertpapiertransaktionen

Eine der wesentlichsten Fragen im Zusammenhang mit Vertragsschlüssen im Internet betrifft die Formgebundenheit einzelner Willenserklärungen. Der U.C.C. sieht insofern für eine Vielzahl von Vertragstypen und -modalitäten gewisse Schriftformerfordernisse vor.

---

367 Stuckey, Internet and Online Law, 1-37.

368 Das erfordert nicht zwingend die Fixierung der Erklärung im Speicher des Rechners des Empfängers, ausreichend ist vielmehr, daß eine E-Mail in der Mailbox des Internet-Providers des Empfängers eingegangen ist. Sofern sich der Empfänger eines solchen Services bedient, wird auch dieses "Postfach" seiner Sphäre unmittelbar zugerechnet; vgl. dazu näher Wildemann, CRi 2000, 109, 111.

369 Restatement (Second) of Contracts, § 64 .

370 Die entsprechende Festlegung auf die "receipt rule" enthalten Art. 2-212(a) und Art. 2-102(a)(32)(B)(ii)(II) U.C.C. sowie Sec. 114(b)-(g) UETA.

Im Zusammenhang mit Wertpapiertransaktionen enthielt bis 1994 Art. 8 Sec. 319 U.C.C.[371] eine Regelung, die im Ergebnis bei jedem Verkauf von Wertpapieren die Fixierung der wesentlichen Punkte dieses Vertrages in Form von "some writing" vorschrieb[372]. Die Frage ob und wie dieses Erfordernis durch elektronische Übertragungsformen gewahrt werden kann, wurde in der Gerichtspraxis und der Literatur durchaus unterschiedlich bewertet.

Diese bisherige unsichere und an dem zunehmenden Gebrauch elektronischer Kommunikationswege durch die Marktpraxis vorbeigehende Rechtslage, ist durch die Revidierung des Art. 8 U.C.C. beseitigt worden[373]. Im Zuge dieser Reform wurde die bisher in Sec. 8-319 U.C.C. verankerte "statute of frauds" beim Verkauf von Wertpapieren durch Rev. Sec. 8-113 U.C.C. ersatzlos gestrichen[374]. Daneben ist klargestellt worden, daß auch das allgemeine Schriftformerfordernis der Sec. 1-206 U.C.C. für Veräußerungsverträge mit enem Wert von mehr als 5.000 US$, auf den Verkauf von Wertpapieren keine Anwendung findet[375]. Somit entfällt das "some writing"-Erfordernis bei der Veräußerung von Wertpapieren insgesamt.

---

371 Sec. 8-319 U.C.C.:" *A contract for the sale of securities is not enforceable by way of action or defence unless*
- *(a) there is some writing signed by the party against whom enforcement is sought or by his authorized agent or broker sufficient to indicate the contract has been made for sale of stated quantity of described securities at a defined or stated price; or*
- *(b) delivery of the security has been accepted or payment has been made but the contract is enforceable under this provision only to the extent of such delivery or payment; or*
- *(c) within a reasonable time a writing in confirmation of the sale or purchase and sufficience against the sender under paragraph (a) has been received by the party against whom enforcement is sought and he has failed to send written objection to its contents within ten days after its receipt; or*
- *(d) the party against whom enforcement is sought admits in its pleading, testimony or otherwise in court that a contract was made for sale of a stated quantity of described securities at a defined or stated price.*"

372 Solche "statutes of fraud" bezwecken - dem deutschen Recht ähnlich - Rechtssicherheit über die Vertragsumstände und genauere Überlegung und Auseinandersetzung mit den Bestimmungen, wenngleich die Blickrichtung der amerikanischen Regelungen vor allem auf etwaige Gerichtsverhandlungen gerichtet ist (Stuckey, Internet and Online Law, 1-8).

373 So der offizielle Kommentar zu Rev. Sec. 8-113 U.C.C. bei Hawkland/Rogers, Uniform Commercial Code, Vol. 7, Rev. Art. 8, S. 315.

374 Rev. Sec. 8-113 U.C.C. stellt nunmehr klar: " *A contract or modification of a contract for the sale or purchase of a security is enforceable whether or not there is a writing signed or record authenticated by a party against whom enforcement is sought, even if the contract or modification is not capable of performance within one year of its making.*"

375 Dieses gilt sowohl für Geschäfte, die an den offiziellen Handelsplätzen getätigt werden, wie auch für Veräußerungsgeschäfte unter Privaten (Hawkland/Rogers, Uniform Commercial Code, Vol. 7, Rev. Art. 8, S. 317).

Wertpapiergeschäfte über die verschiedenen Kommunikationswege des Internet unterliegen damit im Anwendungsbereich dieser revidierten Fassung des U.C.C. keinem Formerfordernis, so daß unter diesem Gesichtspunkt hinsichtlich der Wirksamkeit und Durchsetzbarkeit entsprechender Transaktionen keine Bedenken (mehr) bestehen. Zugleich erübrigt dieses auch die Frage der Wirksamkeit und Durchsetzbarkeit elektronischer Signaturen[376].

Diese Rechtslage gilt für das Gros der US-Bundesstaaten, die die revidierte Fassung des U.C.C. überwiegend übernommen haben[377]. Auch für die verbleibenden Staaten, in denen nach wie vor Schriftformerfordernisse bestehen, dürften Wertpapiertransaktionen mit zunehmender Etablierung elektronischer Signaturverfahren[378] auch gerichtlicherseits als ausreichend zur Einhaltung einer "statute of frauds" angesehen werden[379].

§ 8 Besondere Fragen des Rechtsverhältnisses zwischen Online-Broker-Dealern und Anlegern

Wenngleich der Einsatz des Internet insbesondere im Bereich der Emissionen zu einer Zunahme außerbörslicher Transaktionen geführt hat, die dem Privatanleger den intermediationsfreien direkten Zugang zu einer Vielzahl von Wertpapieren vor allem kleinerer Unternehmen eröffnen, dürfte dieser Trend auch langfristig an der Bedeutung des börslichen Wertpapierhandels nichts ändern. In diesem Bereich ist Anlegern die direkte Handelsteilnahme ebensowenig möglich, wie bei Transaktionen im NASDAQ-System und in vielen ECN's. Bereits aus diesem Grund stellen Broker-Dealer eine wichtige Schnittstelle für den Wertpapierhandel der

---

376 Olson/Pitt, Securities in the Electronic Age, 11-11.

377 Nach Bloomenthal, Securities Law Handbook (2000), S. 1543 (unter Verweis auf 115 Banking L. J., 346) hatten bis zum November 1997 bereits 43 Staaten die revidierte Version des Art. 8 U.C.C. übernommen.

378 Auch in dieser Hinsicht dominiert das Recht der Bundesstaaten, die an die technische Umsetzung elektronischer Signaturverfahren zum Teil erheblich unterschiedliche Anforderungen stellen. Zwar verfügt heute jeder US-Bundesstaat über eigene Normen zu dieser Frage, eine einheitliche Regelung ist aber nicht in Aussicht, nachdem auch ein gegenwärtiger Versuch der Etablierung eines einheitlichen US-weiten Standards im Kongreß gescheitert ist. Als Modellgesetz für die Amerikanische Rechtsentwicklung gilt der Washington Electronic Authentication Act (WEAA), der auf der Grundlage des ersten amerikanischen Signaturgesetzes, dem Utah Digital Signature Act aufbaut (vgl. näher Romanek, wallstreetlawyer.com, Vol. 3, No. 7, S. 14 ff. (December 1999) m.w.N.; Schumacher, CR 1998, 758, 761 ff.; Geis, FAZ v. 23.08.2000, S. 27).

379 Delta/Matsuura, Law of the Internet, 9-36 unter Verweis auf das American Bar Association, The Commercial Use of Electronic Data Interchange - A Report and Model Trading Partner Agreement (1990), 45 Bus. Law., 1645, 1688 Fn. 177 (1990).

Anleger dar und erfüllen neben der Bearbeitung und Weiterleitung der Transaktionsorder wesentliche Funktionen bei der Bereitstellung und Aufarbeitung von Informationen.

I.) Bedeutung des Online-Brokerage in den USA

Nachdem die kostengünstige und schnelle Verbreitung graphisch aufbereiteter Informationen durch die technischen Möglichkeiten des Internet ebenso realisiert werden kann, wie auch die Abwicklung von Transaktionsorder der Kunden möglich ist, haben US-Broker dieses Medium frühzeitig angenommen und bereits 1995 erste Internet-basierte Handelssysteme in ihr Leistungsangebot integriert[380].

1.) Rechtstatsachen

Gegenüber dem noch im Wachsen begriffenen deutschen Markt ist der Anteil und die Bedeutung der Online-Broker in den USA deutlich höher, was auf das erhebliche Potential an Anlegern zurückzuführen ist, die über das Internet Wertpapiere handeln wollen. Während die Zahl dieser Online-Investoren 1998 auf ca. 4,3 Millionen beziffert wurde, werden für das Jahr 2003 schätzungsweise ca. 20 Mio. Menschen in den USA Online-Wertpapierkonten haben[381]. Gegenwärtig wird von ca. 7,8 Millionen Online-Investoren ausgegangen, die durchschnittlich 807.000 Transaktionen pro Tag tätigen[382]. Damit werden ca. 25% aller Wertpapiertransaktionen von Privatanlegern online abgewickelt[383], so daß sich das Online-Brokerage in den USA längst zum lukrativen Massengeschäft entwickelt hat[384].

---

380 SEC, Examination of Broker-Dealers Offering Online-Trading: Summary Findings and Recommendations (Jan. 25, 2001); verfügbar unter: http://www.sec.gov/news/studies/online.htm

381 Fein, The Law of Electronic Banking, 8-13; Göth, ÖBA 2000, 205 m.w.N.; eine neuere Studie des Bankhauses Sal. Oppenheimer geht sogar von 22,1 Mio. Online-Brokerage-Konten für 2003 aus (vgl. unter: http://www.heise.de/newsticker/data/ae-31.10.00-000).

382 So eine Studie von Piper Jaffray aus dem April 2000, zitiert nach SEC, Examination of Broker-Dealers Offering Online-Trading: Summary Findings and Recommendations (Jan. 25, 2001) unter "Background"; verfügbar unter: http://www.sec.gov/news/studies/online.htm . Allein Charles Schwab & Co., Inc. verzeichnete im Januar 1999 153.000 Handelsaufträge, während diese Zahl noch im dritten Quartal 1998 lediglich bei 76.635 Aufträgen lag (Chairman Arthur Levitt's Response to the Committee on Commerce Regarding On-Line Trading (March 8, 1999) unter Question 2, abgedruckt in: Securities Law & The Internet (1999)).

383 Quinn/Jarmal, Securities Regulation and the Use of Electronic Media (2000), in: PLI, Securities Offerings (2000), S. 123, 162.

384 Einer Untersuchung von Piper Jaffray zufolge, sollen sich die Kommissionserträge der Internet-Broker bis 2001 auf 5 Milliarden US$ belaufen (zitiert nach Imo, ÖBA 2000, 265, 267; vgl auch Vartanian/Ledig/Bruneau, 21st Century - Money, Banking & Commerce, S. 424 ff.).

Nachdem der Konkurrenzkampf, ähnlich wie dieses auch für den deutschen Markt zu verzeichnen war, zunächst über stetig sinkende Gebühren geführt wurde[385], sind neben den etablierten Brokern zahlreiche sog. Discount-Broker, die unter Verzicht auf Beratungsangebote die bloße Orderweiterleitung anbieten ("execution-only"), in den Wettbewerb eingetreten. Derzeit stehen am Markt rund 200 Broker mit einem Online-Trading-Angebot vor allem im Geschäft mit den Privatkunden in Konkurrenz. Trotz dieser Vielzahl der tätigen Broker ist der Markt aber im wesentlichen unter den 6 führenden Anbietern aufgeteilt[386]. Der Grund hierfür dürfte in dem erheblichen technischen und finanziellen Aufwand liegen, der mit der Entwicklung und Unterhaltung leistungsfähiger Brokerage-Systeme verbunden ist. Daneben geht der Anlegernachfrage folgend der Trend weg vom beratungslosen, auf bloße Orderausführung beschränkten "execution-only", hin zu optional angebotenen Beratungsleistungen. Dem sind die meisten Online-Broker mit einer strategischen Umorientierung gefolgt, in deren Folge die Internet-Auftritte der US-Broker vielfach personalisierte Kundenbereiche mit einem umfangreichem Serviceangebot an Analyseinstrumenten und Finanzinformationen enthalten, die durch individuelle Anlageberatungskonzepte ergänzt werden[387].

Zu den Grundfunktionen, die nahezu von allen namhaften Broker-Firmen einheitlich angeboten werden, zählen Real- oder Neartime-Kurse, Informationen über Marktentwicklungen, Research-Material und vielfältige "tools" zu Chart- und Portfolioanalyse[388]. Ergänzt werden diese umfangreichen Leistungen[389] um Intra-

---

385 Die durchschnittlichen Kommissionen der 10 bedeutensten Online-Broker reduzierten sich von 52,89 US$ Anfang 1996 auf 15,75 US$ im letzten Quartal 1998 (SEC Special Study : On-Line Brokerage (Nov. 22, 1999), Securities and Exchange Commission, (1999 - 2000 Transfer Binder) Fed. Sec. L. Rep. (CCH) ¶ 86,222 at 82,715 (Nov. 22, 1999)).

386 Vgl. SEC, Examination of Broker-Dealers Offering Online-Trading: Summary Findings and Recommendations (Jan. 25, 2001) unter "Background"; verfügbar unter: http://www.sec.gov/news/studies/online.htm ; FAZ v. 22.07.2000: Mehr als 8 von 10 Aufträgen treffen bei den 6 führenden Online-Brokern Amerikas ein, zu denen als Marktführer mit einem Marktanteil von 23,3 % Charles Schwab & Co., Inc. zählt, gefolgt von E-Trade, TD Waterhouse, Fidelity Online, Ameritrade und Datek Online.

387 Zu dieser Synthese zwischen traditionellem Angebot und Online-Brokerage vgl. Göth, ÖBA 2000, 206 ff. Der Grund für diese Änderung des Konzeptes dürfte im Anlegerverhalten begründet sein. Gerade der Einsatz des Internet ermöglicht dem Investor den schnellen und einfachen Wechsel der Broker, so daß der Gewinnung von Kundenloyalität über persönliche Beratung und ähnliche Angebote besondere Bedeutung zukommt (ähnlich Reichardt, Bank Magazin, Heft 12, 1999, S. 10, 11).

388 Gavis, 52 Bus. Law., 317, 321, Fn. 20 (1996); SEC Special Study : On-Line Brokerage (Nov. 22, 1999), Securities and Exchange Commission, (1999 - 2000 Transfer Binder) Fed. Sec. L. Rep. (CCH) ¶ 86,222 at 82,715 (Nov. 22, 1999).

389 Innerhalb eines einheitlichen Internet-Auftrittes sind bis zu 5.000 unteschiedliche Web-Seiten, über die die einzelnen Funktionen und Informationen verfügbar sind, unter US-Brokern keine Seltenheit (so Reichardt, Bank Magazin, Heft 12, 1999, S. 10, 11).

day-Trading-Angebote, die es in Kombination mit Echtzeit-Kalkulationssystemen erlauben, daß trotz der zum Teil hohen Orderzahlen ein jederzeitiger Abgleich mit dem Depot erfolgt, um zu überprüfen, ob für die gewünschte Transaktion ausreichend hohe Deckung vorhanden ist[390]. Ein aktueller Trend besteht im Ausbau eigener Finanzportale mit umfassendem Leistungsangebot. Alternativ werden Kooperationen mit dritten Portalanbietern eingegangen, die bei Anlegern besonders deshalb zunehmend beliebter werden, weil sie neben umfangreichen Kapitalmarktdaten zum Teil die konsolidierte Darstellung von Wertpapierkonten ermöglichen, welche bei verschiedenen Brokern unterhalten werden[391].

Differenzen im Leistungsangebot bestehen vor allem in der Kapazität der Systeme, der Anzahl und Art der handelbaren Titel und in der Qualität des Order-Routing[392]. Daß gerade in der letztgenannten Hinsicht nicht alle Broker-Firmen den Systemanforderungen, die die Abwicklung der erheblich gestiegenen Transaktionszahlen erfordern, nachkommen konnten, zeigt sich besonders deutlich im ebenfalls gravierenden Anstieg der Kundenbeschwerden, die bei der SEC und den SRO's eingegangen sind: im Zeitraum von 1996 bis 2000 stieg die Anzahl dieser Monierungen bei der SEC um 1600%[393]!

2.) Technische Abläufe beim Order-Routing

Nachdem die meisten Kundenbeschwerden technische Probleme bei der Abwicklung ihrer Order-Aufträge betreffen, ist für die weitere Erörterung das Verständnis der grundlegenden technischen Abläufe von der Ordereingabe bis zu dessen Ausführung notwendig. Trotz bestehender Unterschiede in den einzelnen Order-Systemen der Online-Broker sind diese grundsätzlich durch eine dreistufige Systemarchitektur gekennzeichnet, innerhalb derer die wesentlichen Abläufe in aller Regel dem folgenden Muster entsprechen:
Der direkte Kontakt mit dem Kunden in Gestalt eines personalisierten, zugangsgeschützetn Bereichs innerhalb des Internet-Auftrittes der Broker wird durch sog "front-end" Systeme realisiert, die in der Regel aus Web-Servern bestehen. Sobald der Anleger nach einer passwortgestützten Authentifikation ("log in") Zugriff auf seinen persönlichen Bereich hat, kann er sich einen Überblick über den aktuellen

390 Imo, ÖBA 2000, 265, 270.
391 Dazu näher unter § 12, III.).
392 Göth, ÖBA 2000, 205, 207.
393 Das SEC Office of Investor Education and Assistance erhielt im Zeitraum von September 1996 bis September 1997 insgesamt 259 Beschwerden von Broker-Kunden. Im Folgejahr belief sich diese Zahl auf 1.114 Beschwerden. Von 1998 bis 1999 waren es 3.313 und vom September 1999 bis zum September 2000 schließlich 4.258 (SEC, Examination of Broker-Dealers Offering Online-Trading: Summary Findings and Recommendations (Jan. 25, 2001); unter Fn. 5; verfügbar unter: http://www.sec.gov/news/studies/online.htm).

Stand seines Wertpapierkontos verschaffen. Bereits während des "log in"-Vorgangs greift das "front-end"-System auf eine Datenbank zu, in der wichtige Nachrichten an den Kunden ("alert messages") abgelegt sind, die diesem beim "Betreten" seines persönlichen Bereichs angezeigt werden und ihn über wichtige Vorgänge, die seine Anlagepositionen betreffen, informieren. Nach Erhalt dieser Meldungen kann der Anleger mit Hilfe graphisch aufbereiteter Eingabemasken seine Order eingeben. Diese wird auf Veranlassung des Kunden an das "front-end"-System übermittelt, welches zunächst mit der Bitte um Orderbestätigung ("confirmation") reagiert und ihn in der Regel gleichzeitig mit einem Echtzeitkurs des betreffenden Wertpapiers versorgt[394].
Nach der Orderbestätigung durch den Kunden wechselt die Order vom "front-end"-System in die sog. "middleware", die die Schnittstelle zum anschließenden "back-end"-System darstellt. Mit Hilfe entsprechender Software wird die Anfrage des Kunden, die nicht nur in einem Orderauftrag sondern auch in Kursabfragen oder Kontenübersichten bestehen kann, analysiert und je nach Gegenstand des Auftrages an die entsprechende Stelle des Handelssystems zur weiteren Bearbeitung übermittelt. Zeitgleich läuft im Fall einer Ordereingabe zumeist eine Überprüfungsroutine ab, die das Konto des Kunden daraufhin untersucht, ob eventuelle Beschränkungen bestehen, die notwendige Deckung vorhanden ist oder der Kunde zur Durchführung der Transaktion berechtigt ist, Wertpapierkredite zu beanspruchen ("trade on margin").
Soweit diese Überprüfung keine weiteren Schritte erforderlich macht[395], wird die Order nach der Bestätigung durch den Kunden an das "back-end"-System weitergeleitet. Dieser Bereich der dreistufigen Architektur stellt den kritischsten Teil des Gesamtsystems dar, denn durch das "back-end"-System werden die Wertpapierkonten der Kunden verwaltet und aktualisiert. Gleichzeitig werden von dort die Handels- und Order-Routing Prozesse gesteuert, die für die Weiterleitung des Transaktionsauftrages an die elektronischen Schnittstellen des gewünschten Handelsplatzes oder der Market Maker verantwortlich sind[396]. Innerhalb dieses Systems werden häufig für jedes einzelne Wertpapier, dessen Handel der Broker anbietet, gesonderte Dateien angelegt, in denen die betreffenden Orderaufträge gespeichert und sodann weitergeleitet werden ("open order files")[397]. Nach Ausfüh-

---

394 Vgl. insgesamt Spitzer, wallstreetlawyer.com, Vol. 3, No. 8, S. 1, 3 ff. (January 2000); Bloomenthal, Securities Law Handbook (2000), S. 1545.

395 Meldet das System als Resultat der Überprüfung etwaige Konflikte, so wird die Order zur eingehenden Kontrolle einem Broker übermittelt (Spitzer, wallstreetlawyer.com, Vol. 3, No. 8, S. 1, 4 (January 2000).

396 Bloomenthal, Securities Law Handbook (2000),S. 1545.

397 Der Speicherplatz, der für einzelne Wertpapiere bereitgestellt wird, ist durch die Leistungsfähigkeit des Gesamtsystems begrenzt und wird vornehmlich aufgrund der Volumina und Nachfragehäufigkeit einzelner Titel in der Vergangenheit bestimmt (Spitzer, wallstreetlawyer.com, Vol. 3, No. 8, S. 1, 6 (January 2000)).

rung des Auftrages am gewünschten Handelsplatz wird die entsprechende Bestätigung auf umgekehrten Wege durch die Systemhierarchie des Brokers an den Kunden übermittelt, indem sie als "alert message" in der betreffenden Datenbank gespeichert und beim nächsten Zugriff des Kunden auf seinen persönlichen Bereich diesem angezeigt wird.
Trotz teilweise anderslautender Werbebotschaften bedingt diese Struktur, daß die Order des durchschnittlichen Privatanlegers keinesfalls via Internet direkt an die Handelsplätze übermittelt wird. Der Internet-Einsatz von Broker-Dealern beschränkt sich zum gegenwärtigen Zeitpunkt vielmehr auf die Kommunikation zwischen "front-end"-System und Kundenrechner[398], während die Verbindung zwischen "back-end"-System und der elektronischen Schnittstelle des Handelsplatzes über geschlossene Netze abgewickelt wird. Dieses wird besonders darin deutlich, daß die Meldung des "front-end"-Systems, die Order erhalten zu haben, keinesfalls schon deren Ausführung ("execution") am intendierten Handelsplatz bedeutet. Gleichzeitig stellt diese Systemstruktur hohe Kapazitäts- und Leistungsanforderungen an jede einzelne Komponente, die ihrerseits voneinander abhängen. Insofern wird die Gesamtleistungsfähigkeit des Order-Systems durch Leistungsgrenzen der schwächsten Komponente limitiert, weshalb der Abstimmung von "front-end", "middleware" und "back-end" besondere Bedeutung zukommt[399].

Das Verständnis dieser technischen Gegebenheiten und Abläufe ist für den Online-Broker-Kunden von besonderer Wichtigkeit, um gerade in Situationen, in denen das Order-System des Brokers Zugangs- oder Bearbeitungsprobleme aufweist, richtige Entscheidungen treffen zu können. Beispielsweise muß der Kunde wissen, daß die ihm auf seinem Handelsbildschirm regelmäßig offerierte Möglichkeit, die Order zu widerrufen, nur bedingt zur Verfügung steht. Das Anklicken der entsprechenden "cancel"-Schaltfläche führt nicht automatisch zum Stop der Ausführung. Dieses ist vielmehr nur dann der Fall, wenn der Widerruf des Auftrages rechtzeitig, d.h. vor tatsächlicher Ausführung am Markt, dort eintrifft, was wiederum von der Schnelligkeit und Zuverlässigkeit des Übertragungsweges abhängig ist[400]. Ohne eine Kenntnis der Anleger von diesen Abläufen sind verant-

---

398 Allerdings bestehen hier vereinzelte Angebote vornehmlich kleinerer US-Broker für besonders aktive Kunden, über die Broker-Dealer Schnittstelle Order direkt in das NASDAQ-System oder in verschiedene ECN's eingeben können (SEC Special Study : On-Line Brokerage (Nov. 22, 1999), Securities and Exchange Commission, (1999 - 2000 Transfer Binder) Fed. Sec. L. Rep. (CCH) ¶ 86,222 at 82,726 (Nov. 22, 1999).

399 Spitzer, wallstreetlawyer.com, Vol. 3, No. 8, S. 1, 4 (January 2000).

400 Um zu verhindern, daß der Anleger in Folge von Verzögerungen doppelte Aufträge erteilt, eignen sich etwa "status screens", die klarstellen, ob eine Ausführung schon erfolgt ist. (SEC, Examination of Broker-Dealers Offering Online-Trading: Summary Findings and Recommendations (Jan. 25, 2001) unter I.B.; verfügbar unter: http://www.sec.gov/news/studies/online.htm).

wortliche Investitionsentscheidungen gerade dann, wenn es zu Problemen beim Zugang oder bei der Orderbearbeitung kommt, nicht möglich.

II.) Internet-Auftritte von Broker-Dealer

Die bisherigen Ausführungen zum Kapitalmarktsystem der USA haben den besonderen Stellenwert des Anlegerschutzes verdeutlicht. Neben bzw. in Wechselwirkung mit dem Konzept der Offenlegung anlagerelevanter Informationen wird dieses Ziel ergänzend durch eine Vielzahl umfassender Verhaltensregeln erreicht, denen Broker aufgrund ihrer besonderen Stellung unterworfen sind. Mit dem Einzug des Internet in den modernen Wertpapierhandel und der Verwendung dieses Mediums durch die Broker haben sich zahlreiche neue Fragen ergeben, die vor allem die Anwendbarkeit und den Umfang der besonderen Verpflichtungen dieser Kapitalmarktintermediäre in Internet-Sachverhalten betreffen.

1.) Grundpflichten der Broker im Verhältnis zum Anleger

Das Verhältnis des Brokers zu seinem Kunden ist gekennzeichnet durch eine besondere Vertrauensstellung, aus der heraus dem Kunden unbedingte Loyalität und Integrität geschuldet wird[401]. Ausdruck dieser Vertrauensstellung sind eine Vielzahl von einzelnen Verpflichtungen, die einerseits aus der Natur dieses Rechtsverhältnisses resultieren und andererseits durch die Regeln der SRO's, v.a. der NASD und der New York Stock Exchange (NYSE) präzisiert worden sind.

In erster Linie obliegt dem Broker-Dealer unabhängig vom Gegenstand der konkreten Transaktion, eine angemessene Risikoaufklärung gegenüber ihren Kunden ("full and fairly disclosure")[402]. Diese Verantwortlichkeit umfaßt die exakte Kenntnis des Brokers im Bezug auf das in Rede stehende Wertpapier („know your security"), die Eignung und Angemessenheit des Wertpapiers im Hinblick auf die Interessen des konkreten Anlegers ("suitability"), welche denknotwendig Kenntnisse über das Profil des Kunden erfordert ("know your customer"). Zusammengefaßt werden diese dem Anleger geschuldeten Verpflichtungen durch die schon 1939 entwickelte „shingle theory": Jeder Broker-Dealer, der gewerbliche Tätigkeiten aufnimmt - sich metaphorisch ein Schild vor die Tür hängt – gibt eine Art "fair-deal" Garantie gegenüber der Anlegeröffentlichkeit ab, derzufolge er unfaire Geschäftspraktiken unterlassen, kompetent auftreten und nur solche Geschäfte tätigen wird, die in angemessenem Verhältnis zum entsprechenden Marktpreis stehen. Ohne entsprechende Aufklärung über das Gegenteil impliziert allein das

---

401 Wolensky, Application of Suitability Obligation, in: PLI, Securities Law & The Internet (1999), Vol. 1, S. 251, 255.

402 Langenvoort, Angels on the Internet, IV., A.

Auftreten im "securities business", daß sich der Broker-Dealer diesen Wohlverhaltensregeln unterwirft. Will er im Einzelfall von diesen Grundsätzen abweichen, so kann er nur durch eine angemessene Aufklärung dem Vorwurf eines Verstoßes gegen Sec. 17(a) SA und Rule 15c1-2 SEA entgehen[403].
Sollte in derartigen Fällen vom Kunden bewiesen werden können, daß die unterlassene Aufklärung oder die irreführende Aussage durch den Broker absichtlich erfolgte, so zieht derartiges Verhalten nicht nur einen vertraglichen Haftungsanspruch ("breach of contract"), sondern auch einen Verstoß gegen Rule 10b-5 SEA nach sich. Erforderlich ist insofern allerdings, daß der Verstoß in der Terminologie des Securities Exchange Act „willfully" begangen worden ist; auf die aktuelle Kenntnis der rechtlich zutreffenden Einordnung kommt es hingegen nicht an[404]. Ergänzend hierzu steht der SEC im Fall von wesentlichen Verstößen gegen Broker-Dealer nach Sec. 15(b)(4) SEA neben anderen Mitteln, wie der Einschränkung einzelner Handelsaktivitäten, auch der Widerruf der Registrierung insgesamt zur Verfügung, sofern dieses im öffentlichen Interesse erforderlich sein sollte.
Um die Einhaltung der Broker-Dealer-Verpflichtungen überprüfen zu können, unterliegen diese Intermediäre strengen Berichts- und Dokumentationspflichten im Hinblick auf ihre Tätigkeiten[405]. Sec. 17 SEA und die dazu erlassenen Rules bestimmen detailliert das Erfordernis von Aufzeichnungen über bestimmte Geschäftsvorgänge und die gegenüber der SEC bestehenden Berichtspflichten[406]. Insbesondere Rule 17a-3 SEA nennt eine Vielzahl geschäftlicher Vorgänge, über die der Broker Aufzeichnungen anzufertigen hat. Vor allem tritt eine solche Dokumentationspflicht bei jeder Annahme und Auslieferung von Wertpapieren ein[407]. Zwar müssen Broker-Dealer gerade bei Verwendung des Internet nicht jede E-Mail und sonstige Online-Kommunikation mit dem Kunden dauerhaft aufzeichnen, sobald solche Kontakte aber geschäftliche Bezüge aufweisen, verlangt die SEC zur Dokumentation die Speicherung der zugrundeliegenden Daten[408].

2.) Grenzen der "suitability rule" beim Internet-Auftritt der Broker

Unter den zahlreichen Pflichten der Broker im Verhältnis zu ihren Kunden kommt der "suitability rule" besondere Bedeutung zu. Historischer Hintergrund dieser zentralen Verpflichtung der Broker ist ein Marktumfeld gewesen, in welchem der

403 Loss/Seligman, Vol. VIII, S. 3776 ff.; Bloomenthal, Securities Law Handbook (2000), S. 1418; Cox, Securities regulation, S. 1094 ff.
404 Tager v. SEC, 344 F.2d 5, 8 (2 Cir. 1965).
405 Bloomenthal, Securities Law Handbook (2000), S. 1417.
406 Lipton, Broker-Dealer Regulation, 1-11 ff.; Soderquist, Understanding the Securities Laws, 14-4.
407 Zum ganzen Markham/Hazen, Broker-Dealer Operations, Vol. 23A, 6-5.
408 Securities Exchange Act Release No. 38,245, 62 Fed. Reg. 6369, 6472 (1997), bei Markham/Hazen, Broker-Dealer Operations, Vol. 23A, 6-5.

Broker für den Privatanleger die primäre und nahezu einzige Quelle verläßlicher Finanzinformationen darstellte. Schon aus diesem Grund brachte der Anleger dem Broker besonderes Vertrauen im Hinblick auf die Angemessenheit seiner Anlageempfehlungen entgegen[409]. Ausgehend von den konkreten Verpflichtungen, die aus der "suitability rule" erwachsen, ist deren Anwendbarkeit und Geltungsumfang angesichts der Fülle verfügbarer Finanzinformationen, die der Anleger über das Internet erlangen kann, zu hinterfragen.

a) Gegenstand der "suitability rule"

Statuiert ist die "suitability rule" insbesondere in der NASD-Rule 2310 ("Recommendations of Customers (Suitability)"[410]), nach der der Broker-Dealer bei Abgabe einer Anlageempfehlung eine angemessene Tatsachenbasis haben muß, damit die Empfehlung im Hinblick auf die Anlageerfahrung des konkreten Kunden, seine finanzielle Situation und seine Bedürfnisse angemessen ist[411]. Die "suitability rule" ist damit von äußerst subjektiver Natur[412] und erfordert einen angemessenen Kenntnisstand des Brokers sowohl in Hinsicht auf die Situation des Anlegers, als auch in Hinsicht auf das konkrete Wertpapier, das Gegenstand seiner Empfehlung ist[413]. Aus diesem Grund muß der Broker-Dealer vor Abgabe jeglicher Anlageempfehlung über seinen Kunden bestimmte Informationen einholen, die dessen finanziellen Status, seine steuerliche Situation, seine Anlageziele und sonstige

---

409 Ramsay, wallstreetlawyer.com, Vol. 4, No. 2, S. 1 (July 2000).

410 NASD-Rule 2310 entspricht dem früheren Artikel III, Sec. 2 der NASD-Rules of Fair Practice; siehe daneben auch NYSE Rule 405, NYSE Guide (CCH) 2405, unter 3696 (Aug. 1994). Zudem hat die SEC auch eine auf Investment Adviser zugeschnittene Rule 206(4)-5 IAA entworfen, die Investment Adviser untersagt, Anlageempfehlungen abzugeben, die "unsuitable" sind (Investment Advisers Act Release No. 1406 (Mar. 16, 1994), 56 S.E.C. Docket 858; 59 Fed. Reg. 13464 (Mar. 22, 1994). Zwar ist diese Vorschrift nicht wirksam geworden, dennoch hat sie auch für den Bereich der Investment Adviser in inhaltlicher Übereinstimmung mit den Anforderungen an Broker-Dealer klargestellt, daß eine Anlageempfehlung nur auf der Grundlage einer vorherigen Befragung des Kunden erfolgen darf, die seine finanzielle Situation ebenso umfaßt wie seine Anlageerfahrungen und -ziele (Kirsch, Investment Adviser Regulation, 10-4).

411 NASD-Rule 2310(a): "*In recommending to a customer the purchase, sale or exchange of any security, a member shall have reasonable grounds for believing that the recommendation is suitable for such customer upon the basis of the facts, if any, disclosed by such customer as to his other security holdings and as to his financial situation and needs.*"

412 Markham/Hazen, Broker-Dealer Operations, Vol. 23A, 9-3.

413 Lowenfels/Bromberg, 54 Bus. Law., 1557 (1999); vgl. dazu im deutschen Recht §§ 31, 32 WpHG, sowie dazu BAWe, Richtlinie gem. § 35 Abs. 6 des Gesetzes über den Wertpapierhandel vom 09. Mai 2000, BAnz. Nr. 131 vom 15. Juli 2000, S. 13 792; verfügbar unter: http://www.bawe.de .

Informationen umfassen[414]. Auf der Grundlage dieser Angaben hat der Broker-Dealer ein Anlegerprofil zu erstellen, das insbesondere auch eine Einschätzung des Risikos, das der Kunde einzugehen gewillt ist, enthalten muß[415]. Spätere Anlageempfehlungen müssen mit dem so erarbeiteten Anlegerprofil übereinstimmen. Die Empfehlung eines Wertpapiers, das nach Investitionsvolumen, Risiken und Entwicklungsaussichten mit dem Profil des Kunden nicht übereinstimmt, ist dem Broker untersagt[416].
Neben der Herleitung der "suitability rule" aus den NASD-Regeln, die auf das besondere Vertrauensverhältnis zwischen Broker und Kunden abstellen, sind als weitere dogmatische Begründung der "suitability rule" - vor allem in Fällen, in denen es gerade an einer etablierten Rechtsbeziehung zwischen Broker und dem Kunden fehlt - die "antifraud provisions", insbesondere Sec. 10(b) SEA herangezogen worden[417], um aufsichtsrechtliche Maßnahmen oder Schadensersatzansprüche zu begründen[418].

b) Anwendbarkeit der "suitability rule" in Internet-Sachverhalten

Ließen sich diese umfassenden Pflichten aus dem historischen Kontext begründen, so erscheint diese Rechtfertigung angesichts des zunehmenden Internet-Einsatzes zur Verbreitung anlagerelevanter Informationen zunehmend zweifelhaft. Über dieses Medium kann auch der Privatinvestor[419] heute umfangreiche Informa-

---

414 Vgl. NASD-Rule 2310(b)(1)-(4) sowie dazu Lowenfels/Bromberg, 54 Bus. Law., 1557, 1563 (1999); Hass, 72 South. Cal. L. Rev., 67, 122 (1998). Eine Ausnahme besteht allerdings dann, wenn der Kunde zur Abgabe dieser Informationen nicht bereit ist.

415 Markham/Hazen, Broker-Dealer Operations, Vol. 23A, 9-9 f.

416 Die Bedeutung aber auch die rechtlichen Unsicherheiten in Hinsicht auf den Umfang der konkreten Verpflichtungen werden anhand der Beschwerdezahlen deutlich. 1999 etwa betrafen 95% aller bei der NASD eingegangenen Beschwerden vermeintliche Verstöße gegen die "suitability rule" (vgl. Lowenfels/Bromberg, 54 Bus. Law., 1557 (1999)).

417 Die SEC hat das "suitability" Konzept in die antifraud Vorschriften der Secs. 10(b) und 15(c)(1) SEA sowie der dazu erlassenen Rules 10b-5 und 15c1-2 SEA inkorporiert, so daß der Verstoß gegen diese Broker Verpflichtungen nicht nur einen "breach of contract", sondern auch einen Verstoß gegen die "antifraud provisions" bedeutet. Begründet wird diese deliktische Herleitung der "suitability rule" wiederum mit der "shingle Theorie", die als ein Element auch die stillschweigende Bekräftigung enthält, daß jedes empfohlene Wertpapier für den individuellen Investor angemessen ist; so Ramsay, wallstreetlawyer.com, Vol. 4, No. 2, S. 1, 3 f. (July 2000); Lowenfels/Bromberg, 54 Bus. Law., 1557, 1581 (1999).

418 Zu den Sanktionsmaßnahmen der NASD vgl. NASD, Sanctions Guidelines Booklet (1998) unter: http://www.nasdr.com/3100.htm ; gegenüber diesen Sanktionen ist die gerichtliche Durchsetzung von Haftungsansprüchen nur bei Darlegung und Beweis von Verschuldensmomenten und Kausalitätserfordernissen erfolgreich; vgl. im einzelnen Ramsay, wallstreetlawyer.com, Vol. 4, No. 2, S. 1, 4 (July 2000).

419 Die nachfolgende Darstellung bezieht sich auf das Verhältnis zum Retail-Investor. Die besonderen Frage der Anwendbarkeit und Reichweite der "suitability rule" institutionellen An-

tionen bezüglich einzelner Emittenten etwa über die EDGAR-Datenbank der SEC erlangen, oder auf zahlreiche umfassende und anspruchsvolle Informations- und Analysemöglichkeiten von Online-Brokern zum Teil frei zugreifen. Regelmäßig enthalten die Internet-Auftritte der US-Broker aktuelle Kursübersichten in Real- oder Neartime-Darstellung, Datenbanken mit spezifischen Unternehmensinformationen, Analyse-Applikationen, die Kursverläufe in Charts über frei wählbare Zeiträume abbilden, und häufig auch Newsletter oder Online-Foren als weitere Informationsquellen für den Anleger[420]. Einer der Ausgangspunkte der "suitability rule", das Quasi-Monopol des Broker für Investment-Informationen, stimmt daher mit den aktuellen Gegebenheiten nicht mehr überein, so daß die Frage, ob unter diesem Blickwinkel die Aufrechterhaltung der hergebrachten Standards der "suitability rule" angezeigt ist, zunehmend häufiger gestellt wird[421].

aa) Ausgangspunkt

Neben dem bloßen Informationsvorsprung basiert die "suitability rule" und die gesamte "shingle theory" auch auf dem besonderen Vertrauen, das dem in Wertpapierangelegenheiten erfahrenen Broker-Dealer aufgrund seines Fachwissens entgegengebracht wird. Da der bloße Zugang zu Finanzinformationen für den Privatanleger das in aller Regel vorhandene Gefälle im Wissen um die entsprechende Interpretation und Auswertung dieser Daten nicht aufgehoben hat, hat sich an der besonderen Stellung des professionellen Brokers oder Investment Advisers insofern nichts geändert[422]. Unbestritten ist aus diesem Grund, daß die bloße Verlagerung einzelner Broker-Dealer Tätigkeiten in das Internet für sich alleine an der grundsätzlichen Anwendbarkeit der "suitability rule" auch in diesem Medium nichts ändert.

---

legern gegenüber, zu denen die Kontakte in aller Regel nicht über das Intenet aufgebaut werden, wird im folgenden ausgeblendet. Vgl. dazu etwa Markham/Hazen, Broker-Dealer Operations, Vol. 23A, 9-10; Bloomenthal, Securites Law Handbook (2000), S. 1498 ff.; Lowenfels/Bromberg, 54 Bus. Law 1557, 1565 f. (1999).

420 Vgl. dazu auch SEC Special Study : On-Line Brokerage (Nov. 22, 1999), Securities and Exchange Commission, (1999 - 2000 Transfer Binder) Fed. Sec. L. Rep. (CCH) ¶ 86,222 at 82,733 (Nov. 22, 1999).

421 Der amtierende Präsident der NASAA, Skolnik, etwa bemerkte in seiner Inauguralrede kritisch : "*Suitability may have meant one thing in 1969, when nearly all investors were getting stock recommendations from their brokers. Thirty years later, however, millions of investors never meet, let alone receive recommendations from, their brokers ... Given this new reality, do we need to change, modify, rethink, or update the suitability rule in the age of the Internet and do-it-yourself online investing?*" (vgl. NASAA Pressemitteilung vom 07.10.1999; verfügbar unter: http://www.nasaa.org /Press Releases 1999); für die Beurteilung nach deutschem Recht Florian, Rechtsfragen des Wertpapierhandels im Internet, 2001, S. 56 ff.

422 Ähnlich McMahon, Securities Law and the Internet: Enforcement Issues, in: PLI, Securities Law & The Internet (1999), Vol. 1, S. 265, 278.

Allerdings hat das Internet Techniken und Möglichkeiten bereitgestellt, die zu einer zunehmenden Differenzierung der Angebotspalette der Broker-Dealer Dienstleistungen geführt hat. Diese reichen in ihren Extremformen von Broker-Dealer Firmen, die lediglich sog. "order entry serviceses" zur Verfügung stellen, also über das entsprechende Order-Routing hinaus keinerlei individuelle Beratung vornehmen, bis zu "full service"-Angeboten, die alle Leistungen klassischer Broker-Tätigkeit und insbesondere die individuelle Kundenberatung über das Internet anbieten[423]. Gerade für den erstgenannten Bereich sog. "execution only"-Leistungen ist anerkannt und gerichtlich bestätigt worden, daß der Broker in diesem Fall seinem Kunden über die bloße Ausführung der Order hinaus keine Aufklärung über die Angemessenheit der angewiesenen Transaktion schuldet[424]. Die bloße Verlagerung derartiger Discount-Brokerage-Angebote in das Internet ändert an diesen Grundsätzen nichts.

Entsprechend haben Online-Broker gefordert, daß bei Verbreitung allgemeiner Investmentinformationen ohne persönlichen Bezug zum einzelnen Kunden über das Internet, die "suitability rule" keine Anwendung finden sollte, wenn sich die Dienstleistung des Brokers im übrigen auf eine bloße Orderausführung beschränkt[425]. Die eigentliche Frage im Zusammenhang mit Internet-Sachverhalten ist daher weniger, ob die Geltung der "suitability rule" an sich angemessen ist. Vielmehr ist zweifelhaft, ob im Hinblick auf die spezifische Leistung die Voraussetzungen dieser Regel, nämlich die Abgabe einer Anlageempfehlung, erfüllt sind[426]. Nur insofern ist eine Anpassung der bisherigen Grundsätze erforderlich.

---

423 SEC Special Study : On-Line Brokerage (Nov. 22, 1999), Securities and Exchange Commission, (1999 - 2000 Transfer Binder) Fed. Sec. L. Rep. (CCH) ¶ 86,222 at 82,722 (Nov. 22, 1999).

424 In Hill v. Bache Halsey Stuart Shields, Inc., 790 F.2d 817, 824 (10th Cir. 1986) hat das Gericht klargestellt, daß Inhalt und Umfang der Aufklärungs- und Offenlegungspflichten wesentlich von der Art der vertraglichen Beziehung zwischen Broker und Kunden abhängen. Handelt es sich lediglich um Orderausführungsvereinbarungen ohne jeden Ermessensspielraum des Brokers, so beschränken sich dessen Verpflichtungen auf die korrekte Durchführung der beauftragten Order und das Unterlassen unautorisierter Geschäfte; ähnlich auch die Entscheidung Canizaro v. Kohlmeyer & Co., 370 F.Supp. 282, 288 (E.D. Lousiana. 1974).

425 Charles Schwab & Co., Inc. vertreten in einem "white paper" an die NASD, daß in dieser Situation genereller Informationsverbreitung ausschließlich die allgemeine Verhaltensregelung der NASD-Rule 2210 Anwendung finden sollte (vgl. bei SEC Special Study : On-Line Brokerage (Nov. 22, 1999), Securities and Exchange Commission, (1999 - 2000 Transfer Binder) Fed. Sec. L. Rep. (CCH) ¶ 86,222 at 82,722 (Nov. 22, 1999)).

426 Ramsay, wallstreetlawyer.com, Vol. 4, No. 2, S. 1, 4 (July 2000); Wolensky, Application of Suitability Obligation, in: PLI, Securities Law & The Internet (1999), Vol. 1, S. 251, 255.

bb) Maßgeblichkeit der Einordnung eines Angebotes als Anlageempfehlung

Ausgangspunkt der Beurteilung einzelner Broker-Dealer Leistungen im Internet muß daher die begriffliche Klärung dessen sein, was im Zusammenhang mit der Verbreitung von Informationen im Internet unter "recommendations" i.S.d. NASD-Rule 2310 zu verstehen ist[427]. Die SEC hat dazu allgemein in einem Release klargestellt, daß die bloße Orderentgegennahme von Personen, die ihre Anlageentscheidung völlig selbständig ohne Einflußnahme des Brokers getroffen haben, nicht zur Anwendung der "suitability rule" führen kann. Gleiches gelte in Fällen, in denen der Broker dem Kunden nur allgemeines Werbematerial ohne direkte individuelle Bezüge übermittelt. Indiz für den Grad der Individualisierung einer Information sei unter anderem, ob das entsprechende Informationsmaterial nur einzelnen Kunden oder im Wege eines allgemeinen Rundschreibens einer Vielzahl von Kunden des Brokers übermittelt worden ist[428].

Die NASD hatte zur Frage, welche Umstände ein Internet-Angebot als Anlageempfehlung erscheinen lassen, zunächst allgemein ausgeführt, daß die Qualifikation einer Mitteilung als Empfehlung nicht von dem Kommunikationsweg abhängt, sondern die konkreten Umstände des Kontaktes zwischen dem Kunden und dem Broker maßgeblich seien[429]. Auf die vielfachen Anfragen ihrer Mitglieder um verbindlichere Aussagen hat die NASD jüngst mit dem Erlaß eines "policy statements" reagiert[430]. Bei der objektiven Beurteilung, ob eine bestimmte Form des Kundenkontaktes als Anlageempfehlung zu qualifizieren sei, kommt es demnach darauf an, ob ein verantwortlich handelnder Anleger unter Berücksichtigung des Inhalts, des Kontextes und der Art und Weise der Präsentation die Information als Aufforderung zum Handel ("call to action") bzw. als Investitionsvorschlag im Hinblick auf eine Wertpapiertransaktion verstehen würde[431]. Trotz dieser allgemein gehaltenen Aussagen haben sie den Grad der Individualisierung der Information als wesentliches Kriterium einer "recommendation" bestätigt: je spezieller

---

427 Die "suitability rule" gilt nicht etwa schlechthin für jede Form der Tätigkeit eines Brokers, sondern nur bei Abgabe einer Empfehlung (vgl. NASD-Rule 2310(a): "*In recommending to a customer ...*").

428 Siehe dazu die Ausführungen in Sales Practice Requirements for Certain Low-Priced Securites, Exchange Act Release, 27,160, (1989 - 1990 Transfer Binder), Fed. Sec. L. Rep. (CCH) ¶ 84,440 at 80,416 (Aug. 22, 1989), die allerdings auf den Geltungsumfang der "suitability rule" bei "penny stock"-Orders gerichtet sind; Lowenfels/Bromberg, 54 Bus. Law., 1557, 1562 (1999).

429 Vgl. bei Wolensky, Application of Suitability Obligation, in: PLI, Securities Law & The Internet (1999), Vol. 1, S. 251, 258 unter Hinweis auf das NASD Schreiben an die Mitglieder 96-60 (Mar. 1996) sowie NASD-Rule 2210.

430 NASD Notice to Members No. 01-23 (Apr. 2001); unter: http://www.nasdr.com/pdf-text/0123ntm.html .

431 NASD Notice to Members No. 01-23 (Apr. 2001); unter: http://www.nasdr.com/pdf-text/0123ntm.html . Die Mitteilung enthält einige klärende Beispiele, die sogleich unter § 8, II.), 2.), b), dd) erörtert werden.

eine bestimmte Meldung über einzelne Wertpapiere auf ihren Empfänger oder eine bestimmte Gruppe von Kunden zugeschnitten ist, um so eher ist sie als Empfehlung denn als allgemeine Information aufzufassen[432].

cc) "push"- und "pull"-Techniken als Differenzierungskriterium

Die SEC hat zu dieser und anderen Fragen aus dem Bereich des Online-Brokerage mit Vertretern der NASD und der Broker-Firmen eine Reihe von sog. "round-table"-Gesprächen geführt und deren Befunde in einem Report zusammengefaßt, der aufgrund der Federführung der Commissioner Unger, als "Unger Report" bezeichnet wird[433]. Als Ergebnis der "suitability"-Analyse in Internet-Sachverhalten werden in diesem Report verschiedene Situationen und Anwendungsbeispiele genannt und im Hinblick auf die Anwendbarkeit der "suitability rule" überprüft. Schlüsselfrage der Beurteilung ist auch hier, ob eine Anlageempfehlung abgegeben worden ist.
In dieser Hinsicht unterscheidet der Report zwischen "push"- und "pull"-Techniken. Als passive Verbreitungsformen ("pull"-Techniken) werden dabei solche Techniken verstanden, die ihrerseits lediglich auf die vom Anwender gesetzten Präferenzen reagieren und eine Information erst übermitteln, wenn dieser sie anfordert[434]. Im Fall der "push"-Techniken geht die Initiative zur Bereitstellung individuell auf den Anleger zugeschnittener Informationsangebote vom Broker aus[435]. Auf dieser Basis werden im "Unger Report" unterschiedliche Leistungsangebote der Online-Broker untersucht und wie folgt bewertet:

---

432 In gleicher Weise wird auch im Rahmen des Investment Adviser Acts bei der Frage, ob eine bestimmte Information als Anlageempfehlung aufzufassen ist, auf das Kriterium der Personalisierung abgestellt. Vor allem bei der Einordnung von Finanzsoftware, die Datenbanken zur Verfügung stellt, hängt die Klassifizierung als Anlageempfehlung davon ab, ob nach Eingabe bestimmter Eckdaten durch den Anwender die Software eine konkrete Empfehlung präsentiert, oder eine allgemeine Auswahl aus dem Datenpool bereitstellt, aus der der Anleger das für ihn passende Investment-Objekt selbst auswählen muß (näher bei Kirsch, Investment Adviser Regulation, 2-6 m.w.N.).

433 SEC Special Study : On-Line Brokerage (Nov. 22, 1999), Securities and Exchange Commission, (1999 - 2000 Transfer Binder) Fed. Sec. L. Rep. (CCH) ¶ 86,222 at 82,720 (Nov. 22, 1999); vgl. dazu auch Kramer/An, Website Issues, in: PLI, Securities Law & The Internet (2000), Vol. 1, S. 395, 403 f.

434 Der Online-Broker Charles Schwab & Co., Inc. etwa erlaubt den Anwendern den Aufbau einer personalisierten Internet-Seite, auf der die von den Anwendern gewünschten Daten und Informationen, z.B. die aktuellen Kurse bestimmter Wertpapiere, abgebildet werden.

435 Hier nennt der Report beispielhaft die Verwendung bestimmter Software-Lösungen, die dem Broker die Beobachtung des Verhaltens des Anlegers beim Betrachten bestimmter Web-Seiten ermöglichen und dessen "clickstream" aufzeichnen und an den Broker übermitteln können. Auf Basis dieser Kenntnis stellt der Broker aus eigener Initiative bestimmte, den bisherigen Interessen des Anleger entsprechend individualisierte Informationsinhalte ein (SEC Special Study : On-Line Brokerage (Nov. 22, 1999), Securities and Exchange Commis-

dd) Differenzierung einzelner Gestaltungsmöglichkeiten des Internet-Angebotes

Im Bereich der "execution only"-Angebote der Broker gilt auch in Internet-Sachverhalten, daß, ebenso wie im Bereich der traditionellen, zumeist telefonisch operierenden Discount-Broker, die "suitability rule" mangels jeglicher Empfehlung des Broker keine Anwendung findet[436]. Gleiches gilt für den Fall, daß über die Web-Seiten eines Online-Brokers den Kunden Datenbanken mit Research-Material und aktuellen Nachrichten zur Verfügung gestellt werden, solange die Kunden selbst dieses Material abfragen und die Inhalte dieser Datenbanken für jeden Kunden in gleicher Weise offenstehen[437].

Ein Grenzbereich des Anwendungsgebietes der "suitability rule" stellen Web-Seiten dar, die der Kunde selbst nach seinen persönlichen Wünschen und Anlageinteressen personalisieren kann, und die dem Kunden nach diesem Schritt bei erneutem Aufsuchen spezifische, von ihm ausgewählte Inhalte anzeigen oder ihn, seinem Interessenschwerpunkt entsprechend, über neue Entwicklungen unterrichten. Aufgrund der erforderlichen Initiativleistung des Kunden zählen solche Mechanismen grundsätzlich noch zu den "pull"-Techniken[438]. Gleichwohl hat der Broker in diesem Schnittbereich im Hinblick auf seine "suitability"-Verpflichtungen den Kunden dann näher aufzuklären, wenn er bemerkt, daß die konkrete Order des Kunden mit dessen Anlegerprofil, so wie es sich aus der Art der selbst zusammengestellten, personalisierten Web-Seite ergibt, nicht übereinstimmt. In dieser Situation wird die Broker-Firma ihren reduzierten "suitability" Verpflichtungen gerecht, wenn sie etwa vor der Orderausführung den Kunden auf diese Diskrepanz zwischen der Risikoklasse der Order und seinem sonstigen Profil hinweist[439]. Dabei läßt der Report allerdings offen, in welchem Maß den Broker eine solche Kongruenzprüfung trifft. Wenngleich dabei nicht von einer umfassenden Kontrollverpflichtung auszugehen ist, so wird in dieser Situation eine

sion, (1999 - 2000 Transfer Binder) Fed. Sec. L. Rep. (CCH) ¶ 86,222 at 82,719 (Nov. 22, 1999)).

436 SEC Special Study : On-Line Brokerage (Nov. 22, 1999), Securities and Exchange Commission, (1999 - 2000 Transfer Binder) Fed. Sec. L. Rep. (CCH) ¶ 86,222 at 82,724 (Nov. 22, 1999).

437 Grundvoraussetzung ist, daß die Inhalte dieser Datenbanken zumindest theoretisch für einige Kunden angemessene Informationen enthalten. Vgl. SEC Special Study : On-Line Brokerage (Nov. 22, 1999), Securities and Exchange Commission, (1999 - 2000 Transfer Binder) Fed. Sec. L. Rep. (CCH) ¶ 86,222 at 82,724 (Nov. 22, 1999).

438 Gleiches gilt im Fall sog. "watch lists", die den Kunden auf seinen Wunsch hin per E-Mail mit Meldungen im Hinblick auf solche Wertpapiere versorgen, die dieser bereits in seinem Portfolio hat (so NASD, Notice ro Members No. 01-23 (Apr. 2001); verfügbar unter: http://www.nasdr.com/pdf-text/0123ntm.html .

439 Vgl. SEC Special Study : On-Line Brokerage (Nov. 22, 1999), Securities and Exchange Commission, (1999 - 2000 Transfer Binder) Fed. Sec. L. Rep. (CCH) ¶ 86,222 at 82,724 f. (Nov. 22, 1999).

Warnung des Kunden aber jedenfalls bei Beauftragung besonders riskanter Wertpapiergeschäfte, wie etwa der Investition in "penny stocks", erforderlich sein, wenn derartige Transaktionen mit dem übrigen Profil des Kunden nicht korrelieren.

Eine weitere Möglichkeit Investment Informationen weniger allgemein zu übermitteln, besteht in der durch den Broker selbst vorgenommenen Einteilung seiner Kunden in bestimmte Kategorien. Als Grundlage dieser Klassifizierung können etwa der Umfang der verwalteten Mittel des Kunden, dessen bisheriges Anlageverhalten oder die Transaktionshäufigkeit herangezogen werden. Wenn der Broker als Konsequenz dieser Einteilung aus eigener Initiative beginnt, auf diese Kundenkategorien abgestimmte spezifische Wertpapierinformationen zu übermitteln, ist die Grenze zur "recommendation" mit der einhergehenden Verpflichtung zur Beachtung der Grundsätze der "suitability rule" überschritten[440].

Vielfach werden von Broker-Firmen als Service Leistungen auch sog. "asset allocation calculator" in den Internet Auftritt eingebunden und dem Kunden zur Verfügung gestellt. Es handelt sich dabei um Applets, die, nachdem der Kunde seine Vermögenswerte in eine entsprechende Eingabemaske eingestellt hat, anhand dieser Daten eine angemessene Portfolio-Mischung berechnen und dem Kunden die errechneten Verhältniszahlen von Aktienanlage, Anleihen und Barmitteln präsentieren. Während die bloße Kundgabe dieses Ergebnisses als allgemeine Empfehlung aufgefaßt wird und keine spezifischen Verpflichtungen in Hinsicht auf die "suitability rule" auslöst, ist diese Grenze überschritten, wenn die Software darüber hinaus konkrete Vorschläge zur Umschichtung des Portfolios unterbreitet[441]. Ebenso sind selbst allgemeine Empfehlungen dann bedenklich, wenn vor allem solche Papiere empfohlen werden, die der Broker selbst als Market Maker betreut[442].

---

440 Das gilt allerdings nicht, wenn der Broker seine Web-Seite zwar nach solchen Kategorien aufbaut, die entsprechende Zuordnung aber nicht von ihm selbst vorgenommen wird, sondern der Anleger etwa durch anklicken einzelner Kategorien seine Anlegerklasse bestimmt (dazu SEC Special Study : On-Line Brokerage (Nov. 22, 1999), Securities and Exchange Commission, (1999 - 2000 Transfer Binder) Fed. Sec. L. Rep. (CCH) ¶ 86,222 at 82,725 (Nov. 22, 1999)).

441 SEC Special Study : On-Line Brokerage (Nov. 22, 1999), Securities and Exchange Commission, (1999 - 2000 Transfer Binder) Fed. Sec. L. Rep. (CCH) ¶ 86,222 at 82,725 (Nov. 22, 1999).

442 Dabei ist unabhängig ob die Präsentation solcher Wertpapiere direkt durch Broker-Angestellte erfolgt, oder das Ergebnis eines Algorithmusses ist, der mit einer entsprechenden Präferenz solcher Papiere programmiert worden ist (NASD Notice to Members No. 01-23 (Apr. 2001); unter: http://www.nasdr.com/pdf-text/0123ntm.html).

Noch deutlicher ist die Verpflichtung des Brokers zur Beachtung der "suitability rule", wenn er durch geeignete technische Internet-Möglichkeiten das Verhalten und die besonderen Interessenschwerpunkte des Anwenders überwacht, filtert und seinerseits auf der Basis der so gewonnen Erkenntnisse dem Kunden individuelle Informationen übermittelt. Diese Form der Erstellung eines Kundenprofils kann etwa dadurch geschehen, daß der Broker mit Hilfe entsprechender Software die Spur des Anlegers verfolgt, die dieser bei der Betrachtung der allgemeinen Web-Seite und bei dem Anklicken einzelner Datenbanken oder sonstiger Inhalte hinterläßt ("tracking the clickstream")[443]. Da die Initiative zur Übermittlung individualisierter Daten hier eindeutig im Sinne einer "push"-Technik vom Broker ausgeht, muß er sich diese Informationsübersendung als Empfehlung an den Kunden zurechnen lassen[444].

Schließlich bestehen bei der bloßer Verlagerung der Aktivitäten eines "full service"-Brokers in das Internet, indem dieser etwa konkrete Anlageempfehlungen per E-Mail oder auf passwortgeschützten, individualisierten Seiten bereitstellt, an der Geltung der "suitability rule" auch in diesem Medium keine Zweifel[445]. Auch die Verwendung von Disclaimern allein kann diese klare Wertung nicht ausschließen[446].

ee) Zwischenergebnis

Zusammenfassend hängt die Anwendbarkeit der "suitability rule" und damit die besondere Verpflichtung des Brokers, vor Abgabe einzelner Empfehlungen sowohl in Hinsicht auf den empfohlenen Titel, als auch im Hinblick auf die besondere Situation und Persönlichkeit des Anlegers nur angemessene Ratschläge zu erteilen, davon ab, ob die Kommunikation zwischen Broker und Kunden als Empfehlung qualifiziert werden kann. Entscheidendes Kriterium ist bei Verwendung der zahlreichen, durch das Internet bereitgestellten Kommunikationsformen der

---

443 Möglich ist dieses auch durch die Plazierung von Cookies, die auf der Festplatte des Anwenders selbst hinterlegt werden und von dort aus bestimmte Daten, wie etwa den "clickstream" aufzeichnen und diese bei erneutem Kontakt mit der Web-Seite des Brokers, automatisch an diesen übermitteln. Zu weiteren technischen Möglichkeiten der Erstellung von Kundenprofilen vgl. bei Mankowski, RabelsZ 63 (1999), 203, 237 f.

444 SEC Special Study : Online-Brokerage (Nov. 22, 1999), Securities and Exchange Commission, (1999 - 2000 Transfer Binder) Fed. Sec. L. Rep. (CCH) ¶ 86,222 at 82,725 (Nov. 22, 1999); ebenso in der NASD Notice to Members No. 01-23 (Apr. 2001); unter: http://www.nasdr.com/pdf-text/0123ntm.html .

445 SEC Special Study : On-Line Brokerage (Nov. 22, 1999), Securities and Exchange Commission, (1999 - 2000 Transfer Binder) Fed. Sec. L. Rep. (CCH) ¶ 86,222 at 82,725 (Nov. 22, 1999).

446 NASD Notice to Members No. 01-23 (Apr. 2001); unter: http://www.nasdr.com/pdf-text/0123ntm.html .

Grad der Personalisierung der Information. Dort, wo ohne jeden individuellen Zuschnitt lediglich allgemeine und allen Kunden gleichermaßen zugängliche Daten offeriert werden, besteht ein begründetes Vertrauen des Kunden, daß der Broker seine eigenständig getroffene Anlageentscheidung kritisch überprüfen wird und im Fall des Unterlassens haftbar wäre, nicht[447]. Der Attraktivität geringer Transaktionskosten, die oftmals ausschlaggebend für die Wahl eines Discount-Online-Brokers ist, muß der Anleger eigenverantwortlich gegen den damit verbundenen Verlust an individueller Beratung und reduzierter Haftbarkeit des Brokers abwägen[448]. Entscheidet er sich in dieser Situation bewußt für den Service eines "execution only"-Brokers, schließt dieses, abseits der beschriebenen besonderen Situationen, ein Berufen auf die "suitability rule" aus.
Unabhängig davon, ob nach den oben genannten Maßstäben eine konkrete Form der Informationsverbreitung über das Internet der "suitability rule" unterworfen wird, findet auf solche Mitteilungen aber jedenfalls die allgemeine Wohlverhaltensregel der NASD-Rule 2210 Anwendung[449]. Selbst wenn eine Information nach Inhalt und Umständen die Schwelle zur "recommendation" nicht überschreitet, handelt es sich gleichwohl nach allgemeiner Auffassung um "advertisments" i.S.d. NASD-Rule 2210(a)(1), die unabhängig davon, ob sie elektronisch oder traditionell verbreitet werden, die allgemeinen Anforderungen, die an die Kommunikation zwischen Broker und Öffentlichkeit gestellt werden, erfüllen müssen.

3.) "best execution"-Erfordernis und automatisches Order-Routing

Die "best execution"-Regel, die den Broker verpflichtet, bei der Ausführung eines Geschäftes die nach den gegebenen Umständen vorteilhaftesten Bedingungen zu ermitteln und zu nutzen, ist ursprünglich aus dem besonderen Treueverhältnis gegenüber dem Kunden hergeleitet worden. Mittlerweile ist diese Verpflichtung in den Regeln der SRO's, vor allem NASD-Rule 2320 auch kodifiziert worden[450]. Nachdem in der Interpretation der SEC über lange Zeit der Preis der Transaktion bei der Frage der "besten Ausführung" der ausschlaggebende Faktor war, sind mittlerweile im Zuge der technischen Fortschritte weitere Kriterien hinzugetreten, die je nach den Umständen des Einzelfalls ebenso von Bedeutung sein können. Hierzu zählt das Volumen der Transaktion, die Geschwindigkeit der Orderausführung, die je nach Handelsplatz variieren kann, die Zugriffsmöglichkeit auf Informationen im Hinblick auf das konkrete Geschäft und die Verfügbarkeit eines Zu-

---

447 Beurteilungsmaßstab ist dabei die Sichtweise eines durchschnittlichen, verantwortlich handelnden Investors; vgl. Ramsay, wallstreetlawyer.com, Vol. 4, No. 2, S. 1, 8 (July 2000).

448 Ähnlich McMahon, Securities Law and the Internet: Enforcement Issues, in: PLI, Securities Law & The Internet (1999), Vol. 1, S. 265, 278.

449 So auch Wolensky, Application of Suitability Obligation, in: PLI, Securities Law & The Internet (1999), Vol. 1, S. 251, 259.

450 NASD-Rule 2320; auch NYSE Constitution and Rules, Rule 123.42.

gangs zum betreffenden Handelsplatz[451]. Je nach dem individuellen Bedürfnis des Kunden sind all diese Faktoren bei der Entscheidung der Art und Weise der Orderausführung zu berücksichtigen.

Angesichts dieser umfassenden Abwägungsnotwendigkeit bestehen Bedenken, ob das so verstandene "best execution"-Erfordernis von automatisierten Order-Routing-Systemen erfüllt werden kann, weil die konkrete Art der Orderausführung in diesen Systemen weniger einem Abwägungsprozeß entstammt, als vielmehr das Ergebnis einer Berechnung aufgrund vorher festgelegter Algorithmen ist. Zudem werden von einzelnen Brokern direkte Order-Routing-Verfahren bereitgestellt, die es besonders aktiven Kunden auf einer "order-by-order" Basis erlauben, ihre Transaktionsaufträge über die Broker-Schnittstelle direkt in die Börsen, das NASDAQ-System oder in einzelne ECN's einzuspeisen[452]. Gerade in dieser Situation stellt sich die Orderbearbeitung des Brokers als bloße Weiterleitungshandlung ohne jede Abwägung dar.

Eine Möglichkeit diese neuen Tendenzen in der Geschäftsbeziehung zwischen Brokern und Kunden mit den Anforderungen der "best execution"-Regel in Einklang zu bringen, besteht darin, den aufgezeigten ursprünglichen Schwerpunkt dieser Regel mehr auf Aspekte der Geschwindigkeit der Orderausführung und der Sicherheit der Datenübermittlung[453] zu verlagern[454]. Im Ergebnis stellen die durch die neuen Datenübermitttlungstechniken bereitgestellten Möglichkeiten für den Anleger eine größere Auswahl an Broker-Leistungen bereit. In dieser Situation liegt es in der Entscheidung des Anlegers selbst, seine persönlichen Prioritäten zu

---

451 SEC Special Study : On-Line Brokerage (Nov. 22, 1999), Securities and Exchange Commission, (1999 - 2000 Transfer Binder) Fed. Sec. L. Rep. (CCH) ¶ 86,222 at 82,726 (Nov. 22, 1999).

452 Diese Option für ausgewählte Kunden stellt gegenwärtig allerdings noch die Ausnahme dar; vor allem die großen Online-Broker sammeln die Order der Retailkunden zunächst und übermitteln diese sodann in Blöcken an ausgewählte Handelsplätze.

453 In diesem Zusammenhang hat auch die NASD ihre Mitglieder darauf hingewiesen, daß gerade in Zeiten großer Marktschwankungen die Entwicklung von alternativen Ausführungsmethoden erforderlich sein kann. Zwar haben die meisten Broker-Firmen solche Sicherheitsmechanismen in ihre Systeme implementiert, die NASD hat aber im Sinne der "best execution"-Verpflichtung darauf hingewiesen, daß die Mitglieder ihren Kunden auch die Unterschiede in der Orderausführung zwischen "Normal- und Notsystem" und die Voraussetzungen offenlegen müßten, unter denen diese Systeme zum Einsatz kommen. (vgl. NASD Notice to Memebers 99-12, verfügbar unter: http://www.nasdr.com/pdf-text/9912ntm.txt).

454 Dieser Ansatz wurde im Zuge der "roundtabel"-Gespräche im Vorfeld der SEC-Studie von verschiedenen Teilnehmern vertreten. Vgl. SEC Special Study : On-Line Brokerage (Nov. 22, 1999), Securities and Exchange Commission, (1999 - 2000 Transfer Binder) Fed. Sec. L. Rep. (CCH) ¶ 86,222 at 82,729 (Nov. 22, 1999).

setzten und diesen Grundsätzen entsprechend mehr auf Aspekte der Geschwindigkeit oder des besten Preises Wert zu legen.
Als Basis dieses Entscheidungsprozesses benötigt der Anleger Kenntnisse über die Order-Routing-Praxis der einzelnen Broker-Dealer bzw. der von diesen verwandten Systeme. Zu diesem Zweck hat die SEC die Rules 11Ac1-5 und 11Ac1-6 SEA erlassen[455], von denen insbesondere die letztgenannte Broker-Dealern die Pflicht auferlegt, in vierteljährlichen Berichten bestimmte statistische Angaben über diejenigen Handelsplätze zu veröffentlichen, an die besonders viele Order zur Ausführung übermittelt worden sind[456]. Ergänzend zu diesen allgemeinen Angaben sieht Rule 11Ac1-6(c) SEA die Möglichkeit der individuellen Nachfrage durch die Kunden des Brokers vor, an welche konkreten Handelsplätze einzelne Order zur Ausführung geroutet worden sind. Anhand dieser Informationen kann der Anleger sich ein Bild über die Art und Weise der Orderbearbeitung durch die einzelnen Broker machen und dieses in seine Entscheidung für einen bestimmten Anbieter einbeziehen. Zugleich reduziert diese Offenlegung die Risiken der Broker, gegen das "best execution"-Erfordernis zu verstoßen.
Eine solche einzelfallbezogene Interpretation des Umfanges der "best execution"-Regel ermöglicht insgesamt eine flexible Handhabung der Regelung. Andererseits ist sie auch mit dem Ursprung der "best execution"-Verpflichtung, dem besonderen Treueverhältnis zwischen Broker und Kunden, in Einklang zu bringen. Der konkret geschuldete Umfang der Verpflichtungen muß der besonderen Ausgestaltung dieses Verhältnisses angepaßt sein. "Best execution" ist damit in der Interpretation der SEC kein statisches Konzept, sondern erfordert und ermöglicht im oben genannten Sinn die Anpassung an technische Weiterentwicklungen[457].

III.) Online-Eröffnung von Wertpapierkonten

Besondere Verpflichtungen der Broker bestehen aber nicht nur zum Schutze der Anleger, vielmehr dienen einzelne Bestimmungen, die das Rechtsverhältnis zwischen Broker und Anleger betreffen, auch dem Schutz des Kapitalmarktes an sich.

---

455 Final Rule: Disclosure of Order Execution and Routing Practices, Exchange Act Release No. 34-43590 (Nov. 17, 2000); verfügbar unter: http://www.sec.gov/rules/final/34-43590.htm ; sowie dazu SEC, Legal Bulletin No. 12a (verfügbar unter: http://www.sec.gov/interps/legal/slbim12a.htm) und No. 13 (verfügbar unter: http://www.sec.gov/interps/legal/mrslb13.htm).

456 Vgl. Rule 11 Ac1-6(b)(1)(i)-(iii) SEA; ergänzend muß der Broker auch offenlegen, inwiefern er von eben diesen Handelsplätzen Zahlungen nach übermitteltem Ordervolumen enthält, oder ob "profit-sharing"-Vereinbarungen bestehen. Diese Angaben werden durch die von den Handelsplätzen nach Rule 11Ac1-5 SEA zu veröffentlichenden Jahresberichte ergänzt.

457 Dieses klingt im "Unger Report" an. Vgl. SEC Special Study : On-Line Brokerage (Nov. 22, 1999), Securities and Exchange Commission, (1999 - 2000 Transfer Binder) Fed. Sec. L. Rep. (CCH) ¶ 86,222 at 82,730 f. (Nov. 22, 1999).

So existieren in den USA dem deutschen Geldwäschegesetztes[458] vergleichbare Regelungen, die die Einschleusung von illegal erworbenen Devisen in den Kapitalmarkt verhindern sollen. Insbesondere der Money Laundering Improvements Act of 1988 verbietet es Finanzinstitutionen, zu denen Banken ebenso zählen wie Broker-Dealer, an einzelne Empfänger oder Konten Barmittel oder Schecks u.ä. Zahlungsanweisungen auszugeben, die einen Betrag von 3.000 US$ übersteigen, wenn nicht zuvor gesicherte Informationen über die Identität des Kunden eingeholt worden sind. Ergänzend sind über Finanztransfers, die diese Summe übersteigen, Aufzeichnungen anzufertigen. Zudem haben auch die NYSE und die NASD Rules erlassen, die insbesondere bei verdächtigen Transaktionen die Anfertigung von Aufzeichnungen verlangen[459].
Bereits im Zeitpunkt der Begründung des Rechtsverhältnisses zwischen Broker und Anleger muß sich ersterer daher sichere Kenntnis über die Identität des zukünftigen Kunden verschaffen. Realisiert werden diese Erfordernisse in den USA über die "know-your-customer rules", die sowohl von der NYSE als auch von der NASD erlassen worden sind[460]. Zwar dienen diese Regelungen nicht ausschließlich der Verwirklichung der "money laundering restrictions", sondern stehen primär im Zusammenhang mit der "suitability rule", die Anforderungen, die die Geldwäschevorschriften fordern, werden bei Einhaltung der "know your customer" Vorschriften aber ebenfalls erfüllt[461].

NASD-Rule 3110(c)(1)(C) fordert im Hinblick auf die Eröffnung von Wertpapierkonten bei den NASD-Mitgliedsunternehmen, daß die Eröffnungsunterlagen von einem Repräsentanten des Brokers und dem Kunden unterschrieben werden. NASD-Rule 3010(d) verlangt ergänzend von den Brokern, daß diese Verfahren bereitstellen, die der NASD die jederzeitige Überprüfung der gesamten Kundenkorrespondenz und aller Transaktionsvorgänge ermöglichen[462]. Angesichts dieser Erfordernisse stellt sich die Frage, ob besonders im Hinblick auf NASD-Rule 3110(c)(1)(C) auch elektronisch signierte Eröffnungsunterlagen diese Bedingungen erfüllen können. In einem klarstellenden Schreiben zu dieser Frage hat die NASD vertreten, daß bei Einhaltung bestimmter Prozeduren, die sich vor allem auf die Datensicherheit und die jederzeitige uneingeschränkte Überprüfbarkeit

---

458 Zu den Identifizierungs- und Authentifizierungserfordernissen im deutschen Recht nach § 154 Abs. 2 AO und § 2 Abs. 1 GeldwäscheG vgl. bei Pfüller/Westerwelle, Wertpapierhandel im Internet, in: Hoeren/Sieber, Handbuch Multimediarecht, Kap. 13.7, Rdnr. 81 f.

459 31 USCA § 5325; Ergänzend verlangt auch der auf Broker-Dealer anwendbare Bank Secrecy Act und die von der SEC erlassene Rule 17a-8 SEA die Aufzeichnung bestimmter Vorgänge (vgl. Markham/Hazen, Broker-Dealer Operations, Vol. 23A, 11-5 und 11-8).

460 NYSE Rule 405, New York Stock Exchange Guide (CCH) ¶ 11,240; NASD-Rule 3110(c), vgl. dazu unten unter § 8, II.), 1.).

461 Markham/Hazen, Broker-Dealer Operations, Vol. 23A, 11-10.

462 NASD-Rules 3110 und 3010.

durch die NASD beziehen, elektronisch signierte Dokumente an Stelle von handschriftlich unterschriebenen Dokumenten ausreichend sind, um die Erfordernisse der NASD-Rule 3110(c)(1)(C) und NASD-Rule 3010(d) zu erfüllen[463]. Eine ohne Medienbrüche ausschließlich online durchgeführte Konteneröffnung ist damit in den USA - anders als in Deutschland - möglich. Eine Verifizierung der angegebenen Identität erfolgt über die in den Prozeß der elektronischen Signatur eingeschalteten Zertifizierungsstellen.
In der Praxis ist es allerdings unter den Mitgliedsunternehmen der NASD die Regel, daß zwar die Eröffnungsformulare online ausgefüllt und rückübermittelt werden können, woraufhin grundsätzlich ein Konto eingerichtet wird. Die Freischaltung und Aktivierung dieses Kontos erfolgt aber erst nach einer weiteren Bestätigung, die vom Kunden verlangt wird. Zum überwiegenden Teil wird bei dieser Bestätigung noch ein handschriftlich unterschriebenes Dokument verlangt[464]. Einige Broker hingegen sind in Reaktion auf die beschriebene Haltung der NASD dazu übergegangen, hier eine elektronisch signierte E-Mail ausreichen zu lassen[465]. Weder gesetzliche Beschränkungen noch die Regeln der NASD stehen einer online durchgeführten Kontoeröffnung daher entgegen.

IV.) Zugangsschwierigkeiten und Verzögerungen

Trotz der Beliebtheit des Online-Brokerage in den USA hat die SEC eine erhebliche Zunahme von Beschwerden der Broker-Kunden zur Kenntnis nehmen müssen, unter denen besonders Zugangsverzögerungen und -probleme zu den häufigsten Monierungen zählen[466]. Solche Probleme beim Zugriff auf das Internet-Angebot eines Brokers können zahlreiche Ursachen haben. Netzausfälle, -störungen und Überlastungen sind trotz der robusten Struktur des Internet, technisch nicht gänzlich auszuschließen und wirken sich bereits auf die Erreichbarkeit der "front-end"-Systeme der Broker aus. Neben solchen netzimmanenten Faktoren kommen als problemauslösende Momente ebenso Soft- oder Hardwareprobleme auf jeder Ebene der dreistufigen Systemarchitektur der Order-Systeme in Betracht. Diese wiederum können ihre Ursache in gezielten Manipulationen externer Dritter haben, oder durch eine zu geringe Systemkapazität bzw. sonstige Umstände aus der Sphäre der Betreibers begründet sein. Angesichts der Vielfalt und der

---

463 Vgl. dazu NASD Interpretive Letter an die American Express Financial Corporation (Nov. 26, 1997); verfügbar unter: http://www.nasdr.com/2910/3110_02.htm .

464 Olson/Pitt, Securities in the Electronic Age, 11-12. Zu weiteren Besonderheiten bei der Kontoeröffnung in den USA durch Ausländer vgl. Florian, Rechtsfragen des Wertpapierhandels im Internet, 2001, S. 15.

465 Siehe hierzu die Information der NASD unter: http://www.nasdr.com/2500_online.htm .

466 SEC, Examination of Broker-Dealers Offering Online-Trading: Summary Findings and Recommendations (Jan. 25, 2001); unter Fn. 5; verfügbar unter: http://www.sec.gov/news/studies/online.htm .

gebotenen, wertungsmäßigen Differenzierung dieser Faktoren ist nach der konkreten Ursache der Systembeeinträchtigung zu unterscheiden:

1.) Kapazitätsprobleme in Folge marktbedingter Nachfragespitzen

Sec. 15(b)(7) SEA weist auf die grundsätzliche Verpflichtung der Broker-Dealer hin, vor der Durchführung von Wertpapiertransaktionen sicherzustellen, daß die dafür verwandten Systeme die erforderlichen Kapazitätsanforderungen erfüllen[467]. Trotz dieser Regelung sind sowohl in der Vergangenheit als auch in jüngster Zeit immer wieder Fälle bekannt geworden, in denen den Anlegern der Internet-Zugang zu den geschützten Bereichen innerhalb der Broker-Web-Seiten aufgrund von Kapazitätsüberlastungen nicht möglich war, oder deren Order nicht oder nur mit erheblichen Verzögerungen zur Ausführung gebracht worden sind.

So wurde etwa im Februar 1999 von einer Reihe von Teil- und Totalausfällen in den Computersystemen verschiedener Online-Broker in den USA berichtet, in deren Folge die eingestellten Order zeitweise nicht bearbeitet wurden und die Einstellung von neuen Aufträgen nicht möglich war. Grund dafür waren Kapazitätsüberlastungen aufgrund punktuell hoher Ordereingänge und allgemein hoher Zugriffszahlen auf das Internet[468]. Die erheblichen Folgen dieser technischen Schwierigkeiten wurden zudem noch durch eine zeitlich gekoppelte hohe Marktvolatilität verstärkt[469] und führten unumgänglich zu einer Vielzahl von Beschwerden durch Broker-Dealer Kunden bei der SEC, der NASD[470] und anderen zuständigen Stellen[471]. Diese Vorgänge hat die SEC neuerlich zum Anlaß genommen,

---

467 Technisch handelt es sich bei Sec. 15(b)(7) SEA allerdings um eine Ermächtigungsnorm, die der inhaltlichen Präzisierung der "standards of operational capacity" durch eine entsprechende SEC Rule bedarf. In diesem Zusammenhang hat die SEC eine Rule 15b7-2 SEA entworfen, die allerdings bis dato nicht wirksam geworden ist.

468 So wurde berichtet, daß die Internet-Seiten von Charles Schwab & Co., Inc. (http://www.schwab.com) allein während des Monats Januar 1999 über 1 Billion mal angewählt worden sind und während eines Spitzentages sogar 55 Millionen Anwender Zugriff nahmen (Delta/Matsuura, Law of the Internet, 9-85).

469 McMahon, Securities Law and the Internet: Enforcement Issues, in: PLI, Securities Law & The Internet (1999), Vol. 1, S. 265, 279.

470 Unter den bei der SEC im gesamten Jahr 1999 eingegangenen Beschwerden stehen diejenigen, die sich auf Transferprobleme und die Verzögerung in Auftragsdurchführungen beziehen gegenüber den sonstigen an erster Stelle. So gingen in diesem Jahr insgesamt 1642 Beschwerden in Hinsicht auf Transferprobleme und 1151 Beschwerden über verzögerte Auftragsbearbeitungen ein, was gegenüber dem Vorjahr einen Zuwachs um 39% bzw. 60% bedeutet. (vgl. unter: http://www.sec.gov/news/data.htm).

471 Vgl. etwa den eingehenden Bericht des Attorney General of the State of New York, Spitzer, in wallstreetlawyer.com, Vol. 3, No. 8, S. 1 ff. (January 2000).

um im "Unger-Report"[472] zu analysieren, ob die gegenwärtigen regulativen Anforderungen an die Systemkapazität und -integrität von Online-Brokern etwaiger Ergänzungen bedürfen[473].
Dabei hat die SEC bereits 1989 auf die zunehmende Abhängigkeit der Integrität des gesamten Wertpapiermarktes von modernen Kommunikationstechniken[474] mit Erlaß des sog. "automation review policy statements I" ("ARP I[475]") reagiert, dem 1991 das ARP II[476] folgte. Ihrem Regelungsbereich nach betreffen beide Vorschriften zwar primär die Börsenplätze, denen vor allem jährliche und anlaßbezogene Tests ihrer Kapazitätsgrenzen sowie Pläne zu deren Anpassung auferlegt wurden, gleichwohl bemühte sich die SEC darum, daß dieselben Standards auf freiwilliger Basis auch von Broker-Firmen übernommen werden[477].

a) Technische Anforderungen an die Order-Systeme

Eine direkte Ansprache der Broker-Firmen in dieser Hinsicht erfolgte mit dem Erlaß eines in seiner Wirkung allerdings nicht bindenden Bulletins im September 1998[478]. Anlaß hierfür war der Zusammenbruch einiger Broker-Dealer-Systeme aufgrund außergewöhnlich hoher Handelsaktivitäten in Folge eines Marktzusammenbruchs am 27. Oktober 1997. Nachdem diese Vorgänge die erhebliche Abhängigkeit der Broker von der Funktionsfähigkeit ihrer technischen Systeme verdeutlicht hatte, nahm die SEC eine detaillierte Ursachenanalyse vor.
Dabei stellten sich in Hinsicht auf den Internet-Einsatz der Broker mehrere Schwachstellen heraus. Zum einen waren die Kapazitätsgrenzen der Broker-Dealer eigenen Web-Server ("front-ends") nicht ausreichend und die eingesetzte Serversoftware zum Teil zu langsam. Hinzu traten Probleme mit einigen lokalen

---

472 SEC Special Study : On-Line Brokerage (Nov. 22, 1999), Securities and Exchange Commission, (1999 - 2000 Transfer Binder) Fed. Sec. L. Rep. (CCH) ¶ 86,222 at 82,733 (Nov. 22, 1999).

473 Zum ganzen Kramer/An, Website Issues, in: PLI, Securities Law & The Internet (2000), Vol. 1, S. 395, 405.

474 Hintergrund war ein schweres Erdbeben in Nordkalifornien vom 16. bis 20. Oktober 1989, durch das der Betrieb der Pacific Stock Exchange erheblich beeinträchtigt wurde (vgl. SEC Special Study : On-Line Brokerage (Nov. 22, 1999), Securities and Exchange Commission, (1999 - 2000 Transfer Binder) Fed. Sec. L. Rep. (CCH) ¶ 86,222 at 82,738 Fn. 165 (Nov. 22, 1999)).

475 Securities Exchange Act Release No. 34-27445 (Nov. 16, 1989), 54 FR 48703 (Nov. 24, 1989).

476 Securities Exchange Act Release No. 34-29185 (May 9, 1991); 56 FR 22490 (May 15, 1991).

477 SEC Special Study : On-Line Brokerage (Nov. 22, 1999), Securities and Exchange Commission, (1999 - 2000 Transfer Binder) Fed. Sec. L. Rep. (CCH) ¶ 86,222 at 82,738 (Nov. 22, 1999).

478 SEC Staff Legal Bulletin No. 8 (Division of Market Regulation) (Sept. 9, 1998), verfügbar unter: http://www.sec.gov/interps/legal/slbmr8.htm .

Internet-Service-Providern (ISP) sowie ungewöhnlich hohe allgemeine Zugriffszahlen auf das Internet im fraglichen Zeitraum[479]. Diesen Problemen auf der Seite des Zugangs zu den Web-Seiten entsprachen weitere Schwierigkeiten bei der Ausführung von Kundenaufträgen in der "middleware" und im "back-end"-Bereich. Kundenorder mußte in Folge dieser Schwierigkeiten oftmals manuell ausgeführt werden, weil die Überlastungen im technischen System der Broker insgesamt auch die automatischen Order-Routing-Systeme bei der Übermittlung der Transaktionsaufträge beeinträchtigten[480].

Vor diesem Hintergrund erinnerte die SEC die Broker-Firmen im Bulletin an ihre Verpflichtung aus Sec. 15(b)(7) SEA und forderte die Anpassung der technischen Standards und die Implementierung geeigneter Methoden zur Kontrolle und Vorbeugung mit Rücksicht darauf, daß einer angemessenen Systemkapazität höchste Priorität zukommen müsse[481]. Hierfür sind verschiedene Schritte erforderlich, um den aufgezeigten Schwachstellen zu begegnen. Insbesondere betrifft dieses die Nutzung mehrerer Internet-Service-Provider, die Nutzung sog. "class B" Internet Adressen, die einen Alternativzugang zum Web-Angebot ermöglichen, den Ausbau der Serverkapazitäten, sowie die Entwicklung geeigneter Prozeduren im "middleware"-Bereich zur Regelung der Bearbeitungsprioritäten in Zeiten von Spitzenauslastungen (etwa die primäre Behandlung von Kunden, die eine Orderausführung wünschen vor solchen, die lediglich Informationen über gegenwärtige Kurse abfragen)[482].

b) Angemessene Risikoaufklärung

Während sich die SEC in diesem Bulletin vornehmlich mit technischen Fragen auseinandergesetzt hat, sind von der NASD zwei Rundschreiben an ihre Mitglieder herausgegeben worden, in denen der Schwerpunkt auf einer angemessenen Aufklärung der Kunden über die technischen Gegebenheiten und die daraus erwachsenden Risiken liegt[483].

---

479 SEC Staff Legal Bulletin No. 8 (Division of Market Regulation) (Sept. 9, 1998) unter III.A.

480 SEC Staff Legal Bulletin No. 8 (Division of Market Regulation) (Sept. 9, 1998) unter III.B.; eingehend auch Spitzer, wallstreetlawyer.com, Vol. 3, No. 8, S. 1, 6 f. (January 2000).

481 Auch ein "Outsorcing" der technischen Komponenten ändert an der unmittelbaren Verantwortlichkeit der Broker nichts; vgl. SEC Staff Legal Bulletin No. 8 (Division of Market Regulation) (Sept. 9, 1998) unter III.C./D.

482 SEC Special Study : On-Line Brokerage (Nov. 22, 1999), Securities and Exchange Commission, (1999 - 2000 Transfer Binder) Fed. Sec. L. Rep. (CCH) ¶ 86,222 at 82,739 (Nov. 22, 1999).

483 NASD Notices to Members 99-11 (Feb. 1999); verfügbar unter: http://www.nasdr.com/pdf-text/9911ntm.txt und 99-12 (Feb. 1999), verfügbar unter: http://www.nasdr.com/pdf-text/9912ntm.txt .

In erster Linie fordert die NASD, daß dem Kunden deutlich zu machen sei, daß er keinen direkten Zugang zu den betreffenden Handelsplätzen hat, sondern die Transaktionen über das System des Brokers laufen und von dort weitergeleitet werden[484]. Vor allem seien die Kunden in geeigneter Weise darüber in Kenntnis zu setzen, daß es im Fall von Kapazitätsauslastungen zu Verzögerungen kommen kann, die in ihrer Konsequenz dazu führen können, daß der Preis eines Wertpapiers im Zeitpunkt der Ausführung des Geschäftes nicht dem entspricht, der bei Eingabe der Order des Kunden aktuell war. Beispielhaft verweist die NASD dabei auf die Praxis einiger Mitgliedsunternehmen, durch "Pop-up Fenster" oder "Splash-Screens" unmittelbar vor Ordereingabe auf einzelne Gefahren hinzuweisen[485]. Auch über die Konsequenzen der unterschiedlichen Orderarten[486] und der Investition in bestimmte besonders volatile Wertpapiere muß der Kunde ebenso aufgeklärt werden, wie über die ggf. besonderen Verfahrensweisen der Broker und deren Voraussetzungen in Zeiten hoher Systembeanspruchungen[487].
Zudem ist es gerade dann, wenn - wie in der Praxis häufig - mit schnellen Zugängen und schneller Orderausführung geworben wird, notwendig, daß ein Hinweis auf das gleichwohl bestehende Risiko des Zugangs und etwaiger Verzögerungen erfolgt. Andernfalls liegt ein Verstoß gegen die NASD-Rule 2210, die die Art und Weise der Kommunikation des Brokers mit der Öffentlichkeit regelt, und gegen die NASD-Rule 2110 vor, die allgemein von den Mitgliedern die Einhaltung der "standards of commercial honor" und der "principles of trade" verlangt.

c) Gegenwärtiges Regulierungskonzept

Im "Unger Report" nimmt die SEC beide bisherigen Ansätze - Verbesserung der technischen Standards und angemessene Kundenaufklärung - auf und spricht sich insbesondere dafür aus, daß die Neukunden schon in den Kontoeröffnungsunterlagen auf das Risiko von Verzögerungen und Systemausfällen hingewiesen wer-

---

484 Friedman, Securities Regulation in Cyberspace, 16-24.

485 Derartige Verfahren öffnen beim Betreten einer bestimmten Internet-Seite automatische eine weitere Seite, über die etwa auf die volatile Marktlage oder auf die Risiken im Hinblick auf einzelne Titel hingewiesen werden kann.

486 Bei Verwendung einer "market order" kann der Kurs im Fall von Verzögerungen der Ausführung gerade bei volatilen Werten im Zeitpunkt der Orderausführung deutlich ungünstiger sein, als bei der Auftragserteilung. Andereseits schützen "limit order" zwar gegen dieses Risiko, kommen unter Umständen aber nicht zur Ausführung, wenn bedingt durch Kursschwankungen eine Ausführung innerhalb der gesetzten Grenzen nicht möglich ist (vgl. NASD Notices to Members und 99-12 (Feb. 1999), verfügbar unter: http://www.nasdr.com/pdf-text/9912ntm.txt).

487 Wenn in solchen Situationen Order manuell ausgeführt werden oder bestimmte Bearbeitungsprioritäten bestehen, muß der Kunde dieses wissen, um seine Anlageentscheidung entsprechend verantwortlich treffen zu können. Siehe dazu NASD Notices to Members 99-11 (Feb. 1999).

den sollen[488]. Daneben sollten auch die Internet-Auftritte selbst an geeigneter Stelle Risikohinweise enthalten ("prominent disclosure"). Parallel dazu reicht in Zeiten hoher Systembelastungen die bloße Eröffnung alternativer Orderwege, wie etwa über Fax und Telefon, nicht aus, um den Anforderungen an ausreichende Systemkapazität zu genügen. Erforderlich sind vielmehr alternative Internet-Zugänge, über deren Existenz die Kunden aufzuklären sind. Ebenso sind die Kunden während bestehender Systemschwierigkeiten über deren Ausmaß und voraussichtliche Dauer zu informieren. Auch müssen regelmäßige Tests in Hinsicht auf die Kapazitätsgrenzen der verwenderten Systeme erfolgen und sollten insgesamt Pläne zu deren kontinuierlichem Ausbau erarbeitet werden[489].
Darüber hinaus erwägt die SEC in Ausübung ihrer Kompetenz aus Sec. 17(a)(1) SEA eine Erstreckung der Aufzeichnungspflichten auf signifikante Systemausfälle durch den Erlaß einer entsprechenden Rule. Schließlich klingt im "Unger-Report" an, daß die SEC die zunächst zurückgestellte Verkündung einer Rule 15b7-2 SEA[490] unter Sec. 15(b)(7) SEA prüft, die ohne Etablierung ausreichender Kapazitätsstandards den Brokern zahlreiche Formen der Geschäftstätigkeit untersagen würde[491].

Im Ergebnis verlagert die SEC damit einen Großteil des Risikos marktbedingter Systemüberlastungen in die Sphäre der Broker-Firmen. Aufsichtsrechtlichen Konsequenzen und zivilrechtlicher Haftung können Broker in diesem Bereich vor al-

---

488 Vgl. SEC Special Study : On-Line Brokerage (Nov. 22, 1999), Securities and Exchange Commission, (1999 - 2000 Transfer Binder) Fed. Sec. L. Rep. (CCH) ¶ 86,222 at 82,741 (Nov. 22, 1999).

489 SEC Special Study : On-Line Brokerage (Nov. 22, 1999), Securities and Exchange Commission, (1999 - 2000 Transfer Binder) Fed. Sec. L. Rep. (CCH) ¶ 86,222 at 82,741 (Nov. 22, 1999).

490 Exchange Act Release No. 41,142 (Mar. 11, 1999), 64 Fed. Reg. 12,128 (1999). Die vorgeschlagene Rule 15b7-2 SEA sieht vor:
"(a) This section applies to every broker or dealer registered pursuant to Section 15 of the Act (15 U.S.C. § 78o). If you do not have the operational capability, taking into consideration the nature of your business, to assure the prompt and accurate order entry, execution, comparison, allocation, clearance and settlement of securities transactions, the maintenance of customer accounts, and the delivery of funds and securities, you may not:
(1) Effect any transactions in securities;
(2) Induce the purchase or sale of securities;
(3) Receive or hold customer funds or securities; or
(4) Carry customer accounts.
(b) For the purposes of this section, the term customer includes a broker or a dealer".

491 SEC Special Study : On-Line Brokerage (Nov. 22, 1999), Securities and Exchange Commission, (1999 - 2000 Transfer Binder) Fed. Sec. L. Rep. (CCH) ¶ 86,222 at 82,741 (Nov. 22, 1999). Auch im jüngsten "Internet Release" aus dem April 2000 (Use of Electronic Media, Securities Act Release No. 33-7856, 72 S.E.C. Docket 929 ff. (Apr. 28, 2000), unter II.C.3) wird dieses Thema zwar aufgegriffen.

lem durch Aufstellung geeigneter Prozeduren entgehen, die neben periodischen Überprüfungen durch Maximalauslastungstests auch einen permanenten Ausbau der Systemkapazitäten bei entsprechendem Anstieg von Indikatoren umfassen. Als Anzeichen für die Notwendigkeit einer Kapazitätserweiterung kommen zunehmende Gesamtkundenzahlen oder ein Anstieg der durchschnittlichen Zugriffszahlen auf die Web-Seiten in Betracht.

Zwischenzeitlich ist die überwiegende Zahl der Broker-Firmen diesen Forderungen nachgekommen, indem regelmäßig zwei oder mehr Internet-Service-Provider für den Zugang zum Angebot genutzt werden und vielfach sog. "backup systems" entwickelt worden sind, die bei Ausfall oder bei Beeinträchtigung der Primärsysteme die Orderabwicklung übernehmen können. Parallel dazu können Anleger bei Zugangsproblemen zum Online-Angebot in aller Regel ihre Orderwünsche per Telefon an die Broker übermitteln[492]. Zudem ist vielfach eine Anpassung der Leistungsfähigkeit der Systeme erfolgt, was sich in den sinkenden diesbezüglichen Beschwerdezahlen widerspiegelt[493]. Allerdings sind der Skalierbarkeit der Systeme oft strukturbedingte Grenzen gesetzt[494], so daß der technische Ausbau allein nur unzureichend ist, um die Anleger vor Verlusten zu schützen. Ergänzend ist daher eine angemessene Aufklärung der Kunden über diese Risiken geboten, die mögliche Konsequenzen technischer Probleme aufzeigt und geeignete Alternativen und Möglichkeiten zur Risikobegrenzung nennt. Nur sofern diese erfolgt ist, ist eine Verlagerung des Risikos in die Sphäre der Kunden gerechtfertigt, wie sie die überwiegende Zahl der Broker in ihren Bedingungswerken vereinbaren[495]. Erfolgt eine angemessene Aufklärung allerdings nicht, und werden über einzelne Ausfälle hinaus dauerhafte Probleme des Online-Brokers beobachtet, denen dieser nicht mit geeigneten Maßnahmen begegnet, drohen haftungsrechtliche Folgen ebenso wie disziplinarischen Maßnahmen der SEC oder der zuständigen SRO´s[496].

---

492 SEC, Examination of Broker-Dealers Offering Online-Trading: Summary Findings and Recommendations (Jan. 25, 2001) unter IV.); verfügbar unter: http://www.sec.gov/news/studies/online.htm .

493 Im Jahr 2000 ging die Gesamtbeschwerdezahl aufgrund von Transferproblemen gegenüber 1999 um 27% zurück (vgl. http://www.sec.gov/news/data.htm).

494 Spitzer, wallstreetlawyer.com, Vol. 3, No. 8, S. 1, 5 (January 2000).

495 Spitzer, wallstreetlawyer.com, Vol. 3, No. 8, S. 1, 10 (January 2000).

496 So hat etwa am 28. Februar 2001 zum ersten Mal die NYSE eine Disziplinarsanktion in Gestalt einer 225.000 US$ Geldbuße gegen den Online-Broker TD Waterhouse Investor Services, Inc. verhängt, weil dieser während einer 18-monatigen Periode vom November 1998 bis April 2000 in insgesamt 33 Fällen die Kundenorder nicht oder nur mit erheblicher Verzögerung weitergeleitet hat, was auf Kapazitätsmängel zurückzuführen war; vlg. New York Stock Exchange Hearing Panel Decision, No. 01-003, verfügbar unter: http://www.nyse.com/pdfs/01-003.pdf .

2.) Systemintegritätsprobleme aufgrund externer Ursachen

Während die durch Kapazitätsüberlastungen verursachten Ausfälle der Online-Brokerage-Systeme ihre Ursache in der Sphäre des verantwortlichen Brokers haben und daher grundsätzlich dieser die Konsequenzen zu tragen hat, erfordern Systembeeinträchtigungen, die absichtsvoll von dritter Seite provoziert worden sind, eine differenziertere Betrachtung.

Der für die haftungsrechtliche Verantwortlichkeit maßgebliche Sorgfaltsmaßstab richtet sich nach der Vorhersehbarkeit und Vermeidbarkeit der spezifischen zugangsbeschränkenden Ursache. Anders als bei der Lieferung von Waren ist die Frage der Verantwortlichkeit für Funktionsstörungen von Computersystemen im Bereich der Dienstleistungen im US-amerikanischen Recht nicht eindeutig geklärt. Grund dafür ist, daß bei diesen Vertragstypen das vom Anbieter - also z.B. dem Online-Broker - geschuldete Maß an Sorgfalt nicht nach festgelegten produktorientierten Standards beschrieben wird, sondern anhand allgemeiner Maßstäbe. Gesetzlich festgeschriebene Prinzipien, um diese Maßstäbe zu präzisieren, bestehen insofern nicht. Die Lösung dieser Fragen wird daher allgemein über eine Abgrenzung der Risikosphären gesucht[497]. In Fällen von Systemversagen ist ein wesentliches Kriterium dabei, inwiefern solche Fehler vorhersehbar sind und ob entsprechende präventive Maßnahmen zur Vermeidung ergriffen worden sind[498].

a) Virenbefall und Hackerangriffe

Viren sind je nach ihrer individuellen Konzeption und der Motivation ihres Programmierers in der Lage sich selbständig über das Internet zu verbreiten, Datenbestände oder Festplatten und u.U. sonstige Hardwarekomponenten der befallenen Rechner zu manipulieren, kopieren oder insgesamt zu zerstören[499]. Im Unterschied zum Hacking ist Angriffsobjekt beim Vireneinsatz weniger ein einzelner Zielrechner bzw. dessen Datenbestand. Vielmehr wird das Internet in seiner Gesamtheit angegriffen, um eine Vielzahl angeschlossener Rechner und Systeme zu schädigen. Für Broker ergeben sich angesichts der beschriebenen Verpflichtungen Probleme in zweierlei Hinsicht. Zum einen müssen sie dafür Sorge tragen, daß die auf ihren Servern abgelegten sensiblen Kundendaten geschützt werden[500] und zum anderen die Funktionsfähigkeit ihres gesamten Systems nicht beeinträchtigt wird. Das Einschleusen von Viren in Computer oder Netzwerke ist auch in den USA Gegenstand strafrechtlicher Verfolgung sowie zivilrechtlicher Schadensersatz-

---

[497] Vgl. Nimmer, The Law of Computer Technologie, 6-58.

[498] So Rosenoer, Cyberlaw, S. 163 unter Hinweis auf die Möglichkeit einer Fahrlässigkeitshaftung, wenn derart erforderliche Maßnahmen nicht ergriffen worden sind.

[499] Mankowski, RabelsZ 63 (1999), 203, 282 f.

[500] Dazu sogleich unter § 8, V.).

und Haftungsfolgen[501]. Im Zusammenhang mit Wertpapiertransaktionen steht aber weniger die rechtliche Beurteilung des Verhaltens des Täters im Vordergrund, sondern vielmehr die Frage der Verantwortlichkeit der betroffenen Systembetreiber für die durch diesen Eingriff entstandenen Schäden am System und den damit ggf. verbundenen Zugangs- und Funktionsstörungen zu Lasten der Kunden. Dabei gilt die angemessene Verantwortung ("reasonable care") als grundsätzlicher Standard für eine eventuelle Haftung[502]. Dieser allgemeine Standard ist mit Erlaß der Regulation S-P[503] präzisiert worden, die nunmehr festschreibt, daß Broker nichtöffentliche persönliche Kundendaten durch Verwendung geeigneter Verfahren vor dem unberechtigten Zugriff durch nichtautorisierte Dritte schützen müssen.
Wenngleich eine Festlegung auf bestimmte technische Lösungen durch die Regulation S-P nicht erfolgt ist, so dürften die dortigen Anforderungen mindestens die Verwendung geeigneter und anerkannter Anti-Viren-Programme eines renommierten Anbieters erforderlich machen. Besondere Bedeutung erlangt dabei die permanente Aktualisierung dieser Software-Lösungen um die jeweils neuesten Viren-Signaturen, weil - dem natürlichen Vorbild entsprechend - insbesondere von Mutationen und Neuentwicklungen eine erhebliche Gefahr für die Integrität der Systeme ausgeht. Notwendig ist zudem, schon aufgrund der Systemstruktur der Order-Systeme, die Etablierung sog. "firewalls". Es handelt sich dabei um Hard- oder Softwarelösungen, die dazu bestimmt sind den Datenfluß zwischen Netzwerken oder Teilen eines Netzwerkes zu überwachen und nur bestimmten Informationen den "Durchfluß" zu gestatten. Derartige Systeme zählen mittlerweile zum Standard der US-Broker[504].

---

501 So verbietet der Computer Fraud and Abuse Act (18 U.S.C. § 1030) u.a. den unberechtigten Zugriff auf Computersysteme. Ebenso untersagt der Electronic Communications Privacy Act (Pub. L. No. 99-508, 100 Stst. 1860) den unautorisierten Zugriff auf Daten in Computersystemen (näher Stuckey, Internet and Online Law, 5-8 ff. und 5-18 ff.). Ansatzpunkt ist je nach der individuellen Wirkweise des Virus das unerlaubte Verfälschen von Daten ("tampering"), der unberechtigte Zugang zu Systemen ("trespass") oder die Zerstörung von Daten (destruction"); dazu insgesamt Nimmer, The Law of Computer Technology, 12-64. Soweit ein solcher Virus gezielt in Computersysteme eingeschleust wird, ist, abhängig von den konkreten bundesstaatlichen Vorschriften, regelmäßig ein Straftatbestand des unerlaubten Zugangs durch ein potentiell schädliches Programm als "Grunddelikt" verletzt. Ähnliches gilt für unberechtigte Zugriffe auf Systeminhalte und Manipulationen durch Hacker.

502 Nimmer, Selling Products Online, in: PLI, Multimedia (1997), S. 823, 883.

503 17.C.F.R. § 248.1 - § 248.30; Final Rule: Privacy of Consumer Financial Information, Regulation S-P, Exchange Act Release No. 34-42974 (Nov. 13, 2000); verfügbar unter: http://www.sec.gov/rules/final/34-42974.htm ; dazu sogleich unter § 8, V.).

504 Ergänzend werden vielfach auch externe Spezialisten mit der Überprüfung der Sicherheitsstandards beauftragt, um eventuelle Anpassungen vornehmen zu können (SEC, Examination of Broker-Dealers Offering Online-Trading: Summary Findings and Recommendations (Jan. 25, 2001) unter V.B.; verfügbar unter: http://www.sec.gov/news/studies/online.htm).

b) "denial of service attacks"

Noch schwieriger wird der tatsächliche Schutz und die rechtliche Beurteilung der Verantwortlichkeit des Brokers, wenn der Grund von Systembeeinträchtigungen nicht in dem unbefugten Eindringen von Dritten bzw. schädlichen Programmen in die Systeme der Broker liegt, sondern eine Kapazitätsüberschreitung durch künstlich ausgelöste, massenweise Anfragen an die Systeme provoziert wird. Bei dieser als Dienstverweigerungsangriff ("denial of service attack") bezeichneten, relativ neuen Variante absichtsvoller Systembeeinträchtigungen wird durch eine absichtsvoll verursachte, zeitlich synchronisierte Anfrage einer Vielzahl von Rechnern zu exakt dem selben Zeitpunkt, die Kapazitätsgrenze des Zielsystems angegriffen. Da dieses der plötzlichen hohen Belastung nicht standhält, kommt es oftmals zu Systemzusammenbrüchen. In dieser Situation wird der Zugriff anderer Anwender auf den Service des angegriffenen Anbieters verweigert und es erscheint die Meldung "denial of service" (DoS). Der Schaden, der aufgrund derartiger Zugangshindernisse unabhängig von direkten wirtschaftlichen Folgen für das Ansehen und die Reputation des betroffenen Unternehmens entstehen kann, ist zum Teil erheblich[505]. Dieses gilt besonders für Wirtschaftszweige, in denen Sicherheit und Systemintegrität wesentliche Faktoren darstellen, wie dieses im Internet-gestützten Wertpapierhandel der Fall ist.

Während bei Virenbefällen oder Hackerangriffen die Systemintegrität durch Zugriffe auf unbefugten Wegen geschieht, gegen die mit Hilfe geeigneter Software und sonstiger Vorsichtsmaßnahmen ein Schutz zumindest bedingt möglich ist, verwenden die Täter von "denial of service attacks" gerade diejenigen Kommunikationswege, die der Broker für den Kontakt mit seinen Kunden bewußt offenhält und offenhalten muß, um den Anforderungen an seine Erreichbarkeit gerecht zu werden. Da zudem die Art des Kontaktes, nämlich das Aufrufen der Web-Seiten genau der üblichen Kontaktaufnahme durch Kunden entspricht, ist ein Herausfiltern absichtsvoll vorgenommener unsinniger Aufrufe nicht möglich. Diese unterscheiden sich allein durch die hinter dem Aufruf stehende Intention des Verwenders, die durch keinen Sicherheitsmechanismus erkennbar ist. Schließlich steht auch das Timing solcher Angriffe mit keinen marktrelevanten Vorgängen in Verbindung, sondern hängt allein vom Plan des Hintermannes ab. Da zudem auch die Computer Dritter in diese Aktionen eingebunden werden, um die massenweise, zeitgleiche Anwahl realisieren zu können, ist auch der Sender der Anfrage kein geeigneter Ansatzpunkt für etwaige Gegenmaßnahmen. Nach alledem lassen sich die Order-Systeme nach gegenwärtigem Stand der Internet-Technik nur schwer mit Hilfe präventiver Mittel gegen solchen Angriffen schützen. Von Anti-Viren-Programmen werden DoS-Angriffe häufig nicht erkannt[506].

---

505 Ähnlich Mankowski, RabelsZ 63 (1999), 203, 281.

506 Brunnstein, Lautlose Killer, FAZ v. 20.03.2001, S. B1.

Eine Möglichkeit zur Reduzierung der Intensität derartiger Angriffe besteht allein in der Vorschaltung von Filtersystemen durch die Internet-Service-Provider, mit denen der jeweilige Broker zusammenarbeitet. Einheitliche Schutzstandards haben sich aber auch unter den ISP's noch nicht herausgebildet.
Da von Brokern nach den oben festgestellten Maßstäben schon bei marktbedingten Kapazitätsauslastungen nicht mehr gefordert werden kann als verantwortliche Kontrollen und eventuelle Anpassungen, kann m.E. das vom Broker geschuldete Maß an Sorgfalt im Fall von "denial of service attacks" nicht höher sein. Zu fordern ist daher, daß die Broker in Absprache mit ihren Internet-Service-Providern Lösungen gegen derartige Übergriffe suchen, und ggf. zur Verfügung stehende Filtersysteme nutzen[507]. Darüber hinaus dürften betroffene Broker aufsichtsrechtliche Konsequenzen in diesen Fällen aber nicht zu gewärtigen haben.

V.) Anforderungen an Datenschutz- und Datensicherheit

Gerade im Zusammenhang mit Wertpapiergeschäften werden eine Vielzahl sensibler persönlicher Daten über das Internet transportiert und auf den Servern der Broker gespeichert. Diese umfassen neben der bloßen Identität und Anschrift, respektive E-Mail Adresse des Anwenders, je nach den konkreten Umständen weitere Daten, wie etwa die Sozialversicherungs- oder Kreditkartennummer des Kunden, oder die Details seiner Transaktionsorder und den Stand seines Wertpapierkontos. Diese Daten werden bei elektronischer Übermittlung auf dem Weg vom Sender zum Empfänger in den USA von einer Vielzahl unterschiedlicher "privacy" Vorschriften und Gesetze geschützt[508], die keinen spezifisch wertpapierrechtlichen Hintergrund haben, sondern vielfach Ausdruck verfassungsrechtlicher Gebote sind[509].
Im spezifischen Zusammenhang mit der Behandlung von persönlichen Daten ihrer Kunden durch Online-Broker Firmen sind bisher nur wenige Beschwerden bekannt geworden und nur in einem einzigen Fall ist von Seiten einer SRO - der NYSE - gegen ein Mitglied ein förmliches Verfahren u.a. wegen unberechtigter

507 In diese Richtung deutet auch die SEC-Studie: Examination of Broker-Dealers Offering Online-Trading: Summary Findings and Recommendations (Jan. 25, 2001) unter V.B.; verfügbar unter: http://www.sec.gov/news/studies/online.htm .

508 Neben den "Privacy Acts" verschiedener Bundesstaaten, die vor allem staatliche Eingriffe in diese Sphäre begrenzen, werden elektronische Daten durch den Computer Fraud and Abuse Act (18 U.S.C. § 1030) und den Electronic Communications Privacy Act (Pub. L. No. 99-508, 100 Stst. 1860) geschützt, die vor allem Internet-Service-Providern die unautorisierte Weitergabe untersagen; vgl. insgesamt zum Datenschutzrecht der USA, Wilmer, Cutler & Pickering, Telekommunikations- und Medienrecht in den USA, S. 76 ff.).

509 Vgl. dazu Stuckey, Internet and Online Law, 5-6 ff.

Offenlegung vertraulicher Kundendaten eingeleitet worden[510]. Trotz dieser scheinbar wenig alarmierenden Zahlen herrscht unter den Anlegern aber nur geringes Vertrauen in die vertrauliche Behandlung ihrer per Internet übermittelten Daten[511]. Diese Grundskepsis, verbunden mit der Entwicklung zunehmender Personalisierung von Broker-Dealer Web-Seiten und der damit einhergehenden Gewinnung weiterer persönlicher Daten[512], ist der Grund warum die SEC Broker-Dealer und Investment Adviser zunächst außerhalb verbindlicher Regelungen dazu gedrängt hat, in der Kommunikation mit ihren Kunden geeignete Mechanismen und Verfahrensweisen zu entwickeln, um die Sicherheit der Kundendaten beim elektronischen Transport gewährleisten zu können[513].

1.) "privacy-statements" nach Regulation S-P

Die Festschreibung einer verbindlichen einheitlichen Basis auf bestimmte Mindeststandards ist erst 1999 mit dem Erlaß des Gramm-Leach-Bliley Acts[514] erfolgt, der den Umgang mit nichtöffentlichen persönlichen Daten regelt. Nach der Definitionsnorm der Sec. 509(4) des Gramm-Leach-Bliley Acts umfaßt der Begriff der "nonpublic personal information" solche Daten, die eine persönliche Identifikation des betreffenden Kunden erlauben. Die Art und Weise, wie diese Daten gewonnen worden sind, ist dabei unerheblich. Persönliche Daten, die vom Kunden selbst stammen, sind ebenso erfaßt, wie solche, die vom Broker übermittelt werden, aus einer Transaktion oder sonstigen Dienstleistung für den Kunden herrühren, oder die der Broker sonstwie erlangt hat. Neben den vom Kunden im Rahmen der Kontoeröffnung bereitzustellenden Angaben sind damit vom Schutzbereich des Gesetzes insbesondere auch diejenigen Transaktionsdaten erfaßt, die

---

510 Der "Unger Report" nennt im Zeitraum von Februar bis Oktober 1999 eine Zahl von insgesamt 25 Beschwerden in Hinsicht auf den Umgang mit persönlichen Daten durch die Broker bei einer Beschwerden-Gesamtzahl von 19.250 (SEC Special Study : On-Line Brokerage (Nov. 22, 1999), Securities and Exchange Commission, (1999 - 2000 Transfer Binder) Fed. Sec. L. Rep. (CCH) ¶ 86,222 at 82,752 und 82,757 (Nov. 22, 1999)).

511 Eine Studie aus dem Jahr 1999 ergab, daß über 87% aller Internet-Anwender ernste Bedenken haben, ihre persönlichen Daten über das Internet zu übertragen (siehe Cranor,/Reagle/Ackerman, Beyond Concern: Understanding Net Users Attitudes About On-Line Privacy (1999), verfügbar unter: http://www.research.att.com/projects/privacystudy).

512 Daß derartig spezifische Daten von Wert sind und damit das potentielle Risiko der entgeltlichen Weitergabe an Dritte besteht, hat die SEC auch in anderem Zusammenhang bei der Frage der Beurteilung sog. "free stock" Programmen festgestellt. vgl. unter § 11, I.), 3.), a), cc).

513 Use of Electronic Media by Broker-Dealers, Securities Act Release No. 33-7288, 61 S.E.C. Docket 2568 ff. (May 9, 1996), unter II.D; siehe auch Bartholomew/Murphy, 25 Sec. Reg. L. J., 177, 184 (1997).; Quinn/Jarmal, Securities Regulation and the Use of Electronic Media (2000), in: PLI, Securities Offerings (2000), S. 123, 154 f.

514 Gramm-Leach-Bliley Act, Pub. L. No. 106-102, 113 Stat. 1338 (1999).

der Broker nach Rule 17a-3 SEA aufzuzeichnen und aufzubewahren hat[515]. Daneben fallen unter die "auf sonstige Weise" erlangten Informationen Daten, die etwa durch die Verwendung von entsprechender Software über das Anlageverhalten des Kunden gewonnen worden sind[516]. In Hinsicht auf die Handhabung dieser Daten legt der Gramm-Leach-Bliley Act die Mindeststandards fest, die Broker bei dem Umgang mit diesen Informationen einzuhalten haben[517]. Konkret schreibt er den Broker-Firmen vor, den Kunden ihre Vertraulichkeitsmaßstäbe und deren Handhabung offenzulegen. Gleichzeitig begrenzt er die rechtlich zulässigen Möglichkeiten der Weitergabe dieser Daten an unternehmensfremde Dritte. Die Präzisierung und Umsetzung der abstrakten Anforderungen des Gramm-Leach-Bliley Acts obliegt dabei neben anderen Institutionen auch der SEC, die zunächst unterschiedliche Modelle erwogen und Stellungnahmen eingeholt hat. Deren Ergebnisse mündeten in den Entwurf der seit dem 13. November 2000 gültigen Regulation S-P[518] ein, die das Grundkonzept des Gramm-Leach-Bliley Acts aufnimmt und präzisiert.

Demgemäß sind die Kunden erstmalig spätestens im Zeitpunkt der Begründung der Geschäftsbeziehung darüber in Kenntnis zu setzen, welche konkreten Informationen vom Broker[519] gesammelt werden, auf welche Weise dieses geschieht und an wen diese Daten weitergegeben werden können ("initial privacy note")[520]. Gerade in dieser Hinsicht muß zudem geklärt werden, ob die Kunden sich mit Kontakten zu Zwecken des Marketing einverstanden erklären und ob deren Daten in diesem Zusammenhang an Dritte weitergegeben werden dürfen. Ist der Kunde mit einer derartigen Weitergabe nicht einverstanden, hat er grundsätzlich die Möglichkeit, diese zu unterbinden ("opting out"[521]).

---

515 Die "record keeping" Rule 17a-3 SEA verpflichtet Broker vor allem den Umfang der speziellen Transaktion wiederzugeben, deren Konditionen und Handelsdaten sowie die Identitäten der beteiligten Handelspartner.

516 Vgl. dazu die Darstellung verschiedener Internet-Pull-Techniken unter § 8, II.), 2.), b).

517 Darüber hinausgehende Standards, die durch die Vorschriften von bundesstaatlichen Gesetzen aufgestellt werden, bleiben daneben anwendbar (vgl SEC Special Study : On-Line Brokerage (Nov. 22, 1999), Securities and Exchange Commission, (1999 - 2000 Transfer Binder) Fed. Sec. L. Rep. (CCH) ¶ 86,222 at 82,752 und 82,756 (Nov. 22, 1999)).

518 Final Rule: Privacy of Consumer Financial Information, Regulation S-P, Exchange Act Release No. 34-42974 (Nov. 13, 2000); verfügbar unter: http://www.sec.gov/rules/final/34-42974.htm .

519 Diese Verpflichtungen beziehen sich auch auf nichtregistrierte US-Broker; vgl. Final Rule: Privacy of Consumer Financial Information, Regulation S-P, Exchange Act Release No. 34-42974 (Nov. 13, 2000), unter Fn. 12; verfügbar unter: http://www.sec.gov/rules/final/34-42974.htm .

520 Neben dieser Offenlegungspflicht sind auch periodische Informationen zur Datensicherheit und -vertraulichkeit an den Kunden zu übermitteln (17.C.F.R. § 248.5).

521 17.C.F.R. § 248.1(a)(3).

Um dem Investor selbst eine Kontrolle darüber zu verschaffen, ob die von ihm gesammelten Daten zutreffend sind, müssen die "policy statements"[522] Aussagen darüber enthalten, wo und wie der Kunde die eigenen Daten einsehen und ggf. Änderungen bekanntgeben kann. Schließlich muß der Broker auch darüber aufklären, in welcher Weise die Daten des Kunden während und nach dem Online-Kontakt gegen unbefugten Zugriff Dritter geschützt werden. Zur Erfüllung dieser Offenlegungsverpflichtungen kann sich der Broker des Internet bedienen, sofern die konkrete Art der Verwendung eine Kenntnisnahme durch den Kunden sicherstellt[523].

2.) Technische Mindeststandards der Datensicherheit

Das Konzept der Offenlegung der "privacy policy" wird durch die Regulation S-P um die Festschreibung technischer Mindestanforderungen ergänzt. In Umsetzung der Sec. 501 des Gramm-Leach-Bliley Acts statuiert Regulation S-P die Verpflichtung zu Lasten der Broker, geeignete technische Verfahren zum Schutz der persönlichen Kundendaten zu entwickeln[524]. Ohne sich hierbei auf bestimmte technische Lösungen zu beschränken, nennt Regulation S-P vielmehr die Schutzziele, die diese Verfahren erreichen müssen und setzt den Sorgfaltsmaßstab ("procedures ... reasonably designed") bei der Umsetzung dieses Konzeptes fest. Entsprechend sind angemessene Verfahren zu verwenden, die die Sicherheit und Vertraulichkeit der geschützten Datenbestände gewährleisten, vorhersehbare Gefahren abwenden und insbesondere den nichtautorisierten Zugriff unterbinden. Dabei müssen einerseits die zwischen Anleger und Broker via Internet ausgetauschten Informationen vor dem unberechtigten Zugriff Dritter geschützt werden. Gleichzeitig muß der Broker aber auch die eigenen Web-Server und Datenspeicher gegen unbefugte externe Einsichtnahme schützen.

---

522 Vgl. etwa das "policy statement" von Charles Schwab & Co., Inc., verfügbar unter: http://www.schwab.com .

523 Möglich ist etwa, diese Informationen auf den Web-Seiten des Brokers einzustellen, sofern der Kunde diese für weiteren Zugang zum personalisierten Bereich passieren muß; die Gestaltung darf allerdings vom Inhalt des Statements nicht ablenken (17 C.F.R. § 248.3(c)(2)(iii)).

524 Vgl. 17.C.F.R. § 248.30: *"Procedures to safeguard customer records and information.*
Every broker, dealer, and investment company, and every investment adviser registered with the Commission must adopt policies and procedures that address administrative, technical, and physical safeguards for the protection of customer records and information. These policies and procedures must be reasonably designed to:
(a) Ensure the security and confidentiality of customer records and information;
(b) Protect against any anticipated threats or hazards to the security or integrity of customer records and information; and
(c) Protect against unauthorized access to or use of customer records or information that could result in substantial harm or inconvenience to any customer."

Auf der Ebene der Server können Sicherheitsrisiken vor allem durch Limitierung des Zugangs zugunsten autorisierter Personen erreicht werden[525], wie dieses durch das von Brokern überwiegend verwandte PIN-Verfahren[526] bzw. Passwortabfragen realisiert wird. Allerdings ergeben sich hier bereits aus der Aufbewahrung und Auswahl der Passwörter Risiken. Vielfach verwandte, vermeintlich sichere Passwörter, wie etwa die eigene Sozialversicherungsnummer, sind schon deshalb riskant, weil sie von Fachleuten aus öffentlich zugänglichen Datenbanken ermittelt werden können[527]. Schon aus diesem Grund hat die SEC die Weiterentwicklung geeigneter Sicherheitsschranken gefordert, um die Effizienz des Schutzes vor unberechtigtem Zugang zu den Kundendaten zu erhöhen[528].

Noch größer ist das Zugriffsrisiko durch nichtautorisierte Dritte auf dem Weg der Daten durch das Internet. Aufgrund der spezifischen Struktur der Datenübertragung werden Informationen nicht auf einem direkten Weg vom Sender zum Empfänger transportiert, sondern passieren eine Vielzahl von Servern, so daß vielfältige Zugriffsrisiken bestehen. Um Sicherheit in dieser Phase zu erreichen, liegt die Standardmethode auch unter den US-Online-Brokern derzeit in der Verwendung von SSL[529]-Protokollen[530]. Durch dieses Protokoll wird zum einen die Datenintegrität sichergestellt, also die unverfälschte Übertragung der Informationen zwischen Web-Server und dem Rechner des Anlegers gewährleistet[531]. Zum anderen wird der unbefugte Zugriff durch ein Public-key-Kryptographieverfahren verhin-

---

525 Vgl. zu technischen Fragen und Möglichkeiten der Sicherung von Servern die Informationen des Computer Emergency Responce Teams (CERT) der Carnegie Mellon University, verfügbar unter: http://www.cert.org/security-improvement/modules/m10.html .

526 PIN = Personal Identification Number.

527 SEC, Examination of Broker-Dealers Offering Online-Trading: Summary Findings and Recommendations (Jan. 25, 2001) unter Fn. 28; verfügbar unter: http://www.sec.gov/news/studies/online.htm .

528 Ersetzt werden könnten diese Zugriffsschranken etwa durch PKI-Verfahren, deren Schlüssel auf sog. Smart-Cards gespeichert werden kann (Friedman, Securities Regulation in Cyberspace, 16-25 f.; insgesamt Greenwood/Campbell, 53 Bus. Law., 307 ff. (1997)).

529 Bei dem SSL (= Secure Socket Layer) handelt es sich um ein von Netscape Communications entwickeltes Protokoll zur Maximierung der Sicherheit der Datenübertragung, das von den gängigen Browser, wie dem Netscape Communicator und dem Microsoft Internet Explorer, unterstützt wird; vgl. dazu eingehend bei Esslinger/Müller, DuD 1997, 691 ff.

530 Göth, ÖBA 2000, 205, 207.

531 Ebenso wie für die Datenübermittlung zwischen Web-Seiten stehen auch bei Versendung von E-Mails "public-key"-Verfahren zur Verfügung. Die gebräuchlichste Form dieser Veschlüsselungstechniken ist die sog. PGP (=Pretty Good Privacy"; vgl. unter: http://www.pgp.com ; eine Alternative besteht etwa in der Verwendung von "Secure MIME", einer weiteren, ähnlich operierenden Technik). Mit Hilfe dieser Techniken lassen sich auch digitale Signaturen erzeugen, die dem Empfänger die Gewißheit geben, daß die Nachricht tatsächlich vom vermeintlichen Sender stammt und während des Datentransfers nicht verändert worden ist (Hewitt/Carlson, Securities Practice and Electronic Technology, 7-21).

dert. Dabei sind verschiedene Kryptographietechniken im Einsatz, die je nach der Verschlüsselungstiefe deutliche Unterschiede im Maß der Datensicherheit aufweisen[532]. Trotz der Unterschiede liegt eine wichtige Besonderheit der SSL-Protokolle darin, daß bei jeder neuen Kontaktaufnahme ein neuer Schlüssel generiert wird, so daß selbst die Dekodierung einer Nachricht für zukünftige Kontakte keine Folgen hat.
Neben dem SSL-Protokoll stehen mit PKI-Lösungen[533] weitere moderne Verschlüsselungstechniken zur Verfügung, deren Vorteil gegenüber dem SSL-Standard in der Möglichkeit liegt, daß die miteinander kommunizierenden Rechner sich gegenseitig identifizieren können. Wenngleich diese Verfahren in naher Zukunft allgemeine Verwendung finden dürften, hat sich das PKI-Verfahren unter den Online-Brokern gegenwärtig noch nicht durchgesetzt[534]. Angesichts des Schutzstandards, den das SSL-Protokoll insbesondere bei Verwendung von 40-bit- oder 128-bit-Schlüsseln gewährt, ist aber davon auszugehen, daß dieses Verfahren den Anforderungen an angemessene Verfahren nach der Regulation S-P gerecht wird.

Während die Verpflichtung der Broker zum Schutz der persönlichen Anlegerdaten bisher vor allem aus dem besonderen Treueverhältnis zum Kunden hergeleitet wurde, hat die Regulation S-P einen einheitlichen Rahmen für den Umgang mit sensiblen Kundendaten geschaffen. Durch die Kombination der Offenlegungsverpflichtungen und der Standards für die entsprechende technische Umsetzung der Datensicherheit ist ein Ansatz gefunden, der geeignet erscheint, der gegenwärtig tief verwurzelten Skepsis bei der Online-Übertragung persönlicher Informationen entgegenzuwirken. Angesichts der verbindlich geregelten Mindeststandards sind zudem die Möglichkeiten der SEC zur Kontrolle und Durchsetzung von Sanktionen erheblich verbessert worden.

---

532 Die "Größe" der verwendeten Schlüssel wird in bits bestimmt, wobei die gebräuchlichen Verfahren 40-bit-Schlüssel oder 128-bit-Schlüssel verwenden. Prinzipiell ist dabei jeder Schlüssel deschiffrierbar, die Unterschiede in der dafür aufzuwendenden Zeit sind aber enorm: Eine Hardware, die in ihrer Anschaffung 100 Mio. US$ kostet, ist in der Lage einen 40-bit-Schlüssel innerhalb von 2 Millisekunden zu brechen. Für die Dekodierung eines 128-bit-Schlüssels dagegen benötigte dieselbe Hardware 10.000.000.000.000.000 Jahre! (vgl. dazu mit weiteren Beispielen Hewitt/Carlson, Securities Practice and Electronic Technology, 7-18 f.; Tanenbaum, Computer Security and Encryption, in: PLI, Multimedia (1997), S. 575 ff.).

533 PKI = Public Key Infrastructure.

534 Göth, ÖBA 2000, 205, 207 m.w.N.

VI.) Sonderprobleme bei Daytrading-Strategien

Bereits die bisherigen Ausführungen haben gezeigt, wie wesentlich das Verständnis der technischen Abläufe beim Online-Brokerage ist und welchen Stellenwert die Sicherung technischer Abläufe und eine angemessene Aufklärung hierüber einnehmen. Dieses gilt um so mehr im Fall des Daytrading (oder Intraday-Trading), das von US-Broker-Firmen in aller Regel als Teil der Gesamtleistung mit angeboten wird. Dabei macht der durchschnittliche Online-Investor von dieser Möglichkeit nur sporadisch Gebrauch. Größere Bedeutung kommt hingegen semiprofessionellen Anlegern zu, die ganztägig, nicht vom heimischen PC aus, sondern vielmehr über spezialisierte Daytrading-Center handeln. Diese wiederum sind zum Teil als Retail-Brokerage-Firmen organisiert und insofern in das Regulierungssystem der NASD eingebunden. Problematischer sind solche Daytrading-Center, die in der Rechtsform einer "limited liability company" (LLC) organisiert sind, weil Anleger hier nicht den Status und Schutz eines Broker-Kunden haben, sondern vielmehr Mitgesellschafter sind[535]. Wenngleich die Anzahl dieser äußerst aktiven Daytrader mit geschätzten 7.000 Personen in den USA vergleichsweise gering ist, liegt die Gesamtzahl angesichts der zahlreichen Anleger, die Online-Daytrading-Angebote vereinzelt nutzen, deutlich darüber. Den Angaben großer US-Online-Broker zufolge sind als Daytrader im engeren Sinne etwa 50.000 Personen tätig, denen ca. 20 Millionen Anleger gegenüberstehen, die sich außerhalb von Daytrading-Strategien am Online-Wertpapierhandel beteiligen[536]. In das Bewußtsein einer breiten Öffentlichkeit ist diese Sonderform des Online-Wertpapierhandels in den USA erstmals gelangt, als zunehmend Berichte über hohe Verluste einzelner Daytrader publik geworden sind[537].

1.) Gegenstand und spezifische Gefahren des Daytrading

In der Interpretation der SEC sind Daytrader nicht als Broker-Dealer zugelassene Personen, die Wertpapiere über Firmen handeln, die ihnen einen Echtzeitzugang

535 Rule 15b9-1 SEA nimmt solche Unternehmen von der Pflichtmitgliedschaft der Broker bei der NASD aus (Sec. 15(b)(8) SEA). Allerdings müssen sich derartige Firmen, die vielfach Mitglieder der Philadelphia Stock Exchange (PHLX) sind, bei den Börsen, über die der Handel erfolgt, lizensieren lassen. Da von diesen Unternehmen regelmäßig Hochgeschwindigkeitsverbindungen genutzt werden, das Internet jedoch keine Rolle spielt, wird auf die hiermit zusammenhängenden Fragen nachfolgend nicht näher eingegangen (vgl. näher SEC, Special Study: Report of Examinations of Day-Trading Broker-Dealer (Feb. 25, 2000) unter IV.A.; verfügbar unter: http://www.sec.gov/news/studies/daytrading.htm).

536 FAZ v. 28.04.2000, S. 25. und vom 17.02.2001, S. 25 f.

537 Besonders große Medienwirkung hatte der Amok-Lauf eines Daytraders in Atlanta im Juli 1999, der zuvor Verluste in sechsstelliger Höhe erlitten hatte; vgl. Horwich, wallstreetlawyer.com, Vol. 3, No. 11, S. 21 (April 2000) m.w.N.; Göth, Online-Brokerage, ÖBA 2000, 205, 207.

zu den bedeutenden US-Wertpapiermärkten eröffnen[538], und die in Abgrenzung zu sonstigen Online-Anlegern vor allem folgende Besonderheiten aufweisen: Daytrader halten grundsätzlich keine Wertpapierpositionen über Nacht, versuchen Gewinne durch kurzfristige Kursveränderungen zu erzielen und bedienen sich dabei automatisierter Order-Execution-Systeme, um eine möglichst schnelle Orderausführung zu erreichen. Daneben orientieren sie sich für ihre Anlageentscheidungen mehr an dem bisherigen Kursverlauf als an fundamentalen Unternehmensinformationen oder längerfristigen Entwicklungsprognosen. Ihre Mentalität ähnelt insgesamt eher der eines Händlers, als der eines auf langfristigen Vermögenszuwachs bedachten Investors. Dementsprechend handeln sie schwerpunktmäßig in besonders volatilen Wertpapieren[539] und tätigen, anders als der durchschnittliche Online-Investor, zahlreiche Transaktionen an einem einzigen Tag[540].

Aus diesen Charakteristika des Daytrading ergibt sich in vielerlei Hinsicht eine Potenzierung derjenigen Risiken, mit denen das System des Online-Trading naturgemäß schon belastet ist: Systemzusammenbrüche, Probleme beim Verbindungsaufbau zum Server und Zeitverzögerungen bei der Ausführung der Geschäfte können gerade bei Handelspraktiken, die auf kurzzeitige Kursänderungen setzen, verheerende Folgen haben. Da Daytrader in aller Regel ihr Konto am Tagesende glattstellen, steht zur Mitnahme von Kursgewinnen nur ein relativ kurzer Zeitraum zur Verfügung; um dennoch lukrative Kapitalzuwächse zu erzielen, tendieren Daytrader zu Investition in Werte, die relativ hohe Schwankungsbreiten in relativ kurzen Zeiträumen aufweisen. Zum anderen müssen für spürbare Ergebnisse aus diesen Schwankungen relativ große Stückzahlen erworben werden. Übermarktdurchschnittliche Volatilität auf der einen und hohe Investitionsvolumina auf der anderen Seite stellen damit die Multiplikatoren des beim Online-Trading ohnehin bestehenden Grundrisikos dar.
Hinzu kommt noch das in den USA zu Beginn der "Daytrading-Welle" zu beobachtende Phänomen, daß diese spekulativere Form des Internet-Wertpapierhandels gerade wegen der hohen Handelsvolumina oftmals nicht vollständig aus Eigenmitteln finanziert werden kann. In der Praxis ist daher die Zahl der über Ef-

---

538 Daytrading-Firmen wie etwa All-Tec Direct, Cybercorp. oder TradeCast bieten über ihre Handelsplattformen ihren Kunden Direktzugänge zum börslichen Handel und zu den Level-II-Bildschirmen der NASDAQ an, so daß diese Händler den Market Makern vergleichbar, Zugriff auf die sog. "Market Maker Box" haben, in der die An- und Verkaufskurse aller Marktmacher und der ECN's angezeigt werden (vgl. FAZ v. 17.02.2001, S. 25).

539 SEC, Special Study: Report of Examinations of Day-Trading Broker-Dealer (Feb. 25, 2000) unter III.C.; dazu Quinn/Jarmal, Securities Regulation and the Use of Electronic Media (2000), in: PLI, Securities Offerings (2000), S. 123, 164.

540 Friedman, Securities Regulation in Cyberspace, 16-23; In Amerika tätigen Daytrader tagesdurchschnittlich 25 bis 45 Aufträge, wohingegen der durchschnittliche Online-Anleger in der Regel pro Monat eine einzige Order an seinen Broker richtet (FAZ v. 17.02.2001, S. 25 f.).

fektenkredite finanzierten Daytrading-Transaktionen erheblich angestiegen. Zu den hieraus resultierenden Gebühren kommen als weiterer Kostenfaktor die zum Teil erheblichen Kommissionen, die beim Daytrading fällig werden[541].

2.) Besondere Offenlegungspflichten

Ein konzeptionell derartig aggressives, risikoreiches und kostenintensives Anlagekonzept ist nur angemessen für solche Investoren, die neben den erforderlichen Marktkenntnissen und dem Fachwissen auch über ausreichende Eigenmittel verfügen. Trotzdem die Zahl der bei der SEC eingegangenen Beschwerden, die Daytrading-Angebote betreffen, relativ gering ist, belegen die meisten dieser Kundenbeschwerden, daß die Anleger sich über die Anforderungen und die spezifischen Gefahren dieser Anlagestrategie oftmals nicht im klaren sind[542].
Die SEC (Office of Compliance Inspection and Examinations) hat im Februar 2000 einen Report zum Thema "Daytrading" veröffentlicht[543], dem eine Überprüfung von insgesamt 47 Broker-Dealer Firmen, die Daytrading ihren Kunden anbieten, zugrunde liegt. Unter anderem fand die SEC im Rahmen dieser Untersuchung heraus, daß nahezu die Hälfte aller Daytrading-Firmen auf ihren Web-Seiten gar keine oder nur unzureichende Aufklärung über die besonderen Risiken des Daytrading eingestellt haben. Daneben hatten einige Firmen nur unzureichende Beschreibungen des technischen Ablaufs im Fall des Daytrading. Die Internet-Auftritte anderer Firmen enthielten übertriebene oder unberechtigte Behauptungen[544]. Dieses Ergebnis erstaunt um so mehr, als die NASD bereits im April 1999 einen Entwurf einer neuen NASD-Rule erarbeitet und ihren Mitgliedern zur Diskussion übermittelt hatte, in dem hinsichtlich der Daytrading Problematik ausdrücklich ein umfassendes Aufklärungskonzept entwickelt worden ist[545]. Dieses Konzept ist in die seit dem 16. Oktober 2000 geltende NASD-Rule 2361 übernommen worden, in deren Mittelpunkt die Verpflichtung der NASD-Mitglieder zur Abgabe eines "disclosure statements" vor dem Zeitpunkt der Eröffnung eines

541 Die Kommissionen pro Order liegen insofern (bezogen auf das Jahr 1999) bei 15 bis 25 US$. Hinzu kommen weitere Gebühren für optional angebotene Zusatzleistungen, die zwischen 50 und 675 US$ pro Monat betragen können (SEC, Special Study: Report of Examinations of Day-Trading Broker-Dealer (Feb. 25, 2000) unter IV.B.).

542 1998 betrafen bezogen auf die Gesamtzahl von 10.326 Beschwerden nur 0,36% das Daytrading; 1999 lag diese Zahl bei 0,56% (SEC, Special Study: Report of Examinations of Day-Trading Broker-Dealer (Feb. 25, 2000) unter IV.D.).

543 SEC, Special Study: Report of Examinations of Day-Trading Broker-Dealer (Feb. 25, 2000).

544 Vgl. Kramer/An, Website Issues, in: PLI, Securities Law & The Internet (2000), Vol. 1, S. 395, 410.

545 NASD Proposed Rule 2361, NASD Notice to Members No. 99-32 (Apr. 15, 1999), verfügbar unter: http://www.nasdr.com/pdf-text/99-31.txt ; dazu Adkins/Goldsmith/Lopez/Luparello/Revell/Walter, NASD Regulation, in: PLI, Securities Law & The Internet (1999), Vol. 1, S. 383, 389 f.

für Daytrading geeigneten Kontos steht. Insbesondere soll dieses an Privatinvestoren gerichtete Dokument, das auch auf elektronischem Wege übermittelt werden kann, Hinweise darauf enthalten,

- daß Daytrading mit spezifischen Risiken behaftet ist,
- daß die Anleger nicht die Erwartung an außerordentlich hohe Gewinnmöglichkeiten haben sollten,
- daß diese Form des Wertpapierhandels vertiefte Kenntnisse über die "securities markets" und die Vorgehensweise, insbesondere die Art der "order execution", der dort handelnden Unternehmen erfordert,
- daß unter Umständen eine Registrierung als Investment Adviser oder Broker-Dealer erforderlich werden kann,
- daß Daytrading zur Zahlung erheblicher Kommissionen an den Broker führen kann und
- daß insbesondere das Handeln "on margin"[546] zu erheblichen Verlusten führen kann, die das ursprünglich eingesetzte Kapital noch übersteigen[547].

Die Übermittlung einer solchen Risikoaufklärung ist für jeden Broker-Dealer, der Daytrading anbietet, obligatorisch, unabhängig davon, ob der Anleger diese Möglichkeit überhaupt nutzen möchte[548]. Kommt dieses ohnehin nicht in Betracht, so benötigt der Broker von seinem Kunden eine schriftliche Bestätigung hierüber ("other-use agreement"). Liegt diese Erklärung des Anlegers nicht vor, so bedarf die Angemessenheit einer Daytrading-Strategie für den einzelnen Kunden einer eingehenderen Überprüfung, deren Umfang sich nach den Maßstäben der "suitability rule" bestimmt.

3.) Vereinbarkeit von "suitability"-Verpflichtungen und Daytrading-Strategien

Generell ist Daytrading schon aufgrund der erheblichen Kosten ungeeignet für Personen mit eng begrenzten finanziellen Mitteln oder geringer Risikotoleranz. Schon deshalb bestehen spezifische Anforderungen an das Profil des Anlegers, deren Vorliegen von dem Broker, der eine entsprechende Anlagestrategie empfiehlt, berücksichtigt und vorab überprüft werden muß. Insofern hat die NASD ihr

---

546 Dazu sogleich unter § 8, IV.), 4.).

547 Vgl. NASD-Rule 2361, sowie McMahon, Securities Law and the Internet: Enforcement Issues, in: PLI, Securities Law & The Internet (1999), Vol. 1, S. 265, 278 f. und NASD Notice to Members No. 00-62 (Sept. 2000), verfügbar unter: http://www.nasdr.com/pdf-text/0062ntm.txt .

548 Vgl. NASD-Rule 2360(a).

Aufklärungskonzept ergänzt und in der neuen NASD-Rule 2360 Fragen der Anforderungen an die Angemessenheit dieser Handelsstrategie problematisiert[549]. Ausgehend davon, daß spezielle Werbung oder das Angebot von Trainingsseminaren für Daytrading eine der "suitability rule " unterfallende Form der Empfehlung darstellt, liegt die Kernaussage dieser Regelung in der Verpflichtung des Brokers, sich zunächst eine Tatsachenbasis zu schaffen, auf deren Grundlage er beurteilen kann, ob eine entsprechende Strategie angemessen wäre. Aus diesem Grund muß er sich Klarheit über Anlageziele, die Anlageerfahrung (insbesondere die Handelsfrequenz und das gehandelte Volumen), die finanzielle und steuerliche Situation, den Familienstand und die persönlichen Verpflichtungen und das Alter des Anlegers verschaffen[550]. Hält er nach Abwägung all dieser Faktoren eine Daytrading-Strategie für angezeigt, so kann, verbunden mit der Übermittlung der Risikoaufklärung, ein entsprechendes Konto eröffnet werden.

Trotzdem die betroffenen Online-Broker-Firmen unter Verweis auf die nicht personalisierte Natur dieser Handelsform dem Vorschlag der NASD-Rule 2360 mit Skepsis begegnet sind und darauf verwiesen haben, daß es sich nicht um die Empfehlung eines einzelnen Wertpapiers handele, sondern um eine übergeordnete Strategie[551], scheint die in der NASD-Rule 2360 zum Ausdruck kommende Erstreckung der "suitability"-Verpflichtung auf Daytrading-Strategien angemessen. Hierfür spricht die vergleichbare Ausgangssituation und das Schutzbedürfnis des Anlegers. Wenn sich aus dem besonderen Vertrauensverhältnis zwischen Broker und Kunden eine Verpflichtung zur gewissenhaften Kontrolle einzelner Wertpapiere auf deren Angemessenheit ergibt, so muß dieses beim Anraten einer gesamten Strategie erst recht gelten[552]. Dabei knüpft NASD-Rule 2360 zwar nicht ausdrücklich an eine "recommendation" an, sondern läßt schon das bloße Eröffnen eines Kontos ausreichen, über welches Daytrading-Transaktionen abgewickelt werden können. Zum einen kann dieses aber als konkludente Empfehlung angesehen werden. Zum anderen steht es mit der "shingle"-Theorie im Einklang, daß den Broker eine Verpflichtung zur Offenlegung von Risiken trifft, selbst wenn dieser nicht ausdrücklich zu bestimmten Anlageformen rät.

---

549 Siehe NASD Notice to Members No. 99-32 (Apr. 15, 1999), verfügbar unter: http://www.nasdr.com/pdf-text/9932ntm.txt ; Adkins/Goldsmith/Lopez/Luparello/Revell/ Walter, NASD Regulation, in: PLI, Securities Law & The Internet (1999), Vol. 1, S. 383, 387.

550 NASD-Rule 2360(b).

551 McMahon, Securities Law and the Internet: Enforcement Issues, in: PLI, Securities Law & The Internet (1999), Vol. 1, S. 265, 278 f.

552 Ähnlich Ramsay, wallstreetlawyer.com, Vol. 4, No. 2, S. 1, 6 (July 2000); Quinn/Jarmal, Securities Regulation and the Use of Electronic Media (2000), in: PLI, Securities Offerings (2000), S. 123, 165.

Das Zusammenspiel der NASD-Rules 2360 und 2361 stellt damit hinreichend sicher, daß der Anleger sich bei Nutzung von Daytrading-Angeboten über die Risiken dieser Strategie im klaren ist und dieses nicht im Widerspruch zu seinem Anlegerprofil steht.

4.) "margin trade"-Problematik

Das ohnehin nicht unerhebliche Verlustrisiko beim Daytrading potenziert sich noch, wenn derartige Transaktionen über Kreditrahmen finanziert werden, die die Broker-Firmen ihren Kunden einräumen ("trade on margin"). Ein weiterer Ansatz zum Schutz der Anleger und gleichzeitig zur faktischen Begrenzung der Daytrading-Möglichkeit auf finanziell hinreichend potente Kundenkreise besteht daher darin, die Anforderungen an die Eigenmittel bei solchen "margin trades" über das normale Maß hinaus anzuheben[553].

a) Grundanforderungen an kreditfinanzierte Wertpapiergeschäfte

Grundsätzlich können Broker für ihre Kunden Konten eröffnen, die diesen einen gewissen Kreditrahmen einräumen ("margin accounts"). Sec. 7(c)(1) SEA verbietet jedem Broker-Dealer die Erweiterung der Wertpapierkreditlinie über die durch das Federal Reserve Board (FRB) festgesetzten Grenzen hinaus. Ergänzend erklärt Sec. 8 SEA Wertpapierleihen durch Broker-Dealer in börsengehandelten "securities" für rechtswidrig, wenn diese nicht mit den Regelungen des Federal Reserve Board übereinstimmen. Die Festlegung dieser Rahmenbedingungen ist durch die vom Federal Reserve Board erlassene Regulation T[554] erfolgt, deren Hauptzweck die Regulierung der Wertpapierkredite durch Broker-Dealer ist. Dabei legt Regulation T "initial margin requirements" fest[555] und trifft Regelungen zu den Zahlungsmodalitäten bei Wertpapiertransaktionen.
Eine Kreditfinanzierung der Wertpapiertransaktionen kann grundsätzlich auf zweierlei Weise erreicht werden. Möglich ist zum einen, den durch den Broker selbst eingeräumten Kreditrahmen in Anspruch zu nehmen. In diesem Fall hat der Anleger eine "initial margin", also einen gewissen Prozentbetrag des beabsichtigten Transaktionsvolumens zu überweisen; der Broker kann dann seinerseits den erforderlichen Restbetrag ("maintenance margin") zuschießen und die so erworbenen Wertpapiere als Sicherheit nehmen. Sobald der von der Regulation T ge-

---

553 Quinn/Jarmal, Securities Regulation and the Use of Electronic Media (2000), in: PLI, Securities Offerings (2000), S. 123, 164.

554 Regulation T (12 C.F.R. § 220 (1998)); dazu im einzelnen Markham/Hazen, Broker-Dealer Operations, Vol. 23, 3-17 ff.

555 Regulation T erfordert auf dem Kundenkonto grundsätzlich finanzielle Rücklagen oder Wertpapiersicherheiten in Höhe von 50% der Transaktionskosten.

setzte Rahmen durch weitere Transaktionen überschritten wird, hat der Broker-Dealer den Kunden hierauf aufmerksam zu machen und den Nachschuß von Mitteln zu verlangen ("margin call")[556]. Die Alternative für den Anleger besteht darin, sich den erforderlichen Betrag nicht vom Broker-Dealer selbst, sondern direkt von Banken oder sonstigen Geldverleihern zu beschaffen und ohne Einrichtung eines "margin accounts" beim Broker das Wertpapiergeschäft zu finanzieren[557]. Bis 1996 war es Broker-Dealern untersagt, durch direkte oder indirekte Maßnahmen zur der Erweiterung der Kreditrahmen ihrer Kunden über die Grenzen der Regulation T hinaus, etwa durch Vermittlung an Dritte, beizutragen. Nachdem durch Änderungen der Regulation T viele professionelle Geldverleiher vom Regelungsbereich dieser Vorschriften erfaßt worden sind, ist dieses Verbot zu Lasten der Broker-Dealer mittlerweile aufgehoben worden[558]. Trotzdem geht die SEC von einer Verletzung der "margin rules" der Regulation T aus, wenn der dritte Geldverleiher in solcher Nähe zum Broker-Dealer steht, daß die Vermittlung an diesen der indirekten unzulässigen Erweiterung des eigenen Kreditrahmens gleichkommt[559]. Der Daytrading Report der SEC hat zahlreiche derartiger Verstöße aufgedeckt, die von der SEC vielfach durch entsprechende administrative Maßnahmen geahndet worden sind[560].

b) Sonderregelung für "daytrading accounts"

Nachdem gleichwohl die Fälle, in denen US-Daytrader aufgrund kreditfinanzierter Transaktionen hohe Verluste erlitten hatten, zunahmen, haben NYSE und NASD Regelungen erlassen, die von Daytrading-Firmen die Beschränkungen der Möglichkeit zum Daytrading auf "margin"-Basis fordern[561]. NASD-Rule 2520(f)(8)(B) verweist insoweit grundsätzlich auf die speziellen Anforderungen, die die Regula-

---

556 Ein Broker-Dealer verletzt die Vorschriften der Regulation T, wenn er den Kreditrahmen über die von der Regulation T vorgesehene 50%-Grenze hinaus erweitert (vgl. näher Horwich, wallstreetlawyer.com, Vol. 3, No. 11, S. 21 (April 2000)).

557 Rule 10b-16 SEA verpflichtet die Broker bei solchen "margin trades" zu bestimmten Offenlegungspflichten; vgl. zum Ganzen Markham/Hazen, Broker-Dealer Operations, Vol. 23, 3-27 m.w.N. und 3-44 ff.

558 Markham/Hazen, Broker-Dealer Operations, Vol. 23, 3-29.

559 Horwich, wallstreetlawyer.com, Vol. 3, No. 11, S. 21 (April 2000).

560 Gegen den auf Daytrading spezialisierten Broker-Dealer All-Tech Direct, Inc. etwa hat die SEC unmittelbar vor Veröffentlichung des Daytrading Reports eine "ceast and desist order" erlassen, weil dieser 1998 mehrfach direkt oder indirekt Kreditrahmen erweitert hatte, indem Gelder von Konten Dritter, die mit All-Tech Direct, Inc. in Verbindung standen, transferiert worden sind (so Horwich, wallstreetlawyer.com, Vol. 3, No. 11, S. 21 (April 2000) m.w.N.).

561 Vgl. dazu SEC Release No. 34-42343 (Jan. 14, 2000), No. 34-42418 (Feb. 11, 2000) bei Kramer/An, Website Issues, in: PLI, Securities Law & The Internet (2000), Vol. 1, S. 395, 410.

tion T im Hinblick auf die zu hinterlegenden Summen stellt[562]. Dabei ist die Eigenkapitalunterlegung der für Daytrader-Konten geltenden Standards auf eine Summe von 25000 US$ erhöht worden, die auf den jeweiligen Konten permanent vorgehalten werden muß. Zudem ist die bisher bestehende Möglichkeit, die Mittel mehrerer Brokerkonten kombiniert zu nutzen, um Einschußpflichten zu erfüllen ("cross-guaranties"), begrenzt worden. Gleiches gilt für die von vielen Anbietern eingeräumte Möglichkeit der Vergabe kurzzeitiger Kredite der einzelnen Anleger untereinander. Indem den Daytradern eine Wartezeit von 2 Tagen auferlegt wurde, die zunächst verstreichen muß, bevor das hinterlegte Geld zur Erfüllung der Einschußverpflichtungen genutzt werden kann, ist die Attraktivität dieser Möglichkeit zur Erfüllung von Hinterlegungspflichten deutlich reduziert[563]. Diese Maßnahmen scheinen angesichts einer stark zurückgegangenen Anzahl von Daytrading-Neukunden in den USA[564] erste Wirkung gezeigt zu haben und sind damit ein wesentlicher Schritt zur Begrenzung dieser Handelsform auf Anleger, die über die notwendigen Mittel und Kenntnisse verfügen, um den besonderen Anforderungen und Risiken angemessen begegnen zu können.

VII.) Fazit

Insgesamt erfassen SEC und die SRO's die mit dem Online-Brokerage verbundenen Probleme durch ein abgestuftes Regulierungskonzept, dessen Regelungstiefe und Umfang von den spezifischen Risiken einzelner Bereiche abhängt. Im Kern steht dabei wiederum eine umfassende Aufklärung der Anleger, die auf diese Weise in die Lage versetzt sind, sich selbst für einzelne Anbieter oder Anlageformen zu entscheiden. Gleichzeitig eröffnet dieses Konzept einen vielfältigen Wettbewerb unter den Anbietern, der gerade in den technischen Bereichen der Kapazitätsanforderungen und der Systemsicherheit und -integrität Raum für die Entwicklung von Lösungskonzepten bietet. Daß diese Flexibilität nicht zu Lasten des Anlegerschutzniveaus geht, wird durch die auch in Internet-Sachverhalten anwendbaren Wohlverhaltenspflichten erreicht, zu denen insbesondere die "suitability rule" und das "best execuition"-Erfordernis zählen. Trotzdem die Anwendung dieser Regeln im Online-Brokerage Kontext nicht unproblematisch ist, werden die sich

---

[562] NASD-Rule 2520(f)(8)(B) legt lediglich fest, daß sich die Frage der Berechnung der "margins" danach richtet, ob zuerst eine "long" oder "short" Transaktion vorgenommen worden ist. An diese Einordnung knüpfen sich unterschiedliche Hinterlegungssummen an. Zu den Anforderungen der Regulation T und der Rule 2520 siehe Adkins/Goldsmith/Lopez/ Luparello/Revell/Walter, NASD Regulation, in: PLI, Securities Law & The Internet (1999), Vol. 1, S. 383, 388.

[563] NASD Proposed Change of Rule 2520, NASD Notice to Members No. 99-33 (Apr. 15, 1999), verfügbar unter: http://www.nasdr.com/pdf-text/9933ntm.txt ; auch Cohen, wallstreetlawyer.com Vol. 4, No. 1, S. 13, 15 (June 2000).

[564] FAZ v. 17.02.2001, S. 25 f.

hieraus ergebenden Verpflichtungen grundsätzlich aufrechterhalten und durch eine angepaßte Interpretation den Besonderheiten des Internet angepaßt.

KAPITEL 4: VERBREITUNG ANLAGERELEVANTER INFORMATIONEN IM INTERNET

Das Informationspotential, welches das Internet bereitstellt, trägt wesentlich dazu bei, daß sich die bisher bestehende Asymmetrie im Informationsfluß zwischen institutionellen Investoren auf der einen und Privatanlegern auf der anderen Seite zunehmend egalisiert. Gerade in den USA ist die Offenlegung und Verbreitung von anlage- und kursrelevanten Informationen elementare Bedingung für die Integrität des Kapitalmarktes. Die SEC hat dazu anschaulich geäußert: "*Information ist the lifeblood of our securities markets*"[565]. Angesichts dieses Stellenwertes erscheint der Einsatz des Internet aufgrund seiner Stärken besonders im Bereich der Informationsverbreitung geradezu zwingend, um diesen Nachrichtenfluß zu fördern. Entsprechend hat die SEC immer wieder ihre positive Grundhaltung gegenüber der Nutzung des Internet zur Verbreitung wertpapierrelevanter Informationen betont.
Denkbar ist der Einsatz dieses Mediums zur Übermittlung von Wertpapierprospekten ebenso, wie zur Erfüllung von Ad-hoc- oder sonstigen Publizitätspflichten. Daneben findet das Internet aufgrund seiner vielfachen Gestaltungsmöglichkeiten auch zur Vermarktung einzelner Wertpapier- oder Finanzdienstleistungsangebote Verwendung. Gerade die mit Hilfe dieses Mediums zu erzielende Massenwirkung macht es andererseits auch für die Täter vielfältiger Betrugsmuster zu einem einmaligen Instrument, irreführende oder manipulative Informationen als Teil übergeordneter Betrugsmuster zu verbreiten.

Nachdem die Bewertung zahlreicher Einzelfragen des Wertpapierhandels und der Wertpapieremissionen an öffentliche Angebote oder die Publikation sonstiger Informationen anknüpfen, sollen die Grundbedingungen der Verbreitung wertpapierrelevanter Informationen nachfolgend im Zusammenhang dargestellt werden. Dabei ist nach dem US-Kapitalmarktrecht grundlegend zwischen drei unterschiedlichen Bereichen zu unterscheiden. Zum einen bestehen dem "disclosure"-Konzept entsprechend zahlreiche zwingende Offenlegungsverpflichtungen ("mandatory disclosure duties"), auf die in § 9 eingegangen werden soll. Eigene Regeln gelten für die in § 10 erörterte Verbreitung nicht obligatorischer Informationen ("non-mandatory disclosure"), die zusammen mit den offenlegungspflichtigen Tatsachen die Basis einer verantwortlichen Anlageentscheidung bilden. Angesichts dieser Bedeutung ist die Absicherung der Richtigkeit und Vollständigkeit dieser Informationen wesentlich, die aufsichtsrechtlich, straf- und haftungsrechtlich vor allem durch die "antifraud provisions" realisiert wird. Die vielfältigen

---

565 Proposed Rule: Selective Disclosure and Insider Trading, Release Nos. 33-7787; 34-42259, 71 S.E.C. Docket 862 ff. (July 31, 1999), unter I.; verfügbar unter: http://www.sec.gov/rules/proposed/34-42259.htm .

Verstöße gegen diese Vorschriften und die Ahndung derartig betrügerischer Wertpapierangebote und sonstiger unrechtmäßiger Verhaltensweisen soll unter § 11 dargestellt werden.

§ 9 US-Publizitätspflichten und Internet

Das System der US-Publizitätspflichten unterteilt sich aus Sicht der betroffenen Unternehmen in die Verpflichtung zur Übermittlung von Wertpapierprospekten im Rahmen einer Emission, in eine umfassende periodische Publizitätspflicht sowie ereignisabhängige Ad-hoc Publizitätspflichten. Ergänzt wird dieses Grundkonzept durch weitere spezielle kapitalmarktrechtliche oder gesellschaftsrechtliche Offenlegungspflichten wie etwa aus dem Bereich der Verwaltung und Ausübung von Stimmrechtsvollmachten der Anteilseigner ("proxy regulation"[566]) oder im Fall öffentlicher Übernahmeangebote ("tender offer"). Primäres Anliegen der daraus resultierenden umfassenden "disclosure duties" ist der gleiche und schnelle Zugriff aller Anleger auf unternehmensbezogene Informationen, um so transparente Marktbedingungen im Sinne eines "full and fair disclosure" zu schaffen[567].

I.) Erfüllung von Prospekts- und Berichtspflichten via Internet

1.) Grundlagen

Im Rahmen der Emissionsphase ist das zentrale Mittel zur Informierung des Anlegers über den Emittenten und die "security" der Wertpapierprospekt ("prospectus"), der streng formalisierte Angaben zu enthalten hat und idealerweise die Basis einer verantwortlichen Anlageentscheidung bildet. Die Verpflichtung zur Übermittlung eines solchen Prospektes an die zeichnenden Anleger besteht grundsätzlich zu Lasten jedes Emittenten bei jeder Emission[568].

---

566 Auf die mit der "proxy"-Regulation zusammenhängenden Fragen, die primär dem gesellschaftsrechtlichen Bereich zuzuordnen sind, wird im Rahmen der vorliegenden Arbeit nicht näher eingegangen. Vgl. hierzu allgemein etwa Hewitt/Carlson, Securities Practise and Electronic Technology, 3-10 ff.; Ratner, Securities Regulation, S. 101 ff.; Die internationale Anwendung des Börsenrechts, S. 141.

567 vgl. Preamble of the Security Act of 1933; sowie insgesamt Gruson/Wiegemann, Die Ad-hoc Publizität von Unternehmen nach amerikanischem Recht, unter B.1. Allerdings wird ggw., initiiert durch den neuen Chairman der SEC, H. Pitt, ein Diskussion geführt, ob das bestehende „periodic disclosure"-System grundlegend zugunsten eines „current disclosure"-Systems modifiziert werden sollte (vgl. insoweit den SEC –Release „SEC to Propose New Corporate Disclosure Rules", verfügbar unter: http://www.sec.gov/news/headlines/corpdiscrules.htm).

568 Dazu eingehend unter § 14.

Ergänzend zu diesen Grundinformationen unterliegen Unternehmen unter bestimmten Umständen im anschließenden Handel der weiteren Verpflichtung in periodischen Abständen Bericht über wesentliche Vorgänge im laufenden Geschäftsgang zu erstatten ("periodic reporting requirements")[569]. Sec. 13(a)(2) SEA unterwirft Unternehmen, die gem. Sec. 12 SEA bei der SEC registriert sind, der Verpflichtung zur Einreichung von Jahres- und Quartalsberichten[570]. Betroffen sind hiervon vor allem solche Gesellschaften, deren Wertpapiere an einer US-Börse gehandelt werden[571] oder die nach dem Securities Act registrierungspflichtig sind (Sec. 15(d) SEA). Diese Unternehmen haben innerhalb von 90 Tagen nach Ende des Geschäftsjahres einen Jahresbericht auf dem Formblatt "Form10-K" bei der SEC einzureichen, der einen detaillierten Überblick über die Aktivitäten der Gesellschaft während des vergangenen Geschäftsjahres gibt[572]. Zur Aktualisierung während des laufenden Geschäftsjahres ist zudem ein Quartalsbericht auf dem Formblatt "Form 10-Q" innerhalb von 45 Tagen nach Ende der ersten drei Quartale eines jeden Geschäftsjahres der SEC zu übermitteln. Inhaltlich bezieht sich der Quartalsbericht nur auf bestimmte, besonders kursrelevante Entwicklungen[573]. Diese Berichtspflichten dienen zur Sicherstellung, daß dem Anleger adäquate Informationen als Basis ihrer Investitionsentscheidung zur Verfügung stehen und werden insofern als ein entscheidendes Element zur Sicherung der Integrität der Kapitalmärkte angesehen[574].

Trotz dieser Bedeutung, die den periodischen Berichtspflichten beigemessen wird, ist festzuhalten, daß eine gesetzliche Verpflichtung zur Übermittlung dieser Berichte an die Anteilseigner nicht besteht. Nach dem Securities Exchange Act genügt das verpflichtete Unternehmen seinen periodischen Publizitätsverpflichtungen vielmehr allein durch das Einreichen der betreffenden Formulare bei der SEC, über die jedermann Einsicht in diese Dokumente nehmen kann[575]. Möglich ist dieses aus Sicht der Anleger etwa über die via Internet frei zugängliche EDGAR-Datenbank. Zudem ist die fehlende Verpflichtung durch die SEC insofern relativiert worden, als sie in Ausübung ihrer durch Sec. 14(a) SEA verliehenen Autori-

---

569 Das ursprüngliche Konzept sah diese Verpflichtung zur Anlegerinformation nicht vor. Als 1933 der Securities Act erlassen wurde, erlangten Anleger Informationen nur im Rahmen des Public Offering. Erst mit Erlaß des Securities Exchange Acts im Folgejahr wurde diese vielkritisierte Lücke geschlossen (so Brown, The Regulation of Corporate Disclosure, 2-5 m.w.N.).

570 Brown, The Regulation of Corporate Disclosure, 2-5 ff.; Sauermilch, ZfgK 1996, 300 ff.

571 Vgl. näher bei Gruson/Wiegemann, Die Ad-hoc Publizität von Unternehmen nach amerikanischem Recht, unter B.11.

572 Im Einzelnen Brown, The Regulation of Corporate Disclosure, 2-12; Sauermilch, ZfgK 1996, 300, 302; zum näheren Inhalt dieser "Forms" vgl. Wilhelm, Registrierungs- und Publizitätspflichten, S. 186 ff.

573 Brown, The Regulation of Corporate Disclosure, 2-11; Sauermilch, ZfgK 1996, 300, 302.

574 SEC v. World-Wide Coin Investments, Ltd., 567 F.Supp. 724, 759 (N.D.Ga.1983).

575 Brown, The Regulation of Corporate Disclosure, 2-6.

tät umfangreiche Offenlegungsverpflichtungen im Rahmen der Einforderung von Vollmachten zur Ausübung des Stimmrechts in der Hauptversammlung ("proxi solicitation") statuiert hat, was in der Praxis vielfach einer unmittelbaren Übermittlungspflicht gleichkommt.

Im Hinblick auf Geschwindigkeit, Kostengünstigkeit und den hohen Verbreitungsgrad von Informationen bei entsprechendem Einsatz der verschiedenen Kommunikationsmöglichkeiten des Internet, bietet die Nutzung dieses Mediums zur Erfüllung solcher Publizitätspflichten Vorteile gegenüber klassischen Publikationsformen. Dennoch weisen traditionelle Medien, wie etwa die Übermittlung von gedruckten Prospekten per Post, in mancherlei Hinsicht positive Aspekte auf, die durch elektronische Übermittlungsformen nicht in gleichem Maße erreicht werden. Dieses betrifft trotz des enormen Wachstums, den das Internet verzeichnet, und trotz der permanent steigenden Zahl von Anschlüssen auch privater Haushalte die gleichwohl noch nicht realisierte flächendeckende Möglichkeit der Ansprache aller Anleger oder potentiellen Investoren. Während bei Kenntnis der entsprechenden Anschrift postalisch nahezu jede Information zugestellt werden kann, ist dieses auf elektronischem Wege (noch) nicht erreichbar. Zudem sind einige der Kommunikationsformen, die das Internet bereitstellt, anders als die zielgerichtete Versendung von Briefen, passive Formen der Informationsübermittlung, wie diese etwa für die Nachrichten gilt, die auf Internet-Seiten eingestellt werden. Eine Ansprache der Empfänger ist über solche Wege nicht mit der gleichen Intensität möglich, wie dieses bei der klassischen Briefzustellung der Fall ist[576].

2.) Entwicklung der Grundhaltung der SEC - die "Internet Releases"

Um die genannten Vorzüge des Internet zu nutzen, ohne dabei angesichts der dargestellten Nachteile die Position des Anlegers zu schwächen, verfolgt die SEC bei der Frage der Erfüllung von Informationspflichten durch elektronische Übermittlungsformen einen Ansatz, der den Einsatz von Internet-Kommunikationsformen erlaubt, solange die Wirkungen derartiger Übermittlung denen, die bei Übersendung von gedrucktem Material einträten, entsprechen ("analogy to paper ap-

576 Insofern läßt sich zwischen "push"- und "pull"-Techniken unterscheiden. Während im erstgenannten Fall der Sender die Informationen aktiv in Richtung eines spezifischen Empfängers verschickt, macht er sie in letztgenanntem Fall lediglich verfügbar. Qualitativ liegt der Unterschied beider Übertragungsformen vor allem darin, daß bei "pull"-Medien der Empfänger unter Umständen keine Kenntnis von der Verfügbarkeit oder der Existenz der Information hat, weshalb er hier durch eigene Aktivität die Existenz etwaiger Informationen überprüfen und diese dann in seine Sphäre "ziehen" muß. Bei Versendung von Informationen durch "push"-Techniken hingegen, wie etwa im Fall des Versendens von E-Mails, "schiebt" der Sender selbst diese in die Sphäre des Empfängers.

proach"[577]). Ausgehend von dieser Basis hat die SEC im Wege von insgesamt 4 wesentlichen "Internet Releases" und zahlreichen No-Action Lettern ein umfassendes Konzept entwickelt, unter welchen Voraussetzungen und Einschränkungen Internet-Übertragungstechniken genutzt werden können, um den Anforderungen der Federal Securities Laws an die Übermittlung einzelner Dokumente und Informationen gerecht zu werden[578]. Wenngleich in der zeitlichen Abfolge der "Internet Releases" die Haltung der SEC im Hinblick auf einzelne Fragen Änderungen erfahren hat, so sind die wesentlichen Aspekte kontinuierlich fortgeschrieben worden.

Am Beginn dieser Entwicklung stand ein im Februar 1995 an die Anwaltskanzlei Brown & Wood gerichtete No-Action Letter[579]. Brown & Wood hatten sich namens ihrer Klienten an die SEC gewandt, um deren Rechtsauffassung bezüglich der Verbreitung von Wertpapierprospekten mittels eines proprietären Netzwerkes zu erfragen. In ihrer Erwiderung nahm die SEC die angestrebte No-Action Position ein und vertrat, daß die Möglichkeit zum Download der Prospekte über das Computersystem den Prospektübermittlungspflichten des Securities Act gerecht wird, wenn verschiedene Grundbedingungen erfüllt sind. Dazu zählte insbesondere, daß die in der elektronischen Version des Prospektes enthaltenen Informationen denen der gedruckten Version entsprechen. Daneben mußten sich die angeschlossenen Anleger mit der elektronischen Übermittlungsform einverstanden erklären. Weiter forderte die SEC, daß an die Teilnehmer eine gesonderte Nachricht übermittelt würde, mit der die Verfügbarkeit der Prospekte über das System mitgeteilt wird. Schließlich müßten die Anleger in der Lage sein, den Prospekt durch Ausdruck wieder in eine gedruckte Form zu wandeln. Alternativ müsse jedem Investor, der dieses verlangt, eine gedruckte Version zur Verfügung gestellt werden[580].

Im Anschluß an diese erste Verlautbarung zu Fragen elektronischer Prospektübermittlung veröffentlichte die SEC im Oktober 1995 ihren ersten "Internet Re-

---

577 Use of Electronic Media for Delivery Purposes, Securities Act Release No. 33-7233, 60 S.E.C. Docket 1348 ff. (Oct. 6, 1995); insgesamt auch Gavis, 52 Bus. Law., 631, 642 ff. (1996); Quinn/Jarmal, Securities Regulation and the Use of Electronic Media (1998), in: PLI, Securities Law & The Internet (2000), Vol. 1, S. 869, 871; Kaufman Winn, 54 Bus. Law., 443, 445 (1998); Steck, ZBB 2000, 112, 113 ff.

578 Vgl. dazu insgesamt die Darstellungen von Gavis, 52 Bus. Law., 317 ff. (1996); Bartholomew/Murphy, 25 Sec. Reg. L. J., 177 ff. (1997); Robertson, 23 Sec. Reg. L. J., 347, 381 ff. (1996); Mukamal, 25 Sec. Reg. L. J., 420 ff. (1997).

579 Brown & Wood, SEC No-Action Letter, (1994 - 1995 Transfer Binder) Fed. Sec. L. Rep. (CCH) ¶ 77,00 at 78,841 (Feb. 17, 1995).

580 Vgl. Gavis, 52 Bus. Law., 317, 326 ff. (1996); Bartholomew/Murphy, 25 Sec. Reg. L. J., 177, 183 (1997).

lease", der sich unabhängig von Einzelfallentscheidungen umfassend mit der Frage des Internet-Einsatzes im Bereich der Securities Laws beschäftigte. Dieser "October Release"[581] geht, auch wenn er inhaltlich auf der Linie des Brown & Wood No-Action Letter blieb, insofern einen weiteren Schritt in Richtung der Einbindung der Internet-Technologie in das Regulierungskonzept der SEC, als sich dieser Release thematisch nicht auf die Voraussetzungen der Veröffentlichung eines Prospektes beschränkt, sondern vielmehr die elektronische Übermittlung jeglichen veröffentlichungspflichtigen Materials betrifft[582]. Neben spezifischen Internet-Kommunikationsformen wie E-Mails, Bulletin Boards oder Internet-Web-Seiten erfaßt der Regelungsbereich dieses Releases die Übermittlung durch elektronische Medien insgesamt, so daß auch Formen der Übermittlung durch Audio- und Videobänder, per Fax oder CD-Rom erfaßt sind. Aufbauend auf dem "analogy to paper"-Gedanken hat die SEC in diesem Release drei grundlegende Voraussetzungen herausgearbeitet, die elektronische Übertragungsformen gewährleisten müssen. Dabei handelt es sich um: "notice", also die Kenntnisnahme des Empfängers vom Erhalt einer Nachricht, "access", worunter die ungehinderte Möglichkeit des Zugriffs auf die Information zu verstehen ist, und das "evidence of delivery"-Erfordernis, welches die Beweisbarkeit der Übertragung der Nachricht betrifft.

Regelungsadressat des "October Releases" ist der Emittent. Die Frage, ob und inwiefern dieselben Grundsätze für die Übermittlung von Informationen auch für Broker-Dealer, Investment Adviser und andere professionelle Finanzdienstleister gelten, die ihren Kunden nach dem Securities Exchange Act bzw. Investment Advisers Act und den jeweils darunter erlassenen Rules Pflichtinformationen zukommen lassen müssen, ist erst im darauffolgenden "May Release"[583] diskutiert worden. Tenor dieser Verlautbarung ist die prinzipielle Übertragung der genannten Grundvoraussetzungen auch auf die Pflichten dieser Kapitalmarktakteure. Neben einer weiteren Präzisierung der Erfordernisse hält der "May Release" zudem eine weitere Reihe von praktischen Beispielen bereit, die der Verdeutlichung der theoretisch beschriebenen Prinzipien dienen[584].

---

581 Use of Electronic Media for Delivery Purposes, Securities Act Release No. 33-7233, 60 S.E.C. Docket 1348 ff. (Oct. 6, 1995); verfügbar unter: http://www.sec.gov/rules/concept/33-7233.txt (im folgenden "October Release").

582 Vgl. Bartholomew/Murphy, 25 Sec. Reg. L. J., 177, 183 (1997).

583 Use of Electronic Media by Broker-Dealers, Transfer Agents, and Investment Advisers for Delivery of Information; Additional Examples under the Securities Act of 1933, Securities Exchange Act of 1934, and Investment Company Act of 1940, Securities Act Release No. 33-7288, 61 S.E.C. Docket 2568 ff. (May 9, 1996); (im folgenden "May Release"); verfügbar unter: http://www.sec.gov/rules/concept/33-7288.txt .

584 Bartholomew/Murphy, 25 Sec. Reg. L. J., 177, 184 (1997).

Der 1998 erlassene "Offshore Release", der bereits eingehend erörtert worden ist[585], setzt sich mit der Frage auseinander, wie die spezifische Eigenschaft der Ubiquität von Informationen, die auf Internet-Seiten eingestellt werden, mit dem Geltungsbereich der nationalen Vorschriften des US-Kapitalmarktrechts in Einklang zu bringen ist. Da über diese spezielle Frage hinaus keine weiteren allgemeinen Aussagen zu Voraussetzungen und Grenzen der Informationsverbreitung im Internet enthalten sind, wird dieser Release aus der folgenden Betrachtung ausgeblendet.
Keiner der bis dato erlassenen Releases hat verbindlich bestimmte Verfahrensweisen vorgeschrieben, die zwingend einzuhalten wären. Nach dem bisher Gesagten haben sich vor allem der "October -" und "May Release" darauf beschränkt, Grundsätze aufzustellen und diese anhand von einzelnen Beispielen zu präzisieren. Dieser bewußt offene Ansatz hat gerade in Hinsicht auf einige, der in diesen Releases genannten Anwendungsbeispiele, zu Unklarheiten geführt[586], und die Forderung nach einer verbindlicheren Regelung und Klarstellung laut werden lassen.
Diesem Bedürfnis ist die SEC im April 2000 mit dem Erlaß ihres bis dato aktuellsten "Internet Releases", dem "April Release"[587] - zumindest bedingt - nachgekommen[588]. In einem ersten Teil enthält diese Verlautbarung Hinweise und Hilfestellungen zu weiteren Fragen der elektronischen Übermittlung gesetzlich erforderlicher Informationen. Daneben sind Ausführungen zum Problem der Haftung für den Inhalt von Internet-Seiten und zur speziellen Situation von Internet-Emissionen enthalten. In einem weiteren Teil werden unter der Überschrift "Technologische Konzepte" potentielle, zukünftige Entwicklungen zur Diskussion gestellt. Abschließend enthält auch dieser Release eine Reihe von praktischen Beispielen.

Daß auch diese letzte Verlautbarung keinesfalls ein Endergebnis oder einen Schlußstrich unter die Fragen der Voraussetzungen und Grenzen der Internet-Nutzung zieht, ist evident angesichts der bisherigen Haltung, mit der die SEC flexibel auf technische Weiterentwicklungen oder rechtliche Probleme, die sich erst

---

585 Vgl. unter § 5, I.).

586 Das gilt vor allem für die aus den Beispielen 14 bis 16 des "October Releases" hergeleitete sog. "envelope theory" und das damit verbundene Haftungsrisiko bei der Nutzung von Hyperlinks (vgl. dazu nachfolgend unter § 9, I.), 5.).

587 Use of Electronic Media, Securities Act Release No. 33-7856, 72 S.E.C. Docket 929 ff. (Apr. 28, 2000); verfügbar unter: http://www.sec.gov/rules/interp/34-42728.htm (im folgenden "April Release").

588 Dazu Gottlieb/de Brito, wallstreetlawyer.com, Vol. 3, No. 12, S. 1 ff. (May 2000); Littenberg, SEC Issues New Internet Release, June 2000, verfügbar unter: http://www.srz.com/pubtemplate.asp?id=27 .

im Rahmen der praktischen Umsetzung des Konzeptes zeigten, reagiert hat[589]. Gleichwohl spricht die Kontinuität, mit der die SEC ihren bisherigen "analogy to paper"-Grundansatz verfolgt hat, dafür, daß dieses auch in absehbarer Zukunft der Maßstab sein wird, an dem sich neue Modelle und Entwicklungen messen lassen müssen. Zudem hat sich auch die NASD diesem Konzept angeschlossen und in einer Mitteilung ihren Mitgliedern gegenüber bekundet, daß von ihrer Seite gegen die elektronische Übermittlung von erforderlichen Dokumenten an die Broker-Kunden keine Bedenken bestehen, solange sich die Broker-Firmen an die von der SEC bestimmten Standards halten[590]. Die nachfolgend dargestellten Prinzipien legen damit für wesentliche Bereiche des gesamten US-Kapitalmarktes die aufsichtsrechtlichen und haftungsrechtlichen Standards beim Einsatz des Internet zur Übermittlung von Pflichtinformationen fest.

3.) Grundlegende Anforderungen an die Informationsübermittlung via Internet

Securities Act, Securities Exchange Act und die darunter erlassenen Rules verlangen zwar in vielen unterschiedlichen Situationen Offenlegungs-, Berichts- und Hinweispflichten, enthalten aber keine Hinweise darauf, in welcher Weise die diesbezüglichen Informationen zu übermitteln sind. Im Hinblick auf das zur Informationsverbreitung zu nutzende Medium sind die Securities Laws nicht festgelegt. Diese Unbestimmtheit ist zum Teil Ausdruck einer Flexibilität und Wertungsoffenheit, die diesen Gesetzeswerken an sich immanent ist. Zum Teil erklärt sie sich aber auch aus dem historischen Kontext zur Zeit des Erlasses der Securities Laws. Damals war auch ohne ausdrückliche Festlegung deutlich, daß unter einem Wertpapierprospekt ein auf Papier gedrucktes Dokument zu verstehen ist, daß i.d.R. per Post an die Anleger übersandt werden muß. Vor diesem Hintergrund erklärt sich der "analogy to paper" Ansatz, auf dessen Basis die SEC im "October-" und "May Release" drei wesentliche, gleichwohl aber nicht abschließende Faktoren bestimmt hat, die für eine den gesetzlichen Anforderungen genügende Informationsverbreitung via Internet erforderlich sind:

---

589 Der SEC-Commissioner Johnson hat dazu erklärt: "*in such a rapidly evolving area as the Internet, rigid guidelines can slow valuable innovation. ...(s)ometimes it's better to allow market participants to experiment*" (vgl. bei Gottlieb/de Brito, wallstreetlawyer.com, Vol. 3, No. 12, S. 1, 3 (May 2000)).

590 Vgl. NASD Notice to Members 98-3 (January 1998); vgl. auch Adkins/ Goldsmith/Lopez/Luparello/Revell/Walter, NASD Regulation, in: PLI, Securities Law & The Internet (1999), Vol. 1, S. 383, 387.

a) "notice"

Ausgehend vom Vergleich mit einer postalischen Zustellung verlangt die SEC, daß die konkrete Form der elektronischen Datenübermittlung das gleiche Maß an Wahrscheinlichkeit begründen muß, daß eine bestimmte Information vom Empfänger wahrgenommen wird ("notice"). Sofern sich die Daten auf einem physischen Datenträger, wie etwa einer CD-Rom oder einer Diskette befinden, spricht bereits die Übermittlung dieses Trägers - nicht anders als bei der Übermittlung eines Briefes - dafür, daß der Empfänger Kenntnis vom Erhalt einer Information nehmen kann[591].

Bei einem passiven Verbreitungsmedium, wie der Einstellung von Informationen auf Web-Seiten etwa, ist diese vergleichbare Wahrscheinlichkeit der Kenntnisnahme jedoch nicht gegeben. Das Einstellen von Informationen an sich ist ein Prozeß, der völlig außerhalb der Wahrnehmbarkeit des Empfängers abläuft, so daß er, ohne daß er selbst aktiv wird und Internet-Seiten auf eventuelle Veränderungen untersucht, keine Kenntnis von der Verfügbarkeit der eingestellten Information hat. Aus diesem Grund sieht das Konzept der "Internet Releases" für diese Form der Informationsverbreitung über Internet-Seiten das Erfordernis einer gesonderten Benachrichtigung des Empfängers vor. Inhaltlich ist der Anleger darüber in Kenntnis zu setzts, daß eine an ihn zu übermittelnde Information unter genauer Angabe der entsprechenden URL verfügbar ist. Eine solche Benachrichtigung ist vor allem bei der Übermittlung von Wertpapierprospekten durch die Emittenten erforderlich[592]. Daneben werden auch Broker-Dealer ihrer Verpflichtung zur Bestätigung einer Wertpapiertransaktion aus Rule 10b-10 SEA nicht gerecht, wenn sie eine derartige Meldung lediglich in dem geschützten Kundenbereich seiner Web-Seiten plazieren[593].

Etwas anderes gilt hingegen im Falle der Verwendung von aktiven Übertragungstechniken, wie etwa dem E-Mail-Versand. Bei dieser Methode gelangen Informa-

---

591 Use of Electronic Media for Delivery Purposes, Securities Act Release No. 33-7233, 60 S.E.C. Docket 1348 ff. (Oct. 6, 1995), unter II.B.; kritisch dazu Steck, US-amerikanisches Wertpapierrecht und Internet, S. 8; ders. ZBB 2000, 112, 113 f.

592 Das gilt etwa auch dann, wenn aufgrund wesentlicher Veränderung nach Übermittlung eines Wertpapierprospektes eine inhaltliche Änderung und neuerliche Übermittlung erforderlich wird. Zwar kann der geänderte Prospekt auf dieselbe Seite eingestellt werden, von der auch der urpsrüngliche Prospekt heruntergeladen werden konnte; für eine den gesetzlichen Anforderungen genügende "re-circulation" bedarf es aber einer gesonderten Benachrichtigung des Anlegers über diesen Umstand; vgl. Use of Electronic Media for Delivery Purposes, Securities Act Release No. 33-7233, 60 S.E.C. Docket 1348 ff. (Oct. 6, 1995), unter II.B. und D., Example 9; Use of Electronic Media by Broker-Dealers, Securities Act Release No. 33-7288, 61 S.E.C. Docket 2568 ff. (May 9, 1996), unter II.A.1.

593 Use of Electronic Media, Securities Act Release No. 33-7856, 72 S.E.C. Docket 929 ff. (Apr. 28, 2000), unter II.D.2.

tionen ähnlich der Übertragung per Brief in die Sphäre des Empfängers, ohne daß ein gesonderter Hinweis erforderlich ist[594].

b) "access"

Anders als bei Erhalt eines Briefes, bei dem die Kenntnisnahme vom Erhalt nahezu gleichbedeutend mit dem Öffnen desselben und der Wahrnehmung des Inhalts ist, gilt dieses bei elektronischer Übermittlung schon deshalb nicht zwingend, weil es aufgrund der Übertragungsform einer bestimmten Hard- und Software bedarf, um den Inhalt der Datensendung wahrnehmen zu können. Um dem "analogy to paper"-Grundsatz zu genügen, darf der Zugang ("access") zur elektronisch übermittelten Information nicht beschwerlicher und hinderlicher ("burdensome") sein, als das vergleichbare Öffnen des Briefumschlages. Im Internet-Kontext bedeutet dieses, daß die an den Empfänger gerichtete Information möglichst direkt und effektiv zu erreichen sein muß, etwa durch die konkrete Angabe der Adresse der Web-Seite, über die der Anleger einen Prospekt abrufen kann[595]. Zudem darf dieser Zugang nicht flüchtig sein, sondern muß bei passiven Verbreitungsformen fortbestehen ("ongoing access"), solange die Verpflichtung zur Übermittlung besteht[596].

Aufgrund dieser Anforderungen bestand Unklarheit darüber, ob die Übermittlung von Wertpapierprospekten im ".pdf" Format, das aufgrund seiner graphischen Darstellungsweise benutzerfreundlich ist und eine dem gedruckten Prospekt ähnliche Präsentation ermöglicht, gegen das "access"-Erfordernis verstößt, weil die in diesem Format übertragenen Informationen ohne entsprechend zusätzliche Software nicht darstellbar sind[597]. Im "April Release" ist dieses Format ausdrücklich anerkannt worden, solange dem Anleger die notwendige Software sowie ggf. technische Unterstützung kostenfrei zur Verfügung gestellt wird[598].

---

594 Mukamal, 25 Sec. Reg. L. J., 420, 423 (1997); die SEC hat dieses im "October Release" zwar nicht ausdrücklich ausgesprochen, weist aber darauf hin, daß eine "notice" auch per E-Mail übersandt werden kann, so daß sie diese Form der Übertragung an sich als ausreichend voraussetzt.

595 Sofern der Anwender für den Zugang zur Information gezwungen ist, sich durch eine unübersichtliche Reihe von Menüs und Untermenüs zu bewegen, ist ein ungehinderter Zugang nicht gegeben. Use of Electronic Media for Delivery Purposes, Securities Act No. 33-7233 (Oct. 6, 1995), 60 S.E.C. Docket 1348 ff. (Oct. 6, 1995), unter II.B.

596 Use of Electronic Media by Broker-Dealers, Securities Act Release No. 33-7288, 61 S.E.C. Docket 2568 ff. (May 9, 1996), unter II.A.2.

597 Die Visualisierung von Dateien im ".pdf"-Format bedarf des frei über das Internet verfügbaren "Acrobat Readers".

598 Use of Electronic Media, Securities Act Release No. 33-7856, 72 S.E.C. Docket 929 ff. (Apr. 28, 2000), unter II.A.3; dazu auch Gottlieb/de Brito, wallstreetlawyer.com, Vol. 3, No. 12, S. 1, 4 (May 2000).

c) "evidence of delivery"

Schließlich muß derjenige, der zur Übermittlung der Information verpflichtet ist, in ähnlicher Weise wie bei der Übermittlung per Post darauf vertrauen dürfen, daß diese Information vom Adressaten empfangen wird ("evidence of delivery"). Neben Formen der Empfangsbestätigung oder des sonstigen Zugangsbeweises nimmt die SEC ein schutzwürdiges Vertrauen vor allem dann an, wenn der Empfänger sich zuvor mit dieser Form der Informationsübermittlung einverstanden erklärt hat. Dabei bedarf es eines "informed consent", wovon auszugehen ist, wenn der Empfänger sich in Kenntnis der Voraussetzungen und Risiken mit einer spezifischen Übertragungsform einverstanden erklärt hat[599]. Daneben besteht für den Empfänger zum einen die jederzeitige Möglichkeit zum Widerruf dieses Einverständnisses, zum anderen hindert auch ein generelles Einverständnis nicht, im Einzelfall die Übermittlung etwa eines Wertpapierprospektes in gedruckter Form zu verlangen[600]. Erforderlich ist diese Widerrufsmöglichkeit schon deshalb, weil ansonsten trotz der Verpflichtung des Emittenten, das Risiko von Systemproblemen oder anderen technisch bedingten Empfangsstörungen auf den schutzwürdigen Anleger verlagert würde.

Vor allem im Bereich der Informationspflichten, die Broker-Dealern ihren Kunden gegenüber zu erfüllen haben[601] hat der "April Release" insofern für praktische Erleichterungen gesorgt, als er ausdrücklich neben einem schriftlichen Einverständnis oder einem elektronisch übermittelten "consent" auch eine telefonische Einverständniserklärung des Kunden ausreichen läßt, sofern der Broker hiervon eine detaillierte Aufzeichnung in einer Weise anfertigt, die die Identifikation des Kunden und die Authentizität der Aufzeichnung gewährleistet[602]. In einem weiteren Schritt stellt die SEC ebenfalls klar, daß auch ein generelles Einverständnis, das sich auf die Übermittlung verschiedener Dokumente von verschiedenen Emittenten bezieht, dem "evidence of delivery"-Erfordernis gerecht wird, sofern eine umfassende, angemessene Aufklärung erfolgt. Diese hat sich auf die im einzelnen

---

599 So grds. in Use of Electronic Media for Delivery Purposes, Securities Act Release No. 33-7233; 60 S.E.C. Docket 1348 ff. (Oct. 6, 1995), unter II.C.; im "April Release" hat die SEC klargestellt, daß sich dieses Einverständnis auch auf mehrere allerdings genau zu spezifizierende Formen der elektronischen Übertragung beziehen kann (Use of Electronic Media, Securities Act Release No. 33-7856, 72 S.E.C. Docket 929 ff. (Apr. 28, 2000), unter II.E., Example 3).

600 Use of Electronic Media for Delivery Purposes, Securities Act Release No. 33-7233, 60 S.E.C. Docket 1348 ff. (Oct. 6, 1995), unter II.D., Example 5; Use of Electronic Media, Securities Act Release No. 33-7856, 72 S.E.C. Docket 929 ff. (Apr. 28, 2000), unter II.A.2.

601 Für eine umfassende Aufzählung dieser Verpflichtungen vgl. Use of Electronic Media by Broker-Dealers, Securities Act Release No. 33-7288, 61 S.E.C. Docket 2568 ff. (May 9, 1996), unter III.A.

602 Use of Electronic Media, Securities Act Release No. 33-7856, 72 S.E.C. Docket 929 ff. (Apr. 28, 2000), unter II.A.1.

zugelassenen Übertragungsmethoden, konkret erfaßten Dokumente, die Dauer der Wirksamkeit der Erklärung und die Möglichkeit des Widerrufs zu beziehen. Gerade dann, wenn diese Einverständniserklärung in die Kontoeröffnungsunterlagen eingebettet ist, sollte aufgrund der Bedeutung dieser Erklärung der Anleger zumindest durch die Plazierung in einem gesonderten Abschnitt hierauf aufmerksam gemacht werden[603]. Das Konzept eines "implied consent", nach dem stillschweigend von einem Einverständnis der Anleger ausgegangen werden kann, solange dem Informationsverpflichteten keine gegenteiligen Umstände bekannt sind, lehnt die SEC hingegen unter Hinweis auf die Gefahren von Irrtümern und Mißverständnissen der Investoren ausdrücklich ab[604].

4.) Zwischenergebnis - Möglichkeit ausschließlich elektronischer Übermittlung

Trotz dieser Weiterentwicklungen und trotz der positiven Grundhaltung der SEC dem Medium Internet gegenüber, ist die vollständige elektronische Erfüllung von Informationspflichten, insbesondere der Prospektbereitstellungsverpflichtung, auch in den USA noch nicht realisiert. Die SEC vertritt die Ansicht, daß solange noch nicht davon ausgegangen werden kann, daß jedermann über einen Internet-Zugang verfügt, auch eine vollständige Abkehr von Printmedien noch nicht angezeigt ist[605]. Genausowenig kann aus diesem Grund ein "access equals delivery"-Modell realisiert werden, bei dem unter Abkehr vom Erfordernis der aktiven Übermittlung von Pflichtinformationen, deren bloße Bereitstellung über passive Verbreitungsformen, wie dem Einstellen auf Web-Seiten, als ausreichend angesehen würde, um den Verpflichtungen der Securities Laws nachzukommen[606]. Erforderlich ist vielmehr nach wie vor, daß im Rahmen einer Registrierung Prospekte zusätzlich zur Bereitstellung auf den Web-Seiten des Unternehmens auch in Form gedruckter Exemplare zur Verfügung stehen. Diese sind Anlegern, die zuvor keine Kontaktmöglichkeit über das Internet angegeben haben, zu übermitteln. Daneben müssen sie selbst bei grundsätzlich erklärtem Einverständnis des Anle-

603 Use of Electronic Media, Securities Act Release No. 33-7856, 72 S.E.C. Docket 929 ff. (Apr. 28, 2000), unter II.A.2.; vgl. auch Gottlieb/de Brito, wallstreetlawyer.com, Vol. 3, No. 12, S. 1, 4 (May 2000).

604 Use of Electronic Media, Securities Act Release No. 33-7856, 72 S.E.C. Docket 929 ff. (Apr. 28, 2000), unter II.D.3.

605 Lane/Weirick, Electronic Communications and Internet Offerings, in: PLI, Securites Law & The Internet (2000), Vol. 1, S. 61, 73.

606 Use of Electronic Media, Securities Act Release No. 33-7856, 72 S.E.C. Docket 929 ff. (Apr. 28, 2000), unter II.D.1.

gers mit der Übermittlung in elektronischer Form auf Anfrage in gedruckter Form übermittelt werden[607].
Als weiteres Hemmnis auf dem Weg zur vollständigen Vermeidung derartiger Medienbrüche stellt sich zudem der Sekundärmarkthandel dar. So können die Handelsregeln der Börse, an der das Wertpapier gelistet ist, die Präsentation des Prospektes in gedruckter Form erfordern. Zudem sehen auch die Vorschriften des Securities Act für eine bestimmte zeitliche Periode nach dem IPO vor, daß bei entsprechenden Transaktionen ein Prospekt an den Käufer übermittelt wird[608]. Selbst wenn sich im Rahmen der Emission also alle Investoren mit der elektronischen Übermittlung einverstanden erklärt haben sollten ("electronic-only offerings"[609]) und dieses Einverständnis auch während der Durchführung des IPO nicht widerrufen haben sollten - was jederzeit möglich ist -, so ist eine solche vorherige Einverständniserklärung für die Sekundärmarkttransaktionen schon wegen des unbekannten Anlegerkreises nicht zu erlangen. Der Emittent kann daher auf die parallele Bereitstellung des Prospektes in gedruckter Form nicht völlig verzichten.

5.) Nutzen und Risiken der Verwendung von Hyperlinks

Als Gestaltungsmittel des eigenen Internet-Auftrittes sind externe Hyperlinks zu den Seiten Dritter weit verbreitet[610]. Sie eröffnen einen direkten und unverzüglichen Zugang zum Inhalt fremder Web-Seiten. In der Praxis dienen Hyperlinks oftmals Marketingzwecken, indem sie den Zugang zu Artikeln und Pressemitteilungen, Wertpapierkursen, Analystenberichten und wertpapierrelevanten Informationen aller Art eröffnen. Daneben werden sie eingesetzt, um etwa von den Seiten der Online-Broker oder Unternehmen auf bereitgestelltes Prospektmaterial oder die EDGAR-Datenbank der SEC zu verweisen. In diesem Zusammenhang stellt sich zunächst die Frage, ob Emittenten und andere Kapitalmarktakteure, die nach den Securities Laws zur Offenlegung bestimmter Informationen und zur Übermittlung von Dokumenten verpflichtet sind, diesen Pflichten durch

607 Use of Electronic Media for Delivery Purposes, Securities Act Release No. 33-7233, 60 S.E.C. Docket 1348 ff. (Oct. 6, 1995).

608 Vgl. Rule 174 SA; dazu auch Electronic Communications and Internet Offerings, in: PLI, Securites Law & The Internet (2000), Vol. 1, S. 61, 77 f.

609 Vgl. dazu Use of Electronic Media, Securities Act Release No. 33-7856, 72 S.E.C. Docket 929 ff. (Apr. 28, 2000), unter II.D.4.; Friedman, Securities Regulation in Cyberspace, 3-22 f.

610 Die nachfolgende Darstellung bezieht sich nicht auf interne Hyperlinks, die zur Unterstützung der Navigation innerhalb eines Dokumentes eingesetzt werden, um etwa von der Inhaltsangabe direkt in einzelne Kapitel oder aus dem Text heraus zu einer bestimmten Fußnote wechseln zu können. Da in diesen Fällen der Autor ohnehin für den gesamten Inhalt verantwortlich ist, ergeben sich aus der Verwendung derartiger interner Hyperlinks keine besonderen Risiken oder Probleme (klarstellend dazu: Use of Electronic Media, Securities Act Release No. 33-7856, 72 S.E.C. Docket 929 ff. (Apr. 28, 2000), unter II.E., Example 7).

mittlung von Dokumenten verpflichtet sind, diesen Pflichten durch Verwendung von Hyperlinks nachkommen können.

a) Nutzung von Hyperlinks zur Erfüllung von Übermittlungspflichten

Weder der "October-" noch der "May Release" haben sich in ihren theoretischen Teilen mit der Frage der Verwendung von Hyperlinks zur Erfüllung von Prospektübermittlungspflichten oder der Verbreitung von Pflichtinformationen durch Broker-Dealer auseinandergesetzt. Allerdings enthält der "October Release" unter den zahlreichen praktischen Beispielen einige, die die Kopplung zweier verschiedener Dokumente mittels Hyperlinks ansprechen.
Von besonderer Bedeutung ist dabei "Example 15", das die Erfüllung von Prospektübermittlungspflichten im Rahmen des Emissionsverfahrens betrifft[611]. Die SEC führt in diesem Beispiel aus, daß dem Prospektübermittlungserfordernis bei Versendung von "sales literature" entsprochen werden kann, indem dieses elektronisch übermittelte Material mit einer Schaltfläche versehen wird, die textlich auf den "final prospectus" hinweist und technisch im Wege eines Hyperlink auf die Web-Seite verweist, auf der dieser Prospekt eingestellt ist. Mit Hilfe der Hyperlinkfunktion wird der Empfänger des Werbematerials in die Lage versetzt, durch einfaches Anklicken der entsprechenden Schaltfläche direkt den Prospekt zu betrachten. Dem "analogy to paper approach" folgend wird dieser Fall von der SEC so interpretiert, als wären (in Analogie zu einer postalischen Versendung) beide Dokumente - "sales literature" und Prospekt - in einem einzigen Umschlag ("envelope") enthalten[612]. Demzufolge können gesetzliche Offenlegungs- und Übermittlungspflichten aufgrund der besonderen Funktionsweise von Hyperlinks mit Hilfe dieses Gestaltungsmittels erfüllt werden.

b) Aufsichts- und haftungsrechtliche Risiken bei der Verwendung von Hyperlinks

Daß dieselbe Wirkung eines Hyperlinks aber auch negative, zu lasten des Verwenders gehende Folgen mit sich bringen kann, hat die SEC selbst in einem wei-

611 Während des Registrierungsverfahrens bei der SEC darf in der sog. "post effective period" werbendes Material ("supplemental sales literature") nur dann an potentielle Anleger übermittelt werden, wenn spätestens im selben Zeitpunkt an diese auch ein den Anforderungen der Sec. 10 SA entsprechender Wertpapierprospekt übermittelt wird; vgl. näher unter § 14, II.), 3.).

612 Use of Electronic Media for Delivery Purposes, Securities Act Release No. 33-7233, 60 S.E.C. Docket 1348 ff. (Oct. 6, 1995), unter II.D., Example 15.; in Example 14 ist zuvor ausgeführt worden, daß dieselbe Wirkung eintritt, wenn beide Dokumente aufgrund einer räumlich nahen Plazierung ("close proximity") auf der selben Web-Seite stehen und vom selben Menü aus angesteuert werden können.

teren Beispiel des "October Releases" angedeutet. Weil während des Registrierungsverfahrens in der Phase der "waiting period"[613] schriftliche Öffentlichkeitskontakte grundsätzlich nur im Wege des streng formalisierten "preliminary prospectus" erfolgen dürfen, verstößt der Emittent gegen diese Restriktionen, wenn er in einem solchen vorläufigen Wertpapierprospekt mittels eines Hyperlinks auf externes Material, wie etwa Research-Berichte verweist[614]. Obschon die SEC das aus dieser Interpretation resultierende Risiko einer haftungsrechtlichen Verantwortlichkeit für die Inhalte verlinkter Internet-Seiten im "October-" und "May Release" nicht angesprochen hat, sind von Seiten der Literatur erhebliche Bedenken geäußert worden. Im Anschluß an das in den genannten Beispielen verwandte Bild, daß sich die Inhalte miteinander verlinkter Seiten gleichsam in einem Umschlag befänden, hat die hierauf bezogene "envelope theory" zu erheblichen Spekulationen über die Weite und die haftungsrechtliche Folgen dieser Interpretation geführt[615]. Diese Bedenken ergeben sich vor allem aus dem haftungsrechtlichen Hintergrund des US-Rechts, vor dem diese Frage zu betrachten ist.

aa) Haftungsrechtlicher Hintergrund: die "entanglement doctrine"

Gerade im Fall von günstigen Presseberichten und veröffentlichten Analystenbewertungen machen sich Unternehmen diese positive Publicity oftmals zunutze, indem im eigenen Internet-Auftritt auf diejenigen Web-Seiten, die diese Berichte enthalten, mit Hilfe von Hyperlinks verwiesen wird. Sofern sich diese Informationen als falsch oder irreführend erweisen und Anleger aufgrund von Transaktionen, die auf diesen Berichten beruhen, Verluste erleiden, droht eine Haftung des Unternehmens selbst, vor allem aus den "antifraud"-Vorschriften der Sec. 17(a) SA, Sec. 10(b) SEA und Rule 10b-5 SEA[616].

---

613 Vgl. dazu näher unter § 14, II.), 2.).

614 Use of Electronic Media for Delivery Purposes, Securities Act Release No. 33-7233, 60 S.E.C. Docket 1348 ff. (Oct. 6, 1995), unter II.D., Example 16.

615 Vgl. etwa Olson/Pitt, Securities in the Electronic Age, 2-41; Lane/Weirick, Electronic Communications and Internet Offerings, in: PLI, Securites Law & The Internet (2000), Vol. 1, S. 61, 80 ff.; Quinn/Jarmal, Securities Regulation and the Use of Electronic Media (2000), in: PLI, Securities Offerings (2000), S. 123, 151 f.

616 Vgl. zu den Verfahrensanforderungen an eine solche "antifraud" Klage etwa Robbins v. Koger Properties, Inc 116 F.3d 1441, 1447 (11th Cir. 1997): Die Unwahrheit muß in direkter und unmittelbarer Weise verantwortlich gewesen sein für den entstandenen Schaden; ähnlich Affiliated Ute Citizen of Utah v. United States 406 US 128, 153 f. (1972): Bei der Frage, ob auf die unwahre Tatsache vertraut worden ist, kommt es darauf an, ob diese für einen verantwortlichen Anleger als wesentlich für seine Anlageentscheidung erachtet worden wäre. Basic Inc. v. Levinson 485 US 224, 229 (1988): nach der "fraud-on-the-market-theory" begründet der Umstand, daß sich die unwahre Tatsache im Marktpreis der "security" niedergeschlagen hat, eine widerlegbare Vermutung, daß auch der klagende Anleger darauf vertraut hat.

Zwar besteht keine grundsätzliche Verantwortung für falsche oder irreführende Angaben Dritter im Hinblick auf die eigene Gesellschaft, eine haftungsbegründende Zurechnung kommt aber in zwei Situationen in Betracht, die in der gerichtlichen Praxis und der Literatur ohne exakte Trennung unter dem Begriff "entanglement doctrine" zusammengefaßt werden.
Zum einen kann das Unternehmen selbst die Grundlage der späteren Falschmitteilungen Dritter geschaffen haben, indem es dem Urheber falsche oder irreführende Basisinformationen geliefert hat, auf denen etwa ein Research-Bericht fußt. Eine Haftung resultiert in diesem Fall aus der Verstrickung ("entanglement") in der Phase der Vorbereitung der Berichte[617], was durch US-Gerichte immer wieder bestätigt worden ist[618]. Auch ohne solche Beteiligung im Vorfeld kommt eine Verantwortlichkeit der Unternehmen in Betracht, wenn diese den entsprechenden Bericht im nachhinein annehmen ("adoption"), indem sie diesen durch ausdrückliche oder konkludente Verhaltensweise billigen ("endorse") oder sich diesen zu eigen machen bzw. befürworten ("approve"). Auszugehen ist hiervon etwa dann, wenn die entsprechenden Berichte massenweise an Anleger versandt werden[619]. Auch die SEC ist dieser Linie gefolgt und hat in der Vergangenheit eine Verantwortlichkeit des betreffenden Unternehmens dann bejaht, wenn ein Emittent positiv weiß oder leicht fahrlässig ("reckless") nicht weiß, daß die in einem von dritter Seite erstellten Analystenbericht enthaltenen Informationen unzutreffend sind und er diesen Bericht gleichwohl verbreitet[620].

Vor diesem Hintergrund bergen direkte Hyperlinks, die von der Web-Seite des Emittenten auf Analystenberichte verweisen ein signifikantes Risiko, daß diese als Zusatz zu den eigenen Informationen interpretiert und damit in die Haftungssphäre des Emittenten einbezogen werden. Dieses gilt um so mehr, wenn man im Sinne der "envelope theory" externe Inhalte als automatisch mitübertragen ansieht, auch ohne daß der Betrachter aus eigener Initiative einen Hyperlink aktiviert. In diesem Sinne ist von Teilen der US-Literatur im Hinblick auf die "entanglement

617 Vgl. Prifti, Securities: Private and Public Offerings, Vol. 1, 9-59 ff.; Brody/Lee, Securities Liability Issues, in: PLI, Securities Law & The Internet (2000), Vol. 1, S. 35, 45; Olson/Pitt, Securities in the Electronic Age, 3-14.

618 Elkind v. Liggett & Myers, Inc. 635 F.2d 156, 162 f. (2nd Cir. 1980); In re Syntex Corp. Sec. Lititg. 855 F.Supp. 1086, 1093 und 1097 (N.D.Cal. 1994); In re Caere Corporate Sec. Litig. 837 F.Supp. 1054, 1059 (N.D.Cal. 1993).

619 In re Cypress Semiconductor Sec. Lititg. 891 F.Supp. 1369 (N.D.Cal. 1995); vgl. auch In re Wall Data Securities Litigation, (1996 - 1997 Transfer Binder) Fed. Sec. L. Rep. (CCH) ¶ 99, 292 at 95,745.

620 In re Presstek, Inc. , Release No. 39472 (http://www.sec.gov/litigation/admin/3439472.htm) hat die SEC eine "adoption" angenommen, weil selbst dann, wenn keine Involvierung des Unternehmens in der Vorbereitungsphase der Berichte darstellbar ist, der Umstand ausreicht, daß im konkreten Fall die erkennbar irreführenden Berichte, die vom Management der Presstek, Inc. zur Kenntnis genommen worden sind, an deren Anleger verbreitet worden sind.

doctrine" vertreten worden, daß eine Gesellschaft verpflichtet sei, falsche oder irreführende Aussagen auf Seiten, zu denen sie selbst Hyperlinks aufgebaut hat, durch entsprechende Richtigstellungen zu korrigieren. Eine solche Verpflichtung begründe die Obliegenheit die eigenen Seiten ebenso, wie die per Hyperlink erschlossenen Web-Seiten Dritter, regelmäßig zu überprüfen und ggf. zu aktualisieren[621].

bb) Stellungnahme der SEC

Dieser unsicheren Rechtslage ist die SEC im "April Release" entgegengetreten, der zu diesem Themenkomplex zwei wesentliche Aussagen enthält:
Zum einen stellt die SEC klar, daß der Verweisungsrichtung des Hyperlinks besondere Bedeutung zukommt. Sofern ein aktiver Hyperlink[622] in einem Prospekt enthalten ist, hat dieses zur Folge, daß der Inhalt der verlinkten Seite als Teil des Prospektes betrachtet wird. Entsprechend ist auch dieses Material im Rahmen der Registrierung an die SEC zu übermitteln und unterliegt als Teil des Prospektes der Haftung aus Sec. 11 SA. Sofern dagegen in umgekehrter Richtung nur von externen Web-Seiten auf den Prospekt verwiesen wird, erfolgt eine solche Einbeziehung nicht[623]. Die Praxis vieler Finanzportale, Broker-Dealer und Unternehmen von ihren allgemein zugänglichen Seiten aus auf Internet-Seiten, die eine Wertpapierprospekt enthalten zu verweisen, führt daher nicht zu einer inhaltlichen Erweiterung des Prospektes mit entsprechenden haftungsrechtlichen Konsequenzen.
Außerhalb der Sondersituation eines Registrierungsverfahrens vertritt die SEC die Auffassung, daß eine haftungsrechtliche Verantwortlichkeit für die falschen oder irreführenden Aussagen auf Web-Seiten Dritter, zu denen ein Hyperlink gelegt worden ist, nicht durch eine abschließende Formel festgestellt werden kann. Aus diesem Grund ist keine spezielle Rule erlassen worden, die die Frage klärt, wann bei Verwendung von Hyperlinks von einer "adoption" ausgegangen werden kann. Vielmehr hat die SEC zur Überprüfung des jeweiligen Einzelfalls drei wesentliche

---

621 Pike & Fischer/Houle, INTERNET Law & Regulation, Vol. 3, SE-A2 ff.

622 Hierunter versteht die SEC solche Verweise auf eine Internet-Adresse, die aufgrund der Gestaltung des Verwenders durch bloßes Anklicken die Weiterleitung bewirken. Sofern dagegen lediglich textlich die Internet-Adresse angegeben wird, kommt diesem Verweis eine entsprechende Wirkung nicht zu. Die SEC weist allerdings selbst auf das Problem hin, daß heute von nahezu jeder gängigen Software die Angabe einer URL automatisch in einen aktiven Hyperlink umgewandelt wird. Dieses zu verhindern, wird aber dem Verwender auferlegt (Use of Electronic Media, Securities Act Release No. 33-7856, 72 S.E.C. Docket 929 ff. (Apr. 28, 2000), unter Fn. 41).

623 Use of Electronic Media, Securities Act Release No. 33-7856, 72 S.E.C. Docket 929 ff. (Apr. 28, 2000), unter II.A.4.

Indikatoren herausgearbeitet, anhand derer eine Abwägung vorgenommen werden kann[624]:

(1) Bedeutung des Kontextes

Abzustellen sei zum einen auf den Kontext in dem der Hyperlink verwandt wird. Sofern der Link in einem Dokument enthalten ist, das nach den Securities Laws der SEC eingereicht oder an die Anleger übermittelt werden muß, so wird die SEC die vom Hyperlink erfaßten Seiten stets als solche ansehen, die der Verwender sich zu eigen gemacht hat. Abgesehen von Hyperlinks in solchen besonderen Dokumenten, ist ein weiterer sensibler Kontext die Phase der Registrierung einer Emission. Bei Hyperlinks, die auf der Web-Seite des Emittenten in dieser Phase eingestellt sind, spricht eine starke Vermutung dafür, daß sich das Unternehmen den Inhalt dieser externen Seite zu eigen gemacht hat[625]. Im Ergebnis führt diese Interpretation dazu, daß der Verwender von Hyperlinks immer dann besondere Verantwortung für die erschlossenen externen Seiten trägt, wenn die Situation, in der der Hyperlink verwandt wird, ein besonderes Vertrauen der Anleger in die Korrektheit sämtlicher Informationen, die über dessen Plattform verfügbar sind, rechtfertigt.

(2) Beurteilung des Konfusionsrisikos

Ein zweiter Faktor, der zur Beurteilung der Zurechnung herangezogen wird, ist der Grad der Wahrscheinlichkeit, daß Anleger sich über die Autorenschaft und Zurechnung fremder Inhalte im Unklaren sind ("risk of confusion"[626]). Je weniger dem Anleger aufgrund der konkreten Gestaltung des Hyperlinks erkennbar ist, daß der betrachtete Inhalt nicht mehr vom Verwender des Hyperlinks stammt, je eher erfolgt eine Zurechnung. Bei Verwendung von Link-Techniken wie dem "Framing" oder "Inlining"[627], die optisch beim Betrachter den Eindruck erwecken,

---

624 Use of Electronic Media, Securities Act Release No. 33-7856, 72 S.E.C. Docket 929 ff. (Apr. 28, 2000), unter II.B.1. Diese Beurteilung deckt sich weitestgehend mit den Empfehlungen der IOSCO zu diesem Problemkreis (vgl. IOSCO, Securities Activity on the Internet II (June 2001), III,B) ; zum Ansatz der NASD vgl. Steck, ZBB 2000, 112, 114 ff.

625 Sofern es sich beim Inhalt dieser externen Seite um ein Angebot i.S.v. Sec. 2(a)(3) SA handelt, kommt ein Verstoß gegen Sec. 5 SA in Betracht; vgl. Use of Electronic Media, Securities Act Release No. 33-7856, 72 S.E.C. Docket 929 ff. (Apr. 28, 2000), unter II.B.1.a.; dazu auch Gottlieb/de Brito, wallstreetlawyer.com, Vol. 3, No. 12, S. 1, 6 (May 2000).

626 Use of Electronic Media, Securities Act Release No. 33-7856, 72 S.E.C. Docket 929 ff. (Apr. 28, 2000), unter II.B.1.b.

627 In beiden Fällen wird innerhalb des betrachteten Ausgangsbildschirms ein gesonderter Bereich erschlossen, in dem der Inhalt der externen Seite präsentiert wird. Beide Techniken un-

die Ausgangsseite nicht verlassen zu haben, ist das Risiko einer Zurechnung des Inhaltes besonders groß. Als probates Gestaltungsmittel, um einer Verwirrung des Anlegers vorzubeugen, bietet sich die Zwischenschaltung eines gesonderten Fensters ("gateway sreen") an, das bei Verwendung des Hyperlinks vor einer unmittelbaren Weiterleitung den Anwender darüber aufklärt, daß er nunmehr die Web-Seiten des Unternehmens XY verläßt[628]. Auch die Verwendung entsprechend positionierter Disclaimer kann zur Verdeutlichung, daß der folgende Inhalt nicht mehr vom Verwender des Links stammt und von diesem nicht überprüft oder angenommen worden ist, unterstützend hinzugezogen werden[629].

(3) Gestaltung des Hyperlinks

Neben dem Kontext und der technischen Einbettung der fremden Inhalte spielt als drittes Kriterium die Präsentation des Hyperlink selbst eine nicht unwesentliche Rolle. Dabei gibt die SEC keine verbindlichen Schrifttypen, Schriftgrößen oder sonstige Darstellungsmerkmale vor, sondern betont vielmehr, daß dort, wo sich ein Link in seiner Präsentation von den übrigen unterscheidet, der Rückschluß darauf, daß der Verwender die hinter diesem Hyperlink stehenden Inhalte in besonderem Maße anerkennt, wahrscheinlich ist[630]. In engem Zusammenhang mit dem "risk of confusion"-Kriterium reduziert daher eine gleichförmige Darstellungsweise das Risiko einer Zurechnung.

Wenngleich, anders als vielfach gefordert, damit nach wie vor kein echter "safe harbor" für die Verwendung von Hyperlinks geschaffen ist, so ist der von der SEC nunmehr vorgegebene Rahmen doch hinreichend bestimmt, um abhängig von der konkreten Situation, in der Hyperlinks verwendet werden, Haftungsrisiken zu minimieren.

---

terscheiden sich vor allem dadurch, daß beim "Inlining" nicht einmal mehr ein Rand ersichtlich ist, der eine optische Abgrenzung innerhalb des Bildschirms gewährleistet.

628 Bestes Beispiel - ohne daß dieses im "April Release" genannt wird - sind die Links, die die SEC selbst über ihre Homepage (http://www.sec.gov) zur Verfügung stellt. Wird dort die URL einer anderen Organisation ausgewählt, so schaltet sich ein gesonderter "screen" zwischen, der darüber aufklärt, daß die Seiten der SEC nunmehr verlassen werden.

629 Die SEC bringt aber zum Ausdruck, daß derartige Hinweise allein eine Zurechnung nicht hindern, wenn im Rahmen einer Gesamtschau die übrigen Merkmale für eine Übernahme des Inhaltes der externen Seiten sprechen; vgl. Use of Electronic Media, Securities Act Release No. 33-7856, 72 S.E.C. Docket 929 ff. (Apr. 28, 2000), unter Fn. 61.

630 Use of Electronic Media, Securities Act Release No. 33-7856, 72 S.E.C. Docket 929 ff. (Apr. 28, 2000), unter II.B.1.c.

c) Praktische Konsequenzen

Hyperlinks stellen gerade aufgrund der geltenden "envelope theory" ein praktikables Mittel zur Erfüllung gesetzlicher Prospektübermittlungspflichten und sonstiger "delivery duties" dar. Um Haftungsprozessen aufgrund falscher oder irreführender Angaben auf den Seiten Dritter zu entgehen, bietet sich den Betreibern der Web-Seite zum einen die Verwendung von Disclaimern an, mit deren Hilfe klargestellt werden kann, daß der Inhalt der über den Hyperlink betretenen Seite von einem Dritten stammt und der Verwender der Web-Seite die Inhalte der verlinkten Seite weder überwacht, noch diese notwendig billigt oder Verantwortlichkeit hierfür übernehmen will. Noch deutlicher ist die Zwischenschaltung gesonderter Fenster, die ausdrücklich das Verlassen des Internet-Bereiches eines Unternehmens ankündigen. Ergänzend hierzu sind Hyperlink-Techniken zu wählen, die nicht im Widerspruch zu diesen Hinweisen stehen, indem sie etwa im Wege des Framing die fremde Seite in einen Teil der eigenen Präsentation inkorporieren. Bei derartigem Vorgehen hat der Betrachter nach wie vor den Eindruck, sich auf der Seite des Verwenders zu befinden, so daß er auch die hier vorgefundenen Inhalte diesem zuschreibt[631]. Vermeidet der Verwender derartige Konfusionsrisiken und paßt er die Gestaltung seines Internet-Auftrittes den Gegebenheiten und Restriktionen besonderer kapitalmarktrechtlicher Situationen an, kann er Hyperlinks zur Erfüllung seiner Informationsverpflichtungen nutzen.

II.) Ad-hoc Publizitätspflichten und Internet-Einsatz

Neben dem bisher erörterten Bereich der Prospektübermittlungspflichten im Rahmen einer Emission sieht das US-Kapitalmarktrecht - weniger durch verbindliche Normen als vielmehr entwickelt durch das Case Law - in manchen Situationen ereignisabhängige "disclosure duties" vor, die vor allem der Information über wesentliche Ereignisse zwischen den Abschlußstichtagen der jeweiligen Quartalsberichten dienen. Eine gesetzlich niedergelegte beschränkte Form der Ad-hoc Publizität stellen die "current reports" dar. Emittenten, die periodischen Publizitätspflichten unterliegen, müssen im Fall wesentlicher, enumerativ aufgezählter Ereignisse, wie etwa Veränderungen in der Unternehmenskontrolle oder in Konkurssituationen, innerhalb von 15 Tagen nach Eintritt des betreffenden Ereignisses ein "Form 8-K"-Formular bei der SEC einreichen[632]. Aus Sicht der SEC stellen

---

631 Schulte/Spencer, Creating and Maintaining your Web Site, in: PLI, Securities Law & The Internet (2000), Vol. 1, S. 9, 15; Brody/Lee, Securities Liability Issues, in: PLI, Securities Law & The Internet (2000), Vol. 1, S. 35, 50.

632 Brown, The Regulation of Corporate Disclosure, 2-9; Gruson/Wiegemann, Die Ad-hoc Publizität von Unternehmen nach amerikanischem Recht, unter B.11.; vgl. zu geplanten Modifizierung des ggw. „disclosure"-Systems auch den SEC –Release „SEC to Propose New Corporate Disclosure Rules",unter: http://www.sec.gov/news/headlines/corpdiscrules.htm).

diese "current reports" aber nur eine Ergänzung zu den in diesem Kontext bedeutenderen Regelungen der Börsen und der NASD dar, die weitgehendere Ad-hoc-Publizitätspflichten statuieren[633].

1.) Besondere Publizitätspflichten in Internet-Sachverhalten

Außerhalb dieser spezifischen Publizitätspflichten schreiben die Securities Laws keine generelle Verpflichtung zur Offenlegung von Umständen - auch nicht von wesentlichen - vor. In diesem Sinn hat der US Supreme Court klargestellt, daß dort wo keine Pflicht zur Offenlegung besteht, auch ein Schweigen nicht irreführend sein kann[634]. Die Geltung dieser "general rule of non-disclosure" ist aber insofern erheblich eingeschränkt worden, als die Gerichte auch ohne gesetzliche Fixierung eine Verpflichtung zur Offenlegung in einer Vielzahl von Fallgestaltungen angenommen haben.
Zu den bedeutendsten Situationen, in denen eine Ausnahme von der "general rule of non-disclosure" begründet worden ist, zählt zum einen der Fall, daß sich eine veröffentlichte Nachricht als falsch oder irreführend erweist, zum anderen der Umstand, daß eine wesentliche Meldung nur Teilen der Öffentlichkeit bekanntgegeben worden ist[635]. Ansatzpunkt zur Begründung von Publizitätspflichten, die über "current reports"-Erfordernisse hinausgehen, sind in beiden Fällen die "antifraud provisions", vor allem die der Rule 10b-5 SEA. Dabei ist zwischen unternehmenseigenen Publikationen, wie etwa Berichten und Presseveröffentlichungen auf den eigenen Web-Seiten einerseits, und solchen Finanznachrichten zu unterscheiden, die von dritter Seite in Chat-Rooms oder sonstigen Internet-Foren an die Anlegeröffentlichkeit lanciert werden.

a) Richtigstellung unternehmenseigener Veröffentlichungen

Die Präsentation eines Unternehmens im Internet, möglichst unter der den Firmennamen widerspiegelnden URL, gehört in den USA mittlerweile zum Standard. Neben der Nutzung dieses Mediums als Vertriebskanal werden solche Auftritte vielfach zu Public Relation Zwecken verwandt. Zu den nahezu auf allen Web-Seiten wiederzufindenden Elementen zählen vor allem eingestellte Presseberichte sowie Angaben über die finanzielle Entwicklung oder aktuelle Projekte[636]. Da die Verpflichtung zur Offenlegung und zur richtigen und vollständigen Darstellung anlagerelevanter Informationen nicht in dem Zeitpunkt endet, in dem eine

---

633 Vgl. etwa NASD-Rules 4310(c)(16) und 4320(e)(14); näher bei Brown, The Regulation of Corporate Disclosure, 3-62 ff.

634 Basic v. Levinson, 485 US 224, 239 (1988).

635 Vgl. im übrigen Brown, The Regulation of Corporate Disclosure, 3-5 ff.

636 Bochner/Presser, wallstreetlawyer.com Vol. 1, No. 11, S. 1, 3 (April 1998) m.w.N.

bestimmte Nachricht publiziert worden ist, besteht unter Umständen eine Verpflichtung des Unternehmens, zur Berichtigung und Aktualisierung früherer Veröffentlichungen ("duty to correct and update")[637]. Dabei geht die SEC, bestätigt durch zahlreiche Gerichtsentscheidungen, davon aus, daß eine Verpflichtung zur Korrektur einer herausgegebenen Meldung dann besteht, wenn diese aufgrund von Umständen, die nach der Veröffentlichung eingetreten sind, irreführend oder unzutreffend geworden ist. Erst recht besteht diese Verpflichtung, wenn sich im nachhinein herausstellt, daß diese Meldung bereits im Zeitpunkt ihrer Veröffentlichung unzutreffend war[638].
Da Ansatzpunkt bei Verstoß gegen diese Korrektur- und Aktualisierungspflichten eine potentielle "antifraud"-Haftung ist, erstrecken sich diese Verpflichtungen nur auf solche Informationen, die als wesentlich ("material") angesehen werden. Als Test zur Überprüfung, ob eine veröffentlichte Meldung aufgrund veränderter Umstände zu korrigieren und zu aktualisieren ist, wird die Hilfserwägung herangezogen, ob die ursprüngliche Meldung, würde sie zum gegenwärtigen Zeitpunkt nochmals veröffentlicht, sich als Halbwahrheit oder als falsch darstellen würde[639].
Problematisch ist diese Hilfsüberlegung vor allem bei Meldungen, die sich im Zeitpunkt ihrer Veröffentlichung nicht auf gegenwärtige Umstände beziehen, sondern Zukunftsprognosen enthalten. Da in diesen Fällen regelmäßig erkennbar ist, daß die veröffentlichte Aussage nur eine Prognose darstellt, ist Maßstab bei derartigen "forward looking statements", wie lange ein durchschnittlicher Investor vernünftigerweise auf die Aussagen einer solchen Prognose vertrauen kann[640].

Gerade dieser Maßstab erweist sich in Internet-Sachverhalten, vor allem bei Presseberichten oder sonstigen Meldungen, die auf die Unternehmens-Web-Seiten eingestellt werden, als problematisch. Während bei traditionellen Presseveröffentlichungen für den Anleger jeweils eindeutig ist, auf welchen Zeitpunkt sich die Meldung bezieht, kann ein Betrachter bei Anwahl einer Internet-Seite, auf der die inhaltlich gleiche Meldung eingestellt ist, den Eindruck gewinnen, daß diese den aktuellen Umständen im Zeitpunkt seiner Einwahl entspricht[641]. Das Internet erweckt den Eindruck permanenter Aktualität der eingestellten Inhalte.
Die SEC hat im "October Release" zum Ausdruck gebracht, daß auch bei Verwendung elektronischer Informationsverbreitungsformen die Meldungen den selben Übermittlungs- und Aktualitätsanforderungen zu entsprechen haben, wie die-

637 Brown, The Regulation of Corporate Disclosure, 3-25.

638 Loss/Seligman, Securities Regulations, Vol. VII, S. 3519 f. unter Verweis auf die Securities Act Releases No. 6084, 17 S.E.C. Docket 1048, 1064 (1979) und Securities Act Releases No. 5699, 9 S.E.C. Docket 472, 474 (1976); auch Brown, The Regulation of Corporate Disclosure, 3-26 m.w.N.

639 Prentice, 47 Emory L. J., 1, 84 (1998) m.w.N.

640 Ross v. A. H. Robins Co., Inc., 465 F.Supp. 904, 908 (S.D.N.Y. 1979).

641 Olson/Pitt, Securities in the Electronic Age, 2-71.

ses nach den Securities Laws auch ansonsten gilt[642]. Ein veränderter Maßstab wird daher an derartige Publikationen nicht angelegt. Um hier potentiellen Haftungsrisiken unter Rule 10b-5 SEA vorzubeugen, empfiehlt sich neben Datumsangaben, die den Zeitpunkt der ursprünglichen Veröffentlichung angeben, die Verwendung von Disclaimern, die darauf hinweisen, daß die eingestellten Berichte zwar zu der Zeit ihres Erscheinens zutreffend und vollständig waren, aufgrund etwaiger Veränderungen im Laufe der Zeit aber keine Gewähr dafür übernommen werden kann, daß deren Inhalte auch den gegenwärtigen Umständen noch entsprechen[643]. Ob solche Klauseln allein geeignet sind, eine "antifraud"-Haftung auszuschließen, erscheint im Hinblick auf die geltende "entanglement doctrine" allerdings zweifelhaft. Ergänzend hat daher in periodischen Abständen und bei Eintritt besonders wesentlicher Ereignisse eine regelmäßige Überprüfung des Inhaltes der Web-Seiten und der verwandten Hyperlinks zu erfolgen, um dem Vorwurf einer kontinuierlichen Bekräftigung überholter Aussagen zu begegnen.

b) Verpflichtung zur Richtigstellung von Gerüchten in Internet-Foren

Während sich die Verpflichtung zur Korrektur überholter Meldungen aus der ursprünglichen Initiative des Unternehmens selbst begründen läßt, stellt sich im Fall falscher oder irreführender Informationen, die von dritter Seite über das Unternehmen verbreitet werden, die Frage einer Verpflichtung zur Richtigstellung in besonderem Maße. Die Vielfalt der Verbreitungsmöglichkeiten solcher Gerüchte über Internet-Foren, Chat-Rooms, Bulletin Boards und Newsletter setzt der Observation möglicher Fehlmeldungen rein tatsächliche Grenzen. Im Rahmen der bisher bekanntgewordenen Fälle, stellt sich die Verbreitung oftmals diskreditierender Falschmeldungen durch Dritte in Internet-Foren ("cybersmear") in aller Regel nicht als Selbstzweck dar. Regelmäßig sind solche Gerüchte Teil eines übergeordneten Manipulationsschemas, in dessen Vorbereitungsphase die Lancierung von positiven oder negativen Meldungen über einzelne Unternehmen entsprechende Kursbewegungen verursachen sollen, die dem Täter sodann gewinnbringende Transaktionen ermöglichen[644]. Da zumindest nach der Durchführung und unweigerlichen Aufdeckung der Manipulation jede dieser Aktionen, unabhängig davon, ob die Meldung positiven oder negativen Inhalt hatte, nachteilige Auswirkungen für die betroffenen Unternehmen mit sich bringt, sind diese in aller Regel schon zur Wahrung der eigenen Reputation geneigt, solchen Meldungen

---

642 Use of Electronic Media for Delivery Purposes, Securities Act Release No. 33-7233 60 S.E.C. Docket 1348 ff. (Oct. 6, 1995), unter Fn. 20: " *Electronically delivered documents must be prepared, updated and delivered consistent with the provisions of the federal securities laws in the same manner as paper documents...*"

643 So der Vorschlag von Prentice, 47 Emory L. J., 1, 31 (1998); ähnlich Bochner/Presser, wallstreetlawyer.com Vol. 1, No. 11, S. 1, 6 f. (April 1998).

644 Vgl. zu diesen Manipulationsmethoden nachfolgend unter § 11, I.), 3.).

entgegenzutreten[645]. Gleichwohl stellt sich die Frage, ob seitens der betroffenen Unternehmen eine Verpflichtung zur Veröffentlichung von Richtigstellungen existiert. Grundsätzlich sind Unternehmen nach den Securities Laws so lange weder zur Richtigstellung noch zur Verifizierung von Gerüchten verpflichtet, wie diese nicht dem Unternehmen zugeschrieben werden können[646]. Im Internet-Kontext sind vor allem zwei Situationen denkbar, in denen für die Unternehmen die Gefahr besteht, daß eine haftungsauslösende Verbindung zwischen dem Unternehmen und der Quelle des Gerüchts konstruiert wird.
Zum einen betrifft dieses den Fall, daß das Unternehmen selbst über seine Web-Seiten einen Hyperlink zu dem Forum gelegt hat, über welches das Gerücht kolportiert worden ist. Nach der oben dargelegten Ansicht der SEC können Unternehmen außerhalb besonderer Situationen einer Haftung durch eindeutige Disclaimer, moderate Gestaltungsweisen der Hyperlinks und durch Zwischenschaltung von "Screens" vorbeugen. Eine weitere kritische Situation entsteht, wenn das Unternehmen selbst frühzeitig auf dieses Gerücht aufmerksam geworden ist. In diesem Fall gehen die Publizitätsverpflichtungen, die von einigen SRO's aufgestellt worden sind, sehr weit. Neben der umfassenden Verpflichtung ihrer Mitglieder alle wesentlichen Unternehmensentwicklungen offenzulegen, verlangen vor allem NYSE und AMEX die aktive Erwiderung auf Gerüchte sowie die Darlegung der Gründe ungewöhnlicher Kursaktivitäten[647]. In solchen Fällen ist umgehend Kontakt mit der zuständigen Marktüberwachungsstelle aufzunehmen und in Absprache mit dieser ggf. eine klarstellende Pressemitteilungen herauszugeben.

c) Manipulation unternehmenseigener Web-Seiten durch Dritte

Gerade aus Anlegerschutzgesichtspunkten ist die Gefahr einer Täuschung über die Urheberschaft von Falschmeldungen noch größer, wenn sich Dritte zur Verbreitung nicht externer Foren bedienen, sondern die unternehmenseigenen Seiten nutzen. Versierten Hackern ist es möglich, in die Web-Seiten eines Unternehmens einzudringen und dort finanzbezogene Nachrichten zu plazieren, so daß es für den außenstehenden Betrachter den Anschein hat, diese Information stamme vom Unternehmen selbst. Daß diese Gefahr nicht nur theoretischer Natur ist, sondern aufgrund des technischen Geschickes mancher Täter eine latente Gefahr bedeutet,

645 So ging etwa die kanadische Philip Service Corp. offensiv vor und erhob Klage, um sich die besonderen Nachforschungsmöglichkeiten, die das US-Prozeßrecht vor allem im Rahmen der "discovery" eröffnet zur Ermittlung der Täter zunutze zu machen (so Hewitt/Carlson, Securities Practise and Electronic Technology, 3-8).

646 State Teachers Retirement Bd. v. Fluor Corp., 654 F.2d 843, 850 (2d Cir. 1981); Bell, wallstreetlawyer.com, Vol. 2, No. 7, S. 1, 5 (December 1998).

647 New York Stock Exchange Listed Company Manual ¶¶ 202.03-04, reprinted in 3 Fed. Sec. L. Rep. (CCH) ¶¶ 23,517 - 23,518 at 17,212 (Aug. 23, 1985); Dazu eingehend bei Brown, The Regulation of Corporate Disclosure, 3-60 ff.

haben zahlreiche Vorfälle in der Vergangenheit belegt[648]. Zwar sind bis dato solche Vorgänge mit kapitalmarktrechtlichem Hintergrund noch nicht gerichtlich behandelt worden, die SEC vertritt aber die Grundhaltung, daß Unternehmen, die sich zur Kommunikation mit Anteilseignern und potentiellen Investoren des Internet bedienen, für die Integrität und Sicherheit der übermittelten Information Sorge zu tragen haben[649]. Dieser Ansicht entsprechend wird im Rahmen einer Abwägung der Verantwortungs- und Haftungsbereiche das Unternehmen durch vorbeugende Maßnahmen, dafür Sorge zu tragen haben, daß derartige Manipulationen nicht erfolgen. Angezeigt ist neben der Verwendung geeigneter Sicherheitssoftware eine regelmäßige Überprüfung der Inhalte des eigenen Web-Auftrittes. Das Maß der hier zu stellenden Anforderungen läßt sich gegenwärtig noch nicht bestimmen. Zwar dürfte insofern zumindest die Verwendung anerkannter "Firewall"-Software angezeigt sein, die bloße Übertragung der bereits dargestellten Anforderungen an die Systemintegrität und -sicherheit der von Broker-Dealern verwandten Systeme erscheint aber unangemessen hoch. Vor allem das besondere Vertrauensverhältnis zwischen Brokern und Kunden, aus dem heraus sich diese Anforderungen begründen, ist auf die Verbindung zwischen Unternehmen und potentiellen Investoren, die über die Unternehmens-Web-Seiten Anlageinformationen zu erlangen suchen, nicht übertragbar.

2.) Erfüllung gesetzlicher Publizitätspflichten und das Problem der "selective disclosure"

Sofern sich in den bisher geschilderten Situationen eine Verpflichtung der Unternehmen ergibt, unmittelbar durch die Veröffentlichung von richtigstellenden Informationen tätig zu werden, stellt sich die Frage, ob zur Erfüllung dieser Ad-hoc Publizitätspflichten das Internet eingesetzt werden kann. Der wesentliche Unterschied im Vergleich mit der oben beschriebenen Prospektübermittlung via Internet liegt vor allem darin, daß in letzterem Fall Offenlegungsdokumente an bestimmte, identifizierbare Empfänger zu übermitteln sind. Ereignisabhängige Offenlegungspflichten dagegen verlangen regelmäßig die unverzügliche Bekanntgabe bestimmter Informationen dem gesamten Markt gegenüber[650], ohne daß hierbei eine Individualisierung möglich ist. Im Vordergrund steht daher die Frage, inwiefern das Medium eingesetzt werden kann, um dem Markt in seiner Gesamtheit bestimmte Informationen zukommen zu lassen.

---

648 Hacker haben sich in der Vergangeheit beispielsweise Zugang zu den Web-Seiten der NASA ebenso verschafft, wie zu denen der CIA (deren Homepage entfernt und durch die Überschrift "Central Stupidity Agency" ersetzt wurde); so Prentice, 47 Emory L. J., 1, 45 (1998).

649 Use of Electronic Media for Delivery Purposes, Securities Act Release No. 33-7233, 60 S.E.C. Docket 1348 ff. (Oct. 6, 1995), unter Fn. 22.

650 Brown, The Regulation of Corporate Disclosure, 4-3.

a) Grundanforderungen an die Publizitätswirkung

Erforderlich ist die Verbreitung der Information in einer massenwirksamen Art und Weise ("widespread disclosure"). Die bloße Weitergabe an Teile des Marktes oder einzelne genügt diesen Anforderungen nicht[651]. Andererseits kann die sichere Informierung jeden einzelnen Marktteilnehmers, schon aus tatsächlichen Gründen nicht erreicht werden. Deutschen Bereichspublizität[652] vergleichbar genügt daher in den USA die Bekanntgabe der Information an den Markt über professionelle Finanzintermediäre, wie Broker-Dealer, oder Analysten. Nach deren Kenntnis von der kursrelevanten Tatsache kann davon ausgegangen werden, daß sich die Ad-hoc Meldung in den Kursen der betroffenen Wertpapiere niederschlagen wird[653]. Die SEC selbst hat zur Frage, welche Verbreitungsmedien den Anforderungen an eine vollständige Offenlegung gerecht werden, lange geschwiegen[654]. Deutlich präziser und strikter sind die von den Börsen aufgestellten Anforderungen. Die NYSE legt in ihren Richtlinien fest, daß es auf eine schnelle Verbreitung ebenso ankomme wie auf eine breite Wirkung. Aus diesem Grund legt die NYSE ihren Mitgliedern die Publizierung der Ad-hoc Meldungen durch Nachrichten-Services wie den Dow Jones News Service, Reuters oder Associated Press nahe. Ergänzt werden sollte dieses durch die Publikation der Meldung in einer oder mehreren Zeitungen, die regelmäßig im New Yorker Raum erscheinen und Finanznachrichten enthalten - typischerweise das Wallstreet Journal. Bei der Frage, welche Agentur den Anforderungen an eine breite Öffentlichkeitswirkung gerecht wird, spielt die Anzahl und die Art der Teilnehmer eine entscheidente Rolle[655].

b) Ansichten der Literatur zur Verwendung des Internet

Bezogen auf den Kreis der erreichbaren Anwender scheint die Verwendung des Internet angesichts der stetig wachsenden Anschlußzahlen, die deutlich über der Zahl der Empfänger liegt, die über traditionelle Verbreitungsmedien erreicht werden können, unproblematisch den Anforderungen an ein geeignetes Publizitätsmedium zu genügen[656].

Während mangels gerichtlicher Entscheidungen zu dieser Frage ein Teil der Literatur vertritt, daß angesichts der unbeschränkten Zugangsmöglichkeit die Veröf-

---

651 SEC v. Maio, 51 F.3d 623, 632 f. (7th Cir. 1995).

652 Vgl. dazu Geibel in Schäfer, WpHG, § 15 WpHG, Rdnr. 122.

653 Friedman, Securities Regulation in Cyberspace, 13-19; Brown, The Regulation of Corporate Disclosure, 4-4 f.

654 Siehe zur Kritik hieran etwa Dirks v. SEC, 463 US 646, 678 (1983).

655 Brown, The Regulation of Corporate Disclosure, 4-7.

656 Selbst wenn man die Auflagenstärken des Wall Street Journal und der USA Today zusammennimmt, reicht dieser Adressatenkreis bei weitem nicht an die Anwenderzahl heran, die über das Internet angesprochen werden kann (Prentice, 12 Harvard J. Law & Technology, 263, 282 (1999) m.w.N.).

fentlichung auf den Unternehmens-Web-Seiten ausreiche, um eine Informierung des Gesamtmarktes zu erreichen[657], wird dieses von anderen bestritten[658]. Als Argument gegen eine derartige Gleichstellung wird vor allem angeführt, daß von einem verantwortlichen Anleger erwartet werden kann, daß er jeden Tag das Wall Street Journal lese und so an einer zentralen Stelle über etwaige offenzulegende Tatsachen informiert werde. Hingegen kann demselben Anleger nicht auferlegt werden, sich einen Internet-Anschluß zu verschaffen und ebenso täglich die Web-Seiten der in seinem Portfolio enthaltenen Unternehmen zu überprüfen.

Dem wird entgegengehalten, daß ebensowenig davon ausgegangen werden könne, daß alle Anleger - zumal die Privatinvestoren - bei entgeltlichen Nachrichtenservice-Anbietern wie dem Dow Jones News Service Verträge unterschrieben hätten[659]. Gerade das letztgenannte Argument greift insofern nicht, als daß es nach dem oben Gesagten vor allem auf eine Informationsverbreitung an Broker-Dealer und andere Finanzmarktakteure ankommt, über die eine Information an den Gesamtmarkt transportiert werden kann[660]. Ein wesentlicher Unterschied liegt aber in der Funktion der traditionellen Verbreitungswege, Informationen zu zentralisieren und auf diesem Wege ihre Wahrnehmung wahrscheinlich werden zu lassen. Bei der Einstellung von offenzulegenden Umständen über passive Unternehmens-Web-Seiten müssen dagegen Broker-Dealer und ähnliche "Informationstransporteure" erst auf den Internet-Auftritt aufmerksam gemacht werden. Nicht zuletzt aus diesem Grund wird die Veröffentlichung von Ad-hoc Meldungen über Unternehmens-Web-Seiten gegenwärtig als sinnvolle Ergänzung zur Nutzung der traditionellen Verbreitungsformen angesehen, davon, daß allein über derartige Internet-Publikationen eine den gesetzlichen Anforderungen genügende Information des Gesamtmarktes erreicht werden kann, wird aber überwiegend nicht ausgegangen[661].

---

657 Hewitt/Carlson, Securities Practise and Electronic Technology, 12-6.

658 Im Gegenteil geht Prentice (47 Emory L. J., 1, 84 (1998)) davon aus, daß wegen der nur eingeschränkten Öffentlichkeitswirkung der Verbreitung von Informationen über E-Mails, Bulletin Boards oder Homepages das Risiko einer "selective disclosure" noch erhöht wird. Allerdings deutet derselbe Autor in 12 Harvard J. Law & Technology, 263, 292 (1999) an, daß diese Ansicht mit zunehmender Verbreitung des Mediums an Relevanz verliert.

659 Siehe zur Darstellung des Streites va. Prentice, 12 Harvard J. Law & Technology, 263, 285 ff. (1999).

660 Ähnlich Brown, The Regulation of Corporate Disclosure, 4-7.

661 Friedman, Securities Regulation in Cyberspace, 13-19; Brown, The Regulation of Corporate Disclosure, 4-11 ff.; Prentice, 47 Emory L. J., 1, 84 (1998).

c) Stellungnahme der SEC im Rahmen der Regulation FD

Ihren gegenwärtigen Standpunkt zu dieser Frage hat die SEC im Rahmen der Regulation FD[662] (="Fair Disclosure") deutlich gemacht, die im Dezember 1999 zunächst im Entwurf[663] vorgestellt und am 23. Oktober 2000 wirksam geworden ist[664]. Die von der SEC aufgestellten neuen Regeln betreffen im Kern bisher ungeregelte Fragen des Insiderrechts und des Problems der "selective disclosure", also der Offenlegung von Informationen lediglich an einen Teil der Anlegeröffentlichkeit. Dabei schreibt Rule 101 der Regulation FD im Fall der Weitergabe einer wesentlichen nichtöffentlichen Information durch den Emittenten[665] die zeitgleiche oder unverzügliche[666] öffentliche Verbreitung ("public disclosure") dieser Meldung vor. In diesem Zusammenhang definiert die SEC in Rule 101(e) der Regulation FD diejenigen Verfahrensweisen, die der Anforderung an eine "public disclosure" gerecht werden.

Hierfür stehen neben der Möglichkeit einen "current report" auf "Form 8-K" bei der SEC einzureichen, auch die traditionell anerkannten Agenturen wie Bloomberg oder Business Wire zur Verfügung. Darüber hinaus hat die SEC klargestellt, daß auch jede andere Form der Publikation, die nicht selektiv ist, den gesetzlichen Anforderungen genügt. In Hinsicht auf den Einsatz des Internet führt die SEC in konsequenter Fortführung ihrer Grundbedenken aus, daß zum gegenwärtigen Zeitpunkt trotz der Verbreitung des Internet noch nicht von einem Anschluß aller potentiellen Anleger ausgegangen werden kann, weshalb die Einstellung von Informationen auf Web-Seiten nicht geeignet sei, um die erforderliche Öffentlichkeitswirkung zu erzielen. Zugleich betont die SEC aber den Nutzen, den dieser Schritt als zusätzliche Maßnahme haben kann, zumal da nach der Regulation FD

---

662 Regulation FD (17 C.F.R. § 248.1 - § 248.30).

663 Proposed Rule: Selective Disclosure and Insider Trading, Release Nos. 33-7787; 34-42259, 71 S.E.C. Docket 862 ff. (July 31, 1999); vgl. dazu insgesamt Aronson, wallstreetlawyer.com, Vol. 3, No. 10, S. 9 ff. (March 2000) sowie Astarita, SEC Approves Regulation FD (Oct. 2000).

664 Final Rule: Selective Disclosure and Insider Trading, Release Nos. 33-7881; 34-43154, 73 S.E.C. Docket 3 ff. (Aug. 15, 2000).

665 Erfaßt sind vom Regelungsbereich der Regulation FD nur solche Unternehmen, die nach Sec. 12 SEA zu den "reporting companies" zählen oder deren Wertpapiere gem. Sec. 15(d) SEA registrierungspflichtig sind (vgl. Rule 100(a) und Rule 103(b) der Regulation FD; Final Rule: Selective Disclosure and Insider Trading, Release Nos. 33-7881; 34-43154, 73 S.E.C. Docket 3 ff. (Aug. 15, 2000), unter II.B.5).

666 Zeitgleich ("simultaneously") wird die öffentliche Bekanntgabe erforderlich, wenn die Veröffentlichung an einen begrenzten Kreis absichtlich ("intentional") erfolgte; ist dieses unabsichtlich geschehen, so genügt eine unverzügliche ("promptly") Offenlegung, die so schnell wie möglich, keinesfalls aber länger als 24 Stunden nach der Bekanntgabe an den begrenzten Kreis erfolgen muß (Rule 100(a)(1) der Regulation FD; Final Rule: Selective Disclosure and Insider Trading, Release Nos. 33-7881; 34-43154, 73 S.E.C. Docket 3 ff. (Aug. 15, 2000), unter II.B.3).

eine Offenlegung auch durch eine Kombination von verschiedenen Methoden möglich ist[667].

d) Elektronische Übermittlung von "current reports" an die SEC

Wenngleich der breite Einsatz des Internet als Instrument zur Erfüllung von Ad-hoc Verpflichtungen damit nicht möglich ist, so eröffnet die Regulation FD doch die Möglichkeit den "public disclosure"-Verpflichtungen durch das Einreichen eines "current report" auf Formblatt "Form 8-K" nachzukommen[668]. Dieses Formblatt kann wie sämtliche, der SEC einzureichenden Unterlagen über das EDGAR-System[669] auch auf elektronischem Wege übermittelt werden. Insofern besteht zumindest eine bedingte Einsatzmöglichkeit des Internet zur Erfüllung von Ad-hoc Publizitätspflichten[670]. Allerdings ist diese Möglichkeit aufgrund gegenwärtiger technischer Gegebenheiten eingeschränkt. Da die Übermittlung an das EDGAR-System nur innerhalb bestimmter Zeitrahmen und nur werktags möglich ist, können die Verpflichtungen zur sofortigen oder unverzüglichen "public disclosure", die eine Veröffentlichung spätestens 24 Stunden nach der ersten Bekanntgabe vorsehen, nicht erfüllt werden, wenn etwa Wochenenden oder Feiertage bevorstehen[671]. In diesen Fällen ist der Emittent nach wie vor auf die Nutzung der traditionellen Verbreitungsmedien angewiesen, um seinen Publizitätspflichten hinreichend nachzukommen.

III.) Publizitätspflichten bei öffentlichen Übernahmeangeboten

Neben den dargestellten Anknüpfungspunkten für Publizitätspflichten können sich diese auch aus öffentlichen Übernahmeangeboten ("tender offer") ergeben. Die durch den Williams Act[672] in den Securities Exchange Act eingefügten Secs. 13(d) und 14(d) und (e) SEA sowie die hierzu erlassenen Rules und Regulations statuieren besondere Anlegerschutzvorschriften. Diese knüpfen an das Überschreiten einer Beteiligungsquote von 5% aufgrund eines börslichen oder außer-

---

667 Final Rule: Selective Disclosure and Insider Trading, Release Nos. 33-7881; 34-43154, 73 S.E.C. Docket 3 ff. (Aug. 15, 2000), unter II.B.4.b.

668 Final Rule: Selective Disclosure and Insider Trading, Release Nos. 33-7881; 34-43154, 73 S.E.C. Docket 3 ff. (Aug. 15, 2000), unter II.B.4.b.

669 Vgl. dazu bereits unter § 3, IV.), 1.), a) sowie bei Olson/Pitt, Securities in the Electronic Age, 9-15 ff.

670 Anders für die bisherige Rechtslage vor Erlaß der Regulation F-D noch Prentice, 12 Harvard J. Law & Technology, 263, 288 (1999).

671 Proposed Rule: Selective Disclosure and Insider Trading, Release Nos. 33-7787; 34-42259, 71 S.E.C. Docket 862 ff. (July 31, 1999), unter II.B.5.; Aronson, wallstreetlawyer.com, Vol. 3, No. 10, S. 9 f. (March 2000).

672 15 U.S.C. § 78m(d), (e) und §§ 78n(d)-(f).

börslichen Kaufangebotes an die Aktionäre einer Zielgesellschaft an[673]. Sec. 13(d) SEA legt fest, daß jede Person oder zusammenwirkende Personengruppe, die Beteiligungen von über 5% an einer Gesellschaft hält, die nach Sec. 12 SEA periodischen Publizitätspflichten unterliegen, innerhalb von 10 Tagen einen sog. "ownership report" auf einem hierfür bestimmten Formular bei der SEC einreichen muß[674]. Sec. 14(d) SEA untersagt auf eine derartige Beteiligungsquote gerichtete Angebote, sofern dieses "filing" nicht erfolgt ist und soweit nicht an jeden Angebotsempfänger Benachrichtigungen übermittelt worden sind, die die wesentlichen Eckdaten der SEC-Anzeige wiedergeben. Zudem sind entsprechende Benachrichtigungen auch an die Zielgesellschaft und an die relevanten Börsen oder die NASD zu senden[675].

1.) Übermittlung des Übernahmeangebotes an die Aktionäre

Bei der Übermittlung des Übernahmeangebotes an die Aktionäre muß dieses bestimmte, in Rule 14d-6(e) SEA näher spezifizierte Informationen enthalten, die ebenfalls an die Aktionäre zu übermitteln sind. Hierfür stehen dem Anbieter grundsätzlich zwei verschiedene Verfahrenswege offen. Zum einen kann er den Aktionären im Wege einer sog. "long-form publication" in einem Schritt die gesamten Pflichtinformationen übermitteln. In diesem Fall ist die Einbindung elektronischer Übermittlungsformen vollständig ausgeschlossen, weil Rule 14d-4(a)(1) SEA ausdrücklich eine "newspaper publication" verlangt. Auch bei Wahl der "summary publication" als Alternative zu dieser Form der Veröffentlichung ist eine vollständig Internet-basierte Publikation nicht möglich. Zwar kann der Anbieter, sofern er von der Zielgesellschaft eine Liste der Aktionäre erhält, die entsprechenden Informationen grundsätzlich auch im Wege elektronischer Übertragungsmethoden an die Aktionäre übermitteln[676], erforderlich ist aber auch bei einer derartigen "summary publication" die Veröffentlichung einer kurzen auf diesen "Hauptteil" hinweisenden Benachrichtigung in einer Zeitung[677].
Unabhängig von dem gewählten Verfahren ist eine Erfüllung der besonderen Offenlegungspflichten der Übernahmeanbieter ausschließlich über Internet-Kommunikationswege somit ausgeschlossen.

---

673 Vgl. im Einzelnen Ratner, Securities Regulations, S. 109 ff.; Becker in Hopt/Rudolph/Baum, Börsenreform, S. 790 ff.; Wilhelm, Registrierungs- und Publizitätspflichten, S. 204 ff.

674 Bezüglich der elektronischen Übermittlung dieses "ownership reports" an die SEC kann auf das unter § 9,II.), 2.), d) Gesagte verwiesen werden.

675 Vgl. Rule 14d-3 SEA.

676 Vgl. Rule 14d-4 SEA.

677 So Friedman, Securities Regulation in Cyberspace, 12-10 f.

2.) Veröffentlichung der Stellungnahme der Zielgesellschaft über Web-Seiten

Im Verlauf eines Übernahmeangebotes unterliegt nicht nur die anbietende Seite Offenlegungspflichten; auch die Zielgesellschaft hat den Aktionären ihre Haltung zu diesem Übernahmeangebot und ihre Erwägungsgründe offenzulegen. Innerhalb von 10 Tagen nach Abgabe des "tender offer" hat die Zielgesellschaft die entsprechenden, in "Schedule 14D-9" enthaltenen Informationen ihren Aktionären offenzulegen, zu übersenden bzw. zu übermitteln[678]. Ob für diese Offenlegungspflichten die Publizierung der Informationen über die Web-Seiten der Zielgesellschaft ausreichend ist, ist bisher von der SEC noch nicht ausdrücklich festgelegt worden. In Übereinstimmung mit ihrer vorherrschend skeptischen Grundhaltung gegenüber der Erfüllung von Publizitätspflichten ausschließlich durch Web-Postings ist allerdings davon auszugehen, daß auch in dieser Sondersituation die alleinige Veröffentlichung über die eigenen Internet-Seiten nicht als ausreichend erachtet werden wird. Da das Schutzbedürfnis der Anteilseigner, dem die Vorschriften der "tender offer"-Regulierung dienen, dem des Anlegerschutzes vergleichbar ist, auf den sich die übrigen Ausführungen der SEC beziehen, erscheint ein Abweichen von den bisherigen Standards nicht geboten[679].

Dem "analogy to paper approach" folgend wäre allenfalls dann, wenn im Zeitpunkt der Veröffentlichung des Statements eine wirksame Einverständniserklärung aller Aktionäre mit der elektronischen Übermittlung vorläge, die Versendung einer E-Mail als ausreichend denkbar, die die Aktionäre über die Veröffentlichung auf den eigenen Web-Seiten in Kenntnis setzt ("notice") und die entsprechende Internet-Adresse mitteilt. Da dieser Weg gerade bei Gesellschaften mit hoher Fluktuation im Aktionärsstamm aber wenig praktikabel erscheint, ist das Internet in diesem Bereich den traditionellen Publikationsmedien unterlegen.

§ 10 Verbreitung nicht-obligatorischer Informationen durch Broker-Dealer

Neben der (eingeschränkten) Möglichkeit mit Hilfe einzelner Kommunikationsfunktionen des Internet verbindliche Offenlegungs- und Mitteilungspflichten zu erfüllen, wird dieses Medium auch und gerade zur Verbreitung einer Vielzahl unterschiedlichster Meldungen benutzt, für die keine Verpflichtung zur Veröffentlichung besteht. Dieses betrifft die Kommunikation zwischen Online-Broker und Kunden via E-Mail ebenso, wie Fragen nach den Grenzen zulässiger Werbung für bestimmte Wertpapiere in Newsgroups oder Chat-Rooms. Die Behandlung dieser Fragen ist in den bisherigen Releases der SEC, die bereits dargestellt worden sind,

678 Vgl. Rule 14e-2 SEA.

679 Im Ergebnis ebenso Friedman, Securities Regulation in Cyberspace, 12-12.

ausdrücklich ausgeklammert worden[680]. Die Aussagen und Anforderungen in den "Internet Releases" beziehen sich allein auf die spezielle Situation einer Verpflichtung zur Kommunikation mit der Öffentlichkeit und finden keine Anwendung auf freiwillige Kontakte zu Marktteilnehmern. Wenngleich die SEC in diesem Bereich keine eigenen Regelungen getroffen hat, sondern vornehmlich die NASD und die Börsen diesen Bereich regulieren, so kann sie im Wege der Aufsicht gleichwohl die Einhaltung der von den SRO's gesetzten Standards überwachen.

I.) Grundsätzliche Haltung der NASD

Die NASD hat schon 1995 erste Schritte unternommen, um die mit der Nutzung elektronischer Kommunikationsformen zusammenhängenden Fragen in ihr Regelwerk einzubinden. Die wesentlichen Regelungen[681], die die Kommunikation der Broker-Dealer mit der Öffentlichkeit betreffen, sind in den "Conduct Rules" des NASD niedergelegt[682]. Von den dort statuierten Wohlverhaltenspflichten wird nach NASD-Rule 2210(a) eine Vielzahl von unterschiedlichen Arten der Kommunikation erfaßt, zu denen vor allem Formen der allgemeinen Werbung ("advertisements") und spezifische unternehmensbezogene Informationen, wie etwa Research Berichte, Marktinformationen oder sonstige Mitteilungen zählen ("sales literature"). Dabei schließen die Begriffe "advertisement" und "sales literature" ausdrücklich auch elektronische Übermittlungsformen ein[683], so daß werbende Aussagen in den Internet-Auftritten der Broker unmittelbar den Verhaltensanforderungen der NASD-Rule 2210 unterfallen[684]. Dementsprechend ist insbesondere darauf zu achten, daß die werbenden Äußerungen nicht aggressiv oder irreführend

680 Use of Electronic Media for Delivery Purposes, Securities Act Release No. 33-7233, 60 S.E.C. Docket 1348 ff. (Oct. 6, 1995), unter I.; Use of Electronic Media by Broker-Dealers, Securities Act Release No. 33-7288, 61 S.E.C. Docket 2568 ff. (May 9, 1996), unter I.

681 Vgl. vor allem den Überblick über die einschlägigen NASD-Rules bei der elektronischen Informationsübermittlung bei Hewitt/Carlson, Securities Practise and Electronic Technology, 5-74. Nachfolgend wird der generelle Ansatz bei der Einbindung elektronischer Kommunikationsformen in das Regelwerk der NASD dargestellt. Zu den besonderen Problemen der Beteiligung von Broker-Dealern an Chat-Rooms vgl. nachfolgend unter § 12, I.); die speziellen Fragen, die sich im Zusammenhang mit der Empfehlung einzelner Anlageformen im Internet-Kontext ergeben, sind bereits unter § 8, II.) dargestellt worden.

682 NASD-Rules 2000 ff.

683 Vgl. NASD-Rule 2210(a)(1) und (2) sowie NASD Notice to Members No. 95-74.

684 Kramer/An, Website Issues, in: PLI, Securities Law & The Internet (2000), Vol. 1, S. 395, 399.

gestaltet sind, um einem Verstoß gegen die Regeln der SRO's[685] und einem möglichen "fraud"-Vorwurf zu entgehen[686].
Gleiches gilt für solche Aussagen, die Mitglieder von Broker-Firmen in Bulletin Boards, Chat-Rooms oder anderen Internet-Kommunikationsmitteln veröffentlichen[687]. Dabei hat die NASD auf das nicht unerhebliche Risiko der Teilnahme von Brokern in Chat-Rooms hingewiesen, weil hier der schmale Grad zwischen der sachlichen Darstellung der eignen Auffassung und übertriebenen und unberechtigten Behauptungen im Hinblick auf einzelne Wertpapiere schnell überschritten werden kann[688].

Diese grundsätzliche Einordnung von Internet-Kommunikationsformen zieht vor allem die in NASD-Rule 2210(b) festgelegten vorherigen Bestätigungserfordernisse durch zeichnungsberechtigte Angestellte der Broker-Firma ("approval") sowie Aufzeichnungsverpflichtungen ("recordkeeping") nach sich. Daneben sind diese Dokumente nach NASD-Rule 2210(c) grundsätzlich innerhalb von 10 Arbeitstagen nach ihrer Veröffentlichung der NASD einzureichen ("filing") und unterliegen Nachprüfungspflichten ("review"). Schließlich gelten für diese Kommunikationsformen, sowie generell für jeden Öffentlichkeitskontakt eines Broker-Dealers, die in NASD-Rule 2210(d) niedergelegten Standards, die insbesondere den Grundsatz fairen und ehrbaren Umgangs mit der Öffentlichkeit vorschreiben.

II.) Einordnung einzelner Kommunikationsformen

1.) Regeln für die Gestaltung der Homepage

Die Web-Seiten eines Broker-Dealers werden als kommerzieller Service für die Kunden generell als "sales literature" aufgefaßt und unterliegen damit den Vorschriften der NASD-Rule 2210 im Hinblick auf Überprüfungs- und Aufzeichnungspflichten. Daneben hat die NASD ihren Mitgliedern nachdrücklich die Aufklärung ihrer Kunden über Fragen des Zugangs und möglicher Verzögerungen zu den unterschiedlichen Formen der Orderstellung und zu den allgemeinen Anforderungen der "Conduct Rules" empfohlen, so daß diese bei Betrachtung des Inter-

---

685 Vgl. NASD-Rule 2210(d) und NYSE-Rule 472 Secs. 30 und 40.

686 SEC, Examination of Broker-Dealers Offering Online-Trading: Summary Findings and Recommendations (Jan. 25, 2001) unter II); verfügbar unter: http://www.sec.gov/news/studies/online.htm .

687 Auch diese Kommunikationsformen werden aufgrund der breiten Öffentlichkeitswirkung als "advertisements" aufgefaßt; NASD Internet Guide for Registered Representative (2000), verfügbar unter: http://www.nasdr.com/4040.htm ; vgl. dazu Gavis, 52 Bus. Law., 317, 349 ff. (1996); 16-22.

688 Friedman, Securities Regulation in Cyberspace, 16-22.

net-Auftrittes ein zutreffendes Bild von den allgemeinen und speziellen Risiken dieser Kommunikationsform erhalten[689].

Für die besondere Frage der Verwendung von Hyperlinks durch Broker-Dealer hat die NASDR[690] in einem veröffentlichten Schreiben[691] Situationen herausgestellt, unter denen sie eine Verantwortlichkeit des Broker-Dealers für den Inhalt von Web-Seiten Dritter, zu denen ein Hyperlink gelegt ist, ausschließt: Zum einen ist dieses der Fall bei sog. „ongoing hyperlinks". Hierbei handelt es sich um solche Hyperlinks, die permanent über die Seite des Broker-Dealers verfügbar sind und zwar selbst dann noch, wenn der Betreiber der verlinkten Seite inhaltliche Veränderungen vornimmt, ohne daß hierdurch die Funktionsfähigkeit des Hyperlinks beeinflußt. Bedingung ist jedoch, daß der Broker-Dealer auf den Inhalt der verlinkten Seite keinerlei Einflußnahmemöglichkeit hat und den Hyperlink außer Kraft setzt, sobald er positive Kenntnis davon hat, daß die entsprechende Web-Seite falsche oder irreführende Angaben enthält. Gleichfalls ist der Broker-Dealer nicht verantwortlich für die Inhalte von solchen öffentlich genutzten Seiten, die der Information und Aufklärung über Finanzthemen allgemein dienen[692]. Zulässig ist daher insbesondere die Verwendung von Hyperlinks auf die Seiten der NASD selbst, sofern es sich um einen ausschließlich textbasierten Link handelt, der klar herausstellt, daß er auf die Seiten der NASD führt und die Art der Verwendung nicht unstatthaft den guten Namen der Institution als Mittel zur Bewerbung bestimmter Produkte oder Dienstleistungen mißbraucht. In diesem Zusammenhang ist insbesondere das Framing untersagt, so daß die Seite der NASD in einem eigenen Bildschirm geöffnet werden muß[693].

2.) Anforderungen an die Überwachung von E-Mails

In Hinsicht auf die Behandlung und Einordnung von E-Mails innerhalb des regulatorischen Rahmens der "Conduct Rules" unterscheidet die NASD zwischen solchen E-Mails, die an einzelne Adressaten übermittelt werden ("individual e-mail")

---

689 Adkins/Goldsmith/Lopez/Luparello/Revell/Walter, NASD Regulation, in: PLI, Securities Law & The Internet (1999), Vol. 1, S. 383, 393 f.

690 Die National Associaton of Securities Dealers Regulation, Inc. ist der regulatorische Arm der NASD.

691 NASDR-Schreiben an Craig S. Tyle, Investment Company Institute vom 11.11.1997, unter: http://www.nasdr.com/2910/2210_01.htm ; Fein, The Law of Electronic Banking, S. 8-15 ff.

692 NASDR-Schreiben an Craig S. Tyle, Investment Company Institute vom 11.11.1997, unter: http://www.nasdr.com/2910/2210_01.htm .

693 Adkins/Goldsmith/Lopez/Luparello/Revell/Walter, NASD Regulation, in: PLI, Securities Law & The Internet (1999), Vol. 1, S. 383, 395; NASD Internet Guide for Registered Representative (2000), verfügbar unter: http://www.nasdr.com/4040.htm .

und solchen, die mit identischem Inhalt an eine Vielzahl von Empfängern adressiert sind ("group e-mails").
Individuelle E-Mails werden als Ersatz schriftlicher Korrespondenz aufgefaßt und unterliegen damit neben den allgemeinen Anforderungen der Rule NASD-Rule 2210(d) nur dann den besonderen Anforderungen an Überprüfung und Aufzeichnung, wenn sich diese inhaltlich auf die Bewerbung oder die Ausführung von Wertpapiergeschäften beziehen. Group E-Mails hingegen werden in der Interpretation der NASD als "sales literature" begriffen und unterliegen grundsätzlich den Anforderungen an die Erstellung von Aufzeichnungen, vorheriger Überprüfung und der Einreichung bei der NASD gem. NASD-Rule 2210[694].
Ergänzend zu den Verfahren der Überwachung der Korrespondenz mit den Kunden hat die NASD ihre Mitglieder im Hinblick auf den Gebrauch von E-Mails angehalten, hausinterne Regelwerke ("policies") aufzustellen und festzulegen, unter welchen Umständen und in welcher Weise deren Angestellte das Internet für die Kommunikation mit dem Investor benutzten dürfen[695]. Grund hierfür ist die Verantwortlichkeit der Broker-Dealer für das Handeln ihrer Angestellten, woraus grundsätzlich die Notwendigkeit geeigneter Verfahren zur Überwachung der Öffentlichkeitskontakte erwächst.

III.) Überwachung der Mitarbeiterkommunikation

Den Broker-Dealern werden öffentliche Äußerungen ihrer Mitarbeiter und Angestellten in vollem Umfang zugerechnet. Gem. Sec. 15(b)(4)(E) SEA kann die SEC Sanktionen gegen Broker-Dealer verhängen, wenn diese ihrer Verpflichtung nicht nachkommen, die unter ihrer Aufsicht stehenden Personen zu überwachen, um Verstöße gegen die Securities Laws zu verhindern. Dieses Erfordernis hat sich gerade bei der Kommunikation über das Internet aufgrund des hohen Aufwandes als erhebliches praktisches Hindernis erwiesen. Aus diesem Grund haben sowohl NASD als auch die NYSE Änderungen in ihrem Regelwerk vorgenommen, die in Teilen die Verpflichtung zur vorherigen Überprüfung aller Öffentlichkeitskontakte durch die Etablierung geeigneter Verfahren zur Überwachung der elektronischen Kommunikation ihrer Mitarbeiter ersetzen[696]. Werden diese Vorgaben von

---

694 Gavis, 52 Bus. Law., 317, 350 f. (1996); Friedman, Securities Regulation in Cyberspace, 16-22; NASD Internet Guide for Registered Representative (2000), verfügbar unter: http://www.nasdr.com/4040.htm .

695 Prentice, 12 Harvard J. Law & Technology, 263, 327 f. (1999); Friedman, Securities Regulation in Cyberspace, 16-23; Hewitt/Carlson, Securities Practise and Electronic Technology, 5-64 f.

696 Spirer, E-Mail Supervision and Retention, in: PLI, Securities Law & The Internet (2000), Vol. 1, S. 413, 418 f.; Adkins/Goldsmith/Lopez/Luparello/Revell/Walter, NASD Regulation, in: PLI, Securities Law & The Internet (1999), Vol. 1, S. 383, 385 f.; Hewitt/Carlson, Securities Practise and Electronic Technology, 5-58 ff.

den Broker-Dealern eingehalten, eröffnet Sec. 15(b)(4)(E) SEA einen "safe harbor", in dessen Geltungsbereich sie den Vorwurf unterlassener Überwachung abwehren können, soweit die Anforderungen der SRO's erfüllt worden sind.
NASD-Rule 3310(d)(1) schreibt die Einführung schriftlicher Verfahren vor, die regeln, in welcher Weise innerhalb der einzelnen Broker-Dealer-Firmen herausgehende und eingehende Korrespondenz - elektronische ebenso wie konventionelle Formen - nachgeprüft wird[697]. Im Einzelnen müssen diese Verfahren festlegen, welche Dokumente vor einer Veröffentlichung zu überprüfen sind und in welchen Fällen auch eine spätere Nachprüfung ausreicht. Zudem sind verbindliche Angaben zur Qualifikation und Stellung derjenigen Personen erforderlich, die für diese Überprüfungen verantwortlich sind. Schließlich muß festgelegt werden, in welchen zeitlichen Abständen diese Überprüfungen stattfinden[698]. Um diesen Schutz zu ergänzen haben NASD und NYSE 1998 neue Regeln aufgestellt, die es ihren Mitgliedern untersagen, mit Kunden über das Internet in Kontakt zu treten, wenn dabei als Zugang private Rechner oder sonstige Computer Dritter benutzt werden, die nicht unter der Kontrolle der SRO's stehen[699]. Darüber hinaus ist Mitarbeitern der Kontakt mit der Öffentlichkeit via E-Mail solange untersagt, wie diese Nachrichten nicht durch die internen Prozeduren überwacht und überprüft worden sind[700]. Zahlreiche Broker-Firmen führen zudem regelmäßige Fortbildungsveranstaltungen für ihre Mitarbeiter durch, in denen sie diese über das Maß erlaubter Öffentlichkeitskontakte unterrichten[701].

Bei Einhaltung dieser Voraussetzungen ist das bisherige Erfordernis der strikten vorherigen Überprüfung aller Nachrichten aufgehoben. Broker-Dealer haben damit eine flexiblere Möglichkeit erhalten, in Abhängigkeit von ihrer wirtschaftlichen Bedeutung und Organisationsstruktur die Überwachungsverfahren ihrer speziellen Situation anzupassen[702].

---

697 In ähnlicher Weise legt NYSE-Rule 342 Sec. 16 schriftlich fixierte Verfahrensweisen bei der Überwachung der Mitarbeiter der Mitgliedsunternehmen fest.

698 Auch die NYSE verlangt von ihren Mitgliedern in Rule 342 Sec. 17 die Aufstellung ähnlicher Prozeduren, die der wirtschaftlichen Tätigkeit des einzelnen Broker-Dealers gerecht werden müssen.

699 NASD Notice to Members No. 98-11 (Jan. 1998), über: http://www.nasdr.com/pdf-text/9933ntm.txt ; sowie unter: http://www.nyse.com/regulation/rulechanges/980114.html das NYSE Information Memo No. 98-03 (Jan. 14, 1998); dazu auch Friedman, Securities Regulation in Cyberspace, 16-23; Spirer E-Mail Supervision and Retention, in: PLI, Securities Law & The Internet (2000), Vol. 1, S. 413, 422.

700 Prentice, 12 Harvard J. Law & Technology, 263, 326 (1999).

701 Dieses gilt besonders für das Verhalten in Chat-Rooms (SEC, Examination of Broker-Dealers Offering Online-Trading: Summary Findings and Recommendations (Jan. 25, 2001) unter VI.); verfügbar unter: http://www.sec.gov/news/studies/online.htm).

702 Dabei können sog. "review"-Programme im Prozeß der Überprüfung durch die Suche nach bestimmten Stichwörtern ergänzend hinzugezogen werden. Solche Software-Lösungen wer-

§ 11 "Cyberfraud" - Verbreitung unwahrer oder irreführender Informationen

Zahlreiche der Internet-typischen Attribute machen dieses Medium auch für die Täter betrügerischer und manipulativer Machenschaften zu einem interessanten und in den USA bereits vielfältig genutzten Werkzeug. Vor allem die geringen Kosten, die Erreichbarkeit großer Massen potentieller Investoren, die Anonymität, die das Medium bereitstellt, die Flexibilität und Ortsungebundenheit der Täter und die Geschwindigkeit, mit der Informationen verbreitet werden können, tragen zu der mittlerweile kaum mehr überschaubaren Zahl und Vielfalt der Betrugsfälle im Internet ("cyberfraud") zu Lasten der Privatanleger[703] bei. Zum Teil werden dabei altbekannte Betrugsschemata lediglich in das neue Medium verlagert und dessen Bedingungen angepaßt, zum Teil sind aber auch völlig neue Verfahren unter Nutzung der besonderen Möglichkeiten, die das Internet bereitstellt, entwickelt worden[704]. Die SEC hat aufgrund der erheblichen Gefahren dieser Tendenz für den einzelnen Anleger und die Integrität des Wertpapiermarktes, seit der Aufklärung des ersten Internet-spezifischen Falls 1995[705] erhebliche Anstrengungen unternommen, um dieser Entwicklung Herr zu werden. Ansatzpunkt zur Erfassung und Sanktionierung solcher Vorgänge sind die "antifraud provisions" in ihren vielfältigen Ausprägungen.

I.) Verbreitung unwahrer oder irreführender Informationen über das Internet

Die Securities Laws enthalten zahlreiche Verbotsnormen, die anknüpfend an bestimmte Verhaltensweisen eine Vielzahl von Handlungen für unrechtmäßig ("unlawful") erklären, um auf diese Weise das Vertrauen der Anleger in einen fairen Markt zu stärken und dessen Integrität zu schützen. Gleichzeitig dienen die "antifraud"-Vorschriften der aufsichts- und haftungsrechtlichen Absicherung der

---

den bereits von zahlreichen Broker-Firmen eingesetzt (SEC, Examination of Broker-Dealers Offering Online-Trading: Summary Findings and Recommendations (Jan. 25, 2001) unter VI.); verfügbar unter: http://www.sec.gov/news/studies/online.htm). Allerdings stellen sie an sich keine geeigneten Prozeduren i.S.d . NASD-Rule 3010 dar, sondern finden nur ergänzende Verwendung. (So Spirer, E-Mail Supervision and Retention, in: PLI, Securities Law & The Internet (2000), Vol. 1, S. 413, 425).

703 Typischerweise zählt diese Anlegerschicht zu den primären Opfern derartiger Schemata. Fälle, in denen institutionelle Investoren durch Internet-basierte Betrugshandlungen geschädigt worden sind, sind hingegen nicht bekannt.

704 McMahon, Securities Law and the Internet: Enforcement Issues, in: PLI, Securities Law & The Internet (1999), Vol. 1, S. 265, 282.

705 SEC v. Pleasure Time Inc., Litigation Release No. 14,440, 58 S.E.C. Docket (CCH) 2659 (Mar. 15, 1995); dazu näher unter § 11, I.), 3.), a), bb), (1).

Richtigkeit und Vollständigkeit anlagerelevanter Informationen als Entscheidungsbasis der Anleger.

Allerdings zieht die Erfüllung der Tatbestände einzelner "antifraud"-Vorschriften nicht automatisch straf- oder haftungsrechtliche Konsequenzen nach sich. Vielmehr werden die Verbotsnormen insofern durch weitere Vorschriften ergänzt, die die zusätzlichen Voraussetzungen solcher Rechtsfolgen statuieren. Strafrechtliche Sanktionen ziehen Verstöße gegen die Securities Laws gem. Sec. 24 SA und Sec. 32(a) SEA erst dann nach sich, wenn sie vorsätzlich ("willfully") begangen worden sind[706]. Als Anspruchsgrundlage zivilrechtlicher Schadensersatzansprüche kommen Verbotsnormen nur dann in Betracht, wenn sie entweder ausdrücklich zur Klage ermächtigen oder die Gerichte in ihnen sog. "implied rights of action" erkennen. In jedem Fall sind derartige Verstöße aber Anknüpfungspunkt regulatorischer Maßnahmen durch die SEC[707].
Im folgenden soll zunächst der gesetzliche Rahmen der bestehenden Verbotsnormen aufgezeigt werden, um sodann überblickartig die der SEC zur Verfügung stehenden Mittel und die Art ihrer Vorgehensweise gegen betrügerische Vorgänge im Internet darzustellen. Schließlich werden beispielhaft einige typische Betrugsvarianten im Hinblick auf den Einsatz einzelner Internet-Applikationen und die rechtliche Einordnung dieser Fälle erörtert.

1.) Tatbestände und Rechtsfolgen der "antifraud provisions"

a) Widerrechtliche Wertpapierangebote

Sec. 5 SA untersagt, abgesehen von der Geltung etwaiger Ausnahmetatbestände, den Verkauf nichtregistrierter Wertpapiere. Im Fall eines Verstoßes gegen diese Vorschrift gibt Sec. 12(a)(1) SA dem erwerbenden Anleger das Recht, den Vertrag aufzuheben und rückabzuwicklen ("rescind") oder Ersatz für die hieraus entstandenen Schäden zu verlangen, ohne daß hierfür der Nachweis eines Verschuldens erforderlich ist. Die Beweislast, daß zu seinen Gunsten Ausnahmen vom generellen Registrierungserfordernis vorliegen, obliegt dabei dem beklagten Ve-

[706] Jennings/Marsh/Coffee/Seligman, Securities Regulation, S. 1591 ff.; Lenzen, WM 2000, 1131, 1135. Die strafrechtlichen Aspekte der einzelnen Verstöße gegen die Securities Laws werden im folgenden ausgeblendet.

[707] Zudem sind auch die SRO's, vor allem die NASD, über die Beaufsichtigung der Einhaltung der eigenen Rules hinaus befugt, bei Verstoß gegen die Securities Laws disziplinarische Gewalt auszuüben. Für eine eingehende Beurteilung der straf- und haftungs- und aufsichtsrechtlichen Erfassung von Fehlinformationen im Internet vgl. bei Florian, Rechtsfragen des Wertpapierhandels im Internet, 2001, S. 148 ff., 156 ff.

räußerer, so daß sich Sec. 12(a)(1) SA als starkes Mittel erweist, die Folgen derart betrügerischen Vorgehens zu beseitigen[708].

b) Die allgemeinen "antifraud-provisions"

Neben diesem Sondertatbestand bei Veräußerung nichtregistrierter Wertpapiere setzen die eigentlichen "antifraud"-Vorschriften bei einem betrügerischen oder manipulativen Verhalten der Akteuere im Hinblick auf einzelne Wertpapiertransaktionen oder -informationen an. Zu den allgemeinen "antifraud provisions" der Securities Acts zählen vor allem Secs. 12 und 17(a) SA sowie Secs. 10(b), 15(c) und 14(e) SEA und die hierunter erlassenen Rules 10b-5 und 14a-9 SEA.

aa) Sec. 17(a) SA

Eine der am häufigsten im Rahmen von SEC-Verfahren wegen Betrugs im Internet verwandten Vorschriften ist Sec. 17(a) SA[709]. Diese Vorschrift erfaßt eine Vielzahl von betrügerischen oder manipulativen Vorgehensweisen, die im Zusammenhang mit dem Angebot oder dem Verkauf von Wertpapieren stehen. Anders als die nachfolgend beschriebene Rule 10b-5 SEA setzt der Anwendungsbereich der Sec. 17(a) SA dabei schon beim Angebot eines Wertpapiergeschäftes an. Auch der Nachweis besonderer subjektiver Merkmale ist anders als im Fall der Rule 10b-5 SEA nicht erforderlich[710]. Allerdings gewährt Sec. 17(a) SA nach ganz überwiegender Auffassung der US-Gerichte keine Anspruchsgrundlage für

---

708 So Hewitt/Carlson, Securities Practise and Electronic Technology, 12-14; Becker in Hoptt/Rudolph/Baum, Börsenreform, S. 862.

709 So Prentice, 47 Emory L. J., 1, 20, Fn. 104 (1998); Sec. 17(a) SEA sieht vor:
"*It shall be unlawful for any person in the offer or sale of any securities by the use of any means or instruments of transportation or communication in interstate commerce or by the use of the mails, directly or indirectly:*
(1) To employ any device, scheme, or artifice to defraud, or
(2) To obtain money or property by means of any untrue statement of a material fact or any omission to state a material fact necessary in order to make the statements made, in the light of the circumstances under which they were made, not misleading, or.
(3) To engage in any transaction, practice, or course of business which operates or would operate as a fraud or deceit upon the purchaser."

710 Das betrifft vor allem das in Rule 10b-5 SEA erforderliche Merkmal "scienter". Dieses wird im Rahmen der Rule 10b-5 SEA aus dem Begriff "deceptive" hergeleitet, der dem Wortlaut der Sec. 10b SEA entnommen ist. Nachdem Sec. 17(a) SA diesen Begriff aber nicht enthält, wird davon ausgegangen, daß es auch des Merkmals "scienter" nicht bedürfte (Loss/Seligman, Securities Regulation, Vol. IX, S. 4436 f. m.w.N.).

klagbare Haftungsansprüche der Geschädigten[711], weshalb die Bedeutung dieser Verbotsnorm auf die aufsichtsrechtlichen SEC-Verfahren beschränkt bleibt.

bb) Rule 10b-5 SEA

Auch aus diesem Grund spielt in der Praxis der "general antifraud provisions" Rule 10b-5 SEA[712] eine zentrale Rolle, die aufgrund ihres weiten Anwendungsbereiches eine Vielzahl betrügerischer Wertpapiervorgänge erfaßt ("catch all provision"). Ihr Anwendungsbereich erstreckt sich sowohl auf solche betrügerischen Vorgänge, die mit dem Verkauf von Wertpapieren in Verbindung stehen, als auch auf solche, die im Rahmen des Ankaufes begangen werden[713]. Zudem ist Rule 10b-5 SEA nicht auf Sekundärmarktgeschäfte beschränkt, sondern betrifft Verstöße im Zusammenhang mit der Emission von Wertpapieren in gleichem Maße[714]. Schließlich ist anerkannt, daß Rule 10b-5 SEA als Grundlage haftungsrechtlicher Ersatzansprüche der Geschädigten herangezogen werden kann[715].

---

711 Grund ist zum einen, daß im Securities Act ausdrückliche Zivilklagerechte statuiert sind (so Stephenson v. Paine Webber Jackson & Curtis, Inc., 839 F.2d 1095, 1100 (5th Cir. 1988)). Zudem würde ein Wertungswiderspruch zur Rule 10b-5 SEA entstehen, weil der Supreme Court in Aaron v. SEC 446 US 185, 680, 695-700 (1976) im Rahmen der Sec. 17(a) SA als subjektives Element Fahrlässigkeit hat ausreichen lassen, während für Rule 10b-5 SEA "scienter" (dazu sogleich im Rahmen der Rule 10b-5 SEA) erforderlich ist (eingehend bei Patton/Saunders, Securities Fraud, 1:13.0).

712 Rule 10b-5 SEA: "*It shall be unlawfull for any person, directly or indirectly, by the use of any means or instrumentality of interstate commerce, or of the mails, or of any facility of any national exchange:*
(a) To employ any device, scheme or artifice to defraud,
(b) To make any untrue statement of a matrial fact or to omit to state a material fact necessary in order to make the statements made, in the light of the circumstances under which they were made, not misleading, or
(c) To enact in any act, practice, or course of business which operates or would operate as a fraud or deceit upon any person, in connection with the purchase or sale of any security."

713 Insofern war Rule 10b-5 SEA wesentlich dazu bestimmt, eine gesetzliche Lücke im Anlegerschutzkonzept der Securities Laws zu schließen, die sich daraus ergab, daß Sec. 17(a) SA, an den die Rule stark angelehnt ist, betrügerische und irreführende Angaben nur im Rahmen des Verkaufes erfaßt, derartige Vorgänge beim Ankauf aber unsanktioniert läßt (vgl. Ratner, Securities Regulation, S. 134 f.).

714 Hooper v. Mountain States, 282 F.2d 195, 200-203 (5th Cir. 1960) (Der Begriff "sale" in Rule 10b-5 SEA umfaßt auch die Emission von Wertpapieren).

715 So grundlegend unter Verweis auf das Restatement of Torts (Vol. 2 Sec. 286) in Kardon v. National Gypsum Co., 69 F.Supp. 512, 513 (E.D.Pa. 1946): Zwar enthalte Rule 10b-5 SEA keine ausdrückliche Erlaubnis einer "civil action", die Verletzung einer gesetzlichen Vorschrift durch Begehen einer verboteten Handlung führt aber dann zur Haftung des Handelnden, wenn nach dem Schutzzweck der Verbotsnorm ausschließlich oder zumindest auch die

Zusammenfassend erfordert eine Anknüpfung an Rule 10b-5 SEA den Nachweis (1.) der Abgabe einer falschen oder irreführenden wesentlichen Information oder das Unterlassen einer solchen, was (2.) in Verbindung mit ("in connection with") einem Wertpapieran- oder -verkauf stehen muß. (3.) ist als subjektives Element "scienter" erforderlich. Der Geschädigte muß (4.) auf die Richtigkeit und Vollständigkeit der Aussage vertraut haben ("reliance"). (5.) bedarf es eines Kausalzusammenhanges, sowohl zwischen der betrügerischen Handlung und der Transaktion des Geschädigten ("transaction causation") als auch zwischen Transaktion und konkretem Schadenseintritt ("loss causation")[716]. Schließlich ist damit zusammenhängend (6.) der Eintritts eines Schadens ("injury") erforderlich. Während die Anwendung der Rule 10b-5 SEA zunächst vor allem aufgrund des "reliance"-Erfordernisses auf diejenigen Personen beschränkt war, die tatsächlich die Information oder Handlung zur Kenntnis genommen haben und hierauf vertrauten, ist der Anwendungsbereich in der Folgezeit erheblich erweitert worden. Vor allem unter der geltenden "fraud-on-the-market-theory" ist der Nachweis des Vertrauens heute erheblich erleichtert worden[717]. Dieser Theorie zufolge werden Anleger bereits dadurch getäuscht, daß sie von einem angemessenen Preis ausgehen, der alle kursrelevanten Informationen widerspiegelt, was dann nicht zutrifft, wenn falsche oder fehlende Informationen den Wertpapierpreis beeinflußt haben[718]. Soweit ein Kläger also Wertpapiere zu einem Marktpreis kauft, der durch die Manipulation des Beklagten beeinflußt worden ist, ist dem "reliance"-Erfordernis Genüge getan[719]. Während die weiteren Tatbestandsmerkmale der "causation" und "injury" in der Rechtspraxis kaum Probleme bereiten, liegt der Schwerpunkt rechtlicher Streitigkeiten im Rahmen der Rule 10b-5 SEA vor allem bei den Fragen, wann eine Verpflichtung zur Offenlegung besteht, wann eine Information als "material" angesehen werden kann und ob das Merkmal "scienter" erfüllt ist[720]:
Unter der Problemstellung, ob die Abgabe oder das Unterlassen einer Information als wesentlich ("material") zu werten ist, hat der US Supreme Court in *TSC Industries, Inc. v. Northway, Inc.*[721] die Definition geprägt, daß von einem wesentlichen Umstand dann auszugehen sei, wenn eine bedeutende Wahrscheinlichkeit gegeben ist, daß ein verantwortlicher Anteilseigner[722] die fragliche Information

Interessen einer anderen individualisierbaren Person geschützt sein sollen und das verletzte Interesse gerade ein solches ist, das durch die Verbotsnorm geschützt werden sollte.

716 Vgl. Sec. 21D(b)(4) SEA.

717 In re Verifone Sec. Litig., 784 F.Supp. 1471 (N.D.Cal. 1992).

718 Basic, Inc. v. Levinson, 485 US 224 (1988); dazu auch Brown, The Regulation of Corporate Disclosure, 2-42 f.

719 Patton/Saunders, Securities Fraud, 2:29.

720 Brown, The Regulation of Corporate Disclosure, 2-43.

721 TSC Industries, Inc. v. Northway, Inc., 426 US 438 (1976).

722 Die "Northway"-Entscheidung betraf irreführende und unterlassene Informationen im Zusammenhang mit der Einholung von Stimmrechtsvollmachten. Trotztdem ist diese Definition

als wichtig ansehen und sie in seine Anlageentscheidung einbeziehen würde bzw. wenn diese Information das Gesamtgefüge aller verfügbaren Informationen signifikant ändert[723]. Gerade dieser letzte Aspekt verbietet es, eine Information isoliert zu betrachten, sondern verlangt deren Bewertung anhand des Kontextes aller übrigen verfügbaren anlagerelevanten Informationen[724]. Nach den bisherigen Feststellungen zur Öffentlichkeitswirkung von Informationen, die auf Web-Seiten eingestellt sind, ist davon auszugehen, daß diese Inhalte als Teil des Gesamtgefüges verfügbarer Informationen aufgefaßt werden, sofern sie nicht an versteckter Stelle enthalten sind oder der Öffentlichkeit nicht frei zugänglich sind[725].
Schließlich erfordert eine Haftung aus Rule 10b-5 SEA als subjektives Element "scienter"[726]. Zweck dieses Verschuldensmomentes ist es, leichte Formen der Fahrlässigkeit von einer Haftung nach Rule 10b-5 SEA freizustellen[727]. In *Ernst & Ernst v. Hochfelder* hat der Supreme Court für dieses Merkmal dem Kläger den Beweis auferlegt, daß der Beklagte mit einer geistigen Haltung, die auf Täuschung, Manipulation oder Betrug gerichtet ist, agiert[728]. Zwar reiche hierfür eine einfache Fahrlässigkeit ("negligence") nicht aus, erfaßt seien vom Begriff "scienter" aber Formen leichtfertigen Handelns ("recklessness")[729]. Da diese innere Tatsache einem direkten Beweis nicht zugänglich ist, werden notwendigerweise äußere Umstände als Indizien herangezogen[730]. In diesem Sinne legt Sec. 21D(b)(2) SEA fest, daß dann, wenn der Verstoß als Grundlage einer Schadensersatzklage dienen soll, die Gesamtumstände deutlich für ein Handeln mit der erforderlichen subjektiven Einstellung sprechen müssen.

Obschon Rule 10b-5 SEA als Verbotsnorm formuliert ist, haben die Gerichte hier ein "implied right of action" angenommen und die Vorschrift als Anspruchsbasis

---

für den gesamten Bereich einer Haftung aus Rule 10b-5 SEA übernommen worden und ist daher auf den "verantwortlichen Anleger" anwendbar (vgl. etwa Basic, Inc. v. Levinson, 485 US 224 (1988); Krim v. Banctexas, 989 F.2d 1435, 1446 (5th Cir. 1993).

723 TSC Industries, Inc. v. Northway, Inc., 426 US 438, 449 (1976): "*if there is a substantial likelihood that a reasonable shareholder would consider it important*"..."*significantly altered the 'total mix' of information made available*".

724 Brown, The Regulation of Corporate Disclosure, 5-15.

725 Friedman, Securities Regulation in Cyberspace, 13-20.

726 Zwar enthält der Wortlaut der Rule dieses Merkmal nicht, in Aaron v. SEC, 446 US 680 (1980) hat der Supreme Court aber klargestellt, daß eine Haftung wegen Betruges ohne das Vorliegen dieses subjektiven Mermales nicht in Betracht komme.

727 Brown, The Regulation of Corporate Disclosure, 2-43.

728 Ernst & Ernst v. Hochfelder, 425 US 185, 193 f. (1976).

729 Herman & MacLean v. Huddleston, 459 US 375, 378 (1983); diese Auffassung ist von der überwiegenden Zahl der US-Gerichte geteilt worden (vgl. bei Brown, The Regulation of Corporate Disclosure, 2-43, Fn. 187 m.w.N.).

730 Ferrara/Nagy/Thomas/Kim, Ferrara on Insider Trading and the Wall, 2-10 ff.

für haftungsrechtliche Ansprüche anerkannt[731]. Auch aus diesem Grund kommt der Rule 10b-5 SEA bei der Verfolgung von Internet-Betrugsfällen eine zentrale Rolle zu. Angesichts der offenen Formulierung dieser Vorschrift besteht an der uneingeschränkten Anwendbarkeit auch auf Internet-Kommunikationsformen kein Zweifel[732].

c) "antimanipulation provisions"

Bereits Sec. 2(3) SEA weist auf die Anfälligkeit der Wertpapierkurse gegen Manipulationen hin. Aus diesem Grund enthalten verschiedene Vorschriften des Securities Exchange Act ausdrückliche Verbote, durch die Verbreitung falscher oder irreführender Maßnahmen die Preisbildung von Wertpapieren zu beeinflussen. Diese "antimanipulation provisions" setzen damit direkt bei solchen manipulativen Meldungen an, wie sie in jüngster Zeit über Chat-Rooms, Bulletin Boards und Internet-Newsgroups verbreitet werden[733].
Zu diesen "antimanipulation"-Vorschriften zählen insbesondere diejenigen der Sec. 9 SEA. Ergänzt werden diese durch die allgemeinen "antifraud"-Regeln in Sec. 10(b) SEA sowie die hierunter erlassene Rule 10b-5 SEA und durch Sec. 15(c) SEA, der einen Sondertatbestand für Broker-Dealer darstellt. Die einzelnen Tatbestandsvarianten der Sec. 9 SEA erfassen zwar schon ihrem Wortlaut nach nur Manipulationen in Hinsicht auf solche "securities", die an einer registrierten US-Börse gehandelt werden, diese Einschränkung relativiert sich aber insofern, als Sec. 10(b) SEA und Rule 10b-5 SEA, die auf alle "securities" unabhängig von ihrem Handelsplatz Anwendung finden, den Regelungsgehalt der Sec. 9 SEA inkorporiert haben[734]. Konstruiert wird dieses über den Wortlaut der Sec. 10(b) SEA, der den Begriff "manipulative" enthält und die gesetzgeberische Absicht widerspiegelt, das gesamte Spektrum denkbarer Vorgänge zu erfassen, die zur Beeinflussung des Marktpreises einer "security" verwandt werden[735].

---

731 So für Rule 10b-5 SEA in Kardon v. National Gypsum Co. 69 F.Supp. 512 (E.D.Pa. 1946). Die einzige Vorschrift, die eine ausdrückliche Anspruchsgrundlage ("express right of action") in Betrugsfällen eröffnet, ist die in der Praxis kaum relevante Sec. 18 SEA (vgl. Brown, The Regulation of Corporate Disclosure, 2-40, Fn. 168).

732 Prentice, 47 Emory L. J., 1, 4 (1998); Brown, The Regulation of Corporate Disclosure, 2-40; Lenzen, WM 2000, 1131, 1135.

733 Vgl. Robertson, 23 Sec. Reg. L. J., 347, 406 (1996); Hewitt/Carlson, Securities Practise and Electronic Technology, 12-8.

734 SEC v. Resch-Cassin & Co., Inc., 362 F.Supp. 964 (S.D.N.Y. 1973).

735 Santa Fe Industries., Inc v. Green, 430 US 462, 477 (1977); Ernst & Ernst v. Hochfelder, 425 US 185, 199 ff. (1976); näher dazu Lenzen, Unerlaubte Eingriffe in die Börsenkursbildung S. 71 ff.

Besondere Relevanz hat aufgrund der weit gefaßten Formulierung Sec. 9(a)(2) SEA, die es insbesondere für gesetzwidrig erklärt, Transaktionen in börsengehandelten Wertpapieren zu "bewirken", um so eine gegenwärtige oder scheinbare Handelsaktivität zu erzeugen oder um den Kurs derartiger Wertpapiere zu erhöhen oder zu senken, wenn dieses mit dem Ziel geschieht, auf diese Weise andere Marktteilnehmer zum Verkauf oder Kauf zu veranlassen. Dabei ist das Merkmal des "Bewirkens" nicht auf die Durchführung von Transaktionen beschränkt. Die Einflußnahme auf den Kurs kann vielmehr durch nahezu jede denkbare Form marktbezogener Aktivitäten begangen werden[736]. Erfaßt ist daher insbesondere auch das Veranlassen anderer Marktteilnehmer, Transaktionen vorzunehmen, indem entsprechend wirkende Nachrichten verbreitet werden[737].
Gesetzgeberischer Zweck dieser Norm war es ausdrücklich die Nutzung jedweder Einrichtung für gesetzwidrig zu erklären die benutzt wird, um die Öffentlichkeit glauben zu machen, daß die Handelsaktivitäten in einem bestimmten Wert nicht aus einer Täuschung resultieren, sondern von einer authentischen Nachfragen herrühren[738]. So ist außerhalb Internet-spezifischer Vorgänge insbesondere die Versendung irreführender Nachrichten[739] oder die Bezahlung Dritter zur Anpreisung einer bestimmten "security"[740] als von Sec. 9(a)(2) SEA erfaßtes Verhalten gewertet worden. Die eigentliche Schwierigkeit des Nachweises der Tatbestandserfüllung liegt in dem subjektiven Erfordernis, daß die Handlung zum Zweck der Steigerung von An- oder Verkäufen ("for the purpose of inducing the purchase or sale") erfolgt sein muß. In dieser Hinsicht haben die US-Gerichte in der zeitlichen Nähe zwischen einer solchen Maßnahme und einer entsprechenden Transaktion des Täters einen starken Hinweis auf das Vorliegen einer entsprechenden Absicht gesehen[741].
Ergänzt wird diese Vorschrift durch Sec. 9(a)(3) SEA, der vor allem indirekte Manipulationen durch Dritte, die für den eigentlichen Täter handeln und von diesem bezahlt werden, erfaßt, wenn diese Gehilfen zur Einwirkung auf den Kurs eines börsengehandelten Wertpapiers andere Marktteilnehmer durch Verbreitung

---

736 Patton/Saunders, Securities Fraud, 1:13.1.

737 Loss/Seligman, Securities Regulations, Vol. VIII, S. 3958; Cella III/Stark, 52 Bus. Law., 815, 827 (1997).

738 S. Rep. No. 1455, 73rd Cong., 2d Sess. 54 (1934) bei Robertson, 23 Sec. Reg. L. J., 347, 406, Fn. 273 (1996).

739 United States v. Minuse, 114 F.2d 36 (2d Cir. 1940); Margaret Hall Found., Inc v. Atlantic Fin. Management, Inc., 572 F.Supp. 1475, 1484 (D.Mass. 1983).

740 R.J. Koeppe & Co. v. SEC, 95 F.2d 550, 552 (7th Cir. 1938); United States v. Minuse, 114 F.2d 36 (2d Cir. 1940); in Hinsicht auf denjenigen, der sich für die Verbreitung solcher Meldungen bezahlen läßt, kommt ein Verstoß gegen Sec. 17(b) SA in Betracht; vgl. dazu sogleich unter § 11, I.), 1.), d).

741 Thornton v. SEC, 171 F.2d 702, 703 (2d Cir. 1948).

falscher oder irreführender Informationen zu beeinflussen suchen[742]. Sec. 9(a)(4) SEA schließlich betrifft ausdrücklich die Abgabe oder Verbreitung falscher oder irreführender Statements durch Broker-Dealer oder andere An- und Verkäufer von börsennotierten Wertpapieren. Soweit sich die manipulative Aussage auf einen wesentlichen Umstand bezieht, von dem der Betreffende wußte oder bei entsprechender Sorgfalt hätte erkennen können, daß er falsch oder irreführend war, ist diese Tatbestandsvariante erfüllt. Dabei ist es nicht erforderlich, daß die entsprechende Information dem voraussichtlichen An- oder Verkäufer gegenüber abgegeben worden ist[743]. Ausreichend ist vielmehr schon die abstrakte Gefahr, daß durch die Verbreitung der Meldung der Börsenkurs beeinflußt wird.

Da diese Vorschriften in einem weiten Anwendungsbereich insgesamt an den Gebrauch der Post oder anderer Übermittlungswege des zwischenstaatlichen Handels oder die Nutzung von Börsenfaszilitäten anknüpfen, erfassen sie auch die Verbreitung manipulativer Nachrichten in Bulletin Boards, Newsgroups oder sonstigen Internet-Kommunikationsforen, ohne daß es insofern spezieller Tatbestände bedürfte[744]. Geschädigten Anlegern steht bei Verletzung dieser Vorschriften ein direkter Ersatzanspruch aus Sec. 9(e) SEA zu, gerichtet auf Ausgleich der Differenz zwischen dem aktuellen Kurswert und dem Preis, der durch die Manipulation hervorgerufen worden ist. Als subjektives Element ist allerdings erforderlich, daß die Handlung "willfully" begangen wurde, was den Beweis einer Manipulationsabsicht voraussetzt[745].

d) "antitouting provision"

Neben den allgemeinen "antifraud provisions" der Sec. 17(a) SA und Sec. 10(b) SEA sowie Rule 10b-5 SEA enthält Sec. 17(b) SA[746] eine spezielle Vorschrift, die Formen der öffentlichen Anpreisung von Wertpapieren betrifft. Sec. 17(b) SA untersagt die Nutzung der Kommunikationswege des zwischenstaatlichen Handels - das Internet eingeschlossen - zur Veröffentlichung jeglicher Form von Nachrich-

---

742 Auch in diesem Fall verstößt der Handelnde regelmäßig gegen Sec. 17(b) SA.

743 Loss/Seligman, Securities Regulations, Vol. VIII, S. 3958.

744 Cella III/Stark, 52 Bus. Law., 815, 827 f. (1997).

745 Hazen, The Law of Securities Regulation, Vol. 2, S. 380 f.; Patton/Saunders, Securities Fraud, 1:13.1.

746 Sec. 17(b) SA : "*It shall be unlawful for any person, by the use of any means or instruments of transportation or communication in interstate commerce or by the use of the mails, to publish, give publicity to, or circulate any notice, circular, advertisement, newspaper, article, letter, investment service, or communication which, though not purporting to offer a security for sale, describes such security for a consideration received or to be received, directly or indirectly, from an issuer, underwriter, or dealer, without fully disclosing the receipt, whether past or prospective, of such consideration and the amount thereof.*"

ten, Anzeigen oder Werbung über ein bestimmtes Wertpapier, wenn derjenige, der diese Meldungen veröffentlicht, hierfür eine Kompensation ("considerartion"[747]) vom Emittenten erhalten hat, diesen Umstand aber nicht offenlegt[748]. Damit wendet sich die Vorschrift nicht etwa gegen anpreisende Aussagen über Wertpapieren an sich, sondern verlangt, um dem Anleger den Grad der Objektivität dieser Meldungen zu verdeutlichen, die Offenlegung, daß für diese Meldung seitens des Emittenten ein Entgelt bezahlt worden ist[749]. Anzugeben ist insofern die Art der erhaltenen Kompensation - oft sind dieses neben Geldzahlungen Wertpapierzuteilungen eben der Gesellschaft, die angepriesen wird. Daneben ist die konkrete Höhe der Vergütung und die Quelle dieser Leistungen anzugeben[750]. Ein Verstoß gegen Sec. 17(b) SA liegt ohne derartige Offenlegung selbst dann vor, wenn die Aussage sachlich gehalten und inhaltlich richtig ist[751].

2.) Maßnahmen und rechtliches Instrumentarium der SEC gegen "Cyberfraud"

a) Effektivitätsdefizite der klassischen Rechtsbehelfe

Angesichts der Geschwindigkeit, die das Internet bei der Verbreitung jeglicher Form von Information bereitstellt, stößt die Effektivität des bereits beschriebenen aufsichtsrechtlichen Instrumentariums der SEC an ihre Grenzen. Selbst Rechtsbehelfe, wie die "ceast-and-desist-order" (CDO), die in klassischen Fallgestaltungen eine Präventionswirkung entfalten und einen Schadenseintritt oftmals abwenden können, eigenen sich zur angemessenen Rechtsdurchsetzung in Internet-Sachverhalten nur bedingt[752]. Während diese Verfahren einer massenweisen

---

747 Der Begriff "consideration" umschreibt jede Form der Bezahlung für die Tätigkeit der Ausarbeitung oder Verbreitung von Meldungen, die ein bestimmtes Wertpapier betreffen (so Loss/Seligman, Securities Regulation, Vol. VII, S. 3407, Fn. 6).

748 Mahoney/Vaughn, wallstreetlawyer.com, Vol. 2, No. 7, S. 18 (December 1998).

749 Gesetzgeberischer Wille war es, im Fall solcher Meldungen klar zu machen, daß für diese Aussagen gezahlt worden ist (so Loss/Seligman, Securities Regulation, Vol. VII, S. 3407, Fn. 6 unter Verweis auf das Gesetzgebungsverfahren).

750 Dabei reicht die bloße Verwendung eines Disclaimers, der auf ein gewisses Interesse an der Verbreitung hinweist, für sich nicht aus. Die SEC hat vielmehr den Standpunkt vertreten, daß auch die konkrete Höhe der Vergütung, die das Unternehmen für diesen "Service" zahlt, offenzulegen ist (Mahoney/Vaughn, wallstreetlawyer.com, Vol. 2, No. 7, S. 18, 19 (December 1998); Bloomenthal/Wolff, Emerging Trends in Securities Law (1999-2000), S. 1601, Fn. 315; Hewitt/Carlson, Securities Practise and Electronic Technology, 12-45.

751 Ein unzutreffender oder irreführender Inhalt der Meldung ist nicht Tatbestandsmerkmal der Sec. 17(b) SA; sofern dieses - wie in relevanten Fällen häufig - zur fehlenden Offenlegung der Bezahlung hinzutritt, kommen ergänzend die allgemeinen "antifraud"-Vorschriften zur Anwendung.

752 Friedman, Securities Regulation in Cyberspace, 13-7.

Verbreitung von Falschmeldungen über klassische Medien frühzeitig entgegenwirken und den Schaden so zumindest möglichst gering halten können, wirken sich Manipulationen in Chat-Rooms oder Newsgroups unmittelbar auf die zahlreichen Teilnehmer aus. In dem Zeitpunkt, in dem CDO's frühstmöglich ansetzen können - unmittelbar nach Entdeckung der Falschmeldung - hat sich deren schädliche Wirkung in aller Regel schon entfaltet. Die Zentralisierung einer Vielzahl potentieller Investoren, die über solche Foren exklusive Anlageinformationen zu erlangen suchen, erhöht den Wirkungsgrad einer solchen Vorgehensweise gegenüber klassischen Verbreitungswegen um ein Vielfaches. Zudem scheint die Anfälligkeit der teilnehmenden Anleger in Internet-Foren, in der Hoffnung auf den „heißen Tip" allzu unkritisch die dort publizierten Meldungen anzunehmen, besonders hoch. Die schnelle Möglichkeit in Umsetzung solcher Meldungen sogleich über das Internet entsprechende Order an die Broker zu übermitteln, verkürzt zudem die Zeit, die den Aufsichtsbehörden für eine Schadensabwendung bleibt.

Als weiteres Hemmnis einer effektiven Rechtsdurchsetzung erweist sich die Anonymität der Teilnehmer in Internet-Foren, die in der Regel unter Pseudonymen auftreten oder sogar die Identität fremder Personen vorspiegeln. Weil die Durchsetzung von CDO's ebenso wie die anderer Rechtsbehelfe eines bestimmbaren Regelungsadressaten bedarf, laufen sie dort leer, wo sich dieser - wie in Internet-Sachverhalten häufig - nicht oder nur schwer ermitteln läßt. Zu diesen tatsächlichen Problemen treten rechtliche Schranken, die die SEC einzuhalten hat. Wirksame Methoden, wie etwa "Undercover"-Einsätze zur Ermittlung der Täteridentität, sind ihr durch den Privacy Act von 1974[753] untersagt, der die SEC verpflichtete, ihre eigene Identität und das Ziel ihrer Ermittlungen offenzulegen, sobald sie von der Öffentlichkeit Informationen zu erlangen sucht[754].

b) Internet-spezifische Rechtsdurchsetzungsmodelle

Angesichts dieser Schwierigkeiten bei der Erfassung von Internet-Betrugsfällen mit Hilfe des klassischen Instrumentariums beschreitet die SEC, um möglichst frühzeitig zu verhindern, daß Anleger auf die unterschiedlichsten Formen betrügerischer oder manipulativer Handlungen reagieren, zunehmend neue Wege der Rechtsdurchsetzung ("enforcement actions"), indem sie sich selbst dieses Mediums bedient.

---

753 Privacy Act of 1974, 5 U.S.C. § 552a (1994).

754 Cella III/Stark, 52 Bus. Law., 815, 836 (1997); Olson/Pitt, Securities in the Electronic Age, 12-15 weisen allerdings darauf hin, daß derartige Verfahren von anderen Bundesbehörden, wie dem FBI, eingesetzt werden, mit denen die SEC zum Teil eng zusammenarbeitet. Zudem überprüft die SEC gegenwärtig selbst, ob im Sinne eines aggressiveren Vorgehens gegen derartige Machenschaften solche Einsätze in Einklang mit den bundesrechtlichen Datenschutzvorschriften zu bringen sind.

aa) Plazierung von Warnmeldungen in Internet-Foren

Zum einen betreibt die SEC innerhalb ihres eigenen Internet-Auftrittes aktive Aufklärungsarbeit, indem sie über eingeleitete Verfahren der Enforcement Division und über aktuelle Betrugsschemata berichtet[755]. Neben diesen präventiven Maßnahmen nutzt die SEC selbst gerade diejenigen Foren, über die auch die Täter Anleger anzusprechen versuchen. Dabei bemüht sich die SEC um Kooperation mit privaten Internet-Service-Providern, indem sie Nachrichten in den von diesen betriebenen Foren plaziert, um über Handelsaussetzungen einzelner Wertpapiere oder sonstige Maßnahmen zu berichten[756]. Insoweit sucht die SEC gezielt die virtuellen Orte auf, in denen manipulative Meldungen publiziert werden, um der Wirkung von Fehlinformationen möglichst frühzeitig und effektiv bereits an deren Quelle entgegenwirken zu können.

bb) Durchführung bundesweiter "internet sweeps"

In Ergänzung hierzu begann die SEC am 28. Oktober 1998 in Zusammenarbeit mit anderen Bundesbehörden eine großangelegte Initiative - die "nationwide internet sweeps" -, in deren Verlauf zahlreiche Mitarbeiter der beteiligten Institutionen das Internet systematisch nach Anhaltspunkten relevanter Betrugs- oder Manipulationsfälle durchsuchten. Als Resultat dieser ersten Aktion wurden US-weit 23 Verfahren gegen insgesamt 44 Personen und Unternehmen wegen "antifraud"-Verstößen eingeleitet. Die Verfahren deckten dabei die gesamte Bandbreite vorstellbarer Internet-Betrugsmuster ab, wobei insbesondere Angebote von nichtregistrierten "securities", manipulative Eingriffe in die Wertpapierkurse durch falsche oder irreführende Angaben in Chat-Rooms oder Newsgroups und Spamming-Fälle aufgedeckt wurden. Diesem ersten "internet sweep" folgten ähnliche Maßnahmen am 25. Februar 1999 und 12. May 1999, die vor allem auf betrügerische Wertpapierangebote ausgerichtet waren[757]. Die gegenwärtig letzten Aktionen

---

755 Vgl. unter: http://www.sec.gov/divisions/enforce/internetenforce.htm .

756 In diesem Zusammenhang hat die SEC bereits im November 1996 eine Nachricht in ein Message-Board von AOL eingestellt, in dem sie über die Handelsunterbrechung für OmniGene Diagnostics, Inc - Aktien berichtete, die Gegenstand eines Betrugsversuches waren und zuvor in eben diesem Forum diskutiert worden sind (Olson/Pitt, Securities in the Electronic Age, 12-19; Bartholomew/Murphy, 25 Sec. Reg. L J., 177, 189 (1997) unter Verweis auf den SEC Release vom 20 November 1996, 1996 WL 677430 (Nov. 20, 1996)).

757 Zum ganzen Carton/West, wallstreetlawyer.com, Vol. 4, No. 1, S. 8 ff. (June 2000); Newkirk/Markle/Peterson, Understanding the Securities Laws (1999), S. 755, 771; Olson/Pitt, Securities in the Electronic Age, 12-18 ff.

dieser Art stellen der 4. "sweep" aus dem September 2000[758] und der 5. "sweep" vom 01.März 2001 dar[759].

cc) Aufbau eines "internet surveillance systems"

Ergänzend zu der zeit- und personalaufwendigen Überprüfung des Internet im Rahmen solcher Großaktionen plant die SEC gegenwärtig den Ausbau ihres Internet-Überwachungsprogramms durch die Entwicklung und den Einsatz eines automatisierten Überwachungssystems ("surveillance system"), das zur Kontrolle von Bulletin Boards, Web-Seiten und Chat-Rooms eingesetzt werden soll[760]. Aufgrund der Grenzen, die staatlichen Behörden bei der Kommunikationsüberwachung vor allem durch den Privacy Act von 1974 und den Electronic Communications Privacy Act von 1986 gezogen sind, wird dieses System lediglich solche Informationen erfassen und verwerten können, die in öffentlich zugänglichen Bereichen des Internet eingestellt sind. Private E-Mail Kommunikation hingegen wird durch dieses System nicht erfaßt werden. Mit Schwerpunkt in der automatisierten Überprüfung von Bulletin Boards, Message Boards, Newsgroups und Web-Seiten wird dieses System in der Lage sein, Angebote, die unwahrscheinliche und unrealistisch hohe Gewinne in Aussicht stellen, anhand von Stichwortfiltern zu erkennen. Erfaßt werden daneben auch falsche oder irreführende Angaben oder die Publizierung nicht öffentlicher Informationen sowie vorgetäuschte Pressemitteilungen oder angebliche Kooperationen mit der SEC[761].
Die NASDR verfügt bereits über ein ähnliches System zur Überwachung und Kontrolle der Internet-Aktivitäten ihrer Mitglieder. Nachdem sie sich lange Zeit zur Aufdeckung etwaiger Verstöße konventioneller Internet-Suchmaschinen bedient hat, steht mit der Entwicklung des "NetWatch"-Systems ein spezielles Überwachungsprogramm zur Verfügung, um manipulative Vorgänge möglichst noch vor der Beeinflussung der Kurse aufzudecken. Zu diesem Zweck überprüft das System ununterbrochen Newsgroups, Bulletin Boards, sonstige Foren mit finanzrelevanten Daten sowie die Internet-Seiten der Emittenten deren Wertpapiere im NASDAQ-System oder dem US-Freiverkehrshandel (OTC-Markt) gehandelt werden. Die gesammelten Informationen werden ausgewertet, indexiert und in einer Datenbank gespeichert. Sofern sich im Rahmen einer automatischen Analyse ergibt, daß über einen bestimmten Wert ungewöhnlich oft berichtet worden

---

758 SEC Press Release 2000 -124 (Sept. 6, 2000), verfügbar unter: http://www.sec.gov/news/press/2000-124.txt

759 Diese jüngste Aktion hat zu 12 Verfahren gegen insgesamt 25 Personen geführt; vgl. SEC Press Release 2001-24 (Mar. 1, 2001), verfügbar unter: http://www.sec.gov/news/headlines/internet5.htm .

760 Kramer/An, Website Issues, in: PLI, Securities Law & The Internet (2000), Vol. 1, S. 395, 409.

761 Carton/West, wallstreetlawyer.com, Vol. 4, No. 1, S. 8 ff. (June 2000).

ist, erstellt das System hierüber eine Benachrichtigung, auf deren Basis weitere Ermittlungen eingeleitet werden können. Sollte sich in deren Rahmen ein Manipulationsverdacht erhärten, arbeitet die NASDR eng mit der SEC zusammen und übergibt das Datenmaterial zur weiteren Verfolgung der Angelegenheit an diese[762].

3.) Kasuistik und rechtliche Bewertung einschlägiger Cyberfraud Fälle

Vor allem als Ergebnis der "Internet sweeps" hat die SEC eine Vielzahl von Verstößen gegen nahezu alle oben dargestellten Verbotsnormen der Securities Laws ermittelt. Diese Aktionen haben bis zum 5. "Internet sweep" zu einer Gesamtzahl von über 200 einzelnen Verfahren wegen betrügerischer Vorgänge im Internet geführt[763]. Aus der Gesamtzahl dieser Fälle, die sich grob in drei wesentliche Kategorien unterteilen lassen[764], sollen im folgenden einzelne Fälle aufgegriffen werden, die exemplarisch für bestimmte Betrugsmuster bzw. die verwandten Internet-Möglichkeiten stehen:

a) Widerrechtliche Wertpapierangebote nichtregistrierter "securities"

Die Fallgruppe widerrechtlicher Wertpapierangebote erfaßt einen weiten Rahmen von Angeboten in nichtregistrierten oder nicht existenten Wertpapieren unter

---

762 Adkins/Goldsmith/Lopez/Luparello/Revell/Walter, NASD Regulation, in: PLI, Securities Law & The Internet (1999), Vol. 1, S. 383, 399 f.

763 SEC Press Release 2001-24 (Mar. 1, 2001); verfügbar unter: http://www.sec.gov/news/headlines/internet5.htm .

764 Es ist darauf hinzuweisen, daß die SEC selbst 6 verschiedene Fallgruppen unterscheidet (Chairman Arthur Levitt's Response to the Committee on Commerce Regarding On-Line Trading (March 8, 1999) unter Question 7, abgedruckt in: Securities Law & The Internet (1999), Vol. 2, 883, 897; Cella III/Stark, 52 Bus. Law., 815, 821 ff. (1997)). Neben den hier dargestellten "cyberfraud" Mustern sind dabei vor allem folgende erfaßt:
- Unrechtmäßiges Online-Trading: Regelungsobjekt dieser Fallgruppe sind vor allem Bulletin Boards und andere Online-Trading Einrichtungen, die ohne Vorkehrungen zum Anlegerschutz tätig sind, was vor allem die Überwachung und Absicherung der Anlegergelder und Wertpapiere während des Transaktionsprozesses betrifft (so Hass, 72 South. Cal. L. Rev., 67, 113, Fn. 219 (1998)); vgl. dazu unter § 13, III.).
- Internet-Tätigkeiten nichtregistrierter Broker-Dealer und Investment Adviser: Diese Gruppe betrifft vor allem die Fragen der Registrierungspflichtigkeit von Beratungsangeboten in Internet-Newslettern oder Chat-Rooms, die unter § 12, II.) dargestellt sind.
- Schließlich ist eine zunehmende Zahl ausländischer Broker-Dealer und sonstiger Kapitalmarktakteure zu verzeichnen, die ohne entsprechende Registrierung über das Internet auch in den USA tätig sind. Voraussetzungen und Grenzen deren Tätigkeit sind bereits unter § 5, II.) und III.) erörtert worden.

Verbreitung irreführender oder falscher Angaben bzw. durch Verschweigen wesentlicher Umstände[765].

aa) Einsatz einzelner Internet-Techniken

(1) Nutzung fingierter Homepages

Erster Schritt im Rahmen derartiger Angebote ist in aller Regel die Erarbeitung einer Internet-Seite, über die die Anleger Zeichnungsunterlagen erlangen können und weitere Informationen zum Angebot erhalten. Aufgrund der geringen Entwicklungskosten und der technischen Möglichkeiten bei der Gestaltung von Web Seiten, ist es auch zu betrügerischen Zwecken ohne weiteres möglich, eine professionell erscheinende und den durchschnittlichen Investor ansprechende Seite aufzubauen und insgesamt den Eindruck der Seriosität zu erwecken[766]. Hyperlinks eröffnen dabei die Möglichkeit intuitive Verknüpfungen herzustellen und so Seriosität und Glaubwürdigkeit vorzuspiegeln. So können etwa auf der fraglichen Web-Seite Hyperlinks zum Internet-Auftritt der SEC oder anderer Institutionen eingestellt werden, die den Eindruck der Registrierung und Überwachung erwecken. Ebenso werden Links verwandt, die zu positiven Darstellungen in Investment-Newsgroups oder Zeitungsartikeln leiten und unter Umständen vom Emittenten selbst stammen und zum Teil frei erfunden sind[767].
Zur Verbreitung des Angebotes selbst und der Internet-Adresse der Homepage werden nahezu alle gängigen Kommunikationsmöglichkeiten, die das Internet bietet, verwandt. Insbesondere Newsgroups sind beliebte Verbreitungswege solcher "Anlageempfehlungen". Typischerweise werden dabei aus der Vielzahl der im Internet verfügbaren Newsgroups solche ausgewählt, die nicht zuletzt aufgrund so plakativer Namen wie "Make Money Fast" oder "Get Rich Quick" einen bestimmten Typ von Privatanleger ansprechen, der besonders anfällig, für derartige Angebote zu sein scheint[768].

---

765 Dazu Hewitt/Carlson, Securities Practise and Electronic Technology, 12-47; Hass, 72 South. Cal. L. Rev., 67, 114 (1998); Olson/Pitt, Securities in the Electronic Age, 12-15.

766 Cella III/Stark, 52 Bus. Law., 815, 821 (1997).

767 So ist etwa in SEC v. Octagon Tech. Group, Inc. Litigation Release No. 14,942, 62 S.E.C. Docket (CCH) 380 (D.D.C. June 11, 1996) auf die Seite der AIF, einer Tochtergesellschaft der Octagon Tech. Group, eine Kopie eines Berichtes aus dem "World Financial Report" eingestellt worden, der das Unternehmen entsprechend positiv beschrieb. Ein derartiges Magazin existiert allerdings nicht, sondern ist vom Web-Seiten Betreiber frei erfunden worden.

768 So Cella III/Stark, 52 Bus. Law., 815, 822 f. (1997).

(2) Spamming und verwandte Techniken

Ergänzend dazu hat sich das Spamming bei der Verbreitung unseriöser Anlageangebote zu einem beliebten Instrument der massenweisen Verbreitung entwickelt. Dabei ist diese Technik noch defizieler und eröffnet den Vertreibern mehr Möglichkeiten zur direkten Ansprache bestimmter Investorengruppen, als das bisher durch das vergleichbare "cold calling"[769] per Telefon möglich war.

Ähnlich den redlichen Emittenten stehen auch die Täter betrügerischer Wertpapierangebote vor dem Problem, auf welche Weise gezielt der Typ Investor angesprochen werden kann, der für die in aller Regel äußerst spekulativen Wertpapiere unbekannter junger Unternehmungen Interesse hat. Die oben genannten speziellen Newsgroups und Chat-Rooms sind dabei eine Möglichkeit. Die größere individuelle Wirkung wird aber in der Regel eine persönliche, an den einzelnen Anleger gerichtete Ansprache per E-Mail erzielen. Um an die entsprechenden E-Mail-Adressen zu gelangen, die dann im Rahmen einer Spamming-Aktion angeschrieben werden können, existieren Internet-Lösungen, die bereits vielfach Anwendung gefunden haben:

"Mining"-Programme etwa sind in der Lage, alle E-Mail-Adressen der Teilnehmer einer bestimmten themenbezogenen Newsgroupe herauszufiltern und an den Verwender dieser Programme zu übertragen[770]. Noch bedenklicher ist die Verwendung sog. "Cookies". "Cookie"-Dateien installieren sich selbständig während des Besuches einer entsprechenden Web-Seite auf der Festplatte des Internet-Anwenders. In der Regel registrieren diese Programmroutinen beim Besuch des Internet-Anwenders auf der betreffenden Web-Seite Daten, wie etwa den Zeitpunkt und die Dauer des Zugriffs und die Interessenschwerpunkte des Anwenders. Daneben lassen sich aber auch Informationen, wie die E-Mail Adresse des Anwenders oder noch kritischere Daten, die auf der Festplatte abgelegt sind, sammeln und beim nächsten Besuch der Ausgangsseite, von der der "Cookie" stammt, an dessen Verwender übertragen[771].

---

[769] In der Vergangenheit sind soche Verfahren vor allem in Zusammenhang mit sog. "boiler room"-Praktiken aufgetreten. Diese beschreiben Unternehmungen, die den Vertrieb von "securities" vornehmlich über das Telefon, oft über lange Distanzen und ohne jeden näheren Kontakt zum Anleger betreiben. Dabei bedienen sich die Akteure regelmäßig druckausübender Verkaufspraktiken, die oftmals mit falschen oder irreführenden Tatsachenbehauptungen einhergehen, um die vornehmlich hoch spekulativen Wertpapiere abzusetzen (so schon 24 SEC Annual Report, 2 f. (1958)). In Fällen, in denen Broker-Dealer in derartige Aktionen involviert sind, kommt vor allem ein Verstoß gegen die "suitability rule" (NASD-Rule 2310) in Bertacht, da die Wertpapiere massenweise und ohne jede Angemessenheitsprüfung in Hinsicht auf den individuellen Investor beworben und empfohlen werden (Gerald M. Greenberg, 40 SEC 144 (1960); dazu auch Lowenfels/Bromberg, 54 Bus. Law., 1557, 163 f. m.w.N. (1999)).

[770] Cella III/Stark, 52 Bus. Law., 815, 830 (1997).

[771] Wenngleich sich die meisten Browser so einstellen lassen, daß sie bei der Ablage eines solchen "Cookies" warnen, ist das hiervon ausgehende Risiko, nicht zuletzt auch bei unbedach-

Nachdem so die E-Mail Adressen potentiell geeigneter Anleger isoliert worden sind, werden diese im Rahmen der eigentlichen Spamming-Aktion massenweise angeschrieben und durch aggressive Bewerbung der Wertpapiere zum Kauf gedrängt[772]. Zwar ist Spamming an sich nicht untersagt, solange die vertriebenen Wertpapiere nicht gegen Registrierungsverpflichtungen verstoßen und bei der Verbreitung keine manipulativen oder betrügerischen Informationen kundgetan werden. Allerdings gehen Spamming-Maßnahmen in der Praxis regelmäßig mit "antifraud"-Verstößen einher und werden in Kombination mit den übrigen genannten Möglichkeiten eingesetzt, um den Anleger über die Existenz, die Werthaltigkeit oder die Risiken der angebotenen Wertpapiere hinwegzutäuschen und zur Investition zu bewegen.

bb) Bekanntgewordene Betrugsmuster

(1) "pyramid schemes"

Im Hinblick auf die Betrugsmuster selbst erschöpfen sich die einfachsten Varianten in der Publikation betrügerischer Angebote unter Nutzung der genannten Möglichkeiten, wobei zum Teil im Rahmen sog. "pyramid schemes" die angesprochenen Anleger zur Rekrutierung weiterer Investoren angehalten werden, um den Gewinn des Betreibers zu maximieren[773].

Einer der ersten bekannt gewordenen Fälle, der dieser Gruppe zuzuordnen ist, betrifft die Verkäufe von nichtregistrierten Wertpapieren durch die Pleasure Time, Inc.[774], welche an annähernd 20.000 Investoren veräußert worden waren und den Akteuren einen Erlös von über 3 Mio. US$ einbrachte. Zur Gewinnung und Ansprache potentieller Anleger wurde dabei ein "Schneeballsystem" ("multi-level market system") verwandt, in deren Verlauf den Anlegern, die über Telefon und Internet kontaktiert wurden, erklärt wurde, sie könnten durch den Wertpapiererwerb enorme Gewinne verzeichnen. Die SEC hat in diesem Fall neben dem Verstoß gegen die Registrierungsvorschriften ebenso eine Verletzung der "antifraud

---

ten Anlegern, die dem keine Beachtung schenken, nicht zu unterschätzen. Vgl. zum ganzen Street, Law of the Internet, S. 127; ebenso Cella III/Stark, 52 Bus. Law., 815, 831 (1997) m.w.N.

772 Hass, 72 South. Cal. L. Rev., 67, 113 f. Fn. 219 (1998). Von noch größerer krimineller Energie gekennzeichnet sind bekanntgewordene Spamming-Varianten, bei denen die Täter über die entsprechende Gestaltung der E-Mails den Empfänger glauben machen wollten, die Nachricht sei fehlgeleitet und nur zufällig an ihn gelangt und enthalte wertvolle "Insider-Infomationen" über einen bestimmte Anlagetitel (vgl. bei Friedman, Securities Regulation in Cyberspace, 13-4 f.).

773 Hewitt/Carlson, Securities Practise and Electronic Technology, 12-44.

774 SEC v. Pleasure Time, Inc., Litigation Release No. 14,440, 58 S.E.C. Docket (CCH) 2659 (Mar. 15, 1995); SEC v. Pleasure Time, Inc., No. C-195-178 (S.D. Ohio Mar. 13, 1995).

provisions" angemahnt, weil den Anlegern nicht offengelegt worden ist, daß dem Unternehmensgegenstand - der Veranstaltung einer Lotterie - technische und regulatorische Hindernisse entgegenstanden. Konkret erfüllte das Verhalten der Mitarbeiter der Pleasure Time, Inc die Tatbestände der Secs. 5(a) und 5(c) SA und Sec. 17(a) SA sowie die "antifraud provisions" der Sec. 10(b) SEA und der Rules 10b-5 SEA. Der zuständige Federal District Court hat daraufhin eine zeitweise Einstellung der Aktivitäten verfügt und zudem die vereinnahmten Mittel eingefroren[775]. Seit diesem ersten Fall sind zahlreiche weitere, im Kern aber gleichgelagerte Vorgehensweisen von der SEC aufgedeckt und verfolgt worden, welche Wertpapierangebote von Unternehmen betrafen, die in den unterschiedlichsten wirtschaftlichen Bereichen tätig waren oder vorgaben aktiv zu sein[776].

(2) "ponzi schemes"

Ein weiteres klassisches und in den Internet-Kontext übertragenes Betrugsmuster stellen sog. "ponzi schemes" dar, in deren Verlauf ähnlich den "pyramid schemes" die Anleger zur Ansprache weiterer Investoren angehalten werden. Der Unterschied der Verfahren liegt allerdings darin, daß in diesem Fall neben einer Gewinnabschöpfung die eingenommenen Gelder zum Teil zur Erfüllung der versprochenen Zahlungen verwandt werden, so daß eine Entdeckung des Schemas unter Umständen erst zu einem späten Zeitpunkt erfolgt, wenn mangels Zufluß neuen Kapitals Dividendenzahlungen und ähnliche Leistungen unterbleiben[777].
Im Zuge eines solchen "ponzi scheme" vereinnahmten die Täter durch Veräußerung von Investmentverträgen in einem bekannt gewordenen Fall, von insgesamt 132 geschädigten Anlegern in der Zeit von 1995 bis 1996 3,49 Mio. US$[778]. Den Investoren war innerhalb eines Zeitraumes von 5 Jahren im Rahmen eines Sale-

---

775 Allerdings war ein Großteil der vereinnahmten Beträge ebenso wie zwei der Hauptakteure unauffindbar (vgl. Olson/Pitt, Securities in the Electronic Age, 12-20; Gavis, 52 Bus. Law., 317, 347 (1996)).

776 Vgl. v.a. SEC v. Odulo, Litigation Release No. 14,591, 59 S.E.C. Docket (CCH) 2538 (Aug. 7, 1995); SEC v. Odulo, Litigation Release No. 14,616, 60 S.E.C. Docket (CCH) 120 (Aug. 24, 1995); auch in diesem Fall endete das Verfahren im Wege eines Vergleiches, aufgrund dessen der Haupttäter 285.000,00 US$ zu zahlen hatte (vgl. FAZ v. 08.02.2001, S. 31). Ähnlich auch SEC v. Frye, Litigation Release No. 14,702, 60 S.E.C. Docket (CCH) 600 (Oct. 30, 1995); SEC SEC v. Octagon Tech. Group, Litigation Release No. 14,942, 62 S.E.C. Docket (CCH) 380 (June 11, 1996); SEC v. Sellin, Litigation Release No. 15,004, 62 S.E.C. Docket (CCH) 1477 (Aug. 7, 1996); SEC v. Wye Resources, Inc., Litigation Release No. 15,073, 62 S.E.C. Docket (CCH) 2533 (Sept. 26, 1996).

777 Hewitt/Carlson, Securities Practise and Electronic Technology, 12-43.

778 SEC v. Western Executive Group, Inc., Litigation Release No. 15,121, 63 S.E.C. Docket (CCH) 89 (Oct. 15, 1996); SEC v. Western Executive Group, Inc., Litigation Release No. 15,134, 63 S.E.C. Docket (CCH) 191 (Oct. 23, 1996); SEC v. Western Executive Group, Inc., Litigation Release No. 15,685, 66 S.E.C. Docket (CCH) 1991 (Mar. 26, 1998).

and-Leaseback-Verfahrens für Bankautomaten der komplette Rückfluß ihrer Investitionssumme sowie ein jährlicher Gewinn von 17,4% garantiert worden, der über zu vereinnahmende Leasing Raten realisiert werden sollte. Nachdem nur ein Bruchteil der Bankautomaten tatsächlich in Funktion war und die fälligen Raten aus deren Betrieb nicht zu leisten waren, warb das Unternehmen konsequent neue Anleger an, um diese laufenden Verpflichtungen erfüllen zu können. Die SEC leitete daraufhin ein Verfahren wegen Verstoßes vor allem gegen Secs. 5(a) und 5(c) SA sowie Sec. 17(a) SA und Sec. 10(b) SEA sowie Rule 10b-5 SEA ein[779].

(3) "affinity group schemes"

Noch spezifischer werden geeignete Anleger im Rahmen von "affinity group schemes" angesprochen. Hier nutzen die Täter die dargestellten "Mining-Programme" und ähnliche technische Möglichkeiten, um gezielt Anleger nach bestimmten Eigenschaften, wie deren Kulturkreis oder speziellen Interessen auszuwählen und mit einem Anlageprodukt zu konfrontieren, welches genau auf diese Attribute zugeschnitten ist[780]. Gemeinsames Merkmal all dieser Vorgehensweisen ist aber die häufig fehlende Registrierung der angebotenen Wertpapiere und die Verbreitung unwahrer oder irreführender Aussagen über wesentliche Faktoren der Anlage und deren Gewinnaussichten .

cc) Sonderproblem: "free stock"-Programme

Während die rechtliche Erfassung der bisher geschilderten Absatzmuster unproblematisch ist und das Bestehen einer grundsätzlichen Registrierungsverpflichtung nicht im Zweifel steht, bilden sog. "free stock"-Programme eine Ausnahme. Im Rahmen dieser Programme haben Unternehmen - vornehmlich solche der Inter-

---

779 Vgl. auch SEC v. Great White Marine and Rcreation, Inc., Litigation Release No. 16,225, 70 S.E.C. Docket (CCH) 522 (July 29, 1999); SEC v. Great White Marine and Recreation, Inc., Litigation Release No. 16,369, (Nov. 18, 1999) über: http://www.sec.gov/litigation/litreleases/lr16364.htm .

780 Olson/Pitt, Securities in the Electronic Age, 12-22; Friedman, Securities Regulation in Cyberspace, 13-4; In SEC v. First Zurich National USA., LLC etwa wurden durch die Veräußerungen von Wertpapieren der First Zurich, einer angeblichen Internet-Bank, über 2000 amerikanische Anleger vornehmlich afrikanischer Abstammung geschädigt. Auch in diesem Fall lag ein Verstoß gegen Sec. 17(a) SA, Sec. 10(b) SEA sowie Rule 10b-5 SEA vor. (SEC v. First Zurich National USA., LLC, Litigation Release No. 15,634, 66 S.E.C. Docket (CCH) 961 (Feb. 3, 1998); SEC v. First Zurich National USA., LLC, Litigation Release No. 15,639, 66 S.E.C. Docket (CCH) 1058 (Feb. 10, 1998); SEC v. First Zurich National USA., LLC, Litigation Release No. 15,645, 66 S.E.C. Docket (CCH) 1215 (Feb. 18, 1998); SEC v. First Zurich National USA., LLC, Litigation Release No. 15,848, 67 S.E.C. Docket (CCH) 1799 (Aug. 14, 1998); SEC v. First Zurich National USA., LLC, Litigation Release No. 16,011, 68 S.E.C. Docket ((CCH) 2560 (Feb. 3, 1998)).

net-Branche - mit der unentgeltlichen Abgabe von Wertpapieren eine kreative Marktstrategie entwickelt, um die Produkte oder den Namen des Unternehmens selbst einer möglichst breiten Öffentlichkeit bekannt zu machen. Obschon das Konzept nicht neu ist hat die Nutzung des Internet als Absatzweg diesem Modell zu einer erheblichen Konjunktur verholfen und zu einer verstärkten Auseinandersetzung der SEC mit solchen Absatzformen geführt[781].

(1) Formen der "giveaway"-Konzepte

Zwar haben die Empfänger derartiger "Gratis-securities" keine Geldbeträge für den Erhalt dieser Wertpapiere zu zahlen - insofern tritt auf ihrer Seite kein finanzieller Schaden ein -, um eine "freie" Abgabe handelt es sich gleichwohl nicht. Je nach Strategie und Absicht des ausgebenden Unternehmens besteht die von den interessierten Anlegern zu erbringende Gegenleistung mindestens in dem Ausfüllen einer Registrierungsmaske, über die das Unternehmen Basisdaten, wie den Namen und die Anschrift sowie zum Teil weitere persönliche Angaben erhält[782]. Aggressivere Konzepte verlangen vom Anleger die aktive Teilnahme an der Verbreitung des Angebotes etwa durch entsprechende Bekanntmachungen über die eigene Web-Seite des Interessenten[783] oder durch die Ansprache von Bekannten. Sofern derartige Maßnahmen nicht Bedingung einer Zuteilung sind, werden sie oftmals als Bonus für die aktive Anwerbung weiterer Interessenten zur Verfügung gestellt[784]. Schließlich wird im Extremfall der Abschluß von Verträgen verlangt, in denen sich die Interessenten einverstanden erklären, für eine bestimmte Zeit die vom Unternehmen angebotenen Leistungen in Anspruch zu nehmen[785].

781 Schwartz, wallstreetlawyer.com, Vol. 3, No. 12, S. 10 ff. (May 2000); Schulte/Spencer, "Free" Stock, in: PLI, 31st Annual Institute of Securities Regulation (1999), S. 455 f., die darauf hinweisen, daß derartige Programme schon in den 70er Jahren bekannt waren, durch die einzigartigen Verbreitungsmöglichkeiten des Internet aber vor allem für Unternehmen aus dieser Branche wieder an Interesse gewonnen haben. Das erste "Internet stock giveaway"-Programm wird dem Unternehmen Travelzoo.com im April 1998 zugeschrieben, das an annähernd 700.000 Besucher, die sich auf deren Web-Seite haben registrieren lassen, Wertpapiere abgab.

782 Bloomenthal/Wolff, Emerging Trends in Securities Law (1999-2000), S. 1606 f; Stuckey, Internet and Online Law, 11-50; sowie die Fallbeispiele bei Schulte/Spencer, "Free" Stock, in: PLI, 31st Annual Institute of Securities Regulation (1999), S. 458 ff.

783 So etwa in der Sache Theodor Sotirakis, Release No. 33-7701 (July 21, 1999), verfügbar unter: http://www.sec.gov/litigation/admin/33-7701.htm .

784 In der Sache WowAuction.com Inc and Steve Michael Gaddis, Sr., Release No. 33-7702 (July 2, 1999), verfügbar unter: http://www.sec.gov/litigation/admin/33-7702.htm .

785 Stuckey, Internet and Online Law, 11-50.

Zudem gehen die Angebote dieser "free stocks" in vielen Fällen mit falschen oder irreführenden Angaben im Hinblick auf das Unternehmen einher und kündigen gleichzeitig zukünftige Public Offerings an[786].

(2) Rechtliche Würdigung und Position der SEC

Abgesehen von dem klaren Verstoß gegen "antifraud"-Vorschriften bei Verbreitung eindeutiger Falschmeldungen stellt sich die Frage, ob eine derartige unentgeltliche Abgabe von Wertpapieren einer vorherigen Registrierung bei der SEC bedarf. Tatsächlich ist trotz der Vielzahl der "free stock"-Programme bis May 1999 nur in einem einzigen Fall eine Registrierung erfolgt[787]. Angesichts des Aufwandes und der Kosten eines Registrierungsverfahrens einerseits und des beschränkten Nutzens eines solchen Programms als Marketinginstrument andererseits ist dieser Umstand erklärlich.

Kern der rechtlichen Fragestellung ist, ob es sich aufgrund der Unentgeltlichkeit um ein "offer to sell" i.S.d. Sec. 5 SA handelt, die fehlende Registrierung also einen Verstoß gegen die Securities Laws begründet. Sec. 2(a)(3) SA definiert "sale" oder "sell" als jede Verkaufsvereinbarung über Wertpapiere für einen Gegenwert ("for value")[788]. Bei der Beurteilung der "free stock"-Programme hat die SEC die Ansicht vertreten, daß dieser Gegenwert nicht zwingend in einer Geldleistung bestehen muß, sondern auch die Erlangung der persönlichen Daten der Interessenten an sich bereits einen Wert im Sinne der Sec. 2(a)(3) SA bedeutet[789]. Sofern solche Programme einer geplanten Emission vorgeschaltet werden, besteht der Wert der Anlegerangaben aus Sicht der Unternehmen bereits darin, daß sie auf Basis der erlangten Angaben Anlegerprofile erstellen und geeignete Investoren aus diesem Pool gezielt ansprechen können.

Noch deutlicher ist der Wert der Gegenleistung der Anleger, wenn der Interessent zur weiteren Verbreitung der Web-Seite des Unternehmens angehalten wird, Dritte zu involvieren. Zum einen stellt diese Form der Werbung für das Unternehmen einen unmittelbaren Wert dar, zum anderen wirken sich die so erzeugten steigenden Zugriffszahlen auf die Web-Seiten positiv auf den Bekanntheitsgrad des Un-

---

786 In der Sache Joe Loofbourrow, Release No. 33-7700 (July 21, 1999) wurden Pläne für den Bau der weltgrößten Raumfahrttechnologie-Fabrik angekündigt, wobei das betreffende Unternehmen weder über Angestellte noch über vertragliche Beziehungen zu Dritten verfügte. (verfügbar unter: http://www.sec.gov/litigation/admin/34-41631.htm).

787 Quinn/Jarmal, Securities Regulation and the Use of Electronic Media (2000), in: PLI, Securities Offerings (2000), S. 123, 166 unter Verweis auf das "giveaway"-Programm der "You Network.com".

788 Sec. 2(a)(3) SA: "*The term "sale" or "sell" shall include every contract of sale or disposition of a security or interest in a security, for value.*"

789 Vgl. SEC Press Release 99-83 (July 22, 1999); verfügbar unter: http://www.sec.gov/news/headlines/webstock.htm .

ternehmens und somit auch auf den Unternehmenswert selbst aus. Daneben rückt diese Verpflichtung zur Ansprache Dritter solche Programme in die Nähe der beschriebenen "pyramid schemes"[790]. Schließlich wird durch diese Form der Wertpapierabgabe auch die Wahrscheinlichkeit eines aktiven Marktes für die Unternehmensanteile erheblich gesteigert[791]. Vor allem diese marktvorbereitenden Wirkung für zukünftige Public Offerings, das "conditioning the market", stellt den wesentlichen Anknüpfungspunkt für die Begründung des Verstoßes gegen Sec. 5 SA dar. Die Aussagen der SEC in den beschriebenen Fällen spiegeln diese Linie klar wieder: abgesehen von eventuell geltenden Ausnahmen vom Registrierungserfordernis verstoßen nichtregistrierte Abgaben von Wertpapieren im Rahmen eines "free stock"-Programms gegen Sec. 5 SA[792]. Dementsprechend ist die SEC gegen diese Verstöße vorgegangen und konnte inzwischen die weitgehende Einstellung solcher "free stock"-Programme erreichen bzw. die Unternehmen zur Registrierung anhalten[793].

b) Marktmanipulation

Die zweite Fallgruppe betrügerischer Wertpapiertransaktionen im Internet zielt weniger auf den einzelnen Anleger als vielmehr auf eine Beeinflussung des Kurses eines bestimmten Wertpapiers ab. Derartige unrechtmäßige Marktmanipulationen umfassen die Verbreitung falscher oder irreführender Nachrichten in Message Boards und anderen Internet-Kommunikationsmedien mit dem Ziel der Beeinflussung des Wertpapierpreises[794].

---

790 Schwartz, wallstreetlawyer.com, Vol. 3, No. 12, S. 10, 15 f. (May 2000).

791 Schulte/Spencer, "Free" Stock, in: PLI, 31st Annual Institute of Securities Regulation (1999), S. 463; Stuckey, Internet and Online Law, 11-51; Quinn/Jarmal, Securities Regulation and the Use of Electronic Media (2000), in: PLI, Securities Offerings (2000), S. 123, 165.

792 Das solche "free stock giveaways" ein "event of sale" i.S.v. Sec. 2(a)(3) SA darstellen und eine nichtregistrierte Abgabe gegen Sec. 5 SA verstößt, ist bekräftigt worden in Jones, Andrew, SEC No-Action Letter, (1999 Transfer Binder) Fed. Sec. L. Rep. (CCH) ¶ 77,565 at 78,847 (June 8, 1999); ebenso in Vanderkam & Sanders, SEC No-Action Letter, (1999 Transfer Binder) Fed. Sec. L. Rep. (CCH) ¶ 77,520 at 78,585 (Jan. 27, 1999).

793 Quinn/Jarmal, Securities Regulation and the Use of Electronic Media (2000), in: PLI, Securities Offerings (2000), S. 123, 166; Schulte/Spencer, "Free" Stock, in: PLI, 31st Annual Institute of Securities Regulation (1999), S. 464. Vgl. SEC Press Release 99-83 (July 22, 1999), verfügbar unter: http://www.sec.gov/news/headlines/webstock.htm .

794 Vgl. zur Effizienz solcher Äußerungen etwa den Fall der Wye Resources, Inc., deren Aktienkurs innerhalb eines Zeitraums vom 04. Januar 1994 bis zum 27. Januar desselben Jahres von 0,30 US$ pro Aktie auf 1,85 US$ anstieg, nachdem zeitgleich über AOL und das "Prodigy Bulletin Board" über die Entdeckung einer Goldmine in Zaire durch dieses Unternehmen berichtet worden war. Während dieser Zeit nutzte das Unternehmen den Kursanstieg zur Emission weiterer 5,3 Millionen neuen Aktien. Nachdem die kanadische Wertpapieraufsichtsbehörde den Handel zum 1. Februar 1994 ausgesetzt hat, sind die Aktien heute wertlos (SEC v.

aa) Anonymität der Manipulateure

Im Zuge derartiger Aktivitäten werden vor allem zwei Internet-spezifische Mittel eingesetzt, um über die Identität der Informationsquelle entsprechender Nachrichten, die typischerweise in Newsgroups und Bulletin Boards plaziert werden, hinwegzutäuschen[795]:
Zum einen kann der Urheber solcher Nachrichten seine Identität verhüllen ("cloaking"), indem er eine falsche Identität - etwa die eines vermeintlichen Insiders - angibt. Ergänzend können verschiedene technische Möglichkeiten zur Anonymisierung, wie etwa sog. "re-mailer" oder "anonymizer" verwandt werden, um eine Aufdeckung der wahren Identität über die Ermittlung der IP-Adresse des Täters zu verhindern[796]. Die zweite Methode ist als sogenanntes "spoofing" bekannt. Dabei wird die Identität bzw. IP-Adresse eines realen Senders imitiert. Technisch kann die E-Mail eines solchen realen Senders im Internet durch sog. "Spy-Programme" abgefangen, inhaltlich verändert und dann weitergeschickt werden. Der Empfänger hat in diesem Fall den Eindruck, daß die inhaltlich veränderte Nachricht vom vermeintlichen Sender stammt.
Begünstigt wird die Wirkung von Meldungen mit kursbeeinflussendem Potential zudem, wenn Internet-Service-Provider als Betreiber von Bulletin Boards und Chat-Rooms den Teilnehmern Mehrfacheinwahlen unter verschiedenen Pseudonymen ermöglichen[797]. In diesem Fall kann eine einzelne Meldung scheinbar von mehreren unabhängigen Seiten bestätigt werden, obgleich hinter diesen Bestätigungen derselbe Täter steht. Das Risiko, daß solche "bestätigten Meldungen" als Basis einer entsprechenden Anlageentscheidung angenommen werden, wird hierdurch erheblich erhöht.

bb) Manipulationsmuster

Je nach dem Zweck, der mit der Veröffentlichung derartiger Meldungen verfolgt wird, lassen sich zwei grundsätzliche Manipulationschemata unterscheiden:

Wye Resources, Inc., Litigation Release No. 15,073, 62 S.E.C. Docket (CCH) 2533 (Sept. 26, 1996); dazu Robertson, 23 Sec. Reg. L. J., 347, 408 (1996)).

795 Vgl. bei Robertson, 23 Sec. Reg. L. J., 347, 408 (1996); Cella III/Stark, 52 Bus. Law., 815, 826 (1997).

796 Bei Anfragen an fremde Web-Seiten erfolgt regelmäßig zwischen dem eigenen Rechner und dem Zielserver ein Datenaustausch, in dessen Verlauf regelmäßig die eigene IP-Adresse preisgeben wird. Re-mailer oder Anonymizer sind Programme, die diese Information unterdrücken, indem sie entsprechende Anfragen zunächst an sog. Proxy-Server leiten, von denen die Anfrage dann an ihren eigentlichen Bestimmungsort weitergeleitet wird. Vor dieser Weiterleitung wird die Sender-IP-Adresse gelöscht bzw. ersetzt, so daß eine Identifizierung des Senders für den Empfänger unmittelbar nicht möglich ist.

797 Friedman, Securities Regulation in Cyberspace, 13-5; Robertson, 23 Sec. Reg. L. J., 347, 408 (1996).

(1) "pump and dump schemes"

Im Fall der sog. "pump and dump schemes" ist der Akteur grundsätzlich im Besitz bestimmter Wertpapiere, die in der Regel kaum Handelsinteresse auf sich ziehen und nur geringe Umsatzzahlen verzeichnen. Um diese mit möglichst großem Gewinn zu veräußern, werden gezielt Gerüchte und Scheinmeldungen über einschlägige Internet-Foren lanciert, um bei den dort teilnehmenden Anlegern ein Handelsinteresse zu wecken. Sobald aufgrund deren einsetzender Transaktionen der Kurs des Papiers steigt, veräußern die Täter die von ihnen gehaltenen Wertpapiere mit zum Teil erheblichem Gewinn, bevor sich die Meldungen als falsch herausstellen und die getäuschten Anleger ihre Verluste realisieren.

Exemplarisch für diese Vorgehensweise steht etwa der Fall Huttoe[798]. Charles O. Huttoe war Chairman und CEO des Unternehmens "System of Excellence, Inc." (SOE), das im Bereich der Herstellung von Ausrüstungsmaterial für Video- und Telefonkonferenzen tätig war. Im Rahmen eines großangelegten Betrugsschemas, in das neben Huttoe als Haupttäter zahlreiche weitere Personen und Firmen involviert waren[799], veräußerte dieser in einem ersten Schritt unbemerkt zahlreiche nichtregistrierte Aktien der SOE vor allem an Familienmitglieder und andere, dem Täter nahestehende Personen. In der zweiten Phase beeinflußte Huttoe den Kurs der Aktien künstlich, indem er durch die gezielte Verbreitung von Meldungen, die unter anderem Multimillionendollar-Verträge über die Produkte der SOE beinhalteten und ohne jede Basis waren, eine erhebliche Nachfrage kreierte [800]. Verbreitet wurden diese Nachrichten unter anderem über verschiedene Internet-Foren sowie ein weiteres als "touting service" operierendes Unternehmen[801]. Unmittelbar nachdem in Folge dieser Veröffentlichungen der Kurs der SOE-Aktien anstieg, veräußerten die beteiligten Täter die von ihnen gehaltenen Aktien und vereinnahmten auf diese Weise über 10 Mio. US$ auf Kosten der geschädigten Anleger. Nachdem Unregelmäßigkeiten publik wurden und der Handel in diesen Titeln ausgesetzt wurde, leitete die SEC gerichtliche Schritte gegen die Täter ein. Vor allem Huttoe wurden dabei neben zahlreichen anderen Verstößen[802], Verletzungen der Sec. 5 und 17(a) SA sowie Sec. 10(b) SEA und Rule 10b-5 SEA vorgeworfen. Aufgrund des erheblichen Schadensumfanges wurden in diesem Fall zu den auf-

798 SEC v. Huttoe, Litigation Release No. 15,153, 63 S.E.C. Docket (CCH) 427 (Nov. 7, 1996); SEC v. Huttoe, Litigation Release No. 15,237, 63 S.E.C. Docket (CCH) 2061 (Jan. 31, 1997).

799 Vgl. dazu eingehend bei Olson/Pitt, Securities in the Electronic Age, 12-31, Fn. 84.

800 Zudem wurden in zahlreichen Offenlegungsdokumenten der SEC gegenüber falsche Angaben gemacht und den unabhängigen Wirtschaftsprüfern unzutreffende Daten geliefert.

801 Vgl. zur rechtlichen Einordnung der hierbei beteiligten SGA Goldstar sogleich unter § 11, I.), 3.), c).

802 Neben speziellen Geldwäschetatbeständen wurde aufgrund der Verfälschung der bei der SEC eingereichten Unterlagen auch ein Verstoß gegen Sec. 13(b)(5) SEA geltend gemacht. Der Umstand, daß Huttoe das Ausmaß seiner direkten und indirekten Beteiligungen nicht offengelegt hat, verstieß gegen Sec. 16(a) SEA.

sichtsrechtlichen Maßnahmen auch strafrechtliche Sanktionen verhängt. Huttoe erklärte sich schließlich neben anderen Sanktionen mit dem dauerhaften Verbot einer zukünftigen beruflichen Tätigkeit als "officer" oder "director", einer 10.000 US$ Geldstrafe und einer 46-monatigen Haftstrafe einverstanden[803].
Noch deutlicher wurde die Dimension krimineller Nutzbarkeit des Mediums Internet in einem weiteren Fall. Am 07. April 1999 wurde unter einem Pseudonym im Finanz Message Board von Yahoo!, Inc. eine Nachricht veröffentlicht, die mit "Buyout News" überschrieben war und beinhaltete, daß die PairGain-Gesellschaft von einer israelischen Gesellschaft übernommen werden sollte[804]. Die Besonderheit dieses Falles liegt darin, daß diese Meldung einen direkten Hyperlink enthielt, der die Teilnehmer des Message Boards scheinbar auf die Web-Seiten des Bloomberg News Service verwies, auf denen sich eine entsprechende Übernahme-Nachricht befand. Die Seite, auf die dieser Link führte, war dabei gefälscht, entsprach optisch aber den Originalseiten Bloombergs derart genau, daß dieses kaum zu entdecken war[805]. Kurze Zeit später wurde ein Ausschnitt dieses Artikels unter einem anderen Pseudonym im selben Message Board veröffentlicht. Nachdem daraufhin andere Teilnehmer diese Meldung angezweifelt haben, veröffentlichte schließlich zunächst Bloomberg und später PairGain selbst Klarstellungen, die den Bericht als Fälschung auswiesen. Wenngleich zwischen der ersten Aktion und der Richtigstellung durch Bloomberg nur ca. 2 Stunden vergingen und die Pressemitteilung der Gesellschaft selbst weitere 2 1/2 Stunden später folgte, stieg der Kurs der PairGain Aktien in dieser Zeit um 32% an.
Die von der SEC eingeleiteten Ermittlungen führten zu einem Mitarbeiter der PairGain[806], dem seitens der SEC Verstöße gegen Sec. 10(b) SEA und Rule 10b-5 SEA nachgewiesen wurden. Die rechtliche Besonderheit dieses Falles lag darin, daß die SEC den erhobenen Vorwurf eines Verstoßes gegen Rule 10b-5 SEA nicht wie sonst üblich auf den An- oder Verkauf von Wertpapieren durch den Täter stützte, sondern allein auf das kursbeeinflussende Potential des Betrugssche-

803 SEC v. Huttoe, Litigation Release No. 15,1571, 65 S.E.C. Docket (CCH) 2218 (Nov. 25, 1997).

804 SEC v. Hoke, Litigation Release No. 16,117, 69 S.E.C. Docket (CCH) 1528 (Apr. 21, 1999); SEC v. Hoke, Litigation Release No. 16,266, 70 S.E.C. Docket (CCH) 1187 (Aug. 30, 1999); vgl. dazu Hewitt/Carlson, Securities Practise and Electronic Technology, 12-46; Bloomenthal/Wolff, Emerging Trends in Securities Law (1999-2000), S. 1596.

805 Diese gefälschte Seite enthielt eingearbeite funktionsfähige Links zu weiteren Seiten, Bannerwerbung und andere Gestaltungsmerkmale, die eine genaue Kopie des Originals darstellten. Allein die Formulierung der vermeintlichen Nachricht selbst und ein einziger Hyperlink bot Anhaltspunkte für eine Fälschung, die dem durchschnittlichen Anleger jedoch verborgen blieben (Olson/Pitt, Securities in the Electronic Age, 12-33 f.). Die einzige, zugleich aber auch einfache Möglichkeit zur Verifizierung der Nachricht hätte darin bestanden, den Bloomberg News Service nicht über diesen Hyperlink, sondern durch Eingabe der URL einzusehen.

806 Das Unternehmen selbst war in diese Vorgänge in keiner Weise verwickelt.

mas[807]. Zum tragen kamen hier die im Rahmen der Rule 10b-5 SEA angewandten "antimanipulation provisions" vor allem aus Sec. 9(a)(2) SEA, die allein bei der Kursbeeinflussung ansetzen, ohne daß es dabei auf eine persönliche Vorteilnahme der Täter ankommt.

(2) Diskreditierende Mitteilungen mit dem Ziel der Kursabsenkung

Die selben Verfahrensweisen, die zur Anhebung des Wertpapierkurses eingesetzt worden sind, lassen sich ebenso zur negativen Beeinflussung der Kurse verwenden, wenn der Täter etwa "short selling" Absichten hat[808]. Von Seiten der SEC ist noch kein Verfahren aufgrund derart diskreditierender Veröffentlichungen ("cybersmear"[809]) initiiert worden, weil sich insofern rechtliche Bedenken aus der weiten Wirkung des ersten Verfassungszusatz ergeben[810]. Die geschädigten Unternehmen selbst schlagen gegenwärtig eine offensivere Vorgehensweise gegen solche Gerüchte ein und erheben sog. "John Doe"-Klagen[811] gegen unbenannte Beklagte überwiegend auf der Grundlage deliktischer Haftungsansprüche wegen Verleumdung[812]. Ziel dieser Klagen ist es vor allem, sich die Besonderheit des US-Prozeßrechtes zunutze zu machen und im Rahmen der "discovery" Vorladungen gegen die Betreiber der Internet-Foren zu erwirken, um so die Identitäten der

---

807 Hewitt/Carlson, Securities Practise and Electronic Technology, 12-46, Fn. 44.

808 "Short selling" beschreibt die Möglichkeit der Anleger, solche Wertpapiere zu veräußern, die sie gegenwärtig nicht besitzen. Motivation hierfür ist die Einschätzung, daß der Kurs dieser Wertpapiere in dem Zeitraum, der nach den Regeln des konkreten Börsenplatzes eingeräumt wird, um die Transaktionsverpflichtungen zu erfüllen, fallen wird. Anleger können dann aus der Differenz zwischen dem Verkaufspreis und dem Einkaufspreis, einen Gewinn erzielen. Die Auslieferungsverpflichtung wird dabei üblicherweise im Wege einer Wertpapierleihe erfüllt, die der Broker für seinen Kunden bei Dritten abschließt (Loss/Seligman, Securities Regulation, Vol. VII, S. 3198 ff.).

809 Siehe dazu allgemein Olson/Pitt, Securities in the Electronic Age, 12-44.

810 Sofern derartige Meldungen in der Fom einer Meinungsäußerung verbreitet werden, sind sie unter Umständen vom ersten Verfassungszusatz der US-Verfassung geschützt (Olson/Pitt, Securities in the Electronic Age, 12-44); vgl. dazu allgemein Stuckey, Internet and Online Law, 2-16 ff.

811 Anstelle der unbekannten Namen der Täter werden oftmals "John Doe 1 - X" aufgeführt, in Anlehnung an diesen, von der SEC in ihren Beispielsfällen verwandten, musterhaften Namen.

812 Das Restatement (Second) of the Torts (1977) verlangt in § 558 für eine deliktische Haftung aufgrund von Verleumdungen, daß im Hinblick auf den Kläger eine falsche oder diffamierende Äußerung einem Dritten gegenüber abgegeben wurde, ohne daß zugunsten dieser Äußerung entlastende Privilegien bestehen. Dabei muß als Verschuldensmoment zumindest Fahrlässigkeit gegeben sein und die Äußerung muß an sich verfolgbar sein oder zur Verletzung besonderer Interessen geführt haben.

Täter offenzulegen[813]. Die Presstek, Inc. etwa hat eine derartige Klage gegen drei Personen erhoben, nachdem in einem Bulletin Board, das sich mit Aktien beschäftigt, diffamierende Äußerungen über das Finanzvermögen der Presstek, Inc. veröffentlicht worden sind[814].
Trotz dieser neuen offensiven Taktiken der Unternehmen, gegen diffamierende Meldungen im Internet vorzugehen, stellen sich Anonymität und Wirkungsgrad derart gezielter Meldungen mit kursbeeinflussendem Inhalt als erhebliches Problem dar, das der Aufklärung und Sanktionierung dieser Fälle tatsächliche Grenzen setzt.

c) Unrechtmäßiges Anpreisen von Wertpapieren

Sowohl im Fall widerrechtlicher Wertpapierangebote als auch bei Kursmanipulationen, werden zur Unterstützung der Öffentlichkeitswirkung und zur Vorspiegelung der Glaubhaftigkeit der Aussagen oftmals Dritte eingesetzt. In diesem Bereich haben sich einzelne Betreiber von Internet-Newslettern, die das primäre Forum solcher Anpreisungen darstellen, zu "touting services" entwickelt, die durch die Vergütungen, die sie für ihre Dienste erhalten, zum Teil erhebliche Gewinne verzeichnen[815].
Im Anschluß an die oben bereits beschriebenen Verfahren gegen Charles Huttoe leitete die SEC auch Ermittlungen gegen SGA Goldstar als Betreiber des Internet-Newsletters "SGA Goldstar Whisper Stocks" ein[816]. Über diesen Newsletter sind anpreisende Meldungen mit falschem und irreführenden Inhalt verbreitet worden, die erheblich zum erwünschten Kursanstieg der betreffenden Aktien beigetragen

---

813 Für einen Überblick über diese Praxis vgl. Delta/Matsuura, Law of the Internet, 7-39; zu der "discovery" im US-Prozeßrecht vgl. allgemein Kane, Civil Procedure, S. 127 ff.

814 Da in diesem Fall eine Einigung erzielt worden ist, ist das Verfahren ohne Urteilsspruch beendet worden; vgl. bei Delta/Matsuura, Law of the Internet, 7-25; Friedman, Securities Regulation in Cyberspace, 13-7.

815 Dabei sind häufig über Verstöße gegen Sec. 17(b) SA hinaus weitere Vorschriften verletzt, wenn die Betreiber die als Kompensation erlangten Wertpapiere nach der entsprechenden Reaktion der Kurse auf ihre Meldungen ihrerseits gewinnbringend veräußern. In SEC v. The Future Superstock, et. al., Litigation Release No. 15958 (Oct. 27. 1998), SEC Annual Report 1999, 3, veröffentlichte der Betreiber eines Internet-Newsletters, der über 100.000 Mitglieder zählte, Einschätzungen, nach denen die Kurse bestimmter "microcap"-Unternehmen in den nächsten Monaten auf das doppelte bis dreifache ansteigen würden. Diese Vorhersagen publizierte er, ohne offenzulegen, daß er für diese Anpreisungen von den gesponsorten Unternehmen über 1,6 Mio. US$ an Provision in Geld und Wertpapieren erhalten hatte. Ebensowenig wies er darauf hin, daß er die Wertpapiere in der Regel unmittelbar nach der Verbreitung seiner Angaben abgestoßen hat. Wiederum kommt aufgrund dieser Verhaltensweisen neben den "general antifraud"-Vorschriften auch ein Verstoß gegen Sec. 17(b) SA in Betracht.

816 SEC. v. Huttoe, Litigation Release No. 15,153, 63 S.E.C. Docket (CCH) 427 (Noc. 7, 1996).

haben. Der Umstand, daß die Betreiber des Newsletters als Gegenleistung für diese Meldungen Aktien der SOE erhalten haben, ist in keiner Weise offengelegt worden. Dementsprechend hat die SEC ihr gerichtliches Vorgehen aufgrund der systematischen Verbreitung anpreisender Aussagen in diesem wie auch in zahlreichen vergleichbaren Fällen[817] unter anderem auf einen Verstoß gegen Sec. 17(b) SA gestützt[818].

4.) Sonderfragen der Verjährung

Obschon die Fülle der bisher ermittelten Betrugsfälle weniger zu Problemen bei der rechtlichen Bewertung führte, als vielmehr auf tatsächliche Schwierigkeiten stießen, stellen sich Verjährungsfragen in diesem Bereich als bisher kaum gelöstes Rechtsproblem dar.

Die Securities Laws enthalten zahlreiche unterschiedliche Verjährungsvorschriften ("statutes of limitation")[819], nach deren Ablauf die Erhebung einer Klage nicht mehr möglich ist. Gemeinsames Merkmal dieser Verjährungsvorschriften ist es, daß die Frist ab dem Zeitpunkt zu laufen beginnt, in dem der Anleger Fehlinformation oder Unterlassung erkannt hat oder ein verantwortlicher Anleger dieses

---

817 SEC v. Chelekis, Litigation Release No. 15,264, 63 S.E.C. Docket (CCH) 2489 (Feb. 25, 1997); SEC v. Samblis, Litigation Release No. 15,609, 66 S.E.C. Docket (CCH) 576 (Jan. 6, 1998); SEC. v. Stockstowatch.com et. al., Litigation Release No. 15956 (Oct. 27, 1998), SEC Annual Report 1999, 3.; vgl. insgesamt auch Mahony/Vaughn, wallstreetlawyer.com, Vol. 2, No. 7, S. 18 f. (December 1998).

818 SEC v. Huttoe, Litigation Release No. 15,185, 63 S.E.C. Docket (CCH) 1011 (Dec. 12, 1996); Zu weiteren Fällen vgl. SEC v. Chelekis, Litigation Release No. 15,264, 63 S.E.C. Docket (CCH) 2489 (Feb. 25, 1997); SEC v. Samblis, Litigation Release No. 15,609, 66 S.E.C. Docket (CCH) 576 (Jan. 6, 1998); SEC. v. Stockstowatch.com et. al., Litigation Release No. 15956 (Oct. 27, 1998), SEC Annual Report 1999, 3.; SEC v. Thor Equity Group, LLC and George E. Mahlfouz, Jr., Litigation Release No. 16,683 (Sept. 6, 2000), verfügbar über: http://www.sec.gov/litigation/litreleases/lr16683.htm ; SEC v. Prochnow d/b/a Stockreporter.de, Hass, World of Interent.com AG, Litigation Release No. 16,680 (Sept. 6, 2000), verfügbar unter: http://www.sec.gov/litigation/litreleases/lr16680.htm .

819 Sec. 13 SA schreibt für die Rechtsbehelfe aus Secs. 11 SA, 12(a)(1) und 12(a)(2) SA eine grundsätzliche Frist von einem Jahr vor; Secs. 9(e) und 18(c) SEA gehen ebenfalls von einer grundsätzlichen Jahresfrist ab Entdeckung der Manipulation aus; die absolute Grenze bildet aber eine 3 Jahresfrist nach dem Zeitpunkt der Tat; diese Frist ist mangels ausdrücklicher Regelung im Wege der Analogie auch für Klagen aus Rule 10b-5 SEA angenommen worden (Menowitz v. Brown, 991 F.2d 36, 41 (2nd Cir. 1993)); vgl. ferner Sec. 29(b) SEA für Klagen nach Secs. 15(c)(1) und 16(b) SEA. Die in Sec. 20A SEA enthaltene 5 Jahresfrist findet keine Anwendung auf Klagen wegen Verstoßes gegen die Federal Securities Laws, weil auf die Haftung der kontrollierenden Personen aus Sec. 15 SA und Sec. 20(a) SEA anerkanntermaßen dieselben Verjährungsvorschriften Anwendung finden, wie sie für die Haupttäter gelten (Loss/Seligman, Securities Regulation, Vol. X, S. 4503 m.w.N.).

hätte erkennen können[820]. Bei der Beurteilung des Maßstabes eines verantwortlichen Anlegers sind die Gerichte regelmäßig davon ausgegangen, daß dieser Kenntnis von der Information genommen hätte, sobald diese in einem weit verbreiteten und allgemein zugänglichen Medium, wie etwa einer bedeutenden Tageszeitung, veröffentlicht wird[821]. Angesichts dieser Wertungsmaßstäbe scheint fraglich, ob auch die Positionierung derartiger Nachrichten auf Internet-Seiten den Beginn einer Verjährungsfrist auslösen kann.
Dabei wird zum Teil vorgeschlagen, daß vom Beginn der Verjährungsfrist auszugehen sei, sobald ein durchschnittlich intelligenter Anleger die entsprechende Information im Internet gefunden hätte[822]. Ein derartiger Ansatz scheint allerdings insofern bedenklich, als er von einem verantwortlichen Anleger verlangt, das Internet in gewisser Regelmäßigkeit nach derartigen Inhalten abzusuchen. Stillschweigend wird dabei vorausgesetzt, daß dieser Durchschnittsanleger überhaupt über einen Zugang zu diesem Medium verfügt. Auf absehbare Zeit scheint diese Hypothese eines vollständigen Anschlusses jedes Anlegers an das Internet nicht haltbar. Gerade daraus resultiert auch der beschriebene Ansatz der SEC, das Medium alleine zur Erfüllung von Ad-hoc Publizitätspflichten nicht ausreichen zu lassen[823]. Da es einen Wertungswiderspruch bedeuten würden, bei Einstellung solcher Informationen wegen Nichterfüllung der gesetzlichen Publizitätspflichten Haftungsansprüche zu eröffnen, diese Ansprüche aber gleichzeitig im Rahmen der Verjährungsvorschriften zu beschränken, scheint es schlüssiger von einer Wahrnehmungsmöglichkeit erst dann auszugehen, wenn diese Information vom Markt selbst aufgenommen worden ist oder eine Publikation auf andere Weise erfolgt ist.

5.) Notwendigkeit der Erweiterung des gesetzlichen Instrumentariums

Gerade die beschriebenen Internet-Betrugsfälle verdeutlichen den Zwiespalt zwischen den erheblichen Vorteilen der Informationsverbreitung für den Anleger auf der einen und der Gefahr durch anlagerelevante Fehlinformationen auf der anderen Seite. Die Maßnahmen der SEC gegen derartige Machenschaften dokumentieren ihren offensiven Ansatz bei der Bekämpfung von "cyberfraud" auf Basis der bestehenden Rechtslage.
Um die Effektivität des aufsichtsrechtlichen Einschreitens gegen diese Tendenzen zu erhöhen, sind vor dem Kongreß mehrfach Anhörungen zum Thema „securities

820 Tregenza v. Great American Communications Co., 12 F.3d 717, 718 (7th Cir. 1993); Norris v. Wirtz, 818 F.2d 1329, 1334 (7th Cir. 1987).
821 Eckstein v. Balcor Film Investors, 58 F.3d 1162, 1168 f. (7th Cir. 1995).
822 So Friedman, Securities Regulation in Cyberspace, 13-21.
823 Proposed Rule: Selective Disclosure and Insider Trading, Release Nos. 33-7787; 34-42259, 71 S.E.C. Docket 862 ff. (July 31, 1999), unter II.B.5.

fraud on the Internet" abgehalten worden, die jedoch bisher noch in keine legislative Initiative eingemündet sind. Auch seitens der SEC sind keine neuen Internet-spezifischen Rules & Regulations erlassen worden, die das Sonderproblem des Wertpapierbetruges im Internet betreffen[824]. Das regulative Instrumentarium besteht vielmehr nach wie vor in den "general antifraud provisions" der Secs. 17(a) und (b) SA, Sec. 15(c)(1) SEA sowie Sec. 10(b) SEA, ergänzt durch die hierunter erlassene Rule 10b-5 SEA. Die bisher bekannt gewordenen Fälle manipulativer und betrügerischer Machenschaften im Internet sind sämtlich anhand dieses bestehenden "antifraud"-Instrumentariums erfaßt worden. Zur rechtlichen Erfassung dieser Taten erweisen sich die bestehenden "antifraud provisions" vor allem deshalb als flexibel genug, weil die Vorschriften nach Wortlaut und Normzweck nicht auf bestimmte Medien ausgelegt sind[825]. Eine Erweiterung des gesetzlichen Instrumentariums ist aus Sicht der SEC daher nicht geboten[826].

Die Probleme bei der Handhabung von "Cyberfraud"-Fällen stellen sich daher eher als Problem der praktischen Handhabung denn als rechtliches Problem dar. Der vermeintliche Vorteil den die Abwesenheit von Finanzintermediären - insbesondere Broker-Dealern - im Hinblick auf die Ersparnis von Kommissionsgebühren und die Steigerung von Teilnahmechancen an interessanten Emissionen für den Privatanleger mit sich bringt, bedingt eine hohe Motivation dieser Anlegerschicht selbst das Internet nach entsprechenden vielversprechenden Angeboten zu durchsuchen. Das Fehlen der Intermediäre als "gatekeeper", die aufgrund ihrer Erfahrung und ihrer wirtschaftlichen Möglichkeiten unrechtmäßige Angebote herausfiltern können, erhöht das Risiko für den Investor, Opfer unseriöser Praktiken zu werden, erheblich[827]. Die sich in diesem Bereich auftuende Lücke kann allein durch die Arbeit der Aufsichtsbehörden nicht geschlossen werden. Die Anreize und Möglichkeiten, die das Internet den Tätern in diesem Bereich bietet, sind zu groß, als daß ein noch so aggressives Vorgehen derartige betrügerische Vorgehensweisen völlig ausschließen könnte.
Auch aus diesem Grund ist die Anlegeraufklärung und -einbeziehung in die Aufdeckung betrügerischer Vorgehensweisen ein wesentlicher Aspekt des Schutzkonzept der SEC[828]. Der Anleger selbst ist gehalten, Informationen über verheißungsvolle Wertpapierangebote, die er im Internet findet oder die ihm aktiv ange-

---

[824] Fein, Law of Electronic Banking, S. 8-13 ff.; ebenso Cella III/Stark, 52 Bus. Law., 815, 835 (1997).

[825] SEC Report to the Congress: The Impact of Recent Technological Advances on the Securities Markets (Sept. 1997) unter V.D. (verfügbar unter: http://www.sec.gov/news/studies/techrp97.htm).

[826] Cella III/Stark, 52 Bus. Law., 815, 835 ff. (1997).

[827] Vgl. dazu Coffee, 52 Bus. Law., 1195, 1210 f. (1997).

[828] "*The best defence to any securities scam is an informed and wary investing public*" (Cella III/Stark, 52 Bus. Law., 815, 845. (1997)).

tragen werden, kritisch zu begegnen. Die SEC rät insofern, nach Möglichkeit die Informationsquellen zu überprüfen und besonders bei Angebotsformen, in denen Druck zur Entscheidung erzeugt wird, skeptisch zu sein[829]. Die Veröffentlichungen der SEC im eigenen Internet-Auftritt und verstärkt in den Foren, über die auch die Täter von Betrugsschemata agieren, liefern dem Anleger bei der Abwägung einer Investitionsentscheidung weitere wichtige Hilfe. Die "Erziehung" des Anlegers ("investor education") zu einer kritischen Überprüfung erlangter Informationen ist neben der Durchsetzung der "antifraud"-Vorschriften notwendig, um der von Internet-gestützten Betrugshandlungen ausgehenden Gefahr für Investoren und Kapitalmarkt effektiv zu begegnen.

II.) Sonderproblem: Insider-Trading

Anders als die bisher erörterten Betrugsfälle spielt das Internet als bewußt eingesetztes Instrument zur Verwirklichung von Insider-Handelsaktivitäten kaum eine Rolle. Soweit es die eigentlichen Transaktionen betrifft, die den Insider-Trading Tatbestand erst verwirklichen, ergeben sich aus dem Internet-Einsatz keine rechtlichen Besonderheiten. Angesichts der vielfältigen Verwendung dieses Mediums durch Unternehmen zur Kommunikation mit außenstehenden Dritten erweist sich vielmehr die Würdigung einzelner Vorgänge im vorgelagerten Stadium der Informationserlangung als problematisch. Der Schwerpunkt der nachfolgenden Betrachtung liegt daher bei der Grenzziehung zwischen der zulässigen Weitergabe unternehmensbezogener Informationen an Dritte und den unrechtmäßigen Fällen der Verbreitung oder Erlangung von Insiderinformationen

1.) Rechtliche Struktur der Insider-Handelsverbote

Gesetzlicher Ausgangspunkt einer Haftung wegen verbotenen "insider trading" sind die Vorschriften der Secs. 20A und 21A SEA, die im Fall eines Handels von "securities" durch einen Insider, der über wesentliche nicht öffentliche Informationen verfügt, dessen haftungsrechtliche Verantwortlichkeit begründen und der

829 Vgl. zu den allgemeinen Aufklärungsbemühungen der SEC etwa: SEC, Tips for Avoiding Stock Scams on the Internet, unter: http://www.sec.gov/investor/online/scams.htm. Darüber hinaus hat die SEC in jüngster Zeit auch offensive Aktionen unternommen, um dem Anleger die Gefahr verlockender Internet-Angebote deutlich zu machen. So stellte die SEC beispielsweise selbst die Internet-Seite eines nicht existenten Unternehmens ein und bot über diese Seite Wertpapiere zum Kauf an. Anleger die auf dieses Angebot eingehen wollten wurden schließlich zu einer Seite geleitet, in der die SEC ihre Urheberschaft aufdeckte und über die Verlustgefahr bei der Teilnahme an derartigen Angeboten informierte (vgl. zu solchen "scam site" – Aktionen unter http://www.sec.gov/news/headlines/scamsites.htm .

SEC das Recht gerichtlich durchsetzbarer Sanktionsmittel an die Hand geben[830]. Mit diesen durch den Insider Trading and Securities Fraud Enforcement Act von 1988[831] erlassenen Normen wurde den Unternehmen ebenso wie den Mitgliedern der Führungsebene persönlich haftungsrechtliche Verantwortlichkeit für Insider-Trading-Aktivitäten ihrer Mitarbeiter und Angestellten auferlegt[832]. Ergänzt und inhaltlich präzisiert werden diese vornehmlich die Rechtsfolgenseite betreffenden Vorschriften durch die allgemeinen "antifraud provisions" der Sec. 10(b) SEA und vor allem der Rule 10b-5 SEA, die den Tatbestand des Insiderhandels festlegen. Auf deren Grundlage ist schon vor Erlaß der Secs. 20A und 21A SEA im Rahmen der "traditional theory of insider trading" eine Verletzung der Rule 10b-5 SEA angenommen worden, wenn ein unternehmensinterner Insider auf der Basis wesentlicher, nicht öffentlicher Informationen mit den Wertpapieren seines Unternehmens handelt[833]. Zweck dieser Verbote ist es, den Insider davon abzuhalten, auf Kosten der Anlegeröffentlichkeit, die über diese Informationen nicht verfügt, Gewinne zu erzielen[834]. Erstreckt wurde das Insiderhandelsverbot neben den unternehmensinternen Insidern auch auf solche Personen, die aufgrund eines besonderen, wenn auch nur zeitweisen Treueverhältnisses zum Unternehmen, in den Besitz von derartigen Informationen gelangt sind ("temporary insider"), wie dieses etwa für Anwälte oder Wirtschaftsberater gilt. Schließlich unterfällt auch der Handel in Kenntnis wesentlicher nichtöffentlicher Informationen durch Dritte ("tippees") den Insider Handelsverboten, wenn diese durch einen unternehmensinternen Insider einen "Tip" erhalten haben.

Gemeinsamer Ansatz sowohl bei unternehmensinternen Insidern als auch bei zeitweiligen Insidern ist nach der "misappropriation theory", daß der Handelnde im Rahmen eines Treueverhältnisses oder einer ähnlichen "special relationship"

---

830 Vgl. Sec. 20A(a) SEA: "*Any person who violates any provision of this title or the rules or regulations thereunder by purchasing or selling a security while in posession of material, nonpublic information shall be liable in an action in any court of competant jurisdiction to any person who, contemporaneously with the purchase or sale of securities that is the subject of such violation, has purchased (...) or sold (...) securities of the same class.*"

831 Insider Trading and Securities Fraud Enforcement Act of 1988, 15 U.S.C. §§ 78u-1, 806-4a und 78t-1 (Pub. L. No. 100-704, 102 Stat. 4/7).

832 Pike & Fischer/Houle, INTERNET Law & Regulation, Vol. 3, SE-A5.; Hewitt/Carlson, Securities Practise and Electronic Technology, 12-5.

833 Chiarella v. United States, 445 US 222, 228 (1980); dabei sollten durch die Einführung der Sec. 20A SEA nach dem ausdrücklichen Willen des Kongresses die wesentlichen durch das Case-Law herausgearbeiteten Grundsätze dessen, was verbotenes Insider-Trading ausmacht, nicht eingeschränkt werden (Energy and Commerce Committee, No. 100-910, 19 (Sept. 9, 1988)).

834 Hewitt/Carlson, Securities Practise and Electronic Technology, 12-5.; Ergänzt werden die allgemeine "antifraud provisions" im Bereich des Insidertrading durch die Spezialnormen der Sec. 16 SEA, die den Sonderfall der sog. "short-swing profits" regelt und Sec. 14(e) SEA und Rule 14e-3(a) SEA, die die Situation von Übernahmeangeboten betreffen.

vertrauliche Informationen erlangt hat und diese in Verletzung einer der Quelle der Information geschuldeten Verpflichtung zu Zwecken des Wertpapierhandels verwendet[835]. Beim Handel durch unternehmensfremde Dritte wird die Verletzung des Vertrauensverhältnisses durch den Insider auf den außenstehenden "tippee" übertragen[836]. Dabei begründet allerdings die Erlangung der nichtöffentlichen Information alleine noch keinen Verstoß gegen Insiderhandelsverbote. Dem Schutzzweck des Erhalts der Funktionsfähigkeit des Kapitalmarktes entsprechend, trifft den Insider vielmehr die Verpflichtung, seinen Informationsvorsprung nicht auszunutzen und Informationen nur Einzelnen oder bestimmten Personengruppen gegenüber offenzulegen, sondern grundsätzlich dem Markt als Ganzem. Nach dieser "disclose-or-abstain"-Regel ist eine selektive Offenlegung interner wesentlicher Umstände ("material facts") nicht zulässig[837]. Handelsaktivitäten aufgrund derart selektiver Veröffentlichungen können unter entsprechenden Umständen als unzulässiges Insider Trading aufgefaßt werden[838]. Als öffentlich zugänglich und damit "effectively disclosed" wird eine Information angesehen, die in einer Weise publiziert worden ist, die sicherstellt, daß diese Nachricht für die Anlegeröffentlichkeit verfügbar ist[839]. Ebenso ist nach der bereits erörterten "fraud-on-the-market-theory" ein Verstoß ausgeschlossen, wenn die Insidertatsache dem Markt schon vorher bekannt geworden ist. In diesem Fall ist davon auszugehen, daß die Information bereits aufgenommen worden ist und sich im Wertpapierkurs niedergeschlagen hat[840]. In diesem Sinne gilt es für Unternehmen, vor allem die Verbreitung Insider-relevanter Informationen nach außen zu verhindern. Zumindest ist

---

835 Chiarella v. United States, 445 US 222, 228 f. (1980); im Hinblick auf das Merkmal des "Verwendens" der nicht öffentlichen Informationen geht die SEC in der Regulation FD mit der neuen Rule 10b5-1 SEA davon aus, daß grundsätzlich bereits die Durchführung von Transaktionen im Bewußtsein ("awareness") über Insiderinformationen zu verfügen, zur Begründung eines Verstoßes gegen Rule 10b-5 SEA ausreichen soll. Allerdings werden insofern besondere Möglichkeiten eröffnet, unter denen eine Ausnahme von dieser strikten Rechtsfolge gemacht wird. So wird etwa eine Transaktion, die Teil eines bereits vor Erhalt der Information bestehenden Investitionsplanes war, nicht als Insider Trading aufgefaßt (Final Rule: Selective Disclosure and Insider Trading, Release Nos. 33-7881; 34-43154, 73 S.E.C. Docket 3 ff. (Aug. 15, 2000), unter III.A.

836 Dirks v. SEC, 463 US 646, 655 ff. (1983); zum ganzen auch Ferrara/Nagy/Thomas/Kim, Ferrara on Insider Trading and the Wall, 2-3 ff.

837 So erstmals in Cady, Roberts & Co., 40 SEC 907(1961); vgl. dazu auch Bloomenthal, Securities Regulation Handbook (2000), S. 1137 f.; Hewitt/Carlson, Securities Practise and Electronic Technology, 12-6; Sauermilch, ZfgK 1996, 300, 304.

838 State Teachers Retirement Bd. v. Fluor Corp., 566 F.Supp. 945 (S.D.N.Y. 1983).

839 SEC v. Gulf Sulphur, 401 F.2d 833, 854 (2d Cir. 1968); dazu auch Ferrara/Nagy/Thomas/Kim, Ferrara on Insider Trading and the Wall, 2-4 f.

840 Helicotrope General, Inc. v. Ford Motor Co., 189 F.3d 971, 975 f. (9th Cir. 1999); Morris v. Newman, 948 F.2d 507, 513 (9th Cir. 1991).

aber die selektive Weitergabe von Insidertrading-relevanten Umständen an begrenzte Teile der Öffentlichkeit zu unterbinden.

2.) Internet-Implikationen

Das Internet allgemein und das World Wide Web im Besonderen haben das Maß und die Qualität von Kommunikation zwischen Unternehmen und Investoren tiefgreifend verändert. Parallel zur zunehmenden Nutzung dieser günstigen und schnellen Kommunikationswege wächst aber auch das Risiko, daß interne Informationen über Mitarbeiter nach außen gelangen und illegales "insider trading" zunimmt[841].

a) Verbreitung unternehmensinterner Informationen durch Mitarbeiter

Gerade der durch E-Mails erleichterte, schnelle Informationsaustausch, der auch dem Transport Insider-relevanter Daten dienen kann, erfordert von den Unternehmen eine vorbeugende Sicherheitspolitik nach innen. Zwar bestehen für die Gesellschaften keine vergleichbaren Präventionsverpflichtungen, wie sie Broker-Dealer-Firmen zur Beschränkung und Kontrolle der Öffentlichkeitskontakte ihrer Mitarbeiter zu erfüllen haben, dennoch beginnt die Verantwortlichkeit der Unternehmen für derartiges Verhalten dort, wo die verantwortlichen Vorgesetzten das erforderliche Maß an Sorgfalt bei der Überwachung ihrer Mitarbeiter vernachlässigen. Soweit positiv bekannt ist oder grob fahrlässig ("recklessly") nicht erkannt wurde, daß eine Wahrscheinlichkeit gegeben ist, daß einzelne Angestellte in Insider-Trading Vorgänge verwickelt sein könnten, besteht eine Verantwortlichkeit der Unternehmen[842].

Um dieser Gefahr präventiv zu begegnen, wird vor allem die Etablierung interner Verhaltensstandards in Hinsicht auf Kontakte zu Personen außerhalb des Unternehmens über E-Mail und andere Internet-Kommunikationsformen vorgeschlagen[843]. Technisch unterstützt werden können solche Konzepte durch Installation von Programmen, die eine genaue Protokollierung des nach außen gehenden E-Mail-Verkehrs gewährleisten. Zusätzlich kann mit Hilfe von "Chinese Walls" der ungehinderte Informationsfluß brisanter Nachrichten bereits unternehmensintern auf die notwendigerweise betroffenen Abteilungen eingedämmt werden[844]. Schließlich sind die Mitarbeiter über diese Verfahren zu informieren und darauf

---

841 Hewitt/Carlson, Securities Practise and Electronic Technology, 12-4.

842 Vgl. zu dieser Beschränkung der Haftung für "controlling persons" unter Sec. 21A(b)(1)(A) SEA. Diese Vorschriften stellen eine Form der Haftung für vermutetes Verschulden dar, die in ihrer Struktur deutschen Haftungstatbeständen wie etwa § 831 BGB ähnelt.

843 Prentice, 47 Emory L. J., 1, 83 f. (1998).

844 Näher Prentice, 12 Harvard J. Law & Technology, 263, 331 ff. (1999).

hinzuweisen, daß in aller Regel die Möglichkeit besteht, die Spur elektronischer Kontakte nach außen zurückzuverfolgen. In diesem Zusammenhang hat die SEC klargestellt, daß Unternehmen das Recht haben, die E-Mails, die von Seiten ihrer Mitarbeiter übermittelt werden, zu überprüfen und andere geeignete Schritte zu nutzen, um die illegale Verbreitung unternehmensbezogener Informationen zu verhindern[845]. Zulässig ist damit etwa der Einsatz von Programmen zur Filterung der nach außen gehenden E-Mail-Datenströme auf bestimmte Stichwörter, um so Insider-Trading effizient und schnell aufzudecken[846].

b) Problem der "selective disclosure" durch Informationsverbreitung im Internet

Neben derartigen Handlungen einzelner Angestellter, die gegen den Willen des betroffenen Unternehmens Informationen preisgeben, können sich unter Insider-Trading-Gesichtspunkten auch unternehmerisch gewollte Internet-Aktivitäten als problematisch darstellen. Im Kern untersagen die Insider-Trading Vorschriften den Handel auf Basis nichtöffentlicher Informationen. Sobald eine Information dem gesamten Markt zugänglich ist, entfällt die Möglichkeit des unfairen Ausnutzens eines Wissensvorsprunges, denn erst die Geheimheit der Information bedingt die Verpflichtung des "disclose-or-abstain"[847]. Von Seiten der Gerichte wird eine Information nur dann als öffentlich angesehen, wenn sie öffentlich verbreitet worden ist und der Markt die Gelegenheit hatte, diese Information aufzunehmen ("absorption period")[848]. Eine öffentliche Verbreitung ist gegeben, wenn die Information durch weitreichende Publikation der Investorenöffentlichkeit zur Verfügung gestellt wird, ohne daß dabei eine spezielle Gruppe von Anlegern bevorteilt wird[849].

In dieser Hinsicht könnte die Plazierung von Unternehmensberichten und anderen anlagerelevanten Finanzinformationen auf den Web-Seiten eines Unternehmens einen Fall der "selective disclosure" darstellen, wenn man davon ausgeht, daß eine solche Verbreitungsform nicht allen Teilen der Öffentlichkeit zugänglich ist. Eben

---

845 Molthorp, wallstreetlawyer.com, Vol. 2, No. 4, S. 16, 17 (September 1998); ebenso Prentice, 47 Emory L. J., 1, 78 (1998).

846 Z.B. hat die Firma SRA International, Inc. Software-Programme entwickelt, die E-Mail-Kommunikation zwischen Unternehmen und ihren Kunden überwachen und auf bestimmte Stichwörter hin filtern können (Prentice, 12 Harvard Journal of Law & Technology, 263, 360 (1999)).

847 Prentice, 12 Harvard J. Law & Technology, 263, 268 (1999).

848 Als Hinweis hierauf wird eine zeitliche Nähe zwischen der Informationspreisgabe und einer entsprechenden Kursreaktion gewertet; vgl SEC v. Texas Gulf Sulfur Co., 258 F.Supp. 262, 288 f. (S.D.N.Y. 1966); eingehend bei Loss/Seligman, Securities Regulation, Vol. VII, S. 3509 ff.; Brown, The Regulation of Corporate Disclosure, 4-13 ff.

849 Dirks v. SEC, 463 US 646, 653 (1983).

diesen Standpunkt hat die SEC, wie dargestellt, im Rahmen der Regulation FD bei der Frage der Erfüllung von Ad-hoc-Publizitätspflichten durch Internet-Veröffentlichungen eingenommen[850]. Allerdings bedeutet diese Aussage im Umkehrschluß nicht zwingend, daß in jedem Fall einer solchen Form der Informationsverbreitung eine den Tatbestand des Insiderrechts berührende "selective disclosure" gegeben wäre. Die SEC selbst betont, daß es sich bei den Regelungen der Regulation FD um Offenlegungsregelungen handelt, die nicht dazu bestimmt, sind zusätzliche Verpflichtungen zu schaffen, die über die bestehenden Grundsätze des Insiderrechts hinausgehen. Insbesondere stellen die Verpflichtungen der Regulation FD keine "antifraud" Regelungen dar, so daß auch deren Verletzung keine Haftung nach Sec. 10(b) SEA begründet[851]. Nachdem auch ansonsten die Nutzung der Unternehmens-Web-Seiten als ergänzendes Instrument zur Information der Anleger gefördert wird, wird man die Publikation von Unternehmensinformationen über dieses Medium nicht als einen Fall der "selective disclosure" bewerten können.

c) Verstoß gegen Insiderhandelsverbote bei unberechtigtem Zugriff auf elektronische Daten

Ein weiteres Problem ergibt sich bei Verwendung unternehmensinterner Informationen durch Dritte daraus, daß die "misappropriation theory" voraussetzt, daß der Dritte im Rahmen eines Treueverhältnisses mit Wissen und Wollen des Unternehmens in den Besitz der Information gelangt ist oder die Information unter dem Bruch eines solchen Vertrauensverhältnisses an ihn weitergegeben wurde. Die Anbindung zahlreicher Unternehmen an das Internet und der Datenaustausch über dieses Medium eröffnen die Gefahr, daß derartige Informationen, die per E-Mail oder in sonstiger Weise unter Ausschluß der Öffentlichkeit übermittelt werden, von Dritten abgefangen werden, ohne daß das Unternehmen dieses billigt oder hiervon Kenntnis erlangt. Darüber hinaus ist über die Anbindung an das Internet selbst eine Infiltration der unternehmensinternen Kommunikationsnetzwerke (LAN) denkbar. Selbst wenn eine Insider-relevante Information also nur netzwerkintern übermittelt wird, besteht die abstrakte Gefahr eines Zugriffs von außen[852]. In diesen Fällen stellt sich die Frage, ob der Handel aufgrund von vertraulichen Informationen, die durch Außenstehende (Hacker) ohne Willen des Unternehmens und ohne Verstoß gegen ein Vertrauensverhältnis erlangt worden sind,

---

850 Final Rule: Selective Disclosure and Insider Trading, Release Nos. 33-7881; 34-43154, 73 S.E.C. Docket 3 ff. (Aug. 15, 2000), unter II.B.4.b.; verfügbar unter: http://www.sec.gov/rules/final/33-7881.htm .

851 Final Rule: Selective Disclosure and Insider Trading, Release Nos. 33-7881; 34-43154, 73 S.E.C. Docket 3 ff. (Aug. 15, 2000), unter II.B.7.

852 Hewitt/Carlson, Securities Practise and Electronic Technology, S. 12-7 m.w.N.

technisch dem Regelungsbereich der "antifraud provisions" und dem Insiderhandelsverbot unterfällt.
Auf der Basis des bisherigen Case Law kann im Sinne der "missappropriation theory" ein Verstoß solcher "outsider" gegen eine Treueverpflichtung mangels Existenz einer solchen nicht begründet werden. Im Gegenteil ist in *Chiarella v. United States*, einer der Leitentscheidungen zum US-Insiderrecht, ausdrücklich ausgeführt worden, daß eine Haftung aus Rule 10b-5 SEA nicht allein aufgrund des Handels einer "security" auf Basis des bloßen Besitzes einer nicht öffentlichen Information zu begründen ist[853]. Aus diesem Grund wird vertreten, daß eine Verletzung der Insiderhandelsvorschriften im Fall illegaler Informationsverschaffung nicht angenommen werden kann[854]. Insofern müsse zwischen dem Treuebruch nach legaler Erlangung der Information und dem bereits illegalen Verschaffen einer solchen unterschieden werden; allein der erstgenannte Fall sei von den Insider-Trading Vorschriften erfaßt[855]. Von anderen Teilen der Literatur wird demgegenüber eine extensive Interpretation der "misappropriation theory" verlangt, die jegliche Form von Wertpapiertransaktionen auf der Basis unrechtmäßig erlangter Informationen erfaßt. Schlüssig erscheint vor allem das Hauptargument, der Schutzzweck der Insiderhandelsverbote gebiete eine solche Interpretation. Der Schutz der Integrität des Marktes, der die ratio legis bilde, sei durch Transaktionen auf der Basis gestohlener Informationen in nicht geringerem Maße beeinträchtigt als bei Nutzung eines Wissensvorsprungs, der unter Verstoß gegen eine Treueverpflichtung erlangt worden ist[856]. Dieses gewichtige Argument kann auch durch den Einwand, das Eindringen in fremde Rechner oder Netzwerke werde an sich schon von strafrechtlichen Sondernormen erfaßt und sanktioniert, nicht entkräftet werden. Dieser Einwand verfängt m.E. insofern nicht, als jene Tatbestände sich in der strafrechtlichen Erfassung der Informationsver-schaffungshandlung erschöpfen, das eigentliche Ziel dieses Handelns aber nicht erfassen. Die Gefährdung der Integrität des Kapitalmarktes würde trotz des ansonsten hohen Stellenwertes dieses Schutzgutes ohne spezielle strafrechtliche Absicherung sein. Eine derartige Lücke scheint mit dem ansonsten extensiven Anwendungsbereich der Rule 10b-5 SEA nicht vereinbar. Zudem wäre der aufsichtsrechtliche Zugriffsbereich der SEC beschränkt, wenn solches Verhalten trotz der klaren Angriffsrichtung auf den Kapitalmarkt nicht von den Securities Laws erfaßt wäre.
Die Rechtsprechung allerdings scheint trotz einer aktuellen Entscheidung des Supreme Courts, die in Richtung einer Erweiterung der strengen Anforderungen der "misappropriation theory" weist, von dem Grunderfordernis einer bestehenden

853 Chiarella v. United States, 445 US 222, 235 (1980): "*We hold, that the duty to disclose under § 10(b) SEA does not arise from the mere possession of nonpublic market information.*"
854 Hewitt/Carlson, Securities Practise and Electronic Technology, 12-8.
855 So Strickler, 73 Cal. L. Rev., 483, 512 (1985).
856 Vor allem Prentice, 12 Harvard J. Law & Technology, 263, 298 ff. (1999).

rechtlichen Beziehung zwischen der Informationsquelle und dem Handelnden nicht abzuweichen. In *United States v. O'Hagan*[857] wird vielmehr die Fortgeltung der "misappropriation theory" bestätigt, ihr Anwendungsbereich allerdings insofern erweitert, als zur Begründung der erforderlichen Täuschung auch eine Täuschung gegenüber der Informationsquelle ausreichen soll. Für die Frage eines Insiderhandelsverstoßes durch Dritte, die sich Informationen illegal durch Eindringen in Rechnersysteme verschaffen, scheint diese Entscheidung aber eher auf der Linie der erstgenannten Auffassung zu liegen. Auch nach dem O'Hagan Urteil ist eine bestehende rechtliche Beziehung zwischen dem Täter und der Quelle der Information erforderlich[858]. Fälle von Industriespionage sind auch nach dieser Entscheidung ebensowenig von einer Insider Haftung nach Rule 10b-5 SEA erfaßt wie diebstahlsähnliche unberechtigte Zugriffe[859]. Der eigenmächtige Zugriff über das Internet auf interne Daten durch unternehmensfremde Täter begründet keinen Verstoß gegen Insiderhandelsverbote nach Rule 10b-5 SEA[860]. Abgesehen von diesem Sonderfall erlaubt das engmaschige Netz der allgemeinen und speziellen "antifraud provisions" aber eine effektive Erfassung der wesentlichen Wertpapierbetrugsvorgänge, die unter Nutzung des Internet begangen werden.

---

857 United States v. O'Hagan, 92 F.3d 612 (8th Cir. 1996); vgl. dazu die eingehende Besprechung bei Bloomenthal, Securities Regulation Handbook (2000), S. 1147 ff.; sowie Lenenbach/Lohrmann, RIW 1998, 115 ff. In dem Sachverhalt, der vor dem Hintergrund eines bevorstehenden Übernahmeangebotes steht, erlangte O'Hagan als Partner einer Anwaltskanzlei, die das die Übernahme planende Unternehmen vertrat, Kenntnis von diesem Vorhaben, ohne daß er selbst an dem Fall beteiligt war. Aufgrund dieser Kenntnis erwarb er Optionen auf das zu übernehmende Unternehmen und verzeichnete durch den Anstieg der Kurse bei Veröffentlichung des Übernahmeangebotes Gewinne i.H.v. 4,3 Mio US$.

858 Siehe dazu Ferrara/Nagy/Thomas/Kim, Ferrara on Insider Trading and the Wall, 2-33 ff.

859 So Seligman, 23 Del. J. Corp. L., 1, 14 (1998).

860 Ähnlich Friedman, Securities Regulation in Cyberspace, 3-19.

KAPITEL 5: REGULIERUNG VON INTERNET-PLATTFORMEN

Gerade angesichts der aufgezeigten tatsächlichen Schwierigkeiten, die die Ermittlung der Täter betrügerischer und manipulativer Vorgänge erschwert, kommt der Frage der Regulierung derjenigen Foren, über die auf den Kapitalmarkt eingewirkt wird, erhebliche Bedeutung zu. Bei der Einordnung dieser Internet-Plattformen in das System der institutionellen Kapitalmarktaufsicht des US-Rechts ist grundlegend zwischen solchen Plattformen zu unterscheiden, die primär der Informationsverbreitung dienen, und solchen, die Handelsfaszilitäten zur Verfügung stellen und eine Durchführung und Abwicklung von Wertpapiertransaktionen erlauben. Während für erstere, je nach der konkreten Ausgestaltung ihres Leistungsangebotes, eine Qualifikation als Investment Adviser oder Broker-Dealer in Betracht kommt, die eine unmittelbare Kontrolle durch die SRO's und die SEC nach sich zöge (dazu unter § 12), steht bei Transaktionsplattformen die in § 13 erörterte Frage der Regulierung solcher Systeme als "national exchanges" im Vordergrund.

§ 12 Regulierung von Finanzportalen und sonstigen Internet-Foren zur Informationsverbreitung

Trotz des relativ geschlossenen Bildes, das die von der SEC erlassenen Regelungen zu vielen Einzelfragen des Internet-Einsatzes bei Wertpapiertransaktionen ergeben, sind gleichwohl einige Fragen noch nicht abschließend geklärt. Dieses gilt insbesondere für die Regulierung der weit verbreiteten Internet-Chat-Rooms und ähnlicher Foren[861], die wegen ihrer Aktualität und Massenwirkung eine wesentliche Rolle bei der Informationsverbreitung wertpapierrelevanter Nachrichten spielen. Der lange Zeit nur vermutete Wirkungsgrad von Nachrichten, die über solche Foren verbreitet werden, ist zwischenzeitlich wissenschaftlich belegt[862]. Schon deshalb liegt im Sinne einer effektiven Kapitalmarktaufsicht eine bei den Betreibern dieser Foren ansetzende Regulierung nahe. Diese Ansatz erscheint um so dringender geboten, als eine hinreichende Kontrolle der Inhalte durch die Betreiber selbst kaum erfolgt. Gegenwärtig verlassen sich die meisten Anbieter auf eine Selbstregulierung der Teilnehmer ("self-policing") und halten eine gezielte Überwachung von ihrer Seite für unmöglich[863]. Immerhin werden vereinzelt

861 Vgl. Kaufman Winn, 54 Bus. Law., 443, 445 (1998).

862 So hat eine Studie der Universität Michigan einen starken positiven Zusammenhang zwischen Nachrichten, die in solchen themenspezifischen Internet-Foren am abend und in der Nacht verbreitet werden, und einem entsprechenden Handelsvolumen am Folgetag belegt; vgl. bei Wysocki, Cheap Talk on the Web.

863 Olson/Pitt, Securities in the Electronic Age, 11-108; Quinn/Jarmal, Securities Regulation and the Use of Electronic Media (2000), in: PLI, Securities Offerings (2000), S. 123, 166. Tat-

"Moderatoren" eingesetzt, die die einzelnen Foren zumindest stichprobenartig kontrollieren und so versuchen, den Mißbrauch dieser Plattformen zum Anpreisen unseriöser Anlageformen zu unterbinden[864]. Zudem wird von einigen Internet-Service-Providern untersagt, daß sich Teilnehmer unter mehrfachen Identitäten und Decknamen gleichzeitig in das System begeben[865].
Angesichts der Regelungstiefe des US-Kapitalmarktrechts im übrigen, erscheinen diese freiwilligen Bemühungen der Betreiber zum Schutz der Anleger und der Integrität der Wertpapiermärkte unzureichend. Angezeigt wäre vielmehr eine Beaufsichtigung und Regulierung wertpapierrelevanter Foren durch die SEC oder einzelne SRO's. Ob eine solche Form der Aufsicht in Betracht kommt, hängt von der kapitalmarktrechtlichen Einordnung der Betreiber ab.

I.) Broker-Dealer betriebene Diskussionsforen

Broker-Dealer obliegen nach dem unter § 8 Gesagten vielfältigen Verhaltensregeln im Umgang mit ihren Kunden und der Öffentlichkeit, deren Einhaltung sowohl durch die NASD, die Aufsichtsorgane der Börsen und die SEC kontrolliert und beaufsichtigt wird. Insofern lassen sich die Äußerungen der Broker-Dealer selbst oder ihrer Angestellten in Internet-Foren ohne weiteres den Verhaltensregeln der NASD, insbesondere der NASD-Rule 2210[866], unterstellen.
Problematischer ist hingegen das Maß an Verantwortlichkeit für die Aussagen Dritter in Diskussionsforen, die von den Brokern betrieben werden.

---

sächlich könnte eine solche Überwachung allenfalls auf bereits eingestellte Meldungen reagieren, sofern nicht eine unerwünschte Zeitverzögerung in Kauf genommen werden sollte. Aber selbst dann ist der technische Aufwand und vor allem das Erfordernis von Experten, die in der Lage sind, eingestellte Meldungen auch rechtlich entsprechend zu würdigen, unverhältnismäßig groß.

864 Friedman (Securities Regulation in Cyberspace, 3-17) berichtet etwa über "Mootley Fool", die eine Reihe von Investment Bulletin Boards betreiben, daß einerseits bestimmte "penny stock"-Aktien nicht in die zu diskutierenden Themen aufgenommen werden, weil gerade hier das Risiko betrügerischer Machenschaften besonders hoch ist. Ergänzend sind 25 "Moderatoren" eingestellt worden, die unsachgemäßem Anpreisen und ähnlichem vorbeugen sollen.

865 Robertson, 23 Sec. Reg. L. J., 347, 408 (1996). Dieser Schutz ist allerding schwach und hilft allenfalls dort, wo ein einzelner Täter vorgeht. Selbst in diesem Fall können entsprechende Nachrichten aber die gewünschte Wirkung erzielen. Zudem bietet sich, wenn schon nicht parallel, so doch zeitlich aufeinanderfolgend die Möglichkeit der Vortäuschung unterschiedlicher Identitäten.

866 In dieser Hinsicht rät der "Unger Report" zur Ausarbeitung detaillierter Anweisungen der Broker an ihre Angestellten über deren Verhalten in Chat-Foren (vgl. SEC Special Study : On-Line Brokerage (Nov. 22, 1999), Securities and Exchange Commission, (1999 - 2000 Transfer Binder) Fed. Sec. L. Rep. (CCH) ¶ 86,222 at 82,751 (Nov. 22, 1999)); vgl. auch Olson/Pitt, Securities in the Electronic Age, 11-109.

Die SEC hat dieses Thema im "Unger Report" aufgegriffen und zunächst darauf hingewiesen, daß es für den durchschnittlichen Anleger und Teilnehmer solcher Internet-Foren kaum möglich ist, zwischen seriösen Meldungen und manipulativen oder irreführenden Fehlmeldungen zu unterscheiden. Dieses gilt um so mehr dann, wenn von Seiten der Betreiber für die Diskussionsteilnahme praktisch keine Schranken gesetzt werden[867]. Ohne in dieser Hinsicht konkrete Forderungen zu stellen, weist die SEC auf unterschiedliche Ansätze, wie etwa stichprobenweise Kontrollen oder den Versuch eine "neighborhood watch"[868] zu etablieren, hin. Grund für diese abwartende Haltung ist nicht zuletzt, daß zahlreiche Broker aufgrund der möglichen Negativpublicity und der potentiellen Haftungsrisiken von dem Betreiben solcher Foren freiwillig absehen[869].
Ein Alternativkonzept würde etwa - vergleichbar der Haltung der SEC zur Frage der Haftung für Hyperlinks - in der Verwendung deutlich positionierter Disclaimer liegen, die den Anleger und Betrachter darüber aufklären, daß die über die Foren publizierten Meinungen in keinem Zusammenhang mit der Ansicht des Betreibers stehen und dieser eine völlig neutrale Position einnimmt und keinerlei Gewähr für die Richtigkeit der verbreiteten Meldungen trägt[870]. Eine solche Lösung entspricht der Vergleichbarkeit der Situationen am ehesten, da sowohl bei Verwendung von Hyperlinks als auch durch das Bereitstellen von Chat-Rooms, der Broker seinen Kunden die Möglichkeit des Zugriffs auf Informationen, die von Dritter Seite gestellt werden, ermöglicht. Weil der Anleger Nachrichten, die über die Web-Seiten des Brokers verbreitet werden, regelmäßig größeres Vertrauen entgegenbringt, als den Foren neutraler Betreiber, erscheint ein solcher deutlicher Hinweis auf die Urheberschaft einzelner Meldungen angezeigt. Gleichzeitig begegnet der Broker hierdurch Haftungsrisiken, die sich in diesem Zusammenhang aus der "entanglement doctrine" ergeben können.

---

867 Der "Unger Report" nennt das Beispiel des Online Brokers E*Trade, der zwar nur Mitgliedern den Zutritt und die Teilnahme an wertpapierspezifischen Diskussionsforen gewährt, zur Erlangung der "Mitgliedschaft" aber lediglich die Bekanntgabe des Namens oder der Adresse, nicht aber die Eröffnung eines Kontos verlangt (SEC Special Study : On-Line Brokerage (Nov. 22, 1999), Securities and Exchange Commission, (1999 - 2000 Transfer Binder) Fed. Sec. L. Rep. (CCH) ¶ 86,222 at 82,747, Fn. 218 (Nov. 22, 1999)).

868 Dieser Ansatz meint die positive Förderung der Bereitschaft der Teilnehmer, unseriöse Anwender dem Betreiber zu melden und so deren Ausschluß aus dem Forum zu erwirken.

869 SEC Special Study : On-Line Brokerage (Nov. 22, 1999), Securities and Exchange Commission, (1999 - 2000 Transfer Binder) Fed. Sec. L. Rep. (CCH) ¶ 86,222 at 82,751 (Nov. 22, 1999).

870 Offenbar tendiert auch die SEC inzwischen in diese Richtung. In einer aktuellen Studie hat sie Broker-Dealern die Verwendung entsprechender "prominent disclaimer" bei Betreiben solcher Foren nahegelegt (SEC, Examination of Broker-Dealers Offering Online-Trading: Summary Findings and Recommendations (Jan. 25, 2001) unter I.F.; verfügbar unter: http://www.sec.gov/news/studies/online.htm).

II.) Diskussionsforen sonstiger Internet-Service-Provider

Anders als im Fall von Internet-Foren, die durch registrierte Broker-Dealer angeboten werden, besteht bei Newslettern oder Chat-Rooms, die von sonstigen Internet-Service-Providern betrieben werden, keine vergleichbare Möglicheit der SEC oder NASD eine unmittelbare Aufsicht auszuüben. Aus diesem Grund kommt der Bestimmung der Grenze registrierungspflichtiger Broker-Dealer- oder Investment Adviser-Tätigkeit erhebliche Bedeutung zu.

1.) Regulierung von Internet-Newslettern

Internet-Newsletter stellen sich primär als Online-Variante klassischer Newsletter dar, mit denen interessierte Anleger über allgemeine Marktentwicklungen, marktpolitische Entscheidungen, aber auch über die Werthaltigkeit und Aussichten einzelner Wertpapiere informiert werden. Soweit derartige Meldungen nicht von registrierten Broker-Dealern herausgegeben werden, kommt als Ansatz einer institutionellen Aufsicht allenfalls eine Qualifikation der Betreiber als Investment Adviser in Betracht, in deren Folge eine Registrierungsverpflichtung bei der SEC bestünde[871]. Dabei hat das Internet zwar die Bedeutung dieser Problematik gesteigert, indem die Zahl und der Verbreitungsgrad solcher Newsletter deutlich zugenommen hat, die rechtlichen Maßstäbe bei der Beurteilung, ob eine Investment Adviser-Tätigkeit im Sinne der Definitionsnorm der Sec. 202(a)(11) IAA[872] vorliegt, sind aber identisch mit denjenigen, die für Publikationen in klassischen Medien auch gelten.

Grundvoraussetzung ist zunächst, daß der Bezug der Internet-Newsletter nicht unentgeltlich möglich ist, sondern gegen Gebühr erfolgt. Da im übrigen aber jegliche Form der Publikation erfaßt ist, die einen entsprechenden anlageberatenden Inhalt hat, können auch solche Investment-Newsletter, die in das Internet gestellt werden und zum Teil erhebliche Auswirkungen auf den Preis und die Entwicklung eines Wertpapiers haben, die Voraussetzungen der in Sec. 203(a) IAA beschriebenen registrierungspflichtigen Tätigkeiten erfüllen[873]. Eine Ausnahme vom Registrierungserfordernis besteht nur dann, wenn es sich bei dem Internet-Newsletter im Sinne der Sec. 202(a)(11)(D) IAA um eine sog. "bona fide"-Publikation handelt, die allgemein und regelmäßig erscheint[874]. Gerade im Hinblick auf das "bona fide"-Merkmal hat der Supreme Court in *Lowe v. SEC* festgelegt, daß es sich bei der Publikation nicht um eine persönliche Kommunikations-

871 Vgl. Sec. 203(a) IAA.

872 Siehe dazu schon oben unter § 5, I.), 3.).

873 Cella III/Stark, 52 Bus. Law., 815, 833 (1997).

874 Das Wall Street Journal etwa ist eine solche ausgenommene "bona fide" Publikation (Kirsch, Investment Adviser Regulation, 2-15).

form in der "Maske" eines Magazins oder Newsletters handeln darf[875]. Andernfalls würde die Regulierung anlageberatender Tätigkeiten durch die Verwendung solcher Formate unterlaufen werden. Zudem müssen die Veröffentlichungen mit einer gewissen Regelmäßigkeit erscheinen, was zwar keine exakten periodischen Abstände erfordert, aber die Publikation von Newsletter jeweils in zeitlichem Zusammenhang mit spezifischen Marktaktivitäten verbietet[876].
Auch die Betreiber von Internet-Newslettern werden daher - selbst bei entgeltlicher Abgabe an die Anleger - keiner Regulierung als Investment Adviser unterworfen, wenn sie den Markt insgesamt, Marktentwicklungen oder einzelne Wertpapiere beschreiben, ohne dabei gezielte Anlageberatung zu betreiben und auf eine gewisse Regelmäßigkeit der Publikationsabstände achten. Werden hingegen einzelne Wertpapiere angepriesen, an deren Vertrieb der Herausgeber selbst ein wirtschaftliches Interesse hat, so steht die Ausnahmeregelung der Sec. 202(a)(11)(D) IAA nicht zur Verfügung[877]. Auch die Vorschriften des Investment Advisers Acts erweisen sich damit als flexibel genug, um neuen Formen der Anlageberatung gerecht zu werden[878].

2.) Regulierung von Chat-Rooms

a) Aufsichtsrechtliche Regulierung der Betreiber

Für die Parallelfrage, ob das Engagement der Betreiber von Chat-Rooms als registrierungspflichtige Investment Adviser-Tätigkeit interpretiert werden kann, hat die SEC die Grenze zwischen bloßer Informationsstellung und registrierungspflichtiger Anlageberatung im Internet präzisiert:
In dem bekannt gewordenen "Tokyo Joe"-Fall hat die SEC eine registrierungspflichtige Tätigkeit der Tokyo Joes Society Anonym Corp. darin gesehen, daß diese Gesellschaft Wertpapierempfehlungen über ihre Web-Seiten und insbesondere in einem Chat-Room, in dem täglich gegenwärtige Entwicklungen diskutiert wurden, gegen Gebühr von bis zu 300 US$ jährlich an die Teilnehmer abgab[879].

---

875 Lowe v. SEC 105 S.Ct. 2557, 2571-2573 (1985); dazu auch Mills, wallstreetlawyer.com, Vol. 3, No. 9, S. 1, 3 ff. (February 2000); Olson/Pitt, Securities in the Electronic Age, 13-6 ff.

876 Lowe v. SEC 105 S.Ct. 2557, 2571-2573 (1985). In dieser Entscheidung betont der Supreme Court den Zusammenhang des Regulierungserfordernisses mit dem gesetzgeberischen Willen dem unqualifizierten Feilbieten von Wertpapieren entgegenzuwirken. Dem Registrierungserfordernis unterfallen daher vor allem solche Nachrichten, die im Hinblick auf die Distribution einzelner Wertpapiere veröffentlicht werden.

877 Kirsch, Investment Adviser Regulation, 2-17.

878 Cella III/Stark, 52 Bus. Law., 815, 832 (1997).

879 SEC v. Yun Soo Oh Park a/k/a Tokyo Joe´s Society Anonyme Corp., Case No. 00C 0049 (N.D. Ill., filed January 5, 2000); zu dem vorgeworfenen Verstoß gegen die Registrierungspflicht als Investment Adviser kamen Scalping-Vorwürfe, weil viele der empfohlenen Wert-

Neben Echtzeit-Empfehlungen, die von Mitgliedern des Unternehmens selbst im Chat-Room veröffentlicht worden sind, hat die SEC ihr Einschreiten damit begründet, daß der Chat-Room vom Unternehmen überwacht worden ist. Ob allein das Betreiben und die damit verbundene Kontrollmöglichkeit für eine solche Qualifikation ausgereicht hätte, erscheint allerdings fraglich.
Die Schwierigkeit bei der Subsumtion solcher Handlungen unter den Begriff der Anlageberatung resultieren vor allem daraus, daß aufgrund der zahlreichen Teilnehmer und der zumeist allgemeinen Empfehlungen, ein individualisierter Ratschlag schwer zu begründen ist. Allein die Themenauswahl durch die Betreiber, mit der möglicherweise die Diskussion in Richtung eines bestimmten Wertpapiers gelenkt wird, kann insoweit nicht ausreichen. Aus diesem Grund bestehen Bedenken, daß Gerichte einer extensiven Interpretation folgen werden und in der Beziehung der teilnehmenden Personen in einem Chat-Room untereinander oder im Verhältnis zum Betreiber eine ausreichende Grundlage für eine Beratungsleistung im Sinne des Investment Advisers Acts sehen werden[880].
Auch die SEC hat diese Fragen gegenwärtig zwar zur Diskussion gestellt, eine definitive Haltung aber noch nicht eingenommen[881]. Chat-Rooms stellen daher zumindest gegenwärtig eine der wenigen Lücken im Regelungsgefüge der SEC zur Erfassung der neuen, durch das Internet bereitgestellten Kommunikationsmöglichkeiten dar.

b) Haftungsrechtliche Verantwortlichkeit der Internet-Service-Provider

Gerade aufgrund dieser Schwierigkeiten bei der aufsichtsrechtlichen Erfassung von Chat-Rooms kommt Fragen der haftungsrechtlichen Verantwortlichkeit der Betreiber für die Diskussionsbeiträge einzelner, oft unbekannter Teilnehmer, besondere Bedeutung für den Anlegerschutz zu.

aa) Zurechnung der Äußerungen Dritter

Im Grundsatz sind dabei Internet-Service-Provider bei Einhaltung gewisser Voraussetzungen vor einer haftungsrechtlichen Verantwortung für die Aussagen Dritter in diesen Foren geschützt. Insofern finden auch auf den Internet-Kontext allgemeine Haftungsregeln Anwendung, nach denen derjenige, der Informationen

---

papiere vom Unternehmen selbst gehalten worden sind (dazu insgesamt Mills, wallstreetlawyer.com, Vol. 3, No. 9, S. 1, 5 ff. (February 2000); zwischenzeitlich ist das Verfahren gegen Zahlung von 750.000,00 US$ im Wege eines Vergleiches beendet worden (vgl. FAZ v. 08.02.2001, S. 31).

880 Ähnlich Mills, wallstreetlawyer.com, Vol. 3, No. 9, S. 1, 6 f. (February 2000).

881 Use of Electronic Media, Securities Act Release No. 33-7856, 72 S.E.C. Docket 929 ff. (Apr. 28, 2000), unter II.D.7.

Dritter veröffentlicht, von einer Haftung für fehlerhafte oder irreführende Aussagen freigestellt ist, solange dieser nicht den Inhalt ausdrücklich gebilligt hat oder für dessen Richtigkeit garantiert hat[882]. Insbesondere trifft denjenigen, der Informationen Dritter verbreitet, keine allgemeine Verpflichtung, den Inhalt dieser Informationen auf ihren Wahrheitsgehalt hin zu überprüfen[883]. Dieses gilt für die Veröffentlichung werbender Aussagen im Zusammenhang mit Wertpapieranlagen in gleichem Maße[884]. Im Sinne der bereits erörterten "entanglement doctrine" ist die Grenze für eine Zurechnung und Haftung erst dann erreicht, wenn durch spezifische Verhaltensweisen oder sonstige Umstände Verantwortung für die inhaltliche Richtigkeit übernommen wird[885].

Übertragen auf die Betreiber von wertpapierrelevanten Internet-Diskussionsforen ist damit eine Verantwortlichkeit für die Aussagen der Teilnehmer nicht gegeben, solange nicht der Service-Provider, etwa durch besondere Betonung der Seriosität des Forums, Anhaltspunkte für eine Gewährsübernahme liefert. Als wesentliche Kriterien sind dabei das Maß an inhaltlicher Kontrolle über die Teilnehmer und das Maß an Regeln, die der Betreiber den Teilnehmern diktiert, heranzuziehen[886]. Aus diesem Grund erweisen sich gerade förderungswürdige Ansätze einzelner Betreiber, ihre Chat-Rooms durch eigenes Personal oder spezialisierte Serviceanbieter überprüfen zu lassen, als problematisch. Es besteht die Gefahr, daß von Gerichten im Fall einer erhöhten Kontrolle durch den Betreiber auch ein erhöhtes Maß an Verantwortung und Zurechnung angenommen wird[887]. Dagegen nimmt das Maß an Verantwortung tendenziell ab, je weniger der Anbieter über die bloße technische Bereitstellung des Forums hinaus, in die inhaltliche Ausgestaltung involviert ist. Diese durch die Rechtsprechung vorgezeichnete Linie ist durch den

882 Stuckey, Internet and Online Law, 3-13.

883 Siehe etwa Winter v. G.P. Putnam's Sons, 938 F.2d 1033, 1037 (9th Cir. 1991); Langworthy v. Pulitzer Publishing Co., 368 S.W.2d. 385, 389 f. (Mo. 1963).

884 In Pittman v. Dow Jones & Co., 662 F.Supp. 921 (E.D. La.), aff'd memorandum 834 F.2d 1171 (5th Cir. 1987) etwa wurde eine Haftung des Wall Street Journals für irreführende Werbung eines Fonds, die veröffentlicht worden war, abgelehnt.

885 Stuckey, Internet and Online Law, 3-17 m.w.N.; vgl. zur "entanglement doctrine" unter § 9, I.), 5.), b), aa).

886 In Stratton Oakmont v. Prodigy, 23 Media L. Rep. 1749 (N.Y. Sup. Ct. 1995) wurde Prodigy als Betreiberin des "Money Talk"-Bulletin Boards für verschiedene diffarmierende Äußerungen verantwortlich gemacht, weil das Unternehmen inhaltliche Kontrolle durch die Verwendung von "screening software" erlangt habe, die auf bestimmte Schlüsselwörter reagiert; daneben wurden den Teilnehmern bestimmteVerhaltensregeln auferlegt; in Cubby, Inc. v. Compuserve, Inc. 766 F.Supp. 135 (S.D.N.Y. 1991) wurde aufgrund des Fehlens jeglicher "editorial control" eine Haftung abgelehnt.

887 So Friedman, Securities Regulation in Cyberspace, 13-13.

1996 erlassenen Communication Decency Act[888] bestätigt worden, der im Rahmen sog. "Good Samaritan provisions" unter ähnlichen Voraussetzungen, die Betreiber von Verantwortung freistellt[889].

bb) Eigenständige Verantwortlichkeit aufgrund von Gehilfenhaftung

Bei Einhaltung dieser Grenzen wird der Betreiber zwar nicht als Urheber ("speaker" oder "publisher") zur Verantwortung gezogen, in Betracht kommt allerdings eine Verantwortlichkeit, die bei der Unterstützungsleistung der Betreiber ansetzt. Diese Hilfeleistung besteht darin, daß die ISP's ein Forum für fehlerhafte Meldungen bereitgestellt haben, über das die Fehlmeldungen veröffentlicht werden können. In dieser Hinsicht ist der Securities Exchange Act 1995 um eine Sec. 20(f) SEA erweitert worden, die die SEC autorisiert, auch gegen solche Personen aufsichtsrechtliche Maßnahmen und Geldbußen zu erwirken, die bewußt einen Dritten bei dessen Verletzung der Securities Laws wesentlich unterstützt haben. Möglich erscheint daher eine "Gehilfenhaftung" der Betreiber von Chat-Rooms.
Mit der Formulierung des Sec. 20(f) SEA hat der Kongreß diejenigen Merkmale gesetzlich fixiert, die schon zuvor durch die Gerichte für die Begründung einer Gehilfenhaftung herausgearbeitet worden waren. Erforderlich ist neben der Gesetzesverletzung durch den Haupttäter und einer substantiellen Unterstützungsleistung des Gehilfen, vor allem das aktuelle Wissens des Gehilfen um die "Haupttat" und ein Bewußtsein bezüglich der eigenen Unterstützungsleistung[890]. Entscheidend kommt es damit auf das Wissen um die betrügerischen Äußerungen Dritter an. Liegt dieses positiv vor, so können die Betreiber sich zur Abwehr haftungsrechtlicher Ansprüche nicht auf die fremde Urheberschaft berufen. Ungeklärt ist aber auch insoweit das Maß an Verantwortlichkeit jenseits positiver Kenntnisse von fehlerhaften oder manipulativen Aussagen. Ebenso ist bislang unklar, ob die Schutzwirkung des Communication Decency Act auch in den Bereich der Gehilfenhaftung der Sec. 20(f) SEA ausstrahlt. Damit besteht gegenwärtig ein Haftungsrisiko vor allem dann, wenn der Betreiber das haftungsbegründende Wissen um die "Haupttat" durch eigene Kontrolle des Chat-Rooms erlangt hat, oder durch andere Teilnehmer über solche Vorgänge informiert worden ist[891].

---

888 Communications Decency Act of 1996, Publ. L. 104-104 title V, 110 Stat. 133, abgedruckt in: Pike & Fischer, Internet Law & Regulation, Vol. 1, FS-1 ff.

889 Vgl. Campbell, Chat Rooms and Related Issues, in: PLI, Securities Law & The Internet (1998), S. 785, 788.; dazu auch Friedman, Securities Regulation in Cyberspace, 3-14 f. m.w.N.

890 SEC v. Fehn, 97 F.3d 1276, 1288 (9th Cir. 1996); m.w.N.; Hauser v. Farerell, 14 F.3d 1338, 1343 (9th Cir. 1994); Durkham v. Kelly, 810 F.2d 1500, 1505 (9th Cir. 1987).

891 Friedman, Securities Regulation in Cyberspace, 3-16 f.

cc) Haltung der SEC

Nicht zuletzt aufgrund dieser offenen Rechtsfragen konzentrieren sich die gegenwärtigen Bemühungen der SEC im Hinblick auf die Betreiber vor allem darauf, diese auf freiwilliger Basis dazu zu bewegen, in den Chat-Rooms, zumal wenn dort wertpapierrelevante Themen diskutiert werden, an geeigneter Stelle Hyperlinks zu den Seiten der SEC, insbesondere zu Aufklärungsmaterial und zum Complaint-Center, einzustellen. Teilnehmer sollen auf diese Weise animiert werden, sich im Fall von Unregelmäßigkeiten direkt an die SEC zu wenden, damit diese möglichst frühzeitig und effektiv einschreiten kann. Im Zuge einer solchen Ermittlungsarbeit werden dann, wenn die Betreiber bei der Aufdeckung der Identitäten der Teilnehmer nicht kooperieren, verstärkt zwangsweise Vorladungen und Vernehmungen ("subpoenas") eingesetzt, um auf diese Weise der inkriminierten Meldung eine bestimmte IP-Adresse und damit einen individualisierbaren Sender zuzuordnen[892]. Auch hierbei ist eine tatsächliche Grenze aber dann erreicht, wenn die Einwahl in die Internet-Foren nicht direkt, sondern mit Hilfe entsprechender Software, über Proxy-Server erfolgt.

III.) Strategische Allianzen zwischen Broker-Dealern und Finanzportalen

Während die vorstehenden Ausführungen von einer klaren Trennung zwischen solchen Foren, die von Broker-Dealern betrieben werden, und solchen Plattformen, deren Betreiber diesen Status nicht innehaben, ausgeht, wird diese klare Grenze angesichts aktueller Entwicklungen zunehmend aufgelöst.

1.) Tatsächlicher Hintergrund

Gegenwärtig sind zahlreiche Kooperationen zwischen registrierten Online-Brokern und dritten Finanzportalbetreibern zu verzeichnen. Solche themenspezifischen Portale stellen aus Sicht des Anwenders "Eingangstore" dar, über die er sich einen Überblick über die vielfältigen Internet-Angebote im Bereich des Wertpapierhandels verschaffen kann. Fortgeschrittenere Varianten bieten dem Anwender neben dem bloßen Überblick über die Leistungsangebote Dritter und die entsprechenden Links zu diesen, eine Fülle eigener Leistungen an. So enthalten solche Portale oftmals Bereiche mit aktuellen wertpapierrelevanten Nachrichten, bieten Research Material, Preisvergleiche, Hintergrundberichte über bestimmte Unternehmen an, oder eröffnen die Möglichkeit von Diskussionsforen und Chat-Rooms zu spezifischen Themen. Schließlich stellen einige Anbieter ihren Kunden ganze Finanzmanagement-Angebote zur Verfügung, indem sie die Konsolidierung ein-

---

[892] Olson/Pitt, Securities in the Electronic Age, 11-109; Quinn/Jarmal, Securities Regulation and the Use of Electronic Media (2000), in: PLI, Securities Offerings (2000), S. 123, 166 f.

zelner Wertpapierkonten, die Anleger bei unterschiedlichen Brokern unterhalten, auf einem Bildschirm ermöglichen[893]. Zum Teil ist selbst die Ordereingabe in diesen Portalen möglich, die sodann die zugrundeliegenden Daten an den ausführenden, zuvor ausgewählten Broker weiterleiten.
Aus Sicht der Broker bieten diese Portale, die sich beim Anwender außerordentlicher Beliebtheit erfreuen[894], die Möglichkeit, über entsprechende Präsenz in diesen Internet-Plattformen potentielle Kunden auf das eigene Leistungsangebot aufmerksam zu machen. Aus diesem Grund werden gegen entsprechend hohe Zahlungen[895] primär Werbeverträge über Bannerwerbung oder ähnliche Hinweise auf einzelne Online-Broker abgeschlossen. Darüber hinaus bestehen Kooperationen aber auch in der Weise, daß von Seiten der Broker Berichte, Research Material und andere Inhalte an diese Portale übermittelt werden.

2.) Grenze zu registrierungspflichtiger Broker-Tätigkeit

Aus aufsichtsrechtlicher Sicht ist die zunehmende Überschneidung der Leistungsangebote insofern bedenklich, als die Betreiber derartiger Finanzportale als Information-Service-Provider nicht der Regulierung durch die SEC und nicht den Verhaltensstandards der NASD unterstehen. Trotzdem werden von diesen Anbietern zahlreiche wertpapierrelevante Leistungen zur Verfügung gestellt, die zum Teil über das Angebotsspektrum registrierter Broker gerade deshalb hinausgehen, weil letztere durch Haftungsrisiken, die an ihre Sonderstellung anknüpfen, gebunden sind[896]. Je mehr Bereiche klassischer Broker-Tätigkeit durch solche Portale übernommen werden, um so dringender stellt sich die Frage einer Registrierungsverpflichtung als Broker-Dealer mit allen an diesen Status anknüpfenden Verpflichtungen.
Die Qualifikation als Broker hängt entsprechend Sec. 3(a)(4) SEA vor allem davon ab, ob die Leistung dieser Portale als "effecting transactions in securities for the account of others" aufgefaßt werden kann. Nach der Interpretation der SEC ist

---

893 Vgl. etwa das Angebot von Microsoft unter: http://moneycentral.msn.com oder Yahoo, verfügbar unter: http://finance.yahoo.com ; Pearson/Thompson, wallstreetlawyer.com, Vol. 3, No. 3, S. 14 ff. (August 1999).

894 Allein Yahoo verzeichnete im Dezember 1998 eine Zahl von 32.266.000 Besuchern, bei MSN waren es insgesamt 28.868.000 Besucher (vgl. diese und weitere statistische Angaben in SEC Special Study: Keeping Apace from Cyberspace (Securities and Exchange Commission. Special Study, Fed. Sec. L. Rep. (CCH) ¶ 86,222 at 82,758, Tab. IX (Nov. 22, 1999)).

895 Nach dem "Unger Report" unterschrieben 1998 Ameritrade, DLJdirect, E*Trade und Waterhouse Securities jeweils 25 Mio. US$ Werbeverträge mit AOL (SEC Special Study: Keeping Apace from Cyberspace (Securities and Exchange Commission. Special Study, Fed. Sec. L. Rep. (CCH) ¶ 86,222 at 82,758 (Nov. 22, 1999)).

896 Das gilt nach dem bisher Festgestellten vor allem für den Betrieb von Chat-Rooms und anderen Diskussionsforen durch Online-Broker.

hierfür vor allem das Maß der Beteiligung beim Geschäftsschluß und dessen Durchführung entscheidend. Daneben kommt es darauf an, ob die Tätigkeiten insgesamt solche sind, die allgemein das Bild eines Broker-Dealers prägen[897].
Im Zusammenhang mit der spezifischen Frage der Einordnung von Internet-Finanzportalen in Kooperationen mit Broker-Dealern hat die SEC bereits 1996 einen richtungsweisenden No-Action Letter gegenüber dem Online-Broker Charles Schwab & Co., Inc. erlassen[898]. Charles Schwab & Co., Inc. hatte Verträge vom oben beschriebenen Muster mit den Internet Providern AOL, Compuserve und Microsoft abgeschlossen. Hierbei wurde ein Gebührenmodell vereinbart, das auf der Anzahl, der über das Portal an den Broker übermittelten Aufträge basierte. Der SEC gegenüber hat Charles Schwab & Co., Inc. vertreten, daß allein aufgrund der gestellten Hyperlinks und der Order-basierten Gebühren eine Einordnung dieser Portale als Broker i.S.d. Sec. 3(a)(4) SEA nicht in Betracht komme. Die SEC hat sich dieser Grundhaltung angeschlossen, dabei aber besonderes Augenmerk darauf gelegt, daß die Gebühr, die die Portale pro Order erhalten, eine fixe Grundgebühr ist, die in ihrer Höhe nicht von der Anzahl der gehandelten Wertpapiere und deren Wert abhängig gemacht wird. Daneben muß auch ansonsten jede Involvierung in die eigentliche Transaktion, die Verwaltung von Geldern oder Wertpapieren und in die Empfehlung einzelner Wertpapiere unterlassen werden, um nicht dem Bereich klassischer Broker-Tätigkeiten zu unterfallen.
Diese Anforderungen spiegeln die Grundhaltung der SEC wieder, derzufolge eine Qualifikation als Broker-Dealer nur dann nicht in Betracht kommt, wenn das Tätigkeitsspektrum der Portale auf eine bloße Nachrichtenübermittlung vom Anleger an den Broker beschränkt bleibt. Diese Leistungen müssen in ihrer Qualität und Intensität mit der klassischen Ordererteilung per Telefon vergleichbar sein[899]. Solange die Rolle der Internet-Finanzportale sich auf die passive Bereitstellung des Mediums zur Kommunikation zwischen Broker und Investor reduziert und die Kompensationen, die die Portale für diese Tätigkeit erhalten, nicht vom Wert der Transaktionen abhängt, sind diese von einer Regulierung als Broker frei[900].

---

897 Lipton, Broker-Dealer Regulation, 1-33 f., m.w.N.

898 Charles Schwab & Co., Inc., SEC No-Action Letter (Nov. 27, 1996), 1996 WL 762999; dazu insbesondere Becker/Westbrook/Roberts, Legal Developments in the Electronic Securities Markets, in: PLI, Securities Law & The Internet (1998), S. 797, 804; Fein, Law of Electronic Banking, 8-17; zu weiteren No-Action Lettern auf dieser Linie vgl. Pearson/Thompson, wallstreetlawyer.com, Vol. 3, No. 3, S. 14 ff. (August 1999) m.w.N.

899 Vgl. insgesamt bei SEC Special Study: Keeping Apace from Cyberspace (Securities and Exchange Commission. Special Study, Fed. Sec. L. Rep. (CCH) ¶ 86,222 at 82,760 (Nov. 22, 1999)); Becker/Westbrook/Roberts, Legal Developments in the Electronic Securities Markets, in: PLI, Securities Law & The Internet (1998), S. 797, 805.

900 Evare, LLC., SEC No-Action Letter (Nov. 30, 1998), SEC No-Action Letter, Fed. Sec. L. Rep. (CCH) ¶ 78,525 at 78,604 (Nov. 30, 1998). Auch ein System, das die Verbindung und Orderübermittlung an mehrere Broker sowie weitere Funktionen bereitstellt, ist unbedenklich, wenn die Gebühren nicht vom Wert der Papiere oder dem Volumen der Transaktion ab-

Im Anschluß an gängige Gebührenmodelle des E-Commerce außerhalb des Wertpapierhandels, ist in jüngster Zeit vor allem das bisherige Gebot, Gebührenberechnungen in Abhängigkeit vom Wert der Transaktionen zu unterlassen, von Seiten der Broker auf Kritik gestoßen. Gefordert wird eine flexiblere Haltung der SEC, die auch erfolgsabhängige Modelle zuläßt und beispielsweise eine Kopplung der Gebühren an die Anzahl der Wertpapierkonten, die durch die Vermittlung der Portale eröffnet worden sind, ermöglicht[901]. Solche Modelle stellen einen größeren Anreiz für die Portalbetreiber dar, die Präsentation der Broker zu optimieren. Mit der bisherigen Haltung der SEC ist aber gerade dieses Hinarbeiten auf den Abschluß konkreter Transaktionen, das als wesentliches Indiz für registrierungspflichtige Broker-Tätigkeiten gesehen wird, nicht vereinbar. Zudem würde die Erweiterung des registrierungsfreien Tätigkeitsbereiches, über die lediglich passive Bereitstellung eines alternativen Kommunikationsmediums hinaus, zu weiteren Abgrenzungsschwierigkeiten führen, die zu Lasten der Rechtssicherheit und des Anlegerschutzes gingen.

IV.) Fazit

Im Unterschied zur teilweise erheblichen Regulierungstiefe bei Internet-gestützten Wertpapiertransaktionen sind die aufsichtsrechtlichen Bestrebungen der SEC bei der Erfassung von Internet-Portalen zur Verbreitung von Kapitalmarktinformationen relativ zurückhaltend. Der Grund hierfür liegt zum einen in der Grundhaltung der SEC, die Nutzung des Mediums Internet zu fördern und nur dort regulierend einzugreifen, wo dieses aus Gründen des Anlegerschutzes oder zum Wohle des Kapitalmarktes erforderlich ist. Zum anderen sollen die positiven Effekte der Verbreitung und freien Verfügbarkeit von anlagerelevanten Informationen insbesondere im Hinblick auf den Abbau bestehender Informationsgefälle nicht gehemmt werden. Zur Absicherung der Richtigkeit und Vollständigkeit dieser Informationen setzt die SEC daher primär bei den Urhebern der entsprechenden Meldungen an. Eine Regulierung der Anbieter von Newslettern, Chat-Rooms oder Finanzportalen erfolgt nur dort, wo entweder die Grenzen regulierungsfreier Tätigkeit eindeutig überschritten sind, oder aber der Zugriff auf die Urheber allein, vor allem aus tatsächlichen Gründen, nur unzureichend ist, um die Anlegeröffentlichkeit umfassend zu schützen. Im übrigen soll der Informationsfluß im Internet aber so weit als möglich frei von aufsichtsrechtlichen Beschränkungen gehalten werden.

---

hängen. Im konkreten Fall wurde eine jährliche Grundgebühr sowie eine weitere Gebühr für den Gebrauch des durch den Anbieter bereitgestellten Netzwerkes als zulässig angesehen.

901 Vgl. in dieselbe Richtung weisend Charles Schwab & Co., Inc., SEC No-Action Letter (July 17, 1997), bei Becker/Westbrook/Roberts, Legal Developments in the Electronic Securities Markets, in: PLI, Securities Law & The Internet (1998), S. 797, 804 f.

§ 13 Regulierung von Internet-Handelsplattformen

In den USA haben sich neben den traditionellen Wertpapierhandelsplätzen, die den börslichen Handel an registrierten "exchanges" ebenso umfassen wie den Handel im OTC-Markt und im sog. "third market", schon sehr früh alternative Wertpapier-Handelsplätze entwickelt[902], die unter Einsatz technischer Neuerungen elektronische Systeme für den Primär- und Sekundärmarkthandel in Aktien und anderen Wertpapieren etabliert haben[903]. Während bis dahin die Regulierung der Handelsplätze im "national market system" der USA insofern relativ wenig Schwierigkeiten bereitete, als sich diese Märkte einzelnen Regulierungskategorien zuordnen ließen, d.h. als Börsen, SRO's oder als Broker-Dealer erfaßt wurden, hat das Aufkommen elektronischer Handelssysteme diese Trennschärfe in Frage gestellt[904] und notwendige Anpassungsprozesse nach sich gezogen. In dieser Linie stellen sog. Bulletin Boards, die über das Internet die Kommunikation zwischen Investoren ermöglichen, die gegenwärtig neueste Form von alternativen Wertpapierhandelsplätzen dar.

Trotz der unterschiedlichen Handelskonzepte und technischen Ausgestaltungen der verschiedenen elektronischen Handelssysteme, lassen sich diese grundsätzlich auf drei wesentliche Basiskomponenten zurückführen. Erstens müssen die Verwender über Computerterminals verfügen, die ihnen das Senden und Empfangen transaktionsbezogener Kommunikation ermöglichen. Daneben bedarf es eines Zentralprozessors, der die Wertpapierorder empfängt und darstellt, ggf. ordnet, gegenläufige Angebote einander gegenüberstellt und zur Ausführung bringt, oder sonstige zum Geschäftsabschluß führende Funktionen vorhält. Schließlich ist ein Netzwerk erforderlich, das die Kommunikation zwischen den Teilnehmern und dem Zentralprozessor realisiert[905]. Für diese Übermittlung von Transaktionaufträgen bedienen sich jedoch viele der gegenwärtig operierenden alternativen Handelssysteme, vor allem aus Gründen der Datensicherheit und des Schutzes vor Zugriff von außen, geschlossener Netzwerke. Der Einsatz des Internet spielt in diesen Fällen nur eine untergeordnete Rolle, und reduziert sich zumeist auf eine Plattform zur allgemeinen Präsentation und ggf. zur Verbreitung von Handelsinformationen[906]. Sowohl die Verbreitung von Handelsangeboten als auch die eigentlichen Transaktionsprozesse vollziehen sich in diesen Fällen aber regelmäßig außerhalb des Internet.

902 INSTINET etwa wurde bereits 1969 gegründet.

903 Für einen Überblick vgl. SEC, Market 2000, S. A IV, 1 ff.

904 Becker in Hopt/Rudolph/Baum, Börsenreform, S. 793.

905 Vgl. Becker/Yim/Macauley/Seidel, An Overview of Online Securities Trading, in: PLI, Securities Law & The Internet (2000), Vol. 1, S. 431, 433.

906 SEC Report to the Congress: The Impact of Recent Technological Advances on the Securities Markets, Sept. 1997, unter IV.C.7.; auch Becker in Hopt/Rudolph/Baum, Börsenreform, S. 795.

Viele dieser elektronischen Handelssysteme stellen zudem - ähnlich den traditionellen Börsen - exklusive Netzwerke für eine begrenzte Zahl nach bestimmten Kriterien ausgewählter Handelsteilnehmer dar. Proprietäre Handelssysteme wie INSTINET sind typischerweise nur für Broker-Dealer oder institutionelle Anleger offen. Es handelt sich mithin um spezialisierte Systeme, die den Wünschen eines exklusiven Publikums nach Diskretion und zum Teil günstigeren Preisfeststellungsmethoden Rechnung tragen. Aus Sicht des Privatanlegers, der zu diesen Systemen i.d.R. keinen direkten Zugang hat, sind sie ebenso ohne unmittelbare Relevanz wie für kleine, nicht börsengelistete und nicht im NASDAQ-System gehandelte Unternehmen. Dennoch hat gerade das Aufkommen dieser "neuen" elektronischen Handelsplätze wesentliche Bedeutung für die gegenwärtige Interpretation vor allem des US-amerikanischen Börsenbegriffes. Insofern liefern sie in vielerlei Hinsicht Anhaltspunkte, wie die sich gegenwärtig etablierenden Formen der Wertpapierhandelsplätze im Internet einzuordnen und zu regulieren sind. Im Hinblick auf den Gegenstand dieser Arbeit wird die rechtliche Behandlung und kapitalmarktrechtliche Einordnung dieser Handelssysteme daher nur insofern näher betrachtet, als sich daraus Rückschlüsse ziehen oder Lösungsansätze für die Behandlung von Internet-Handelsplattformen gewinnen lassen.

Im folgenden sollen vor dem Hintergrund der Leitgedanken des "national market systems" die unterschiedlichen Erscheinungsformen elektronischer alternativer Handelssysteme systematisch dargestellt und die Relevanz des Internet in diesen Systemen geklärt werden[907]. Sodann wird die Behandlung dieser Handelsplätze durch die SEC und deren Auswirkungen auf den aktuellen US-amerikanischen Börsenbegriff nachgezeichnet. Auf dieser Basis wird dann der Frage nachgegangen, welcher kapitalmarktrechtlichen Kategorie sich Internet-basierte Wertpapierhandelssysteme zuordnen lassen, und wie sich deren Regulierung im Einzelnen vollzieht.

I.) Kapitalmarktrechtlicher Hintergrund

1.) Das "national market system" als rechtlicher Rahmen

Das Leitbild des US-Kapitalmarktrechts besteht entsprechend der gesetzlichen Vorgabe der Sec. 11A (a)(1) SEA in der Etablierung und Erhaltung eines funktionierenden nationalen Kapitalmarktes. Wesentliche Faktoren dieses "national mar-

[907] Zum Einsatz elektronischer Kommunikations- und Routing-Systeme an dem von SRO's betriebenen traditionellen Börsen und im NASDAQ-System siehe etwa bei Becker/ Westbrook/Roberts, Legal Developments in the Electronic Securities Markets, in: PLI, Securities Law & The Internet (1998), S. 797, 815 ff. Das Medium Internet hat in diesen Systemen zur Orderweiterleitung oder für sonstige Handelsvorgänge keine Relevanz.

ket systems" (NMS) sind die Bewahrung der Integrität und des Ansehens der Finanzmärkte ("fair and orderly markets") einerseits und der Schutz des anlagesuchenden Publikums ("protection of investors") andererseits[908]. Der konzeptionelle Ansatz zur Verwirklichung dieser Ziele besteht in der Förderung fairen Wettbewerbs, sowohl unter den Kapitalmarktakteuren, als auch unter den Handelsplätzen selbst[909].

In der Interpretation der SEC stellt das "national market system" die Gesamtheit von regulatorischen und technischen Schritten dar, die seitens der SEC und der Wertpapierunternehmen erforderlich sind, um auf die Handelsmechanismen und das Verhalten der Investoren und der professionellen Wertpapierunternehmen derart einzuwirken, daß ein US-einheitliches in sich interagierendes Marktsystem entstehen kann[910]. Angestrebt wird also keineswegs die Zentralisierung der Märkte und Unterdrückung alternativer Handelsplätze. Grundgedanke ist vielmehr, daß die Sicherung fairen Wettbewerbs unter den Märkten der Etablierung eines funktionierenden Gesamtmarktes am ehesten dient. Angesichts des Umstandes, daß somit nicht ein einzelner zentraler Handelsplatz für alle Wertpapiergeschäfte besteht, sondern sich diese auf verschiedene Handelsplätze verteilen, liegt der praktische Ansatz zur Etablierung des "national market systems" in dem Aufbau von Verbindungen unter den einzelnen Handelszentren[911]. Diese "linkages" werden derzeit durch 5 unterschiedliche Systeme - die "nation-wide transaction and quotation reporting plans" - erreicht, die in ihrer Gesamtheit das Rückrad des "national market systems" bilden und für den Erfolg und das Gelingen des Gesamtsystems unabdingbar sind[912]. Durch diese Einzelpläne werden die Transaktionsdaten und -kurse im Hinblick auf alle, an den "national exchanges" und im NASDAQ-System gehandelten Wertpapiere gesammelt, konsolidiert und an die Teilnehmer der Systeme veröffentlicht. Zudem wird durch das "intermarket trading system" (ITS) ein Order-routing zu all diesen Handelsplätzen ermöglicht[913].

Aufgrund des unklaren Statusses der verschiedenen alternativen Handelssysteme, war deren Einbindung in das "national market system" lange Zeit nicht vollständig realisiert. Insbesondere die fehlende Integration in die "quotation plans" trug mit zunehmender wirtschaftlicher Bedeutung dieser Systeme zur Marktfragmentie-

---

908 Sec. 11A(a)(1)(C) SEA.

909 Vgl. Sec. 11A(a)(2) SEA.

910 Securities Exchange Act Release No. 13662 (June 23, 1977), 12 S.E.C. Docket 947, 952; dazu Lee, What is an exchange?, S. 122.

911 Jennings/Marsh/Coffee/Seligman, Securities Regulation, S. 30.

912 Regulation of Exchanges and Alternative Trading Systems, Exchange Act Release No. 34-40760, 68 S.E.C. Docket 2188 ff. (Dec. 8, 1998), unter IV.B.7.

913 Zu den Einzelheiten der CTA-, CQS-, ITS-, QPRA- und OTC-UTP - Systeme vgl. Jennings/ Marsh/Coffee/Seligman, Securities Regulation, S. 32 ff.; Lee, What is an exchange?, S. 126 ff.

rung bei, gefährdete Markttranzparenz und führte zunehmend zu Lücken bei der Beaufsichtigung der dortigen Handelspraktiken.

2.) Systematischer Überblick über elektronische alternative Handelssysteme

In technischer Hinsicht werden elektronische handelsunterstützende Systeme im US-Kapitalmarkt an traditionellen Börsen und im OTC-Handel heute ebenso eingesetzt wie in alternativen Handelsplattformen. Die NYSE etwa verfügt über ein elektronisches Order-Routing-System, das es den Mitgliedsfirmen und institutionellen Anlegern erlaubt, ihre Order elektronisch unmittelbar an das Parkett zu übermittelten ("SuperDot"). Das NASDAQ-System ist im Kern ebenfalls ein Computernetzwerk, das es den Mitgliedern ermöglicht, eigene Handelsinteressen anzuzeigen und diese über entsprechende Handelsbildschirme im System zu publizieren[914]. Daneben verfügt die NASDAQ ebenso, wie viele andere Börsen im klassischen Sinne, über einen eigenen Internet-Auftritt, der dem breiten Anlegerpublikum eine Fülle von Kapitalmarktinformationen aller Art zur Verfügung stellt[915].

Der Einsatz elektronischer Kommunikationstechnik zur Handelsunterstützung ist insofern kein Spezifikum alternativer Handelssysteme. Der gravierende Unterschied zu Börsen im klassischen Sinne liegt vielmehr in der Regulierungsmöglichkeit dieser Systeme. Um ihrer Aufgabe, den Anleger zu schützen und den Markt zu überwachen, nachzukommen, setzt die SEC traditionell bei den Handelsplätzen als "exchanges" oder den Marktteilnehmern, den Broker-Dealern, an. Alternative Handelssysteme bereiten bei einer Einordnung in eine dieser Kategorien erhebliche Schwierigkeiten und entziehen sich einer klaren Zuordnung[916]. Zudem unterscheiden sich die unter dem Oberbegriff "alternative Handelssysteme" geführten Plattformen auch untereinander in Funktionsweise und Organisationsstruktur. Aus diesem Grund bedarf es zunächst einer terminologischen Klärung der verschiedenen in diesem Zusammenhang gebräuchlichen Begriffe:

---

914 Vgl. zum weiteren Einsatz elektronischer Handels- und Handelsunterstützungssysteme bei Becker/Yim/Macauley/Seidel, An Overview of Online Securities Trading, in: PLI, Securities Law & The Internet (2000), Vol. 1, S. 431, 442 ff.

915 Vgl. unter: http://www.nasdaq.com . Der direkte Orderempfang via Internet wird hingegen nur vereinzelt als Geschäftsmodell umgesetzt (IOSCO, Securities Activity on the Internet II (June 2001), II,B).

916 In der Entscheidung Board of Trade of The City of Chicago v. Securities and Exchange Commission, 883 F.2d 525, 535 (7th Cir. 1989) hat das Gericht insofern treffend ausgeführt:

> "[the particular trading system is] ... *neither fish nor fowl, neither an exchange after the pattern of the Board of Trade and the New York Stock Exchange nor an over-the-counter market after the fashion of the NASDAQ. Developments in automation and communication are bound to produce more of these hard-to-classify entitities ...*"

a) Alternative Handelssysteme

Nach der Definition der SEC ist unter einem "alternative trading system" (ATS)[917], jegliche Organisation, Vereinigung, Person oder Personengruppe oder jedes System zu verstehen, das

1.) einen Handelsplatz oder Handelsfaszilitäten zur Zusammenführung von An- und Verkäufern von Wertpapieren betreibt, unterhält oder zur Verfügung stellt, oder das sonst die üblicherweise von einer Wertpapierbörse bereitgestellten Funktionen erfüllt und das
2.) seinen Mitgliedern außer denjenigen Regelungen, die den Handel im System betreffen, keinerlei weitere Verhaltensregeln vorschreibt, bzw. außer dem Ausschluß vom Handel im System keine weitere disziplinarische Gewalt über seine Mitglieder ausübt.

Zusammenfassend handelt es sich also um automatisierte Systeme, die Handelsinteressen zentralisieren, anzeigen, ein "matching" herbeiführen oder auf andere Weise ein konkretes Wertpapiergeschäft zur Ausführung bringen, die aber weder als "exchange" registriert sind, noch von der NASD oder einer anderen SRO betrieben werden[918]. In den USA gibt es mittlerweile über 60, auch im Internet vertretene Alternative Handelssysteme, die insgesamt über 20 % der NASDAQ-Transaktionen und 5 % des Handels in börsengelisteten Wertpapieren ausmachen[919].

b) Broker-Dealer Trading Systeme

Broker-Dealer Handelssysteme oder Proprietäre Handelssysteme (PTS)[920] eröffnen ihren Teilnehmern sekundäre Märkte für solche Wertpapiere, die parallel auch an den US-Börsen oder über das NASDAQ-System gehandelt werden und durch

---

917 Regulation of Exchanges and Alternative Trading Systems, Exchange Act Release No. 34-40760, 68 S.E.C. Docket 2188 ff. (Dec. 8, 1998); Regulation ATS, Rule 300(a) :
"*...any organization, association, person, group of persons, or system:*
(1) That constitutes, maintains, or provides a market place or facilities for bringing together purchasers and sellers of securities or for otherwise performing with respect to securities the function commonly performed by a stock exchange ... and
(2) That does not
(i) Set rules governing the conduct of such subscribers' trading on such organisation, association, person, group of persons, or system, or
(ii) Discipline subscribers other than by exclusion from trading"

918 Bloomenthal, Securities Law Handbook (2000), S. 1514; Becker/Westbrook/Roberts, Legal Developments in the Electronic Securities Markets, in: PLI, Securities Law & The Internet (1998), S. 797, 803.

919 Prentice, 12 Harvard Journal of Law & Technology, 263, 335 (1999).

920 Die Begriffe werden synonym verwandt; vgl. Becker/Westbrook/Roberts, Legal Developments in the Electronic Securities Markets, in: PLI, Securities Law & The Internet (1998), S. 797, 803; ebenso bei Becker in Hopt/Rudolph/Baum, Börsenreform, S. 880, Fn. 547.

einzelne Broker-Firmen oder durch Kooperationen mehrerer Broker betrieben werden[921]. Der Zugang zum Handel in diesen Systemen ist wiederum typischerweise auf Broker und institutionelle Anleger beschränkt[922]. Gerade im Bereich des Kontaktes und der Kommunikation mit institutionellen Anlegern wird das Medium Internet aber nur sehr zurückhaltend von Broker-Dealern angenommen, was zum einen aus der noch immer virulenten Frage der Datensicherheit herrührt, andererseits aber auch mit den Grenzen der Leistungsfähigkeit des Mediums zusammenhängt[923].

Beispiele solch Proprietärer Handelssysteme sind etwa INSTINET oder POSIT[924]. Bei INSTINET[925] handelt es sich um einen bildschirmgestützten Echtzeit-Handelsservice, der den Teilnehmern zeitlich ununterbrochen die Durchführung von Transaktionen in solchen Wertpapieren erlaubt, die auch an der NYSE oder im NASDAQ-System gelistet sind[926]. Geschäftsabschlüsse können alternativ automatisch im System oder durch unmittelbare elektronische Kommunikation der Handelspartner untereinander ausgeführt werden. INSTINET selbst ist ein registriertes Broker-Dealer-Unternehmen. Aus diesem Grund hatte die SEC bisher unter Auflage verschiedener Berichtspflichten von einer über diesen Ansatz hinausgehenden Regulierung des INSTINET-Systems als SRO oder als "exchange" abgesehen[927].
Mit vergleichbaren Auflagen hatte die SEC auch POSIT gegenüber zunächst eine No-Action Position eingenommen[928]. Das POSIT-System[929] ist ein elektronisches Crossing-System, das seinen Mitgliedern die Transaktion in börsen- oder

---

921 Becker in Hopt/Rudolph/Baum, Börsenreform, S. 814.

922 Becker/Westbrook/Roberts, Legal Developments in the Electronic Securities Markets, in: PLI, Securities Law & The Internet (1998), S. 797, 807; ähnlich Florian, Rechtsfragen des Wertpapierhandels im Internet, 2001, S. 247.

923 Vgl. SEC Report to the Congress: The Impact of Recent Technological Advances on the Securities Markets, Sept. 1997, unter IV.C.7.; zu diesen Gefahren auch Jaskulla, ZBB 1996, 214, 220.

924 Als weitere, gegenwärtig operierende proprietäre Handelssysteme sind die AZX sowie Trade Web zu nennen; siehe dazu näher bei Becker/Westbrook/Roberts, Legal Developments in the Electronic Securities Markets, in: PLI, Securities Law & The Internet (1998), S. 797, 810 f.

925 INSTINET= Institutional Network.

926 Näher Lee, What is an exchange?, Appendix 1.

927 Vgl. zum ganzen Becker/Westbrook/Roberts, Legal Developments in the Electronic Securities Markets, in: PLI, Securities Law & The Internet (1998), S. 797, 808; sowie den INSTINET No-Action Letter (1989 Transfer Binder) Fed. Sec. L. Rep. (CCH) ¶ 78,997 at 78,917 (Sept. 8, 1986). Zur gegenwärtigen Einordnung siehe sogleich unter § 13, II.), 3.).

928 Jeffries & Co., Inc, SEC No-Action Letter, 1987-1988 Transfer Binder) Fed. Sec. L. Rep. (CCH) ¶ 78,515 at 77,656 (July 28, 1987); vgl auch hier zur gegenwärtigen Regulierung dieses Systems unter § 13, II.), 3.).

929 POSIT = Portfolio Trading for Institutional Investors.

NASDAQ-gelisteten Wertpapieren zu einem von diesen Märkten abgeleiteten Kurs ermöglicht. Vor allem im außerbörslichen Blockhandel geben die professionellen Händler ihre Order telefonisch oder auf elektronischem Weg in das System ein, ohne daß die übrige Auftragslage erkennbar ist. Vier mal pro Tag werden sodann die vorliegenden Aufträge gegeneinander elektronisch aufgerechnet und der Blockhandel, soweit möglich, ausgeführt. Auch bei der Jeffrics & Co., Inc., der Betreiberin des POSIT-System, handelt es sich um einen bei der SEC registrierten Broker-Dealer[930]. Dem Retail-Kunden stehen diese Handelssysteme regelmäßig nicht offen[931]. Sie sind daher terminologisch und im Hinblick auf ihre Regulierung von den oben bereits beschriebenen Order-Routing-Systemen registrierter Online-Broker zu unterscheiden[932].

c) Electronic Communication Networks

"Electronic communication networks" (ECN)[933] sind entsprechend der Begriffsbestimmung in Rule 11Ac1-1 SEA solche elektronischen Systeme, die die von Market Makern einer Börse oder eines OTC-Marktes in das System eingegebenen Wertpapierorder mit weiter Wirkung Dritten gegenüber veröffentlichen und die vollständige oder teilweise Erfüllung dieser Order zulassen[934]. Da der weite Verbreitungsgrad der eingegebenen Order ein wesentliches Merkmal darstellt, unterfallen interne Order-Routing-Systeme dieser Definition ebensowenig wie einfache Crossing-Systeme[935]. Nach der oben genannten Definition der ATS stellt jedes ECN auch ein alternatives Handelssystem dar, das speziell dazu bestimmt ist, die Handelsinteressen der angeschlossenen Market Maker weithin zu verbreiten und die zur Ausführung der Geschäfte notwendigen Einrichtungen bereit zu

---

930 Becker/Westbrook/Roberts, Legal Developments in the Electronic Securities Markets, in: PLI, Securities Law & The Internet (1998), S. 797, 809.

931 SEC Report to the Congress: The Impact of Recent Technological Advances on the Securities Markets, Sept. 1997, unter IV.C.7.

932 Solche Order-Routing Systeme (vgl. unter § 8) stellen keine "exchanges" im Sinne der Sec. 3(a)(1) SEA dar. Die SEC hat diese Systeme von je her als bloße Erweiterung des Leistungsangebotes der Broker-Dealer aufgefaßt (Becker/Yim/Macauley/Seidel, An Overview of Online Securities Trading, in: PLI, Securities Law & The Internet (2000), Vol. 1, S. 431, 436). Eine Kontrolle über diese Systeme vollzieht sich damit mittelbar über die Aufsicht über die sie betreibenden Broker-Dealer.

933 Zu nennen sind etwa Market-XT oder Island ECN.

934 Vgl. Rule 11Ac1-1(a)(8) i.V.m. Rule 11Ac1-1(c) SEA.

935 Becker/Yim/Macauley/Seidel, An Overview of Online Securities Trading, in: PLI, Securities Law & The Internet (2000), Vol. 1, S. 431, 438.

stellen[936]. Zugleich ist jedes ECN auch ein Broker-Dealer Trading System bzw. PTS[937].

Im Hinblick auf die Stellung der ECN im US-Kapitalmarkt, ist die SEC in jüngerer Zeit mit zwei Maßnahmen dem vielfach geforderten Ansatz der Wettbewerbsförderung durch Senkung der Marktzutrittsschranken nachgekommen[938]. Zum einen hat die NYSE auf Druck der SEC und in Reaktion auf die Wünsche der großen Mitgliedsunternehmen die Aufhebung der NYSE-Rule 390 beschlossen. Diese Vorschrift hat bisher allen NYSE-Mitgliedern untersagt, alle vor 1979 an der NYSE eingeführten Aktien außerbörslich zu handeln. Mit der Aufhebung dieser Reglementierung wird nun der bisher quasi-monopolisierte Handel in einigen bedeutenden Titeln auch außerhalb der traditionellen Börsen, vor allem in ECN's möglich. Zum anderen hat die SEC beschlossen, das Intermarket Trading System (ITS), das den Handel der NYSE und der Regionalbörsen miteinander verknüpft, ohne Einschränkungen für alle Mitglieder der NASD zu öffnen. Der Zugang zu NYSE-Werten ist damit erstmals auch für die von Broker-Dealern betriebenen ECN's möglich[939].

Um andererseits auch die Markttransparenz beim Handel in diesen Systemen zu fördern, hat die SEC 1997 zwei wesentliche Schritte unternommen. Zum einen hat sie die sog. "Quote-Rule", Rule 11Ac1-1 SEA, erlassen, die die Market Maker verpflichtet, die besten Preise, die diese vor allem institutionellen Dritten außerhalb der Börsen oder des NASDAQ-Systems stellen, zu veröffentlichen. Darauf aufbauend verfügte die SEC die sog. "ECN Display Alternative", die es den ECN's selbst ermöglichte, an Stelle der im System tätigen Market Maker und Specialists der Verpflichtung zur Preisveröffentlichung nachzukommen. Wenngleich diese Alternative nur als Wahlmöglichkeit und nicht als Verpflichtung zu Lasten der ECN ausgestaltet ist, so liegt hierin doch ein erster Schritt zur Einbindung dieser Handelssysteme in das "national market system".

d) Internet Bulletin Boards für den Sekundärmarkthandel

Bulletin Boards stellen gegenwärtig die neueste Erscheinungsform im Bereich der elektronischen alternativen Handelssysteme dar. Internet-basierte Bulletin Boards erlauben dem teilnehmenden Anleger konzeptionell die Eingabe ihrer An- oder Verkaufsinteressen im Hinblick auf bestimmte, vom System unterstützte Wertpa-

---

936 Becker/Yim/Macauley/Seidel, An Overview of Online Securities Trading, in: PLI, Securities Law & The Internet (2000), Vol. 1, S. 431, 438.

937 Diese Begriffsbestimmung und Einordnung der ECN's deckt sich nicht volkommen mit dem deutschen Verständnis eines ECN; dazu näher Florian, Rechtsfragen des Wertpapierhandels im Internet, 2001, S. 249.

938 So etwa Kleidon, Market 2000, in Lehn/Kamphuis, Modernizing US Securities Regulation, S. 363, 366.

939 FAZ v. 10.12.1999.

piere und stellen diese Informationen auf entsprechenden Internet-Seiten dar, die von anderen Mitgliedern eingesehen werden können[940]. Da typischerweise neben der Anzahl und dem vorgeschlagenen Handelspreis der Wertpapiere, auch die Namen der Interessenten und deren Anschriften oder E-Mail-Adressen veröffentlicht werden, stellen diese Systeme eine wichtige Voraussetzung für den Sekundärmarkthandel der betreffenden Titel dar. Bei diesen handelt es sich schwerpunktmäßig um Wertpapiere, die von kleineren Gesellschaften zumeist im Wege eine Direktemission bei Privatanlegern plaziert worden sind[941].

e) Internet-basierte Emissionsplattformen

Neben solchen Bulletin Boards existieren vereinzelt weitere Internet-basierte Plattformen, die auf spezielle Anforderungen einzelner Tätigkeitsfelder abgestimmt sind. Dabei handelt es sich vor allem um Internet-Plattformen, die nicht wie die Bulletin Boards im Bereich des Sekundärmarkthandels agieren, sondern die zum Zweck der Distribution der Wertpapiere im Zuge des Emissionsprozesses eingesetzt werden. Bei den Handelspartnern, die über solche Foren miteinander in Kontakt zu treten suchen, handelt es sich also nicht um verschiedene Anleger untereinander, derartige Plattformen bilden vielmehr die Schnittstelle zwischen dem emittierenden Unternehmen und den potentiellen Investoren, die an der Emission teilnehmen wollen.

Typischerweise werden solche Systeme entweder im Rahmen einer Fremdemission von spezialisierten Broker-Dealern betrieben[942] oder im Rahmen einer Direktemission vom Emittenten selbst, so daß sich hinsichtlich der hier zu diskutierenden Fragen nach dem kapitalmarktrechtlichen Status, keine Sonderprobleme ergeben[943].
Eine Ausnahme bilden dabei nur solche Systeme, die von Dritten betrieben werden, die ihrerseits nicht als "exchange", Broker-Dealer oder Investment Adviser registriert sind. Der einzige, hinsichtlich der kapitalmarktrechtlichen Einordnung ausführlich diskutierte Fall solcher emissionsunterstützenden Systeme, betrifft das

---

940 Vgl. etwa Lane/Weirick, Electronic Communications and Internet Offerings, in: PLI, Securites Law & The Internet (2000), Vol. 1, S. 61, 99 f. Becker/Yim/Macauley/Seidel, An Overview of Online Securities Trading, in: PLI, Securities Law & The Internet (2000), Vol. 1, S. 431, 440.

941 Dazu näher unter § 13, III.), 1.), a).

942 Vgl. etwa das Internet-System der Wit Capital Corp., dazu eingehend unter § 14, III.).

943 Die rechtlichen Schwierigkeiten bei Verwendung solcher Systeme resultieren vielmehr aus den zahlreichen Restriktionen im Zuge des Emissionsprozesses, weshalb eine eingehende Betrachtung im 6. Kapitel erfolgt.

vom "Angel Capital Electronic Network" betriebene ACE-Net-System[944]. Dieses ist 1997 von der Small Business Administration speziell entwickelt worden, um kleinere Unternehmen, die ihre Emissionen in Ausübung einer Registrierungsausnahme durchführen, mit besonders qualifizierten Investoren (sog. "Angels") zusammenzubringen[945]. Angeboten werden dabei registrierte Wertpapiere ebenso wie Emissionen, die im Wege einer Ausnahme von der Registrierungspflicht, z.B. nach Regulation A oder Regulation D, durchgeführt werden[946]. Auf den passwortgeschützten Seiten des ACE-Net können die Unternehmen gegen Gebühr ihre Angebotsdokumente veröffentlichen. Zugelassene Investoren können die Datenbanken des Netzwerkes anhand verschiedener Kriterien durchsuchen, um das für ihre Belange geeignete Investmentobjekt zu finden[947]. Da die Kriterien für die kapitalmarktrechtliche Einordnung derartiger Systeme aber mit denen der Bulletin Boards identisch sind und auch die Funktionsweisen im Hinblick auf den Internet-Einsatz in vielen Bereichen übereinstimmen, sollen diese Systeme im folgenden nicht gesondert behandelt werden; auf spezielle Fragen, die sich aus der besonderen Funktion dieser Plattformen ergeben, wird an entsprechender Stelle hingewiesen.

II.) Kapitalmarktrechtlicher Status alternativer Handelssysteme

Ausgehend von den Basisfunktionen alternativer Handelssysteme im oben genannten Sinne kommt grundsätzlich deren Betrachtung als Broker-Dealer oder eine Einordnung als "exchange" in Betracht. Diese grundlegende Unterscheidung hat sich in den USA für mehr als 60 Jahre als geeignete Basis einer angemessenen Kapitalmarktregulierung erwiesen. Angesichts der Entwicklung und immer größer werdenden wirtschaftlichen Bedeutung alternativer Handelssysteme, die sich einer klaren Zuordnung zur einen oder anderen Kategorie entziehen, erscheint dieser starre Ansatz nicht mehr tragfähig[948]. Zwar werden diese Systeme regelmäßig von einem oder mehreren registrierten Brokern betrieben, so daß zumindest über die SRO's eine mittelbare Regulierung der Systeme gegeben ist. Diese Aufsicht bleibt aber in einigen wesentlichen Punkten deutlich hinter der Regulierungstiefe und den Einwirkungsmöglichkeiten zurück, die eine Einordnung als "exchanges" nach sich zöge. So sind etwa die Regeln der Börsen, die die faire Behandlung der

---

944 Daneben sind einzelne Anbieter am Markt vertreten, die einzelne Internet-gestützter Dienstleitungen im Emissionsprozeß anbieten, wie etwa die Erstellung der Web-Seiten des Emittenten, begleitende Werbekampagnen und die Entwicklung der technischen Lösungen, die Emittenten Internet-Direktplazierungen und Private Placements erlauben; vgl. etwa Direct IPO, Inc. oder Virtual Wall Street, Inc. (http://www.virtualwallstreet.com).

945 Vgl. Small Business Administration unter: http://www.sba.gov .

946 Kaufman Winn, 54 Bus. Law., 443, 449 (1998).

947 Delta/Matsuura, Law of the Internet, 9-86.

948 Lee, What is an exchange?, S. 316.

Investoren und Marktteilnehmer vorschreiben, bei bloßer Regulierung als Broker-Dealer nicht anwendbar. Außerdem entfällt die bei Börsen gegebene Notwendigkeit, daß die Mitglieder des Handelsplatzes der Kontrolle der SEC unterliegende Broker-Dealer sein müssen. Direkte Aufsichtsbefugnisse über institutionelle Investoren, die an alternativen Handelsplattformen teilnehmen, ohne als Broker-Dealer zugelassen zu sein, hat die SEC nicht[949]. Aus diesem Grund verdichtet sich die Frage der Regulierung der ATS darauf, ob diese als "exchanges" im Sinne der Securities Laws aufzufassen sind.

1.) Legaldefinition der "exchange" als Ausgangspunkt einer Einordnung

Sec. 3(a)(1) SEA definiert eine "exchange" als jede Organisation, Vereinigung oder Gruppe von Personen, die unabhängig von ihrer Gesellschaftsform einen Handelsplatz oder die erforderlichen Einrichtungen zur Verfügung stellen, um An- und Verkäufer von "securities" zusammenzuführen, oder die auf andere Weise diejenigen Funktionen bereitstellt, die nach allgemeinem Verständnis von einer Wertpapierbörse im Hinblick auf Bereitstellung des Handelsplatzes und der marktmäßigen Einrichtungen erfüllt werden[950].

Die außerordentliche Weite dieser Definition und die Anknüpfung an das "allgemeine Verständnis" von einer Börse war lange Zeit unproblematisch, weil völlig eindeutig und unbestritten war, welche Institutionen als "exchanges" aufzufassen sind. Der technische Fortschritt und das durch diesen bedingte Erscheinen alternativer Handelsplätze hat diese Eindeutigkeit aufgehoben und eine inhaltliche Präzisierung des Börsenbegriffes durch die SEC erforderlich gemacht[951]. Die Art und Weise, wie die SEC dieser Aufgabe nachgekommen ist, soll im folgenden kurz nachgezeichnet werden.

2.) Entwicklung der Position der SEC zur Börseneigenschaft der ATS

Bis zum Zeitpunkt des Einzuges von moderneren Formen der Kommunikationstechnik bestand wegen des klaren Bildes vom Wesen einer Börse für die SEC praktisch keine Notwendigkeit einer vertieften Auseinandersetzung und deutliche-

---

949 Bloomenthal, Securities Law Handbook (2000), S. 1514 f.

950 Sec. 3(a)(1) SEA: "*The term "exchange" means any organization, association, or group of persons, whether incorporated or unincorporated, which constitutes, maintains, or provide a market place or facilities for bringing together purchaser and seller of securities or for otherwise performing with respect to securities the functions commonly performed by a stock exchange as that term is generally understood, and includes the market place and the market facilities maintained by such exchange.*"

951 Jennings/Marsh/Coffee/Seligman, Securities Regulation, S. 610; Lee, What is an exchange?, S. 280.

ren Festlegung des Börsenbegriffes. Dieses änderte sich annähernd 50 Jahre nachdem der Kongreß die gesetzliche Definition des Börsenbegriffes geprägt hatte, mit Beginn der 80er Jahre nahezu schlagartig. Die SEC sah sich mit einer Vielzahl von No-Action Gesuchen konfrontiert, die Betreiber von computerunterstützten Handelssystemen an sie stellten[952].

a) Ursprüngliche Einordnung des NASDAQ-Systems

Die erste wesentliche Entscheidung in dieser Richtung hatte die SEC in Hinsicht auf die Börsenqualität des NASDAQ-Systems zu fällen. Im Zuge des Entscheidungsprozesses arbeitete die SEC sehr früh, den auch nach heutigem Verständnis noch wesentlichen qualitativen Unterschied zwischen solchen elektronischen Systemen, die lediglich den Prozeß der Verbreitung von Preisinformationen automatisieren, und solchen, die darüber hinaus verschiedene Einrichtungen zum Abschluß einzelner Geschäfte bereitstellen, heraus. Auf dieser Basis entschied die SEC, daß das NASDAQ-System, das lediglich Serviceleistungen im Bereich der Informationsverbreitung bereitstellt, nicht jedoch einen vollautomatisierten Handelsplatz darstellt, nicht als Börse im Sinne der Sec. 3(a)(1) SEA aufzufassen sei[953].
Die SEC entwickelte dabei einen Katalog von 4 wesentlichen Merkmalen, die eine Börse in der vom Kongreß vorgegebenen Definition ausmachten. Diese Kriterien waren 1.) die Gegenwart von Mitgliedern, die ein eigentümerähnliches Interesse an dem Handelsplatz und Kontrolle über diesen haben. 2.) Ein System der Selbstregulierung dieser Mitglieder sowie 3.) die Ausübung der Kontrolle über diejenigen Wertpapiere, die zum Handel am betreffenden Marktplatz zugelassen werden. Schließlich sei 4.) die Bereitstellung von Einrichtungen für den Auktionshandel der Wertpapiere wesentlich, worunter typischerweise ein Börsenparkett ("trading floor") zu verstehen sei, auf dem sich die Mitglieder treffen, um von Angesicht zu Angesicht Vertragsabschlüsse zu tätigen[954].
Trotz der Festlegung der wesentlichen Determinanten, fällte die SEC in der Folgezeit keine definitiven Entscheidungen, sondern nutzte vielmehr das Mittel der No-Action Letter, indem sie neue elektronische Handelssysteme, die die Möglichkeit einer automatischen Orderausführung boten, lediglich von der Registrie-

---

[952] Siehe dazu Maynard, 49 Wash. & Lee L. Rev., 833, 869 ff. (1992); sowie insgesamt Loss/Seligman, Securities Regulation, Vol. VI, S. 2657 ff.; Lee, What is an exchange?, S. 279 ff.

[953] Proposal to adopt Rule 15c2-10 Under the Securities Exchange Act of 1934, Exchange Act Release No. 34-8661, 1969 LEXIS 135 (Aug 4, 1969); Maynard, 49 Wash. & Lee L. Rev., 833, 873 (1992).

[954] Proposal to adopt Rule 15c2-10 Under the Securities Exchange Act of 1934, Exchange Act Release No. 34-8661 zitiert bei Maynard, 49 Wash. & Lee L. Rev., 833, 875, Fn. 188 (1992).

rung als "exchange" freistellte, ohne zu entscheiden, ob es sich bei diesen um eben solche handelte[955].

b) Der "DELTA Release"

Dieses änderte sich, als die SEC im Zuge einer gerichtlichen Auseinandersetzung[956] über die Einordnung des sog. "Delta Trading Systems" als Börse zu entscheiden hatte. Die hinter dem Delta Trading System stehende Kooperation eines registrierten Brokers, einer ebenfalls registrierten "clearing agency" und der Security Pacific National Trust Company (einer Bank), hatte mit dem Delta Trading System ein elektronisches System für den Handel in Optionen auf "government securities" entwickelt[957]. Die Teilnehmer des Systems waren neben registrierten Broker-Dealern auch institutionelle Anleger, die nicht als Broker-Dealer registriert waren. Die Teilnehmer konnten in das System ihre An- oder Verkaufsorder eingeben, die dann, wenn ein entsprechendes Gegenangebot vorlag, vom System gematcht und anonym, d.h. ohne daß ein Handelspartner die Identität des anderen kannte, vom System zur Ausführung gebracht wurden[958].
Im Zuge des Abwägungsprozesses stellte die SEC bei diesem Handelssystem zwar eine Reihe von Charakteristika einer traditionellen Börse fest, gleichwohl entschied sie sich letztlich gegen eine entsprechende Einordnung des Delta Trading Systems als "exchange". Dazu führte sie aus, daß das entscheidende Kriterium sei, ob das System den Handel derart zentralisiert und An- und Verkaufskurse auf einer derart regelmäßigen und kontinuierlichen Basis bereitstellt, daß die Teilnehmer die berechtigte Erwartung haben könnten, daß eine regelmäßige Ausführung ihrer Order zu den bereitgestellten Kursen möglich sei[959]. Mit dieser Fokussierung auf eine regelmäßige Orderausführung zu festgestellten Preisen, rückte die SEC das Kriterium des Vorhandenseins von Liquidität am Marktort in den Mittelpunkt ihrer Betrachtung[960].

---

955 Maynard, 49 Wash. & Lee L. Rev., 833, 876 ff. m.w.N. (1992).

956 Nachdem die SEC der Einordnung des Delta-Systems gegenüber eine No-Action Position eingenommen hatte (SEC No-Action Letter, 1989 No-Act. LEXIS 21 (Jan. 12 1989)), griffen zwei potentielle Konkurrenten des Delta Trading Systems im Handel mit Option und Futures, die Chicago Board of Trade und die Chicago Mercantile Exchange gerichtlich an. Im Zuge dieses Verfahren gab das Gericht die Sache an die SEC zur Überprüfung ihres Standpunktes zurück, den die SEC schließlich im sog. "Delta Release" (Exchange Act Release No. 34-8661, 1969 LEXIS 135 (Aug 4, 1969)) bekräftigte.

957 Zur Beschreibung des Systems und zur Kritik an der letztlich gerichtlich bestätigten Position der SEC vgl. eingehend bei Maynard, 49 Wash. & Lee L. Rev., 833, 882 ff. m.w.N. (1992); Loss/Seligman, Securities Regulation, Vol. VI, S. 2660.

958 Vgl. Board of Trade of The City of Chicago v. SEC, 923 F.2d 1270, 1271 (7th Cir. 1991).

959 Exchange Act Release No. 34-27611 (Jan. 12, 1990), 55 Fed. Reg. 1890, 1900.

960 Ähnlich Becker/Yim/Macauley/Seidel, An Overview of Online Securities Trading, in: PLI, Securities Law & The Internet (2000), Vol. 1, S. 431, 434; Lee, What is an exchange?, S. 282

Dieser Ansatz wurde durch die gerichtliche Entscheidung, die sich an den "Delta Release" anschloß, letztendlich bestätigt. Das Gericht hob dabei ausgehend von dem Terminus des "allgemeinen Verständnisses" in Sec. 3(a)(1) SEA neben dem Fehlen eines "trading floors" auch das Fehlen von Specialists oder anderen Alternativen zur Bereitstellung von Liquidität in Zeiten schwachen Handels ab, und hielt gerade dieses für ein nach allgemeinem Verständnis wesentliches Charakteristikum eines Börsenplatzes[961].

c) Der "Concept Release" der Regulation ATS

Diese lange Zeit aufrechterhaltene Grundeinstellung der SEC gegenüber alternativen Handelssystemen hat ihren Grund nicht zuletzt darin, daß eine Regulierung der ATS als "exchanges" viele dieser Handelsplätze, denen die SEC im Sinne der Förderung des Wettbewerbs grundsätzlich positiv gegenübersteht, angesichts der mit einer Regulierung als Börse verbundenen Konsequenzen unterdrückt bzw. zur Einstellung ihrer Tätigkeiten gezwungen hätte. Die Bedenken gegen das mit dieser No-Action Haltung verbundene Entstehen von nichtregulierten Handelsplätzen, die nicht in das "national market system" eingebunden waren, hielt die SEC so lange für nicht durchschlagend, wie der Umsatz an diesen Märkten im gesamtwirtschaftlichen Kontext eine zu vernachlässigenden Größe darstellte.
Die Entwicklung, die die ATS genommen haben - bereits 1997 wurden 20% des Handels in OTC-Werten und nahezu 4% des Handels in NYSE-gelisteten Titeln über diese Handelsplätze abgewickelt - änderte die Bedeutung dieser Handelsplätze drastisch und zwang die SEC 1997 schließlich ihre bisherige Position zu überdenken[962]. Sie hielt die Zeit, die alternativen Handelssysteme in das "national market system" zu integrieren, nunmehr für gekommen, weil vor allem die fehlende Einbindung in die "transaction and quotation reporting plans" im Hinblick auf das Wachstum des Handels in ATS die Wahrscheinlichkeit zunehmend erhöhte, daß der US-Kapitalmarkt insgesamt an Transparenz verliert und die Marktfragmentation zunimmt. Zudem war dieser Schritt auch zur Wiederherstellung des Wettbewerbsgleichgewichtes mit den traditionellen Börsenplätzen erforderlich[963].

Nachdem die grundsätzliche Entscheidung über das "ob" der Regulierung und die Einbindung der ATS in das "national market system" gefallen war, erarbeitete die

---

961 Board of Trade of The City of Chicago v. SEC, 923 F.2d 1270, 1272 f. (7th Cir. 1991): Zwar war das Delta Trading System strukturell auch darauf angelegt, Liquidität zu kreiren, eine traditionellen Börsen vergleichbare Intensität erreicht das System aber nicht, vor allem weil vom Einsatz eigener Mittel zur Gegensteuerung abgesehen worden war.

962 Exchange Act Release No. 34-38672 (May 28, 1997), 62 Fed. Reg. 30485 (June 4, 1997) unter I.A.

963 Dazu Bloomenthal, Securities Law Handbook (2000), S. 1516 f.

SEC im Rahmen eines "Concept Releases"[964] verschiedene Ansätze und erbat hierzu - wie in solchen Verfahren üblich - die Stellungnahmen der Öffentlichkeit. Ausgehend von der Feststellung, daß die enge Interpretation des Börsenbegriffes im "Delta Release" faktisch dazu führt, daß die überwiegende Zahl der ATS nicht als Börsen gewertet werden, diskutierte die SEC eine Ausweitung des Börsenbegriffes, der solche Organisationen erfassen würde, die die Order vieler Teilnehmer konsolidieren und Handelseinrichtungen bereitstellen oder die wesentlichen Verhaltensregelungen für die Teilnehmer im Hinblick auf den Handel im System aufstellen[965]. Die überwiegende Zahl der Kommentare, die auf diesen Vorschlag hin bei der SEC eingingen, brachte zum Ausdruck, daß der künftige gesetzliche Rahmen einer flexiblen Ausgestaltung bedürfte, der den wirtschaftlichen Zielen und den Vorteilen, die ATS bieten, Rechnung tragen müßte[966].
Um eine solche, an die wirtschaftliche Situation des einzelnen alternativen Handelssystems angepaßte Lösung bereitstellen zu können, entwickelte die SEC ein Regulierungsmodell, daß sie zunächst in Form eines "Proposal Releases"[967] veröffentlichte und sodann im wesentlichen in den sog "ATS Release"[968] übernahm, der die gegenwärtige Rechtssituation im Hinblick auf den Börsenbegriff und die Behandlung alternativer Handelssysteme statuiert.

3.) Aktuelle Rechtslage - Aussagen der Regulation ATS

Die Grundkonzeption der Regulation ATS[969] besteht in der Ausweitung des Börsenbegriffs bei gleichzeitiger Eröffnung eines Wahlrechts, das es alternativen Handelssystemen erlaubt, selbst zu entscheiden, ob sie als Börsen reguliert werden wollen, oder sich im Rahmen eines Ausnahmetatbestandes bei gleichzeitiger Erfüllung zusätzlicher Verpflichtungen (lediglich) als Broker-Dealer registrieren lassen[970]. Das Regelungsgefüge des "ATS Releases" stellt sich im einzelnen wie folgt dar:

---

964 Exchange Act Release No. 34- 38672 (May 28, 1997), 62 Fed. Reg. 30485 (June 4, 1997); dazu Lee, What is an exchange?, S. 297 ff.

965 Exchange Act Release No. 34-38672 (May 28, 1997), 62 Fed. Reg. 30485, 34-30507 (June 4, 1997).

966 Becker/Yim/Macauley/Seidel, An Overview of Online Securities Trading, in: PLI, Securities Law & The Internet (2000), Vol. 1, S. 431, 435.

967 Exchange Act Release No. 34-39884 (Apr. 17, 1998), 63 Fed. Reg. 23504 (Apr. 29, 1998).

968 Regulation of Exchanges and Alternative Trading Systems, Exchange Act Release No. 34-40760, 68 S.E.C. Docket 2188 ff. (Dec. 8, 1998), verfügbar unter: http://www.sec.gov/rules/final/34-40760.txt (im folgenden "ATS Release").

969 Regulation ATS (17 C.F.R. § 242.300 - § 242.303).

970 Regulation of Exchanges and Alternative Trading Systems, Exchange Act Release No. 34-40760, 68 S.E.C. Docket 2188 ff. (Dec. 8, 1998), unter II.

a) Extension des Börsenbegriffs : Rule 3b-16 SEA

Um das oben beschriebene Konzept realisieren zu können, war als erster wesentlicher Schritt eine Neubestimmung des "exchange"-Begriffes erforderlich, der so weit formuliert sein mußte, daß die typischen ATS erfaßt werden. Diese wesentliche Änderung bedeutete zugleich eine deutliche Abkehr von der bis dato geltenden engen Börseninterpretation des "Delta Releases"[971]. Die durch den "ATS Release" eingeführte Rule 3b-16 SEA präzisiert die Legaldefinition in Sec. 3(a)(1) SEA und erfaßt als Börse nunmehr jegliche Organisation, Vereinigung oder Gruppe von Personen, die...

1.) die Order einer Vielzahl von Käufern und Verkäufern zusammenbringt und

2.) die feststehende, nicht vom Ermessen der Betreiber oder dritter Personen abhängende Methoden bereitstellt, nach denen die eingestellten Order miteinander in Interaktion treten. Dabei können diese Methoden, die die Handelsteilnehmer akzeptieren müssen, entweder in der Bereitstellung von Handelseinrichtungen oder in der Festlegung von Regeln bestehen[972].

aa) Zusammenführung gegenläufiger Transaktionsaufträge

Für das unter 1.) genannte Wesensmerkmal einer Börse muß das System ein "Zusammenbringen" der durch die Teilnehmer eingestellten Order gewährleisten. Das erfordert allerdings nicht zwingend ein "matching" oder eine Ausführung der Aufträge. Ausreichend ist vielmehr schon, daß das System die bloße geordnete Anzeige eines Handelsinteresses für eine bestimmte "security" den Anwendern zur Verfügung stellt, indem es auf den Handelsbildschirmen etwa konsolidierte Kurse anzeigt[973].

In Hinsicht auf die Handelsteilnehmer ist das Kriterium der Vielzahl von Käufern und Verkäufern zu lesen als "multiple buyers *and multiple* sellers". Erforderlich ist mithin eine Mehrheit von Handelsteilnehmern auf beiden Seiten. Systeme, in denen ein einzelner Verkäufer Wertpapiere anbietet, unterfallen dem Börsenbe-

---

971 Die SEC betont dieses im "ATS Release" ausdrücklich; vgl Regulation of Exchanges and Alternative Trading Systems, Exchange Act Release No. 34-40760, 68 S.E.C. Docket 2188 ff. (Dec. 8, 1998), unter VII.B.

972 Rule 3b-16(a) SEA: "*...if such organization, association, or group of persons*
 (1) *Brings together the orders of multiple buyers and sellers; and*
 (2) *Uses established, non-discretionary methods (whether by providing a trading facility or by setting rules) under which such orders interact with each other, and the buyers and sellers entering such orders agree to the terms of a trade.*"

973 Regulation of Exchanges and Alternative Trading Systems, Exchange Act Release No. 34-40760, 68 S.E.C. Docket 2188 ff. (Dec. 8, 1998), unter III.A.1.

griff nicht[974]. Schließlich betont die SEC im "ATS Release", daß der Begriff der "order" eine feste Bekundung des Transaktionswillens beinhalten muß. Ob dieses der Fall ist, hängt nicht von der Bezeichnung der Interessensbekundungen durch das System ab. So kann etwa eine als bloße "indication of interest" bezeichnete, in das System eingestellte Information den Anforderungen einer "order" genügen. Ausschlaggebend sind insofern allein die tatsächlichen Abläufc zwischen Käufer und Verkäufer, wobei für eine Order etwa spricht, wenn aufgrund der eingestellten Interessensbekundungen das Geschäft zum Abschluß gebracht werden kann, ohne daß es einer weiteren Vereinbarung zwischen Käufer und Verkäufer bedarf[975]. Die Art der Übermittlung und Einstellung der Order spielt dabei keine Rolle. Schon im Hinblick auf die Zielrichtung des "ATS Releases" sind hier telefonische Übermittlungen ebenso erfaßt wie die elektronische Einspeisung der Information in ein Computersystem[976].

bb) Verwendung von "non-discretionary methods"

Größere Schwierigkeiten einer abstrakten Beschreibung bereitet das zweite wesentliche Kriterium des modernen Börsenbegriffes, die Verwendung von Methoden der Orderzusammenführung, die keinen Ermessensspielraum eröffnen ("non-discretionary methods"). In der Interpretation der SEC ist es Wesensmerkmal eines Börsenplatzes nach heutigem allgemeinen Verständnis, daß die in das System eingestellten Aufträge nach vorher festgelegten Regeln bearbeitet und ausgeführt werden, ohne daß das "ob" und "wie" dieser Ausführung vom Ermessen der Gegenseite oder eines Intermediärs abhängt. Diese Erwartungshaltung habe jeder, der Wertpapiere über die gegenwärtig als solche registrierten Börsenplätze handelt, weshalb dieses Merkmal das Verständnis einer Börse wesentlich präge[977]. Dabei können diese ermessensfreien Methoden der Orderbearbeitung zum einen in dem Bereitstellen von Handelseinrichtungen gesehen werden, wozu insbesondere Computersysteme zählen, die die Wege der Zusammenführung sich entsprechender Order festlegen und diese Abläufe automatisieren. Alternativ nennt Rule 3b-16(a)(2) SEA das Aufstellen von Regeln für die Handelsabläufe. Dieses be-

---

974 Becker/Macauley, Regulation of Alternative Trading Systems, in: PLI, Securities Law & The Internet (1999), Vol. 1, S. 311, 314.

975 Auch wenn eine zusätzliche Bestätigung erforderlich sein sollte, ändert diese allein an der "order"-Eigenschaft nichts, solange sich diese Bestätigung als Formalie darstellt, von deren Erfüllung in aller Regel ausgegangen werden kann. Vgl. Regulation of Exchanges and Alternative Trading Systems, Exchange Act Release No. 34-40760, 68 S.E.C. Docket 2188 ff. (Dec. 8, 1998), unter III.A.3.

976 Becker/Macauley, Regulation of Alternative Trading Systems, in: PLI, Securities Law & The Internet (1999), Vol. 1, S. 311, 315.

977 Regulation of Exchanges and Alternative Trading Systems, Exchange Act Release No. 34-40760, 68 S.E.C. Docket 2188 ff. (Dec. 8, 1998), unter VII.C.

trifft Regeln zu Fragen der Rangfolge der Orderausführung ebenso, wie etwa die Verpflichtung der Handelsteilnehmer Kurse zu stellen[978]. Gerade im Hinblick auf das letztgenannte Merkmal unterfällt damit nach heutigem Verständnis auch das NASDAQ-System, das neben einer Vielzahl von Handelsregeln vor allem auch die Market Maker in NASDAQ NM und im Handel mit den Small Caps zur Stellung von An- und Verkaufskursen verpflichtet, dem US-amerikanischen Börsenbegriff[979].
Um den von diesem Merkmal erfaßten Bereich anschaulich zu beschreiben, bedient sich der "ATS Release" selbst einer Reihe von Beispielen zur Verdeutlichung, welche Systemtypen erfaßt sein sollen. Dabei werden insbesondere bloße Order-Routing-Systeme, wie sie etwa von den Online-Brokern benutzt werden, vom Anwendungsbereich des "exchange"-Begriffes ausgenommen[980]. Hingegen hat die SEC klargestellt, daß grundsätzlich auch passive Systeme, wie POSIT etwa, dem neuen Börsenbegriff unterfallen. Der Umstand, daß keine eigene Kursfeststellung erfolgt, sondern die Kurse von anderen Handelsplätzen abgeleitet werden, ändert insofern nichts, als die "non-discretionary method" in diesem Fall darin zu sehen ist, daß die Order zu vorher vom System fest bestimmten Zeiten gegenübergestellt und nach ebenfalls vorbestimmten Prioritätsregelungen ausgeführt werden. Die Funktionen, die derartige Systeme wahrnehmen, gehen über traditionelle Broker-Dealer Dienstleistungen erheblich hinaus und lassen diese vielmehr als Börsen im heutigen Verständnis erscheinen[981].

---

978 Regulation of Exchanges and Alternative Trading Systems, Exchange Act Release No. 34-40760, 68 S.E.C. Docket 2188 ff. (Dec. 8, 1998), unter III.B.1. und 2.; sowie Becker/Macauley, Regulation of Alternative Trading Systems, in: PLI, Securities Law & The Internet (1999), Vol. 1, S. 311, 316 f.

979 Da das NASDAQ-System selbst aber gegenwärtig als SIP nach Sec. 11A SEA und die NASD als Systembetreiberin als SRO nach Sec. 15A SEA reguliert werden und die hieraus resultierenden Anforderungen denen gleichkommen, die eine Registrierung als Börse nach sich zöge, hat die SEC es im öffentlichen Interesse nicht als erforderlich angesehen, die NASDAQ zur Registrierung zu zwingen. Gesetzlich hat sie diese Haltung durch den speziellen Ausnahmetatbestand in Rule 3a1-1(a)(1) SEA umgesetzt, der von der Definition als Börse solche Handelsplätze ausnimmt, die von einer "national securities association" betrieben werden. Ergänzend nimmt Rule 301(a)(3) der Regulation ATS die NASDAQ auch von den besonderen Verpflichtungen der Regulation ATS aus.

980 Vgl. Rule 3b-16(b)(1) SEA.

981 Regulation of Exchanges and Alternative Trading Systems, Exchange Act Release No. 34-40760, 68 S.E.C. Docket 2188 ff. (Dec. 8, 1998), unter III.C.; Becker/Macauley, Regulation of Alternative Trading Systems, in: PLI, Securities Law & The Internet (1999), Vol. 1, S. 311, 319 f.

cc) Konsequenzen für alternative Handelssysteme

Die Weite der Definition in Rule 3b-16 SEA einerseits und die erläuternden Stellungnahmen der SEC andererseits belegen, daß der Intention der SEC entsprechend, die typischen alternativen Handelssysteme heute als Börsen aufzufassen sind. Konsequenterweise weist die SEC im "ATS Release" insofern auch ausdrücklich darauf hin, daß gleichzeitig mit Wirksamwerden dieser Bestimmungen[982], die SEC ihre bisherige No-Action Position den ATS gegenüber aufgibt, so daß die rechtlich gewährte Option auch tatsächlich umgesetzt werden muß[983].

b) Ausnahmetatbestand zugunsten alternativer Handelssysteme: Rule 3a1-1 SEA

Um die angestrebte flexible Handhabung bei der Regulierung dieser Systeme realisieren zu können, war in einem zweiten Schritt die Schaffung von Ausnahmetatbeständen erforderlich, die es den ATS erlaubt, wahlweise weiter als Broker-Dealer reguliert zu werden. Um in diesem Fall gleichwohl die Einbindung in das "national market system" und die Verbesserung der Aufsicht über die Systeme zu erreichen hat die SEC mit den in der Regulation ATS festgelegten Verpflichtungen bestimmt, welche Bedingungen ATS zu erfüllen haben, wenn sie einer Regulierung als Börsen entgehen wollen. Gesetzestechnisch hat die SEC bei dieser Vorgehensweise von ihrer "exemption authority" in Sec. 36(a)(1) SEA Gebrauch gemacht, die durch den "National Market Improvement Acts" von 1996 eingeführt worden ist. Trotz formaler Unterwerfung der ATS unter den Börsenbegriff ist damit die Möglichkeit eröffnet, Ausnahmetatbestände festzulegen. Das Konzept der Wahl zwischen der Regulierung als Börse und derjenigen als Broker-Dealer ist durch das im folgenden überblickartig beschriebene Normgefüge umgesetzt worden:

Wie dargestellt sind, in Folge des weiten Börsenbegriffes die meisten ATS als Börsen aufzufassen und unterliegen mithin der Registrierungspflicht aus Sec. 6(a) SEA. Mit der ebenfalls im Zuge des "ATS Releases" erlassenen Rule 3a1-1 SEA hat die SEC aber bestimmte Situationen festgelegt, in denen Handelssysteme nicht der im übrigen geltenden Börsendefinition unterfallen. Dieses ist unter anderem gem. Rule 3a1-1(a)(2) SEA dann der Fall, wenn ein solches System den Anforde-

---

982 Die meisten der neuen Regelungen sind zum 21. April 1999 wirksam geworden, die übrigen am 1. April 2000 (vgl. Becker/Yim/Macauley/Seidel, An Overview of Online Securities Trading, in: PLI, Securities Law & The Internet (2000), Vol. 1, S. 431, 436).

983 Regulation of Exchanges and Alternative Trading Systems, Exchange Act Release No. 34-40760, 68 S.E.C. Docket 2188 ff. (Dec. 8, 1998), unter VII.D.2.; das Abstandnehmen von einer früheren No-Action Position ist insofern unbedenklich, als No-Action Letter Resultate eines informellen Vorganges sind und keinerlei Bindungswirkung entfalten.

rungen der Regulation ATS nachkommt[984]. Diese wiederum definiert zum einen in Rule 300(a) der Regulation ATS, den Begriff der alternativen Handelssysteme und bestimmt für solche Systeme in Rule 301(b) der Regulation ATS diejenigen Voraussetzungen, die diese Systeme zu erfüllen haben, wenn sie nicht als Börsen registriert sind[985].

Auf dieser Basis können sich automatisierte Systeme, die Handelsinteressen zentralisieren, anzeigen, ein "matching" herbeiführen oder auf andere Weise das konkrete Geschäft zur Ausführung bringen, die aber weder als "exchange" registriert sind, noch von der NASD oder einer anderen SRO betrieben werden[986], entscheiden, welche Regulierungsalternative der gegenwärtigen wirtschaftlichen Situation und der geplanten Entwicklung am ehesten gerecht wird.

aa) Alternative 1: Regulierung als "exchange"

Der "ATS Release" nennt zwar ein Reihe von Vorteilen, die ATS bei der Wahl der Registrierungsalternative als Börse haben[987], dennoch haben sich bis dato erst wenige ECN's entschieden ein entsprechendes Registrierungsformular auszufüllen[988]. Grund hierfür dürften die an diesen Status geknüpften Verpflichtungen sein, die ATS zu erfüllen hätten.

---

984 Daneben werden nach Rule 3a1-1(a)(3) SEA bestimmte ATS ausgenommen, die vor allem aufgrund ihrer wirtschaftlichen Bedeutung durch Rule 301 der Regulation ATS von den Verpflichtungen der Regulation ATS ausgenommen sind.

985 In diesem Fall erklärt Rule 301(a)(1) die Verpflichtungen der Regulation ATS für nicht anwendbar.

986 Hinsichtlich der exakten Definition der ATS in Rule 300(a) der Regulation ATS kann auf das oben unter § 13, I.), 2.), a) Gesagte verwiesen werden.

987 So unterstehen die Börsen, anders als Broker-Dealer, außer der Aufsicht der SEC keiner Kontrolle durch SRO's und können kraft eigener Satzungsgewalt selbst die Verhaltenspflichten ihrer Mitglieder festsetzten. Zudem nehmen Börsen direkt am ITS teil (vgl. Regulation of Exchanges and Alternative Trading Systems, Exchange Act Release No. 34-40760, 68 S.E.C. Docket 2188 ff. (Dec. 8, 1998), unter IV.B.; ebenso Bloomenthal, Securities Law Handbook, S. 1519). Dieser letztgenannte Vorteil wird allerdings dadurch relativiert, daß das ITS, durch das die amerikanischen Börsen untereinander verknüpft sind, auch für Mitgliedsunternehmen der NASD, wozu die meisten ECN Betreiber zählen, geöffnet worden ist.

988 Als erstes ECN hat die Island Stock Exchange im Juni 1999 bei der SEC die Zulassung als Wertpapierbörse beantragt. Hintergrund dieses Schrittes war es vornehmlich den institutionellen Kunden, auf die das Geschäft von Island schwerpunktmäßig ausgelegt ist, den Zugang zum Handel mit NYSE-Werten zu ermöglichen (vgl. Katalysatoren des Wandels in vision + money 2000, 12, 16.). Der Initiative von Island ist die Archipelago Stock Exchange mittlerweile gefolgt, die im August 1999 die entsprechenden Unterlagen bei der SEC eingereicht hat. (Bericht der FAZ vom 20.11.1999).

Jedes ATS, das sich zur Registrierung als Börse entscheidet, muß ebenso wie die bestehenden Börsenplätze, in vollem Umfang am National Market System mit all seinen Konsequenzen teilnehmen[989]. Als "exchanges" müssen die Betreiber als SRO organisiert sein und den besonderen Anforderungen an diesen Status gerecht werden. Insbesondere haben sie das Verhalten ihrer am Handelsplatz zugelassenen Mitglieder zu beaufsichtigen und etwaige Verstöße zu sanktionieren, was nicht zuletzt einen erheblichen organisatorischen Aufwand bedeutet[990]. Daneben könnte sich die Anforderung in Sec. 6(b)(3) SEA als problematisch erweisen, die von Börsen verlangt, daß sie Regeln für eine angemessene Repräsentation der Börsenmitglieder auf der Ebene der Direktoren der Börse aufstellen. Auch diese Anforderung dürfte auf die Wahl dieser Alternative eher hemmende Wirkung haben[991].
Zudem hat die SEC in der Regulation ATS für diese Handelssysteme auch keine Ausnahme von Sec. 6(c)(1) SEA bereitgestellt, was in der Konsequenz bedeutet, daß die Teilnahme an alternativen Handelssystemen, die sich als "exchange" registrieren lassen wollen, nur registrierten Broker-Dealern möglich ist. Eine Handelsteilnahme durch institutionelle Investoren, die diesen Status nicht innehaben, wäre ausgeschlossen.
Auch im Hinblick auf die gehandelten Werte ergeben sich bei der Wahl der Börsenalternative Nachteile insofern, als nach Sec. 12(a) SEA der börsliche Handel nur in solchen "securities" möglich ist, die zuvor bei der SEC registriert worden sind. Diese Einschränkung gilt für ATS, die eine Regulierung als Broker-Dealer anstreben, nicht[992]. Börsen sind nach den gemeinsamen "transaction and quotation reporting plans" der NASD und der Börsen auch verpflichtet, entsprechenden Berichtspflichten nachzukommen, die der Verwirklichung von Transparenz, Effizienz und Fairneß auf den US-Wertpapiermärkten dienen[993]. Schließlich gelten gerade im Hinblick auf die technischen Anforderungen an die Handelssysteme für Börsen, anders als für Broker-Dealer, die "automation review policy statements I

---

[989] Regulation of Exchanges and Alternative Trading Systems, Exchange Act Release No. 34-40760, 68 S.E.C. Docket 2188 ff. (Dec. 8, 1998), unter IV.

[990] Lee, What is an exchange?, S. 119 f.; Becker/Yim/Macauley/Seidel, An Overview of Online Securities Trading, in: PLI, Securities Law & The Internet (2000), Vol. 1, S. 431, 439; Bloomenthal, Securities Law Handbook (2000), S. 1520.

[991] Lee, What is an exchange?, S. 119; So Bloomenthal, Securities Law Handbook (2000), S. 1520.

[992] Regulation of Exchanges and Alternative Trading Systems, Exchange Act Release No. 34-40760, 68 S.E.C. Docket 2188 ff. (Dec. 8, 1998), unter IV.B.6.

[993] Bloomenthal, Securities Law Handbook (2000), S. 1520; dieser "Nachteil" bei Registrierung als "exchange" ist allerdings durch Berichtspflichten, denen auch ATS nach der Regulation ATS unterworfen sind, relativiert worden.

und II"[994] unmittelbar, die an Systemkapazität und Sicherheit erhebliche technische und organisatorische Anforderungen stellen.

bb) Alternative 2: Regulierung als Broker-Dealer unter den Auflagen der Regulation ATS

Entscheiden sich alternative Handelssysteme - was gegenwärtig noch der Regelfall ist - für die Beaufsichtigung als Broker-Dealer[995], so unterliegen sie in diesem Fall zusätzlichen Verpflichtungen, mit denen der "ATS Release" der besonderen Funktion und Bedeutung dieser Systeme als Handelsplatz für Wertpapiere angemessen zu begegnen sucht. Gleichzeitig soll so die festgestellte Lücke bei der Einbindung in das "national market system" geschlossen werden.

So müssen die ATS zunächst ihre Geschäftstätigkeit der SEC gegenüber in einem "initial operation report" anzeigen[996]. Ebenso wie "exchanges" auch, ist es den ATS untersagt, ohne sachlich hinreichenden Grund Teilnehmern den Zugang zum System zu verwehren[997]. Diese Auflage, die bisher ATS gegenüber nicht galt, dient der Sicherung der Fairneß im betreffenden Handelsplatz und der Realisierung einer gerechten Konkurrenzsituation zu den traditionellen Börsenplätzen[998]. Zudem war bisher die Sicherung von Systemintegrität, ausreichender Kapazität und Systemsicherheit allein in das Ermessen der Betreiber der ATS gestellt[999], dem nach Untersuchungen der SEC nicht alle Betreiber mit der erforderlichen Sorgfalt nachgekommen sind. Systemausfälle oder sonstige Handelsbeeinträchtigungen in diesem Bereich können angesichts der heutigen wirtschaftlichen Bedeutung dieser Handelsplätze, zu nicht unerheblichen Auswirkungen auf den gesamten Kapitalmarkt führen. Um diesem Risiko entgegenzusteuern sind die ATS nunmehr verpflichtet diese Faktoren in ihre Planungen einzubeziehen. Darüber hinaus sind in gewissen Abständen Systembelastungstests durchzuführen und geeignete Prozeduren zu entwickeln, um zu überprüfen, ob die Kapazitäten den An-

---

994 Securities Exchange Act Release No. 27445 (Nov. 16, 1989), 54 FR 48703 (Nov. 24, 1989); Securities Exchange Act Release No. 29185 (May 9, 1991); 56 FR 22490 (May 15, 1991).

995 Die Verpflichtung zur Registierung als Broker-Dealer nach Sec. 15 SEA folgt aus Rule 301(b)(1) der Regulation ATS.

996 Rule 301(b)(2) der Regulation ATS.

997 Rule 301(b)(5)(ii) der Regulation ATS.

998 Regulation of Exchanges and Alternative Trading Systems, Exchange Act Release No. 34-40760, 68 S.E.C. Docket 2188 ff. (Dec. 8, 1998), unter IV.A.2.d.

999 Die SEC hat zwar gem. Sec. 15(b)(7) SEA die Kompetenz, die erforderlichen technischen Standards der Handelssysteme von Broker-Dealern festzulegen und hat hiervon mit der Rule 15b7-2 SEA auch Gebrauch gemacht, diese Verpflichtungen knüpfen aber an den "Broker"-Status an, der nunmehr von ATS zwingend zu erfüllen ist, wenn die Regulierung als Börse nicht in Betracht kommt.

forderungen genügen und um eventuelle Schwachstellen des Systems zu entdecken und zu beseitigen[1000].
Schließlich haben ATS die aufsichtsrechtliche Lücke, die sich daraus ergibt, daß die Handelsteilnehmer - anders als im Falle der Börsen - nicht zwingend bei der SEC registrierte Broker-Dealer sind und diese mithin einer unmittelbaren Aufsicht durch dic SEC und dic SRO's entzogen sind, dadurch auszugleichen, daß sich die ATS selbst zur Kooperation bei etwaigen Ermittlungen und Untersuchungen der SEC bereit erklären[1001]. Dieses umfaßt insbesondere das Recht der SEC, Einblick in Aufzeichnungen nehmen zu können, und die Verpflichtung der ATS, bestimmten Berichtspflichten nachzukommen[1002].

Die Kombination aus der Ausdehnung des Börsenbegriffs einerseits und den geschilderten Auflagen andererseits trägt dazu bei, der Gefahr des Entstehens nichtregulierter wirtschaftlich bedeutender Wertpapierhandelsplätze und einer Verschlechterung der Wettbewerbsposition der etablierten Börsen angemessen zu begegnen, ohne dabei die durchaus gewünschte Entwicklung alternativer Handelsplätze zu hemmen. Zugleich ist diese Regelung auch flexibel genug ausgestaltet, um auch zukünftigen Weiterentwicklungen in diesem Bereich Rechnung tragen zu können.

4.) Konsequenz: Determinanten des gegenwärtigen Börsenbegriffs

Nach den bisherigen Ausführungen zur Entwicklung und zum Gegenstand des heutigen US-Börsenbegriffs kann als Ausgangsbasis für die Einordnung der nachfolgend zu betrachtenden Internet Bulletin Boards zunächst festgehalten werden, daß die Funktion des Zusammenbringens von Käufer und Verkäufer nach wie vor einer der wesentlichen Faktoren eines Börsenplatzes ist. Für sich alleine reicht dieses Merkmal hingegen nicht aus.

Dem Securities Exchange Act liegt zudem der in Secs. 6(b)(3) und 6(c)(1) SEA zum Ausdruck kommende Gedanke zugrunde, daß eine Börse von den Marktteilnehmern selbst betrieben und beherrscht wird, welche ihrerseits Broker-Dealer sind, oder als natürliche Personen mit Broker-Firmen verbunden sind[1003]. Alle partizipierenden Institutionen müssen daher Broker sein und als solche der Aufsicht der SEC und der Börse, an der sie handeln, unterstehen[1004]. Auch dieses We-

---

1000 Rule 301(b)(6)(ii) der Regulation ATS; Regulation of Exchanges and Alternative Trading Systems, Exchange Act Release No. 34-40760, 68 S.E.C. Docket 2188 ff. (Dec. 8, 1998), unter IV.A.2.e.

1001 Rule 301(b)(7) der Regulation ATS.

1002 Rule 301(b)(8) der Regulation ATS

1003 Loss/Seligman, Securities Regulation, Vol. VI, S. 2655 f.

1004 Becker in Hopt/Rudolph/Baum, Börsenreform, S. 794.

sensmerkmal ist durch den "ATS Release" bestätigt worden, indem die SEC im Zuge des Abwägungsprozesses von der Möglichkeit, hier Ausnahmen zu schaffen, ausdrücklich keinen Gebrauch gemacht hat[1005].

Während die Existenz eines "trading floors" im Sinne eines physisch lokalisierbaren Ortes, an dem die Handelsinteressen zusammenlaufen, lange Zeit wesentliche Bedeutung beigemessen wurde[1006] und noch in der "Delta"-Entscheidung das Fehlen eines solchen Ortes bei computerbasierten Handelssystemen, als eines der wesentlichen Argumente verwandt wurde, um die fehlende Börseneigenschaft zu belegen, kommt diesem Kriterium nach dem "ATS Release" und der Bestimmung in Rule 3b-16 SEA keinerlei begriffsbestimmende Bedeutung mehr zu[1007]. Elektronische alternative Handelssysteme unterfallen dem geltenden Börsenbegriff ebenso, wie dieses auch für das NASDAQ-System gilt. Der Verzicht auf das Merkmal eines physisch lokalisierbaren Handelsplatzes, das in den Augen der SEC nicht mehr mit der heutigen allgemeinen Vorstellung von einer Börse verknüpft ist, war dabei Grundvoraussetzung, um ATS überhaupt in den Regelungsbereich der "exchanges" einbeziehen zu können. Das notwendige Zusammenführen gegenläufiger Angebote kann sich somit auch außerhalb eines Handelsparketts im Prozessor eines Zentralrechners vollziehen, ohne daß dieses die Qualifikation des Systems als Börse ausschließt.

Ähnliches gilt für das ebenfalls lange Zeit für maßgeblich gehaltene Kriterium der Sicherstellung ausreichender Liquidität am Börsenplatz. Auch dieses Erfordernis ist seitens der SEC im "ATS Release" ausdrücklich aufgegeben worden. Die SEC vertritt mit ihrer Interpretation des "modernen Börsenbegriffs" vielmehr den Standpunkt, daß die heute im Wertpapiergeschäft eingesetzten Kommunikationstechnologien und Handelsfaszilitäten die Marktteilnehmer in die Lage versetzen, jederzeit die Konditionen mehrerer Marktplätze unmittelbar miteinander zu vergleichen und ohne die Notwendigkeit physischer Präsens auch auf diesen Märkten ihre Geschäfte zu tätigen. Aus diesem Grund kann der Marktteilnehmer auf die Liquidität verschiedener Handelsplätze zugreifen, weshalb die Garantie permanenter Liquidität an einem einzelnen Markt nicht mehr zu den "essential characteristics" einer Börse im heutigen Sinne zählt[1008].

1005 Regulation of Exchanges and Alternative Trading Systems, Exchange Act Release No. 34-40760, 68 S.E.C. Docket 2188 ff. (Dec. 8, 1998), unter IV.B.3.

1006 Vgl. etwa Maynard (49 Wash. & Lee L. Rev., 833, 841 (1992)): "*Basis jeder Wertpapierbörse ist es, daß sie einen physischen Handelsplatz zur Verfügung stellt und den darauf stattfindenden An- und Verkauf von zum Handel zugelassenen Wertpapieren durch das Aufstellen von Regeln und Verfahren organisiert*".

1007 Becker in Hopt/Rudolph/Baum, Börsenreform, S. 793.

1008 Regulation of Exchanges and Alternative Trading Systems, Exchange Act Release No. 34-40760, 68 S.E.C. Docket 2188 ff. (Dec. 8, 1998), unter VII.C.

Infolge des Verzichts auf diese traditionellen Merkmale und der damit einhergehenden bewußten Ausweitung des Börsenbegriffes hat die SEC zur Abgrenzung der verschiedenen Systeme andere Kriterien in den Mittelpunkt ihrer Betrachtung gestellt. Maßgeblich ist vor allem der Grad an Vorhersehbarkeit und Verläßlichkeit der Orderausführung, den das System bietet. Auf Seiten des Anwenders bedeutet dieses, daß angesichts der üblichen Verhaltensweise der Handelsteilnehmer, zumindest ein gewisses Maß an begründbarem Vertrauen gegeben sein muß, daß die in das System eingestellten Angebote Bestand haben[1009]. In Hinsicht auf die Funktionsweise des Systems selbst, muß dieses nach feststehenden Rahmenbedingungen operieren, die eine Gewähr dafür geben, daß die Art und Weise der Behandlung der Order für den Anwender vorhersehbar ist. Je eher die durch einen Teilnehmer in ein Handelssystem eingegebene Order von diesem System, ohne das Erfordernis weiterer Schritte, bearbeitet und nach festgelegten für den Anwender kalkulierbaren Regeln zur Ausführung gebracht wird, um so eher rückt dieses System in die Nähe dessen, was aktuell unter einer "exchange" zu verstehen ist.

III.) Regulierung Internet-basierter Bulletin Boards

Nach der oben gegebenen Tätigkeitsumschreibung erlauben Internet-basierte Bulletin Boards dem teilnehmenden Anleger die Eingabe seines An- oder Verkaufsinteresses im Hinblick auf bestimmte, vom System unterstützte Wertpapiere und stellen diese Informationen auf entsprechenden Internet-Seiten dar, die von anderen Mitgliedern eingesehen werden können. Auf diese Weise erfüllen sie eine wesentliche Voraussetzung des Wertpapierhandels. Im Hinblick auf diese Grundfunktion sind Bulletin Boards den typischen ATS vergleichbar.

Demgegenüber bestehen in Hinsicht auf die Handelsteilnehmer und im Hinblick auf die Wertpapiere, die in den beiden Systemen regelmäßig gehandelt werden, erhebliche Unterschiede. Während nach dem oben Gesagten ATS typischerweise auf die besonderen Belange institutioneller Anleger und Finanzprofis zugeschnitten sind, zählen zum typischen Investorenkreis der Internet Bulletin Boards auch und gerade Privatanleger[1010]. Dieser Unterschied auf Anlegerseite korrespondiert mit den unterschiedlichen Titeln, die in den betreffenden Systemen gehandelt werden. Während dieses in ATS vornehmlich börsengehandelte oder im NASDAQ-System gelistete Wertpapiere sind, werden über Bulletin Boards typischerweise die Wertpapiere kleiner, oftmals an keiner Börse gelisteter Unternehmen

---

[1009] Vgl. Becker/Macauley, Regulation of Alternative Trading Systems, in: PLI, Securities Law & The Internet (1999), Vol. 1, S. 311, 314.

[1010] Eine Ausnahme gilt insofern für das ACE-Net System, das lediglich speziell ausgewählte und hinsichtlich des Finanzvermögens und der Investment-Erfahrung besonders qualifizierte Investorenkreise zuläßt.

gehandelt[1011]. Zudem ist zumindest gegenwärtig die wirtschaftliche Bedeutung der Handelsumsätze in Bulletin Boards mit dem Volumen, das in ATS umgesetzt wird, in keiner Weise zu vergleichen.
Angesichts dieser grundlegenden Differenzen soll im folgenden untersucht werden, ob auch Bulletin Boards dem neuen Börsenbegriff unterfallen, oder in welcher Weise sonst eine Regulierung dieser Handelsplattformen erfolgt.

1.) Typen Internet-gestützter Bulletin Boards

Ausgangspunkt ist dabei die Beschreibung gegenwärtig operierender typischer Bulletin Boards, die sich nach dem kapitalmarktrechtlichem Status ihrer Betreiber grundsätzlich in 2 Gruppen unterteilen lassen:

a) "Issuer Sponsored Bulletin Boards"

Die ersten Internet Bulletin Boards, in denen Wertpapiere zum Handel angeboten wurden, waren sog. "issuer sponsored bulletin boards", die von Emittenten zur Verfügung gestellt wurden und werden, um ausschließlich für den Sekundärmarkthandel ihrer Wertpapiere eine Plattform bereitzustellen. In vielen Fällen stammen diese Wertpapiere aus Direktemissionen und sind an keinem der traditionellen Börsenplätze oder im NASDAQ-System zum Handel zugelassen[1012]. Grund dafür ist in aller Regel, daß das Fehlen von Underwritern im Rahmen der Emission auch bedingt, daß sich kaum ein Market Maker finden läßt, der einen Sekundärmarkthandel in diesen Werten unterstützt[1013]. Neben diesem tatsächlichen Hindernis ist es Broker-Dealern aufgrund der Rule 15c2-11 SEA auch rechtlich untersagt, Kurse für derartige Titel zu stellen oder als Market Maker zu fungieren, sofern für die Preisbildung nicht bestimmte Mindestinformationen als Basis einer Bewertung zugänglich sind. An dieser Basis fehlt es aber insbesondere dann, wenn die Emissionen, wie oft in diesen Fällen, registrierungsfrei durchgeführt worden sind und die emittierenden Unternehmen nicht den Berichtspflichten der Sec. 12 SEA unterstehen[1014]. Die Bereitstellung von Bulletin Boards durch die

---

1011 Selbst wenn die in den Bulletin Boards gehandelten Titel börsengelistet sind, so handelt es sich regelmäßig doch um kleine Werte, die nur wenig Liquidität binden können.

1012 Grund dafür ist oftmals nicht zuletzt, daß die betreffenden Wertpapiere die Mindestanforderungen, die von diesen Handelsplätzen für eine Aufnahmen gefordert werden, nicht erfüllen.

1013 So Coffee, 52 Bus. Law., 1195, 1214 (1997).

1014 Vgl. Rule 15c2-11 SEA, die neben dem "prospectus" oder dem "offering circular" im Falle einer Regulation A - Emission verlangt, daß Broker neben anderen Eckdaten auch Einsicht in die "annual reports" nehmen und diese in ihre Unterlagen aufnehmen. Im Rahmen einer Regulation D - Emission nach Rule 504 SA etwa, bestehen keinerlei Offenlegungspflichten, so daß eine gesicherte Basis an Unternehmensinformationen hier erst recht fehlt.

Emittenten stellt sich daher oftmals als notwendige Folge des Fehlens eines sonstigen Sekundärmarktes dar.

aa) Das "Wit Trade"-System der Spring Street Brewery Co.

Die Entwicklung dieser Form der Bulletin Boards konzentriert sich vor allem auf das Jahr 1996, aus dem die überwiegende Zahl der No-Action Letter stammt, mit denen die SEC ihre bis heute nicht geänderte Haltung den "issuer sponsored bulletin boards" gegenüber festgelegt hat.
Vorreiter war in dieser Hinsicht die Spring Street Brewing Co., eine kleine New Yorker Brauerei, der auch das erste Internet-basierte IPO zugeschrieben wird[1015]. Nach Durchführung dieser sehr erfolgreichen Direktemission, wurden die Aktien der Spring Street Brewery an keinem der traditionellen Handelsplätze gehandelt, so daß für die ca. 3500 Retail-Anleger, die im Zuge der Emission Aktien gezeichnet hatten, kein Sekundärmarkt für den Absatz der Aktien zur Verfügung stand. Da die Emission zudem registrierungsfrei im Rahmen eines Regulation A - Offerings durchgeführt worden ist und Spring Street keine "reporting company" i.S.d. Sec. 12 SEA war, fehlten den Anlegern jegliche Informationsquellen[1016]. Aus diesem Grund kreierte das Unternehmen selbst einen auf einem Internet Bulletin Board basierenden Mechanismus - das "Wit-Trade"-System - um auf diese Weise eine Absatz- und Handelsmöglichkeit für Spring Street-Aktien zu schaffen.
Grundgedanke dieser Form von Bulletin Boards ist es, über das Internet Transaktionsgesuche massenwirksam zu verbreiten und An- und Verkaufsorder an einer Stelle zu zentralisieren, um so die für den Sekundärhandel notwendige Liquidität zumindest im Ansatz bereitzustellen und das Fehlen eines Market Makers so gut als möglich zu kompensieren[1017].

Der technische Aufbau dieses Bulletin Boards gliederte sich wie folgt: Ausgehend von einem Hauptmenü konnte der Anleger zunächst auf eine allgemeine Beschreibung des Wit-Trade Mechanismus zugreifen. Ebenso waren über dieses Steuerungsfeld untergeordnete Web-Seiten erreichbar, in denen der Anleger die notwendigen Registrierungsangaben abgeben konnte, um zum Handel im System zugelassen zu werden. Das Fehlen sonstiger Informationsquellen über die wirtschaftliche Lage des Unternehmens, wurde durch eine weitere Internet-Seite kompensiert, die entsprechende Finanzberichte enthielt. Im Hinblick auf den Handelsmechanismus selbst, konnte der Anleger sich die gegenwärtige Handelsaktivität im System anzeigen lassen. Kernstück waren zwei voneinander getrennte Bulletin Boards, auf denen einerseits alle Verkaufsgesuche, andererseits alle

---

1015 Vgl. dazu eingehend unten, unter § 15, I.), 2.).
1016 Cella III/Stark, 52 Bus. Law., 815, 822 (1997); Coffee, 52 Bus. Law., 1195, 1214 (1997).
1017 Ähnlich Coffee, 52 Bus. Law., 1195, 1214 (1997); Jaskulla, ZBB 1996, 214, 218.

Kaufinteressen veröffentlicht werden konnten. Diese Bekundungen wurden über entsprechende Eingabemasken, die auch den Widerruf von Angeboten zuließen, dem System übermittelt. Dabei mußten die wesentlichen Angebotsdaten, wie Name, Anschrift und E-Mail-Adresse des Anlegers, Aktienvolumen und der intendierte Preis, sowie das Datum der Einstellung, dem System gemeldet werden, das diese sodann im entsprechenden Bulletin Board veröffentlichte. Ein Matching oder die Ausführung der Order übernahm das System hingegen nicht. Hierfür wurden vielmehr standardisierte Formblätter ("offer and acceptance forms") bereitgestellt, die der Interessent ausfüllen und per E-Mail an den potentiellen Geschäftspartner übermitteln konnte, der seinerseits per E-Mail die Annahme des Angebotes rückübermittelte und das Geschäft so abschloß[1018].
Eine Gebühr wurde von Seiten der Spring Street Brewery von den Anlegern für diesen Service nicht erhoben. Im Hinblick auf die Abwicklung des Geschäftes sah das Wit-Trade System zunächst vor, daß Schecks und Aktienurkunden an Spring Street in einer Treuhänder ähnlichen Stellung übermittelt und vom Unternehmen dann entsprechend weitergeleitet werden sollten[1019].

Das System nahm für kurze Zeit seine Geschäftstätigkeit auf, wurde dann aber auf Bestreben der SEC, mit der zuvor keine Absprache herbeigeführt worden war, zunächst freiwillig gestoppt[1020]. In dem hierauf seitens der SEC erlassenen No-Action Letter billigte die SEC grundsätzlich die Funktionsweise solcher Bulletin Boards, verlangte im Hinblick auf Wit-Trade aber einige konzeptionelle Änderungen, die vor allem dem Schutz der Anleger und ihrer Mittel dienten[1021]. Trotzdem dieses "Pilotprojekt" letztlich nicht vollständig durchgeführt wurde, und sich die hinter dem System stehenden Betreiber anderen Plänen zuwandten[1022], folgten in kurzem Abstand weitere vergleichbare Systeme dem Modell der Spring Street Brewery.

bb) Perfect Data Corporation

Im August 1996 ersuchte die Perfect Data Corp. die SEC im Hinblick auf ein vergleichbares Projekt um einen No-Action Letter. Auch dieses Unternehmen plante

---

1018 Vgl. zur Rechtswirksamkeit solcher, über das Internet geschlossener Wertpapiergeschäfte unter § 7.

1019 Vgl. zum System De Toro/Berkowitz, Los Angeles Daily Journal (June 27, 1996), Coffee, 52 Bus. Law., 1195, 1214 (1997); Sec. Reg. L. Rep. 1996, 437 (Mar. 29, 1996).

1020 Sec. Reg. L. Rep. 1996, 437 (Mar. 29, 1996).

1021 Spring Street Brewing Co., SEC Staff Reply Letter, (1996-1997 Transfer Binder) Fed. Sec. L. Rep. (CCH) ¶ 77,201 at 77,001 (Apr. 17, 1996).

1022 Der Gründer der Spring Street Brewery Co., Andrew Klein, hat eine Investmentbank, die "Wit Capital" gegründet und ist als Broker-Dealer mit Schwerpunkt in der Internet-Begleitung von Unternehmen tätig.

den Aufbau eines sog. "off the grid"-Handelssystems für die eigenen Aktien. Bei diesem System handelte es sich ebenfalls um ein über die Web-Seiten der Perfect Data Corp.[1023] zugängliches Bulletin Board, in das die registrierten Anwender ihre Transaktionsinteressen im Hinblick auf die Aktien der Gesellschaft eingeben konnten. Die Funktion des Bulletin Boards beschränkte sich auch hier auf die passive Veröffentlichung dieser Bekundungen. Transaktionen wurden durch das System selbst nicht ausgeführt. Die konkreten Geschäftsabschlüsse fanden vielmehr im direkten Kontakt der Teilnehmer untereinander statt. Auch hier wurden für die Bereitstellung dieses Bulletin Boards keinerlei Kompensationen gefordert.
Im Unterschied zur Spring Street Brewery stammten die Aktien der Perfect Data Corporation allerdings aus einer registrierten Emission und waren in den NASDAQ Small Cap Handel einbezogen. Zudem unterlag das Unternehmen auch den Berichtspflichten nach Sec. 12 SEA[1024]. Der gravierende Unterschied in Hinsicht auf den technischen Ablauf lag - nicht zuletzt in Reaktion auf die SEC-Position im Spring Street No-Action Letter - darin, daß die Transaktionen über einen "transfer agent" abgewickelt wurden, ohne daß die Mittel oder Aktien der Anleger insoweit unter die Kontrolle des Unternehmens gelangten.

cc) Weitere Entwicklungen

Im Anschluß an diese ersten Bulletin Boards folgte eine Reihe weiterer Unternehmen, wie etwa die Real Goods Trading Corporation[1025], die Flamemaster Corporation[1026] oder die Portland Brewing Company[1027] diesem Modell zur Etablierung oder Unterstützung des Sekundärmarkthandels in ihren Wertpapieren. Während der technische und organisatorische Aufbau der Bulletin Boards sich in den wesentlichen Punkten regelmäßig ähnelt und den zuvor beschriebenen Konzepten, insbesondere dem der Perfect Data Corporation folgt, unterscheiden sich die Fälle vielmehr in der Art der Emission ihrer Aktien[1028] und der Frage, ob diese parallel

---

1023 Perfect Data Web-Site: http://www.perfectdata.com .

1024 Perfect Data Corp., SEC No-Action Letter (Aug. 5, 1996), abgedruck in: Securities Law & The Internet (1998), 472, 473.

1025 Real Goods Trading Corp., SEC No-Action Letter, (1996-1997 Transfer Binder) Fed. Sec. L. Rep. (CCH) ¶ 77,226 at 77,131 - 77,132 (June 24, 1996); dazu auch Coffee, 52 Bus. Law., 1195, 1215 (1997).

1026 Flamemaster Corp., SEC No-Action Letter, 1996 SEC No-Act. LEXIS 972 (Oct. 29, 1996). Flamemaster Web-Site: http://www.flamemaster.com .

1027 Portland Brewing Company, SEC No-Action Letter, (1999-2000 Transfer Binder) Fed. Sec. L. Rep. (CCH) ¶ 77,664 at 76,400 (Dec. 4, 1999).

1028 Die Aktien der Real Goods Corporation etwa wurden im Wege zweier Direct Public Offerings über eine "Rule 504 SA exemption" bzw. nach Regulation A emittiert; der spätere Handel erwies sich als extrem illiquide (Real Goods Trading Corp., SEC No-Action Letter, (1996-1997 Transfer Binder) Fed. Sec. L. Rep. (CCH) ¶ 77,226 at 77,131 (June 24, 1996).

zum Handel in den Bulletin Boards auch an traditionellen Wertpapierhandelsplätzen gelistet sind.
Während letzteres bei den übrigen genannten Gesellschaften der Fall war, hebt sich hiervon die Portland Brewery Corporation ab, deren Aktien mangels Notierung an einer Börse oder im NASDAQ-System durch die Anleger praktisch nicht veräußert werden konnten. Obschon die Portland Brewery Corporation den Standpunkt vertreten hatte, daß darin ein wesentlicher Unterschied zu den bisher entschiedenen Fällen lag[1029], hat die SEC vor allem im Hinblick darauf, daß das Unternehmen gleichwohl ein "Sec. 12 SEA registrant" ist und damit den Berichtspflichten des Securities Exchange Act unterliegt, an der bisherigen No-Action Position festgehalten, ohne an diesen Unterschied besondere Folgen zu knüpfen[1030].

b) "Third Party Bulletin Boards" - Wertpapiertransaktionen auf unabhängigen Internet-Handelsplattformen

Neben solchen Bulletin Boards, die von den Emittenten selbst betrieben werden, haben sich auch solche Plattformen entwickelt, die von dritter, das heißt Emittenten-unabhängiger Seite, unterhalten werden. Beispielhaft ist etwa die Internet Capital Corporation zu nennen[1031].
Im Unterschied zu den "issuer sponsored bulletin boards" werden von diesen Foren zumeist die Wertpapiere mehrerer Unternehmen betreut, die in der Regel zwar an US-Börsen oder im NASDAQ-System gelistet sind, aber typischerweise nur wenig Interesse auf sich ziehen und über einen wenig liquiden Markt verfügen[1032]. Zudem werden von derartigen Anbietern in aller Regel für die Aufnahme in das Bulletin Board eine einmalige Gebühr, sowie monatliche Raten für das Bereitstellen der Unternehmensinformationen auf den Web-Seiten verlangt, deren Höhe von den Umsatzzahlen abhängig gemacht werden kann. Ebenso wie im Fall der

---

1029 Dieser Hinweis auf einen wesentlichen neuen Aspekt war deshalb erforderlich, weil die SEC insbesondere in den letzten Entscheidungen über "issuer sponsored bulletin boards" zum Ausdruck gebracht hatte, daß sie aufgrund der klaren bisherigen Linie weitere No-Action Anfragen nicht beantworten werde, wenn diese nicht neue Fragen aufwerfen würden.

1030 Portland Brewing Company, SEC No-Action Letter, (1999-2000 Transfer Binder) Fed. Sec. L. Rep. (CCH) ¶ 77,664 at 76,400 (Dec. 4, 1999); vgl. auch Kramer/An, Website Issues, in: PLI, Securities Law & The Internet (2000), Vol. 1, S. 395, 411.

1031 Internet Capital Corp., SEC No-Action Letter, Fed. Sec. L. Rep. (CCH) ¶ 77,443 at 78,225 (Dec. 22, 1997).

1032 Internet Capital Corp., SEC No-Action Letter, Fed. Sec. L. Rep. (CCH) ¶ 77,445 at 78,295 (Jan. 13, 1998).

"issuer sponsored bulletin boards" ist der bereitgestellte Service aber für den teilnehmenden Anleger gebührenfrei[1033].
In technischer Hinsicht folgt der Aufbau solcher Handelsplattformen den von den "issuer bulletin boards" bekannten Strukturen. So sieht das Konzept der Internet Capital Corporation einen Zugang zum Bulletin Board für die registrierten Teilnehmer über die Web-Seiten des Unternehmens vor, über die auch die öffentlichen Registrierungsunterlagen bezogen werden können. Ebenso wird per Hyperlink auf die EDGAR-Datenbank der SEC verwiesen. Zudem soll ein Verzeichnis aller Emittenten eingestellt werden, die vom System begleitet werden und die Kurse dieser Wertpapiere dargestellt werden. Schließlich soll die Seite auch einen Newsletter enthalten. In technischer Hinsicht ähnelt dieses Konzept den "issuer sponsored bulletin boards" insoweit, als auch hier in rein passiver Vorgehensweise Transaktionsinteressen und die Namen der Interessenten publiziert werden, die Transaktionen selbst aber vollständig außerhalb des Systems und ohne deren Beteiligung ablaufen[1034].

2.) Regulierung von Internet Bulletin Boards durch die SEC

Wenngleich nach dem oben beschriebenen Grundmuster solcher Internet Bulletin Boards diese Systeme gegenwärtig weder einzelne Order unmittelbar gegenüberstellen, noch die entsprechenden Geschäfte zur Ausführung bringen, so ist deren Hauptfunktion, die Veröffentlichung von Handelsinteressen an einem zentralen Ort, doch wesentliche Bedingung für die Belebung oder die Existenz eines Sekundärmarkthandels. In dieser Hinsicht nehmen sie zumindest in Teilbereichen Aufgaben wahr, die traditionell von Börsen oder alternativen Handelssystemen ausgeführt werden. Gerade angesichts der beschriebenen Ausweitung des gegenwärtigen US-Börsenbegriffs stellt sich daher die Frage, ob diese Bulletin Boards, den alternativen Handelssystemen vergleichbar, als "exchanges" zu behandeln sind, oder sich nach Einbindung der ATS in das "national market system" mit derartigen Internet-Handelsplattformen neue unregulierte Märkte bilden.

[1033] Internet Capital Corp., SEC No-Action Letter, Fed. Sec. L. Rep. (CCH) ¶ 77,443 at 78,229 (Dec. 22, 1997).

[1034] Auch das Angel Capital Electronic Network ist in Hinsicht auf seine Funktionsweise und den Internet-Einsatz einem solchen "third party bulletin board" vergleichbar. Das System selbst ist in den konkreten Geschäftsabschluß zwischen Emittent und Investor in keiner Weise involviert. Eine Kontrolle über Mittel oder Zahlungsströme der Teilnehmer hat das System nicht. Eine Gebühr wird lediglich zur Deckung der Kosten und unabhängig von jeder konkreten Transaktion erhoben (Angel Capital Electronic Network, SEC No-Action Letter (Oct. 25, 1996) abgedruckt in: Securities Regulation & The Internet (1998), 483).

a) Regulierung als "exchanges"

Trotz der Extension des Börsenbegriffes ist eine Qualifikation der Bulletin Boards als "exchanges" in mehrfacher Hinsicht zweifelhaft.

aa) Verbindlichkeit der Transaktionsaufträge

Zum einen hat die SEC im "ATS Release" deutlich gemacht, daß "exchanges" die Order mehrerer Ankäufer und mehrerer Verkäufer zusammenbringen müssen[1035]. Nach dem oben Gesagten werden dabei an den Begriff der "order" in Rule 3b-16 SEA Anforderungen gestellt, die über bloße Interessensbekundungen deutlich hinausgehen. Angesichts der Praxis der Bulletin Boards, in die zwar Kaufinteressen eingestellt werden, bei denen ein Geschäftsabschluß aber erst nach Annahme eines außerhalb des Systems abgegebenen gesonderten Angebotes zustande kommt, ist das von der SEC im "ATS Release" für eine "order" vorausgesetzte Maß an Bindungswillen nicht gegeben.
Zwar ist hierfür nicht zwingend erforderlich, daß der Geschäftsabschluß ohne weitere Bestätigungen vollzogen wird, sobald sich ein entsprechendes Gegenangebot findet. Das Erfordernis einer zusätzlichen Vereinbarung zur eingestellten Order schadet aber nur dann nicht, wenn sich dieses als bloße formale Bestätigung darstellt[1036]. Hiervon kann im Fall der Bulletin Boards aber nicht ausgegangen werden. Weder hat sich bisher eine Praxis entwickelt, die die Erfüllung einer eingestellten Order als sicher erscheinen läßt, noch besteht angesichts des Umstandes, daß Handelspartner vornehmlich private Anleger sind, ein begründetes Vertrauen dahin, daß die Konditionen oder der Geschäftsabschluß an sich allein aufgrund der Eingabe der Interessensbekundung in das System feststünden. Gerade weil derartige Systeme keine Order-Crossing Funktionen bereitstellen und es keine festgelegten Regeln für die Reihenfolge der Handelsausführung gibt, steht es im Ermessen jedes einzelnen Anlegers, ob er kontrahieren möchte oder nicht, so daß es bereits an einem hinreichend fester Transaktionswillen fehlt[1037].

1035 Reine Emissionsplattformen scheiden bereits aufgrund der fehlenden Mehrheit von Verkäufern aus dem Definitionsbereich der "exchanges" aus.

1036 Vgl. Regulation of Exchanges and Alternative Trading Systems, Exchange Act Release No. 34-40760, 68 S.E.C. Docket 2188 ff. (Dec. 8, 1998), unter III.A.3.

1037 Bei dem ACE-Net System fehlt es schon an der Möglichkeit der Investorenseite Order einzustellen. Das System stellt lediglich die Basisdaten der Unternehmen sowie eine Suchmaschine zur Verfügung, die dem Investor das Auffinden des "passenden" Unternehmens ermöglicht. Selbst Interessensbekundungen werden nur im direkten Kontakt zwischen Investor und Unternehmen ausgetauscht.

bb) Zusammenführung gegenläufiger Transaktionsinteressen

Auch das zweite, in der Rule 3b-16 SEA festgeschriebene Börsenmerkmal - die Bereitstellung feststehender, nicht vom Ermessen der Betreiber oder Dritter Personen abhängender Methoden, nach denen die eingestellten Order miteinander in Interaktion treten[1038] - wird durch die Funktionsweise von Bulletin Boards nicht erfüllt. Weder werden Regeln im Hinblick auf die Priorität der Orderausführung oder der Preisfindung festgesetzt, noch existiert ein Handelsmechanismus, der die Art und Weise der Zusammenführung der Angebote festsetzt. Die rein passive Publikation von Transaktionsinteressen genügt hierfür nicht.

Im Gegenteil beschreibt die SEC im "ATS Release" selbst verschiedene Systeme, die auch dem neuen Börsenbegriff nicht unterfallen. Als "System F" wird dabei ein Handelssystem beschrieben, daß dem typischen "issuer sponsored bulletin board" entspricht. Bei "System F" handelt es sich um die Internet-Seite eines Emittenten, in die Käufer oder Verkäufer der emittierten Wertpapiere ihre Identität und Anschrift, sowie die Anzahl der Wertpapiere und den Handelspreis einstellen können, zu dem ge- oder verkauft werden soll. Nach Kenntnisnahme dieses Angebotes durch die mögliche Gegenpartei findet eine Kontaktaufnahme und der Geschäftsabschluß der Parteien dann außerhalb des Systems statt. Bei Handelsplattformen vom Typ des "System F" handelt es sich um keine von Rule 3b-16 SEA erfaßte "exchange", weil dieses System die erforderlichen "non-discretionary methods" nicht bereitstellt[1039].

Zwar ist ein entsprechendes Beispiel für solche Bulletin Boards, die von dritter Seite betrieben werden nicht ausdrücklich im "ATS Release" genannt, aufgrund der funktionell gleichen Abläufe, vor allem der Geschäftsabschlüsse außerhalb des Systems, ist eine unterschiedliche Behandlung beider Typen von Bulletin Boards aber nicht angezeigt, so daß diese insgesamt keine "exchanges" i.S.d. durch die Rule 3b-16 SEA präzisierten Legaldefinition der Sec. 3(a)(1) SEA darstellen.

b) Regulierung als ATS

Trotzdem Internet Bulletin Boards somit nach amerikanischem Kapitalmarktrecht nicht als Börsen zu qualifizieren sind, stellen sie börsenähnlich wesentliche Einrichtungen zur Zusammenführung von An- und Verkäufern von Wertpapieren bereit. Da sie ihren Anwendern zudem, außer den Teilnahmebedingungen im System, keine weiteren Verhaltensregeln auferlegen oder sonst disziplinarische Einflußmöglichkeiten auf diese haben, rücken sie in den Definitionsbereich alter-

---

1038 Vgl. Rule 3b-16(a)(2) SEA.

1039 Vgl. zur Beschreibung und Einordnung des "System F": Regulation of Exchanges and Alternative Trading Systems, Exchange Act Release No. 34-40760, 68 S.E.C. Docket 2188 ff. (Dec. 8, 1998), unter III.D.1.g.

nativer Handelssysteme, so wie er in Rule 300(a) der Regulation ATS bestimmt worden ist. Gleichwohl können die Regulation ATS und insbesondere die in ihr niedergelegten Verpflichtungen keine Anwendung auf Internet Bulletin Boards finden.

Dieses ergibt sich zum einen aus dem systematischen Zusammenhang zwischen der Börsendefinitionsnorm der Rule 3b-16 SEA, dem Ausnahmetatbestand der Rule 3a1-1 SEA und der Regulation ATS, die die Voraussetzungen des Ausnahmetatbestandes der Rule 3a1-1(a)(2) SEA beschreibt. Eröffnet wird der Regelungsbereich der Regulation ATS dieser Konstruktion entsprechend nur in den Fällen, in denen eine Ausnahme nach Rule 3a1-1 SEA erforderlich ist, weil das fragliche Handelssystem ansonsten dem weiten Börsenbegriff der Rule 3b-16 SEA unterfällt. Dieses ist nach dem oben Festgestellten für den Bereich der Internet Bulletin Boards nicht der Fall.
Zum anderen liefe die Verpflichtung für Bulletin Boards, die besonderen Auflagen der Regulation ATS erfüllen zu müssen, auch dem Sinn und Zweck dieser Sonderregelung zuwider. Wie dargestellt resultiert der Erlaß der Regulation ATS vor allem aus der Überzeugung der SEC, daß angesichts der derzeitigen wirtschaftlichen Bedeutung alternativer Handelssysteme, deren fehlende Einbindung in das "national market system" die Wettbewerbssituation zum Nachteil der traditionellen Börsenplätze verzerrt und zum anderen die Markttransparenz beeinträchtigt. Aus dieser Analyse resultieren die einzelnen Auflagen, die die Regulation ATS von denjenigen alternativen Handelssystemen verlangt, die "lediglich" als Broker-Dealer reguliert werden wollen. Ziel dieser Einzelauflagen ist in vielen Bereichen die Angleichung der Regulierungstiefe an ein der Börsenregulierung vergleichbares Niveau. Diese Auflagen sind aber insbesondere in Hinsicht auf die weitgehenden Berichtspflichten und die hohen Anforderungen an Systemintegrität und den fairen Zugang der Teilnehmer weder der besonderen Situation der Bulletin Boards angepaßt, noch ihrer wirtschaftlichen Bedeutung angemessen.

Aus diesen Gründen findet auch eine Regulierung der Internet Bulletin Boards nach der Regulation ATS nicht statt. Diesem Ergebnis entsprechend hat sich die Rechtslage für diejenigen Bulletin Boards, die vor Erlaß des "ATS Releases" eine No-Action Stellungnahme erhalten haben, nicht geändert[1040]. In den Stellungnahmen der SEC auf die damaligen Anfragen, hat sie jeweils bestätigt, daß sie diese

---

[1040] Siehe dazu Perfect Data Corp., SEC No-Action Letter (Aug. 5, 1996), abgedruck in: Securities Law & The Internet (1998), 472, 473; Real Goods Trading Corp., SEC No-Action Letter, (1996-1997 Transfer Binder) Fed. Sec. L. Rep. (CCH) ¶ 77,226 at 77,131 - 77,132 (June 24, 1996); Flamemaster Corp., SEC No-Action Letter, 1996 SEC No-Act. LEXIS 972 (Oct. 29, 1996); Angel Capital Electronic Network, SEC No-Action Letter (Oct. 25, 1996) abgedruckt in Securities Law & The Internet (1998), 483.

Handelsplattformen nicht als Börsen qualifizieren und einer entsprechenden Regulierung unterwerfen werde[1041].

Zudem ist diese Haltung auch in dem nach Erlaß der Regulation ATS ergangenen No-Action Letter der Portland Brewery Corporation bestätigt worden[1042], in dem die SEC ebenfalls in einer Linie mit den bisherigen Stellungnahmen und den Ausführungen im "ATS Release" bekräftigt hat, daß Internet Bulletin Boards solange weder als Börsen angesehen, noch als alternative Handelssysteme im Sinne der Regulation ATS eingestuft und reguliert werden, wie die konkreten Ausführungsgeschäfte außerhalb des Systems im unmittelbaren Kontakt der Geschäftspartner untereinander stattfinden[1043].

c) Regulierung als Broker-Dealer

Obschon Bulletin Boards aus den genannten Gründen weder als "exchanges" aufzufassen, noch den Vorschriften der Regulation ATS unterworfen sind, stellt sie dieses Zwischenergebnis nicht generell von jeglicher Regulierung frei. Im Hinblick darauf, daß diese Systeme für die Teilnehmer Wertpapieran- und -verkäufe ermöglichen, kommt eine Erfassung als Broker in Betracht. Nach Sec. 3(a)(4) SEA sind als Broker alle natürlichen oder juristischen Personen zu behandeln, die gewerbsmäßig, d.h. mit gewisser Regelmäßigkeit, "securities" für andere kaufen oder verkaufen. Zentrales Merkmal dabei ist, ob eine Person sich geschäftlich im Bereich der Wertpapiertransaktionen engagiert[1044].

Gerade aufgrund der Unbestimmtheit der gesetzlichen Definition, hat sich die konkrete Ausformung des Broker-Dealer Begriffes erst durch einschlägige gerichtliche Entscheidungen und die No-Action Letter der SEC entwickelt. Obschon die SEC in diesen Schreiben regelmäßig nur das Resultat ihrer Einschätzung mitteilt, ohne ihre konkreten Erwägungsgründe offenzulegen, haben sich im Laufe der Zeit doch einige wesentliche Faktoren herausgebildet, die immer wieder als Anknüpfungspunkt dienen.

1041 In formaler Hinsicht ist allerdings darauf hinzuweisen, daß die SEC in derartigen No-Action Lettern keine weiteren rechtlichen Ausführungen macht, sondern lediglich auf Basis der Angaben der Unternehmen ihre No-Action Haltung zum Ausdruck bringt. Zwar stimmt sie dabei nicht ausdrücklich mit der von den Unternehmen selbst dargelegten Rechtsauffassung überein, gleichwohl lassen sich diesen Stellungnahmen die Grundhaltung der SEC entnehmen.

1042 Portland Brewing Company, SEC No-Action Letter, (1999-2000 Transfer Binder) Fed. Sec. L. Rep. (CCH) ¶ 77,664 at 76,400 (Dec. 4, 1999).

1043 Ähnlich Friedman, Securities Regulation in Cyberspace, 6-21; Becker/Yim/Macauley/Seidel, An Overview of Online Securities Trading, in: PLI, Securities Law & The Internet (2000), Vol. 1, S. 431, 440. ebenso Becker/Macauley, Regulation of Alternative Trading Systems, in: PLI, Securities Law & The Internet (1999), Vol. 1, S. 311, 314.

1044 Lipton, Broker-Dealer Regulation, 1-24.

aa) Kriterien der Broker-Dealer Tätigkeit

Zum einen ist sowohl für eine Qualifikation als Broker oder Dealer eine gewisse Regelmäßigkeit der geschäftlichen Tätigkeit erforderlich. Hiervon geht die SEC nicht aus, wenn es sich um einzelne isolierte Transaktionen handelt. Sobald sich aber eine Regelmäßigkeit abzeichnet, wird eine Registrierung grundsätzlich erforderlich[1045]. Dieses Merkmal wird von Bulletin Boards, deren Tätigkeit auf die dauerhafte Bereitstellung einer Handelsmöglichkeit ausgelegt ist, erfüllt. In Bezug auf die konkrete Tätigkeit, die von einem Broker erbracht wird, spricht Sec. 3(a)(4) SEA von "effecting transactions in securities for the account of others". Welche Aktivitäten diese Definition erfüllen, ist Gegenstand zahlreicher No-Action Letter, auch ohne spezifisch Internet-relevanten Hintergrund gewesen. Dabei hat die SEC vor allem auf das Maß an Beteiligung beim Geschäftsschluß und dessen Durchführung abgestellt. Die bloße organisatorische Unterstützung eines Wertpapierverkaufsprogramms ohne aktive Teilnahme an den Absatzbemühungen, hat die SEC nicht als ausreichend angesehen, um ein Registrierungserfordernis als Broker-Dealer zu begründen[1046].

Daneben hat sie auch der Frage, ob von der fraglichen Person Gelder oder Wertpapiere im Zuge der Transaktion angenommen oder verwaltet werden, besondere Bedeutung beigemessen[1047]. Grund für diese Haltung sind vor allem prinzipielle Bedenken gegen die Kontrolle von Kundengeldern durch Personen, die nicht als Broker-Dealer zugelassen sind, und damit weder der direkten Kontrolle der SEC unterstehen, noch besondere Berichts- und Aufzeichnungspflichten zu erfüllen haben, oder zur Mitgliedschaft in Entschädigungsvereinigungen verpflichtet sind[1048]. Neben diesen Hauptkriterien hat die SEC einzelfallbezogen auch an weitere Verhaltensweise angeknüpft, die allgemein das Bild eines Broker-Dealers prägen[1049].

[1045] Lipton, Broker-Dealer Regulation, 1-26.

[1046] Christian Bonds, Inc., SEC No-Action Letter, (1971 - 1972 Transfer Binder) Fed. Sec. L. Rep. (CCH) ¶ 78,407 at 80,900.

[1047] Wenn etwa der Herausgeber eines Wertpapier-Newsletters den Abonnenten anbietet, Neuemissionen, über die in den Schreiben berichtet wird, für die Abonnenten zu ordern und das dafür erforderliche Geld zuvor beim Herausgeber hinterlegt worden ist, so erfüllt dieser Herausgeber die Broker-Dealer Eigenschaften und ist registrierungspflichtig; vgl. Kane (John), SEC No-Action Letter, (1970 - 1971 Transfer Binder) Fed. Sec. L. Rep. (CCH) ¶ 78,087 at 80,355.

[1048] Rule 15c3-1 SEA verlangt von Broker-Dealern eine bestimmte Eigenkapitaldecke. Sec. 17 SEA und die dazu erlassenen Rules bestimmen detailliert das Erfordernis von Aufzeichnungen über bestimmte Geschäftsvorgänge und die gegenüber der SEC bestehenden Berichtspflichten. All diese Maßnahmen dienen der Sicherung der Kundengelder und der Vorbeugung gegen Mißbrauchs- oder Untreuetatbestände.

[1049] Lipton, Broker-Dealer Regulation, 1-33 f., m.w.N.

bb) Passive Verbreitung von Transaktionswünschen durch Bulletin Boards

Die lediglich passive Verbreitung der Transaktionsinteressen Dritter, wie sie von den gegenwärtig operierenden Bulletin Boards bereitgestellt wird, genügt diesen Anforderungen grundsätzlich nicht. Bei diesen Modellen werden weder die konkreten Geschäftsabschlüsse durch das System begleitet, noch sind die Betreiber der Bulletin Boards in die Abwicklung eingeschaltet[1050]. Aus diesen Gründen hat die SEC auch in den geschilderten Fällen zur Frage der Broker-Dealer Registrierung eine No-Action Haltung eingenommen[1051].

Daß sie dabei auch in Internet-Sachverhalten an den bisher entwickelten Kriterien festhält, wird vor allem in der Reaktion auf das Wit-Trade System deutlich. Nachdem dieses Bulletin Board-Konzept der Spring Street Brewery zunächst die aktive Hereinnahme und Verwaltung der Kundengelder im Abwicklungsprozeß vorsah, hat die SEC in ihrer Antwort gerade auf diesen Punkt besonders abgehoben und gefordert, daß Zugang und Kontrolle der Kundengelder nicht durch das Unternehmen selbst erfolgen dürften, sondern daß hier ein unabhängiger Zwischenverwahrer ("escrow agent") oder eine Bank eingeschaltet werden müsse. An diese unabhängigen Mittler, nicht aber an die Bulletin Board-Betreiberin seien die entsprechenden Schecks zu übermitteln[1052]. Nachdem die im Anschluß an das Wit-Trade System entwickelten weiteren Bulletin Boards diese Maßgaben von vornherein in die jeweiligen Konzepte integriert haben und bei jedem dieser Systeme eine Kontrolle über Kundenmittel ausgeschlossen worden ist, hat die SEC jeweils unter Bezugnahme auf dieses Erfordernis eine No-Action Haltung eingenommen[1053].

1050 Gleiches gilt für die bloße Verbreitung von Emissionsdaten durch das ACE-Net, das sich insoweit selbst als bloßen "listing service for small corporate stock offerings" beschreibt (vgl. Angel Capital Electronic Network, SEC No-Action Letter (Oct. 25, 1996) abgedruckt in Securities Law & The Internet (1998), 483, 493).

1051 Portland Brewing Company, SEC No-Action Letter, (1999-2000 Transfer Binder) Fed. Sec. L. Rep. (CCH) ¶ 77,664 at 76,400 (Dec. 4, 1999); Perfect Data Corp., SEC No-Action Letter (Aug. 5, 1996), abgedruck in: Securities Law & The Internet (1998), 472, 473; Real Goods Trading Corp., SEC No-Action Letter, (1996-1997 Transfer Binder) Fed. Sec. L. Rep. (CCH) ¶ 77,226 at 77,131 - 77,132 (June 24, 1996); Flamemaster Corp., SEC No-Action Letter, 1996 SEC No-Act. LEXIS 972 (Oct. 29, 1996).

1052 Spring Street Brewing Co., SEC Staff Reply Letter, (1996-1997 Transfer Binder) Fed. Sec. L. Rep. (CCH) ¶ 77,201 at 77,001 (Apr. 17, 1996).

1053 Die Real Goods Trading Corporation hat in ihrer No-Action ausdrücklich darauf hingewiesen, daß durch das System keinerlei Transaktionen ausgeführt werden, weshalb eine Registrierung als Broker-Dealer für die Kunden keinerlei zusätzlichen Schutz verspräche. Da die Mittel der Anleger nicht vom Unternehmen selbst verwaltet würden, bestünde weder bei einem Systemausfall, noch bei einer wirtschaftlich brisanten Lage der Gesellschaft eine Gefahr für die Gelder der Anleger. Der Ausfall des Systems hätte keine weiteren Folgen für die Teilnehmer als eben den Verlust des Zugangs zu diesem (Real Goods Trading Corp., SEC No-

Soweit die Grenze zu derart typischen Broker-Dealer Tätigkeiten aber überschritten ist, wird zwingend eine Registrierung erforderlich. Dabei hat die SEC in ihrem aktuellen "Internet Release" vom April 2000 darauf hingewiesen, daß dieses auch dann gelte, wenn diese Systeme vornehmlich im Bereich von Wertpapieren tätig sind, die aufgrund einer Ausnahme nach Regulation A oder D emittiert worden sind[1054]. Zwar erfaßt der Bereich registrierungspflichtiger Broker-Dealer Tätigkeiten der Sec. 15 SEA nicht das Engagement in "exempted securities". Diese sind in Sec. 3(a)(12) SEA aber abschließend aufgezählt und betreffen Wertpapiere, die aus einer Regulation A oder D Emission hervorgegangen sind gerade nicht. Auch in Hinsicht auf diese Wertpapiere gilt daher für die Frage der Registrierung dieser Systeme als Broker-Dealer der aufgezeigte, am Engagement in der konkreten Transaktion orientierte Maßstab.

d) Regulierung als Investment Adviser

Schließlich rückt die Verbreitung wertpapierrelevanter Informationen in Hinsicht auf bestimmte, vom System betreute Wertpapiere, die Bulletin Boards in die sachliche Nähe einer anlageberatenden Tätigkeit, die unter den Voraussetzungen des Investment Advisers Act unter Umständen eine Registrierung der Betreiber als Investment Adviser erforderlich macht. Nach Sec. 202(a)(11) IAA gelten als Investment Adviser all diejenigen, die entgeltlich anlageberatende Tätigkeiten für andere aufnehmen, indem sie Ratschläge zur Werthaltigkeit und Zweckmäßigkeit einzelner Wertpapiere im Hinblick auf deren An- oder Verkauf ihren Kunden gegenüber abgeben[1055], oder Publikationen, Wertpapieranalysen oder -Reporte verfassen und verbreiten[1056]. Für die Einordnung von Bulletin Boards sind dabei vor allem zwei Tatbestandsmerkmale von Bedeutung.

aa) Bedeutung der Entgeltlichkeit der Leistung

Grundvoraussetzung ist zum einen, daß die beratende Leistung "for compensation" erfolgt. Dieses Erfordernis wird durch jeglichen ökonomischen Vorteil erfüllt, der sowohl im Erhalt einer speziell für die Beratungsleistung zu erbringenden Gebühr liegen kann, als auch in einer sonstigen Kompensation für eine vom Anbieter

---

Action Letter, (1996-1997 Transfer Binder) Fed. Sec. L. Rep. (CCH) ¶ 77,226 at 77,131 - 77,132 (June 24, 1996)).

1054 Use of Electronic Media, Securities Act Release No. 33-7856, 72 S.E.C. Docket 929 ff. (Apr. 28, 2000), unter II.2.

1055 Vgl. dazu insgesamt oben unter § 12, II.).

1056 Zur Sonderfrage der Behandlung von Internet-Newslettern, die als Teil der Gesamtleistung von einigen Bulletin Boards (zB. dem der Internet Capital Corp.) angeboten werden vgl. oben unter § 12, II.), 1.).

erbrachte Gesamtleistung[1057]. Die oben dargestellten "issuer sponsored bulletin boards" erheben keinerlei Gebühren von ihren Teilnehmern, sondern stellen diesen Service völlig kompensationsfrei zur Verfügung[1058]. Der allenfalls mittelbare ökonomische Vorteil, der sich für die betreibenden Gesellschaften aus der Belebung des Sekundärmarkthandels in ihren Wertpapieren ergeben kann, reicht allein für die Erfüllung des "for compensation" Erfordernisses nicht aus. Diese Vorteile stellen sich nicht als eine vom Anleger an den Betreiber des Bulletin Boards geleistete Vergütung für die Beratung dar, sondern sind bloßer Reflex der verbesserten Liquidität des Handels und einer größeren Wahrnehmung durch die Öffentlichkeit.
Aus diesem Grund erteilen auch "third party bulletin boards" keine entgeltlichen Beratungen. Zwar wird hier für die Aufnahme der Unternehmen in das System und die Einstellung aktueller Unternehmensberichte eine Gebühr erhoben, diese haben jedoch die Gesellschaften, deren Wertpapiere vertreiben werden sollen, zu entrichten[1059]. Die Anleger zahlen auch hier für die Inanspruchnahme der Leistungen keine Gebühr.

bb) Anlageberatung durch Verbreitung von Wertpapierinformationen

Fraglich ist daneben, ob die bloß passive Publikation von Unternehmensdaten als anlageberatende Tätigkeit i.S.d. Investment Advisers Act aufzufassen ist. Die Real Good Trading Company hat zu dieser Frage ausdrücklich darauf hingewiesen, daß weder sie selbst, noch das von ihr betriebene System Anlageratschläge in irgendeiner Form abgibt[1060]. Selbst die Internet Capital Corporation, die in Hinsicht auf die publizierten Informationen das weitestgehendste Angebot offeriert, beschränkt sich auf eine kurze Darstellung bestimmter Basisinformationen, die dem bei der SEC eingereichten Formular "Form 10-K" entnommen sind, sowie auf eine Übersicht über die gegenwärtigen Kurse der Wertpapiere an den Handelsplätzen, an denen der betreffende Wert gelistet ist. Zudem wird ein unmittelbarer Zugang zu den bei der SEC eingereichten Registrierungsunterlagen eröffnet[1061]. Grundsätzlich reicht eine derartige Bereitstellung von allgemein zugänglichen Informationen nicht aus, um den Status eines Investment Advisers zu begründen,

1057 Kirsch, Investment Adviser Regulation, 2-8.

1058 Vgl. Real Goods Trading Corp., SEC No-Action Letter, (1996-1997 Transfer Binder) Fed. Sec. L. Rep. (CCH) ¶ 77,226 at 77,133 - 77,134 (June 24, 1996).

1059 Vgl. etwa Internet Capital Corp., SEC No-Action Letter, Fed. Sec. L. Rep. (CCH) ¶ 77,443 at 78,225 (Dec. 22, 1997); Im Ergebnis ebenso Friedman, Securities Regulation in Cyberspace, 6-20.

1060 Real Goods Trading Corp., SEC No-Action Letter, (1996-1997 Transfer Binder) Fed. Sec. L. Rep. (CCH) ¶ 77,226 at 77,133 - 77,134 (June 24, 1996).

1061 Siehe Internet Capital Corp., SEC No-Action Letter, Fed. Sec. L. Rep. (CCH) ¶ 77,445 at 78,296 (Jan. 13, 1996).

wenn nicht andere Umstände, wie etwa die gezielte Auswahl von einzelnen Wertpapieren, oder die Art der Präsentation dieser Informationen als weitere Anhaltspunkte hinzutreten und die Information als Ergebnis eines Abwägungsprozesses erscheinen lassen[1062]. Das Risiko, daß die Veröffentlichung von Unternehmensdaten als Anlageberatung qualifiziert werden könnte, ist unter diesem Gesichtspunkt bei den von Dritter Seite betriebenen Bulletin Boards größer als bei "issuer sponsored bulletin boards". Während im letzteren Fall nur die unternehmenseigenen Wertpapiere in das Bulletin Board aufgenommen werden, könnte bei den kommerziell betriebenen Boards, die in der Regel die Wertpapiere mehrerer Unternehmen betreuen, der Anschein einer speziell auf die Belange des Anlegerpublikums zugeschnittenen Auswahl bestimmter Wertpapiere entstehen. Aus diesem Grund hat die Division of Investment Management der SEC in einer gesonderten Stellungnahme zur Frage der Einordnung der Internet Capital Corporation als Investment Adviser klargestellt, daß es wegen des kommerziellen Charakters der Tätigkeit dieser Gesellschaft in besonderem Maße darauf ankomme, daß diese sich jeglicher Äußerung zur Werthaltigkeit oder Zweckmäßigkeit der Investition in einzelne Titel enthält. Zudem sei jegliche Involvierung in die konkreten Transaktionsverhandlungen zwischen den Anlegern zu vermeiden[1063]. Auch die Aufbereitung oder Bewertung von Informationsmaterial, das den Anlegern zur Verfügung gestellt wird, ist zu unterlassen, um jeglichen Anschein einer selektiven Auswahl und Darstellung zu vermeiden, der die publizierten Daten in die Nähe einer "analysis" oder eines "reports" rücken könnte[1064].
Das Bereitstellen eines lediglich passiven Forums, über das die Investoren Informationen hinsichtlich der betreuten Wertpapiere erhalten und die Transaktionsinteressen anderer Anleger einsehen können, stellt hingegen keine zur Registrierung als Investment Adviser verpflichtende Tätigkeit dar[1065].

cc) Registrierungsausnahme für "small investment adviser"

Schließlich spricht ein drittes wesentliches Argument gegen eine Registrierungsverpflichtung bei der SEC. Im Zuge des National Market Improvement Acts von 1996 ist Sec. 203A IAA in den Investment Advisers Act eingefügt worden, die sog. "small investment adviser" mit einem verwalteten Vermögen von weniger als

---

1062 Kirsch, Investment Adviser Regulation, 2-8 m.w.N.

1063 Internet Capital Corp., SEC No-Action Letter, Fed. Sec. L. Rep. (CCH) ¶ 77,445 at 78,302 (Jan. 13, 1998). Dabei hat die SEC ausdrücklich auch auf ihren, dem Angel Capital Electronic Network gegenüber abgegebenen No-Action Letter hingewiesen, indem sie im wesentlichen auf dieselben Bedingungen abgestellt hat (vgl. Angel Capital Electronic Network, SEC No-Action Letter (Oct. 25, 1996) abgedruckt in: Securities Regulation & The Internet (1998), 483).

1064 Friedman, Securities Regulation in Cyberspace, 6-21.

1065 Gleiches gilt für einen passiven "listing service", wie ihn das ACE-Net bereitstellt.

25 Mio. US$ von der Registrierung bei der SEC ausnimmt und der exklusiven Aufsicht der Bundesstaaten unterstellt. Nachdem die SEC im Falle jedes Bulletin Boards ausdrücklich darauf bestanden hat, daß diese keinerlei Mittel verwalten, sind diese Handelsplätze schon aus diesem Grund dem Aufsichtsbereich der SEC entzogen. Da der Uniform Securities Act, nach dem 35 Staaten ihre "blue sky laws" ausgerichtet haben, in Sec. 401(f)[1066] den Begriff des "investment advisers" in der selben Weise definiert, wie dieses auch die Federal Securities Laws tun, gilt für eine Registrierungsverpflichtung auf der Ebene der Bundesstaaten das bisher Gesagte[1067].

e) Sonstige Regulierungsansätze

Solange Bulletin Boards weitestgehend eine teilnehmende oder unterstützende Position bei der konkreten Geschäftsdurchführung vermeiden und sich zudem auf die wertungsfreie Publikation der eingestellten An- und Verkaufsangebote beschränken, werden sie weder als Broker-Dealer oder Investment Adviser noch als Exchange oder ATS qualifiziert. Die von der SEC verlangte Bedingung, daß keinerlei Anlegermittel verwaltet oder gehalten werden, schließt zudem eine Registrierungsverpflichtung als "clearing agency" nach Sec. 17A SEA aus[1068]. Gleichwohl verbleiben für eine institutionelle Regulierung der Bulletin Boards vor allem zwei kapitalmarktrechtliche Sonderkategorien:

aa) Regulierung als "securities information processor"

In Betracht käme eine Regulierung der Bulletin Boards als "securities information processor" (SIP) nach Sec. 11A(b)(1) SEA. Als "securities information processor" beschreibt Sec. 3(a)(22)(A) SEA solche Systeme, die Daten über Wertpapiertransaktionen oder Kursinformationen sammeln oder zur Verbreitung oder Veröffentlichung aufbereiten, oder derartige Daten auf zeitnaher und fortlaufender Basis über ein Kommunikationsnetzwerk oder Terminal-Systeme verbreiten. Gem. Sec. 11A(b)(1) SEA sind allerdings nur solche SIP's registrierungspflichtig, die als "exclusive processor" ausschließlich zugunsten einer "national exchange" oder der NASD tätig sind[1069]. Nachdem eine derart exklusive Tätigkeit seitens der Bulletin

---

1066 Uniform Securities Act, Sec. 401(f).

1067 Ähnlich Friedman, Securities Regulation in Cyberspace, 6-21.

1068 Sec. 3(a)(23) SEA definiert den Begriff "clearing agency" und stellt dabei wesentlich darauf ab, ob das fragliche System als Intermediär entgeltlich in die Ausführung der Transaktionen durch Überweisung von Zahlungen oder Übermittlung der Wertpapiere involviert ist.

1069 Vgl. Sec. 3(a)(22)(B) SEA; zwar besteht nach Sec. 11A(b)(1) SEA die Möglichkeit, daß die SEC über den Erlaß von Rules auch einfache "securities information processors" einer Registrierungpflicht unterwirft, dieses ist allerdings bisher nicht geschehen (Friedman, Securities Regulation in Cyberspace, 6-20).

Boards, die gerade das breite Anlegerpublikum ansprechen wollen, nicht gegeben ist, ist eine Registrierung auch insofern entbehrlich[1070].

bb) Berichtspflichten als "market center" nach Rule 11Ac1-5 SEA

Mit einem Release vom November 2000[1071] hat die SEC die Kategorie der "market center" geschaffen und diese im Wege der neuen Rule 11Ac1-5 SEA einer umfassenden Pflicht zur Veröffentlichung monatlicher Berichte über die ausgeführten Transaktionen am Handelsplatz unterworfen. Bei Einordnung von Internet Bulletin Boards in diese Kategorie könnte über diese Berichtspflichten ein Teil der Transparenzlücke im National Market System, die sich aus der fehlenden Qualifikation als "exchange" oder ATS ergibt, geschlossen werden.
Eine Verpflichtung der Bulletin Boards aus Rule 11Ac1-5 SEA stößt aber in mehrfacher Hinsicht auf Bedenken. Zunächst betreffen die Berichtspflichten nur die Ausführung von Wertpapiergeschäften in "national market system securities". Rule 11Aa2-1 SEA faßt hierunter solche Wertpapiere, die an den registrierten Börsen oder im NASDAQ-System gelistet sind, was für viele, der über Bulletin Boards gehandelten Werte nach dem oben Festgestellten nicht zutrifft. Vor allem spricht gegen eine derartige Qualifikation aber die Definition der "market center" selbst. Rule 11 Ac1-5(a)(14) SEA ordnet diesem Begriff vor allem Market Maker, "alternative trading systems" und die registrierten Börsen unter. Bei Bulletin Boards handelt es sich aber weder um ATS noch um Börsen, so daß sie dem sachlichen Anwendungsbereich dieser Vorschrift nicht unterfallen.
Für dieses Ergebnis spricht schließlich auch der Zweck, der mit Einführung der Rules 11Ac1-5 und 11Ac1-6 SEA verfolgt worden ist und vornehmlich in der Offenlegung der Praxis der Broker-Dealer bei Ausführung der Kundenorder besteht[1072]. Bei Bulletin Boards handelt es sich aber um intermediationsfreie Handelsplattformen, an denen die interessierten Anleger selbst auftreten. Eine Regulierung als "market center" scheidet daher aus.

f) Marktverhaltensbezogene Regulierung

Trotzdem Internet Bulletin Boards somit institutionell regulierungsfrei sind, unterliegt das konkrete Marktverhalten an diesen Handelsplätzen gleichwohl der Auf-

---

1070 Friedman, Securities Regulation in Cyberspace, 6-20; vgl. auch Wunsch Auction Systems, Inc., SEC No-Action Letter, (1990-1991 Transfer Binder) Fed. Sec. L. Rep. (CCH) ¶ 79,662 at 78,034 (Feb. 28, 1991).

1071 Final Rule: Disclosure of Order Execution and Routing Practices, Exchange Act Release No. 34-43590 (Nov. 17, 2000); verfügbar unter: http://www.sec.gov/rules/final/34-43590.htm .

1072 Final Rule: Disclosure of Order Execution and Routing Practices, Exchange Act Release No. 34-43590 (Nov. 17, 2000), unter I; verfügbar unter: http://www.sec.gov/rules/final/34-43590.htm .

sicht der SEC. Gerade weil diese Handelsplätze in der Regel nicht von registrierten Broker-Dealern, sondern Dritten betrieben werden, ergibt sich unter dem Gesichtspunkt des Anlegerschutzes ein erhöhter Regulierungsbedarf. Während diese Fragen aufgrund der Teilnehmerbeschränkung auf fachlich kompetente und wirtschaftlich durchsetzungsfähige Marktteilnehmer in ATS keine primäre Rolle spielen, stehen Bulletin Boards gerade dem vielfach unerfahrenen Privatanleger offen, der sich zudem noch in aller Regel kleinen und oft illiquiden Titeln gegenübersieht. Aus dieser Situation ergibt sich eine Reihe von Bedingungen, von deren Einhaltung die SEC, trotz einer positiven Grundhaltung insgesamt, ihre jeweiligen No-Action Positionen abhängig gemacht hat. Ziel dieser Bedingungen ist es, die Schutzstandards beim Handel in derartigen Systemen, denen, die bei traditionellen Transaktionen maßgeblich sind, anzupassen[1073]:

aa) Aufklärungspflichten gegenüber den Teilnehmern

Zum einen sind im System handelnde Anleger in geeigneter Weise, etwa durch Verwendung von Disclaimern, darüber aufzuklären, daß es sich bei dem Internet Bulletin Board weder um eine registrierte Börse handelt, noch eine Registrierung als Broker-Dealer oder Investment Adviser gegeben ist[1074]. Weitere Aufklärung der Anleger ist insofern erforderlich, als diese darauf hinzuweisen sind, daß sie bei bestimmten Verhaltensweisen selbst registrierungspflichtig werden können. Dieses gilt vor allem für den Fall, daß sich ein Investor entschließt "two-sided quotes" in das System einzustellen. Geben die Anleger An- und Verkaufsgebote gleichzeitig auf beiden Seiten des Systems ab, laufen sie Gefahr als gewerbsmäßig handelnde Dealer eingestuft zu werden, weil es der typischen Vorgehensweise eines Dealer entspricht, aus der Differenz zwischen An- und Verkaufspreis geschäftlichen Gewinn erzielen zu wollen[1075]. Aus diesem Grund sind einzelne Bulletin Boards über die Aufklärung ihrer Teilnehmer hinaus dazu übergegangen, den teilnehmenden Investoren das Einstellen von "two-sided quotes" generell zu untersagen, um entsprechende Konflikte zu vermeiden[1076].

1073 Cella III/Stark, 52 Bus. Law., 815, 829 (1997); Friedman, Securities Regulation in Cyberspace, 6-22.

1074 Internet Capital Corp., SEC No-Action Letter, Fed. Sec. L. Rep. (CCH) ¶ 77,443 at 78,229 (Dec. 22, 1997).

1075 Vgl. dazu Lipton, Broker-Dealer Regulation, 1-22.

1076 Internet Capital Corp., SEC No-Action Letter, Fed. Sec. L. Rep. (CCH) ¶ 77,443 at 78,230 (Dec. 22, 1997).

bb) Geltung der "antifraud provisions"

Trotzdem ansonsten eine Registrierung weder von Seiten der Anleger noch von Seiten des Bulletin Boards erforderlich ist, gelten gleichwohl die allgemeinen antifraud Vorschriften uneingeschränkt[1077]. Um deren Einhaltung kontrollieren zu können, hat die SEC es den Bulletin Boards zum einen zur Auflage gemacht, daß Aufzeichnungen aller in das System eingegebenen An- und Verkaufswünsche anzufertigen sind und auf Verlangen der SEC an diese zur Überprüfung herauszugeben sind. Daneben hat die SEC besonderen Wert darauf gelegt, daß selbst für den Fall, daß die Berichtspflicht nach Sec. 12 SEA endete, sich die betreibenden Unternehmen gleichwohl freiwillig verpflichten solche Angaben, die den inhaltlichen Anforderungen der Sec. 13(a) SEA entsprechen, in geeigneter Weise zu publizieren[1078].

3.) Fazit und Ausblick auf mögliche zukünftige Verfahrensweisen

Gegenwärtig werden Bulletin Boards, solange sie die oben beschriebenen Voraussetzungen einhalten, von der SEC weder als Börsen noch als Broker-Dealer reguliert[1079]. Wesentlicher Grund dafür ist die Zurückhaltung bei jeder Form der Unterstützung im Hinblick auf den konkreten Geschäftsabschluß und die Beschränkung auf die Publikation bloßer Interessensbekundungen. Sobald derartige Anbieter aber über die verwendeten Software-Lösungen "non-discretionary methods" etablieren und diese ihren vertraglichen Beziehungen zum Kunden zugrunde legen oder Einrichtungen zur Ausführung der Transaktionen eröffnen, ist die Grenze zur Regulierung als Börse überschritten[1080]. Die Beschränkung auf das gegenwärtige Tätigkeitsspektrum aber garantiert, trotz des weiten US-Börsenbegriffs, daß eine Einordnung solcher Systeme als "exchange" nicht in Betracht kommt. Als Folge dieser Wertung ist auch eine Regulierung als ATS nicht gegeben, da Ansatzpunkt der Regulation ATS gerade die Anwendbarkeit des Börsenbegriffes auf die entsprechenden Handelssysteme ist.

1077 Friedman schlägt aufgrund des Gefährungspotentials für Anleger beim Handel in solchen Bulletin Boards ergänzende Bedingungen vor, die die SEC in Form spezieller Rules aufstellen könnte; so empfiehlt der Autor etwa das Erfordernis eines Zertifikates durch eine unabhängige dritte Stelle, die Sicherheit hinsichtlich der Identität des Geschäftspartners gewährt und so das Gegenparteirisiko mindert (Friedman, Securities Regulation in Cyberspace, 6-22).

1078 Real Goods Trading Corp., SEC No-Action Letter, (1996-1997 Transfer Binder) Fed. Sec. L. Rep. (CCH) ¶ 77,226 at 77,134 (June 24, 1996); Perfect Data Corp., SEC No-Action Letter (Aug. 5, 1996), abgedruck in: Securities Law & The Internet (1998), 472, 481.

1079 Gleiches gilt für den "listing service", der vom ACE-Net bereitgestellt wird.

1080 Ebenso Olson/Pitt, Securities in the Electronic Age, 1-65.

a) Regulierungsbedürfnis zur Erfassung von Bulletin Boards

Ob die SEC dauerhaft an ihrer gegenwärtigen No-Action Haltung festhält, dürfte im wesentlichen - dafür spricht schon die gewandelte Verfahrensweise gegenüber den ATS - von der Entwicklung der Bulletin Boards selbst abhängen. Daß hier eine der Regulation ATS vergleichbare umfassende Regulierung erfolgen wird, ist m.E. zumindest in absehbarer Zeit unwahrscheinlich.

Einer der wesentlichen Gründe der Regulation ATS war das erhebliche Anwachsen der Handelsaktivitäten auf diesen Systemen. Angesichts der dort umgesetzten Volumina wuchs ohne eine entsprechende Regulierung parallel dazu auch die Gefahr, daß im Gesamtmarkt ein dem "national market system" zuwiderlaufender Verlust an Markttransparenz eintritt[1081]. Angesichts der gegenwärtigen wirtschaftlichen Bedeutung der Transaktionen, die auf Basis von Internet Bulletin Board-Informationen zustande kommen, ist ein signifikantes Anwachsen der Intransparenz des US-Wertpapiermarktes aufgrund der fehlenden umfassenden Einbindung in das "national market system" nicht zu befürchten. Auf Seiten der Teilnehmer werden solche Foren zumeist von Privatanlegern genutzt. Bei den Wertpapieren, die über diese Systeme vertrieben werden, handelt es sich typischerweise um kleinere Werte, die, sofern sie an einer regulären Börse oder im NASDAQ-System gelistet sind, in aller Regel nur wenig Liquidität auf sich ziehen und nur geringe Umsatzzahlen aufweisen. Daß die Belebung des Handels in diesen Titeln, die durch die Bulletin Boards erreicht werden kann, signifikante Auswirkungen auf den Wertpapiermarkt haben könnte, erscheint wenig wahrscheinlich.

Auch Tendenzen einer Ausweitung der Geschäftstätigkeit solcher Boards in den Bereich institutioneller Anleger und sonstiger professioneller Wertpapierhändler zeigen sich nicht. Diese stehen aufgrund von Bedenken gegen Datensicherheit und Systemstabilität des Internet, diesem Medium als Handelsplattform für ihre Aufträge eher kritisch gegenüber und halten überwiegend an den bewährten, geschlossenen Netzwerken fest. Zudem existieren mit den ATS speziell auf ihre Belange und Anforderungen ausgerichtete Handelsplattformen, so daß es die für die Etablierung von Internet-Foren für professionelle Akteure an der erforderlichen Nachfrage fehlt. Dieser Einschätzung stehen Plattformen wie das ACE-Net nicht entgegen; zwar wird über diese, anders als bei den beschriebenen Bulletin Boards, nicht der durchschnittliche Privatanleger, sondern eine qualifizierte und finanzstarke Anlegerschicht angesprochen, zum einen zeichnet sich aber auch hier ein verstärktes Interesse institutioneller Anleger nicht ab, zum anderen arbeiten derartige Netzwerke in Spezialbereichen, wie etwa der Distribution von Wertpapieren im Rahmen eines Regulation D - Offerings. Eine Ausweitung solcher Systeme über diese Sondergebiete hinaus, ist gegenwärtig nicht erkennbar.

1081 Siehe Regulation of Exchanges and Alternative Trading Systems, Exchange Act Release No. 34-40760, 68 S.E.C. Docket 2188 ff. (Dec. 8, 1998), unter IV.A.2.b.ii.

Nach alledem ist eine umfassende Regulierung Internet-basierter Wertpapierhandelsplätze aktueller Prägung nicht angezeigt. Ein solcher Schritt stünde auch nicht im Einklang mit der immer wieder propagierten Grundhaltung der SEC, die Entwicklung von Internet-Systemen, die im Sinne der Anleger einen Handel erleichtern und dessen Konditionen verbessern können, unterstützen zu wollen. Auch aus diesem Grund ist das gegenwärtige, in den beschriebenen No-Action Lettern zum Ausdruck kommende Konzept geeigneter als eine umfassende Regulierung dieser Plattformen:
Werden derartige Systeme von Broker-Dealern betreut oder unterhalten, hat die SEC die Bereithaltung von Aufzeichnungen der "Handelsaktivitäten" zur Auflage gemacht. Handelt es sich bei den Betreibern um die Emittenten selbst oder aber um Dritte, die nicht als Broker-Dealer registriert sind, so haben sich diese Unternehmen freiwillig der Fortführung ihrer Berichtspflichten unterworfen. Die weit größere Gefahr für die Marktintegrität ergibt sich darum nicht aus dem Fehlen einer vollständigen Einbindung in das "national market system", sondern vielmehr aus der Möglichkeit von manipulativen und betrügerischen Vorgängen in solchen Bulletin Boards. Diesen Verhaltensweisen begegnet die SEC, wie oben dargestellt, durch aktive und passive Überwachungsmaßnahmen. Rechtlich sind für die Erfassung dieser Vorgänge die bestehenden "antifraud"-Vorschriften ausreichend. Einer institutionellen Regulierung der Bulletin Boards insgesamt bedarf es daher nicht.

b) Rechtsrahmen für echte Internet-Börsen

Nachdem die SEC im "ATS Release" auf das Erfordernis eines "trading floors" als konstituierendes Merkmal einer Börse verzichtet hat und schon die gegenwärtigen Internet-Handelsplätze in mancherlei Hinsicht wesentliche Börsenfunktionen substituieren, scheint der Schritt zu einer echten Internet-Börse nicht weit. Begrifflich wäre hierunter ein Internet-basiertes Wertpapierhandelssystem zu verstehen, das aufgrund seiner spezifischen Funktionsweise die Merkmale des US-Börsenbegriff erfüllt und damit der grundsätzlichen Registrierungspflicht als "exchange" unterfällt.

aa) Konzeptionelle Ansätze

Die Annäherung an eine derartige Internet-Börse wäre von zwei Seiten denkbar. Zum eine käme eine Verlagerung der gegenwärtig in geschlossenen Netzen operierenden ATS in das Medium Internet in Betracht. Da diese heute schon überwiegend dem Börsenbegriff unterfallen, müßten sich die Betreiber insoweit neben der technischen Anpassung auch zu einer Registrierung als Börse entschließen. Die Alternative wäre eine konzeptionelle Änderung der bereits im Internet operierenden Bulletin Boards. Nach dem oben Gesagten fehlt es diesen zur Erfüllung des Börsenbegriffs gegenwärtig vor allem an Mechanismen, die wie die traditionellen Börsenplätze die Order nach vordefinierten und vorhersehbaren Regeln zusammenführen[1082]. Wenngleich die anschließende Ausführung der Aufträge nicht zwingend durch das System übernommen werden muß, so müßten doch Verhaltensregeln aufgestellt werden, die ausschließen, daß nach einem Order-Crossing durch das System, eine der Parteien nicht gewillt ist, an dem eingestellten Angebot festzuhalten.

bb) Wahrscheinlichkeit der Etablierung echter Internet-Börsen

Dagegen, daß einer dieser Ansätze in absehbarer Zeit umgesetzt werden wird, bestehen jedoch grundlegende Bedenken. Nach dem Regulierungskonzept des "ATS Release" wäre eine echte Internet-Börse grundsätzlich zur Registrierung als "exchange" mit allen genannten Konsequenzen verpflichtet. In Hinsicht auf den gegenwärtigen Teilnehmerkreis der Bulletin Boards, der ganz überwiegend aus Retail-Anlegern besteht, käme eine Registrierung als "exchange" dem nahezu vollständigen Verzicht auf den bisherigen Kundenstamm gleich, da an US-Börsen nach wie vor nur registrierte Broker-Dealer zugelassen sind. Eine Annäherung an eine Internet-Börse erscheint von dieser Seite daher nicht wahrscheinlich. Der erste Schritt zu einer Internet-Börse dürfte daher eher seitens der ATS erfolgen. Wenngleich das Gros dieser alternativen Handelsplätze gegenwärtig noch eine Regulierung als Broker-Dealer bevorzugt, so haben sich doch einzelne dieser Handelssysteme bereits zur Registrierung als "exchanges" entschlossen und die entsprechenden Unterlagen bei der SEC eingereicht[1083]. Gerade weil dieser Schritt aber mit der Beschränkung der Handelsteilnehmer auf registrierte Broker-Dealer einhergeht, bestehen angesichts der geschilderten Vorbehalte gegen Systemkapazität und Sicherheit des Internet Bedenken gegen eine Verlagerung der ATS in dieses Medium.

[1082] Die SEC selbst hat im "ATS Release" darauf hingewiesen, daß eine andere Behandlung der Bulletin Boards dann in Betracht kommt, wenn deren Betreiber etwa in Zusammenarbeit mit einer Dritten Partei Einrichtungen für die Anwender bereitstellt, die der Ausführung ihrer Aufträge dienen. In diesem Fall würde ein Bulletin Board, das wesentliche Handelsfaszilitäten bereithält und wichtige Funktionen einer Börse erfüllt, die geforderten "non-discretory methods" bereitstellen (Regulation of Exchanges and Alternative Trading Systems, Exchange Act Release No. 34-40760, 68 S.E.C. Docket 2188 ff. (Dec. 8, 1998), unter III.B.1.).

[1083] Vgl. dazu die Berichte über Archipelago, Island und NexTrade bei Becker/Yim/Macauley/Seidel, An Overview of Online Securities Trading, in: PLI, Securities Law & The Internet (2000), Vol. 1, S. 431, 444f.

cc) Entwicklung von Retail-ECN´s

Wahrscheinlicher als eine echte und als solche regulierte Internet-Börse im oben genannten Sinn, erscheinen daher Internet-Handelsplattformen, die den Weg über die Regulation ATS beschreiten und den Zugang auch Retail-Investoren eröffnen. Solche Internet-Handelsplätze würden, sobald sie ihre Funktionen insbesondere im Bereich der Orderzusammenführung und Abwicklung der Transaktionen erweitern, die Grenze zum Börsenbegriff überschreiten. Gleichzeitig ließen sie sich als alternative Handelssysteme im Sinne der Rule 300(a) der Regulation ATS beschreiben, weil vom System den Mitgliedern gegenüber keine disziplinarische Gewalt ausgeübt werden kann, wie sie für das Verhältnis zwischen Börsen und den dort zugelassenen Handelsteilnehmern kennzeichnend ist. Diese Qualifikation als ATS ermöglicht es, gegen eine Regulierung als "exchange" zu optieren. Allerdings müssen die Betreiber sich als Broker-Dealer registrieren lassen und hätten im übrigen sämtliche zusätzlichen Verpflichtungen zu erfüllen, die die Regulation ATS für alternative Handelssysteme vorsieht. Trotz der zahlreichen Bedingungen, die die Regulation ATS aufstellt, enthält sie keine technischen Festlegungen auf die Verwendung bestimmter Netzwerke, so daß gegen die Verlagerung von ECN-Tätigkeiten in das Internet insofern keine Bedenken bestehen.

Insgesamt erweist sich damit der Wechsel im regulatorischen Gefüge der Securities Laws, weg von einem starren institutionellen Ansatz, der die Kapitalmarktsubjekte einer Regulierung als "exchange" oder Broker-Dealer unterwirft, hin zu einem bei der Funktion der Systeme ansetzenden abgestuften Modell, als hinreichend flexibel, um auf künftige Entwicklungen in diesem Bereich angemessen reagieren zu können.

KAPITEL 6: WERTPAPIEREMISSIONEN IM INTERNET

Wie kaum ein anderer kapitalmarktrechtlicher Bereich hat vor allem der Primärmarkt zur Entwicklung derjenigen Lösungsansätze beigetragen, die heute ein weitgehend geschlossenes Bild der Regulierung wertpapierrelevanter Vorgänge im Internet zeichnen. Vor allem der viel zitierte Fall der Internet-Emission der Spring Street Brewery Company aus dem Jahr 1995[1084] hatte sowohl für die Bemühungen der Finanzwirtschaft zur Entwicklung vielfältiger Internet-Einsatzmöglichkeiten, als auch für die Einbindung dieses Mediums in das Regulierungsgefüge der Securities Laws durch die SEC Initialisierungswirkung. Heute sind die unterschiedlichen Varianten der Internet-Emissionen zu einem festen Bestandteil des gesamten US-Emissionsmarktes geworden[1085].

§ 14 Internet-Einsatz bei registrierungspflichtigen Fremdemissionen

Mehr als in jeder anderen Situation hat der Anleger besonders bei dem ersten Herantreten eines bis dato oftmals unbekannten Unternehmens an den Kapitalmarkt ein besonders großes Informationsbedürfnis. Diesem Bedürfnis kommen die Securities Laws nach, indem sie über eine grundsätzliche Registrierungspflicht der Wertpapiere und der damit einhergehenden Regulierung des Informationsflusses dem Anleger eine angemessene Basis für dessen Investitionsentscheidung verschaffen. Ausnahmen werden nur dort eröffnet, wo die Abwägung zwischen den Interessen der Unternehmen an einem möglichst einfachen und regulierungsfreien Weg zur Kapitalbeschaffung einerseits und der Notwendigkeit des Anlegerschutzes andererseits, eine Reduzierung des Schutzniveaus erlauben. In Betracht kommt eine solche reduzierte Aufsicht etwa dann, wenn von vornherein der angesprochene Investorenkreis beschränkt oder das Emissionsvolumen gering ist. Auch und gerade in diesen Situationen bleibt es aber bei einer strikten Regulierung emissionsbezogener Informationen.

I.) Praktische Relevanz von Internet-IPO´s

Die Einsatzmöglichkeiten des Internet zur Verbreitung von Kapitalmarktinformationen sind bereits unter § 9 dargestellt worden. Neben diesem Aspekt der Informationsverbreitung tritt in der Emissionsphase die Nutzung des Mediums als Absatzweg ("distribution channel"), über den die Plazierung der emittierten Wertpapiere beim anlagesuchenden Publikum abgewickelt werden kann. Die Intensität

---

1084 Dazu eingehend unter § 15, I.), 2.).

1085 Kaufman Winn, 54 Bus. Law., 443, 448 (1998); Desmond, Internet Stock Offerings, unter: Introduction.

der Nutzung des Internet und die Bedeutung dieses Mediums im Emissionsprozeß hängt dabei stark von der Art der Emission ab:
Im Bereich der Fremdemissionen von Wertpapieren, deren Börsenhandel von vornherein geplant ist, sind es vor allem spezialisierte Online-Broker und Internet-Investmenthäuser, die als "underwriter" oder "selling agents" die traditionellen Distributionswege ergänzen (Internet-IPO's[1086]). Große Bedeutung kommt dem Internet-Einsatz daneben auch bei registrierungsfreien Emissionen zu. Internet-Direktemissionen (Internet-DPO's[1087]) und Internet-Privatplazierungen (Internet-Private Placements) haben sich zu einem nahezu eigenständigen Marktsegment für Unternehmen in einem bestimmten Entwicklungsstadium und mit einem spezifischen Marktumfeld entwickelt. Die Bedeutung des Internet-Einsatzes in jedem dieser drei Bereiche erklärt sich aus der Wechselwirkung zwischen den nachfolgend darzustellenden generellen Vor- und Nachteilen von Internet-Neuemissionen einerseits und den rechtlichen Anforderungen des Primärmarktes an die einzelnen Emissionsvarianten andererseits.

1.) Vorteile von Internet-IPO's

Aus Sicht der Emittenten bietet der Einsatz des Internet als Absatzkanal zunächst erhebliche Zeit- und Kostenvorteile. Im Vergleich zum finanziellen Aufwand, den eine klassische emissionsbegleitende Kampagne bedeutet, lassen sich Unternehmenspräsentationen über deren eigene Web-Seiten relativ kostengünstig realisieren. Weitere Marketingmaßnahmen, wie vor allem die aufwendige Durchführung sog. Road Shows, könnten bei Verlagerung in das Internet eine weitere Kostenreduktion mit sich bringen. Einsparungspotential ergibt sich zudem bei Druck- und Versandkosten, wenn Investoren per E-Mail über Emissionen informiert werden und ihnen Prospekte und ähnliches Material auf diese Weise übermittelt wird[1088]. Diese Aspekte machen Internet-Emissionen auch für kleinere und junge Unternehmen zu einer attraktiven Möglichkeit der Liquiditätsbeschaffung am Kapitalmarkt.
Beim Einsatz des Mediums innerhalb einer Fremdemission kann gerade über die Beteiligung spezialisierter Internet-Emissionshäuser eine breite Streuung der Wertpapiere sichergestellt werden. Zudem werden über diesen Vertriebsweg typischerweise Investoren angesprochen, die schon von ihrer Persönlichkeitsstruktur

---

1086 Solche "Initial Public Offerings" betreffen Neuemissionen von Unternehmen, die erstmals an den Kapitalmarkt herantreten.

1087 "Direct Public Offerings" betreffen Direkt- bzw. Selbstemissionen, in deren Verlauf die Emittenten ohne Unterstützung klassischer Intermediäre Kapital am Markt aufnehmen.

1088 Allein für die Erstellung eines "preliminary prospectus" (dazu unter § 15, III.), 2.), b)) liegen die Druckkosten pro Exemplar etwa bei 2 US$, die Zustellung per Post kostet einen weiteren US$, so daß bei entsprechenden Stückzahlen erhebliche Kosten anfallen können (Arkebauer/Schultz, Going Public, S. 216).

her eine erhöhte Technikaffinität aufweisen und daher besonders für Unternehmen aus dem Bereich der "New Economy" interessant sind. Auch ansonsten ist das Adressatenprofil des durchschnittlichen Internet-Investors positiv[1089]: Regelmäßig handelt es sich um jüngere Investoren mit gehobenen Einkommen und Vermögen[1090]. Auf diese Anlegergruppe lassen sich die Verteilungsverfahren ausrichten. Zuteilungen nach dem zeitlichen Eingang der Order sind ebenso möglich, wie auch eine auf den Emittentenwunsch zugeschnittene Aktionärsauswahl realisiert werden kann. Schließlich erhalten die Emittenten Informationen über ihre Aktionärsstrukturen und können Investor-Relations-Maßnahmen konkret auf diese Zielgruppen abstimmen[1091].

2.) Nachteile von Internet-IPO's

Struktur und Funktionsweise des Internet bedingen aber auch einige Risiken, die die Einbindung dieses Mediums in den Emissionsvorgang mit sich bringt. So ist gerade bei einem ubiquitären Medium die Wahrscheinlichkeit der Ansprache auch ausländischer Investoren - wie bereits dargestellt - groß. Die Gefahr internationaler und interlokaler Jurisdiktionskonflikte erfordert die Konsultation von Fachleuten, um Verstöße zu vermeiden. Daneben bergen die vielfältigen Gestaltungsmöglichkeiten, die die graphische Oberfläche und die Interaktivität des Mediums eröffnen, die Gefahr, daß die sachliche Präsentation der anlagerelevanten Inhalte in den Hintergrund tritt. Aus dem selben Grund erhöht sich angesichts der vielfältigen Restriktionen der Informationsverbreitung gerade im Registrierungsprozeß die Gefahr von Verstößen gegen die Securities Laws und nachfolgenden Haftungsprozessen.

Spezifische Risiken für die Anleger ergeben sich gerade im Bereich registrierungsfreier Internet-Emissionen. Zum einen begründen die reduzierten Offenlegungspflichten ein Informationsmonopol zugunsten der Emittenten, in deren Ermessen die Auswahl und das Maß an Informationen steht, das dem Anleger bekannt gegeben wird. Selektive Informationsweitergabe und das Fehlen professioneller Finanzintermediäre in diesem Bereich können zu Fehleinschätzungen und Frustration der Anleger führen. Dieses gilt insbesondere dann, wenn die Erwartungen der Anleger in eine Gewinnmitnahme im Sekundärmarkthandel enttäuscht worden sind, weil die emittierten Wertpapiere an keiner Börse gelistet werden oder nicht ausreichend Liquidität auf sich ziehen können. Diese Effekte können

1089 Assmann, Neuemissionen von Wertpapieren über Internet, FS für Schütze, 1999, S. 15, 21.

1090 Vgl. SEC Special Study : On-Line Brokerage (Nov. 22, 1999), Securities and Exchange Commission, (1999 - 2000 Transfer Binder) Fed. Sec. L. Rep. (CCH) ¶ 86,222 (Nov. 22, 1999) unter A.1.a.

1091 So v. Rosen, Börsen-Zeitung, 17. Februar 1999, S. 7; Tawakkoli, DStR 1999, 1330, 1334.

wiederum negativ auf die Unternehmen zurückwirken und deren Chancen auf eine weitere Kapitalaufnahme ("secondary offering") erheblich schmälern.

II.) Verfahren und Restriktionen bei Internet-IPO´s

Die grundsätzliche Registrierungsverpflichtung und der Anwendungsbereich der Sec. 5 SA ist oben bereits eingehend erörtert worden[1092]. Festzuhalten ist, daß in der Emissionsphase eine Vielzahl von Bemühungen um den An- oder Verkauf von Wertpapieren auch bei Nutzung des Internet, das eines der "instruments of interstate commerce" darstellt, untersagt sind, solange eine Registrierung bei der SEC nicht erfolgt ist. Das Registrierungsverfahren selbst unterteilt sich in drei wesentliche Abschnitte, die chronologisch aufeinander folgend als "pre-filing period", "waiting period" und "post-effective period" bezeichnet werden. Die Restriktionen, denen Öffentlichkeitskontakte und Verkaufsbemühungen des Emittenten in diesen Phasen unterliegen, sind von unterschiedlicher Regelungstiefe.
Die SEC hat in ihrem "April Release" bekräftigt, daß auch im Online-Kontext die fundamentalen Prinzipien des Registrierungsverfahrens - kein Verkauf oder Vertragsschluß vor dem Zeitpunkt der Wirksamkeit der Registrierung und kein Angebot ohne einen Prospekt, der den Anforderungen der Sec. 10 SA genügt - aufrecht erhalten bleiben. Eine verbindliche allgemeingültige Verfahrensweise hat die SEC in dieser Hinsicht allerdings bewußt nicht beschrieben, um zukünftige Entwicklungen nicht zu behindern[1093]. Aus diesem Grund gilt es unter Berücksichtigung der Besonderheiten des Mediums, dieses in den bestehenden rechtlichen Rahmen zu implementieren. Im folgenden soll zunächst der gewöhnliche Verlauf eines Registrierungsverfahrens nachgezeichnet werden und je nach den rechtlichen Besonderheiten der einzelnen Verfahrensstadien Möglichkeiten und Grenzen des Internet-Einsatzes aufgezeigt werden:

1.) "pre-filing period"

Nachdem innerhalb des Managements einer Gesellschaft die Entscheidung zur Emission gefallen und deren Ablaufplan festgelegt worden ist, beginnt die "pre-filing period". Im Fall einer Fremdemission wird als spätestester Zeitpunkt des Beginns dieser Phase, der Termin angenommen, an dem eine Vereinbarung mit einem Broker, als Lead Manager zu fungieren, getroffen worden ist[1094]. Ab diesem Zeitpunkt untersagt die speziell und ausschließlich für diese Phase geltende

---

1092 Vgl. unter § 5, I.), 1.), a).

1093 Use of Electronic Media, Securities Act Release No. 33-7856, 72 S.E.C. Docket 929 ff. (Apr. 28, 2000), unter II.C.

1094 Flint/Savage, Understanding the Securities Laws (1999), 51, 53; Friedman, Securities Regulation in Cyberspace, 3-2.

Sec. 5(c) SA bis zur Einreichung der Registrierungsunterlagen ("filing") die Nutzung der Wege des zwischenstaatlichen Handels für jegliches Angebot zum An- oder Verkauf von "securities"[1095]. Weil von diesem Verbot mündliche Angebote ebenso wie schriftliche erfaßt sind, gehört Sec. 5(c) SA zu den am weitesten reichenden Einschränkungen im Verlauf des Registrierungsverfahrens[1096].
Der ohnehin weite Anwendungsbereich, den bereits der Wortlaut dieser Norm vorgibt, wird durch die Interpretation des Angebotsbegriffes noch ausgedehnt. Sec. 2(a)(3) SA erfaßt als "offer" einen weiten Bereich von Tätigkeiten, die darauf gerichtet sind, das Interesse potentieller Anleger an der Investition in die zu emittierende "security" zu wecken[1097]. Solche marktvorbereitenden Maßnahmen ("conditioning the market") werden deshalb unterdrückt, weil sie die Gefahr begründen, daß der Investor ohne ausreichend sachliche Informationsbasis, wie sie der Prospekt bereitstellt, bereits eine definitive Anlageentscheidung trifft[1098]. Aus diesem Grund stellt in der Interpretation der SEC jegliche marktvorbereitende Veröffentlichung ein Angebot i.S.d. Sec. 2(a)(3) SA dar[1099].

a) Gestaltung der Homepage des Emittenten

Der Internet-Auftritt von Firmen, die über ihre Web-Seiten aus Marketing und Public-Relations Gründen das eigene Unternehmen vorstellen, über die Firmengeschichte und Entwicklung berichten, so wie über Produkte und Weiterentwicklungen informieren, ist aus dem modernen Wirtschaftsleben nicht mehr hinweg zu denken. Selbst wenn die Informationen, die auch im gewöhnlichen Geschäftsverlauf über den Internet-Auftritt veröffentlicht werden, unverändert bleiben, und keine Hinweise oder Angaben zu einer bevorstehenden Emission gemacht werden, so eröffnet grundsätzlich jede Unternehmensdarstellung in der "pre-filing period" die abstrakte Gefahr eines "conditioning the market". Insbesondere inhalt-

---

1095 Sec 5(c) SA: "*It shall be unlawful for any person, directly or indirectly, to make use of any means or instruments of transportation or communication in interstate commerce or of the mails to offer to sell or offer to buy through the use or medium of any prospectus or otherwise any security, unless a registration statement has been filed as to such security, or while the registration statement is the subject of a refusal order or stop order or (prior to the effective date of the registration statement) any public proceeding or examination under Section 8.*"

1096 Hazen, The Law of Securities Regulation, Vol. 1, S. 90; zu den Restriktionen in der "pre-filing period" allgemein Wilhelm, Registrierungs- und Publizitätspflichten, S. 39 ff.

1097 Sec. 2(a)(3) SA: "... *The term "offer to sell," "offer for sale," or "offer" shall include every attempt or offer to dispose of, or solicitation of an offer to buy, a security or interest in a security, for value.*"

1098 Chris-Craft Industries, Inc. v. Bangor Punta Corp, 426 F.2d 569, 574 f (2nd Cir. 1970); Hazen, The Law of Securities Regulation, Vol. 1, S. 90.

1099 In re Carl. M. Loeb, Rhoades & Co., 38 SEC 843 (1959); insgesamt Hazen, The Law of Securities Regulation, Vol. 1, S. 91 f.; Soderquist, Understanding the Securities Laws, 3-5 ff.

liche oder gestalterische Veränderungen der Internet-Präsentation in dieser Phase erhöhen die Wahrscheinlichkeit eines Verstoßes gegen Sec. 5 SA[1100]. Allerdings ist auch während der "pre-filing period" eine Internet-Präsens nicht generell unzulässig. Die Grenze zwischen untersagtem "conditioning the market" und erlaubten kundenbezogenen Informationen allerdings, ist bisher von der SEC nicht eindeutig bestimmt worden. Dieses eröffnet zwar eine einzelfallgerechte Beurteilung, verursacht aber gleichzeitig eine viel kritisierte Grauzone bei der Frage zulässiger Internet-Präsentationen in dieser Phase des Registrierungsverfahrens. Allgemein lassen sich folgende Verhaltensregeln aufstellen:

aa) Inhaltliche Veränderungen

In der "pre-filing period" sollten solche inhaltlichen Veränderungen der Internet-Seiten, die über die üblichen, im normalen Geschäftsgang vorgenommenen Änderungen hinausgehen, unterlassen werden. Gängige Informationen, die die Kunden über Produkte oder Dienstleistungen des Emittenten in Kenntnis setzen, verstoßen an sich nicht gegen das Verbot des "conditioning the market"[1101]. Auch die SEC hat im "April Release" deutlich gemacht, daß solche Informationen, die im normalen Geschäftsverlauf ("ordinary course of business") in der Vergangenheit verbreitet worden sind und Produkte oder den Service des Emittenten betreffen, auch während der Registrierung auf den Web-Seiten des Unternehmens enthalten sein dürfen[1102]. Bei der Überprüfung des einzustellenden Materials sollte der Emittent dieselbe Aufmerksamkeit walten lassen, wie dieses in traditionellen Emissionen für den Inhalt von Pressemitteilungen gilt, da die über die Web-Seiten verbreiteten Informationen in ihrer Öffentlichkeitswirkung diesen Publikationen gleichstehen[1103].

bb) Verwendung von Hyperlinks

Besondere Sorgfalt ist in dieser Phase der Verwendung von Hyperlinks zu widmen. Die SEC hat klargestellt, daß während des Registrierungsverfahrens in besonderem Maße davon auszugehen sei, daß sich der Emittent die Inhalte der Seiten Dritter, die keine offenlegungspflichtigen Dokumente sondern sonstiges Informationsmaterial enthalten, zu eigen macht. Aufsichtsrechtliche Konsequenz

---

1100 Olson/Pitt, Securities in the Electronic Age, 2-37; Friedman, Securities Regulation in Cyberspace, 3-2; Flint/Savage, Understanding the Securities Laws (1999), 51, 54.

1101 Wetzler, wallstreetlawyer.com, Vol. 1, No. 4, S. 1, 3 (1997); Lane/Weirick, Electronic Communications and Internet Offerings, in: PLI, Securites Law & The Internet (2000), Vol. 1, S. 61, 79.

1102 Use of Electronic Media, Securities Act Release No. 33-7856, 72 S.E.C. Docket 929 ff. (Apr. 28, 2000), unter II.B.2.

1103 Olson/Pitt, Securities in the Electronic Age, 2-38.

dieser Interpretation der "entanglement doctrine"[1104] ist es, daß jegliche externe Information über das Unternehmen, die sich als Angebot i.S.d. Sec. 2(a)(3) SA darstellt, dem Emittenten zugerechnet wird. Gerade im Fall von Analystenberichten oder sonstigen Meldungen über den Emittenten zieht dieses zum einen einen Verstoß gegen Sec. 5 SA nach sich ("gun jumping"), weil das externe Material in aller Regel weder den Anforderungen der Sec. 10 SA entspricht, noch bei der SEC als Teil der Registrierungsdokumente eingereicht worden ist. Zum anderen unterfällt dieses Material, sofern es in inhaltlich falscher oder irreführender Weise den Emittenten beschreibt, der Haftungsvorschrift der Sec. 11 SA sowie den "antifraud provisions" - vor allem der Rule 10b-5 SEA. Auch eine Umgehung dieser Verbote, indem der Emittent etwa zur Verbreitung marktvorbereitender Informationen nicht die eigene Web-Seite benutzt, sondern andere Internet-Informationsforen, wie Chat-Rooms oder Newsboards, ist nicht möglich. Die dort getätigten Aussagen unterliegen denselben rechtlichen Bedingungen wie die Verbreitung auf der eigenen Web-Seite[1105].

Nach alledem ist bereits im Vorfeld einer Emission der bisherige Internet-Auftritt sorgsam daraufhin zu überprüfen, ob angesichts des weiten "Angebots"-Begriffes in Sec. 2(a)(3) SA Informationen enthalten sein könnten, die dieser Wertung unterfallen. Das gilt in besonderem Maß auch für die Inhalte der Seiten Dritter, die per Hyperlink in den eigenen Internet-Auftritt einbezogen worden sind. Veränderungen der Internet-Präsentation sind ab dem Beginn der "pre-filing period" nach Möglichkeit zu unterlassen, sollten sich aber zumindest auf solche Informationen beschränken, die auch in der Vergangenheit bereits in regelmäßigen Abständen eingestellt worden sind[1106].

b) Erlaubte Öffentlichkeitskontakte des Emittenten nach Rule 135 SA

Die einzige Möglichkeit für den Emittenten ohne Verstoß auf die bevorstehende Emission hinzuweisen, eröffnet in dieser Phase Rule 135 SA. Diese stellt für bestimmte, eng umschriebene Mitteilungen einen "safe harbor" zur Verfügung, in-

1104 Vgl. dazu oben unter § 9, I.), 5.), b), aa).

1105 Ähnlich Friedman, Securities Regulation in Cyberspace, 3-4.

1106 Ohne einen Hinweis darauf zu geben, wie sie diesen Fall behandeln will, weist die SEC selbst auf das Problem von jungen Firmen hin, die noch keine "history of ordinary course business" haben, aus der heraus sie dokumentieren können, daß die eingestellten Informationen dem gewöhnlichen Geschäftsgang entsprechen (Use of Electronic Media, Securities Act Release No. 33-7856, 72 S.E.C. Docket 929 ff. (Apr. 28, 2000), unter II.B.2.). Ebensowenig besteht ein Lösungsansatz für Unternehmen, die auf eine Veränderung ihres Internet-Auftrittes angewiesen sind, weil deren Tätigkeitsbereich gerade im Internet-Auftritt liegt (Use of Electronic Media, Securities Act Release No. 33-7856, 72 S.E.C. Docket 929 ff. (Apr. 28, 2000), unter II.D.5.).

dem sie diese Veröffentlichungen von der Definition eines "offers" i.S.d. Sec. 2(a)(3) SA ausnimmt. Durch die strikte Limitierung des zulässigen Inhalts solcher Mitteilungen schafft die Rule ein Gleichgewicht zwischen der notwendigen Informierung der Öffentlichkeit über die bevorstehende Emission und dem Risiko der Erzeugung von Kaufinteresse ohne adäquate Informationsgrundlage[1107]. Inhaltlich zulässig ist allein die Verbreitung der in Rule 135(a)(1) bis (6) SA näher genannten Basisinformationen. Hierunter fällt etwa der Name des Emittenten, das Volumen und die Bezeichnung der zu emittierenden Wertpapiere, der voraussichtliche Angebotszeitpunkt, sowie weitere Angaben, die unter Umständen nach den "blue sky laws" erforderlich sind.
Sofern dieser, von Rule 135 SA vorgegebene Rahmen eingehalten wird, können derartige Mitteilungen auch über die Web-Seite des Emittenten verbreitet werden, oder von diesem in Newsgroups, oder Finanzinformationsportalen positioniert werden[1108]. Obschon die bisherigen "Internet Releases" diese Frage nicht ausdrücklich angesprochen haben, ist Rule 135 SA auf kein bestimmtes Verbreitungsmedium festgelegt, so daß bei Einhaltung der formalen Erfordernisse eine entsprechende Ankündigung via Internet ebenso zulässig ist, wie die analoge Veröffentlichung in den Printmedien[1109].

c) Sonderanforderungen an beteiligte Broker-Dealer

Regelungsadressaten der vorgenannten Ausnahme sind allein Emittenten. Broker-Dealern hingegen kommt dieser "safe harbor" nicht zugute. Andererseits unterliegen sie den Verboten der Sec. 5 SA in gleichem Maße wie die Emittenten selbst[1110]. Somit ist es Broker-Dealern grundsätzlich untersagt, Ankündigung, die Rule 135 SA entsprechen, in ihre Web-Seiten aufzunehmen, oder per Hyperlink auf die entsprechenden Seiten des Emittenten zu verweisen. Dieser Reglementierung steht das Interesse von Broker-Dealer-Firmen gegenüber, im Rahmen ihres gesamten Online-Services Anlageempfehlungen und Informationen an ihre Kunden abzugeben, die auch solche Emittenten betreffen, die in ein Registrierungsverfahren involviert sind. Mit dem Erlaß der Rules 137 bis 139 SA hat die SEC einen

---

1107 Hazen, The Law of Securities Regulation, Vol. 1, S. 93.

1108 Wetzler, wallstreetlawyer.com, Vol. 1, No. 4, S. 1, 3 (1997); Friedman, Securities Regulation in Cyberspace, 3-4.

1109 Ähnlich Quinn/Jarmal, Securities Regulation and the Use of Electronic Media (2000), in: PLI, Securities Offerings (2000), S. 123, 153.

1110 Sec. 4(1) SA nimmt vom Registrierungserfordernis nur Transaktionen aus, die von solchen Personen abgewickelt werden, die nicht als Emittent, "underwriter" oder "dealer" zu qualifizieren sind (wobei Sec. 4(3) SA auch die meisten Transaktionen von Dealern von den Restriktionen der Sec. 5 SA freistellt). Der Begriff "underwriter" i.S.d. Sec. 2(a)(11) SA allerdings erfaßt einen weiten Bereich von Personen, die das Wertpapier mit dem Ziel der Weiterveräußerung ("with a view to distribution") erworben haben.

Ausgleich zwischen den anlegerschützenden Restriktionen der Sec. 5 SA und diesem Interesse der Broker-Dealer geschaffen, indem sie Informationen über die zu emittierenden Wertpapiere grundsätzlich zuläßt, sofern es sich um Emittenten handelt, die den Berichtspflichten aus Secs. 13 oder 15(d) SEA unterliegen[1111]. Unter dieser Grundvoraussetzung schafft Rule 137 SA für solche Broker-Dealer, die nicht an der Distribution der zu emittierenden Papiere teilhaben und für ihre Informationen auch ansonsten keine spezielle Vergütung erhalten, die Möglichkeit, weiterhin Empfehlungen auszusprechen oder Berichte zu veröffentlichen[1112]. Sofern der Broker-Dealer Informationen über die Wertpapiere des Emittenten auch in der Vergangenheit schon mit einiger Regelmäßigkeit in seinen Online-Auftritt aufgenommen hat, kann er diese Praxis in der Registrierungsphase fortsetzen, ohne gegen Sec. 5 SA zu verstoßen. Rule 139 SA weitet diese Ausnahmeregelung - allerdings mit einigen Einschränkungen - sogar auf solche Broker-Dealer aus, die an der Emission teilhaben. In diesem Fall sind allerdings an die Art und Weise der Gestaltung der Informationsverbreitung besondere Anforderungen gestellt. Wegen der stärkeren Involvierung der Broker-Dealer in diesem Fall ist eine Fortführung der Berichte nur zulässig, wenn diese in keiner Weise eine exponierte Stellung in der Online-Präsentation erhalten. Aus diesem Grund sind einerseits Gestaltungsweisen, die besondere Aufmerksamkeit erregen, zu vermeiden. Andererseits darf auch der Umfang der Information nicht vom gewöhnlichen Maß abweichen. Um sicherzustellen, daß die Publikation nicht eingesetzt wird, um das Marktinteresse zu wecken, erfordert Rule 139(b)(1) SA zudem, daß der Broker-Dealer bereits vor seiner Teilnahme am Distributionsprozeß mit gewisser Regelmäßigkeit über die Wertpapiere dieses Emittenten berichtet hat. Innerhalb dieser Grenzen können Broker-Dealer auch während des Registrierungsverfahrens ohne Verstoß gegen Sec. 5 SA ihr gewöhnliches Serviceangebot im Internet fortführen.

2.) "waiting period"

Die Phase der "waiting period" setzt in dem Moment an, in dem der SEC die erforderlichen Registrierungsunterlagen eingereicht werden. Diese Unterlagen ("registration statement") bestehen aus dem "prospectus" sowie dem eigentlichen "registration statement" i.e.S.[1113]. Der Prospekt beinhaltet streng formalisierte Anga-

---

1111 Ergänzt werden diese Regelungen durch Vorschriften der SRO's. vgl. dazu im einzelnen Friedman, Securities Regulation in Cyberspace, 3-5 f.

1112 Rule 137(a) SA erklärt "informations, opinions and recommendations" auch während des Registrierungsverfahrens für zulässig, sofern diese Publikationen im "regular course of ... business" des Broker-Dealers verbreitet worden sind.

1113 Verfahrenstechnisch werden die Anforderungen an die Registrierung durch unterschiedliche Regulations geregelt. Regulation S-K ("Standard Instructions for Filing Forms under Securities Act of 1933, Securities Exchange Act of 1934 ...", 17 C.F.R. § 229.10 - § 229.1016) be-

ben zum Unternehmensgegenstand, der Unternehmensgeschichte und dem Management, sowie Informationen über die Kapitalstruktur und weitere finanzielle Aspekte, inklusiv einer Diskussion über diejenigen Umstände, die den Cash Flow zukünftig beeinflussen können (wie etwa anhängige Rechtsstreite oder bevorstehende Rückrufaktionen). Schließlich muß auch die Geschäftstätigkeit selbst im Hinblick auf Saisonabhängigkeit, die Konkurrenzsituation, bestimmte Produktausrichtungen, Patentinhaberschaften und ähnliche Umstände hinreichend offen gelegt werden und eine Aufklärung über etwaige Risikofaktoren erfolgen. Das eigentliche "registration statement" enthält Informationen, die nicht in den Prospekt aufzunehmen sind, wie etwa verschiedene Angaben zu den Kosten der Erstellung und des Vertriebs, Versicherungsunterlagen, Informationen über frühere Emissionen, die in Ausübung einer Registrierungsausnahme durchgeführt worden sind und weitere, die Unternehmensorganisation betreffende Daten, wie etwa eine Liste aller Tochtergesellschaften, das "underwriting agreement" und Kopien wichtiger Verträge[1114].
Die haftungsrechtliche Absicherung der Richtigkeit dieser Angaben erfolgt über Sec. 11 SA, die insbesondere dem Emittent bzw. bestimmten Mitgliedern der Unternehmensführung und den Underwritern die Verantwortung für die inhaltliche Richtigkeit und Vollständigkeit in wesentlichen Punkte auferlegt.

In Hinsicht auf Öffentlichkeitskontakte in der "waiting period" besteht das Verbot aus Sec. 5(a) SA, keine Verkäufe vor dem Zeitpunkt der Wirksamkeit des "registration statements" zu tätigen, fort. Die strikte Untersagung jeglicher Form von Angeboten aus Sec 5(c) SA hingegen bezieht sich nur auf die "pre-filing period". Dieses absolute Verbot jeglicher Angebote ist in der "waiting period" insofern relativiert, als daß in dieser Phase mündliche Angebote, einschließlich solcher über das Telefon, in den Grenzen der "antifraud-provisions" unbeschränkt zulässig sind. Um aber ein generelles "conditioning the market" zu verhindern und insbesondere dafür Sorge zu tragen, daß der Investor vor den sachlichen Informationen des Prospektes nicht auf Basis unqualifizierten Werbematerials eine verfrühte

---

trifft die Rechtsfragen im Zusammenhang mit der Art und dem Umfang der Registrierung, die keinen finanztechnischen Hintergrund haben. Die Regulation S-X ("Form and Content of and Requirements for Financial Statements, Securities Act of 1933, Securities Exchange Act of 1934...", 17 C.F.R. § 210.1-01 - § 210.12-15) befaßt sich mit den Vorschriften der Rechnungslegung. Zum erforderlichen Inhalt zählen insbesondere Analysen zur finanziellen Situation des Unternehmens, Management Diskussionen, Risikofaktoren etc. Die Regulation C schließlich beschreibt die Verfahrensschritte und Maßgaben bei der Erstellung des "registration statements" und behandelt Fragen der Bestimmung einzelner Begriffe, der Gestaltung der Registrierungsdokumente, der "incorporation by reference" und der Vertraulichkeit von Informationen. (vgl. zum Ganzen Arkebauer/Schultz, Going Public, S. 189 ff.; eingehend Wilhelm, Registrierungs- und Publizitätspflichten, S. 47 ff.).

1114 Arkebauer/Schultz, Going Public, S. 204.

Anlageentscheidung fällt, unterliegt jegliche Form schriftlicher Mitteilung strengen Restriktionen[1115]. Dieses ergibt sich aus dem Zusammenwirken der Secs. 5(b)(1), 10 SA und der Definition des "prospectus" in Sec. 2(a)(10) SA[1116].
Sec. 5(b)(1) SA untersagt die Nutzung der Kommunikationswege zwischenstaatlichen Handels zur Verbreitung jeglichen Prospektes, der den Anforderungen der Sec. 10 SA nicht genügt. Im Hinblick auf Pressemitteilungen, Wirtschaftsberichte oder sonstige Veröffentlichungen ergeben sich die rechtlichen Probleme dabei aus der außerordentlichen Weite der Definition dessen, was einen "prospectus" i.S.d. der Sec. 5(b) SA ausmacht. Sec. 2(a)(10) SA erfaßt als "prospectus" Informationsträger und -Verbreitungsformen in einer solchen Weite, daß faktisch jegliche Form allgemein verbreiteter Informationen, die ein Angebot enthalten, in die sachliche Nähe eines Prospektes rückt. Die SEC hat bei der Frage, wann im Einzelfall ein "prospectus" anzunehmen ist, in Übereinstimmung mit dem Schutzzweck der Sec. 5 SA vor allem darauf abgestellt, ob eine Information, die bei vernünftiger Betrachtung dazu dient, Kaufinteressen zu wecken, mittels weitreichender Kommunikationsmittel verbreitet worden ist[1117]. In *Gustafson v. Alloyd Co.*[1118] hat der Supreme Court 1995 vor allem angesichts des Wortlautes der Sec. 2(a)(3) SA und der Liste der dort genannten Verbreitungsformen gefolgert, daß es sich bei einem "prospectus" um ein in weiten Teilen der Öffentlichkeit verbreitetes Dokument ("document of wide dissemination") handelt, während Informationen, die "face-to-face" weitergegeben werden, nicht erfaßt sind[1119].
Erfüllt die Art und Weise der Verbreitung eines Angebotes diese Merkmale, dann muß die so verbreitete Meldung den Anforderungen an einen Prospekt genügen, weil schriftliche oder per Radio oder Fernsehen verbreitete Angebote in dieser Phase nur in der Form eines solchen "prospectus" abgegeben werden dürfen. Sec. 10 SA beschreibt im Einzelnen die formalen und inhaltlichen Anforderungen, denen ein Prospekt gerecht werden muß. Dabei eröffnet Sec. 10(b) SA die Möglichkeit, daß die SEC im Wege einer Rule den Gebrauch eines zusammenfassenden Prospektes erlauben kann, der als den Anforderungen der Sec. 5(b)(1) SA genügend angesehen wird. Von dieser Kompetenz hat die SEC mit Erlaß der Rule 430 SA Gebrauch gemacht, mit der die Anforderungen an einen vorläufigen Prospekt ("preliminary prospectus") festgeschrieben worden sind[1120].

1115 Gewisse Ausnahmen gelten dabei nach den Rules 237, 138 und 139 SA für Broker-Dealer.

1116 Vgl. zum ganzen Hazen, The Law of Securities Regulation, Vol. 1, S. 99 ff.; Ratner, Securities Regulation, S. 44 ff.; Soderquist, Understanding the Securities Laws, 3-12.

1117 In SEC v. Graystone Nash, Inc., 820 F.Supp. 863 (D.N.J. 1993) etwa wurde ein Artikel in einem Magazin für ausreichend erachtet.

1118 Gustafson v. Alloyd Co., 513 US 561 (1995).

1119 Gustafson v. Alloyd Co., 513 US 561, 575 (1995).

1120 Daneben erlaubt Rule 431 SA eine weitere Form eines "summary prospectus", der allerdings nur von Unternehmen verwendet werden kann, die "reporting companies" nach dem Securities Exchange Act sind; vgl. Hazen, The Law of Securities Regulation, Vol. 1, S. 103.

Das Zusammenwirken dieser Normen bedeutet in seiner Konsequenz, daß jegliche Form schriftlicher Kontakte - außerhalb besonderer Ausnahmeregelungen - untersagt sind, sofern diese Mitteilungen nicht ihrerseits mindestens Anforderungen an einen "preliminary prospectus" genügen. Jegliche Form weitverbreiteter Information läuft daher Gefahr, als Verstoß gegen Sec. 5(b)(1) SA qualifiziert zu werden und zum verbotenen "gun jumping" zu führen. Insbesondere erfaßt dieses die Übermittlung sog. "sales literature" unabhängig davon, ob diese von einem "preliminary prospectus" begleitet wird oder nicht[1121].

a) Qualifikation von Internet-Informationsübertragungen als "written material"

Nachdem eine der Haupteigenschaften des Internet der hohe Verbreitungsgrad von eingestellten Informationen ist, stellt sich die Frage, ob über dieses Medium veröffentlichte Mitteilungen, die inhaltlich dem Angebotsbegriff unterfallen, als "prospectus" aufzufassen sind. Als Verbreitungsmedium ist das Internet in Sec. 2(a)(10) SA neben schriftlichen Formen der Informationsverbreitung und der Nutzung von Radio oder Fernsehen nicht ausdrücklich genannt[1122]. Der Begriff "written" im Sinne der Sec. 2(a)(10) SA schließt seiner Legaldefinition in Sec. 2(a)(9) SA[1123] entsprechend neben gedruckter und lithographierter Kommunikation auch sonst jede Form "graphischer Kommunikation" ein. In einem weiteren Schritt legt Rule 405 SA schließlich fest, daß "graphic communication" unter anderem auch magnetische Impulse oder Formen der computergestützten Datenzusammenstellung erfaßt[1124]. Als Ergebnis dieser Definitionskette ist damit festzuhalten, daß elektronische Übertragungsformen, wie sie das Internet bereitstellt, der schriftlichen Informationsverbreitung im Sinne des Securities Act gleichzustellen sind[1125], was von der SEC in ihren "Internet Releases" ausdrücklich bestätigt worden ist[1126].

1121 Olson/Pitt, Securities in the Electronic Age, 1-33.

1122 Sec. 2(a)(10) SA: " *The term "prospectus" means any prospectus, notice, circular, advertisement, letter, or communication, written or by radio or television, which offers any security for sale or confirms the sale of any security...*"

1123 Sec. 2(a)(9) SA: " *The term "write" or "written" shall include printed, lithographed, or any means of graphic communication.*"

1124 So schon die Argumentation im Brown & Wood No-Action Letter (Brown & Wood, SEC No-Action Letter, (1994 - 1995 Transfer Binder) Fed. Sec. L. Rep. (CCH) ¶ 77,00 at 78,843 (Feb. 17, 1995)); Zum ganzen Robertson, 23 Sec. Reg. L. J., 347, 383 (1996).

1125 Friedman, Securities Regulation in Cyberspace, 3-7; Wetzler, wallstreetlawyer.com, Vol. 1, No. 4, S. 1, 4 (1997); kritisch Coffee, 52 Bus. Law., 1195, 1199 (1997).

1126 Use of Electronic Media for Delivery Purposes, Securities Act Release No. 33-7233, 60 S.E.C. Docket 1348 ff. (Oct. 6, 1995), unter II.A.; Use of Electronic Media by Broker-Dealers, Securities Act Release No. 33-7288, 61 S.E.C. Docket 2568 ff. (May 9, 1996), unter II.C.

Anders als der Securities Act enthält der Securities Exchange Act weder eine entsprechende Definitionsgrundlage, noch hat die SEC in dieser Hinsicht vergleichbare Rules erlassen. Gleichwohl hat sie im Rahmen des "May Release" klargestellt, daß dort, wo der Securities Exchange Act auf "written communication" abstellt, ebenfalls elektronische Formen der Datenübertragung mit erfaßt sind[1127]. Besonders relevant ist dieses etwa bei der Frage, ob Broker-Dealer dem Erfordernis einer schriftlichen Bestätigung aus Rule 10b-10 SEA durch E-Mail-Benachrichtigungen nachkommen können.

b) Elektronische Übermittlung des "preliminary prospectus"

Während der "waiting period" stellt die Übermittlung eines "preliminary prospectus", der den Anforderungen der Rule 430 SA entsprechen muß, die einzige Form zulässiger schriftlicher Angebote in Hinsicht auf die zu emittierenden Wertpapiere dar[1128]. Üblicherweise wird dieser "preliminary prospectus" (oder "red herring"[1129]) an potentielle Investoren weitergegeben. Der wesentliche Zweck dieser Maßnahme besteht darin, Interesse an der Emission bei den voraussichtlichen Anlegern zu wecken. Da die zulässigen Inhalte dieses vorläufigen Prospektes streng formalisiert sind, steht dieser Zweck nicht im Widerspruch zu den sonstigen Restriktionen des "conditioning the market".

Neben dieser freiwilligen Übermittlung des "preliminary prospectus" enthält der Securities Act keine gesetzliche Verpflichtung zur Übermittlung, wie dieses für den "final prospectus" gilt. Die SEC hat dieses fehlende gesetzliche Erfordernis allerdings insofern ausgeglichen, als sie einerseits in den Rules 460 und 461 SA die im Interesse des Emittenten liegende Beschleunigung des Registrierungsverfahrens von der Übermittlung solcher "preliminary prospectus" abhängig gemacht hat[1130]. Daneben hat sie durch Rule 15c2-8 SEA Underwritern und Dealern die

---

1127 Gleiches gilt ebenso für die Verpflichtung von Investment Advisern nach dem Investment Advisers Act; vgl. dazu Use of Electronic Media by Broker-Dealers, Securities Act Release No. 33-7288, 61 S.E.C. Docket 2568 ff. (May 9, 1996), unter II. und III.

1128 Weitere schriftliche Kommunikationsformen sind zwar im Rahmen von Ausnahmetatbeständen, wie den Rules 134 oder 135 SA zulässig, diese stellen technisch aber keine Angebote bzw. Prospekte dar.

1129 Diese umgangssprachliche Bezeichnung resultiert aus dem Gerücht, daß die SEC als sichtbares Zeichen, daß es sich vorliegend noch nicht um den endgültigen Prospekt handelt und das Registrierungsverfahren noch nicht abgeschlossen ist, den Aufdruck eines eben solchen roten Herings auf der Außenseite des Prospektes erfordere (Flint/Savage, Understanding the Securities Laws (1999), 51, 60). Tatsächlich mußten bis vor kurzem verschiedene Warnungen, die den Leser insbesondere darüber aufklären, daß es sich vorliegend noch nicht um die endgültige Version handele, in roter Farbe geschrieben werden (Arkebauer/Schultz, Going Public, S. 189).

1130 Sec. 8 SA legt fest, daß das "registration statement" grundsätzlich 20 Tage nach dem "filing", also der Einreichung der Registrierungsunterlagen bei der SEC, wirksam wird. Allerdings ist

Verpflichtung auferlegt, eine Kopie des "preliminary prospectus" an potentielle Anleger zu übermitteln[1131].

Im Hinblick auf die Möglichkeit einer Übermittlung des "preliminary prospectus" via Internet hat die SEC im "Oktober Release" in mehreren Beispielen dessen Verbreitung durch das Einstellen auf die Unternehmens-Web-Seiten angesprochen[1132], die unter Einhaltung der genannten, generellen Voraussetzungen, die an die Übermittlung obligatorischer Dokumente gestellt werden, den gesetzlichen Anforderungen genügt[1133]. Zudem ist die Übermittlung des "preliminary prospectus" durch Aufhebung zweier formaler Hürden erheblich erleichtert worden. Bereits im Mai 1996 hat die SEC das Erfordernis eliminiert, daß bestimmte Informationen auf der Außenseite dieses Prospektes in roter Tinte erscheinen müssen[1134]. Zum anderen hat sie in ihrem aktuellen "April Release" klargestellt, daß die Verwendung des ".pdf"-Formates für elektronisch übermittelte Dokumente zulässig ist und nicht als Empfangshindernis angesehen wird, so daß die entsprechenden Prospekte nunmehr auch in diesem benutzerfreundlichen Format übermittelt werden können.

c) "indications of interest" nach Rule 134(d) SA

Rule 134(d) SA gestattet es, während der "waiting period" um Interessensbekundungen potentieller Anleger ("indications of interest") zu ersuchen, solange die entsprechenden Aufforderungen von einem "preliminary prospectus" begleitet werden. Während Broker-Dealer zur Einschätzung der Marktlage während der "waiting period" üblicherweise telefonischen Kontakt zu potentiellen Investoren aufnehmen, um entsprechende Interessensbekundungen zu erhalten, geschieht dieses via Internet in der Regel durch Versendung von E-Mails mit der entsprechenden Bitte um Rückantwort[1135]. Dabei kann dem Erfordernis des begleitenden, parallel mitübersandten "preliminary prospectus" neben dem direkten elektronischen Versand auch dadurch genügt werden, daß das Aufforderungsschreiben

---

unter Umständen eine Verlängerung dieses Zeitrahmens ebenso möglich, wie dessen Verkürzung (Hazen, The Law of Securities Regulation, Vol. 1, S. 89 f.).

1131 Näher Soderquist, Understanding the Securities Laws, 3-22 ff.; Friedman, Securities Regulation in Cyberspace, 3-19 ff.

1132 Use of Electronic Media for Delivery Purposes, Securities Act Release No. 33-7233, 60 S.E.C. Docket 1348 ff. (Oct. 6, 1995), unter II.D., Examples 3, 4, 6, 9 und 12.

1133 Vgl. dazu unter § 9, I.), 3.).

1134 Phase One Recommendation of Task Force on Disclosure Simplification, SEC Release No. 33-7300 (May 31, 1996), (1996 - 1997 Transfer Binder) Fed. Sec. L. Rep. (CCH) ¶ 85,812 at 88,089.

1135 Friedman, Securities Regulation in Cyberspace, 3-12.

einen direkten Hyperlink zu der Internet-Seite enthält, auf der sich der vorläufige Prospekt befindet[1136].

d) Zulässige Marketingmaßnahmen gem. Rule 134 SA

In der "waiting period", aber auch in der nachfolgenden "post-effective period" gestattet Rule 134 SA in engen Grenzen bestimmte Ankündigungen im Hinblick auf die Emission (sog."tombstone ad(vertisements)"[1137]). Indem Rule 134 SA dezidiert den zulässigen Inhalt öffentlicher Mitteilungen festlegt, stellt sie einen "safe harbor" bereit, der garantiert, daß bei Erfüllung der Voraussetzungen diese Ankündigungen nicht als "prospectus" i.S.v. Sec. 2(a)(10) SA angesehen werden[1138]. Eine Veröffentlichung ist damit ohne Verstoß gegen das Registrierungserfordernis möglich.

Neben wesentlichen Eckdaten, wie etwa dem Namen des Emittenten und des Lead Managers, der Bezeichnung der Wertpapiere, des zu emittierenden Volumens und Angaben zum Preis oder zur Preisfindung[1139], muß nach Sec. 2(a)(10) SA auch die Angabe enthalten sein, von wem der Prospekt bezogen werden kann. Der Grund für dieses Erfordernis liegt im Zweck der Ausnahme für "tombstone ad's", die allein der Förderung der Verbreitung des Prospektes - nicht jedoch des Angebotes - dienen, indem das Anlegerpublikum in Kenntnis gesetzt wird, wo es den für die Anlageentscheidung wesentlichen Prospekt beziehen kann[1140].

Bereits im "October Release" hat die SEC die Positionierung solcher Ankündigungen auf den Web-Seiten des Emittenten gebilligt, solange diese den inhaltlichen Erfordernissen der Rule 134 SA entsprechen[1141]. Für die Angabe der Stelle, von der der Prospekt zu beziehen ist, reicht auch die Angabe der URL, von wo aus der Prospekt im Wege elektronischer Übertragung erlangt werden kann[1142].

1136 Dieser Fall ist im "October Release" zwar nicht ausdrücklich genannt, hier kann aber zu der Situation der Versendung von "sales literature", die einen Hyperlink auf den "final prospectus" enthält, eine Parallele gezogen werden; vgl. dazu Use of Electronic Media for Delivery Purposes, Securities Act Release No. 33-7233, 60 S.E.C. Docket 1348 ff. (Oct. 6, 1995), unter Example 15.

1137 Die Bezeichnung resultiert aus der schwarzen Umrandung, die bei der Plazierung dieser Mitteilungen in Zeitungen üblicherweise verwandt wird.

1138 Die "safe harbor"-Wirkung der Rule 135 SA ist, anders als im Fall der Rule 134 SA, nicht auf die Emittenten beschränkt. Auch die Konsortialmitglieder können sich auf diese Vorschrift direkt berufen.

1139 Vgl. näher Rule 134(a) SA.

1140 Flint/Savage, Understanding the Securities Laws (1999), 51, 64.

1141 Use of Electronic Media for Delivery Purposes, Securities Act Release No. 33-7233, 60 S.E.C. Docket 1348 ff. (Oct. 6, 1995), unter II.D., Examples 18 und 19.

1142 Use of Electronic Media for Delivery Purposes, Securities Act Release No. 33-7233, 60 S.E.C. Docket 1348 ff. (Oct. 6, 1995), unter Example 19.

Sofern allerdings die Anzeige selbst außerhalb des Internet, wie etwa einer Zeitung, erfolgt ist, ist zu der Internet-Adresse auch eine Alternative anzugeben, von wo der Prospekt in gedruckter Form angefordert werden kann[1143]. Ergänzend hat die SEC zudem das Einstellen solcher Nachrichten auf den Seiten dritter Anbieter zugestimmt, über deren Internet-Auftritt der entsprechende Prospekt im Wege elektronischer Übermittlung zu beziehen ist[1144]. Durch die so eröffnete Möglichkeit, die Emissionsankündigung etwa in beliebten Internet-Finanzportalen einzustellen, kann eine ähnliche Massenwirkung erreicht werden, wie bei Veröffentlichung in einer überregionalen Zeitung.

e) Internet Road Shows

Eines der wesentlichen Ereignisse während der "waiting period" ist die Durchführung von Road Shows. Als adäquates Distributionsinstrument, um eine ausreichende Basis an Anlegerinteresse für das Going Public zu gewinnen, sind Road Shows ein wesentlicher Bestandteil eines IPO. Traditionelle Road Shows stellen sich als informelle Treffen zwischen Repräsentanten des Emittenten, Underwritern und einer begrenzten Zahl vornehmlich institutionellen Investoren und Dealern dar, auf denen mündliche Fragen beantwortet und Stellungnahmen und Präsentationen abgegeben werden können. Zudem wird hier der "preliminary prospectus" an die potentiellen Anleger übergeben[1145]. Da sich die Präsentationen des Emittenten auf mündliche Ausführungen beschränken[1146] und mit Ausnahme des "preliminary prospectus" kein schriftliches Material ausgehändigt wird und zum Teil sogar die Anfertigung von Notizen untersagt wird[1147], werden diese Veranstaltungen als mündliche Kommunikationsformen begriffen, die der Verbotsnorm der Sec.5(b)(1) SA mithin nicht entgegenstehen[1148].

1143 Friedman, Securities Regulation in Cyberspace, 3-9, nennt als Beispiel eine Anzeige von Salomon Brothers Inc. im Wall Street Journal vom 22. April 1996, in dem an auffälliger Stelle auf die Möglichkeit des Bezuges des "preliminary prospectus" über deren Web-Seiten hingewiesen wird.

1144 Wit Capital Corp., SEC No-Action Letter, (1999 Transfer Binder) Fed. Sec. L. Rep. (CCH) ¶ 77,577 at 78,906 (July 14, 1999); daneben wird dieser Service auch von dritten, nicht als Broker-Dealer zugelassenen Anbieter bereitgestellt (vgl. etwa unter: http://www.dsm.com).

1145 Flint/Savage, in: Understanding Securities Laws (1999), 51, 60; Friedman, Securities Regulation in Cyberspace, 3-13.

1146 Zwar werden regelmäßig bei diesen Veranstaltungen auch Multimedia-Präsentationsformen genutzt, diese heben den mündlichen Charakter aber nicht auf und werden seit jeher von der SEC geduldet (vgl. Blanc/Ferraro, Electronic Road Shows, in: PLI, 31st Annual Institute of Securities Regulation (1999), S. 677, 680).

1147 So Friedman, Securities Regulation in Cyberspace, 3-13.

1148 Die "antifraud provisions" finden auf die mündlich abgegebenen Statements allerdings in vollem Umfang Anwendung; vgl. Flint/Savage, Understanding the Securities Laws (1999), 51, 6; Dorsey/Harnisch, wallstreetlawyer.com, Vol. 3, No. 6, S. 13 (November 1999).

Der Einsatz des Internet zur Übertragung von Road Shows läßt für das Management des Emittenten die Notwendigkeit der zahlreichen zeit- und kostenintensiven Reisen zu den einzelnen Meetings entfallen[1149]. Trotz dieser Vorteile ist der Einsatz des Mediums in diesem Bereich, aufgrund der Vielfalt der Verbreitungsformen, die von der Definition eines "prospectus" in Sec. 2(a)(10) SA erfaßt werden, problematisch[1150]. Gleichwohl hat die SEC in einer beträchtlichen Anzahl von Fällen gegenüber innovativen Formen der Verbreitung solcher Road Shows über das Internet eine No-Action Haltung eingenommen[1151].

aa) Bisherige Konzepte elektronischer Road Shows

(1) Road Shows in geschlossenen Netzwerken

Das erste Konzept einer elektronisch übertragenen Road Show wurde im März 1997 an die SEC herangetragen. Das Private Financial Network, eine 100% Tochter der MSNBC Interactive LLC, hinter der unter anderem Microsoft steht, plante die Videoübertragung einer Road Show, entweder live oder auf Basis einer zeitlichen Verzögerung an Teilnehmer des Systems. Diese Teilnehmer, deren Gesamtzahl unter 100 lag, bestanden vornehmlich aus registrierten Broker-Dealern und Investment Advisern. Das Konzept des Private Financial Network sieht vor, daß jedem Teilnehmer die Präsentationen maximal zweimal zugänglich sind. Dabei verpflichten sich die Teilnehmer vertraglich, keinerlei Aufzeichnungen anzufertigen oder zu verbreiten. Vor der Übertragung jeder Road Show erhalten die Teilnehmer einen bei der SEC zuvor eingereichten Prospekt und werden zudem während der Übertragung durch entsprechende Hinweise auf die Bedeutung des Prospektes hingewiesen und an das Verbot der Aufzeichnung erinnert. Schließlich

---

1149 Dorsey/Harnisch, wallstreetlawyer.com, Vol. 3, No. 6, S. 13 (November 1999).

1150 Zu den Besonderheiten von Electronic Roadshows im Rahmen der "post-effective period" vgl. bei Blanc/Ferraro, Electronic Road Shows, in: PLI, 31st Annual Institute of Securities Regulation (1999), S. 677, 691 ff.

1151 Private Financial Network, SEC No-Action Letter (Mar. 12, 1997), 1997 WL 107175 (S.E.C); Net Roadshow, Inc, SEC No-Action Letter (Sept. 8, 1997); Net Roadshow, Inc, SEC No-Action Letter (Jan. 30, 1998), 1998 WL 40252 (S.E.C.), 1997 SEC No-Act. LEXIS 864; Bloomberg L.P., SEC No-Action Letter (Oct. 22, 1997), 1997 SEC No-Act. LEXIS 1023; Thomson Financial Services, Inc., SEC No-Action Letter (Sept. 4, 1998), 1998 WL 575139 (S.E.C.); CommScan LLC, SEC No-Action Letter (Feb. 3, 1999), 1999 SEC No-Act. LEXIS 116; Activate.net, SEC No-Action Letter (Sept. 21, 1999), 1999 WL 739423 (S.E.C.); Charles Schwab & Co., Inc., SEC No-Action Letter, (1999 - 2000 Transfer Binder) Fed. Sec. L. Rep. (CCH) ¶ 77,650 at 76,310 (Nov. 15, 1999); siehe dazu auch Quinn/Jarmal, Securities Regulation and the Use of Electronic Media (2000), in: PLI, Securities Offerings (2000), S. 123, 138 ff.; Lane/Weirick, Electronic Communications and Internet Offerings, in: PLI, Securites Law & The Internet (2000), Vol. 1, S. 61, 86 ff.; Blanc/Ferraro, Electronic Road Shows, in: PLI, 31st Annual Institute of Securities Regulation (1999), S. 677, 681 ff.

ergreifen der Emittent und die Underwriter geeignete Maßnahmen um sicherzustellen, daß die in der Road Show offenbarten Informationen mit denen im Prospekt nicht in Widerspruch stehen[1152].
Im Anschluß an diese erste Initiative ersuchte Bloomberg L.P. um einen No-Action Letter für ein ähnlich konzipiertes Übertragungssystem. Beim Verbreitungsmedium handelt es sich um ein von Bloomberg verwandtes, geschlossenes, terminalbasiertes Multimediasystem, zu dem wiederum nur ein begrenzter Kreis von qualifizierten Teilnehmern Zugang hat. Zusätzlich zu der Echtzeitübertragung haben die Teilnehmer parallel die Möglichkeit über Bloombergs E-Mail-System Fragen an das Management des Emittenten zu übermitteln. Zu der von Fall zu Fall bestehenden Möglichkeit den Prospekt über Symbole auf dem Bildschirm vor, während oder nach der Präsentation einzusehen, erhalten alle Teilnehmer immer auch eine gedruckte Version des Prospektes[1153].
Obschon diese ersten Fälle elektronisch übertragener Road Shows noch keinen Internet-spezifischen Hintergrund hatten, stellten die beschriebenen Konzepte das Grundmodell dar, auf dem die folgenden Anbieter Internet-gestützter Übertragungen von Road Shows aufbauten.

(2) Gestaltung von Internet Road Shows

So macht etwa die Net Roadshow, Inc. ihren Systemteilnehmern - besonders qualifizierten Investoren und Investment Banken - Road Shows über ihre Internet-Seiten zugänglich, welche in ihrem Ablauf und Inhalt denen entsprechen, die diese Investoren auch im Rahmen einer traditionellen Präsentation gesehen hätten. Ein Zugang zu diesen Seiten ist nur mittels eines Zugangscodes möglich, der den Teilnehmern zuvor übermittelt wird und jeweils nur für einen Tag gültig ist, so daß eine neuerliche Betrachtung über diesen Zeitraum hinaus nicht möglich ist. Während des gesamten Ablaufs der Präsentation können die Teilnehmer über einen entsprechend deutlich gestalteten "button" per Hyperlink zu dem "preliminary prospectus" wechseln, um diesen einzusehen, auf den eigenen Rechner herunterzuladen oder auszudrucken. Zusätzlich weisen Einblendungen während des Ablaufs der Road Show auf diese Möglichkeit und die Bedeutung des "preliminary prospectus" hin. Net Roadshow untersagt den Teilnehmern das Kopieren des übermittelten Materials und weist hierauf vor Beginn der Übertragung nochmals gesondert hin[1154].

1152 Private Financial Network, SEC No-Action Letter (Mar. 12, 1997), 1997 WL 107175 (S.E.C) unter *2.

1153 Bloomberg L.P., SEC No-Action Letter (Oct. 22, 1997), 1997 SEC No-Act. LEXIS 1023 unter *5-*8.

1154 Net Roadshow, Inc, SEC No-Action Letter (Sept. 8, 1997), 1997 SEC No-Act. LEXIS 864 unter*4-*10.

Nahezu identisch ist das Konzept von Thompson Financial Services, Inc., das Teilnehmern ebenfalls für einen 24-Stunden Zeitraum die Betrachtung einer alternativ über deren geschlossenes Privatnetz oder über das Internet übermittelten Road Show ermöglicht. Sofern eine solche Präsentation nicht live übertragen wird, handelt es sich bei der übertragenen Aufzeichnung um eine vollständige Kopie inklusive aller verwandten Präsentationsmittel, wie Charts, u.ä., ohne daß daran inhaltlich redaktionelle Veränderungen vorgenommen sind. Eine Übermittlung des "preliminary prospectus" erfolgt entweder in gedruckter Form per Post oder über das Internet, sofern sich der Kunde zuvor mit dieser Übermittlungsform einverstanden erklärt hat[1155].
In einem weiteren No-Action Letter hat die SEC gegenüber Activate.net der Live-Übertragung einer Road Show über das Internet zugestimmt[1156]. Ausgewählte Teilnehmer, die im wesentlichen denen entsprechen, die auch im Rahmen traditioneller Road Shows angesprochen worden wären, erhalten zusammen mit der Einladung ein Passwort, das einmalig nur für jede einzelne Road Show vergeben wird. Mit dessen Hilfe können die Investoren während des Ablaufs der Road Show Zugang zum passwortgeschützten Bereich der Web-Seiten erhalten und teilnehmen. Direkte Kommunikation mit dem Management ist während der Show textbasiert möglich. Auf diese Weise wird die Möglichkeit eröffnet, ähnlich wie im Rahmen einer traditionellen Road Show, Fragen an das Management zu übermitteln, ohne daß diese zuvor besonders ausgesucht oder gefiltert worden wären. Dabei überwacht Activate.net die zugeschalteten Teilnehmer, so daß es das Management über sein "Publikum" informieren kann. Auch hier sind die vergebenen Passwörter nur 24 Stunden gültig. Ein Kopieren oder Speichern der Road Show ist den Teilnehmern untersagt. Möglich ist allerdings die Online-Einsicht oder der Download des vorläufigen Prospektes, worauf wiederum entsprechend hingewiesen wird.

(3) Road Shows und "restricted securities"

In Ergänzung zu diesen Angeboten, die sich auf Road Shows im Rahmen von IPO's beziehen, hat die SEC auch der Übermittlung von Road Shows via Internet im Zusammenhang mit der Veräußerung von "restricted securities" im Rahmen der Rule 144A SA zugestimmt[1157]. In einem zweiten No-Action Letter hatte die Net Roadshow, Inc. ihr Vorhaben dargelegt, zugunsten der Veräußerer von sol-

1155 Thomson Financial Services, Inc., SEC No-Action Letter (Sept. 4, 1998), 1998 WL 575139 (S.E.C.) unter *2-*4.

1156 Activate.net, SEC No-Action Letter (Sept. 21, 1999), 1999 WL 739423 (S.E.C.) unter *1-*5.; vgl. zum Verfahren auch Dorsey/Harnisch, wallstreetlawyer.com, Vol. 3, No. 6, S. 13 (November 1999).

1157 Vgl. dazu im einzelnen unter § 16, I.), 2.), c).

chen Wertpapieren, die aus "private offerings" stammen und daher im Rahmen der Rule 144A SA nur an "qualified institutional buyers" ("QIB") veräußert werden können, entsprechende Road Show Präsentationen über das Internet verbreiten zu wollen. Die SEC hat, ebenso wie in einem weiteren No-Action Letter der CommScan LLC gegenüber, vertreten, daß auch in Hinsicht auf die spezifischen Anforderungen, die die Rule 144A SA stellt, im Passwortschutz ein geeignetes Mittel gesehen wird, die in diesem Kontext ebenfalls untersagte weite Verbreitung solcher Angebote zu unterbinden[1158].

(4) Gegenwärtige Anforderungen an Internet Road Shows

Zusammenfassend lassen sich die wesentlichen Eigenschaften der bisher genannten Verfahren, gegen die die SEC in keinem Fall Bedenken geäußert hat, auf folgende Kernelemente reduzieren[1159]:

- Das übertragene Produkt entspricht im wesentlichen dem, welches dem Betrachter auch im Rahmen einer traditionellen Road Show präsentiert worden wäre. Insbesondere sind bei zeitverzögerten Übertragungen keine redaktionellen Änderungen oder Verbesserungen vorzunehmen, ohne den Betrachter hierüber aufzuklären.
- Eine Speicherung, Reproduktion oder sonstige Verbreitung ist von Seiten der Betrachter ausgeschlossen. Dieses kann entweder im Wege vertraglicher Verpflichtungen und / oder mit Hilfe ergänzender technischer Beschränkungen geschehen[1160].
- Der "preliminary prospectus" muß im Rahmen der Präsentation ebenso verfügbar sein, wie dieses auch im Fall einer traditionellen Präsentation gewährleistet wäre. Dabei dürfen die verwendeten Verfahren keine Behinderung darstellen, sondern sollten nach Möglichkeit dem Betrachter mittels entsprechend gestalteter Hyperlinks einen permanenten Zugriff ermöglichen.
- Der Kreis der Teilnehmer ist auf solche, vornehmlich institutionelle Anleger beschränkt, die auch im Rahmen einer traditionellen Road Show zu solchen Präsentationen eingeladen worden wären.

bb) Neue Tendenzen - der Charles Schwab & Co., Inc. No-Action Letter

Gerade der letztgenannte Punkt, die Zugangsbeschränkung der Road Show-Informationen auf einen begrenzten Kreis institutioneller Investoren unter

---

1158 Net Roadshow, Inc, SEC No-Action Letter (Jan. 30, 1998), 1998 WL 40252 (S.E.C.); CommScan LLC, SEC No-Action Letter (Feb. 3, 1999), 1999 SEC No-Act. LEXIS 116; vgl. näher unter § 16, I.), 2.), c).

1159 Vgl. dazu insbesondere auch Friedman, Securities Regulation in Cyberspace, 3-14 f.

1160 Friedman, Securities Regulation in Cyberspace, 3-15.

Ausschluß der Masse der Retail-Anleger, ist in der Vergangenheit von vielen Seiten immer wieder kritisiert worden[1161]. Das hierdurch geschaffene Informationsgefälle zwischen Institutionellen und Retail-Investoren läuft auf eine ungleiche "dual track disclosure"-Politik hinaus, deren Rechtfertigung gerade in einer Zeit, in der der von der SEC protegierte Internet-Einsatz die Chance zur Egalisierung solcher Informationsgefälle in vielen Bereichen bietet, zunehmend schwerer fällt.

Dennoch ist dieser Standpunkt in allen bisherigen No-Action Lettern bestätigt worden. In einem bemerkenswerten No-Action Letter aus dem November 1999 allerdings, hat die SEC Charles Schwab & Co. Inc. gegenüber, eine Tendenz zur Öffnung der Road Shows auch gegenüber dem Retail-Anleger angedeutet. Dort hat die SEC dem Vorhaben des Online-Brokers zugestimmt, die via Internet übertragenen Road Shows nicht nur seinen institutionellen Kunden, sondern auch einem speziellen Kreis ausgewählter Retail-Kunden zugänglich zu machen[1162]. Zum passwortgeschützten Bereich des Internet-Auftrittes, in dem die Road Shows präsentiert werden, erhalten auch solche Retail-Kunden Zugang, die die Kriterien des "Schwab Gold Signature Service™ Accounts" erfüllen, was eine dokumentierte Anlageerfahrung und mindestens 24 Transaktionen pro Jahr verlangt, oder den Nachweis eines Eigenkapitals von mindestens 500.000 US$ erfordert[1163]. Im übrigen entspricht das Verfahren in wesentlichen Teilen dem oben beschrieben Grundkonzept.

cc) Rechtliche Würdigung

Wie für den No-Action Prozeß typisch hat die SEC ihre rechtlichen Erwägungen, die im Ergebnis dazu führen, eine über das Internet übertragene Road Show nicht als "prospectus" aufzufassen, nicht näher dargelegt.

Grundvoraussetzung der Billigung von Road Shows überhaupt ist aber, daß diese nicht als "prospectus" i.S.d. Sec. 2(a)(10) SA angesehen werden. Dieses kommt nur dann in Betracht, wenn die Art der Präsentation nicht als "communication, written or by radio or television" gewertet wird. Für den Bereich der traditionellen Road Shows war und ist die Rechtslage insofern eindeutig, als daß diese mündlichen Veranstaltungen evidenterweise nicht als "written" aufzufassen sind. Auch gegen die dabei oftmals eingesetzten Multimedia-Präsentationen hat die SEC seit jeher keine Einwände erhoben und sie lediglich als untergeordneten Teil der Ge-

---

1161 Langenvoort, Angels on the Internet, unter IV.A.; Blanc/Ferraro, Electronic Road Shows, in: PLI, 31st Annual Institute of Securities Regulation (1999), S. 677, 689 f.

1162 Charles Schwab & Co., Inc., SEC No-Action Letter, (1999 - 2000 Transfer Binder) Fed. Sec. L. Rep. (CCH) ¶ 77,650 at 76,310 (Nov. 15, 1999).

1163 Charles Schwab & Co., Inc., SEC No-Action Letter, (1999 - 2000 Transfer Binder) Fed. Sec. L. Rep. (CCH) ¶ 77,650 at 76,312, Fn. 1 (Nov. 15, 1999).

samtdarstellung aufgefaßt. Im Fall der Übertragung der gesamten Road Show via Internet stellt sich allerdings die Frage, ob dieses nicht als schriftliches oder per Radio oder Fernsehen verbreitetes Wertpapierangebot, dem Begriff des "prospectus" unterfällt.

(1) Bedeutung der Flüchtigkeit der Präsentation

Nach dem oben Gesagten umfaßt der in Sec. 2(a)(9) SA definierte Begriff "written" jede Form der graphischer Kommunikation, wozu nach Rule 405 SA grundsätzlich auch Formen der Datenübertragung via Internet als "computer data compilation" zählen[1164]. Um bei der Übertragung von Road Shows dieser Wertung zu entgehen, die zwingend einen Verstoß gegen Sec. 5 SA nach sich ziehen würde, kann die bisherige No-Action Haltung der SEC nur erklärt werden, indem man den Schwerpunkt der Rule 405 SA auf die Art der Speicherung von Computerdaten verlagert und weniger auf die Frage ihrer Übertragung abstellt[1165]. In diesem Sinne sind solche Computerdaten, die ohne die Möglichkeit einer dauernden oder zumindest zeitweisen Speicherung übertragen werden, vom Regelungsbereich der Rule 405 SA nicht erfaßt und stellen somit keine Form schriftlicher Kommunikation dar.
Mit dieser Interpretation in Einklang steht der Schwerpunkt, den die SEC in ihren No-Action Lettern auf die realistische Wiedergabe der Live-Atmosphäre und vor allem auf das Verbot der Speicherung oder der Kopie der Internet Road Shows gelegt hat. Solange durch technische und vertragliche Mittel eine Fixierung der Präsentationen ausgeschlossen wird, ist der Inhalt der Road Shows ebenso flüchtig und unbeständig, wie der traditioneller Präsentationen, so daß insofern eine Gleichbehandlung gerechtfertigt erscheint[1166].

(2) Verhinderung der Massenwirkung durch Zugangsbeschränkung

Selbst wenn eine Internet-Übertragung damit keine Form schriftlicher Kommunikation darstellt, so scheint angesichts der potentiellen Massenwirkung, die dieses Medium eröffnet, eine Parallele zur Verbreitung über Radio oder Fernsehen naheliegend. Der gesetzgeberische Grund der Aufnahme dieser Übertragungsformen in den Katalog der Sec. 2(a)(10) SA - so wird argumentiert - habe gerade darin be-

---

1164 Siehe dazu unter § 14, II.), a).

1165 So Friedman, Securities Regulation in Cyberspace, 3-16.; in dieselbe Richtung geht die Argumentation im Net Roadshow No-Action Letter, Net Roadshow, Inc, SEC No-Action Letter (Sept. 8, 1997), 1997 SEC No-Act. LEXIS 864 unter*11.

1166 Friedman, Securities Regulation in Cyberspace, 3-16. Auch das Private Financial Network hat darauf abgehoben, daß die Road Show aufgrund ihrer besonderen Gestaltungsweise eine Form visueller und mündlicher Kommunikation darstelle (Private Financial Network, SEC No-Action Letter (Mar. 12, 1997), 1997 WL 107175 (S.E.C) unter *4).

standen, daß über diese Medien eine uneingeschränkte Verbreitung möglich ist, ohne daß die Betrachter individualisiert werden können. In diesem Fall sei nicht zu gewährleisten, daß jeder der Betrachter einen "preliminary prospectus" erhalte[1167]. Ergänzend wird als Argument auch die bereits genannte Entscheidung des Supreme Court in der Sache *Gustofson v. Alloyd Company* herangezogen, in der explizit festgestellt worden ist, Sec. 2(a)(10) SA beziehe sich auf "documents of wide dissemination"[1168]. Da gerade diese weite und unbeschränkte Verbreitung der Road Show-Informationen bei den bisherigen Konzepten im Wege der Zugangsbeschränkung auf einen vorausgewählten Personenkreis ausgeschlossen wird, kommt eine Gleichstellung mit diesen Medien nicht in Betracht[1169]. Trotz der potentiellen Massenwirkung verfügt die Informationsverbreitung im Internet damit über Möglichkeiten der Zugangsbeschränkung, die es von anderen elektronischen Massenmedien deutlich abhebt.

(3) Zwischenergebnis

Während bisher beide wesentlichen Argumente - die Flüchtigkeit der Wahrnehmung und der eingeschränkte Kreis der Betrachter - die No-Action Haltung der SEC stützten, scheint nach der Entscheidung Charles Schwab & Co., Inc. gegenüber, auch einigen Retail-Kunden die Teilnahme zu gestatten, das letztgenannte Argument an Bedeutung zu verlieren[1170]. In diese Richtung deuten auch die gravierenden Änderungen und Erleichterungen beim Öffentlichkeitskontakt in der "waiting period", die die SEC im sog. "Aircraft Carrier Release" zur Diskussion gestellt hat[1171]. In ihrer Konsequenz laufen diese Vorschläge auf eine völlige Freigabe öffentlicher Angebote während der "waiting period" hinaus, so daß auch Road Shows ohne jede Limitierung des Publikums zulässig wären[1172]. Nicht zuletzt aufgrund zahlreicher negativer Reaktionen auf diese radikalen Vorschläge,

---

1167 Activate.net, SEC No-Action Letter (Sept. 21, 1999), 1999 WL 739423 (S.E.C.) unter *5; Private Financial Network, SEC No-Action Letter ((Mar. 12, 1997), 1997 WL 107175 (S.E.C) unter *4); Net Roadshow, Inc., SEC No-Action Letter (Sept. 8, 1997), 1997 SEC No-Act. LEXIS 864 unter*13.

1168 Gustafson v. Alloyd Co., 513 US 561, 575 (1995).

1169 Charles Schwab & Co., Inc., SEC No-Action Letter, (1999 - 2000 Transfer Binder) Fed. Sec. L. Rep. (CCH) ¶ 77,650 at 76,314 (Nov. 15, 1999); dazu auch Friedman, Securities Regulation in Cyberspace, 3-17.

1170 Charles Schwab & Co., Inc. haben selbst darauf hingewiesen, daß sie prinzipiell eine Öffnung für all ihre Retail Kunden für erstrebenswert und mit Sec. 2(a)(10) SA vereinbar halten. (Charles Schwab & Co., Inc., SEC No-Action Letter, (1999 - 2000 Transfer Binder) Fed. Sec. L. Rep. (CCH) ¶ 77,650 at 76,312 (Nov. 15, 1999)).

1171 The Regulation of Securties Offerings, Release No. 33-7606A (Nov. 13, 1998), 68 S.E.C. Docket 1570 ff. (Nov. 13, 1998).

1172 Dazu auch Olson/Pitt, Securities in the Electronic Age, 11-98; Hewitt/Carlson, Securities Practise and Electronic Technology, 2-29 ff.

erscheint es gegenwärtig äußerst fraglich, ob eine Umsetzung dieser Ideen erfolgen wird[1173]. Für die aktuelle Rechtslage bleibt es daher beim Erfordernis der Limitierung des Betrachterkreises, was von der SEC in einem klarstellenden Schreiben vom 09. Februar 2000 unter Bezug auf den Charles Schwab & Co., Inc. No-Action Letter deutlich gemacht worden ist[1174]. Die SEC stellt darin ausdrücklich klar, daß ihre No-Action Haltung unter der Bedingung steht, daß 1.) in der Version der elektronischen Road Show keine wesentlichen Informationen fehlen, die in andere Präsentationen aufgenommen werden sollen, daß 2.) nur eine einzige Version der Road Show zum Zweck der anschließenden elektronischen Versendung aufgezeichnet wird und daß insbesondere 3.) der Inhalt dieser Road Show mit dem des "statutory prospectus" übereinstimmt.
Gerade aus der letztgenannten Bedingung folgt eine erhebliche praktische Beschränkung: auf die Zugeständnisse des No-Action Letter kann sich Charles Schwab & Co., Inc. dann nicht berufen, wenn er Aufgrund seiner Position im Underwriting-Syndikat nicht den notwendigen Einfluß hat, um garantieren zu können, daß Prospektinhalt und Road Show-Darstellungen übereinstimmen[1175]. Gegenwärtig ist damit zwar eine Grenzverschiebung in den Bereich der Retail-Anleger zu verzeichnen, eine Aufhebung des Erfordernisses, den Betrachterkreis auf eine beschränkte Anzahl von Anlegern zu limitieren, bedeutet allerdings auch der Charles Schwab & Co., Inc No-Action Letter nicht.

f) Presseveröffentlichungen, Analystenberichte und sonstige Publikationen

Wie bereits beschrieben sind Öffentlichkeitskontakte mit Bezug auf die Emission während des Registrierungsverfahrens nur in sehr eingeschränktem Maße zulässig. Auch in der "waiting period" sind Presseveröffentlichungen nur im Einklang mit Rule 135 SA erlaubt. Berichte Dritter, die nicht auf Initiative der Gesellschaft erstellt worden sind, eröffnen vor allem dann Risiken, wenn sich das Unternehmen diese im Sinne der "entanglement doctrine" zurechnen lassen muß. Gerade in

---

1173 Vgl. zum "Aircraft Carrier Release" und zur Kritik daran etwa McLaughlin, wallstreetlawyer.com, Vol. 2, No. 8, S. 1 ff. (January 1999); Arms, The SEC's "Aircraft Carrier" Release, in: PLI, Private Placements (2000), S. 202 ff.; Weil, Gotshal & Manges, The SEC's Aircraft Carrier, in: PLI, Private Placements (2000), S. 185 ff.; zu den möglichen Auswirkungen auf den Internet-Einsatz im Registrierungsverfahren vgl. näher Lane/Weirick, Electronic Communications and Internet Offerings, in: PLI, Securites Law & The Internet (2000), Vol. 1, S. 61, 87; Hewitt/Carlson, Securities Practise and Electronic Technology, 2-29 ff.

1174 Reconsideration Charles Schwab & Co., Inc., SEC No-Action Letter (Feb. 9, 2000), 2000 SEC No-Act. LEXIS 194.

1175 Kramer/An, Website Issues, in: PLI, Securities Law & The Internet (2000), Vol. 1, S. 395, 408 f.; auch Lane/Weirick, Electronic Communications and Internet Offerings, in: PLI, Securites Law & The Internet (2000), Vol. 1, S. 61, 92: "(The SEC's) *worst fear is that institutional shareholder will see a Wall Street version of a road show while a retail customer sees a Hollywood version*".

der Phase der Registrierung begründen daher Hyperlinks auf Internet-Seiten Dritter, die derartige Presseberichte oder Analysten-Veröffentlichung enthalten, ein besonderes Haftungsrisiko. Die SEC geht in diesen Situationen regelmäßig davon aus, daß eine Gesellschaft sich die externen Informationen zu eigen gemacht hat. Auch durch den bloßen Gebrauch von Disclaimern kann dieses Risiko nicht ausgeschlossen werden[1176].

3.) "post effective period"

Die "post-effective period" beginnt im Zeitpunkt der Wirksamkeit des "registration statements", der nach der gesetzgeberischen Vorstellung nach Sec. 8 SA grundsätzlich 20 Tage nach dem Einreichen der letzten, für die Registrierung erforderlichen Unterlagen beginnen soll[1177]. In der Praxis hat sich jedoch ein informelles Konsultationsverfahren durchgesetzt, innerhalb dessen der Emittent bzw. Konsortialführer dann, wenn alle erforderlichen Registrierungsunterlagen vorhanden sind, einen beschleunigten Abschluß des Verfahrens beantragt[1178]. Ab diesem Zeitpunkt ist die Abgabe von jeglichen Verkaufsangeboten - in mündlicher wie in schriftlicher Form - ebenso zulässig, wie der Abschluß der entsprechenden Transaktionen, ohne daß darin ein Verstoß gegen Sec. 5 SA läge[1179]. Unabwendbare Bedingung ist nach Sec. 5(b) SA jedoch, daß derartige Angebote von der Übermittlung eines "final prospectus" begleitet werden, der seinerseits den Anforderungen der Sec. 10 SA entspricht. In dieser Phase bestehen die größten Möglichkeiten für den Internet-Einsatz, indem das Medium zur Verbreitung von "tombstone ad´s", zur Übermittlung des "final prospectus" und weiteren Verkaufsmaterials, sowie zur Bestätigung von Transaktionen verwandt werden kann.

a) Übermittlung des "final prospectus"

Der "final prospectus" hat neben denjenigen Angaben, die schon für den "preliminary prospectus" erforderlich waren, weitere Informationen über den Emissionspreis und die Vergütung der Underwriter zu enthalten. Emittenten und Underwriter - solange diese die ihnen zugeteilte Tranche noch nicht plaziert haben - sind solange zur Lieferung eines Prospektes verpflichtet, wie das Wertpapier öffentlich

---

1176 Use of Electronic Media, Securities Act Release No. 33-7856, 72 S.E.C. Docket 929 ff. (Apr. 28, 2000), unter II.B.1.a.; vgl. dazu näher auch unter § 9, I.), 5.).

1177 Dabei kann die SEC diesen Zeitraum ebenso verkürzen ("acceleration") wie durch Warteverfügungen ausdehnen oder den Antrag gänzlich zurückweisen ("stop order" bzw. "refusal order"), sofern der Einzelfall dieses gebietet.

1178 Schuster, Die internationale Anwendung des Börsenrechts, S. 154 m.w.N.

1179 Die Verbote der Secs. 5(a) und (c) SA gelten für diese Phase des Registrierungsverfahrens nicht mehr.

angeboten wird[1180]. Dealer, die nicht Teil des Emissionskonsortiums waren, müssen bei Verkauf der "security" grundsätzlich innerhalb einer bestimmten zeitlichen Phase nach Wirksamerklärung der Registrierung ebenfalls einen Prospekt mitliefern, es sei denn, daß der Emittent bereits eine "reporting company" nach Sec. 13 SEA ist. In diesem Fall entfällt eine weitere Prospektlieferungspflicht. Ansonsten beträgt diese 25 Tage bei Wertpapieren, die an einer "national exchange" oder im NASDAQ-System gelistet werden. Für nicht Börsen- oder NASDAQ-gehandelte Wertpapiere beträgt die Nachlieferungsfrist 40 Tage, wenn der Emittent zuvor schon einmal ein "registered offering" unter dem Securities Act unternommen hat, andernfalls dauert diese Phase bis zu 90 Tagen an[1181].

aa) Positionierung des Prospektes im Internet

Im Hinblick auf die Frage wo und in welcher Weise der Prospekt im Internet plaziert werden kann, bieten sich verschiedene Alternativen an. Die konservativste und im Hinblick auf Haftungsrisiken sicherste Methode besteht im Aufbau einer eigenen Web-Seite mit einer separaten URL, die nicht mit der Unternehmens-Homepage übereinstimmt[1182]. Solange von dieser separaten Internet-Seite aus keine Hyperlinks "nach außen" führen, ist das Risiko, daß hier im Wege einer "incorporation by reference" externes Material als Teil des Prospektes aufgefaßt wird, auf Null reduziert.

Daneben besteht eine weitere Möglichkeit für Unternehmen darin, einen Link zur EDGAR-Datenbank der SEC zu legen, über die die entsprechenden Dokumente ebenfalls erreichbar sind[1183]. Schließlich kann der Prospekt auch innerhalb des bestehenden Internet-Auftrittes auf einer eigenen Seite eingestellt werden. Nachdem die SEC im "April Release" klargestellt hat, daß ein entsprechender Hyperlink allein, ebensowenig wie die bloße Nähe zu weiterem Verkaufsmaterial, diese Dokumente im Sinne der "envelope theory" zu Teilen des Prospektes macht[1184], ist ein Weg eröffnet ohne die Gefahr einer Haftung, den Prospekt innerhalb eines

1180 Flint/Savage, Understanding the Securities Laws (1999), 51, 67.

1181 Hazen, The Law of Securities Regulation, Vol. 1, S. 106 ff., Flint/Savage, Understanding the Securities Laws (1999), 51, 68.

1182 Diesen Weg hat etwa Yahoo! Inc. beschritten, die ihren Online-Prospekt unter: http://ipo.yahoo.com zum Download bereitstellten, während die Homepage des Unternehmens unter: http://www.yahoo.com lokalisiert war und ist; vgl. dazu Wetzler, wallstreetlawyer.com, Vol. 1, No. 4, S. 1, 7 (1997); Pike & Fischer/Houle, INTERNET Law & Regulation, Vol. 3, SE-A7; Friedman, Securities Regulation in Cyberspace, 3-29.

1183 Im sog. "Plain English Release" hat die SEC die Unternehmen ausdrücklich angehalten, in ihren registrierungspflichtigen Dokumenten sowohl auf die Seite der SEC zu verweisen als auch die URL der eigenen Homepage zu veröffentlichen; vgl. SEC Release Nos. 33-7497; 34-39593 (Jan. 28, 1998); verfügbar unter: http://www.sec.gov/rules/final/33-7497.txt.

1184 Use of Electronic Media, Securities Act Release No. 33-7856, 72 S.E.C. Docket 929 ff. (Apr. 28, 2000), unter II.A.4.

einheitlichen Web-Auftrittes zu positionieren. Zu vermeiden sind dabei vor allem Links von der Prospektseite "nach außen" oder die Einstellung weiteren Materials in die Seiten, die den Prospekt enthalten[1185].

bb) "re-circulation" bei nachträglicher Änderung wesentlicher Angaben

Auch nach vollständiger Durchführung der Emission ist der Prospekt eine wesentliche Grundlage der Investitionsentscheidung. Aus diesem Grund ist der Emittent im Fall wesentlicher Änderungen, die den Prospekt in wichtigen Punkten als unzutreffend erscheinen lassen, nach Rule 424(a) SA verpflichtet, diese zu korrigieren und den geänderten Prospekt an die Anleger zu übermitteln[1186]. Kommt er dieser Verpflichtung nicht nach, so läuft er Gefahr nach den "antifraud provisions" in Haftung genommen zu werden[1187]. Beim Einsatz des Internet für eine solche "re-circulation" des Prospektes ist zu beachten, daß das alleinige Einstellen des geänderten Prospektes auf den Web-Seiten des Emittenten genauso wenig ausreicht, wie zur Erfüllung der ursprünglichen Übermittlungsverpflichtung. Erforderlich ist vielmehr auch in diesem Fall, daß eine gesonderte "notice" an die Anleger übermittelt wird, die sie von der Veränderung in Kenntnis setzt[1188].

b) Abgabe weiteren Verkaufsmaterials

Außerhalb der strikten Beschränkungen der Rules 134 und 135 SA können die Anleger in der "post-effective period" mit weiterem Verkaufsmaterial ("supplemental sales literature"[1189] oder "free writing") versorgt werden, das Informationen enthält, die über den Inhalt der tombstone ad's und des Prospektes deutlich hinausgehen. Bedingung ist allerdings, daß dieses Material von einem normentsprechenden Prospekt begleitet wird[1190]. 2(a)(10) SA legt fest, daß in der "post-effective period" derartiges Material seinerseits nicht als "prospectus" aufgefaßt

---

1185 Für ein Verfahrensbeispiel vgl. nachfolgend unter § 14, III.).

1186 Zu weiteren Fällen von Aktualisierungs- und Korrektur-Verpflichtungen vgl. oben unter § 9, II.), 1.).

1187 Sec. 17(a) SA und Sec. 10(b) SEA, sowie Rule 10b-5 SEA verlangen vom Emittenten, daß der Prospekt auch spätere wesentliche Entwicklungen reflektiert. vgl. SEC v. Manor Nursing Centers, Inc., 458 F.2d 1082, 1095 (2nd Cir. 1972); SEC v. Bangor Punta Corp., 331 F.Supp. 1154, 1160 (S.D.N.Y. 1971).

1188 Use of Electronic Media for Delivery Purposes, Securities Act Release No. 33-7233, 60 S.E.C. Docket 1348 ff. (Oct. 6, 1995), unter II.D., Example 9.

1189 Rule 156(c) SA definiert "sales literature" weit: "... *"sales literature" shall be deemed to include any communication (whether in writing, by radio, or by television) used by any person to offer to sell or induce the sale of securities of any investment company. ..*"

1190 Vgl. dazu Rules 174, 424(a) und 424(b) SA; sowie insgesamt bei Mukamal, 25 Sec. Reg. L. J., 420 , 431 f. (1997).

wird, wenn spätestens in dem Zeitpunkt, in dem dieses Material übermittelt wird, gleichzeitig ein den Anforderungen der Sec. 10 SA entsprechender "final prospectus" mitübermittelt wird[1191].
Sofern sowohl "sales literature" als auch der Wertpapierprospekt elektronisch versandt werden, ergeben sich nach den Aussagen der SEC in den bisherigen "Internet Releases" kaum Probleme. Insbesondere kann das Erfordernis der parallelen Übermittlung des "final prospectus" durch Verwendung entsprechender Hyperlinks im Verkaufsmaterial erfüllt werden. Schwieriger hingegen ist es, den Anforderungen der Sec. 2(a)(10) SA gerecht zu werden, wenn "sales literature" und Prospekt in unterschiedlichen Medien übermittelt werden. Sofern der Investor etwa, trotz seines Einverständnisses mit der elektronischen Kommunikation im übrigen, die Übermittlung eines gedruckten Prospektes wünscht, besteht die Gefahr, daß das zeitgleich mit diesem Dokument per E-Mail versandte Verkaufsmaterial aufgrund der Geschwindigkeit elektronischer Datenübertragung, den Anleger vor dem Zugang des postalisch übermittelten Prospektes erreicht. Um bei solchen "mixed-media formats" einen Verstoß gegen Sec. 5 SA zu vermeiden, sollte vor einer Eingangsbestätigung in Hinsicht auf den postalisch übermittelten Wertpapierprospekt, die "sales literature" nicht versandt werden[1192].

4.) Zwischenergebnis - Möglichkeit von "electronic-only offerings"

Nach dem bisher Festgestellten kann der Einsatz des Internet im Rahmen eines Emissionsverfahrens außerordentliche wirtschaftliche Vorteile mit sich bringen. Den rechtlichen Anforderungen kann bei Einhaltung der aufgezeigten Verfahren ebenfalls genügt werden. Aus diesem Grund stellt sich die Frage der Realisierung von "electronic-only offerings", die ausschließlich unter Verwendung des Internet durchgeführt werden und die Übermittlung jeglicher Form gedruckten Materials vermeiden. Die außerordentlichen finanziellen Ersparnisse, die bei dieser Art der Übermittlung möglich sind, stellen neben der Vermeidung von Medienbrüchen einen erheblichen Anreiz für eine solche Emissionsform dar[1193]. Die SEC selbst hält derartige Modelle, bei denen sich die teilnehmenden Anleger vorab mit dieser Form der Kommunikation bereit erklären müssen, grundsätzlich für durchführ-

---

1191 Sec. 2(a)(10) SA: "*...if it is proved that prior to or at the same time with such communication a written prospectus meeting the requirements of subsection (a) of Section 10 at the time of such communication was sent or given to the person to whom the communication was made, ...*"

1192 Dazu Friedman, Securities Regulations in Cyberspace, 3-34 f.

1193 Im Fall einer vollelektronischen Fondemission hat 1998 der Technology Funding Venture Capital Fund angegeben, durch die eingesparten Druck- und Versandkosten für Prospektmaterial, Vierteljahresberichte und ähnliche Dokumente über die Gesamtzeit der Auflage des Fonds gesehen 11. Mio US$ eingepart zu haben (so bei Friedman, Securities Regulation in Cyberspace, 3-24).

bar[1194]. Probleme ergeben sich allerdings daraus, daß nach den Aussagen der SEC im "April Release" schon wegen der Möglichkeit technischer Ausfälle auf Seiten des Anlegers dessen Recht zum Widerruf des "informed consent" zur Kommunikation via Internet nicht beschnitten werden darf. Für den Underwriter oder Broker-Dealer, der ein "electronic-only offering" durchführen will, resultiert aus der latenten Gefahr eines Widerrufs die Verpflichtung, nach wie vor gedruckte Prospekte bereitzuhalten. Die SEC selbst hat aber angedeutet, daß in dieser Hinsicht Modelle denkbar sind, in denen bei einem umfassenden Einverständnis des Anlegers mit der Kommunikation via Internet, dieser selbst die Zusatzkosten der Übermittlung gedruckten Materials zu tragen hat, sofern ein späterer Widerruf erfolgt[1195].

Durch diesen Ansatz wird der Anlegerschutz nicht eingeschränkt, der es gebietet, daß in jedem Fall der Investor mit Prospektmaterial zu versorgen ist. Die Verlagerung der Kosten einer Übermittlung gedruckten Materials in die Sphäre des Anlegers scheint aber ein erster Schritt zur Förderung vollelektronischer Emissionen zu sein.

III.) Übertragung dieser Grundsätze auf typische Internet-Fremdemissionen

Viele Online-Broker und spezialisierte Investmentbanken sind in das Internet-IPO-Geschäft eingestiegen, um auf diese Weise vor allem ihren Retail-Kunden eine innovative Möglichkeit zu eröffnen, an einem IPO teilnehmen zu können[1196]. Den gegenwärtigen Stand des rechtlich zulässigen Einsatzes des Internet durch Konsortialmitglieder bei der Plazierung ihrer Tranchen im Rahmen einer Fremdemission spiegelt das von der Internet-Investment Bank Wit Capital Corp. entwickelte Verfahren wieder[1197], demgegenüber die SEC eine No-Action Position eingenommen hat[1198].

[1194] Vgl. dazu Friedman, Securities Regulation in Cyberspace, 3-19 ff. und 3-24.

[1195] Use of Electronic Media, Securities Act Release No. 33-7856, 72 S.E.C. Docket 929 ff. (Apr. 28, 2000), unter II.D.4.

[1196] Charles Schwab & Co., Inc. etwa hat eine Vereinbarung mit drei großen Investmentbanken geschlossen. Diese ermöglicht es ihm einer bestimmten Kundenschicht Zugang zu den emittierten Wertpapieren, die von diesen Banken begleitet werden, zu verschaffen (vgl. bei Hass, 72 South. Cal. L. Rev., 67, 102 (1998)).

[1197] Zum Verfahren eingehend Dickerson/Harris, wallstreetlawyer.com, Vol. 3, No. 4, S. 8 ff. (September 1999).

[1198] Wit Capital Corp., SEC No-Action Letter, (1999 Transfer Binder) Fed. Sec. L. Rep. (CCH) ¶ 77,577 at 78,906 (July 14, 1999).

Der Internet-Auftritt der Wit Capital Corp.[1199] gliedert sich in 3 wesentliche Ebenen[1200]. Neben der "general web side", die ohne jeden Bezug auf konkrete IPO´s allgemeine Informationen über das Unternehmen und Finanzmarktdaten und -berichte enthält, hat Wit Capital für jedes IPO gesonderte, passwortgeschützte Bereiche (sog. "cul de sac") eingerichtet, in denen spezifische Informationen über die emittierten Wertpapiere, vor allem das Prospektmaterial, und Zeichnungsmöglichkeiten eingestellt sind. Ein Hyperlink zur allgemeinen Web-Seite ist nicht enthalten[1201], um im Hinblick auf die "entanglement doctrine" haftungsrechtliche Risiken durch die Einbeziehung externer Informationen zu verhindern. In einer Ebene zwischen diesen öffentlich zugänglichen Web-Seiten und den Bereichen, die nur für Kunden zugänglich sind, sind "gateway" Seiten erstellt worden. Diese Schnittstellen enthalten neben Emissionsinformationen, die den Anforderungen der Rule 134 SA ("tombstone ads") genügen, weitere Hyperlinks zu Seiten, die dem Anleger den Verfahrensablauf erläutern, sog. FAQ´s[1202] enthalten und eine direkte Kontaktaufnahme mit Wit Capital via E-Mail ermöglichen.

Im Fall eines bevorstehenden IPO´s beginnt Wit Capital den Distributionsprozeß durch Übermittlung einer E-Mail an ihre Kunden, welche sich zuvor mit dieser Form der Kommunikation einverstanden erklärt haben. Diese Nachricht enthält die nach Rule 134 SA zulässigen Hinweise auf die Emission, sowie einen Hyperlink auf diejenige "gateway"-Seite, von der aus die für diese Emission vorgesehene "cul de sac" erreicht werden kann. Zudem informiert die E-Mail den Kunden über den Zeitrahmen, innerhalb dessen er für eine Teilnahme am Emissionsverfahren seinen Zeichnungswunsch an Wit Capital zu übermitteln hat[1203]. Der inte-

1199 Die Wit Capital Corp., als Teil der Wit Capital Group, Inc., ist 1996 im Anschluß an den erfolgreichen Internet-Einsatz beim DPO der Spring Street Brewery von Andrew Klein als Internet-Investment Bank gegründet worden, um für ihre Retail-Kunden die Internet-gestützte Teilnahme an IPO´s zu ermöglichen. Zu diesem Zweck war die Wit Capital Corp. als Online-Broker bei der SEC registriert und Mitglied der NASD (vgl. Hass, 72 South. Cal. L. Rev., 67, 70 (1998)). Nach der Übernahme der privaten Investmentbank SoundView Technology Group und Gründung der Wit SoundView ist die Wit Capital Corp. eine strategische Allianz mit dem Online-Broker E*Trade eingegangen und heute selbst nicht mehr im Bereich des Retail-Brokerage tätig (vgl. Press Release, Nov. 1, 1999, verfügbar unter: http://www.witsoundview.com/about/pr.jsp?pr=19991101).

1200 Der Internet-Auftritt hatte ursprünglich die URL: http://www.witcapital.com .

1201 Vgl. Kramer/An, Website Issues, in: PLI, Securities Law & The Internet (2000), Vol. 1, S. 395, 406.

1202 FAQ (= Frequently Asked Questions) erläutern dem Betrachter in Frage- und Antwortform typische Probleme im Hinblick auf den technischen Ablauf und dessen rechtlichen Hintergrund.

1203 Wit Capital Corp., SEC No-Action Letter, (1999 Transfer Binder) Fed. Sec. L. Rep. (CCH) ¶ 77,577 at 78,907 (July 14, 1999); Dickerson/Harris, wallstreetlawyer.com, Vol. 3, No. 4, S. 8 f. (September 1999).

ressierte Kunde[1204] hat nach erfolgter Registrierung die Möglichkeit, bedingte Zeichnungsangebote abzugeben. Auf dem Weg zu der Stelle des Web-Auftrittes, der die entsprechende Eingabemaske enthält, wird dem Kunden mehrfach nahegelegt, über entsprechende Hyperlinks von der Möglichkeit, den auf der "cul de sac" eingestellten "preliminary prospectus" einzusehen oder auf dem eigenen Rechner zu speichern, Gebrauch zu machen. Nach der Eingabe der Order wird diese nochmals zusammengefaßt und erst nach erneuter Bestätigung durch den Kunden an Wit Capital übermittelt. Zugleich wird darauf hingewiesen, daß der Kunde bis zur formellen Annahme durch Wit Capital seinen Auftrag jederzeit frei widerrufen kann. Schließlich erhält der Kunde etwa 48 Stunden vor der Wirksamkeit der Registrierung bei der SEC eine weitere E-Mail, die ihn nochmals zur Bestätigung seines Zeichnungswunsches auffordert und erneut einen Hyperlink auf den "preliminary prospectus" enthält.
Mittels einer weiteren E-Mail wird der Kunde dann davon in Kenntnis gesetzt, daß die Registrierung für wirksam erklärt worden ist, zu welchem Preis die Wertpapiere emittiert werden und bis zu welchem Zeitpunkt ein Widerruf des Zeichnungswunsches möglich ist. Eine Zuteilung der Wertpapiere erfolgt dann auf einer "first-come, first-served" Basis. Im Rahmen der Abwicklung der Transaktion übermittelt das für Wit Capital tätige Clearing-Unternehmen zusammen mit den Zeichnungsbestätigungen[1205] auch eine Kopie des "final prospectus" an die Kunden. Dieser wird zudem auf der für diese Emission vorgesehenen "cul de sac" eingestellt.

In rechtlicher Hinsicht ist dieses Verfahren bestimmt, vor allem an zwei kritischen Stellen einen Verstoß gegen die Vorschriften des Securities Act zu verhindern.
Zum einen betrifft dieses die Informierung der Anleger über die bevorstehende Emission mittels E-Mails und über die Bekanntmachungen auf den "gateway"-Seiten. Nachdem der Informationsgehalt sich in beiden Fällen streng in den Grenzen der Rule 134 SA hält und zudem einen deutlichen Hinweis auf den via Hyperlink erschlossenen "preliminary prospectus" enthält, kann auf diese Weise ohne Verstoß gegen Registrierungsvorschriften[1206] Öffentlichkeitsinteresse generiert

---

1204 Sofern der Anleger noch nicht Kunde der Wit Capital Corp. sein sollte, ist neben der Registrierung und der Erfassung persönlicher Daten, zunächst die Einrichtung eines Wertpapierkontos erforderlich. Zudem stimmt der Anleger im Rahmen der Begründung der Geschäftsbeziehung mit Wit Capital umfassend der ausschließlich elektronischen Kommunikation mittels E-Mails zu (Wit Capital Corp., SEC No-Action Letter, (1999 Transfer Binder) Fed. Sec. L. Rep. (CCH) ¶ 77,577 at 78,908 (July 14, 1999)).

1205 Erst diese Bestätigung genügt den Anforderungen der Rule 10b-10 SEA.

1206 Wit Capital überträgt damit die Klarstellungen der SEC zur Möglichkeit der Erfüllung von Prospektübermittlungserfordernissen durch die Verwendung von Hyperlinks in ihr Verfahren; vgl. Use of Electronic Media for Delivery Purposes, Securities Act Release No. 33-7233, 60 S.E.C. Docket 1348 ff. (Oct. 6, 1995), unter II.D., Examples 3, 4, 6, 9 und 12.

werden. Zum anderen löst die Wit Capital Corp. durch die Serie von E-Mail-Kontakten mit ihren Kunden das rechtliche Spannungsfeld, einerseits vor dem Zeitpunkt der Wirksamkeit der Registrierung keinen Wertpapierverkauf i.S.d. Sec. 5(a) SA zu begründen, andererseits aber eine hinreichende Grundlage für eine rechtlich verbindliche Orderstellung zu schaffen.

Angesichts dieser Verfahrensweise liegt die Besonderheit dieses vollständig über das Internet abgewickelten Verfahrens weniger in der Entwicklung neuer, bisher nicht genutzter Einsatzmöglichkeiten des Mediums. Das Verfahren vereinheitlicht vielmehr zahlreiche einzelne Anwendungsaspekte zu einem in sich geschlossenen und weitestgehend ohne Medienbrüche auskommenden Prozeß der Distribution von emittierten Wertpapieren[1207]. Entsprechend bedeutet auch die No-Action Position, die die SEC im Hinblick auf dieses Verfahren eingenommen hat[1208], keine wesentliche Abweichung oder Erweiterung der bisherigen Linie sondern vielmehr die konsequente Fortführung ihrer gegenwärtigen Haltung zu einzelnen Fragen.

§ 15 Internet-Direktemissionen

Im Hinblick auf den rechtlichen Rahmen im Umgang mit der Öffentlichkeit und der Kommunikation unterscheiden sich IPO's im Sinne einer Fremdemission und DPO's grundsätzlich nicht voneinander[1209]. Unabhängig davon, ob in den Distributionsprozeß Underwriter eingeschaltet sind oder nicht, unterliegen beide Formen des Going Public gleichermaßen der grundsätzlichen Registrierungspflicht der Sec. 5 SA. Auch die Voraussetzung der Inanspruchnahme von Ausnahmetatbeständen hängen nicht mit der Frage zusammen, ob es sich um eine Fremd- oder Direktemission handelt. Ein wesentlicher aufsichtsrechtlicher Unterschied zwischen intermediationsabhängigen und intermediationsfreien Going Publics liegt allerdings darin, daß es mit dem Fehlen von Underwritern und Broker-Dealern an einem Kapitalmarktsubjekt mangelt, über das die SEC oder die NASD unmittelbar institutionelle Aufsicht ausüben können. Während diese professionellen Finanzdienstleister allein aufgrund ihres Statusses den dargestellten besonderen Verhaltenspflichten unterstehen, ist Ansatzpunkt aufsichtsrechtlicher Maßnahmen gegenüber den Emittenten im Fall einer Direktemission daher nur deren konkretes Verhalten.

1207 Zwar existieren und funktionieren solche Systeme in vergleichbarer Weise auch bisher schon, im Retail-Bereich waren sie allerdings vollkommen neu (so Delta/Matsuura, Law of the Internet, 9-84.).

1208 Wit Capital Corp., SEC No-Action Letter, (1999 Transfer Binder) Fed. Sec. L. Rep. (CCH) ¶ 77,577 at 78,906 (July 14, 1999).

1209 So Arkebauer/Schultz, Going Public, S. 306; ebenso Florian, Rechtsfragen des Wertpapierhandels im Internet, 2001, S. 165.

I.) Ausgangssituation und praktische Relevanz

Internet-Direktemissionen stellen eine der innovativsten Möglichkeiten der Nutzung des Internet für Wertpapiertransaktionen dar und haben sich inzwischen zu einer zunehmend genutzten Möglichkeit der Kapitalaufnahme entwickelt[1210]. Das Medium eröffnet vor allem kleinen Unternehmen ("small business issuer"[1211]), die nicht das Potential, Volumen oder die Marktreife für ein klassisches IPO mit anschließendem Börsen-Listing haben, erstmals die realisierbare Möglichkeit, mit relativ geringem Aufwand die zu emittierenden Wertpapiere selbst beim Anlegerpublikum unterzubringen und sich so am Kapitalmarkt mit Liquidität zu versorgen. Die Wahl einer Fremdemission unter Zwischenschaltung von Underwritern ist für derartig strukturierte Unternehmen oftmals eine bloß theoretische Alternative. Zum einen sind die Kosten des Underwritings gerade bei Kleinemissionen ein wesentlicher hemmender Faktor[1212], zum anderen schrecken viele Investment Banken aus Reputationsgründen vor der Beteiligung an derartigen Unternehmungen zurück[1213]. Weil eine solche Direktemissionen ohne Zwischenschaltung von Underwritern in aller Regel auch das Fehlen von Market Makern oder Specialists zur Folge hat, die bereit sind im börslichen oder im NASDAQ-Handel die erforderliche Liquidität bereitzustellen[1214], nutzen vor allem solche Unternehmen diese Alternative, die ohnehin keinen Börsengang oder NASDAQ-Notierung unmittelbar nach dem IPO anstreben, oder die Bedingungen hierfür nicht erfüllen können[1215]. Regelmäßig werden Internet-Direktemissionen im Wege sog. "small issue

---

1210 Quinn/Jarmal, Securities Regulation and the Use of Electronic Media (2000), in: PLI, Securities Offerings (2000), S. 123, 161.

1211 Vgl. Rule 405 SA; im Rahmen der Sec. 3(b) SA werden unter Kleinemissionen solche mit einem Emissionsvolumen unter 5 Mio. US$ verstanden.

1212 Underwriter Gebühren liegen in den USA bei ca. 6% bis 10% des Offering-Preises und können sich etwa bei einem Regulation A Offering von 5 Mio. US$ daher auf bis zu 500.000 US$ belaufen (Hass, 72 South. Cal. L. Rev., 67, 94 (1998) m.w.N.); hinzu kommen Druckkosten für die Prospekte in einer Größenordnung von 60.000 - 150.000 US$ (Wolf, Going Public, S. 233 ff. m.w.N.).

1213 Vor allem der Umstand, daß aufgrund der zumeist fehlenden Berichtspflichten wenig Informationen zugänglich sind, spricht aus Sicht der Investment Banken gegen eine Distribution an ihre institutionellen Kunden oder Retail-Kunden (so Hass, 72 South. Cal. L. Rev., 67, 95 (1998)).

1214 So Coffee, 52 Bus. Law., 1195, 1214 (1996); ebenso Arkebauer/Schultz, Going Public, S. 319.

1215 Hinzu kommt noch, daß ein Börsengang ohnehin nicht zwingend mit einem Mehr an Liquidität verbunden ist. Aus diesem Grunde werden auch außerhalb dieser Sondersituation Titel in nicht unerheblichem Umfang auf außerbörslichen Sekundärmärkten gehandelt. Die Kehrseite besteht allerdings oftmals in einem weniger guten "standing" der betreffenden Wertpapiere (so Gruson, WM 1995, 89, 92).

public offerings" durchgeführt, also unter Nutzung einer der Registrierungsausnahmen für kleinvolumige Emissionen[1216].

1.) Exkurs: "small offering exemptions"

Gegenstand der "small offering exemptions" sind vor allem Regulation A und Emissionen unter Rule 504 SA der Regulation D[1217]. Beide unter Sec. 3(b) SA erlassenen Ausnahmen von der Registrierungspflicht ermöglichen bei Limitierung des Emissionsvolumens, eine nach Anlegerzahl und nach Anforderungen unbeschränktes Angebot und unbeschränkten Verkauf von Wertpapieren an die Öffentlichkeit[1218].

a) Erleichtertes Registrierungsverfahren nach Regulation A

Die die Rules 251 bis 263 SA umfassende Regulation A stellt dabei weniger ein echte Ausnahme vom Registrierungserfordernis dar, als vielmehr eine erleichterte Form des Registrierungsverfahrens, die der reduzierten öffentlichen Bedeutung der Emission angepaßt ist. In ihrem Ablauf ist eine Regulation A-Emission einer regulären Registrierung nach Sec. 5 SA aber in vielen Punkten nachgebildet[1219]. Dabei sind die formalen und verfahrenstechnischen Anforderungen an den Emittenten erheblich reduziert. Anstelle des "registration statements" mit seinen zahlreichen, durch die Regulations S-K und S-X festgelegten Anforderungen, kann im Rahmen einer Regulation A-Emission ein "offering statement"[1220] verwandt werden, das dem "registration statement" einer registrierungspflichtigen Emission vergleichbar ist. Dieses Registrierungsdokument muß eine sog. "notification" und das dem Prospekt entsprechende "offering circular"[1221] enthalten. Dabei sind insbesondere die Offenlegungsanforderungen im "offering circular" erheblich reduziert[1222] und eröffnen an Stelle der strengen Formanforderungen des "prospectus"

1216 Brakerbill, 18 Hastings Comm. and Ent. L. J., 901, 905 (1996); Hass, 72 South. Cal. L. Rev., 67 ff. (1998).

1217 Daneben existieren weitere Ausnahmen vom Registrierungserfordernis der Sec. 5 SA, wie etwa die Emissionen nach Rule 701 SA an Angestellte oder Direktoren des Unternehmens. Diese haben allerdings keine Relevanz in Hinsicht auf den Internet-Einsatz.

1218 Hass, 72 South. Cal. L. Rev., 67, 71 (1998).

1219 So Ratner, Securities Regulation, S. 65; Soderquist, Understanding the Securities Laws, 6-17 f; Becker in Hopt/Rudolph/Baum, Börsenreform, S. 783.

1220 Rule 252 SA; vgl. zum gesamten Verfahren auch Jennings/Marsh/Coffee/Seligman, Securities Regulation, S. 175 ff.

1221 Rule 253 SA.

1222 Alternativ besteht die Möglichkeit ein "Form U-7"-Dokument einzureichen. Hierbei handelt es sich um ein in Frage-und-Antwort-Form aufgebautes Registrierungsdokument für sog. "Small Corporate Offering Registrations" (SCOR), das von den Wertpapieraufsichtsstellen der einzelnen Bundesstaaten entwickelt worden ist. Vgl. Hass, 72 South. Cal. L. Rev., 67, 77

eine Darstellung der wesentlichen Daten in Frage-und-Antwort-Form. Der Wirksamerklärung des Sec. 5 SA-Verfahrens entspricht im Rahmen der Regulation A die "qualification"[1223].

Diese Parallelität im Verfahrenskonzept setzt sich in mancher Hinsicht auch bei den Restriktionen der Öffentlichkeitskontakte fort. So sind ähnlich wie im Fall der Sec. 5 SA mündliche Angebote nach Einreichen des "offering statements" unbeschränkt zulässig. Schriftliche Angebote müssen in Form eines dem vorläufigen Prospekt nachgebildeten "preliminary offering circulars" erfolgen[1224]. Sonstiges Werbe- und Distributionsmaterial ist bis zur "qualification" nur in den engen Grenzen der Rule 251(d)(1)(ii)(C) SA zulässig, die im wesentlichen den Anforderungen an "tombstone ad's" nach Rule 134 SA entsprechen[1225].

Trotz dieser Ähnlichkeiten bestehen bei einer Emission nach Regulation A einige wesentliche Unterschiede, die gerade in Hinsicht auf den Internet-Einsatz von Interesse sind. Vor allem erlauben die "small offering exemptions" die unter Sec. 5 SA verbotene Sondierung der Marktlage vor Einreichen der Registrierungsunterlagen ("testing the waters"), was gerade kleineren Unternehmen die Möglichkeit eröffnet vor einer kostenintensiven Emissionsentscheidung, deren voraussichtlichen Erfolg abzuschätzen. Zu diesem Zweck beschreibt Rule 254 SA den zulässigen Inhalt dieser "solicitation of interest documents", die an potentielle Anleger sowohl in geschriebener Form, als auch über Radio oder Fernsehen verbreitet werden können[1226]. Aus der Reaktion auf diese Maßnahmen kann das Marktinteresse an der Emission abgeschätzt werden. Allerdings sind die entsprechenden Unterlagen vorab bei der SEC einzureichen. Zudem sind solche Maßnahmen nur bis zum Einreichen des "offering circular" zugelassen.

Ein Beschränkung des praktischen Nutzens erfährt die Regulation A insofern, als die auf diese Weise emittierten Wertpapiere nicht zu den "covered securities" i.S.d. Sec. 18 SA zählen, weshalb sie nicht von der Registrierungspflicht in den Bundesstaaten, in denen sie angeboten werden, ausgenommen sind[1227].

---

f. (1998); Arkebauer/Schultz, Going Public, S. 304; Becker in Hopt/Rudolph/Baum, Börsenreform, S. 784.

1223 Diese tritt gem. Rule 252(g) SA grundsätzlich 20 Tage nach dem Einreichen des "registration statements" ein.

1224 Vgl. Rule 251(d)(1)(ii)(B) i.V.m. Rule 255 SA.

1225 Vgl. Soderquist, Understanding the Securities Laws, 6-17.

1226 Derartige Sondierungs- und Marktvorbereitungsmaßnahmen würden in einem regulären Registrierungsverfahren einen Verstoß gegen Sec. 5 SA bedeuten und zum sog. "gun jumping" führen. Allerdings ist auch im Rahmen der Regulation A zumindest erforderlich, daß die entsprechenden Unterlagen vorab bei der SEC eingereicht werden.

1227 Zum Teil bestehen in einzelnen Staaten Koordinierungsbemühungen in der Form, daß von weiteren Registrierungserfordernissen abgesehen wird, wenn die von der SEC auf Bundesebene gestellten Anforderungen eingehalten werden (Arkebauer/Schultz, Going Public, S. 310). Zu den verschiedenen Möglichkeiten der "registration by notification", der "registration

b) Registrierungsausnahme nach Rule 504 SA der Regulation D

Rule 504 SA der Regulation D[1228] eröffnet dem Emittenten noch weitergehende Erleichterungen, setzt für das zulässige Emissionsvolumen allerdings auch ein Obergrenze von 1.000.000 US$. Anders als im Rahmen der Regulation A bestehen bei Einhaltung dieser Grenzen und dem Einreichen eines "Form-D"-Dokumentes[1229] gem. Rule 504 SA keinerlei Offenlegungspflichten nach den Federal Securities Laws, was gerade angesichts der typischerweise kleinen Unternehmungen, die von dieser Ausnahme Gebrauch machen, unter Anlegerschutzgesichtspunkten erhebliche Kritik hervorgerufen hat[1230]. Diese vollständige Registrierungsfreiheit ist vor allem deshalb bedenklich, weil der Kreis der "non-accredited investors", anders als bei Rule 505 oder 506 SA nicht limitiert ist. Während die Sondertatbestände der Rules 505 und 506 SA im Hinblick auf die teilnahmeberechtigten Anleger nicht unerhebliche Anforderungen an deren Eigenmittel und ihr Fachwissen stellen[1231], sind bei einer Emission nach Rule 504 SA auf Investorenseite häufig zahlreiche Privatanleger beteiligt, die solche Anforderungen nicht erfüllen müssen und dieses oftmals auch nicht könnten.

Diese Überlegungen, zusammen mit dem Umstand, daß Rule 504 SA zunehmend für betrügerische Machenschaften mißbraucht worden ist[1232], haben die SEC 1999 zu einer Regeländerung veranlaßt[1233]. In deren Folge ist der bisherige Schwerpunkt der Aufsicht besonders unter "antifraud"- und Haftungsgesichtspunkten,

---

by coordination" und der "registration by qualification" vgl. bei Hass, 72 South. Cal. L. Rev., 67, 117 f. (1998).

1228 Regulation D besteht aus insgesamt 3 Registrierungsausnahmen, die in den Rules 504 bis 506 SA enthalten sind. Obschon die Systematik dieser Ausnahmentatbestände uneinheitlich ist (Rule 506 SA etwa basiert anders als Rule 504 SA nicht auf Sec. 3(b) SA, sondern auf Sec. 4(2) SA) besteht das Grundkonzept darin, daß mit zunehmendem Emissionsvolumen auch die Anforderungen an den Investorenkreis (vor allem in Hinsicht auf deren "sophistication") und an die Offenlegungspflichten steigen (vgl. dazu näher bei Jennings/Marsh/Coffee/Seligman, Securities Regulation, S. 403 ff.).

1229 Vgl. Rule 503 SA.

1230 Etwa Soderquist, Understanding the Securities Laws, 6-21; Hass, 72 South. Cal. L. Rev., 67, 78, Fn. 49 (1998).

1231 Vgl. dazu näher unter § 16, I.), 2.), b).

1232 In einigen Fällen wurden im Rahmen sog. "pump and dump schemes" (dazu bereits oben unter § 11, I.), 3.), b), bb), (1)) die emittierten Wertpapiere an Mittelsmänner in solchen Staaten abgegeben, die keinerlei Offenlegungspflichten statuieren, um diese nach der bisherigen Rechtslage nunmehr frei veräußerbaren "unrestricted securities" sodann über "cold calling" Aktionen oder ähnlich aggressive Vertriebswege zu unangemessenen Preisen weiter zu vertreiben. Nachdem die Wertpapiere dieser Unternehmen vollständig untergebracht worden waren, brachten die Täter die künstlich erzeugte Marktnachfrage zum kollabieren, so daß zahlreiche Investoren erhebliche Summen verloren (Securities Act Release No. 7644 (1999 Transfer Binder) Fed. Sec. L. Rep. (CCH) ¶ 86,114 at 81,771 (Feb. 25, 1999)).

1233 Securities Act Release No. 7644 (1999 Transfer Binder) Fed. Sec. L. Rep. (CCH) ¶ 86,114 at 81,769 (Feb. 25, 1999).

von den Aufsichtsbehörden der Bundesstaaten in Richtung der SEC verlagert worden. Inhaltlich splittet sich Rule 504 SA nunmehr in drei Einzeltatbestände, deren wesentliches gemeinsames Merkmal aber geblieben ist, daß keinerlei "disclosure documents" an die Anleger zu übermitteln sind[1234]. Ebenso ist es im Grundsatz beim Ausschluß öffentlicher Werbung und der Begrenzung der freien Veräußerbarkeit der Wertpapiere auf dem Sekundärmarkt geblieben[1235]. Als Grund der Verschärfung der bis dato weitgehend regulierungsfreien Emissionen nach Rule 504 SA ist von der SEC der Umstand angeführt worden, daß durch gravierende technische Veränderungen und insbesondere den Einsatz des Internet die Möglichkeit eines US-weiten Rule 504 SA- Offerings erst geschaffen worden ist, während das bisherige Regelungsgefüge der Rule 504 SA für typischerweise lokal verhaftete Emissionen konzipiert war[1236]. Nach Änderung der Rule 504 SA ist eine Sekundärveräußerung nunmehr nur unter den Voraussetzungen der Rule 144 SA möglich, was in erster Linie eine Wartezeit vor einer Weiterveräußerung bedeutet, wenn der Erwerber nicht seinerseits eine Registrierung vornehmen will, oder sich auf eine Registrierungsausnahme, wie etwa Regulation A, berufen kann.

1234 Rule 502(b) SA, die derartige Informationspflichten vorschreibt, ist von Rule 504(b)(1) SA ausdrücklich ausgenommen.

1235 Abhängig von der konkreten Tatbestandsvariante der Rule 504 SA wird auf diese, in Rule 502(c) und (d) SA niedergelegten Beschränkungen verwiesen. Im einzelnen hängen die Voraussetzungen stark von den korrespondierenden bundesstaatlichen Ausnahmeregelungen ab. "General solicitation" und der freie, nicht reglementierte Weiterverkauf der Wertpapiere nach der Emission sind nach der Regeländerung der Rule 504 SA nur noch dann möglich, wenn entweder

(1) die Wertpapiere auch nach dem "state law" von einer Ausnahmeregelung erfaßt sind, die bei Veräußerung an "accredited investors" i.S.d. Regulation D derartige Werbemaßnahmen und freie Sekundärveräußerungen zulassen, oder

(2) die Emission nach dem betreffenden "state law" registriert ist, und dieses die Übermittlung von "disclosure documents" vor dem Verkauf vorsieht. Sofern ein "state law" für registrierte Emissionen keine solche Übermittlung von Offenlegungsdokumenten vorsieht, muß zugleich die Registrierung in einem weiteren Staat vorgenommen werden, der ein solche Verpflichtung statuiert. Die entsprechenden Dokumente müssen allen Anlegern gegenüber unabhängig von deren Heimatstaat übermittelt werden. (vgl. dazu Bloomenthal, Securities Regulation Handbook (2000), S. 423 f.; Steinberg, Securities Regulation, Liability and Remedies, 5-15 f.).

1236 Auf diesem engen Bezug zu dem Gebiet eines einzelnen Bundesstaates basierte die weitgehende Freistellung von Verpflichtungen unter den Federal Securities Laws, indem die Regulierung vornehmlich den betreffenden Bundesstaaten überlassen worden ist.

c) Praktische Relevanz der Regulation A und der Rule 504 SA bei Internet-DPO´s

Im Vergleich der beiden Ausnahmen hat sich in der Praxis der Internet-DPO´s die Regulation A als die bevorzugte "small offering exemption" herausgestellt[1237]. Grund hierfür ist primär, daß das zulässige Emissionsvolumen mit insgesamt 5 Mio. US$[1238] hier einen deutlich größeren Spielraum einräumt, als dieses im Rahmen der Rule 504 SA der Fall ist. Zudem bewirken angesichts des Fehlens sonstiger Qualitätskontrollen gerade die reduzierten Registrierungspflichten bei der SEC, die bei einem Regulation A-Offering verbleiben, eine gewisse Sicherheit für die Anleger, die deren Vertrauen in solche Emissionen positiv beeinflußt[1239]. Schließlich stellt die durch Rule 254 SA der Regulation A eröffnete Möglichkeit eines "testing the waters" einen weiteren entscheidenden Vorteil dieser Variante dar. Da zudem Rule 254(b)(2) SA zwar gewisse formale Grenzen setzt, inhaltlich aber der Veröffentlichung sachlicher Informationen keine Grenzen setzt, kann der Emittent beispielsweise Kopien seiner geschäftlichen Entwicklungspläne oder sonstiges "free writing"-Material an die Öffentlichkeit übersenden[1240]. Schließlich sind die aus der Regulation A stammenden Wertpapiere auch für den Erwerber ohne Beschränkungen frei handelbar[1241].

2.) Internet-Einsatz am Beispiel des "Spring Street"- DPO´s

Das Potential zur Kapitalaufnahme, das sich für kleinere Unternehmen aus der Möglichkeit ergibt, ohne Verstoß gegen Registrierungsausnahmen eine unbegrenzte Zahl potentieller Investoren ansprechen zu können, konnte lange Zeit aufgrund logistischer und organisatorischer Probleme kaum genutzt werden. Diese bestanden vor allem in der Schwierigkeit, ohne die Hilfe von Underwritern geeignete Anleger auszumachen und zu kontaktieren. Dieses tatsächliche Hindernis kann und wird nunmehr durch den Einsatz des Internet überwunden, wodurch die "small business exemptions" eine Renaissance erlebt haben[1242].

1237 Arkebauer/Schultz, Going Public, S. 307; Desmond, Internet Stock Offerings.

1238 Beide Emissionsgrenzen beziehen sich allerdings nur auf einen 12-Monats-Zeitraum. Danach ist der Emittent nicht gehindert, in weiteren Emissionen von denselben Ausnahmetatbeständen Gebrauch zu machen (vg. Ratner, Securities Regulation, S. 65; Bloomenthal, Securities Regulation Handbook (2000), S. 424).

1239 Hass, 72 South. Cal. L. Rev., 67, 81 (1998); wenngleich das "offering circular" hinter dem Informationsgehalt eines Sec. 5 SA-Prospektes deutlich zurückbleibt, so sind über die SEC für den Anleger bei einer Regulation A doch zumindest Basisinformationen zu erlangen.

1240 Die SEC hat insofern nur verlauten lassen, daß die Angaben im Rahmen dieser Maßnahmen den allgemeinen "antifraud provisions" unterfallen. Vgl. Hass, 72 South. Cal. L. Rev., 67, 85 (1998); Bloomenthal, Securities Regulation Handbook (2000), S. 393.

1241 Arkebauer/Schultz, Going Public, S. 309.

1242 So Hass, 72 South. Cal. L. Rev., 67, 87 (1998).

Der erste Fall einer ausschließlich über das Internet durchgeführten Direktemission wird der Spring Street Brewery Company, einer kleinen New Yorker Brauerei, die sich auf die Produktion belgischen Biers spezialisiert hat, zugeschrieben[1243]. Bereits vor diesem Schritt hatte die schon 1992 gegründete Spring Street Brewery durch Private Placements Kapital am Markt aufgenommen, war aber - wie in vergleichbaren Fällen typisch - zu klein und unerfahren, um das Interesse großer Investment Banken als Begleiter bei einem IPO auf sich ziehen zu können[1244]. Aus dieser Grundsituation heraus entschloß sich der Gründer der Spring Street Brewery, Andrew Klein - ein Havard Absolvent - zu einer ausschließlich über das Internet durchgeführten Direktemission. Dabei nutzte die Spring Street Brewery die oben beschriebene Regulation A, um ihre Wertpapiere unter den erleichterten Anforderungen dieser Emissionsform beim Anlegerpublikum plazieren zu können. Nachdem die Emission bei der SEC sowie bei den Regulierungsbehörden von 22 weiteren US-Bundesstaaten registriert worden war[1245], konnten die Anleger im März 1995 erstmals über die Internet-Seite der Spring Street Brewery deren Aktien zeichnen[1246].

Das Problem interessierte Investoren auf die eigenen Web-Seiten und das DPO-Angebot aufmerksam zu machen, löste die Spring Street Brewery durch strategisch plazierte Werbeanzeigen auf den Internet-Seiten dritter Anbieter, die nach der Einschätzung des Unternehmens verstärkt von potentiellen Anlegern betrachtet würden[1247]. Das Unternehmen eröffnete sodann über seinen Internet-Auftritt neben den zum Download bereitgestellten Emissionsdokumenten, vor allem dem "offering circular", auch eine Möglichkeit, entsprechende Zeichnungsorder einzustellen. Um die Transaktion durchführen zu können, mußten die Investoren eine unterschriebene Ankaufsvereinbarung sowie einen Scheck über die Zeichnungssumme per Post an die Spring Street Brewery übermitteln[1248].

1243 Gavis, 52 Bus. Law., 317, 337 (1996); Hass, 72 South. Cal. L. Rev., 67, 68 f. (1998).; Desmond, Internet Stock Offerings.

1244 Coffee, 52 Bus. Law., 1195, 1202 (1997).

1245 Technisch handelte es sich um 2 Regulation A-Emissionen, bei denen im Februar 1995 2.702.700 Aktien zu einem Stückpreis von 1,85 US$ und in einer anschließenden Emission vom September 1996 weitere 1.200.000 Aktien zu einem Preis von 2,75 US$ ausgegeben worden sind (Desmond, Internet Stock Offerings; Hass, 72 South. Cal. L. Rev., 67, 77, Fn. 44 (1998)).

1246 Dieser Schritt der "Spring Street Brewery" stellt eine unmittelbare Reaktion auf die von der SEC im Brown & Wood No-Action Letter (Brown & Wood, SEC No-Action Letter, (1994 - 1995 Transfer Binder) Fed. Sec. L. Rep. (CCH) ¶ 77,00 at 78,841 (Feb. 17, 1995)) eröffnete Möglichkeit der elektronischen Übermittlung von Prospekten dar (so Robertson, 23 Sec. Reg. L. J, 347, 385 (1996)).

1247 Konkret nutzte die Spring Street Brewery die Seiten des Sportteils der USA-Today für Werbeanzeigen, in denen sie über das bevorstehende DPO berichtete und die dafür vorgesehene Internet-Adresse verbreitete (Hass, 72 South. Cal. L. Rev., 67, 90 (1998)).

1248 Desmond, Internet Stock Offerings ; Gavis, 52 Bus. Law., 317, 337 (1996).

Diese Form der Emission hat sich zumindest im Fall der Spring Street Brewery als außerordentlicher Erfolg erwiesen: insgesamt konnte Kapital in Höhe von ca. 1,6 Mio. US$ aufgenommen werden[1249]. Aufgrund dieser Erfolgsnachrichten folgten diesem ersten Internet-DPO eine Vielzahl ähnlich ausgestalteter Internet-Direktemissionen weiterer Unternehmen in vergleichbaren Marktsituationen[1250].

3.) Chancen und Risiken von Internet-DPO´s

Wie der Fall der Spring Street Brewery zeigt, eröffnet der Internet-Einsatz im Rahmen einer kleinvolumigen Direktemission sowohl für den Emittenten, als auch für den Anleger eine Reihe erheblicher Vorteile[1251].

Aus Sicht des Unternehmens stellt das Internet für diese Form der Emission eine ideale Basis dar. Gegenüber den ansonsten anfallenden erheblichen Druck-, Versand- und Werbekosten für Material, das in der Phase des "testing the waters" und im Rahmen der Verbreitung des "preliminary offering circular" versandt wird, stellen Web-Seiten eine kostengünstige Alternative dar[1252]. Während gerade im Rahmen der Marktsondierung, etwa über Zeitungsanzeigen, eine gezielte Ansprache relevanter Anlegerschichten nur schwer möglich ist, bietet das Internet zum einen über Marketingformen, wie etwa Bannerwerbung, eine breite Öffentlichkeitswirkung. Gezielte Ansprachen sind darüber hinaus durch den Auftritt in Finanzportalen und spezialisierten Web-Seiten oder Internet-Foren möglich[1253]. Auch die Anzeige der "indications of interest" durch interessierte Anleger ist mittels E-Mail schnell und einfach möglich, so daß das Unternehmen den Erfolg der Emission abschätzen und deren Bedingungen hierauf ausrichten kann. Schließlich können - soweit erforderlich -offenzulegende Dokumente über die Web-Seiten im

1249 Gavis, 52 Bus. Law., 317, 337 (1996).

1250 Schon am 26. März 1996 etwa nutzte die Interactive Holding Company - ein mit der Entwicklung interaktiver Internet- und Fernsehprogramme befaßtes New Yorker Unternehmen - das Internet, um ebenfalls im Rahmen einer Regulation A-Emission Aktien öffentlich anzubieten. Auch hier mußte die Zeichnungsvereinbarung ("subsrciption agreement") aus dem Internet heruntergeladen, ausgedruckt, unterschrieben und schließlich zusammen mit einem Scheck über die Zeichnungssumme an das Unternehmen selbst, oder einen Zwischenverwahrer übersandt werden. Nach einer Benachrichtigung durch das Unternehmen wurden die Aktienurkunden dann innerhalb von 30 Tagen nach Annahme der Zeichnungserklärung mittels eines Zustelldienstes an die Anleger übermittelt, wobei die Interactive Holding Company selbst als "transfer agend" fungierte (siehe bei Desmond, Internet Stock Offerings; Brakerbill, 18 Hastings Comm. and Ent. L. J. 901, 905 (1996)).

1251 Zum ganzen Hass, 72 South. Cal. L. Rev., 67, 87 ff. (1998).

1252 Daneben werden gerade bei unseriösen und betrügerischen Angeboten immer wieder Spamming-Aktionen eingesetzt.

1253 Siehe etwa das Angebot des Direct Stock Market unter: http://www.dsm.com oder IPONET, bisher unter: http://www.rule506.com .

Rahmen der oben erörterten allgemeinen Voraussetzungen[1254] zum Download bereit gestellt werden.
Aus Sicht des Retail-Anlegers eröffnen solche intermediationsfreien Emissionen die Chance Wertpapiere aufstrebender Unternehmen zu einem frühen Zeitpunkt zu erlangen und an deren Entwicklung Teil zu haben, ohne dabei durch die Zuteilungspolitik von Underwritern in ihren Zeichnungswünschen frustriert zu werden. Gerade diese Anlegerschicht der "unprefered retail investors"[1255] hat außerhalb von Internet-DPO's oftmals keinen Zugang zu interessanten Emissionen, da die Underwriter häufig vornehmlich institutionelle Anleger und gehobene Privatkunden berücksichtigen. Wenn das Emissionskonzept des Unternehmens zudem die Installation eines "issuer sponsored bulletin boards"[1256] vorsieht, kann auch das weitere Problem solcher Kleinemissionen, das Fehlen eines liquiden Sekundärmarktes zur Weiterveräußerung der gezeichneten Wertpapiere, gemildert werden.

Dennoch darf der Erfolg des Spring Street DPO's nicht darüber hinwegtäuschen, daß in gleichem Maße, wie diese Ausgangslage für Unternehmen und Investoren Chancen bereithält, gerade das Fehlen von professionellen Intermediären in vielerlei Hinsicht auch erhebliche Risiken birgt[1257].
Den Unternehmen fehlt die professionelle und vor allem neutrale Einschätzung der Angemessenheit einer solch weitreichenden Maßnahme durch einen unternehmensfremden Dritten[1258]. Zudem fehlt das spezielle Wissen und der Erfahrungshintergrund der Underwriter beim Festsetzen eines angemessenen Emissionspreises oder Preisrahmens. Das in diese Abwägung einfließende Wissen professioneller Intermediäre, das einen Vergleich mit ähnlichen Unternehmen und eine Einschätzung der Marktlage und -sättigung ermöglicht, können Unternehmen, die vor ihrem ersten IPO stehen, naturgemäß nicht bereitstellen, so daß der festgesetzte Emissionspreis oftmals dem Gelingen eines solchen Going Public entgegensteht[1259].
Bei den Anlegern, die durch derartige Internet-DPO's besonders angezogen werden, handelt es sich häufig um Privatanleger mit begrenztem Eigenkapital und unzureichender Anlageerfahrung, die durch die Aussicht auf schnellen Gewinn in besonderem Maße beeinflußbar sind[1260]. Dieses wiegt um so schwerer, als gerade

1254 Vgl. unter § 14, II.).
1255 Hass, 72 South. Cal. L. Rev., 67, 102 (1998).
1256 Zur rechtlichen Einordnung dieser Sekundärmarktformen vgl. eingehend unter § 13, III.), 2.).
1257 Vgl. zu dieser "*dark side of the story*" bei Hass, 72 South. Cal. L. Rev., 67, 71 f. (1998).
1258 Lane/Weirick, Electronic Communications and Internet Offerings, in: PLI, Securites Law & The Internet (2000), Vol. 1, S. 61, 67; Tawakkoli, DStR 1999, 1330, 1334.
1259 So Hass, 72 South. Cal. L. Rev., 67, 109 f. (1998).
1260 Hass (72 South. Cal. L. Rev., 67, 72 (1998)) weißt darauf hin, daß diese Anleger in den Kategorien der "small offering exemptions" häufig der Gruppe der "unsophisticated investors" zuzurechnen sind.

Kleinemissionen immer wieder auch in betrügerische Machenschaften und aggressive Werbemaßnahmen verwickelt sind. Das Herausfiltern dieser unseriösen Angebote, das im Rahmen einer Fremdemission schon aus Haftungs- und Reputationsgründen die Underwriter übernehmen, obliegt hier dem Investor selber. Je nach der konkreten Registrierungsausnahme ist das Maß an wirtschaftlichen Daten, das der Anleger erlangen kann, aber äußerst reduziert. Anders als institutionelle Anleger oder Intermediäre verfügt er zudem nicht über die wirtschaftlichen Druckmittel, um vom Emittenten die gewünschten Informationen zu erhalten. Zum einen hängt er damit oftmals von den Daten ab, die ihm freiwillig zur Verfügung gestellt werden, zum anderen ist ihm eine zutreffende Interpretation aufgrund mangelnder Kenntnisse oft nicht möglich. Auch eine gewisse Anfälligkeit gegenüber gelungenen optischen Darstellungen, die von manchen Emittenten zu Lasten sachlicher Informationen eingesetzt werden, prägt das Bild des durchschnittlichen Investors, der an solchen Emissionen teilnimmt. Das alles führt dazu, daß Wertpapiere, die durch solche DPO's emittiert werden, für den durchschnittlichen Anleger ein hohes spekulatives Risiko bedeuten[1261]. Aus dieser typischen Grundsituation ergeben sich rechtliche Sonderfragen, die im folgenden erörtert werden sollen.

II.) Rechtliche Sonderanforderungen an Internet DPO's

In erster Linie bedeutet das Fehlen der Underwriter eine im wesentlichen auf die Einhaltung der "antifraud provisions" reduzierte kapitalmarktrechtliche Aufsicht durch die SEC. Eine direkte Kontrolle der Verkaufspraxis und des Verhaltens findet hingegen nicht statt. Auch an die Wohlverhaltensregeln der NASD im Umgang mit den Anlegern sind die Emittenten nicht gebunden, so daß in vielerlei Hinsicht die Ausgestaltung des Distributionsprozesses allein beim Emittenten liegt und von diesem kontrolliert wird[1262].

Aber selbst dann, wenn von Seiten der Unternehmen die Registrierungsvorschriften eingehalten werden und auch das sonstige Verhalten beim Absatz der Wertpapiere nicht zu beanstanden ist, sind diese Werte für den durchschnittlichen Retail-Anleger oftmals schon deshalb ungeeignet, weil angesichts der Gefahr eines fehlenden Sekundärmarktes, die Möglichkeit zur Veräußerung stark beschränkt ist[1263]. Zudem fehlt diesen Anlegern häufig die erforderliche Kenntnis die präsentierten Fakten und Unternehmensdaten richtig zu deuten. Während diese Aufgabe ansonsten von den Intermediären übernommen wird, fehlt eine solche Kontrollin-

1261 Ähnlich Lane/Weirick, Electronic Communications and Internet Offerings, in: PLI, Securites Law & The Internet (2000), Vol. 1, S. 61, 67.

1262 Hass, 72 South. Cal. L. Rev., 67, 111. (1998).

1263 Selbst bei Installierung von Bulletin Boards wird durch diese Systeme keinesfalls ein mit dem börslichen Handel vergleichbarer liquider Sekundärmarkt geschaffen.

stanz bei einer Direktemission. Insbesondere werden weder von der SEC Wirtschaftlichkeitsprüfungen vorgenommen, noch schreibt der Securities Act an sich Aussagen hierzu im Rahmen der Emission vor[1264]. Auch rechtlich nicht zu beanstandende Emissionen können den Interessen und Anlageabsichten des Anlegers daher diametral entgegenstehen, ohne daß dafür ein Broker oder Anlageberater haftbar gemacht werden könnte.

Die Durchführung von Internet-DPO's werfen daher im wesentlichen zwei spezifische Fragen auf: Hat 1.) der Emittent auf die besonderen Risiken solcher Wertpapiere hinzuweisen, die insbesondere aus dem regelmäßigen Fehlen eines liquiden Sekundärmarktes resultieren und muß dieser 2.) angesichts dieser Risiken vor einer Zuteilung an einzelne Investoren prüfen, ob die Wertpapiere im Hinblick auf deren Anlegerprofil angemessen sind.

1.) Aufklärungspflichten des Emittenten über die Sekundärmarktsituation

Nach dem oben Gesagten werden die Wertpapiere, die aus kleinvolumigen Internet-DPO's hervorgehen, in aller Regel an keiner Börse oder einem sonstigen etablierten Wertpapierhandelsplatz vertrieben. Der Anleger steht damit vor dem Problem, wie und zu welchen Konditionen er diese Titel zukünftig wird absetzen können. Selbst wenn die Ziele des Investors bei der Zeichnung nicht auf kurzfristige Spekulationen, sondern auf eine langfristige Anlage ausgerichtet sind, muß er grundsätzlich in der Lage sein, diese Titel am Kapitalmarkt wieder in Geldmittel umwandeln zu können. Diesem Problem begegnen zahlreiche Emittenten kleiner Internet-DPO's, durch die Bereitstellung der bereits beschriebenen "issuer sponsored bulletin boards"[1265]. Mit derartigen Internet-Plattformen für den Sekundärmarkthandel in den emittierten Wertpapieren wird für die Anleger die Absatzwahrscheinlichkeit zwar deutlich erhöht, eine dem Börsenhandel vergleichbare Liquidität wird aber nicht erreicht, so daß sich hierdurch am hochspekulativen Charakter derartiger Wertpapiere nichts ändert[1266]. Unter Umständen muß der Anleger über Jahre hinweg solche Wertpapiere halten, bevor sich ein Interessent findet. Es ist daher zu klären, ob und in welcher Form der Emittent zur Aufklärung über das Fehlen eines liquiden Sekundärmarktes und den damit einhergehenden Absatzschwierigkeiten und Risiken verpflichtet ist. Die Ausnahmetatbestände

---

1264 Das Konzept des Securities Acts basiert im wesentlichen auf der Offenlegung derjenigen Fakten, die Basis einer verantwortlichen Anlageentscheidung sind; er ist ein "disclosure statute" (vgl. Ratner, Securities Regulation, S. 32). Auf dieser Grundlage die zutreffenden Schlußfolgerungen zu ziehen, obliegt dagegen grundsätzlich dem Anleger selbst.

1265 Vgl. unter § 13, III.), 1.), a).

1266 Ähnlich Lane/Weirick, Electronic Communications and Internet Offerings, in: PLI, Securites Law & The Internet (2000), Vol. 1, S. 61, 67.

der Regulation D und Rule 504 SA selbst enthalten in Hinsicht auf Hinweis- oder Aufklärungspflichten nur wenig Ansatzpunkte.

a) Risikohinweise im "offering circular"

Im Falle einer Regulation A-Emission schreibt Rule 253(d) SA nur einen allgemein gehaltenen Hinweis auf dem Deckblatt des "offering circular" vor, der inhaltlich weniger besondere Risikohinweise auf den spekulativen Charakter der Wertpapiere enthält, als vielmehr darauf verweist, daß die SEC in keiner Weise eine Wirtschaftlichkeitsprüfung vorgenommen hat[1267]. Aus dieser unklaren Rechtslage über den Umfang der Aufklärungspflichten heraus sind zum Teil ergänzende Regeländerungen vorgeschlagen worden, mit deren Hilfe auf den besonders spekulativen Charakter derartiger Wertpapiere hingewiesen werden soll. Jeffrey J. Hass etwa schlägt eine Abänderung der Rule 253(d) SA vor, die folgenden Text enthalten sollte[1268]:

> "*The securities offered herby are highly speculative and involve a substantial degree of risk. Accordingly, the securities are suitable only for persons who can afford a total loss of their investment.*"

Die Notwendigkeit solcher ausdrücklichen Regeländerungen erscheint allerdings nicht zwingend gegeben. Für eine "antifraud"-Haftung, die an das Unterlassen einer Aufklärungspflicht anknüpft, lassen sich auch nach der gegenwärtigen Rechtslage Anknüpfungspunkte finden. Vor allem im Rahmen der Regulation A sind Risikohinweise im Hinblick auf solche Umstände, die das Wertpapier als spekulativ erscheinen lassen, notwendig. Item 3(a) des 2. Teils des "offering statements" legt fest, daß dort, wo es zur angemessenen Risikoaufklärung des Investors angebracht ist, das "offering circular" eine Zusammenstellung derjenigen Risikofaktoren enthalten muß, die der Emission einen hoch risikoreichen oder spe-

---

1267 Rule 253(d) SA ("*Cover Page Legend*"): *"The cover page of every offering circular shall display the following statement in capital letters printed in boldface type at least as large as that used generally in the body of such offering circular*:

> *"THE UNITED STATES SECURITIES AND EXCHANGE COMMISSION DOES NOT PASS UPON THE MERITS OF OR GIVE ITS APPROVAL TO ANY SECURITIES OFFERED OR THE TERMS OF THE OFFERING, NOR DOES IT PASS UPON THE ACCURACY OR COMPLETENESS OF ANY OFFERING CIRCULAR OR OTHER SELLING LITERATURE. THESE SECURITIES ARE OFFERED PURSUANT TO AN EXEMPTION FROM REGISTRATION WITH THE COMMISSION; HOWEVER, THE COMMISSION HAS NOT MADE AN INDEPENDENT DETERMINATION THAT THE SECURITIES OFFERED HEREUNDER ARE EXEMPT FROM REGISTRATION."*".

1268 Hass, 72 South. Cal. L. Rev., 67, 141 (1998).

kulativen Charakter verleihen[1269]. Angesichts der evidenten Absatzproblematik für die Erwerber von Wertpapieren aus "small exemption offerings", die keinen liquiden Sekundärmarkt haben, ist dieser Umstand als offenlegungspflichtige Tatsache anzusehen. Dieses gilt zumal, da als wesentliche Faktoren, auf die im Rahmen der Offenlegungsverpflichtung hinzuweisen ist, auch die Art und Weise der Preisfestlegung gezählt wird, sofern kein Absatzmarkt gegenwärtig existiert[1270]. Wenn schon diese sich als Folge aus dem fehlenden Sekundärmarkt ergebende Problematik offenzulegen ist, so muß dieses erst recht für die eigentliche Ursache - das Fehlen des Marktes an sich - gelten. Für eine solche Offenlegungspflicht spricht auch die Vergleichbarkeit des "offering circular" mit dem regulären "prospectus" in dieser Hinsicht[1271]. Für letzteren legt Regulation S-K in Item 201(a)(1)(i) fest, daß auch der Umstand, daß kein oder nur ein sporadischer Markt für die emittierten Wertpapiere besteht, eine im "prospectus" offenzulegende Tatsache ist[1272].

Auch ohne Gesetzesänderung bzw. -ergänzung sind m.E. somit ausdrückliche Risikohinweise auf den fehlenden Sekundärmarkt im Rahmen einer Regulation A-Emission erforderlich. Dementsprechend haben zahlreiche Unternehmen in der Emissionspraxis entsprechende Hinweise in ihre Emissionsdokumente aufgenommen[1273].

b) Hinweispflichten bei einer Emission nach Rule 504 SA

Im Rahmen einer Regulation D-Emission nach Rule 504 SA allerdings, bei der unter den Federal Securities Laws keine Dokumente zu veröffentlichen sind, fehlt es schon am potentiellen Träger für einen solchen Hinweis[1274]. Eine nähere Prüfung der Anlageerfahrung der Investoren, der Angemessenheit der Wertpapiere oder sonstiger Offenlegungsverpflichtungen besteht hier nicht[1275]. Auch von Seiten der SEC sind in dieser Hinsicht keine weiteren Verpflichtungen erlassen wor-

---

1269 Item 3(a) of Part II of the Offering Statement:
"*(a) Where appropriate to a clear understanding by investors, there should be set forth in the forepart of the offering circular, under an appropriate caption, a carefully organized series of short, concise paragraphs, summarzing the principal factors which make the offering one of high risk or speculative.*"

1270 Hicks, Exempted Transactions Under the Securities Act of 1933, Vol. 7A, 6-118, Fn. 6.

1271 Hicks, Exempted Transactions Under the Securities Act of 1933, Vol. 7A, 6-111.

1272 Vgl. dazu auch Prifti, Securities: Private and Public Offerings, Vol. 1, 7-70 ff.

1273 Die Angebotsdokumente der Interactive Holding Company etwa enthielten den Hinweis "*Investment in small business involves a high degree of risk, and any investor should not invest any funds in this offering, unless they can afford to loss their entire investment*" (vgl. bei Desmond, Internet Stock Offerings).

1274 Allerdings sieht die Neufassung der Rule 504 SA u.U. die nach der Vorschrift eines Staates erforderliche Übermittlung von Offenlegungsdokumenten an alle Anleger vor.

1275 Steinberg, Securities Regulation, Liability and Remedies, 5-15 f.

den; vielmehr hält sie bei diesen Kleinemissionen die Kombination aus den aufsichtsrechtlichen Anforderungen der einzelnen Staaten, verbunden mit der Geltung der "antifraud provisions", für ausreichend[1276]. Kompensiert wird diese Diskrepanz zwischen beiden Emissionsvarianten gegenwärtig nur durch die stärkere praktische Relevanz der Regulation A - Emissionen und den möglichen Offenlegungspflichten, die durch die maßgeblichen "blue sky laws" statuiert werden. Dennoch scheint es m.E. im Sinne eines einheitlichen Schutzniveaus geboten, auch auf Bundesebene eine Anpassung vorzunehmen um diese Lücke im Anlegerschutzkonzept zu schließen.

2.) Verpflichtung des Emittenten zur "suitability" Prüfung

Selbst wenn Emittenten dieses Risikopotential offenlegen, so bleibt das Schutzniveau bei Internet-DPO's deutlich hinter dem zurück, welches bei Beteiligung von Broker-Dealern im Distributionsprozeß gegeben ist. Dieses gilt vor allem in Hinsicht auf deren Verpflichtung, ihren Kunden nur dann einzelne Wertpapiere zu empfehlen, wenn diese dem Anlegerprofil des betreffenden Investors entsprechen.

a) Gegenwärtige Rechtslage

Erwirbt der Anleger entsprechende Wertpapiere im Rahmen eines Internet-DPO's direkt vom Emittenten, fehlt es an einer der "suitability rule"[1277] vergleichbaren Verpflichtung. Aus Sicht des Anlegers existiert selbst dann, wenn für den Emittenten klar erkennbar ist, daß die Wertpapiere der finanziellen Situation und den persönlichen Interessen des einzelnen Investors zuwiderläuft, mangels Aufklärungsverpflichtung kein Haftungsansatz.
Auch aus aufsichtsrechtlicher Sicht fehlen der SEC Ansatzpunkte für rechtliche Interventionen. Solange den Registrierungs- und "disclosure"-Vorschriften genügt worden ist und einzelne Informationen oder Verhaltensweisen nicht als Verstoß gegen "antifraud"-Vorschriften zu werten sind, existiert keine Norm, die etwa der Rule 15g-9 SEA[1278] vergleichbar dem Emittenten eine eingehende Überprüfung auferlegen würde, ob das Wertpapiere dem Anleger entspricht und mit dessen

1276 Siehe SEC Securities Release No. 6949 (1992); dazu auch Steinberg, Securities Regulation, Liability and Remedies, 5-15; dieses gilt zumindest in Hinsicht auf die "disclosure duties" auch nach dem SEC Release No. 7644 (Securities Act Release No. 7644 (1999 Transfer Binder) Fed. Sec. L. Rep. (CCH) ¶ 86,114 at 81,769 (Feb. 25, 1999)), der am Fehlen jeglicher Offenlegungspflichten nichts geändert hat (Bloomenthal, Securities Regulation Handbook (2000), S. 423 f.).

1277 Vgl. unter § 8, II.), 2.).

1278 Rule 15g-9 SEA schreibt Broker-Dealern beim Handel mit sog. "penny stocks" eine besonders eingehende Angemessenheitsprüfung vor; vgl. dazu sogleich unter § 15, II.), 2.), b).

Erwartungen und finanziellen Möglichkeiten übereinstimmt[1279]. Jenseits der Grenze der "antifraud provisions" kann der Anleger den Emittenten nach gegenwärtiger Rechtslage nicht belangen.
Aus diesem Grund ist von Seiten der Literatur der Erlaß einer den Emittenten treffenden "suitability rule" gefordert worden, die diese Lücke im Anlegerschutzkonzept schließen soll. Als Basis einer solchen Neuregelung werden die bestehenden "suitability"-Standards der NASD und der SEC als Orientierungspunkte herangezogen:

b) Bestehende "suitability"-Standards der NASD und SEC

In der bereits dargestellten "suitability" Rule, NASD-Rule 2310, verlangt die NASD von ihren Mitgliedern vor Abgabe einer Anlageempfehlung, daß sie sich aktiv durch Einholung entsprechender Informationen ein objektives Bild vom Kunden machen muß. Erst von diesen "reasonable grounds" aus kann und muß beurteilt werden, ob die in Rede stehende Anlage dem Profil des Anlegers angemessen ist[1280].
Auch von der SEC ist für den spezifischen, in seiner Ausgangslage aber vergleichbaren Fall der sog. "penny stocks", eine "suitability rule" aufgestellt worden. Bei "penny stocks" handelt es sich um besonders niedrigpreisige Wertpapiere vor allem kleinerer Unternehmen, die aufgrund ihrer geringen Größe weder an den US-Börsen noch im NASDAQ-System gehandelt werden können und einen hohen spekulativen Charakter haben. Zudem sind ihre Emittenten keine "reporting companies", haben noch keine registrierungspflichtige Emission durchgeführt und unterstehen auch sonst nicht der Kontrolle der SEC[1281]. Weil derartige Anlagetitel zudem oft mit "cold calling"-Methoden an das Anlegerpublikum herangetragen worden sind, hat die SEC in Reaktion auf diese unerwünschte Entwicklung und im Rahmen der Sec. 15(g) SEA[1282] die Rule 15g-9 SEA ("SEC suitability rule"[1283]) erlassen, die im Kern von Broker-Dealern verlangt, daß diese dokumentieren können, daß die angebotenen "penny stocks" im Hinblick auf den einzelnen Kunden angemessen sind. Daneben ist eine schriftliche Vereinbarung mit dem Kunden über den "penny stock"-Ankauf erforderlich. Schließlich ist dem Kunden nach Rule 15g-2 SEA vor der Ausführung der Transaktion ein besonderes "risk disclosure document" auszuhändigen, daß wesentliche Informationen über die Gegebenheiten und Risiken von "penny stocks" enthält und vor allem darauf hin-

---

1279 Langenvoort, Angels on the Internet, unter IV.A.; Coffee, 52 Bus. Law., 1195, 1207 (1997); Hass, 72 South. Cal. L. Rev., 67, 115 (1998).

1280 Siehe dazu oben eingehend unter § 8, II.), 2.), a).

1281 Vgl. Sec. 3(a)(15) SEA; dazu auch Becker in Hopt/Rudolph/Baum, Börsenreform, S. 853.

1282 15 U.S.C. § 78q-2 (Penny Stock Reform Act of 1990).

1283 So Hass, 72 South. Cal. L. Rev., 67, 126 (1998) in Anlehnung an die NASD "suitability" Rule 2310.

weist, daß diese regelmäßig an volatilen und illiquiden Märkten gehandelt werden[1284]. Bei Neukunden hat der Broker grundsätzlich im Wege einer detaillierten Analyse ein Anlegerprofil zu erstellen und zu überprüfen, ob dieses mit dem Vorhaben, in "penny stocks" zu handeln, übereinstimmt[1285]:

c) Vorschlag einer "issuer suitability rule"

Diese auf Broker-Dealer zugeschnittenen Anforderungen hat insbesondere Jeffrey J. Hass in die Formulierung einer neuen "issuer suitability rule" eingebracht, die auf solche Emittenten Anwendung finden soll, die unter Nutzung einer "small offering exemption" und ohne Einschaltung von Finanzintermediären Kleinemissionen durchführen, sofern diese Emissionen vornehmlich auf ein Anlegerpublikum gerichtet sind, das aus unerfahrenen Investoren ohne vertiefte Kenntnisse im Wertpapierhandel besteht ("unsophisticated retail investors")[1286].
Die in diesem Vorschlag ausgearbeitete "suitability rule" erstreckt sich ihrem Anwendungsbereich nach nur auf die tatsächlichen Veräußerungsgeschäfte. Die durch die Regulation A eingeräumte Möglichkeit zur Sondierung der Marktlage wird hingegen nicht durch eine vorverlagerte Prüfung der Angemessenheit oder besondere Hinweispflichten eingeschränkt[1287]. Inhaltlich hat sich der Emittent diesem Vorschlag entsprechend, zunächst darüber zu vergewissern, daß das Vorhaben eines individuellen Anlegers, Wertpapiere in einer bestimmten Größenordnung zu zeichnen, dessen Anlegerprofil angemessen ist[1288]. Als Grundlage seien für diese Beurteilung neben Umständen, die dem Emittenten sonstwie bekannt geworden sind, zunächst bestimmte Basisinformationen über die finanziellen Verhältnisse des Interessenten und seinen Erfahrungshorizont einzuholen. Dieser Prozeß könne, dem Medium entsprechend, auch durch elektronische Übertragungsformen durchgeführt werden.
Ausgenommen vom Schutzbereich dieser Vorschriften sollen solche "accredited investors" i.S.d. Rule 501(a) SA sein, die aufgrund ihrer Einkommensverhältnisse des Schutzes dieser Vorschrift nicht bedürften, weil sie in aller Regel in der Lage seien, die für ihre Anlageentscheidung erforderlichen Informationen vom Emittenten selbst erlangen zu können[1289]. Sofern die "suitability"-Rule aber Anwendung finde, müsse der Emittent den genannten Verfahrensweisen folgen. Als

---

1284 Zum ganzen Bloomenthal, Securities Law Handbook (2000), S. 1446 ff. und 1460 ff.; Becker in Hopt/Rudolph/Baum, Börsenreform, S. 853; Hass, 72 South. Cal. L. Rev., 67, 124 ff. (1998).

1285 Siehe dazu detailliert Bloomenthal, Securities Law Handbook (2000), S. 1448.

1286 Hass, 72 South. Cal. L. Rev., 67, 128 ff. (1998). Der Vorschlag betrifft die Regulation A ebenso wie Emissionen nach Rule 504 SA.

1287 Hass, 72 South. Cal. L. Rev., 67, 131 (1998).

1288 Hass, 72 South. Cal. L. Rev., 67, 135 (1998).

1289 Hass, 72 South. Cal. L. Rev., 67, 134 f. (1998).

Konsequenz eines Verstoßes, sieht der Autor eine Rückkaufverpflichtung zu Lasten des Emittenten vor[1290].

d) Kritische Würdigung

Von Seiten der SEC sind Bestrebungen in eine derartige Richtung gegenwärtig nicht zu vernehmen. Zudem scheint dieser Vorschlag in mehreren Punkten angreifbar. Zum einen resultieren die den Broker-Dealern auferlegten besonderen Verpflichtungen gerade aus dem spezifischen Vertrauensverhältnis zwischen Broker und Kunden. Eine derartig umfassende, über die bloße Risikoaufklärung weit hinausgehende Sorgfaltspflicht für die finanziellen Angelegenheiten des Investors läßt sich m.E. dagegen aus dem Verhältnis zwischen Emittent und Anleger nur schwer begründen. Daneben ergeben sich aus Hass' Konzept Folgeprobleme, die ebenfalls ergänzender rechtlicher Anpassungen und Neuregelungen bedürften. Dieses gilt insbesondere für die Frage der Verpflichtung des Emittenten zum vertraulichen Umgang mit den persönlichen Daten des Kunden, vor allem, was deren finanziellen Hintergrund betrifft. Zwar schlägt Hass anstelle genauer Angaben hier grobe Kategorien vor, denen der Anleger sich zuordnen kann[1291], das Problem, daß keine spezifischen datenschutzrechtlichen Regelungen - wie diese etwa für Broker-Dealer gelten - existieren, ist damit aber nicht beseitigt. Zudem wäre eine aufsichtsrechtliche Überwachung der Einhaltung solcher Vorschriften problematisch. Insbesondere die sonst zuständige und mit der Beurteilung vergleichbarer Fälle vertraute NASD kann über Nicht-Broker-Dealer keinerlei aufsichtsrechtliche Gewalt ausüben.

Schließlich sprechen auch pragmatische Argumente gegen derart weitreichende Verpflichtungen. Der organisatorische Aufwand und das zusätzliche erhebliche Haftungsrisiko würden viele kleine Unternehmungen vor einer solchen Form der Kapitalaufnahme zurückschrecken lassen, was der Grundtendenz der SEC, derartige Projekte zu fördern, zuwiderliefe. Das größere Risiko ergibt sich für den Anleger weniger aus dem Schweigen im Hinblick auf die Angemessenheit solcher Wertpapiere, als vielmehr aus häufig zu verzeichnenden übertriebenen Anpreisungen und Falschdarstellungen. Dieser Gefahr kann aber ausreichend mit dem bestehenden "antifraud"-Instrumentarium begegnet werden.

III.) Zusammenfassende Betrachtung

Bisher wurde vielfach vertreten, daß das eigentliche Hemmnis für erfolgreiche Kleinemissionen darin liegt, daß aus Anlegersicht die Underwriter als "reputational intermediaries", fehlen. Da der Privatanleger aufgrund der reduzierten oder

---

1290 Hass, 72 South. Cal. L. Rev., 67, 138 (1998).

1291 Hass, 72 South. Cal. L. Rev., 67, 137 (1998).

vollständig entfallenden Offenlegungspflichten die Entwicklungschancen der aus solchen Emissionen hervorgegangenen Wertpapiere nur schwer beurteilen kann, wurde dem "Qualitätssiegel", das der Underwriter einer begleiteten Emission durch seine Teilnahme verleiht, besondere Bedeutung beigemessen[1292]. Obschon sich an dieser besonderen Funktion von Finanzintermediären nichts geändert hat, ist durch den Einsatz des Internet, die bis dahin zwingend scheinende Konsequenz, das deren Fehlen erfolgreiche Kleinemissionen ausschließt, widerlegt worden. Zwar zeigt das Anlageverhalten im Fall der Spring Street Brewery beispielhaft, daß als Reaktion auf das fehlende "Qualitätssiegel" der Underwriter, der einzelne Anleger nur relativ geringe Summen investiert[1293]. Durch die Massenwirkung des Internet hat sich aber die Basis der teilnehmenden Anleger derart verbreitert, daß die geringeren individuellen Investitionen durch eine größerer Anlegeransprache und -beteiligung kompensiert werden.
Für die Ansprache und Mobilisierung möglichst weiter Anlegerkreise bietet dabei die Kombination der technischen Möglichkeiten des Internet und der rechtlichen Spielräume, die die Regulation A mit ihrer Erlaubnis des "testing the waters" bereithält, besondere Vorteile. Da andererseits durch die jüngste Änderung der Rule 504 SA deren bisherigen Vorzüge stark beschränkt worden sind, spricht viel dafür, daß sich der gegenwärtige Trend verstärkter Internet-DPO's unter Regulation A im Bereich kleinerer Unternehmungen fortsetzen wird.

Der gegenwärtig geltende rechtliche Rahmen ist dabei ausreichend, um diesem Trend gerecht zu werden. Wesentlich scheint dabei vor allem der ausdrückliche Hinweis auf das Absatzrisiko, daß sich aus dem regelmäßigen Fehlen eines liquiden Sekundärmarktes ergibt. Auf Basis dieses Hinweises und der übrigen Unternehmensinformationen liegt es dann in der Verantwortung des Anlegers selbst, für sich abzuwägen, ob die Investition in Wertpapiere aus solchen "small business offerings", eine für ihn angemessene Anlageform darstellt. Eine darüber hinausgehende Verlagerung dieser Angemessenheitsprüfung in die Sphäre des Emittenten scheint dagegen nicht angezeigt. Die Bürden, die durch eine solche Verpflichtung kleineren Unternehmen auferlegt würden, könnten eine Vielzahl von Internet-DPO's unnötig unterbinden. Verantwortliche Investorenaufklärung in Verbindung mit einer verschärften Beobachtung dieses Marktsegmentes durch die SEC zur Prävention und Ahnung betrügerischer Vorgänge, scheint daher die angemessenste Lösung der sich in diesem Bereich stellenden Probleme[1294].

1292 Langenvoort, Angels on the Internet, unter III.A.; Coffee, 52 Bus. Law., 1195, 1203 (1997).

1293 Coffee (52 Bus. Law., 1195, 1203 (1997)) weist darauf hin, daß angesichts der Anzahl der Investoren, die am Internet-DPO der Spring Street Brewery teilgenommen haben, der einzelne Anleger nur einen Durchschnittsbetrag von 474 US$ (entsprechend 241 Aktien) investiert habe, was selbst unter "penny stock" Standards eine vergleichsweise geringe Summe sei.

1294 Auch in Hinsicht auf die Durchsetzung der "antifraud"-Bestimmungen bedarf es keiner Gesetzesänderungen. Sofern im "offering circular" als der wesentlichen Informationsquelle des

§ 16 Internet-Einsatz bei Privatplazierungen

Neben den beschriebenen Ausnahmen vom Registrierungserfordernis durch die "small offering exemptions" besteht mit der Durchführung von Private Placements eine weitere Möglichkeit der registrierungsfreien Emission, die bei der Beschränkung des Wertpapierangebotes an ausgewählte Investorenkreise ansetzt[1295]. Die Distribution emittierter Wertpapiere an eine begrenzte Zahl geeigneter Investoren kann dabei sowohl mit Hilfe von Intermediären im Sinne einer Fremdemission geschehen, als auch durch das Unternehmen selbst, ggf. mit Hilfe der Unterstützung dritter Serviceanbieter. Die Frage, ob das "private offering" in Form einer Fremd- oder Direktemission vorgenommen wird, hängt wesentlich von der wirtschaftlichen Lage des emittierenden Unternehmens ab. Zur Vermeidung von Haftungsrisiken und zur Erhaltung der eigenen Reputation begleiten Investmentbanken in aller Regel vornehmlich sog. "seasoned companies", worunter solche Unternehmen zu verstehen sind, die seit mindestens 5 Jahren existieren, und deren Management derart etabliert und gefestigt ist, daß sich klare Linien in der Unternehmensführung erkennen lassen[1296]. Für kleinere oder junge Unternehmen, die angesichts dieser Kriterien eine Privatplazierung oftmals selbst durchführen müssen bzw. aus Kostengründen wollen, stellt sich in besonderem Maße das Problem, wie die strengen Reglementierungsvorschriften bei der Ansprache geeigneter Investorenkreise eingehalten werden können. Einen Zugriff auf den Kundenstamm der Investmentbanken haben diese Emittenten nicht.

I.) Allgemeine Anforderungen an Private Placements

Weil Private Placements und IPO's sich in vielen Bereichen unterscheiden und unterschiedlichen Anforderungen unterliegen, sollen im folgenden zunächst die Vor- und Nachteile beider Emissionsformen dargestellt werden. Neben diesen vorwiegend wirtschaftlichen Faktoren sind auch die im Anschluß dargestellten rechtlichen Bedingungen, denen Privatplazierungen unterworfen sind, ein wesentlicher Entscheidungsfaktor für die eine oder andere Emissionsform.

Anlegers falsche Angaben enthalten sein sollten, kommt insbesondere ein Verstoß gegen Sec. 17 SA in Betracht. Der SEC steht als aufsichtsrechtliches Mittel in einem solchen Fall etwa die zeitweise Aussetzung der Ausnahme der Regulation A nach Rule 258 SA zur Verfügung.

1295 Trotzdem die zugrundeliegende Vorschrift der Sec. 4(2) SA rechtstechnisch als Ausnahmetatbestand zum Registrierungserfordernis konstruiert ist, kommt dieser Emissionsform erhebliche praktische Bedeutung zu. Vor allem an Institutionelle werden große Wertpapierkontingente auf diesem Wege abgegeben (vgl. Ratner, Securities Regulation, S. 54 f.).

1296 Mazur, 75 Indiana L. J. 379, 381 f. (2000); Prifti, Securities: Public and Private Offerings, Vol. 1, 1-49.

1.) Private Placements versus Public Offering

Gegenüber einem IPO weisen Private Placements eine Reihe entscheidender Vorteile auf, die diese Emissionsform vor allem für kleinere Unternehmungen zu einer echten Alternative bei der Kapitalaufnahme werden lassen.
Während im Rahmen eines Sec. 5 SA-Registrierungsverfahrens erhebliche aufsichtsrechtliche Anforderungen auf Ebene des "federal law" und der "blue sky laws" zu erfüllen sind, eröffnet ein Private Placements unter Sec. 4(2) SA die Möglichkeit einer Emission ohne Einreichung prospektähnlicher Dokumente bei der SEC. Dieses bedeutet zum einen eine erhebliche zeitliche Verkürzung durch den Wegfall des Prüfungsverfahrens bei der SEC, zum anderen entfällt die kostenintensive Verpflichtung zur Übermittlung der Angebotsunterlagen an die Anleger. Weitere Kostenvorteile ergeben sich daraus, daß die nicht unerheblichen Beträge, die im Rahmen eines "public offerings" üblicherweise für die Vorbereitung und Überprüfung der Registrierungsunterlagen durch Investment Banken und Anwälte angesetzt werden müssen, hier entfallen oder sich zumindest wesentlich reduzieren[1297]. Das gilt auch für die entfallende "Nachsorge" bei der Kontrolle und eventuellen Aktualisierung der im "registration statement" enthaltenen Informationen[1298]. Schließlich reduzieren sich durch den Wegfall der Registrierungsverpflichtungen auch die Haftungsrisiken bei der Emission.
Die Nachteile eines Private Placements bestehen darin, daß die Emissionspreise in aller Regel geringer ausfallen, als im Rahmen eines "public offerings". Auch die Imagevorteile, die ein öffentliches Angebot für das Ansehen und den Unternehmenswert mit sich bringen kann, sind bei einer Privatplazierung nicht zu realisieren. Schließlich unterliegen die aus einem "private placement" hervorgegangenen Wertpapiere in Hinsicht auf deren freie Weiterveräußerung Restriktionen, was einen weniger liquiden Sekundärmarkt für den Handel dieser Titel bedingt[1299].

2.) Rechtlicher Rahmen eines Private Placements

Das in Sec. 5 SA statuierte Registrierungserfordernis für das Angebot oder den Verkauf von Wertpapieren erfaßt grundsätzlich jeden Verkauf, gilt für jede Person und findet auf jede "security" Anwendung, sofern keine Ausnahmetatbestände zur Verfügung stehen[1300]. Während Sec. 3(b) SA die Grundlage für Ausnahmen aufgrund des Emissionsvolumens bildet, nimmt Sec. 4(2) SA vom Registrierungser-

---

1297 Vgl. zu den anzusetzenden Kosten der unterschiedlichen Emissionsformen eingehend Prifti, Securities: Public and Private Offerings, Vol. 1, 1-53. Regelmäßig beträgt die Zeitspanne zwischen dem Druck des Zulassungsantrags und der Wirksamerklärung der Registrierung durch die SEC ca. 63 Tage; vgl. Wolf, Going Public, S.255.

1298 Vgl. Sec. 17(d) SEA.

1299 Prifti, Securities: Public and Private Offerings, Vol. 1, 1-53.

1300 Becker in Hopt/Rudolph/Baum Börsenreform, S. 780.

fordernis solche Emissionen aus, in denen kein öffentliches Angebot unterbreitet wird ("transactions by an issuer not involving any public offering")[1301]. Bemerkenswerterweise enthält, obschon das gesamte Regel-Ausnahme-Konzept des Securities Acts darauf aufbaut, das gesamte Gesetzeswerk weder eine Definition des Begriffes "public offering", noch eine Begriffsbestimmung für "private placements".

a) Beurteilungsmaßstäbe bei der Abgrenzung von Private Placements und IPO's

Aus dieser Situation heraus hat die SEC bereits 1935 in einem Release Faktoren aufgestellt, die zur Beurteilung der Frage, ob eine Privatplazierung gegeben ist, heranzuziehen sind. Zu berücksichtigen seien insofern die Anzahl derjenigen, an die sich ein entsprechendes Angebot richtet, deren Beziehung untereinander und zum Emittenten, die Anzahl der angebotenen Wertpapiere und das Volumen der Emission insgesamt, sowie die Art und Weise, in der diese durchgeführt wird[1302]. Ausgangspunkt der Beurteilung im Einzelfall ist dabei stets der in der Leitentscheidung *SEC v. Ralston Purina Co.* vom Supreme Court herausgearbeitete gesetzgeberische Zweck der Registrierungsausnahme bei Privatplazierungen: weil das gesamte Konzept des Securities Acts auf dem "disclosure"-Gedanken aufbaut, kann eine Ausnahme von der diese Offenlegung garantierenden Registrierungspflicht dann gemacht werden, wenn die betroffenen Anleger dieses Schutzes nicht bedürfen und der Emittent darlegen kann, daß diese in der Lage sind, sich auch selbst mit den erforderlichen anlagerelevanten Informationen versorgen zu können[1303]. In der Praxis der mit dieser Thematik befaßten Gerichte haben sich in der

1301 Neben dieser, sich unmittelbar aus dem Gesetz ergebenden Einschränkung des Registrierungserfordernisses, eröffnet die allgemeine Verordnungsermächtigung in Sec. 19(a) SA die Möglichkeit für die SEC, Ausnahmebestimmungen zu erlassen. Zudem stellt Sec. 4(6) SA Emissionen mit einem Volumen von bis zu 5 Mio. US$ von der Registrierung frei, sofern sich diese an "accredited investors" wendet. Sec. 2(a)(15) SA entsprechend zählen hierzu neben bestimmten institutionellen Anlegern auch sog. "sophisticated investors". Zur Präzisierung dieses Anlegerkreises bedarf es wiederum klarstellender Verordnungen durch die SEC; vgl. zum ganzen Elben, RIW 1998, 108 ff.

1302 Letter of the Counsel Discussion the Factors to Be Considered in Determining the Availibility of the Exemption from Registration Provided by the Second Clause of Section 4(1), Securities Act Release No. 285, Fed. Sec. L. Rep. (CCH) ¶¶ 2740-2744 at 2911-2913 (Jan. 24, 1935); dazu va. Martin/Parson, 45 Wash & Lee L. Rev., 1031, 1036 f. (1988).

1303 SEC v. Ralston Purina Co., 346 US 119, 125 (1953): "(a)*n offering to those (*investors*) who are shown to be able to fend for themself is a transaction not involving any public offering*"; Im konkreten Fall urteilte der Supreme Court, daß die "private placement exemption" nicht verfügbar war, weil die Angestellten, an die von Seiten des Unternehmens Wertpapiere veräußert worden waren, nicht den Zugang zu derartigen Informationen hatten, wie sie bei einer

Folgezeit zwei wesentliche Faktoren herausgebildet, die mit unterschiedlicher Gewichtung immer wieder als Beurteilungsmaßstäbe herangezogen worden sind: die Existenz einer bereits vor dem Angebotszeitpunkt bestehenden Beziehung zwischen Emittent und Anleger ("preexisiting relationship") und der Grad der Erfahrung und des Fachwissens des Investors ("sophistication").
Dementsprechend hat ein Teil der US-Gerichte vertreten, daß die Wahrscheinlichkeit eines Private Pacements dann höher sei, wenn die Emission durch ein Verhältnis des persönlichen Kontaktes zwischen Emittent und Anleger gekennzeichnet ist, welches frei ist von öffentlicher Werbung oder der Vermittlung durch Intermediäre wie Investmentbanken oder Börsen[1304]. Wesentlich dabei sei vor allem, ob der Anleger aus diesem Verhältnis heraus Zugang zu anlagerelevanten Informationen gehabt habe, was durch Offenlegung seitens des Emittenten ebenso geschehen kann, wie durch effektiven Zugang aufgrund der besonderen Stellung des Anlegers. Ohne einen solchen Zugang, könne die Frage der "sophistication" dahinstehen, da der Investor, um seine Anlageerfahrung nutzen zu können, zunächst Informationen als Grundlage benötige[1305]. Dementgegen verschieben andere Urteile die Hauptakzente in Richtung der "sophistication". Erst wenn zur Überzeugung der Gerichte feststünde, daß der Anleger über das notwendige Fachwissen, den wirtschaftlichen Hintergrund und andere wesentliche Faktoren verfügt, er also "für sich selbst sorgen kann", komme es darauf an, ob dem Investor entsprechende Informationen offengelegt worden sind, oder dieser tatsächlichen Zugang hierzu hatte[1306].

b) Private Placements nach Rule 506 SA

Mit der als "safe harbor" für Private Placements erlassenen Rule 506 SA der Regulation D[1307] hat die SEC wesentliche Elemente beider Konzepte aufgenommen und als Voraussetzungen des Ausnahmetatbestandes berücksichtigt[1308]. Trotzt der großen Bedeutung dieser Regelung in der Praxis stellt Rule 506 SA keine exklusi-

---

regulären Emission nach SEC. 5 SA offenzulegen gewesen wären; vgl. zu dieser Entscheidung besonders Soderquist, Understanding the Securities Laws, 6-14 ff.

1304 Doran v. Petroleum Management Corp., 545 F.2d 893, 900 (5th Cir. 1977); Wolf v. S.D. Cohn & Co., 515 F.2d 591, 614 (5th Cir. 1975) und insgesamt Daugherty, 38 Emory L. J. 67, 78 ff. (1989) m.w.N.

1305 Doran v. Petroleum Management Corp., 545 F.2d 893, 903 f. (5th Cir. 1977).

1306 Vgl. bei Mazur, 75 Indiana L. J. 379, 386. (2000); Bloomenthal, Going Public and the Public Corporation, Vol. 1, 4-19 f.

1307 Securities Act Release No. 6759, (1987 - 1988 Transfer Binder) Fed. Sec. L. Rep. (CCH) ¶ 84,222 at 89,016 (Mar. 3, 1988).

1308 Anders als die Rules 504 und 505 SA der Regulation D, die auf die Ermächtigungsnorm der Sec. 3(b) SA zurückgehen, stellt Rule 506 SA einen auf der Basis von Sec. 4(2) SA erlassenen Ausnahmetatbestand für Privatplazierungen dar.

ve Ausnahmeregelung dar; sie statuiert lediglich *einen* "safe harbor" für Privatplazierungen[1309]. Denn anders als die Vorschrift der Sec. 3(b) SA, die erst der Konkretisierung durch entsprechende Erlasse der SEC bedarf, können Privatplazierungen neben der Rule 506 SA auch unmittelbar auf Sec. 4(2) SA gestützt werden[1310]. Beide Vorschriften, aus denen sich im Zusammenhang mit dem Internet-Einsatz aber im wesentlichen die gleichen Anforderungen und Probleme ergeben, sind daher nebeneinander anwendbar[1311].
Im Vergleich mit den übrigen Ausnahmeregelungen der Regulation D liegt der besondere Vorteil der Rule 506 SA vor allem in der unlimitierten Emissionssumme. Obergrenzen in Hinsicht auf das Emissionsvolumen schreibt die Rule 506 SA nicht vor. Dieser Vorteil wird allerdings durch verschiedene Restriktionen beschränkt, in die, wie erwähnt, die bisherigen Ansätze der Gerichte und der SEC bei der Bestimmung von "private placements" eingegangen sind.

aa) Verbot öffentlicher Werbung

Zum einen untersagt Rule 502(c) SA im Zusammenhang mit dem Angebot jede Form von "general solicitation or general advertising" und erfaßt dabei mit Ausnahme der nach Rule 135(c) SA in engen Grenzen zulässigen Ankündigungen einen weiten Bereich von Verbreitungsformen[1312]. Diese Eingrenzung zulässiger Öffentlichkeitskontakte ist durch die Praxis der SEC noch verstärkt worden, die generell für die Frage, ob eine "general solicitation" vorliegt, die Art der bisherigen Beziehung zwischen Emittenten und Anleger - mithin die "preexisting relationship doctrin" - heranzieht[1313]. Um eine allgemeine Form der Werbung und des Anlegerkontaktes handelt es sich dann nicht, wenn diese Beziehung von einer

---

1309 Bloomenthal, Securities Regulation Handbook (2000), S. 487.

1310 Bloomenthal, Going Public and the Public Corporation, Vol. 1, 4-6.

1311 Wenngleich Sec. 4(2) SA an sich, anders als Rule 502(c) SA, kein Verbot genereller Werbemaßnahmen etwa enthält, so haben nach dem oben Gesagten die Gerichte bei der Beurteilung, ob ein Wertpapierangebot die Voraussetzungen eines "private placements" erfüllt, gleichwohl auf die Frage öffentlicher Werbung abgestellt (vgl. etwa Doran v. Petroleum Management Corp. 545 F.2d 839, 900 (5th Cir. 1977)). Die wesentlichen Faktoren ähneln sich daher.

1312 Siehe Limitation of Manner of Offering, Rule 502(c) SA : "*...neither the issuer nor any person acting on its behalf shall offer or sell the securities by any form of general solicitation or general advertising, including, but not limited to, the following:*
(1) Any advertising, article, notice or other communication published in any newspaper, magazine, or similar media or broadcast over television or radio; and
(2) *Any seminar or meet whose attendees have been invited by any general solicitation or general advertising; ...*"

1313 Martin/Parson, 45 Wash & Lee L. Rev., 1031, 1036 f. (1988); Bloomenthal, Securities Regulation Handbook (2000), S. 509 f.; Mazur, 75 Indiana L. J. 379, 388 m.w.N. (2000).

gewissen Substanz und Dauer ist[1314]. Für den Emittenten ergibt sich daraus eine erhebliche Beschränkung in der Möglichkeit, bei seiner Bemühung Kapital aufzunehmen, eine große Zahl von potentiellen Anlegern anzusprechen[1315].

bb) Limitierung der Investorenzahl

Zudem werden auch an die teilnehmenden Anleger bestimmte Anforderungen gestellt. Zwar ist die Gesamtzahl potentieller Investoren nicht grundsätzlich beschränkt, Rule 506(b)(2) SA teilt diese aber in zwei Gruppen. Während an einer Emission nach Rule 506 SA eine unbegrenzte Zahl von "accredited investors" teilnehmen kann, ist die Gesamtzahl der sog. "non-accredited investors" auf 35 limitiert[1316]. Den Status eines "accredited investors" haben dabei neben institutionellen Anlegern und ausgewählten Mitgliedern der Unternehmensführung auch solche Privatanleger inne, deren Eigenkapital oder Einkommen bestimmte Betragsgrenzen übersteigt[1317].

cc) Das "sophistication"-Erfordernis

Um dem in *SEC v. Ralston Purina* herausgearbeiteten Anlegerschutzgedanken gerecht zu werden, verlangt die Regulation D auch von den maximal 35 Anlegern, die diesen Status nicht erfüllen, Fachwissen und Erfahrung in solchem Maße, daß diese in der Lage sind, die Vor- und Nachteile der Investition eigenverantwortlich gegeneinander abzuwägen[1318]. Damit greift die Regulation D das "sophistication"-Erfordernis auf, relativiert es aber insofern, als daß Rule 505(b)(2) SA es ausreichen läßt, daß der Emittent vernünftigerweise von diesem Maß an Kenntnis ausgehen durfte, selbst wenn es tatsächlich nicht vorliegen sollte[1319]. Im Hinblick auf

---

1314 Mineral Lands Research & Marketing Corp., SEC No-Action Letter (Mar. 21, 1985), 1985 WL 55694 (S.E.C.) (Mar. 21, 1985).

1315 Mazur, 75 Indiana L. J. 379, 389 (2000).

1316 Die der Festlegung der Investorenzahl zugrundeliegenden Prinzipien, etwa im Hinblick auf die gesonderte Berücksichtigung von in Haushaltsgemeinschaft lebenden Angehörigen eines Erwerbers, ergeben sich aus Rule 501(e) SA; daß hierbei die "accredited investors" nicht mitgezählt werden, bestimmt Rule 501(e)(1)(iv) SA.

1317 Vgl. Rule 501(a)(1)-(4) und (7) SA; Rule 501(a)(5) und (6) SA verlangen bei natürlichen Personen ein Eigenkapital von über 1.000.000 US$ oder ein Einkommen von mind. 200.000 US$; siehe dazu im Einzelnen Bloomenthal, Going Public and the Public Corporation, Vol. 1, 4-33 ff.

1318 Rule 506(b)(2)(ii) SA:"*Each purchaser who is not an accredited investor either alone or with his purchaser representative(s) has such knowledge and experience in financial and business matters that he is capable of evaluating the merits and risks of the prospective investment, or the issuer reasonably believes immediatly prior to making any sale that such purchaser comes within this description.*"

1319 Vgl. Rule 505(b)(2)(ii): "*...the issuer reasonable believes..*".

den erforderlichen Sorgfaltsmaßstab bei dieser Beurteilung durch den Emittenten, wird regelmäßig die Überprüfung der "sophistication" der Anleger durch Fragebögen zu deren Kenntnisstand und Erfahrungsgrad ("questionnaires") verlangt. Mit Hilfe der dortigen Angaben kann der Emittent den ihm obliegenden Beweis für die hinreichende Qualifikation der Anleger führen[1320]. An diese Anlegergruppe ist innerhalb einer angemessenen Zeit vor dem Verkauf ein schriftliches "disclosure"-Dokument zu übermitteln, dessen konkreter Inhalt und Umfang sich nach Rule 502(b)(2) SA richtet und von der Frage bestimmt wird, ob es sich beim Emittenten um eine "reporting company" handelt, die den Berichtspflichten der Secs. 13 oder 15(d) SEA unterliegt[1321].
Sofern ein Emittent diese engen Voraussetzungen nicht einhält, stehen der SEC nicht nur aufsichtsrechtliche Maßnahmen zur Verfügung, gravierender ist oftmals noch die drohende Haftung aus Sec. 12(a)(1) SA, die an die Verletzung der Registrierungsverpflichtung aus Sec. 5 SA anknüpft.

c) Beschränkungen im Sekundärmarkthandel

Eine weitere Beschränkung von Privatplazierungen ergibt sich daraus, daß der "safe harbor" der Rule 506 SA ebenso wie ein zulässiges registrierungsfreies Private Placements nach Sec. 4(2) SA ausschließlich dem Emittenten zugute kommen[1322]. Die aus diesen Emissionen hervorgegangenen Wertpapiere haben den Status eingeschränkt handelbarer Wertpapiere ("restricted securities[1323]") und können daher im folgenden Sekundärmarkthandel nur dann vom Erwerber wieder veräußert werden, wenn dieser seinerseits eine Registrierung vornimmt, oder aber er sich selbst auf eine Ausnahmevorschrift berufen kann[1324]. Die Dispensivwirkung der "private placement exemptions" entfalten über den Prozeß der Übertragung an den Ersterwerber hinaus keine Wirkungen und schlagen insbesondere nicht dergestalt auf die Struktur des Wertpapiers durch, daß dieses hierdurch "unrestricted" würde.

1320 Mark v. FSC Securities Corp, 870 F.2d 331 (6th Cir. 1989); vgl. auch bei Hicks, Exempted Transactions Under the Securities Act of 1933, Vol. 7A, 7-361 ff.

1321 In der Regel werden allerdings schon aufgrund potentieller Haftungsrisiken diese "mandatory information packages" auch an die "accredited investors" übermittelt. Siehe Langenvoort, Angels on the Internet, IV., C.; eingehend auch Hicks, Exempted Transactions Under the Securities Act of 1933, Vol. 7A, 7-188 ff.

1322 Preliminary Note 4 der Regulation D betont dieses ausdrücklich.

1323 Vgl. die Begriffsbestimmung in Rule 144(a)(3) SA.

1324 Rule 502(d) SA schreibt vor, daß "securities" aus einer Rule 506 SA Emission ebenso zu behandeln sind wie solche, die unter Sec. 4(2) SA emittiert worden sind. Rule 144(a)(3) SA erfaßt als "restricted securities" unter anderem Wertpapiere, die direkt vom Emittenten im Zuge einer nichtöffentlichen Emission oder einer Regulation D Emission erworben worden sind.

aa) Haltephase vor der Weiterveräußerung

Für den Erwerber hat das zur Konsequenz, daß er, plant er die Weiterveräußerung an Dritte, entweder in eigener Person den Registrierungserfordernissen bei der SEC nachkommen muß, oder ihm selbst eine Ausnahmeregelung zur Verfügung steht[1325].

Um solche "restricted securities" frei veräußern zu können, sieht Rule 144(d)(1) SA eine Wartezeit ("holding period") von wenigstens einem Jahr vor, während dessen die "security" als nicht handelbar betrachtet wird[1326]. Auf diese Weise wird verhindert, daß mittels zwischengeschalteter Erwerber "restricted securities" unter Umgehung der Registrierungserfordernisse in die Öffentlichkeit gelangen. Aus Gründen des Anlegerschutzes ist zudem ein Ausgleich des Informationsgefälles zwischen dem Verkauf eines registrierten Wertpapiers und einer "restricted security" zu schaffen. Weil nach dem Ablauf der Haltephase eine uneingeschränkte Veräußerung möglich ist, müssen der Öffentlichkeit adäquate Informationen zugänglich sein. Daher muß es sich bei dem Unternehmen entweder um eine "reporting company" handeln, oder es sind in anderer Weise Informationen, die diesen Standards entsprechend, bereitzustellen[1327].

bb) Eingeschränkte Handelbarkeit nach Rule 144A SA

Vor dem Ablauf dieser Wartezeit ist eine Veräußerung nur in Übereinstimmung mit den Anforderungen des "safe harbor" der Rule 144A SA möglich[1328], die insbesondere der Entstehung eines funktionsfähigen Sekundärmarktes im Bereich der Private Placements dient. Zugang zu diesem Markt haben, um eine Unterwanderung des Anlegerschutzkonzeptes des Securities Acts zu verhindern, nur sog. "qualified institutional buyer" (QIB). Dabei handelt es sich gem. Rule 144A(a) SA vor allem um Banken, Wertpapierhandelshäuser, Broker-Dealer und andere kapitalstarke[1329] und professionelle Anleger[1330], die über hinreichend eigene Ressour-

---

1325 Rule 502(d)(1) SA: "...*securities acquired in a transaction under Regulation D .... cannot be resold without registration under the Act or an exemtion therefrom...*"

1326 Vgl. Ratner, Securities Regulation, S. 72 f.; Elben, RIW 1998, 108, 113.

1327 Rule 144(c)(2) SA; dazu Becker in Hopt/Rudolph/Baum, Börsenreform. S. 785.

1328 Daneben besteht die weitere Möglichkeit einer Veräußerung im Wege eines weiteren "private offerings". Weil diese Situation technisch weder von Sec. 4(1) SA noch Sec. 4(2) SA erfaßt wird, wird hierfür der Begriff der "Sec. 4½ exemption" verwandt (vgl. bei Ratner, Securities Regulation, S. 73 f.).

1329 Gem. Rule 144A(a)(1)(i) SA muß der Investor, der mit dem Emittenten nicht personenidentisch sein darf, ein Anlagevolumen in Papieren anderer Emittenten i.H.v. mindestens 100 Mio. US$ aufweisen; näher Wilhelm, Registrierungs- und Publizitätspflichten, S. 148 ff.

1330 Diese Institutionellen stellen den Idealtyp des "spohisticated investors" dar (Elben, RIW 1998, 108, 114), der seine Interessen sehr gut selbst durchsetzen kann und eines Anlegerschutzes im klassischen Sinne nicht bedarf (Noller, ZfgK 1997, 1103, 1106).

cen und das erforderliche Fachwissen verfügen, um anlagerelevante Informationen zu interpretieren und aufgrund ihrer wirtschaftlichen Position in der Lage sind, sich diese Informationen zu verschaffen[1331]. Um sicherzustellen, daß über diese Anleger kein Rückfluß in den dem Privatanleger zugänglichen Handel erfolgt, dürfen die Wertpapiere weder an einer nationalen Börse, noch im NASDAQ-OTC-Markt notiert sein oder werden[1332]. Ergänzend sind die so in den (eingeschränkten) Sekundärmarkthandel eingeführten Papiere nach wie vor als "restricted securities" zu betrachten, deren Weitergabe an Investoren, die nicht als QIB's zu qualifizieren sind, nur bei Geltung weiterer Ausnahmeregelungen statthaft ist[1333].

II.) Rechtsfragen des Interneteinsatzes bei Private Placements

Während vor allem für kleinere Unternehmen diese Restriktionen bisher ein wesentliches Hindernis darstellten, ohne die Mitwirkung professioneller Intermediäre den Weg eines Private Placements zu beschreiten, kann der Einsatz des Internet gerade in diesem Bereich zahlreiche Erleichterungen mit sich bringen. Diese betreffen vor allem die Möglichkeit der Ansprache und Auswahl geeigneter Investoren durch die Emittenten selbst, die im Fall einer Direktemission auf die Kundenpools von Investmentbanken gerade nicht zurückgreifen können. Der Nutzung dieser positiven Effekte des Internet-Einsatzes bei Privatplazierungen stehen aber vor allem im Rahmen der Regulation D rechtliche Hürden entgegen. Untersagt ist nicht nur jedes öffentliche Angebot, sondern insbesondere sind auch allgemeine Formen der Werbung für derartige Emissionen untersagt. Zwar ist der Einsatz des Internet nicht generell ausgeschlossen[1334], vor allem das Einstellen entsprechender Angebote auf frei zugänglichen Internet-Seiten als Weg Investoren zu gewinnen, ist aber aufgrund der damit zwingend verbundenen Öffentlichkeitswirkung nicht

1331 Hintergrund des Erlasses dieser Rule ist die sich bei der SEC durchsetzende Ansicht, daß angesichts internationaler Konkurrenz ein eigenständiger Sekundärmarkt für institutionelle Anleger entstanden war, der anders als der der Allgemeinheit offenstehende Sekundärmarkt nur ein reduziertes Maß an Anlegerschutz erfordert (Noller, ZfgK 1997, 1103, 1104).

1332 Rule 144A(d)(3)(i) SA; Becker in Hopt/Rudolph/Baum, Börsenreform, S. 891.

1333 Elben, RIW 1998, 108, 114. Auf die Bedeutung dieser Beschränkung hat rechtsvergleichend vor allem Guenther hingewiesen. Weil in Deutschland anders als in den USA solche "resale restrictions" nicht existieren, bestehe die Gefahr von "Schneeballsystemen", innerhalb derer Wertpapierangebote an einen begrenzten Kreis von Bekannten unter Nutzung der Ausnahme für Privatplazierungen bis zur Grenze des Wertpapierbetruges regulierungsfrei wären, obschon die Öffentlichkeitswirkung eines solchen Systems nicht geringer sei als bei vergleichbaren "echten" öffentlichen Angeboten (Guenther, Michigan J. of Int. L., 871, 927 (1999)).

1334 Zulässig ist es etwa, wenn außerhalb einer "general solicitation" die Angebotsunterlagen per E-Mail an die Investoren übermittelt werden; vgl. Use of Electronic Media for Delivery Purposes, Securities Act Release No. 33-7233, 60 S.E.C. Docket 1348 ff. (Oct. 6, 1995), unter Example 21.

zulässig[1335]. Die SEC hat dazu bereits im "October Release" klargestellt, daß das Einstellen von Angebotsmaterial im Zusammenhang mit einem Private Placement nach Rule 506 SA der Regulation D nicht in Einklang zu bringen ist, und gegen das Verbot der "generell solicitation" aus Rule 502(c) SA verstößt[1336]. Diese Interpretation ließ aber die besonderen technischen Möglichkeiten des Internet unberücksichtigt und basierte auf der Prämisse, daß aufgrund der prinzipiell freien Einsehbarkeit von Informationen, die auf Web-Seiten eingestellt werden, ein allgemeines an die Öffentlichkeit gerichtetes Angebot vorliege. Weil das Internet aber auch Zugangsbeschränkungen, etwa durch den Passwortschutz von Web-Seiten zuläßt, war insofern eine Internet-spezifisch angepaßte Interpretation der Rule 502(c) SA erforderlich[1337]. Diese ist insbesondere im richtungsweisenden IPONET No-Action Letter[1338] vorgenommen worden, in dem die SEC die zulässigen Verfahrensweisen beim Internet-Einsatz im Rahmen von Privatplazierungen beschrieben hat[1339].

1.) Die "preexisting relationship doctrine" und das Problem der Ansprache geeigneter Investoren

Trotz vielfacher Kritik an der restriktiven Haltung der SEC bei der Frage zulässiger Öffentlichkeitskontakte und deren Festhalten an der "preexisting relationship doctrine"[1340], ist diese Grundregel noch immer wesentlicher Maßstab für die Ab-

1335 Lane/Weirick, Electronic Communications and Internet Offerings, in: PLI, Securites Law & The Internet (2000), Vol. 1, S. 61, 96.

1336 Use of Electronic Media for Delivery Purposes, Securities Act Release No. 33-7233, 60 S.E.C. Docket 1348 ff. (Oct. 6, 1995), unter II.D., Example 20; gem. Expample 21 sind dagegen direkte Übermittlungen von Angebotsmaterial, etwa die Übersendung per E-Mail, an vorausgewählte Anleger mit Rule 502(c) SA in Einklang zu bringen.

1337 Stovsky, Private Securites Offerings on the Internet.

1338 IPONET, SEC No-Action Letter, (Transfer-Binder 1996 - 1997), Fed. Sec. L. Rep. (CCH) ¶ 77,252 at 77,270 (July 26, 1996).

1339 In seiner breiten Anwendbarkeit ist der IPONET No-Action Letter in Teilen durch den "April Release" beschränkt worden (vgl. Gottlieb/de Brito, wallstreetlawyer.com, Vol. 3, No. 12, S. 1, 8 f. (May 2000)). Die Auswirkungen dieses Releases werden im folgenden an entsprechender Stelle eingefügt.

1340 Siehe dazu Martin/Parson, 45 Wash & Lee L. Rev., 1031, 1043 ff. (1988), die vor allem darauf abstellen, daß auch in Fällen einer öffentlichen Investorenansprache in der Interpretation der SEC, nur solche Anleger betroffen sein können, die nach den Maßstäben von SEC v. Ralston Purina Co. eines Schutzes nicht bedürfen. Bloomenthal (Securities Regulation Handbook (2000), 509) weist darauf hin, daß diese Handhabung in der Konsequenz dazu führt, daß kleineren Emittenten die Ansprache geeigneter Anlegerkreise untersagt wird, während große Investmentbanken mit entsprechend großer Klientel nahezu restriktionsfrei potentielle Anleger ansprechen können. Siehe auch Daugherty, 38 Emory L. J. 67, 127 ff. (1989); Mazur, 75 Indiana L. J. 379, 390 (2000).

grenzung von öffentlichen und nichtöffentlichen Wertpapierangeboten[1341]. Zudem werden an die "sophistication" der Anleger bestimmte Mindestanforderungen gestellt. Aus diesen Gründen mußten, um das Private Placement bei einer signifikanten Zahl von Anlegern unterbringen zu können, Verfahren entwickelt werden, die einerseits zur Etablierung einer ausreichenden Beziehung zwischen Anleger und Emittenten führen und andererseits eine Überprüfung zulassen, ob die interessierten Anleger den Anforderungen des "sophistication"-Erfordernisses genügen. Das von IPONET verwendete Verfahren löste diese Aufgabe wie folgt:

Der Internet-Auftritt von IPONET teilt sich in zwei unterschiedliche Bereiche auf[1342]. Dabei enthält die Homepage des Unternehmens keinerlei detaillierte Angebotsunterlagen. Vielmehr sind dort in Übereinstimmung mit Rule 134 SA lediglich "tombstone advertisements" zusammen mit dem jeweiligen "preliminary prospectus" i.S.d. Rule 430 SA eingestellt. Zudem erscheint bei jedem Aufruf dieser "tombstone ad's" ein Hinweis, der die Anforderungen der Rule 134(b)(1) SA erfüllt und insbesondere bekräftigt, daß die einsehbaren Unterlagen kein Angebot darstellen oder für dieses werben. Eine Teilnahme an den von IPONET begleiteten "private offerings" ist Anlegern nur nach vorheriger Registrierung bei IPONET möglich. Hierfür ist vom Anleger ein Fragebogen auszufüllen, der den traditionell von Broker-Dealern verwendeten Fragebögen ("questionnaires") inhaltlich ähnelt[1343], allerdings online an IPONET übertragen wird[1344]. Auf Basis der dortigen Angaben der Anleger wird durch einen registrierten Broker-Dealer eine Überprüfung vorgenommen, ob diese die Anforderungen an "accredited investors" i.S.d. Rule 501(a) SA oder an "sophisticated investors" i.S.d. Rule 506(b)(2)(ii) SA erfüllen. Erst wenn diese Überprüfung positiv beendet worden ist, werden sie als "accredited investors" von IPONET registriert und erhalten ein Passwort, mit dessen Hilfe die Mitglieder einen geschützten zweiten Teil des Internet-Auftrittes von IPONET einsehen können, auf dem weitere Informationen zum "private placement" eingestellt sind. Eine Teilnahme an konkreten Emissionen ist jedoch erst nach Ablauf einer bestimmten Wartezeit nach der Registrierung

---

1341 Die SEC hat im "April Release" (Use of Electronic Media, Securities Act Release No. 33-7856, 72 S.E.C. Docket 929 ff. (Apr. 28, 2000), unter II.C.2.) ausdrücklich darauf verwiesen, daß eine wesentliche Möglichkeit zur Vermeidung von "general solicititation" die Etablierung einer "substantial pre-exisiting relationship" ist.

1342 Siehe zum IPONET-Verfahren IPONET, SEC No-Action Letter, (Transfer-Binder 1996 - 1997), Fed. Sec. L. Rep. (CCH) ¶ 77,252 at 77,270 (July 26, 1996) und Stovsky, Private Securities Offerings on the Internet. Lane/Weirick, Electronic Communications and Internet Offerings, in: PLI, Securites Law & The Internet (2000), Vol. 1, S. 61, 96 f.

1343 Vgl. für derartige Fragebögen für "accredited-" und "sophisticated investors" etwa unter: http://www.innsport.com/investor_questionaire.htm .

1344 Alternativ zur Online-Übertragung über eine gesicherte Verbindung ist auch der Ausdruck und die Übersendung der Fragebögen per Post möglich.

und nur in Hinsicht auf solche Emissionen möglich, die nach der Registrierung auf die Seiten von IPONET eingestellt worden sind.

Im IPONET No-Action Letter hat die SEC IPONET's Ansicht bestätigt, daß weder die reduzierten öffentlichen Informationen im Rahmen der Rule 134 SA, noch die Einladung zur Registrierung bei IPONET und die entsprechende Übermittlung eines Online-Fragebogens als "general solicitation" zu werten sind[1345]. Dabei hat die SEC besonderes Gewicht darauf gelegt, daß die Übermittlung des Fragebogens und der Registrierungsprozeß bei IPONET "generic in nature" sind, also in keinem sachlichen Zusammenhang mit einer speziellen, vom Unternehmen begleiteten Emission stehen[1346]. Um dieses zu verhindern, ist die im IPONET-Verfahren vorgesehene Wartezeit ("cooling off period"), bis die Anleger nach ihrer Akkreditierung erstmals an einem Private Placement teilnehmen können, ein adäquates Mittel[1347]. Unter diesen Voraussetzungen ist eine Vorauswahl geeigneter Anleger daher auch mit Hilfe des Internet ohne Verstoß gegen die Restriktionen der Rule 506 SA möglich.
Daneben bietet dieses Verfahren bei Überprüfung und Auswertung der Anlegerangaben durch einen Broker-Dealer[1348] eine ausreichende Grundlage für die berechtigte Annahme des Emittenten, daß an dem Private Placement nur die von Rule 506(b)(2) SA zugelassenen Investoren teilnehmen. Allerdings steht die SEC auch der Entwicklung neuer technischer Lösungen ausdrücklich offen gegenüber. Nicht ausreichend zur Begründung einer "preexisiting relationship" ist jedoch die

1345 Dabei hat IPONET Bezug genommen auf einen vorherigen No-Action Letter (H.B. Shaine & Co., SEC No-Action Letter (May 1, 1987), 1987 WL 107907), in dem bereits die elektronische Übermittlung von "questionnaires" zur Qualifikation der potentiellen Anleger als übereinstimmend mit den Vorschriften der Regulation D angesehen worden ist.

1346 IPONET-Verfahren IPONET, SEC No-Action Letter, (Transfer-Binder 1996 - 1997), Fed. Sec. L. Rep. (CCH) ¶ 77,252 at 77,274 (July 26, 1996).

1347 Die besondere Bedeutung dieses Erfordernisses hat die SEC stets betont. Zwar hat sie in einer Sondersituation auch der Lamp Technologies, Inc. gegenüber eine No-Action Haltung eingenommen, obschon deren Verfahren den Anlegern die Möglichkeit eröffnete, an einer Emission teilzunehmen, deren Daten bereits vor bzw. im Zeitpunkt der Akkreditierung im Internet-Auftritt eingestellt waren (Lamp Technologies, Inc., SEC No-Action Letter (1997 Transfer Binder) Fed. Sec. L. Rep. (CCH) ¶ 77,359 at 77,809 (May 29, 1997), sowie Lamp Technologies, Inc., SEC No-Action Letter (1998 Transfer Binder) Fed. Sec. L. Rep. (CCH) ¶ 77,453 at 78,330 (May 29, 1998)). Die SEC hat allerdings klargestellt, daß diese Entscheidung auf die spezielle Situation von Hedge-Fonds zugeschnitten war und einer Verallgemeinerung nicht zugänglich ist (Use of Electronic Media, Securities Act Release No. 33-7856, 72 S.E.C. Docket 929 ff. (Apr. 28, 2000), unter II.C.2. und Fn. 88).

1348 Soweit diese Überprüfungen nicht unmittelbar durch einen Broker-Dealer übernommen werden, oder das anbietende Unternehmen mit einem solchen zusammenarbeitet, kommt eine Verpflichtung der Service-Anbieter selbst, sich als Broker-Dealer registrieren lassen zu müssen, in Betracht. vgl. Gottlieb/de Brito, wallstreetlawyer.com, Vol. 3, No. 12, S. 1 ff. (May 2000).

Praxis einiger Unternehmen, eine Art "Selbstqualifikation" durch die Anleger zuzulassen, in dem diese in einer Abfragemaske lediglich ein entsprechendes Feld für "accredited investors" oder "sophisticated investors" anklicken müssen[1349]. Derartige Vorgehensweisen dürften mit dem Erfordernis, daß der Emittent berechtigtes Vertrauen hinsichtlich der Qualifikation der Anleger haben muß, nicht in Einklang zu bringen sein.

2.) Verwendung des Internet beim Kontakt mit "accredited investors"

Nachdem auf der Grundlage des oben beschriebenen Verfahrens ein Pool von potentiell geeigneten Investoren aufgebaut worden ist, besteht die zweite kritische Phase, in der ein Verstoß gegen die "general solicitation"-Vorschrift auftreten könnte, in der Kontaktaufnahme und Informationsübermittlung zwischen IPONET und diesen vorausgewählten Anlegern.
Das IPONET-Verfahren sieht insofern vor, daß registrierte Investoren sich vorab einverstanden erklären, daß sie von IPONET über zukünftige Emissionen informiert werden. Sie haben dann die Möglichkeit in Übereinstimmung mit Rule 134(d) SA einen sog. "electronic coupon" auszufüllen und an IPONET zu übersenden. Rule 134(d) SA erlaubt die Übermittlung solcher Interessensbekundungen ("indication of interests"), mit deren Hilfe sich der Emittent einen Überblick über das Marktinteresse verschaffen kann. Zudem wird den Mitgliedern von IPONET in einem gesonderten und passwortgeschützten Bereich des Internet-Auftrittes, weiteres Emissionsmaterial als Basis für deren Anlageentscheidung zur Verfügung gestellt. Dieses ist zuvor vom jeweiligen Emittenten, der für den Inhalt die alleinige Verantwortung trägt, an IPONET übermittelt worden. Nachdem die öffentlich zugänglichen Informationen in Übereinstimmung mit Rule 134 SA noch kein Wertpapierangebot darstellen, wird als solches erst dieses nicht frei zugängliche Material gewertet.

Die SEC hat in ihrem No-Action Letter die Ansicht bestätigt, daß dieses Angebot mit den Anforderungen, die insbesondere die Rule 502(c) SA stellt, in Einklang steht und daher kein öffentliches Angebot darstellt. Wesentlich ist, daß ein potentieller Anleger erst nach dessen Überprüfung durch den Broker-Dealer über den passwortgeschützten Bereich des Internet-Auftrittes, vom Emittenten Wertpapiere beziehen kann. Zudem stellt auch die Übersendung des "electronic coupon" keine gegen Regulation D verstoßende allgemeine Form der Werbung dar, weil nach dem Wortlaut der Rule 134(d) SA auch eine Interessensbekundung in sonstiger

[1349] Use of Electronic Media, Securities Act Release No. 33-7856, 72 S.E.C. Docket 929 ff. (Apr. 28, 2000), unter II.C.2.

Weise erfaßt ist[1350] und insofern also keine Einschränkung auf ein bestimmtes Medium zur Übermittlung gegeben ist[1351]. Diese Grundsätze hat die SEC auch im "April Release" nochmals bekräftigt[1352].

3.) Internet-Einsatz bei Sekundärveräußerungen von "restricted securities"

Nach dem oben Gesagten unterliegt die Weiterveräußerung von Wertpapieren, die aus einer Privatplazierung hervorgegangen sind, erheblichen Beschränkungen, die entweder die Einhaltung einer Wartezeit, oder die Veräußerung an "qualified institutional buyers" bedingen. Sofern der Erwerber einer solchen "restricted security" die Wertpapiere vor Ablauf der Wartezeit weiterverkaufen möchte, stellt sich das Problem der Ansprache geeigneter Investoren (QIB's), die die Anforderungen der Rule 144A SA erfüllen.
Auch in diesem Zusammenhang haben sich einzelne Unternehmen unter Nutzung des Internet spezialisiert, um einen Sekundärmarkthandel zu ermöglichen. Die CommScan LLC etwa stellt über ihre Web-Seiten Listen von Investoren zur Verfügung, die zuvor im Wege von Befragungen ("questionnaires") daraufhin überprüft worden sind, ob sie den Anforderungen der Rule 144A(a)(1) SA gerecht werden[1353]. Nachdem die "Zertifizierung" dieser Investoren auf einer Befragung beruht, die den Anforderungen der Rule 144A(d)(1)(iv) SA entspricht, hat die SEC in einem No-Action Letter bestätigt[1354], daß die Erwerber von "restricted securities" bei der Weiterveräußerung auf die Vorauswahl durch CommScan LLC vertrauen können[1355]. Zulässig ist dabei selbst die Durchführung von Road Shows zur Ansprache geeigneter QIB's über das Internet. Insofern hat die SEC bei Einhaltung bestimmter zusätzlicher Sicherheitsvorkehrungen, die vor allem auf einem passwortgeschützten Zugang beruhen, eine No-Action Position eingenommen[1356].

1350 Rule 134(d) SA: "*A communication ... may ... the recipient to indicate upon an enclosed or attached coupon or card, or in some other manner, whether he might be interested in the security, ...*"

1351 IPONET, SEC No-Action Letter, (Transfer-Binder 1996 - 1997), Fed. Sec. L. Rep. (CCH) ¶ 77,252 at 77,274 (July 26, 1996).

1352 Use of Electronic Media, Securities Act Release No. 33-7856, 72 S.E.C. Docket 929 ff. (Apr. 28, 2000), unter II.2.

1353 Siehe dazu Lane/Weirick, Electronic Communications and Internet Offerings, in: PLI, Securites Law & The Internet (2000), Vol. 1, S. 61, 98.

1354 CommScan LLC, SEC No-Action Letter (Feb. 3, 1999), 1999 SEC No-Act. LEXIS 116; vgl. dazu auch Blanc/Ferraro, Electronic Road Shows, in: PLI, 31st Annual Institute of Securities Regulation (1999), S. 677, 687 ff., sowie bereits oben unter § 14, II.), 2.), e), aa), (3).

1355 Auch Rule 144A(d)(1) SA läßt bei der Weiterveräußerung "reasonable believe" in die Qualifikation der Investoren entsprechend den Anforderungen der Rule 144A SA ausreichen.

1356 Im No-Action Letter an Net Roadshow (Net Roadshow, Inc, SEC No-Action Letter (Jan. 30, 1998), 1998 WL 40252 (S.E.C.)) hat die SEC darauf abgehoben, daß die vergebenen Pass-

Da über derartige Angebote dritter Serviceanbieter die Vorauswahl und Überprüfung geeigneter Investoren in Übereinstimmung mit Rule 144A SA möglich ist[1357], kann der Einsatz des Mediums Internet die sonst erhebliche Hürde bei der Weiterveräußerung solcher Wertpapiere abbauen helfen.

III.) Fazit

Trotzdem die besonderen Attribute des Internet - offene Netzstruktur und hoher Verbreitungsgrad von Informationen - den öffentlichkeitsbeschränkenden Grundsätzen und Anforderungen an Private Placements diametral entgegen zu stehen scheinen, kann der angepaßte Einsatz dieses Mediums wesentliche Vorteile mit sich bringen. Im Rahmen der von der SEC in diesem Zusammenhang entwickelten Voraussetzungen des Internet-Einsatzes, ist doe breite Ansprache und Auswahl geeigneter Anlegerkreise ohne Verstoß gegen das "general solicitation"-Verbot möglich, so daß viel für die Zunahme Internet-gestützter Private Placements spricht[1358]. Dieses gilt um so mehr, als im Vergleich zu einer Emission nach Regulation A "private placements" den besonderen Vorzug haben, zu den "covered securities" zu zählen, so daß diese Emissionen von Registrierungserfordernissen auf der Ebene der "blue sky laws" freistellt sind[1359].

Die gegenwärtige Haltung der SEC kommt trotz des kritisierten Festhaltens an der "preexisting relationship doctrine" dieser Entwicklung entgegen, indem sie für den Einsatz des Mediums mit ihrer No-Action Position IPONET gegenüber zwar ein mögliches Verfahren anerkannt hat, daneben aber anderen Ansätzen prinzipiell offen gegenübersteht. Um den bestehenden Anlegerschutzstandard zu wahren, wird zur verantwortlichen Überprüfung, ob der einzelne Anleger den Anforderungen der Regulation D gerecht wird, auch in Zukunft die Beteiligung von Broker-Dealern erforderlich sein. Erst deren besonderer Status und die daraus resultierenden Verpflichtungen verhindern das Unterlaufen der Anforderungen der Regulation D.

---

wörter einmalig und nur zur Verwendung für eine bestimmte Road Show geeignet sein dürfen. Der Zugang zu den entsprechenden Web-Seiten sei jedem, der nach entsprechender Überprüfung nicht den QIB-Status erfüllt, zu versagen. Schließlich dürfe Net Roadshow selbst keine Kenntnis davon haben, oder keinen Grund haben anzunehmen, daß einer der zugelassenen Teilnehmer die Voraussetzungen nicht erfüllt.

1357 Dazu Quinn/Jarmal, Securities Regulation and the Use of Electronic Media (2000), in: PLI, Securities
Offerings (2000), S. 123, 155.

1358 Stovsky, Private Securities Offerings on the Internet; Lane/Weirick, Electronic Communications and Internet Offerings, in: PLI, Securites Law & The Internet (2000), Vol. 1, S. 61, 98.

1359 Vgl. Secs. 18(a) und 18(b)(4)(D) SA, sowie bei Ratner, Securities Regulation, S. 61 f.; Lane/Weirick, Electronic Communications and Internet Offerings, in: PLI, Securites Law & The Internet (2000), Vol. 1, S. 61, 98.

SCHLUSSBETRACHTUNG

Der aufkommende Einsatz des Internet provoziert in nahezu allen Bereichen des Wertpapierhandels eine Fülle rechtlicher Fragen. Diese stellen sich zum Teil als völlig neuartige Probleme dar, die aus der besonderen Struktur des Mediums und der Art der Informationsverbreitung resultieren. Zum Teil handelt es sich um weitgehend medienunspezifische Sonderprobleme in kapitalmarktrechtlichen Bereichen, deren praktische Relevanz vor dem Einsatz des Internet gering war und die erst mit der Belebung des Handels durch dieses kostengünstige und schnelle Informationsverbreitungs- und Vertriebsmedium deutlich geworden sind. Wie die Untersuchung gezeigt hat, ist die überwiegende Zahl dieser Probleme inzwischen einer rechtlichen Lösung zugeführt worden, ohne daß hierfür weitgehende Gesetzesänderungen oder -ergänzungen notwendig waren. Insbesondere verhält sich der amerikanische Gesetzgeber bei der Festschreibung technischer Standards oder rigider Anwendungsvorschriften für den Gebrauch des Internet im Wertpapierhandel äußerst zurückhaltend.
Trotzdem geht dieser weite gesetzliche Rahmen nicht zu Lasten der Rechtssicherheit. Grund hierfür ist die Sonderstellung und außerordentliche Machtfülle der amerikanischen Wertpapieraufsichtsbehörde SEC. Auf untergesetzlicher Ebene sind es vor allem deren "Internet Releases" und No-Action Letter, die ein schlüssiges und detailreiches Bild der Regulierung Internet-gestützter Wertpapiertransaktionen zeichnen. Ergänzt werden diese Kompetenzen auf der Ebene der Normsetzung durch umfassende Befugnisse im Rahmen der Rechtsdurchsetzung. Neben dem besonderen Aufsichts- und Sanktionsinstrumentarium, welches der SEC gegenüber Broker-Dealern und Investment Advisern zur Verfügung steht, erweist sich im Rahmen der Ermittlungen gegen sonstige Kapitalmarktakteure vor allem das Mittel der "subpoenas" als geeignet, um dem besonderen Problem der Anonymität im Internet zumindest bedingt begegnen zu können. Auf der haftungsrechtlichen Seite entspricht dem die Möglichkeit der Klageerhebung geschädigter Anleger oder Unternehmen gegen unbenannte Parteien (sog. "John Doe"-Klagen), um deren Identitäten mit Hilfe der Vernehmung von Providern und anderen Zeugen im prozessualen Weg der "discovery" zu ermitteln.
In aufsichtsrechtlicher Hinsicht sind die Maßnahmen der SEC an den Kernzielen der Securities Laws, Funktions- und Anlegerschutz, orientiert. Beidem dient der Abbau von Informationsasymmetrien, der durch den Einsatz des Internet gefördert werden kann. In diesem Potential liegt der Grund für die positive Haltung, die die SEC dem Medium gegenüber schon früh eingenommen hat. Um in diesem Sinne vor allem dem bisher benachteiligten Privatinvestor die vielfältigen Leistungsangebote zugänglich zu machen, hat die SEC auf der Ebene des "rulemaking" von strikter Regulierung oder ausdrücklichen Verboten einzelner Betätigungen in aller Regel abgesehen. Auf diese Weise soll der Wettbewerb der unterschiedlichen Anbieter gefördert werden, damit sich in diesem Umfeld das positive Potential des

Internet-Einsatzes entwickeln kann. Um zu verhindern, daß dieses zu Lasten der Anleger geht, wird diese Deregulierungstendenz durch die Bestimmung zahlreicher und umfassender Aufklärungs- und Offenlegungspflichten kompensiert ("disclosure"-Konzept)[1360]. Ausgehend von dem Gedanken, daß der effektivste Anlegerschutz darin besteht, den Anleger in die Lage zu versetzen, Investitionsentscheidungen eigenverantwortlich treffen zu können, überträgt die SEC mit diesem Ansatz das grundlegende Regulierungskonzept der Securities Laws - die Gewährleistung einer vollständigen und zutreffenden Entscheidungsbasis für die Investitionsentscheidung des Anlegers - auf die Handhabung von Internet-Sachverhalten. Vor diesem Hintergrund erscheint es gerechtfertigt, verbindliche Regelungen und Tätigkeitsbeschränkungen nur dort zu statuieren, wo Investorenaufklärung allein nicht ausreicht, oder der Schutz des Marktes insgesamt eine tiefergehenden Regulierung erfordert.

Wenngleich damit für Inlandssachverhalte das Instrumentarium ausreichend ist, um angemessen auf einzelne Probleme reagieren zu können, setzt der internationale Wirkungsbereich des Internet der Effektivität der Rechtsdurchsetzung Grenzen. Erforderlich ist deshalb die Beschränkung einer ausufernden extraterritorialen Anwendung nationaler Regelungen in Internet-Sachverhalten, um so eine Basis für gemeinsame internationale Standards und für eine kooperative Zusammenarbeit mit den Aufsichtsbehörden anderer Nationen zu schaffen.
Als Ansatz einer solchen Anwendungsbeschränkung erscheint das in den USA dominierende Marktortprinzip geeignet, auch den besonderen Problemen, die die ubiquitäre Struktur des Internet mit sich bringt, gerecht zu werden. Die SEC hat mit dem "Offshore Release" eine medienangepaßte Interpretation des Marktortprinzips vorgelegt. Deren Kernelemente - die Verwendung von Disclaimern und ergänzender technischer Verfahren zum Ausschluß von US-Personen - sind vom Anbieter mit verhältnismäßig geringem Aufwand umsetzbar und helfen Jurisdiktionskonflikte zu vermeiden. Dieses gilt um so mehr, als sich dieser Standard auch international durchzusetzen scheint, was nicht zuletzt auf die maßgebliche Rolle der SEC innerhalb der IOSCO zurückzuführen ist. Jüngster Beleg hierfür ist der von der IOSCO vorgelegte zweite Report zum Thema „Securities Activities on the Internet", der ohne wesentliche Brüche den US-amerikanischen Ansatz zur Basis international harmonisierter Aufsichtsstandards erklärt[1361]. Für den Bereich des deutschen Kapitalmarktrechts ist das Bundesaufsichtsamt für den Wertpapier-

---

1360 In ähnlicher Weise orientiert sich auch der vorliegende Entwurf des 4. Finanzmarktförderungsgesetzes an den Leitzielen Anlegerschutz und Wettbewerbsförderung (vgl. Bundesfinanzministerium, Begründung Allgemeiner Teil (Stand 4. September 2001), S. 156, verfügbar unter: http://www.bundesfinanzministerium.de /Anlage8362/Begruendung-Allgemeiner-Teil.pdf .

1361 IOSCO, Securities Activity on the Internet II (June 2001), I,B.

handel (BAWe) in seiner Bekanntmachung zum Verkaufsprospektgesetz vom 06. September 1999[1362] diesen grundlegenden Prinzipien ebenfalls gefolgt[1363]. Bedenklich scheint m.E. die gegenläufige Tendenz innerhalb des EU-Binnenmarktes in Richtung auf das von der "E-Commerce Richtlinie"[1364] favorisierte Herkunftslandprinzip. Angesichts der konträren Ansätze beider Prinzipien, die nebeneinander zur Anwendung kommen, je nachdem ob das entsprechende Angebot aus einem EU-Staat oder einem Drittstaat erfolgt, scheint die klare Festlegung auf das Marktortprinzip in den USA vorzugswürdig[1365]. Jedenfalls kommt eine Übertragung des Herkunftslandprinzips auf internationaler Ebene nicht in Betracht, weil seine Rechtfertigung in der Vereinheitlichung der Schutzstandards liegt. Dieses wird international auch auf längere Sicht kaum zu erreichen sein. Geeigneter scheint daher angesichts der Ubiquität des Internet, das zunehmend zu Fallgestaltungen mit Auslandsberührung führen wird, eine Harmonisierung der internationalen Rahmenbedingungen in Richtung auf das Marktortprinzip.

In Internet-Betrugs- und -Manipulationsfällen hingegen, hat die Untersuchung unter § 6 ergeben, daß der Anwendungswille der Securities Laws aufgrund des großen Gefährdungspotentials für US-Anleger deutlich extensiver ausgelegt wird. Das zeigt besonders die gerichtlich herausgebildeten Anknüpfungspunkte im Rahmen des Internet-spezifischen "sliding scale"-Tests. Indem hier bereits die Verwendung interaktiver Elemente als Ansatz zur Begründung der erforderlichen Minimalkontakte als ausreichend erachtet wird, sind die Anforderungen gegenüber dem Marktortprinzip deutlich niedriger. Das entspricht zwar dem seit jeher umfassenden Schutzanspruch des US-Kapitalmarktrechts vor unrechtmäßigen Handlungen, dürfte aber m.E. in internationalen Sachverhalten zunehmend zu Problemen der Rechtsdurchsetzung führen. Grund hierfür ist wiederum die international uneinheitliche Bewertung unrechtmäßiger Verhaltensweise. Beispielhaft gilt dieses etwa für den "antitouting"-Tatbestand der Sec. 17(b) SA, der auch außerhalb übergeordneter Betrugsmuster als Anknüpfungspunkt aufsichtsrechtlicher

---

1362 Bekanntmachung des Bundesaufsichtsamtes für den Wertpapierhandel zum Wertpapier-Verkaufsprospektgesetz und zur Verordnung über Wertpapier-Verkaufsprospekte vom 06. September 1999, BAnz. Nr. 177 vom 21. Sept. 1999, S. 16180; verfügbar unter: http://www.bawe.de .

1363 Florian, Rechtsfragen des Wertpapierhandels im Internet, 2001, S. 43; Assmann, Neuemissionen von Wertpapieren über Internet, FS für Schütze, 1999, S. 15, 24; Weber, NJW 2000, 2061, 2067.

1364 Richtlinie des europäischen Parlamentes und des Rates vom 08.06.2000, Nr. 2000/31/EG, über bestimmte rechtliche Aspekte der Dienste der Informationsgesellschaft, insbesondere des elektronischen Geschäftsverkehrs im Binnenmarkt, ABl.EG Nr. L 178, S. 1 ff.; dazu eingehend Florian, Rechtsfragen des Wertpapierhandels im Internet, 2000, S. 336 ff.

1365 Eingehend Spindler, NZG 2000, 1058 ff.; auch Weber, MMR 1999, 385, 386; ebenso unter dem Blickwinkel des deutschen Rechts Florian, Rechtsfragen des Wertpapierhandels im Internet, 2001, S. 32 und 121.

Maßnahmen verwandt wird. Derart weitreichende Verbote, die durch die Nutzung des Internet erheblich an Relevanz gewonnen haben, bilden keinen international einheitlichen Standard und werden sich daher außerhalb des eigenen Territoriums kaum durchsetzen lassen. Damit steigert das Internet auch in dieser Hinsicht die Notwendigkeit einer Mindestharmonisierung und Zusammenarbeit, um dieses Medium nicht zu einem in internationalen Sachverhalten rechtsfolgenfreien Raum werden zu lassen[1366].

Für den im 3. Kapitel untersuchten Bereich des Online-Brokerage ist zunächst die herausragende Bedeutung der US-Broker dargestellt worden. An dieser Sonderstellung haben auch die umfassenden Informationsangebote und die zunehmenden Möglichkeiten intermediationsfreien Wertpapierhandels im Internet nichts geändert. Trotzdem die Nutzung dieses Mediums durch Broker selbst zunächst zu verstärkten "execution-only" Angeboten im Sinne eines beratungslosen Discount-Brokerage geführt hat, sind zwischenzeitlich optional angebotene Beratungsleistungen zu einem bedeutenden Kriterium für den wirtschaftlichen Erfolg einer Broker-Firma geworden. An diese anlageberatenden Tätigkeiten knüpfen umfangreiche Verpflichtungen an, die vor allem in der "suitability rule" ihren Niederschlag gefunden haben. An der Geltung dieser strengen Regel hat auch die Verlagerung von Leistungsangeboten in das Internet nichts geändert.
Die Untersuchung hat vor allem bei der Erörterung des "Unger Reports" der SEC gezeigt, daß die Bestimmung dessen, was eine Anlageempfehlung darstellt, in Internet-Sachverhalten einer differenzierten Betrachtung bedarf. Auf die technischen Besonderheiten und Möglichkeiten ist besondere Rücksicht zu nehmen. Da die Entwicklung im Online-Brokerage Bereich in Deutschland der in den USA vorgezeichneten Linie weitgehend folgt, können die von der NASD und der SEC herausgearbeiteten Situationen, in denen von einer "recommendation" auszugehen sein wird, als Interpretationshilfe auch für die analoge Frage, welche Tätigkeiten eine Anlageempfehlung nach § 32 WpHG ausmachen, herangezogen werden[1367]. Gerade hier zeigt sich, daß die Beurteilung anhand allgemeiner Prinzipien, wie etwa dem Grad der Personalisierung eines Leistungsangebotes, der Einbindung des Internet in das bestehende Regelungskonzept gerechter wird als technisch verbindliche Beschreibungen. Einen Grenzbereich bildet hingegen die Frage der Kapazitätsanforderungen an die Order-Bearbeitungssysteme der Broker. Hier haben Vorfälle in der Vergangenheit die besondere Anfälligkeit des Internet-gestützten Wertpapierhandels vor Augen geführt. Zwar hat die SEC noch keine

---

1366 Strömer (in Rechtsfragen im Internet, Vorwort, S. ix.) konstatiert einen solchen oftmals rechtsfolgenfreien Raum unter Bezug auf das deutsche Recht.

1367 Vgl. dazu auch BAWe, Richtlinie gem. § 35 Abs. 6 des Gesetzes über den Wertpapierhandel vom 09. Mai 2000, BAnz. Nr. 131 vom 15. Juli 2000, S. 13 792; unter E.1.; verfügbar unter: http://www.bawe.de .

verbindlichen Standards bestimmt, wie sie für börsliche Handelssysteme gelten. Treten in diesem Bereich aber weitere Probleme auf, eröffnet die der SEC eingeräumte Verordnungsermächtigung ein schnelles und flexibles Mittel, um durch spezielle Rules hier definitive Vorgaben zu erlassen. Im übrigen wird aber auch in diesem Bereich eine Regulierung vor allem über den Wettbewerb unter den konkurrierenden Anbietern realisiert. Als Entscheidungsbasis werden wiederum zugunsten des Anlegers umfassende Offenlegungspflichten statuiert[1368], was ebenso für die Art des Order-Routing oder die Handhabung der persönlichen Kundendaten gilt.

Besonders deutlich geworden ist der Wille der SEC, außerhalb neuer Sondertatbestände die Nutzung des Internet in das bestehende Regelungsgefüge einzubinden, bei der Regulierung der Informationsverbreitung, auf die im 4. Kapitel grundlegend eingegangen worden ist. Namentlich der "analogy to paper"-Ansatz spiegelt den Versuch wieder, die neu entstandenen Möglichkeiten zur Versendung von Prospektmaterial oder sonstigen übermittlungspflichtigen Dokumenten ohne Brüche in das vorhandene Konzept einzufügen. Die Untersuchung hat allerdings gezeigt, daß der Tauglichkeit dieses Analogie-Konzeptes Grenzen gesetzt sind. Die besondere Struktur des Internet schafft Formen der Informationsverbreitung, die mit der Publikation in klassischen Medien gerade nicht zu vergleichen sind. Dies gilt für den Umstand, daß eingestellte Informationen den Eindruck permanenter Aktualität vermitteln ebenso wie für die Verwendung von Hyperlinks. Gerade diese Internet-Funktion bricht das bisherige Muster linearer Verbreitung von Nachrichten auf, indem externe Inhalte einbezogen werden, die vielfach der Kontrolle des Verwenders entzogen sind. Nachdem der Ansatz der SEC, Hyperlinkfunktionen über die "envelope"-Theorie einer vergleichbaren Situation in klassischen Sachverhalten zuzuordnen, vor allem in haftungsrechtlicher Hinsicht zu erheblichen Widersprüchen geführt hat, ist die SEC zunehmend davon abgerückt, jegliche Situation mit einem entsprechenden Vorgang außerhalb des Internet vergleichen zu wollen. Lösungskonzepte werden vielmehr verstärkt aus den Grenzen und Möglichkeiten des Mediums selbst entwickelt. Als Maßstab werden dabei nicht existierende Ansätze herangezogen, sondern primär das Schutzbedürfnis der Anleger. Erst für das so erarbeitete Lösungskonzept ist der Vergleich mit klassischen Situationen oder bisherigen Ansätzen nurmehr als Ergebniskontrolle von Bedeutung, um das vorhandene Schutzniveau zu erhalten. Dementsprechend sind

---

[1368] Auch die "Verhaltens-Richtlinie" des BAWe hat das Ziel in Konkretisierung der Pflichten aus §§ 31, 32 WpGH die Transparenz bei der Erbringung von Wertpapierdienstleistungen zu verbessern; vgl. BAWe, Richtlinie gem. § 35 Abs. 6 des Gesetzes über den Wertpapierhandel vom 09. Mai 2000, BAnz. Nr. 131 vom 15. Juli 2000, S. 13 792; verfügbar unter: http://www.bawe.de . Die IOSCO betont demgegenüber gegenwärtig stärker die Notwendigkeit technischer Anpassung der Systeme (vgl. IOSCO, Securities Activity on the Internet II (June 2001), III,A).

bei der Frage des Haftungsrisikos für externe Inhalte allgemeine Kriterien, wie das Konfusionsrisiko und die kapitalmarktrechtliche Situation des Verwenders in den Vordergrund gerückt.
Trotzdem die SEC durch derartige Ansätze den Internet-Einsatz zu Zwecken der Informationsverbreitung fördert, hat sie in der Vergangenheit immer wieder betont, daß der vollständigen Erfüllung von Offenlegungs- und Publizitätspflichten tatsächliche Grenzen gesetzt sind. Weil von einem flächendeckenden Anschluß aller Anleger an dieses Medium (noch) nicht auszugehen ist, können Informationspflichten wie etwa Ad-hoc Meldungen, die dem gesamten Markt gegenüber bestehen, allein mit Hilfe des Internet nicht erfüllt werden. Damit behalten die traditionellen Publikationsorgane in diesem Bereich ihr Quasi-Monopol. Nachdem im amerikanischen wie auch im deutschen Recht der Abbau von Informationsasymmetrien im Mittelpunkt des Anlegerschutzes steht[1369] und dem Internet angesichts seiner Möglichkeiten, Informationen schnell und kostengünstig einem großen Kreis von Anlegern zugänglich zu machen, das Potential als "Sprungbrett für mehr Marktfairness" attestiert worden ist[1370], erscheint dieses einseitige Festhalten an den bisherigen Publikationswegen widersprüchlich. Auch durch die online-Zugriffsmöglichkeit amerikanischer Anleger auf die umfassende EDGAR-Datenbank der SEC wird diese Diskrepanz nur teilweise relativiert.
Neben der Kontrolle und Überwachung freiwillig mitgeteilter und offenlegungspflichtiger Umstände zählt vor allem die Verhinderung und Verfolgung betrügerischer oder manipulativer Vorgänge im Wertpapierhandel zu den Hauptanliegen der Securities Laws. An diesen Zielen und dem Durchsetzungswillen der SEC hat die Einbindung des neuen Mediums nichts geändert[1371]. Die Untersuchung der vielfältigen Verbotsnormen des US-Kapitalmarktrechts hat gezeigt, daß diese Tatbestände aufgrund ihrer medienoffenen Formulierung auch die über das Internet begangenen Betrugsmuster hinreichend erfassen. Insofern liegen die Probleme der Ermittlung und Ahndung derartiger Verstöße vor allem im tatsächlichen Bereich. Die Vielfalt und Anzahl der dargestellten Fälle muß alarmieren. Angesichts der weitgehenden Parallelität der Marktentwicklung bei der Einbindung des Internet in den Wertpapierhandel steht auch in Deutschland die Zunahme solcher Betrugsfälle zu befürchten[1372]. Um so wichtiger erscheint neben der Anpassung der einschlägigen Verbotsnormen vor allem die Kompetenzerweiterung der Aufsichtsbehörden, um dieser Gefahr frühzeitig und effektiv begegnen zu können. Für die in diesem Bereich anstehenden Anpassungen im 4. Finanzmarktförderungsge-

[1369] Seligman, 93 Michigan L. Rev., 649 (1995); sowie für das deutsche Recht v.a. Möllers, ZGR 1997, 334 ff.

[1370] So Benner, WM 2000, 124.

[1371] Ähnlich Dolan, Securities Regulation and the Web, in: Immenga/Lübben/Schwintowski, Das internationale Wirtschaftsrecht des Internet, S. 81, 90.

[1372] Für einen gegenwärtigen Überblick vgl. etwa Benner, Börsengeschäfte im Internet, Möglichkeiten und Risiken, BKA-Tagung vom 15. und 16. Feb. 2000.

setz kann das amerikanische Modell wichtige Hinweise geben. Das gilt m.E. vor allem für die Konzentration aufsichtsrechtlicher Bemühungen in diesem Bereich. Sowohl im Hinblick auf die personelle und sachliche Ausstattung als auch im Hinblick auf die Bündelung der Fachkompetenz ist das "Office of Internet Enforcement" beispielhaft. Trotzdem die technischen Möglichkeiten der Identitätsverschleierung der Täter ein ernsthaftes Problem bei der Verfolgung und Sanktionierung darstellen, konnte in den USA bisher ein signifikantes Absinken des Schutzniveaus verhindert werden. Zur Kompensation dieser Probleme hat sich die Doppelstrategie der Investorenaufklärung und -einbindung einerseits, sowie der Überwachung und offensiven Nutzung des Mediums bewährt. Die "virtuelle Präsenz" der SEC in eben den Foren, die auch von den Tätern benutzt werden und die "internet sweeps" haben Zeichen gesetzt und durchaus Abschreckungswirkung entfaltet. Erste Parallelaktionen in Deutschland[1373] und auf Ebene der IOSCO[1374] sprechen dafür, daß dieses Modellkonzept auch international angenommen wird.

Im 5. Kapitel ist die kapitalmarktrechtliche Einordnung von Internet-Handelsplätzen erörtert worden. Diese Plattformen, die von den Emittenten selbst oder Dritten betrieben werden, erfüllen gegenwärtig börsenähnliche Funktionen in Situationen, in denen für die gehandelten Wertpapiere ansonsten kein Sekundärmarkt besteht, oder über einen solchen nur unzureichende Liquidität bereitgestellt werden kann. Dementsprechend ist ihre gesamtwirschaftliche Bedeutung vergleichsweise gering. Dennoch kommt der Frage der Aufsicht über diese Handelsplätze Bedeutung insofern zu, als es überwiegend private Anleger sind, die diese intermediationsfreien Einrichtungen nutzen. Aus dem Fehlen von professionellen Intermediären und den eingeschränkten Absatzmöglichkeiten für die erworbenen Wertpapiere resultiert regelmäßig ein erhöhtes Schutzbedürfnis der teilnehmenden Anleger. Dennoch hat die Untersuchung gezeigt, daß eine institutionelle Aufsicht über Internet-Handelsplattformen des gegenwärtigen Typs nicht ausgeübt wird. Erstaunlich scheint dieser Befund insofern, als der aktuelle amerikanische Börsenbegriff durch den Erlaß der Regulation ATS eine erhebliche Erweiterung erfahren hat.

1373 Auch das BAWe bemüht sich um die Sensibilisierung der Anleger in Richtung einer kritischeren Haltung gegenüber Internet-Angeboten und -Informationen; vgl. Dreyling bei Zetzsch, Tagungsbericht von der MMR-Tagung "Unternehmensrecht und Internet" v. 12. und 13. Mai 2000 unter IV.

1374 Im Rahmen der IOSCO hat das BAWe zusammen mit 20 weiteren Wertpapieraufsichtsbehörden am 28. März 2000 einen ersten "Surf Day" durchgeführt, dem am 27 Juni 2001 eine weitere derartige Aktion folgte. Im Ergebnis konnten bei letzterer mehr als 2.400 verdächtige Web-Seiten identifiziert werden, die in nachfolgende Untersuchungen einbezogen worden sind. (vgl. IOSCO Press Release: June 2001, verfügbar unter: http://www.iosco.org/press/presscomm010627.html).

Während die gegenwärtige Diskussion in Deutschland zur Frage der Regulierung alternativer Handelssysteme in die Richtung eines Sondertatbestandes für "börsenähnliche Einrichtungen" weist, der solche Systeme von der Subsumtion unter einen neuen, funktionell geprägten Börsenbegriff ausschließt und einer eigenen Kategorie unterwirft[1375], ist die SEC in Ausübung ihrer "exemption authority" einen anderen Weg gegangen. Mit dem Ziel der Gefahr zunehmender Intransparenz und Fragmentation des Kapitalmarktes durch die fehlende Einbindung der ECN's in das "national market system" entgegenzuwirken, hat sie durch Rule 3b-16 SEA die Interpretation des Börsenbegriffs drastisch ausgeweitet. Von der Kernfunktion eines börslichen Handelsplatzes ausgehend, die darin besteht, eine Plattform zu bilden, auf der Kauf- und Verkaufsinteressen ausgeglichen werden können, steht vor allem der Grad an Vorhersehbarkeit und Verläßlichkeit der Orderausführung im Vordergrund. Gerade weil die typischen Internet Bulletin Boards lediglich passiv Transaktionsinteressen veröffentlichen und insbesondere in den Prozeß der Orderzusammenführung und Transaktionsabwicklung nicht involviert sind, unterfallen diese Handelsplätze dem US-Börsenbegriff nicht[1376]. Die typischen ECN's hingegen werden dem Zweck der Regulation ATS entsprechend erfaßt. Die strukturellen Unterschiede dieser alternativen Handelsplätze zu den traditionellen Börsen werden insofern berücksichtigt, als nicht die Börsendefinition alleine schon zwingend die Regulierung als "exchange" nach sich zieht. Vielmehr können alternative Handelssysteme gegen diese Form der Aufsicht optieren und sich für eine Regulierung als Broker-Dealer unter Auflage zusätzlicher Verpflichtungen entscheiden.

Die Untersuchung hat gezeigt, daß dieses Regulierungssystem hinreichend offen und flexibel ausgestaltet ist, um Internet-Handelsplätze prinzipiell erfassen zu können, denn typischerweise werden die Definitionsmerkmale eines alternativen Handelssystems durch diese Plattformen erfüllt. Grundvoraussetzung einer hieran anknüpfenden Form der institutionellen Aufsicht ist aber auf erster Stufe die gegenwärtig nicht gegebene Subsumtion unter die Börsendefinition. Ob trotz der mit einem solchen Schritt verbundenen Verpflichtungen eine Ausweitung des Leistungsangebotes der gegenwärtig operierenden Bulletin Boards wahrscheinlich ist, kann bezweifelt werden. Weil diese Plattformen aber auch ansonsten keiner kapitalmarktrechtlichen Aufsichtskategorie zugeordnet werden können, beschränkt sich die Regulierung dieser Systeme gegenwärtig auf reduzierte Aufklärungspflichten und die Überwachung der Einhaltung der "antifraud"-Vorschriften. Damit beläßt die SEC den Marktteilnehmern einen gewissen Freiraum, der die Chan-

---

[1375] Hopt/Rudolph/Baum, Börsenreform, v.a. S. 377 ff. und 392 ff.; sowie dazu die kritischen Betrachtungen von Baums/Segna, Börsenreform und Hellwig, ZGR 1999, 781 ff.

[1376] Für Fragen einer Internet-Börse nach deutschem Recht vgl. v.a. Wastl/Schlitt, MMR 2000, 307 ff, Florian, Rechtsfragen des Wertpapierhandels im Internet, 2001, S. 272 ff.

ce zur Belebung des Wertpapierhandels in den kapitalmarktrechtlichen Nischen bietet, die gegenwärtig von den Bulletin Boards besetzt werden[1377].

Wie in §§ 15 und 16 dieser Arbeit erörtert worden ist, sind es vor allem Wertpapiere aus Internet-Direktemissionen oder Privatplazierungen, die aufgrund rechtlicher Restriktionen oder wirtschaftlicher Sachzwänge zur Belebung des Sekundärmarkthandels nach der Emission solche Handelsplätze nutzen. Trotz der reduzierten gesetzlichen Anforderungen bei diesen Emissionsvarianten hat die Untersuchung ein weitgehend geschlossenes Schutzkonzept ergeben.
Bei Kombination eines Internet-DPO mit einer der Registrierungserleichterungen bzw. -ausnahmen nach Regulation A oder Rule 504 SA ist zwar das Emissionsvolumen limitiert, dennoch stellen diese Möglichkeiten für junge Unternehmen attraktive Alternativen zur Liquiditätsverschaffung durch Aufnahme von Fremdkapital oder die Beteiligung von Venture Capital Gesellschaften dar. Die weitgehende Regulierungsfreiheit und das typische Fehlen von Intermediären erfordert aber von Anlegern und Emittenten ein erhöhtes Maß an Sorgfalt. Gerade dann, wenn auf das Internet-DPO als erstem Schritt in den Kapitalmarkt ein "secondary offering" mit späterer Börsennotierung folgen soll, muß der Emittent in besonderem Maße auf die Angemessenheit des Emissionspreises und die Gewährleistung eines Sekundärmarktes achten und die Anleger verantwortungsbewußt über potentielle Risiken aufklären. Wie die Untersuchung gezeigt hat, existieren gerade in dieser Hinsicht aber nur reduzierte Offenlegungs- und Risikohinweispflichten. Dies gilt vor allem bei einer Emission nach Rule 504 SA. Dementsprechend hat der Anleger selbst zu prüfen, ob die Chance des Zugangs zu derartigen Wertpapieren mit dem Risiko späterer Absatzprobleme und seinem Anlegerprofil überhaupt im Einklang steht. Das Zeichnungsverhalten der Anleger im erörterten Fall der Spring Street Brewery hat gezeigt, daß sich die Anleger dieses Risikos offenbar bewußt sind. Angesichts der Vorteile für beide Seiten erscheint die weitgehende Regulierungsfreiheit in diesem Bereich gerechtfertigt.

Größeres Konfliktpotential eröffnet der Einsatz des Internet im Bereich von Privatplazierungen. Trotzdem lassen sich die Anforderungen an die Auswahl geeigneter Investoren und das Verbot öffentlicher Werbung für das Private Placement auch in diesem Medium erfüllen. Der beschriebene Ansatz zur Vermeidung eines öffentlichen Angebotes durch allgemein gehaltene Angaben in Kombination mit dem passwortgeschützten Informationszugang für geeignete Investoren scheint als Modell verallgemeinerungsfähig. Wenngleich ein eingehender Rechtsvergleich im

[1377] Auch für das deutsche Recht wird im Hinblick auf die problematische Einordnung Internet-gestützter Handelsplattformen als Börse zunehmend eine Abkehr von der herkömmlichen Entweder-Oder-Entscheidung gefordert (so v.a. dazu auch Florian, Rechtsfragen des Wertpapierhandels im Internet, 2001, S. 270).

Rahmen dieser Arbeit nicht erfolgen konnte, spricht die Vergleichbarkeit des Regelungszwecks und der Normstrukturen von Rule 506 SA und § 2 Abs. 2 VerkProspG hierfür[1378]. Zudem rückt auch das BAWe in seiner hierzu erlassenen Bekanntmachung das Kriterium einer bestehenden persönlichen Beziehung, aufgrund derer der Anleger Zugang zu prospektähnlichen Informationen hat, in den Mittelpunkt der Beurteilung, ob sich das Angebot an einen begrenzten Personenkreis richtet[1379]. Die für den Internet-Einsatz im US-amerikanischen Kapitalmarktrecht entwickelten Ansätze zur Erfüllung des "sophistication"-Erfordernisses und der "preexisiting relationship" sind m.E. daher prinzipiell übertragbar.

Außerhalb dieser Ausnahmen vom allgemeinen Registrierungserfordernis ist es in den USA gerade die vergleichsweise strikte Regulierung des Informationsflusses während des Registrierungsverfahrens, die den Einsatz des Internet als Vertriebskanal an weitreichende Bedingungen knüpft[1380]. Dennoch hat die Untersuchung gezeigt, daß bei Nutzung der technischen Möglichkeiten dieses Mediums in jeder Phase des Distributionsprozesses ein Einsatz möglich ist, ohne daß der bestehende Rechtsrahmen hierfür Änderungen erfahren mußte. Dabei hat die Einbindung des Internet in dieses bestehende Gefüge, die ausdrücklich dem Ziel der Verbesserung der Informationssituation des Anlegers dient, auch bestehende konzeptionelle Widersprüche deutlich werden lassen. Namentlich gilt dieses für den Bereich der Road Shows. Während die Öffnung dieser Veranstaltungen für Retail-Investoren bisher bereits aufgrund der Unmöglichkeit einer praktischen Umsetzung an Grenzen stieß, verlieren diese Rechtfertigungsargumente mit der Möglichkeit der Verlagerung einer solchen Präsentation in ein allgemein zugängliches Medium zunehmend an Gewicht. Wenngleich die SEC gegenwärtig noch zu keiner weiteren Lockerung dieser Restriktionen bereit ist, so eröffnet die im sog. "Aircraft Carrier Release" diskutierte Möglichkeit der Freigabe öffentlicher Wertpapierangebote während der "waiting period" ein mögliches Modell zur Verwirklichung des Abbaus von Informationsasymmetrien. Hier wird die weitere Entwicklung abzuwarten sein.

Resümierend ist dieses komplexe Gesamtgefüge in der Lage, das Internet trotz seiner Besonderheiten in den bisherigen Rechtsrahmen zu integrieren. Trotz der hohen Regelungsdichte vor allem bei der Begrenzung eines ungehinderten Informationsflusses, weist das US-Kapitalmarktrecht eine erstaunliche Flexibilität auf,

---

1378 Guenther, Michigan J. of Int. L., 871, 917 (1999).

1379 Bekanntmachung des Bundesaufsichtsamtes für den Wertpapierhandel zum Wertpapier-Verkaufsprospektgesetz und zur Verordnung über Wertpapier-Verkaufsprospekte vom 06. September 1999, BAnz. Nr. 177 vom 21. Sept. 1999, S. 16180; unter II.1.; verfügbar unter: http://www.bawe.de .

1380 In Deutschland hingegen spielt das Vorhandensein konkreter Zeichnungsmöglichkeiten eine wichtige Rolle (Florian, Rechtsfragen des Wertpapierhandels im Internet, 2001, S. 158).

mit der auch zukünftige Entwicklungen angemessen erfaßt werden können. Gleichzeitig beläßt die SEC den Marktteilnehmern einen relativ großen Gestaltungsspielraum, um die Entwicklung neuer Lösungen aus dem Markt selbst zu fördern. In diesem Sinne wird das bisherige Offenlegungskonzept gerade in Internet-Sachverhalten noch forciert, um dem Anleger eine verantwortliche Entscheidung für einzelne Angebote zu ermöglichen. Restriktive Maßnahmen werden nur ergriffen, wenn die Regulierung des Marktes aus sich selbst heraus nicht ausreicht, oder das Kräftegleichgewicht zwischen Anbietern und Anlegern nicht gegeben ist. Möglich ist eine solche beaufsichtigende und nötigenfalls kurzfristig eingreifende Regulierungspolitik nur, weil die SEC außerhalb langwieriger Gesetzgebungsverfahren im Wege des "rulemaking" kurzfristig reagieren und verbindliche Standards setzen kann. Hinzu kommt die dominierende Rolle dieser Aufsichtsbehörde im Gesamtsystem des US-Kapitalmarktes und die insbesondere in Internet-Sachverhalten wesentliche Konzentration der Kompetenzen auf diese Institution. Die Untersuchung hat gezeigt, daß die angemessene Erfassung der vielfältigen Probleme des Internet-Einsatzes im Wertpapierhandel eng mit dieser starken Position verbunden ist.

Für den Bereich des deutschen Kapitalmarktes scheint die aktuelle Diskussion um eine Allfinanzaufsicht unter Zurückdrängung der Kompetenzen der Länder ein erster Schritt in diese Richtung zu sein. Auf europäischer Ebene hingegen ist die Zeit für die Errichtung einer mit umfassenden Kompetenzen ausgestatteten EU-Aufsichtsbehörde nach dem wegweisenden Lamfalussy-Report offenbar noch nicht reif. Wahrscheinlicher ist in nächster Zukunft daher die Zunahme der bestehenden Koordinierungs- und Harmonisierungsbemühungen unter den einzelnen Aufsichtsautoritäten auf internationaler Ebene. Um so wichtiger sind bei der Handhabung einzelner Fragen einheitliche Mindeststandards. Vor allem in dieser Hinsicht können die Ergebnisse der Untersuchung der US-amerikanischen Lösungsmodelle wichtige Anhaltspunkte liefern, wie unter Berücksichtigung der besonderen Strukturen dieses Mediums eine angemessene Einbindung des Internet in kapitalmarktrechtliche Regulierungskonzepte erfolgen kann.

Laws and institutions must go hand in hand with the progress of the human mind. As that becomes more developed, more enlightened, as new discoveries are made, new truths discovered and manners and opinions change, with the change of circumstances, institutions must advance also to keep pace with the times.

(Thomas Jefferson, 1743-1826)

Literaturverzeichnis

Adkins, Alden, Goldsmith, Barry R., Lopez, Eugene A., Luparello, Stephen, Revell, Mary N., Walter, Elisse B.
NASD Regulation of the Internet, Electronic Communication, Day and On-Line Trading, in: Practising Law Institute (PLI), Securities Law & The Internet (1999), Vol. 1, S. 383 ff.

Albert, Réka, Jeong, Hawoong, Barabási, Albert-Lásló
Error and attack tolerance of complex networks, Nature 406, 378 ff. (2000).

American Bar Association
The Commercial Use of Electronic Data Interchange - A Report and Model Trading Partner Agreement, 1990, 45 Business Lawyer, 1645 ff. (1990).

dies.
Report of the American Bar Association Jurisdiction in Cyberspace Project : Report on Global Jurisdiction Issues Created by the Internet, verfügbar unter*: http://www.abanet.org/buslaw/cyber/initiatives/draft.rtf

Arkebauer, James B., Schultz, Ronald M.
Going Public, Chicago, 1998.

Arms, Abigale
The SEC's "Aircraft Carrier" Release - A New Registration System. An Assesment Retrenchment and Reform, in: Practising Law Institute (PLI), Private Placements (2000), S. 202 ff.

Aronson, Daniel H — Proposed Rules Regarding Selective Disclosure and Insider Trading Offer Clues on SEC's Vision, Present Challenges for Issuers, wallstreetlawyer.com, Vol. 3, No. 10, S. 9 ff. (March 2000).

Assmann, Heinz-Dieter — Neuemissionen von Wertpapieren über Internet, in: Wege zur Globalisierung des Rechts, Festschrift für Rolf A. Schütze, 1999, S. 15 ff.

Astarita, Mark J. — Introduction to the Blue Sky Laws, verfügbar unter: http://www.seclaw.com/seclaw.htm

ders. — SEC Approves Regulation FD, Oct. 2000, verfügbar unter: http://www.seclaw.com/docs/news/secfd81100.htm

Bachmann, Birgit — Internet und Internationales Privatrecht – Vertragsschluß und Haftung im Internet, in Lehmann, M. (Hrsg.): Internet- und Multimediarecht (Cyberlaw), Stuttgart, 1997, S. 169 ff.

Bartholomew, David M., Murphy, Dena L. — The Internet and Securities Regulation: What is Next?, 25 Securities Regulation Law Journal, 177 ff. (1997).

Basedow, Jürgen — Wirtschaftskollisionsrecht, Theoretischer Versuch über die ordnungspolitischen Normen des Forumstaates, RabelsZ 52 (1988), 8 ff.

Baums, Theodor — Anwendungsbereich, Kollision und Abstimmung von Kapitalmarktrechten, in Schmidt, Karsten; Schwark, Eberhard (Hrsg.): Unternehmen, Recht und Wirtschaftsordnung, Festschrift für Peter Raisch, Köln; Berlin; München, 1995, S. 211 ff.

Baums, Theodor, Segna, Ulrich — Börsenreform, 1998, Arbeitspapier Nr. 65 in der Reihe des Instituts für Handels- und Wirtschaftsrecht der Universität Osnabrück, verfügbar unter: http://www.jura.uni-osnabrucck.dc/institut/hwr/pdf/papcr65.pdf

Becker, Brandon, Yim, Soo J., Greenawalt, Alexander K. — A Regulatory Dilemma: Electronic Access to Foreign Markets, wallstreetlawyer.com, Vol. 3, No. 3, S. 1 ff. (August 1999).

Becker, Brandon, Macauley, Cherie L. — Regulation of Alternative Trading Systems: The SEC's Final Rules, in: Practising Law Institute (PLI), Securities Law & The Internet (1999), Vol. 1, S.311 ff.

Becker, Brandon, Yim, Soo J., Macauley, Cherie L., Seidel, Heather A. — An Overview of Online Securities Trading, in: Practising Law Institute (PLI), Securities Law & The Internet (2000), Vol. 1, S. 431 ff.

Becker, Brandon, Westbrook, David, Roberts, Lyle — Legal Developments in the Electronic Securities Markets: Online Trading Systems and the Use of Websites for Offshore Internet Offers, in: Practising Law Institute (PLI), Securities Law & The Internet (1998), S. 797 ff.

Bell, Blake A. — Dealing with False Internet Rumours: A Corporate Primer, wallstreetlawyer.com, Vol. 2, No. 7, S.1ff. (December 1998).

Benner, Klaus-Dieter — Börsengeschäfte im Internet - Möglichkeiten und Risiken, Bericht von der Tagung vom 15. und 16. Februar 2000 im Bundeskriminalamt, Wiesbaden, 2000, verfügbar unter: http://www.bka.de/aktuell/agenda98/vtr99/vtr_benner.html

Benner, Klaus-Dieter	Marktfairness und Internet, WM 2000, 124 f.
Bettinger, Torsten	Der lange Arm amerikanischer Gerichte - Personal Jurisdiction im Cyberspace, Bericht über die neue Rechtsprechung amerikanischer Gerichte zur interlokalen und internationalen Zuständigkeit bei Kennzeichenkonflikten im Internet, GRUR Int., 1998, 660 ff.
Blake, Cameron Richard	Advising Clients on Using the Internet to Make Offers of Securities in Offshore Offerings, 55. Business Lawyer, 177 ff. (1999).
Blanc, Roger D., Ferraro, Edward J.	Electronic Road Shows, in: Practising Law Institute (PLI), 31st Annual Institute of Securities Regulation (1999), S. 677 ff.
Bloomenthal, Harold S.	Going Public and the Public Corporation, Securities Law Series, Vol. 1, West Group, St. Paul, Release No. 27, 6/2000.
ders.	Securities Law Handbook - A Comprehensive Overview of the Law of Securities Regulation, Securities Law Series, St. Paul, 2000 Edition.
Bloomenthal, Harold S., Wolff, Samuel	Emerging Trends in Securities Law, Securities Law Series, St. Paul, 1999-2000 Edition.
dies.	Securities and Federal Corporate Law, Securities Law Series, 2nd Edition, Volume 3B,St. Paul, 1999.

Bochner, Steven E., Presser, Anita S. — Corporate Disclosure Practices in the Electronic Age: The Web Site- Opportunities and Pitfalls, wallstreetlawyer.com Vol. 1, No. 11, S. 1 ff. (April 1998).

Brakerbill, Kenneth W. — The Application of Securities Laws in Cyberspace: Jurisdictional and Regulatory Problems Posed by Internet Securities Transactions, 18 Hastings Communications and Entertainment Law Journal, 901 ff. (1996).

Brody, Sara B., Lee, Felix — Securities Liability Issues Arising out of Public Company Web Sites, in: Practising Law Institute (PLI). Securities Law & The Internet (2000), Vol. 1, S. 35 ff.

Brooks, Russell E. — The Extraterritorial Reach of the Securities Exchange Act, 24 Securities Regulation Law Journal, 306 ff. (1996).

Brown Jr., J. Robert — The Regulation of Corporate Disclosure, 3rd Edition, Gaithersburg, New York, 2000-2 Supplement.

Brown, Meredith M., Drinkwater, David W., Ellard, John F., Graaf, Frank G.B., Greene, Edward F., Paley, Alan, Yoneda, Takashi — The Approach of Full Multinational Compliance: Registered Public Offerings in Many Jurisdictions, in: Meredith Brown, Alan Paley (Editors), Global Offerings of Securities: Access to the World Equity Capital Markets, International Bar Association Series, III. series, 1994, S. 19 ff.

Brunnstein, Klaus — Lautlose Killer - Mit forensischer Informatik dem Ursprung von Computerviren auf der Spur, FAZ v. 20.03.2001, S. B1.

Campbell, Scott W. — Chat Rooms and Related Issues, in: Practising Law Institute (PLI), Securities Law & The Internet (1998), S. 785 ff.

Carton, Bruce T., West, James H. — SEC's Automated Internet Surveillance Plan Appears to Respect Privacy and Constitutional Concerns, wallstreetlawyer.com, Vol. 4, No. 1, S. 8 ff. (June 2000).

Cella III, Joseph J., Stark, John R. — SEC Enforcement and the Internet: Meeting the Challenge of the next Millennium - A Program for the Eagle and the Internet, 52. Business Lawyer, 815 ff. (1997).

Chanin, Leah F. — Specialized Legal Research, New York, 1997.

Coffee, John C. Jr. — Brave New World?: The Impact(s) of the Internet on Modern Securities Regulation, 52 Business Lawyer, 1195 ff. (1997).

Cohen, Saul S. — Day Traders in Polite Society, Part II: The Clampetts Get a Trading License, wallstreetlawyer.com Vol. 4, No. 1, S. 13 ff. (June 2000).

Copenhafer, David — EDGAR Modernization, Round Two, wallstreetlawyer.com, Vol. 3, No. 11, S. 15 ff. (April 2000).

Cox, James D. — Securities regulation: cases and materials, Boston 1991.

Cranor, Lorrie Faith, Reagle, Joseph, Ackerman, Mark S. — Beyond Concern: Understanding Net Users Attitudes About On-Line Privacy, AT&T Labs-Research Technical Report, (1999), verfügbar unter: http://www.research.att.com/projects/privacystudy

Daugherty, Patrick — Rethinking the Ban on General Solicitation, 38 Emory Law Journal, 67 ff. (1989).

De Toro, Anthony, Berkowitz, Eric — Trade Wind: The Arrival of Online Securities Offerings, Los Angeles Daily Journal, June 27, 1996, verfügbar unter: http://www.gseis.ucla.edu/iclp/te.html

Delta, George B., Matsuura, Jeffrey H. — Law of the Internet, Gaithersburg, New York, 2000-2 Supplement.

Desmond, Greg — Internet Stock Offerings, verfügbar unter: http://www.law.miami.edu/~froomkin/seminar/papers/desmond.htm

Dickerson Jr., W. Brinkley, Harris, Robert K. — Wit Capital Brings Order to the Internet, wallstreetlawyer.com, Vol. 3, No. 4, S. 8 ff. (September 1999).

Dolan, Vincent Paul — E-Commerce: Securities Regulation and the Web, in: Immenga/Lübben/Schwintowski, Das internationale Wirtschaftsrecht des Internet, S. 81 ff.

Dorsey, Mark J, Harnisch, Kevin J. — Live Road Shows, Non-Existent Securities and Rumours on the Internet, wallstreetlawyer.com, Vol. 3, No. 6, S. 13 ff. (November 1999).

Drobnig, Ulrich — Das Profil des Wirtschaftskollisionsrechts, Einführende Bemerkung zum Symposium "Extraterritoriale Anwendung von Wirtschaftsrecht", Hamburg 1986, RabelsZ 52 (1988), 1 ff.

Dunne, Michael J., Musacchio, Anna L. — Jurisdiction Over the Internet, 54 Business Lawyer, 385 ff. (1998).

Einsele, Dorothee — Wertpapierrecht als Schuldrecht, Funktionsverlust von Effektenurkunden im internationalen Rechtsverkehr, Tübingen, 1995, zugl. jur. Habil.-Schr., Konstanz.

dies. — Das neue US-amerikanische Wertpapierrecht als Modell für einen funktionsfähigen Effektengiroverkehr, RIW 1997, 269 ff.

Elben, Roland — Private Placement-Instrumente am US-Kapitalmarkt - Regulation D, "Section 4 (1 1/2)" und Rule 144 A, RIW 1998, 108 ff.

Ernst, Stefan — Internet und Recht, JuS 1997, 776 ff.

Esslinger, Bernhard, Müller, Maik — Secure Socket Layer (SSL) Protokoll, DuD 1997, 691 ff.

Farnsworth, Allen E. — Farnsworth on Contracts, 2nd Edition, New York, Vol. 1, 1998.

Ferrara, Ralph C., Nagy, Donna M,. Thomas, Herbert, Kim, Thomas J. — Ferrara on Insider Trading and the Wall, Release 7, New York, 1999.

Florian, Ulrich — Rechtsfragen des Wertpapierhandels im Internet, München 2001, zugl. jur. Diss., Münster 2001.

Friedman, Howard M. — Securities Regulation in Cyberspace, 2nd Edition, New York, 1998.

Gavis, Alexander C. — The Offering and Distribution of Securities in Cyberspace, 52 Business Lawyer, 317 ff. (1996).

Geis, Ivo — Amerika regelt Signatur weniger streng, FAZ v. 23.08.2000, S. 27.

Göth, Philip — Online-Borkerage, Aktuelle Entwicklungen in den USA und Europa, ÖBA 2000, 205 ff.

Gottlieb, Jonathan E., de Brito, Diana R. — The SEC's Long-Awaited "Internet Release" Answers Some Questions but Leaves Others Untouched, wallstreetlawyer.com, Vol. 3, No. 12, S. 1 ff. (May 2000).

Greenwood, Daniel J., Campbell, Ray A. — Electronic Commerce Legislation: From Written on Paper and Signed in Ink to Electronic Records and Online Authentication, 53 Business Lawyer, 307 ff. (1997).

Gruber, Joachim — Vertragsschluß im Internet unter kollisionsrechtlichen Aspekten, DB 1999, 1437 ff.

Gruson, Michael — Prospekterfordernisse und Prospekthaftung bei unterschiedlichen Anlageformen nach amerikanischem und deutschem Recht, WM 1995, 89 ff.

Gruson, Michael, Wiegemann, William J. — Die Ad-hoc-Publizitätspflicht von Unternehmen nach amerikanischem Recht und die Auslegung von § 15 WpHG, Arbeitspapier Nr. 23 in der Reihe des Instituts für Handels- und Wirtschaftsrecht der Universität Osnabrück, verfügbar unter: http://www.jura.uni-osnabrueck.de/institut/hwr/pdf/a0295.pdf

Guenther, David B. — The Limited Public Offer in German and U.S. Securities Law: A Comparative Analysis of Prospectus Act Section 2(2) and Rule 505 of Regulation D, 20 Michigan Journal of International Law, 871 ff. (1999).

Hass, Jeffrey J. — Small Issue Public Offerings Conducted over the Internet: Are They "Suitable" for the Retail Investor?, 72 Southern California Law Review, 67 ff. (1998).

Hawkland, William D., — Uniform Commercial Code, Vol. 2, Hawkland, Wilmette, Illinois, Supplement: May 2000; Vol. 7., Hawkland / Alderman / Schneider, Wilmette, Illinois, Supplement: May 2000.

Hazen, Thomas Lee — Treatise on The Law of Securities Regulation, Vol. 1 und Vol. 2, 3rd Edition, West Group, St. Paul, 1995.

Heigl, Christian — Strategische Modelle im Internet Banking, ÖBA 4/2000, 299 ff.

Hellwig, Hans-Jürgen — Möglichkeiten einer Börsenreform zur Stärkung des deutschen Kapitalmarktes, ZGR 1999, 781 ff.

Herzog, Marco — Rechtliche Probleme einer Inhaltsbeschränkung im Internet, Frankfurt a.M.; Berlin; Bern; Bruxelles; New York; Wien, 2000, zugl. jur. Diss., Marburg, 1999.

Hewitt, John R., Carlson, James B. — Securities Practise and Electronic Technology, New York, 1999.

Hicks, William J. — Exempted Transactions Under the Securities Act of 1933, Securities Law Series Vol. 7A, Release No. 65, 8/2000.

Hoeren, Thomas — Kreditinstitute im Internet – eine digitale Odyssee im juristischen Weltraum, WM 1996, 2006.

Hoeren, Thomas, Sieber, Ulrich (Hrsg.) — Handbuch Multimediarecht, Rechtsfragen des elektronischen Geschäftsverkehrs, München, Stand Feb. 2000.

Hoffman, Jeffry S. — Regulation S, in: Practising Law Institute (PLI), Understanding the Securities Laws (1999), S. 349 ff.

Hopt, Klaus J., Rudolph, Bernd, Baum, Harald (Hrsg.) — Börsenreform - Eine ökonomische, rechtsvergleichende und rechtspolitische Untersuchung, Stuttgart, 1997.

Horwich, Allen — More Debate Over Day Trading, and the Birth of an Options Exchange, wallstreetlawyer.com, Vol. 3, No. 11, S. 21 f. (April 2000).

Immenga, Ulrich (Hrsg.), Lübben, Natalie, Schwintowski, Hans-Peter — Das internationale Wirtschaftsrecht des Internet, Baden-Baden, 2000.

Imo, Christian — Internet Broking - Status und Trends, Die Informationsrevolution, ÖBA 4/2000, 265 ff.

International Organization of Securities Commissions — Report on Enforcement Issues Raised by the Increasing Use of Electronic Networks in the Securities and Futures Field, IOSCO Technical Committee (Sept. 1997), verfügbar unter: http://www.iosco.org/docs-public/1997-report_on_enforcement_issues.html

dies. — Securities Activity on the Internet, Report of the Internet Task Force of the Technical Committee (20. Okt. 1998), verfügbar über die IOSCO-Homepage unter: http://www.iosco.org/docs-public/1998-internet_security.html

dies. — Report on Securities Activity on the Internet II (June 2001), verfügbar über die IOSCO-Homepage unter: http://www.iosco.org/download/pdf/2001-securities_activity_internet.pdf

Jaskulla, Ekkehard M. — Direct Banking im Cyberspace, Handels- und Wertpapiergeschäfte im Internet und das amerikanische Kapitalmarktrecht, ZBB 1996, 214 ff.

Jennings, Richard W., Marsh Jr., Harold, Coffee Jr., John C., Seligman, Joel — Securities Regulation, Cases and Materials, 8th Edition, Westbury, New York, 1998, Supplement 2000.

Jordaan, Hendrik F. — Has IOSCO Advanced International Securities Law Enforcement?: An Analysis in Light of SEC MOUs with Emerging Markets, 26 Securities Regulation Law Journal, 269 ff. (1998).

Kane, Mary Kay — Civil Procedure (In a Nutshell), 4th Edition, West Group, St. Paul, 1996.

Kaufman Winn, Jane — Regulating the Use of the Internet in Securities Markets, 54. Business Lawyer, 443 ff. (1998).

Kiel, Peter — Internationales Kapitalanlegerschutzrecht, Zum Anwendungsbereich kapitalanlegerschützender Normen im deutschen, europäischen und US-amerikanischen Recht, Berlin; New York, 1994, zugl. jur. Diss., Hamburg, 1993.

Kirsch, Clifford E. — Investment Adviser Regulation, A Step-by-Step Guide to Compliance and the Law, Release No. 2, 1998, New York.

Kleidon, Allan W. — Market 2000, in: Kenneth Lehn/Robert W. Kamphuis Jr. (Editors), Modernizing U.S. Securities Regulation, Economic and Legal Perspectives, University of Pittsburgh, 1992, S. 363 ff.

Kleingarn, Holger — Das Online-Brokerage der Zukunft : europaweite Plattformen und WAP, bank und markt 2000, 39 ff.

Köhler, Markus, Arndt, Hans-Wolfgang — Recht des Internet: Eine Einführung, Heidelberg, 2. Auflg. 2000.

Kohler, Rainer M. — Anwendung des amerikanischen Wertpapiermarktrechts durch amerikanische Gerichte auf außeramerikanische Aktienkäufe, RIW/AWD 1977, 86 ff.

Kramer, Howard L., An, Kevin S. — Website Issues, in: Practising Law Institute (PLI), Securities Law & The Internet (2000), Vol.1, S. 395 ff.

Kröger, Detlef (Hrsg.) — Internet für Rechtsanwälte und Notare, Neuwied; Kriftel; Berlin, 1997, 2. Auflage 2000.

Kübler, Friedrich — Regelungsprobleme des grenzüberschreitenden Wertpapierhandels, WM 1986, 1305 ff.

Kuner, Christopher — Internationale Zuständigkeitskonflikte im Internet, CR 1996, 453 ff.

Lamfalussy, Alexandre, Herkströter, Cornelius, Rofo, Luis Angel, Ryden, Bengt, Spaventa, Luigi, Walter, Norbert, Wicks, Nigel — Schlußbericht des Ausschusses der Weisen über die Regulierung der Europäischen Wertpapiermärkte vom 15.02.2001, verfügbar unter: http://europa.eu.int/comm/internal market/en/finances/general/lamfalussyde.pdf

Lane, Brian J., Weirick, Bradford P. — Electronic Communications and Internet Offerings, in: Practising Law Institute (PLI), Securities Law & The Internet (2000), Vol. 1, S. 61 ff.

Lange, Thomas A. (Hrsg.) — Internet Banking : der Bankvertrieb im Umbruch, Wiesbaden, 1998.

Langenvoort, Donald C. — Angels on the Internet: The Elusive of „Technological Disintermediation“ for Unregistered Offerings of Securities, 2 The Journal of Small & Emerging Business Law, 1 ff., (1998).

Lee, Ruben — What is an exchange ?, New York, 1998.

Lehmann, Michael (Hrsg.) — Internet- und Multimediarecht (Cyberlaw), Stuttgart, 1997.

Lejeune, Mathias — "Personal Jurisdiktion" über ausländische Firmen nach amerikanischem Zivilprozßrecht, RIW 1998, 8 ff.

Lenenbach, Markus, Lohrmann, Frank — "Jahrhundertentscheidung" zum amerikanischen Insiderrecht. U.S. Supreme Court entscheidet U.S. v. O'Hagan, RIW 1998, 115 ff.

Lenzen, Ursula — Unerlaubte Eingriffe in die Börsenkursbildung, Frankfurt a.M.; Berlin; Bern; Bruxelles; New York; Oxford; Wien 2000, zugl. jur. Diss., Osnabrück 2000.

dies. — Reform des Rechts zur Verhinderung der Börsenkursmanipulation, WM 2000, 1131 ff.

Lipton, David A. — Broker-Dealer Regulation, West-Group, St. Paul, Release 16, 2000.

Littenberg, Michael R. — SEC Issues New Internet Release, June 2000, verfügbar unter: http://www.srz.com/pubtemplate.asp?id=27 .

Loss, Louis, Seligman, Joel — Securities Regulation, Boston, Toronto; London, 3rd Edition, New York 1990, 2000 Supplement.

Lowenfels, Lewis D., Bromberg, Alan R. — Suitability in Securities Transactions, 54 Business Lawyer, 1557 ff. (1999).

Mahoney, Colleen P., Vaughn, Stephen P. — Caveat Vendor: The SEC Cracks down on Internet Stock Touting, wallstreetlawyer.com, Vol. 2, No. 7, S. 18 f. (December 1998).

Mankowski, Peter — Das Internet im Internationalen Vertrags- und Deliktsrecht, RabelsZ 63 (1999), 203 ff.

ders. — Internet und Internationales Wettbewerbsrecht, GRUR Int. 1999, 909 ff.

Markham, Jerry W., Hazen, Thomas Lee — Broker-Dealer Operations Under Securities and Commodities Law, Vol. 23 und 23A, West-Group, St. Paul, Release 3/2000.

Martin Jr., David B. H., Parsons, L. Keith — The Preexisting Relationship Doctrine Under Regulation D: A Rule Without Reason? 45 Washington and Lee Law Review, 1031 ff. (1988).

Mayer, Franz C. — Recht und Cyberspace, NJW 1996, 1782 ff.

Maynard, Therese H. — What is an "Exchange"? - Proprietary Electronic Securities Trading Systems and the Statutory Definition of an Exchange, 49 Washington & Lee Law Review, 833 (1992).

Mazur, Todd. A. — Securities Regulation in the Electronic Era: Private Placements and the Internet, 75 Indiana Law Journal, 379 ff. (2000).

McLaughlin, Jospeh — The SEC's Coming Regulatory Retreat, wallstreetlawyer.com, Vol. 2, No. 8, S. 1 ff. (January 1999).

McMahon. Peter C. — Securities Law and the Internet: Enforcement Issues, in: Practising Law Institute (PLI), Securities Law & The Internet (1999), Vol. 1, S. 265 ff.

Mehrings, Josef — Internet-Verträge und internationales Vertragsrecht, CR 1998, 613 ff.

Mills, Charles — Enforcement Program Against Internet Publishers Tests Limits of Investment Advisers Act, wallstreetlawyer.com, Vol. 3, No. 9, S. 1ff. (February 2000).

Möllers, Thomas M. J. — Anlegerschutz durch Aktien- und Kapitalmarktrecht - Harmonisierung nach geltendem und künftigen Recht, ZGR 26 (1997), 334 ff.

Molthorp, Morgan — Chat Rooms - Investor Relation Latest Migraine, wallstreetlawyer.com, Vol. 2, No. 4, S. 16 f. (September 1998).

National Association of Securities Dealers, Inc. — NASD Securities Dealers Manual, Washington, 2000; verfügbar unter: http://secure.nasdr.com/wbs/NETbos.dll?RefShow?ref=NASD4;&xinfo=../webbos/goodbye.htm

dies. — NASD Internet Guide for Registered Representatives (2000), verfügbar unter: http://www.nasdr.com/4040.htm

New York Stock Exchange — New York Stock Exchange Listed Company Manual, 1983, reprinted in 3 Fed. Sec. L. Rep. (CCH) ¶ 23,519 (Aug. 23, 1985), verfügbar unter: http://www.nyse.com/listed/listedcomanual.html

Newkirk, Thomas C., Markle, John S., Peterson, Jill M. — Recent SEC Enforcement Cases, in: Practising Law Institute (PLI), Understanding the Securities Laws (1999), S. 755 ff.

Nimmer, Raymond T. — Selling Products Online: Issues in Electronic Contracting, in: Practising Law Institute (PLI), Multimedia (1997), S. 823 ff.

ders. — The Law of Computer Technology, Rights-Licences-Liabilities, 3rd Edition, 1997.

Noller, Klaus-Jürgen — Neue Entwicklungen in der US-amerikanischen Kreditwirtschaft und im Wertpapierrecht, ZfgK 1997, 1103 ff.

Norton, Joseph J. — Foreign Issuer Listings On U.S. Securities Exchanges, ZBB 1995, 366 ff.

Ohlinger, Ilja — Technische Grundlagen, in: Hoeren/Sieber, Handbuch Multimediarecht, Rechtsfragen des elektronischen Geschäftsverkehrs, Kap.1.

Olson, John F., Pitt, Harvey L. (Editors) — Securities in the Electronic Age: A Practical Guide to the Law and Regulation, 2nd Edition, Little Falls, 2000.

Patton, Thomas Earl, Saunders, Terry Rose — Securities Fraud - Litigation under Rule 10b-5, Charlottesville, 1999.

Pearson, Scott M., Thompson, James J. — Can Hyperlinks Trigger Broker-Dealer Registration Requirements? A Survey of SEC No-Action Letters, wallstreetlawyer.com, Vol. 3, No. 3, S. 14 ff. (August 1999).

Pfüller, Markus, Westerwelle, Kai — Wertpapierhandel im Internet, in Hoeren/Sieber, Handbuch Multimediarecht, Rechtsfragen des elektronischen Geschäftsverkehrs, Kapitel 13.7.

Pichler, Rufus — Internationale Gerichtszuständigkeit im Online-Bereich, in Hoeren/Sieber, Handbuch Multimediarecht, Rechtsfragen des elektronischen Geschäftsverkehrs, Kapitel 31.

Pike & Fischer, Inc. — INTERNET Law & Regulation, Editors: Robert E. Emeritz/Mark E. Smith/David R Hoehl/Marie G. Unger, Silver Spring, Vol. 1 - 3, 2000.

Practising Law Institute (PLI) — Multimedia - Protecting Your Clients′ Legal and Business Interests, Corporate Law and Practice Course, Handbook Series, Number G-467, Co-Chairs: Mark F. Radcliff/William A. Tanenbaum, New York, 1997.

dies. — Private Placements - Corporate Law and Practice, Course Handbook Series, Number B-1171, Co-Chair: Gordon K. Davidson/Robert C. Nash/Richard R. Plumridge, New York, 2000.

dies. — Securities Law & The Internet - Doing Business in a Rapidly Changing Environment, Corporate Law and Practice Course, Handbook Series, Number B-1046; New York, 1998.

dies. — Securities Law & The Internet – Doing Business in a Rapidly Changing Environment, Corporate Law and Practice Course, Handbook Series, Number B-1127 (Vol. 1), Chair: Brandon Becker/Stephen J. Schulte/ Michelle C. Wallach, New York, 1999.

Practising Law Institute (PLI) Securities Law & The Internet – Doing Business in a Rapidly Changing Environment, Corporate Law and Practice Course, Handbook Series, Number B-1188 (Vol 1), Chair: Brandon Becker/Stephen J. Schulte/Michelle C. Wallach, New York, 2000.

dies. Securities Offerings - What Issuers′ & Underwriters′ Counsel Need to Know Now, Corporate Law and Practice, Course Handbook Series, Number B-1174, Chair: Wiliam P. Rogers, Jr., New York, 2000.

dies. 31st Annual Institute of Securities Regulation - Corporate Law and Practice, Course Handbook Series, Number B-1151, Co-Chairs: Alan K. Austin/Stephen J. Schulte/John W. White, New York, 1999.

dies. Understanding the Securities Laws - Corporate Law and Practice, Course Handbook Series, Number B-1138, Chair: Jeffry S. Hoffman/Larry D Sonderquist/James R. Doty/Elizabeth R. Flint, New York, 1999.

Prentice, Robert A. The Internet and its Challanges for the Future of Insider Trading Regulation, 12 Harvard Journal of Law & Technology, 263 ff. (1999).

ders. The Future of Corporate Disclosure : The Internet, Securities Fraud, and Rule 10b-5, 47 Emory Law Journal, 1 ff. (1998).

Prifti, William M. Securities: Public and Private Offerings, Second Edition, Securities Law Series, West Group, St. Paul, Release No. 9, 2000.

Quinn, Linda C., Jarmal, Ottilie L. — Securities Regulation and the Use of Electronic Media (1998), in: Practising Law Institute (PLI), Securities Law & The Internet (2000), Vol.1, S. 869 ff.

Quinn, Linda C., Jarmal, Ottilie L. — Securities Regulation and the Use of Electronic Media (2000), in: Practising Law Institute (PLI), Securities Offerings (2000), S.123 ff.

Rademacher, Cay — Internet- Das Netz der Netze, GEO Nr. 3, 2001, S. 67 ff.

Ramsay, John — Online Brokerage and the Search for Suitability, wallstreetlawyer.com, Vol. 4, No. 2, S, 1 ff. (July 2000).

Ratner, David L. — Securities Regulation (Nutshell), 6. Edition (1998).

Reichardt, Christian — Eine Bank nach den persönlichen Wünschen, Bank Magazin, Heft 12, 1999, S. 10 ff.

Robertson, Robert A. — Personal Investing in Cyberspace and the Federal Securities Laws, 23 Securities Regulation Law Journal, 347 ff. (1996).

Romanek, Broc — Electronic Communication with Optionees: How to "Electrify" your Stock Option Plan, wallstreetlawyer.com, Vol. 3, No. 7, S. 14 ff. (December 1999).

Rosenoer, Jonathan — Cyberlaw - The Law of the Internet, New York, Berlin, Heidelberg, 1996.

Rubin, Harry — Jurisdictional Risk Management in Cyberspace, CRi 2000, 33 ff.

Sauermilch, Thomas — Publizitätspflichten aus US-Sicht: Cross-Border-Situationen, ZfgK, 1996, 300 ff.

Schäfer, Frank A. (Hrsg.) — Wertpapierhandelsgesetz, Börsengesetz mit BörsZulV, Verkaufsprospektgesetz mit VerkProspV - Kommentar, Stuttgart, Berlin, Köln, 1999.

Schmidt, Jürgen — Schädlingsbekämpfung - Konzepte gegen Viren und andere Schädlinge, c't magazin für computer und technik, 2001, Heft 2, S. 98 ff.

Schmidt-Brand, Jan-Peter — Zu den long-arm statutes im "Jurisdiktions-Recht" der Vereinigten Staaten von Amerika und ihre Bedeutung für wirtschaftsrechtliche Streitigkeiten, Frankfurt a.M.; Bern; New York; Paris 1991, zugl. jur. Diss., Mannheim 1991.

Schulte, Stephen J., Spencer, Steven J. — Creating and Maintaining Your Web Site: Selected Federal Securities Law Issues for Public Companies, in: Practising Law Institute (PLI), Securities Law & The Internet (2000), Vol.1, S. 9 ff.,

dies. — "Free" Stock: Considerations in Giving it Away, in: Practising Law Institute (PLI), 31st Annual Institute on Securities Regulation (1999,) S. 455 ff.

Schumacher, Stephan — Digitale Signaturen in Deutschland, Europa und den U.S.A., CR 1998, 758 ff.

Schuster, Gunnar — Die internationale Anwendung des Börsenrechts, Völkerrechtlicher Rahmen und kollisionsrechtliche Praxis in Deutschland, England und den USA, Berlin; Heidelberg; New York; Barcelona; Budapest; Hongkong; London; Mailand; Paris; Santa Clara; Singapur; Tokio, 1996.

Schwartz, Joel Michael — Why "Free" Internet Stock Offerings Aren't Really Free, and May Not Be Legal, wallstreetlawyer.com, Vol. 3, No. 12, S. 10 ff. (May 2000).

Securities and Exchange Commission — Special Study: Examination of Broker-Dealers Offering Online-Trading: Summary Findings and Recommendations (Jan. 25, 2001), verfügbar unter: http://www.sec.gov/news/studies/online.htm

dies. — Office of Compliance Inspections and Examinations, Special Study: Report of Examinations of Day-Trading Broker-Dealer (Feb. 25, 2000), verfügbar unter: http://www.sec.gov/news/studies/daytrading.htm

dies. — Special Study: On-Line Brokerage: Keeping Apace from Cyberspace, Securities and Exchange Commission, (1999 - 2000 Transfer Binder) Fed. Sec. L. Rep. (CCH) ¶ 86,222 at 82,705 (Nov. 22, 1999), verfügbar unter: http://www.sec.gov/pdf/cybrtrnd.pdf

dies. — Report to the Congress: The Impact of Recent Technological Advances on the Securities Markets, Sept. 1997, verfügbar unter: http://www.sec.gov/news/studies/techrp97.htm

Securities and Exchange Commission — SEC Annual Report 1999, Washington D.C., 1999.

dies. — Market 2000 - An Examination of Current Equity Market Developments, Washington D.C., 1994.

dies. — Chairman Arthur Levitt's Responce to the Commitee On Commerce Regarding On-Line Trading (March 8, 1999), abgedruckt in: PLI, Securities Laws & The Internet (1999) Vol. 2, S. 883 ff.

dies. — Staff Legal Bulletin No. 8 (Division of Market Regulation), Sept. 9, 1998, verfügbar unter: http://www.sec.gov/interps/legal/slbmr8.htm

dies. — Staff Legal Bulletin No. 12A (Division of Market Regulation), Frequently Asked Questions About Rule 11Ac1-5, June 22, 2001, verfügbar unter: http://www.sec.gov/interps/legal/slbim12a.htm

dies. — Staff Legal Bulletin No. 13 (Division of Market Regulation), Frequently Asked Questions About Rule 11Ac1-6, June 22, 2001, verfügbar unter: http://www.sec.gov/interps/legal/mrslb13.htm

Seligman, Joel — A Mature Synthesis: O'Hagan Resolves "Insider" Trading's Most Vexing Problems, 23 Delaware Journal of Corporate Law, 1 ff. (1998).

ders. — The Obsolescence of Wall Street: A Contextual Approach to the Evolving Structure of Federal Securities Regulation, 93 Michigan Law Review, 649 ff. (1995).

Siebel, Ulf R. — Einheitlicher Prospekt für grenzüberschreitende Wertpapieremissionen ?, WM 1997, 708 ff.

Smith, Gregory E. — Choice of Law in the United States, 38 Hastings Law Journal, 1041 ff. (1987).

Soderquist, Larry D. — Understanding the Securities Laws, Third Edition, New York, Release 6, Sept. 1999.

Spindler, Gerald — Emissionen im Internet: Kapitalmarktrecht und Kollisionsrecht, NZG 2000, 1058 ff.

Spirer, Kenneth S. — E-Mail Supervision and Retention, in: Practising Law Institute (PLI), Securities Law & The Internet (2000), Vol. 1, S. 413 ff.

Spitzer, Eliot — "From Wall Street to Web Street" - A Report on the Brokerage Industry, wallstreetlawyer.com, Vol. 3, No. 8, S. 1 ff. (January 2000).

Steck, Kai-Uwe — Regulierung von US-amerikanischen Investmentgesellschaften (Investment Companies), Unter Besonderer Berücksichtigung des National Securities Markets Improvement Act von 1996 (NSMIA) und anderer aktueller Rechtsanpassungen, Frankfurt a.M.; Berlin; Bern; Bruxelles; New York; Oxford; Wien 2000, zugl. jur. Diss., Osnabrück, 2000.

ders. — US-amerikanisches Wertpapierrecht und Internet, Arbeitspapier Nr. 82 in der Reihe des Instituts für Handels- und Wirtschaftsrecht der Universität Osnabrück, verfügbar unter: http://www.jura.uni-osnabrueck.de/institut/hwr/pdf/paper82.pdf

Steinberg, Marc I. — Securities Regulation - Liabilities and Remedies, New York, 2000.

Stovsky, Michael D. — Private Securities Offerings on the Internet, 1996, verfügbar unter: http://www.cyberlaw.com/privoff.html

Street, Lawrence F. — Law of the Internet, Charlottesville, 1998 Edition.

Strickler, Jeffrey P. — Insider Information and Outside Traders: Corporate Recovery of Outsider's Unfair Gain, 73 California Law Review, 483 ff. (1985).

Strömer, Tobias, H. — Online-Recht : Rechtsfragen im Internet, 2. Auflg., Heidelberg, 1999.

Stuckey, Kent D. — Internet an Online Law, New York, Release 6, 2000.

Stürmer, Ulrich — Die neuere Entwicklung der extraterritorialen Anwendung amerikanischer Securities Regulations, RIW 1983, 641 ff.

Tanenbaum, William A. — Computer Security and Encryption (in Form of Frequently Asked Questions), in: Practising Law Institute (PLI), Multimedia (1997), S. 575 ff.

Taupitz, Jochen, Kritter, Thomas — Electronic Commerce - Probleme bei Rechtsgeschäften im Internet, JuS 1999, 839 ff.

Tawakkoli, Boris — Aktienplazierung via Internet, DStR 1999, 1330 ff.

Vartanian, Thomas P., Ledig, Robert H., Bruneau, Lynn	21st Century - Money, Banking & Commerce, Washington D.C., 1998.
Wastl, Ulrich, Schlitt, Christian	Internet-Börse - Revolution am Kapitalmarkt oder einfach nur juristisches Neuland ?, MMR 2000, 307 ff.
Weber, Martin	Internet-Emissionen, MMR 1999, 385 ff.
ders.	Die Entwicklung des Kapitalmarktrechts 1998-2000: Organisation, Emission und Vertrieb, NJW 2000, 2061 ff.
Weil, Gotshal & Manges LLP (Editor)	The SEC's Aircraft Carrier - Is It Seaworthy?, in: Practising Law Institute (PLI), Private Placements (2000), S. 202 ff.
West Group (Editor)	Federal Regulation of Securities Annotated, St. Paul, Vol. 1, Stand 1998.
West Publishing Company (Editor)	West's encyclopedia of American law, Vol. 9, St. Paul 1997.
Wetzler, Monte E.	The Internet in Conventional Securities Offerings, wallstreetlawyer.com, Vol. 1, No. 4, S. 1 ff. (1997).
Wildemann, Daniela	Vertragsabschluss im Netz nach US-amerikanischem Recht, CRi, 2000, 109 ff.

Wilhelm, Christiane — Die Registrierungs- und Publizitätspflichten bei der Emission und dem Handel von Wertpapieren auf dem US-amerikanischen Kapitalmarkt, Lohmar; Köln, 19966, zugl. jur. Diss., Münster, 1996.

Wilmer, Cutler & Pickering (Hrsg.) — Telekommunikations- und Medienrecht in den USA, Berlin; Brüssel; London; Washington D.C.; Baltimore; New York, 2000.

Wilske, Stephen, Schiller, Teresa — International Jurisdiction in Cyberspace: Which State May Regulate the Internet, 50. Federal Communication Law Journal, 117 ff., (1997); verfügbar unter: http://www.law.indiana.edu/fclj/pubs/v50/no1/wilske.html

Wolensky, Michael K. — Securities Law and the Internet Enforcement Issues: Application of Suitability Obligation, in: Practising Law Institute (PLI), Securities Law & The Internet (1999), Vol. 1, S. 251 ff.

Wolff, Karina — Going Public in der Schweiz, in Deutschland und in den USA, Bonn; Stuttgart; Wien, 1994, zugl. jur. Diss., St. Gallen, 1994.

Wysocki, Peter D. — Cheap Talk on the Web: The Determination of Postings on Stock Message Boards (1998) (Working Paper No. 98025. Univ. Michigan Law School), verfügbar unter: http://papers.ssrn.com/sol3/delivery.cfm?cfid=216001&cftoken=34966871&abstractid=160170

Zakon, Robert H. — Hobbes′ Internet Timeline, v5.2, The MITRE Corporation, 2000, verfügbar unter: http://www.isoc.org/zakon/Internet/History/HIT.html

Zetzsche, Dirk — Tagungsbericht "Unternehmensrecht und Internet", MMR Tagung v. 12. und 13. Mai 2000, Düsseldorf, verfügbar unter: http://www.jura.uni-duesseldorf.de/aktuell/termine/termin.asp?503

Ziemann, Frank — Bei Anruf Update - Techniken moderner Malware, c´t magazin für computer und technik, 2001, Heft 2, S. 116 ff.

* Sämtliche in dieser Arbeit genannten Internet-Adressen sind letztmalig am 30.03.2002 aufgerufen worden.

Materialien

I.) Systematisches Verzeichnis der wichtigsten SEC-Releases:

Use of Internet Web Sites To Offer Securities, Solicit Securities Transactions, or Advertise Investment Services Offshore, Securities Act Release No. 33-7516; 34-39779, 66 S.E.C. Docket 2419 et seq. (Mar. 23, 1998); 63 Fed. Reg. 14806 (Mar. 27, 1998); auch 1 CCH Fed. Sec. L. Rep. ¶ 3060 (Mar. 23, 1998);
verfügbar unter: http://www.sec.gov/rules/concept/33-7516.txt
(zitiert als: "Offshore Release").

Offshore Offers and Sales, Securities Act Release No. 33-6863; 34-27942, 46 S.E.C. Docket 0040 et seq. (Apr. 24, 1990); 55 Fed. Reg. 18306;
verfügbar unter: http://www.sec.gov/rules/final/33-7505.htm
und: http://www.sec.gov/rules/final/33-7505a.htm.

Registration Requirements for Foreign Broker-Dealers, Exchange Act Release No. 34-27017, 43 S.E.C. Docket 2471 et seq. (July 11, 1989).

Use of Electronic Media for Delivery Purposes, Securities Act Release No. 33-7233; 34-36345, 60 S.E.C. Docket 1348 et seq. (Oct. 6, 1995); 60 Fed. Reg. 53,458 (Oct. 13, 1995);
verfügbar unter: http://www.sec.gov/rules/concept/33-7233.txt
(zitiert als: "October Release").

Use of Electronic Media by Broker-Dealers, Transfer Agents, and Investment Advisers for Delivery of Information; Additional Examples under the Securities Act of 1933, Securities Exchange Act of 1934, and Investment Company Act of 1940, Securities Act Release No. 33-7288; 34-37182, 61 S.E.C. Docket 2568 et seq. (May 9, 1996); 61 Fed. Reg. 24644 (May 15, 1998);
verfügbar unter: http://www.sec.gov/rules/concept/33-7288.txt
(zitiert als: "May Release").

Use of Electronic Media, Securities Act Release No. 33-7856; 34-42728, 72 S.E.C. Docket 929 et seq. (Apr. 28, 2000); 65 Fed. Reg. 25843 (May 4, 2000);
verfügbar unter: http://www.sec.gov/rules/interp/34-42728.htm
(zitiert als: "April Release").

Plain English Disclosure, Release Nos. 33-7497; 34-39593 (Jan. 28, 1998);
verfügbar unter: http://www.sec.gov/rules/final/33-7497.txt
(zitiert als: "Plain English Release").

The Regulation of Securities Offerings, Release Nos. 33-7606A; 34-40632A, 68 S.E.C. Docket 1570 et seq. (Nov. 13, 1998); 63 Fed. Reg. 67174 (Dec. 4, 1998); (zitiert als: "Aircraft Carrier Release").

Regulation of Exchanges and Alternative Trading Systems, Exchange Act Release No. 34-40760, 68 S.E.C. Docket 2188 et seq. (Dec. 8, 1998); 63 Fed. Reg. 34-70844 (Dec. 22, 1998);
verfügbar unter: http://www.sec.gov/rules/final/34-40760.txt
(zitiert als: "ATS Release").

Policy Statement: Automated Systems of Self-Regulatory Organizations (I); Securities Exchange Act Release No. 34-27445 (Nov. 16, 1989), 54 FR 48703 (Nov. 24, 1989);
verfügbar unter: http://www.sec.gov/divisions/marketreg/arp-i.htm
(zitiert als:"automation review policy statement I").

Policy Statement: Automated Systems of Self-Regulatory Organizations (II); Securities Exchange Act Release No. 34-29185 (May 9, 1991); 56 FR 22490 (May 15, 1991);
verfügbar unter: http://www.sec.gov/divisions/marketreg/arp-ii.htm
(zitiert als: "automation review policy statements II").

Proposed Rule: Selective Disclosure and Insider Trading, Release No. 33-7787; 34-42259, 71 S.E.C. Docket 862 et seq. (July 31, 1999); 64 Fed. Reg. 72590 (Dec. 28, 1999);
verfügbar unter: http://www.sec.gov/rules/proposed/34-42259.htm

Final Rules: Selective Disclosure and Insider Trading, Release Nos. 33-7881; 34-43154, 73 S.E.C. Docket 3 et seq. (Aug. 15, 2000); verfügbar unter: http://www.sec.gov/rules/final/33-7881.htm

Final Rule: Privacy of Consumer Financial Information, Regulation S-P, Exchange Act Release No. 34-42974 (Nov. 13, 2000); verfügbar unter: http://www.sec.gov/rules/final/34-42974.htm

Final Rule: Disclosure of Order Execution and Routing Practices, Exchange Act Release No. 34-43590, (Nov. 17, 2000); verfügbar unter: http://www.sec.gov/rules/final/34-43590.htm

II.) Systematisches Verzeichnis der wichtigsten SEC No-Action Letter:

1.) Elektronische Prospektübermittlung:

Brown & Wood, SEC No-Action Letter, (1994 - 1995 Transfer Binder) Fed. Sec. L. Rep. (CCH) ¶ 77,00 at 78,841 (Feb. 17, 1995).

Wit Capital Corp., SEC No-Action Letter, (1999 Transfer Binder) Fed. Sec. L. Rep. (CCH) ¶ 77,577, at 78,906 (July 14, 1999).

2.) Broker-Dealer und Finanzportale:

Charles Schwab & Co., Inc., SEC No-Action Letter (Nov. 27, 1996), 1996 WL 762999 (S.E.C.).

Evare, LLC, SEC No-Action Letter, (1999 Transfer Binder) Fed. Sec. L. Rep. (CCH) ¶ 78,525 at 78,604 (Nov. 30, 1998).

3.) Alternative Handelssysteme:

Instinet, SEC No-Action Letter, (1989 Transfer Binder) Fed. Sec. L. Rep. (CCH) ¶ 78,997 at 78, 938 (Sept. 8, 1986).

Jeffries & Co., Inc., SEC No-Action Letter, 1987-1988 Transfer Binder) Fed. Sec. L. Rep. (CCH) ¶ 78,515 at 77,656 (July 28, 1987).

4.) Emittenten-betriebene Handelsplattformen ("issuer sponsored bulletin boards"):

Spring Street Brewing Co., SEC Staff Reply Letter, (1996-1997 Transfer Binder) Fed. Sec. L. Rep. (CCH) ¶ 77,201, at 77,001 (Apr. 17, 1996).

Flamemaster Corp., SEC No-Action Letter (Oct. 29, 1996), 1996 SEC No-Act. LEXIS 972.

Perfect Data Corp., SEC No-Action Letter (Aug. 5, 1996), 1996 WL 480429 (S.E.C.).

Real Goods Trading Corp., SEC No-Action Letter, (1996-1997 Transfer Binder) Fed. Sec. L. Rep. (CCH) ¶ 77,226 at 77,131 (June 24, 1996).

Portland Brewing Company, SEC No-Action Letter, (1999-2000 Transfer Binder) Fed. Sec. L. Rep. (CCH) ¶ 77,664 at 76,400 (Dec. 4, 1999).

5.) Handelsplattformen dritter Anbieter ("third party sponsored bulletin boards"):

Angel Capital Electronic Network, SEC No-Action Letter, (1997 Transfer Binder) Fed. Sec. L. Rep. (CCH) ¶ 77, 305 at 77,521 (Oct. 25, 1996).

Internet Capital Corp., SEC No-Action Letter, (1997 Transfer Binder) Fed. Sec. L. Rep. (CCH) ¶ 77,443 at 78,225 (Dec. 22, 1997) und (1998 Transfer Binder) Fed. Sec. L. Rep. (CCH) ¶ 77,445 at 78,295 (Jan. 13, 1998).

Stock Power, Inc., SEC No-Action Letter, (1998 Transfer Binder) Fed. Sec. L. Rep. (CCH) ¶ 77, 479 at 78,453 (Nov. 3, 1998).

Wunsch Auction Systems, Inc., SEC No-Action Letter, (1990-1991 Transfer Binder) Fed. Sec. L. Rep. (CCH) ¶ 79,662 at 78,032 (Feb. 28, 1991).

6.) Internet-Road-Shows:

Bloomberg L.P., SEC No-Action Letter (Oct. 22, 1997), 1997 SEC No-Act. LEXIS 1023.

Net Roadshow, Inc., SEC No-Action Letter (Sept. 8, 1997), 1997 SEC No-Act. LEXIS 864.

Net Roadshow, Inc., SEC No-Action Letter (Jan. 30, 1998),1998 WL 40252 (S.E.C.).

Private Financial Network, SEC No-Action Letter (Mar. 12, 1997), 1997 WL 107175 (S.E.C).

Charles Schwab & Co., SEC No-Action Letter, (1999 - 2000 Transfer Binder) Fed. Sec. L. Rep. (CCH) ¶ 77,650 at 76,310 (Nov. 15, 1999).

Reconsiderartion Charles Schwab & Co., SEC No-Action Letter (Feb. 9, 2000), 2000 SEC No-Act. LEXIS 194.

Activate.net, SEC No-Action Letter (Sept. 21, 1999), 1999 WL 739423 (S.E.C.).

Thomson Financial Services, Inc., SEC No-Action Letter (Sept. 4, 1998), 1998 WL 575139 (S.E.C.).

CommScan LLC, SEC No-Action Letter (Feb. 3, 1999), 1999 SEC No-Act. LEXIS 116.

7.) Internet DPO´s und Private-Placements:

Spring Street Brewing Co., SEC No-Action Letter, (1996 - 1997 Transfer Binder) Fed. Sec. L. Rep. (CCH) ¶ 77,201 at 77,001 (Apr. 17, 1996).

IPONET, SEC No-Action Letter, (Transfer-Binder 1996 - 1997), Fed. Sec. L. Rep. (CCH) ¶ 77,252 at 77,270 (July 26, 1996).

Lamp Technologies, Inc. (I), SEC No-Action Letter, (1997 Transfer Binder) Fed. Sec. L. Rep. (CCH) ¶ 77,359 at 77,804 (May 29, 1997). und Lamp Technologies, Inc. (II), SEC No-Action Letter, (1998 Transfer Binder) Fed. Sec. L. Rep. (CCH) ¶ 77,453 at 78,327 (May 29, 1998).

Verzeichnis wichtiger Internet-Adressen

I.) Institutionen:

SEC	http://www.sec.gov
NASD	http://www.nasd.com
NASDR	http://www.nasdr.com
NASAA	http://nasaa.org
IOSCO	http://www.iosco.org
NYSE	http://www.nyse.com
NASDAQ	http://www.nasdaq.com

II.) Materialien zu den Securities Laws:

Securities Laws & Regulations (Bowne Publishing)	http://www.bownepublishing.com
Securities Laws & Regulations (Univ. of Cincinatti College of Law)	http://www.law.uc.edu/CCL/sldtoc.html
U.S.C. (Chicago Kent College of Law)	http://www.kentlaw.edu
C.F.R. (NARA)	http://www.access.gpo.gov/nara/cfr/cfr-table-search.html
NASD-Rules	http://secure.nasdr.com/wbs/NETbos.dll ?RefShow? ref=NASD4;&xinfo=../ webbos/goodbye.htm
NYSE Listed Company Manual	http://www.nyse.com/listed/ listedcomanual.html

III.) Materialien zum Thema "Cyberlaw":

E-Commerce und Signaturgesetze (Kanzlei McBride Baker & Coles)	http://www.mbc.com/ecommerce.html
American Bar Association (Comittee on Cyberspace Law)	http://www.abanet.org/buslaw/cyber/home.html
UCLA Cyberbibliothek	http://www.gseis.ucla.edu/iclp/bib.html
Resourcen und Case Law	http://guide.lp.findlaw.com/casecode
Chicago-Kent College of Law	http://www.kentlaw.edu/cyberlaw
Miami School of Law	http://www.law.miami.edu/~froomkin/inet00/syllabus.htm

IV.) Internet-Auftritte spezialisierter Kanzleien und Anwälte:

Cyber Securities Law / Bell, Blake A. (Glasser Legal Works)	http://www.cybersecuritieslaw.com
Sec Law / Astarita, Mark J. (Beam & Astarita LLC)	http://www.seclaw.com
Enforce Net / Carton, Bruce T. (Piper Marbury Rudnik & Wolff LLP)	http://www.enforcenet.com
RAe. Schulte Roth & Zabel	http://www.srz.com/securities.asp

V.) Internet spezifische Daten:

Nua Internet Surveys	http://www.nua.net/surveys/how_many_online/index.html
Network Wizard Satistik	http://www.isc.org/ds
Entwicklungsgeschichte (Zakon, Robert A.)	http://www.isoc.org/zakon/Internet/History/HIT.html

Frankfurter wirtschaftsrechtliche Studien

Herausgegeben von
Theodor Baums, Friedrich Kübler, Hans-Joachim Mertens,
Eckard Rehbinder, Gunther Teubner

Band 1 Tomas Brinkmann: Unternehmensinteresse und Unternehmensrechtsstruktur. Aufgaben und Grenzen eines normativen Regulativs unternehmenspolitischer Prozesse. 1983.

Band 2 Rüdiger Hahn: Behinderungsmißbräuche marktbeherrrschender Unternehmen. Eine Untersuchung der Beeinträchtigung von Wettbewerb und Marktstruktur durch horizontalen Nichtleistungswettbewerb als Gegenstand der Mißbrauchaufsicht nach § 22 Abs. 4 S. 2 Nr. 1 GWB. 1984.

Band 3 Peter Buchmann: Registerpublizität und Gläubigerschutz bei der Einmann-Gesellschaft. 1984.

Band 4 Christian Joerges/Eugen Hiller/Knut Holzscheck/Hans-W. Micklitz: Vertriebspraktiken im Automobilersatzteilsektor. Ihre Auswirkungen auf die Interessen der Verbraucher. 1985.

Band 5 Annette Boerner: Die Haftung des herrschenden Kommanditisten. 1985.

Band 6 Dirk H. Mahler: Rechtsmißbrauch und einstweiliger Rechtsschutz bei Dokumentenakkreditiven und "Akkreditiven auf erstes Anfordern": Eine rechtsvergleichende Untersuchung. 1986.

Band 7 Brigitte Kratz: Ausländische Eingriffsnorm und inländischer Privatrechtsvertrag. 1986.

Band 8 Dimitris Tsibanoulis: Die genossenschaftliche Gründungsprüfung. 1987.

Band 9 Jürgen Braun: Rechtsfragen des Transport-Unfall-Informations- und Hilfeleistungs-Systems der deutschen chemischen Industrie. 1987.

Band 10 Thomas Pfeiffer: Die Bedeutung des privatrechtlichen Immissionsschutzes. Eine Untersuchung zu §§ 1004, 906 BGB. 1987.

Band 11 Michael Bothe/Josef Brink/Christian Kirchner/Albrecht Stockmayer: Rechtsfragen der internationalen Verschuldungskrise. Voraussetzungen, Formen und Verfahren internationaler Umschuldungsmaßnahmen und Umschuldungsvereinbarungen. 1988.

Band 12 Felix Dörr: Die fehlerhafte GmbH. 1989.

Band 13 Rolf Trittmann: Anwendungsprobleme des Haager Beweisübereinkommens im Rechtshilfeverkehr zwischen der Bundesrepublik und den Vereinigten Staaten von Amerika. Exklusive Regelung zur Überbrückung der Unterschiede zwischen dem kontinental-europäischen und anglo-amerikanischen Zivilprozeßrechtssystem? 1989.

Band 14 Margaretha Sudhof: Dreieckige Rechtsverhältnisse im Wirtschaftsverwaltungsrecht - Am Beispiel von Konkurrentenklagen. 1989.

Band 15 Michael Weigel: Schriftformklauseln in Allgemeinen Geschäftsbedingungen. 1989.

Band 16 Hans-Peter Schröder: Der sichere Weg bei der Vertragsgestaltung. 1990.

Band 17 Matthias Haas: Haftungsfreizeichnungsklauseln in Allgemeinen Geschäftsbedingungen. Eine rechtsdogmatische und ökonomische Analyse. 1991.

Band 18 Andreas Hahn: Instandhaltungsverträge. Begriffe, Einordnung, Rechtsfolgenbestimmung, Auswirkung auf die Kautelarpraxis. 1991.

Band 19 Jürgen Götz: Der Entherrschungsvertrag im Aktienrecht. 1991.

Band 20 Friedrich Wächtershäuser: Das Gesellschaftsrecht des internationalen Joint Ventures. 1992.

Band 21 Christina Escher-Weingart: Nutzungsausfall als Schaden und sein Ersatz. 1993.

Band 22 Jean-Claude Zerey: Rechtliche Probleme der Finanzierung von *Leveraged Buyouts* und *Tender Offers* durch Banken in den USA und in der Bundesrepublik Deutschland. Eine rechtsvergleichende Studie über die Rolle der Banken bei Unternehmenskontrolltransaktionen in den USA und in der Bundesrepublik Deutschland. 1994.

Band 23 Markus Bauer: Gläubigerschutz durch eine formelle Nennkapitalziffer - Kapitalgesellschaftsrechtliche Notwendigkeit oder überholtes Konzept? Eine rechtsvergleichende Untersuchung der Gläubigerschutzkonzepte des amerikanischen und deutschen Kapitalgesellschaftsrechts. 1995.

Band 24 Marion Vollmann: Minderheitenschutz im aktienrechtlichen Beschlußmängelrecht. Eine Bestandsaufnahme und Vorschläge zu einer rechtspolitischen Reform. 1997.

Band 25 Lydia Klose-Mokroß: Gläubigerschutz im Kapitalgesellschaftsrecht am Beispiel der Lehre von der verdeckten Sacheinlage. 1997.

Band 26 Stephan Aubel: Der vereinfachte Bezugsrechtsausschluß. Aktionärs- und Gesellschaftsinteressen beim vereinfachten Bezugsrechtsausschluß nach Maßgabe des § 186 Absatz 3 Satz 4 AktG. 1998.

Band 27 Kurt Peter Dittrich: Die Privatplazierung im deutschen Kapitalmarktrecht. Eine Untersuchung der Vorschriften des Auslandinvestmentgesetzes, des Wertpapier-Verkaufsprospektgesetzes und des Gesetzes über Kapitalanlage-Gesellschaften unter Berücksichtigung des Rechts der Vereinigten Staaten von Amerika und des Vereinigten Königreichs. 1998.

Band 28 Viola Sailer: Aktienrechtliche Minderheitskompetenzen zwischen Mißbrauch und unternehmerischer Entscheidungsfreiheit. 1999.

Band 29 Marc Zimmerling: Kapitalerhaltung und Konzernfinanzierung. Eine Untersuchung der kapitalerhaltungsrechtlichen Problematik aufsteigender Sicherheiten im Konzern. 1998.

Band 30 Joachim Wichert: Die Finanzen der Kommanditgesellschaft auf Aktien. 1999.

Band 31 Kerstin Andrea Müller: Produktverantwortung und ihre Durchsetzung. Eine kartellrechtliche Beurteilung von Selbstverpflichtungen im Umweltrecht aus deutscher und europäischer Sicht unter besonderer Berücksichtigung der Altautoentsorgung. 1999.

Band 32 Bettina Friedrich: Konvergenzen im Gesellschaftsrecht. Recht-Fertigung durch Status- und Befundsicherung. 2000.

Band 33 Rudolf Lemke: Haftungsrechtliche Fragen des Ratingwesens – ein Regelungsproblem? 2000.

Band 34 Klaus R. Roller: Die Vergütung des Aufsichtsrats in Abhängigkeit vom Aktienkurs. 2000.

Band 35 Bettina Bokelmann: Personelle Verflechtungen über Aufsichtsräte. Aufsichtsratsmitglieder mit hauptberuflicher Vorstandsfunktion. 2000.

Band 36 Kai-Uwe Steck: Regulierung von US-amerikanischen Investmentgesellschaften (Investment Companies). Unter besonderer Berücksichtigung des National Securities

Markets Improvement Act of 1996 (NSMIA) und anderer aktueller Rechtsanpassungen. 2000.

Band 37 Kristofer Bott: Wissenszurechnung bei Organisationen. 2000.

Band 38 Ursula Lenzen: Unerlaubte Eingriffe in die Börsenkursbildung. 2000.

Band 39 Martin Schulz: Verfassungsrechtliche Vorgaben für das Kollisionsrecht in einem Gemeinsamen Markt. Eine rechtsvergleichende Untersuchung zu den Grenzen einzelstaatlicher Anknüpfungsmethoden im internationalen Vertrags-, Delikts- und Gesellschaftsrecht am Beispiel der Vereinigten Staaten von Amerika. 2000.

Band 40 Maximilian Koch: Diversifizierung und Vorstandskompetenzen. 2001.

Band 41 Corrado Wohlwend: Die Hauptversammlung im Wandel der Kommunikationsformen. 2001.

Band 42 Michael Rozijn: Der Unternehmensmaklervertrag. Zur Anwendung des allgemeinen Maklervertragsrechts auf Mergers & Acquisitions-Dienstleistungen. 2001.

Band 43 Konstantinos N. Kyriakakis: Die Überwachung einer US-amerikanischen Aktiengesellschaft durch institutionelle Anleger. 2002.

Band 44 Uta Fredebeil: Aktienemissionen. Das underwriting agreement (der Übernahmevertrag) und seine spezifischen Klauseln. 2002.

Band 45 Michaela G. Döbler: Die Einführung des WTO-weiten Erschöpfungsgrundsatzes in das Markenrecht der EU und der USA. 2002.

Band 46 Jan Liersch: Regulierung des Blockhandels an den organisierten Aktienmärkten der Vereinigten Staaten, Großbritanniens und Deutschlands. 2002.

Band 47 Sascha Lotze: US-amerikanisches Kapitalmarktrecht und Internet. Aufsichts- und haftungsrechtliche Fragen des Internet-Einsatzes bei Wertpapieremissionen und im Wertpapierhandel. 2002.

Kolibri 360 GmbH
Ferdinand-Jühlke-Straße 7
99095 Erfurt, Deutschland
produktsicherheit@kolibri360.de

Druck:
CPI Druckdienstleistungen GmbH
im Auftrag der
Kolibri 360 GmbH
Ferdinand-Jühlke-Str. 7
99095 Erfurt